VIS-À-VIS

IRLAND

Hauptautoren **Lisa Gerard-Sharp und Tim Perry**

London • New York • München
Melbourne • Delhi

www.dorlingkindersley.de

Texte Lisa Gerard-Sharp, Tim Perry, Una Carlin, Polly Phillimore, Susan Poole, Martin Walters

Fotografien Joe Cornish, Tim Daly, Alan Williams

Illustrationen Draughtsman Maps, Maltings Partnership, Robbie Polley

Kartografie Gary Bowes, Margaret Slowey, Richard Toomey (ERA-Maptec, Dublin, Irland)

Redaktion und Gestaltung
Dorling Kindersley, London: Ferdie McDonald, Lisa Kosky, Maggie Crowley, Simon Farbrother, Emily Hatchwell, Seán O'Connell, Jane Simmonds, Joy FitzSimmons, Jaki Grosvenor, Katie Peacock, Jan Richter, Samantha Borland, Adam Moore, Vivien Crump, Helen Partington, Steve Knowlden, Douglas Amrine, Gaye Allen, David Proffit, Hilary Stephens

© 1995, 2017
Dorling Kindersley Ltd., London
Titel der englischen Originalausgabe:
Eyewitness Travel Guide *Ireland*
Erschienen 1995 in Großbritannien bei
Dorling Kindersley Ltd., London
A Penguin Random House Company

Für die deutsche Ausgabe:
© 1996, 2017 Dorling Kindersley
Verlag GmbH, München
Ein Unternehmen der Penguin Random House Group

Aktualisierte Neuauflage 2017 / 2018

Alle Rechte vorbehalten, Reproduktionen, Speicherung in Datenverarbeitungsanlagen, Wiedergabe auf elektronischen, fotomechanischen oder ähnlichen Wegen, Funk und Vortrag – auch auszugsweise – nur mit schriftlicher Genehmigung des Copyright-Inhabers.

Programmleitung
Dr. Jörg Theilacker, DK Verlag
Projektleitung
Stefanie Franz, DK Verlag
Projektassistenz
Sonja Baldus, DK Verlag
Übersetzung Christian Quatmann, Werner Kügler, Carla Meyer
Redaktion Gerhard Bruschke, München
Schlussredaktion Philip Anton, Köln
Umschlaggestaltung Ute Berretz, München
Satz und Produktion DK Verlag
Druck RR Donnelley Asia Printing Solutions Ltd., China

ISBN 978-3-7342-0160-8
17 18 19 20 20 19 18 17

Irland stellt sich vor

Benutzerhinweise **6**

Irland entdecken **10**

Irland auf der Karte **16**

Ein Porträt Irlands **18**

Die Geschichte Irlands **34**

Das Jahr in Irland **52**

Dublin

Dublin im Überblick **58**

Südost-Dublin **60**

Südwest-Dublin **76**

Nördlich des Liffey **88**

Abstecher **98**

Shopping **108**

Unterhaltung **112**

Stadtplan **120**

Abendstimmung in Giant's Causeway, Nordirland *(siehe S. 266f)*

Dieser Reiseführer wird regelmäßig aktualisiert. Angaben wie Telefonnummern, Öffnungszeiten, Adressen, Preise und Fahrpläne können sich jedoch ändern. Der Verlag kann für fehlerhafte oder veraltete Angaben nicht haftbar gemacht werden. Für Hinweise, Verbesserungsvorschläge und Korrekturen ist der Verlag dankbar. Bitte richten Sie Ihr Schreiben an:

Dorling Kindersley Verlag GmbH
Redaktion Reiseführer
Arnulfstraße 124 • 80636 München
travel@dk-germany.de

◀ **Inishowen Peninsula, Nordwest-Irland** *(siehe S. 230f)*
◀◀ **Umschlag:** Zur Blütezeit violett leuchtendes Heidekraut prägt weite Teile des baumlosen Hügellands

Inhalt

Die Regionen Irlands

Irland im Überblick **126**

Südost-Irland **128**

Cork und Kerry **156**

Unterer Shannon **184**

Westirland **204**

Nordwest-Irland **224**

Midlands **240**

Nordirland **258**

Zu Gast in Irland

Hotels **292**

Restaurants **304**

Shopping **332**

Unterhaltung **338**

Grundinformationen

Praktische Hinweise **350**

Reiseinformationen **360**

Textregister **374**

Bildnachweis **394**

Straßenkarte **394**
Siehe hintere Umschlaginnenseiten

Ha'penny Bridge, eines von Dublins beliebtesten Fotomotiven *(siehe S. 97)*

Keltisches Kreuz

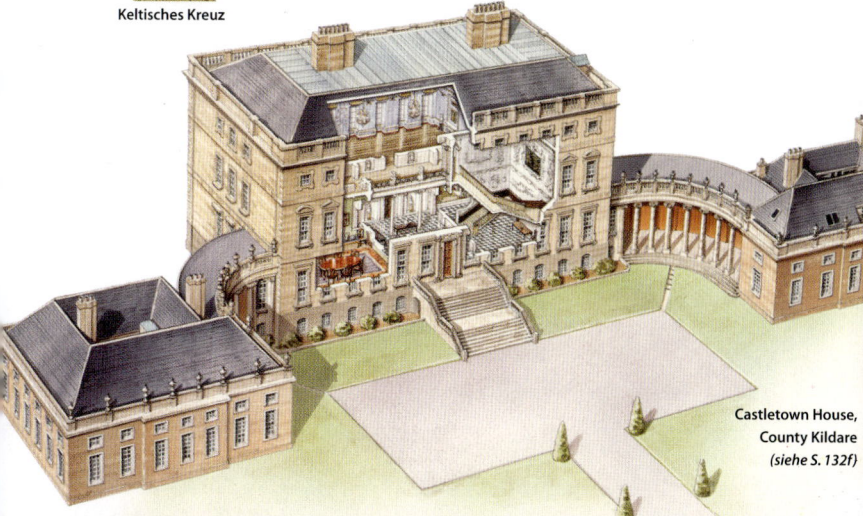

Castletown House, County Kildare
(siehe S. 132f)

Benutzerhinweise

Dieser Reiseführer soll Ihren Irland-Besuch zu einem unvergesslichen Erlebnis machen, das durch keinerlei praktische Probleme getrübt wird. Der Abschnitt *Irland stellt sich vor* beschreibt das Land und stellt es in einen historischen Zusammenhang. In den sieben Regionalkapiteln und in *Die Stadtteile Dublins* werden alle wichtigen Sehenswürdigkeiten in Text und Bild detailliert beschrieben. Empfehlungen zu Hotels und Restaurants gibt das Kapitel *Zu Gast in Irland*. Die *Grundinformationen* helfen Ihnen beim Zurechtfinden und geben Ihnen viele praktische Tipps vor und während Ihrer Reise.

Die Stadtteile Dublins
Das Zentrum von Dublin ist in drei Kapitel unterteilt. Jedes beginnt mit einer Liste aller Sehenswürdigkeiten. Ein viertes Kapitel, *Abstecher*, beschreibt die Vororte und das County Dublin. Alle Einträge sind mit Nummern versehen, die mit denen auf der *Stadtteil-* und *Detailkarte* identisch sind.

Alle Seiten, die sich auf Dublin beziehen, haben eine rote Farbcodierung.

Eine Orientierungskarte zeigt die Lage des Stadtteils, in dem Sie sich befinden.

1 Stadtteilkarte
Die beschriebenen Sehenswürdigkeiten sind auf der Karte durchnummeriert. Attraktionen in Dublin finden sich auch auf dem *Stadtplan* auf den Seiten 120–123.

Sehenswürdigkeiten auf einen Blick führt das Wichtigste auf: Kirchen, Museen und Sammlungen, historische Gebäude, Parks und Gärten.

2 Detailkarte
Diese Karte zeigt die Sehenswürdigkeiten eines Stadtteils aus der Vogelperspektive.

Die Routenempfehlung (rote Linie) führt Sie durch die interessantesten Straßen.

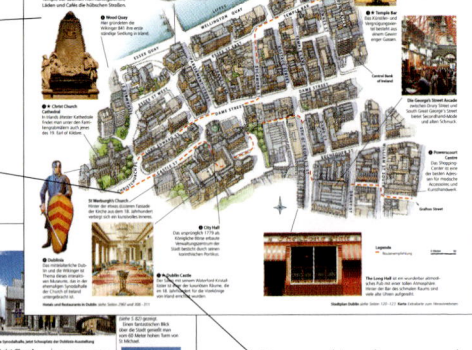

Sterne markieren herausragende Sehenswürdigkeiten, die Sie nicht versäumen sollten.

3 Detaillierte Informationen
Alle Sehenswürdigkeiten werden einzeln beschrieben – mit Adresse, Telefonnummer, Öffnungszeiten, Eintrittspreisen und Website.

Textkästen geben Hintergrundinformationen zu interessanten Themen.

BENUTZERHINWEISE | 7

Die Regionen Irlands

Neben Dublin wurde Irland in diesem Buch in sieben Regionen unterteilt, denen jeweils ein Kapitel gewidmet ist. Die interessantesten Reiseziele einer Region sind nummeriert und auf einer *Regionalkarte* dargestellt.

1 Einführung
Die Landschaft und der Charakter jeder Region werden hier ebenso beschrieben wie ihre Entwicklung während der letzten Jahrhunderte und was sie dem Besucher heute zu bieten hat.

Jede Region kann durch die Farbcodierung *(siehe vordere Umschlagklappe)* schnell gefunden werden.

2 Regionalkarte
Diese Karte zeigt eine Übersicht der ganzen Region. Alle Sehenswürdigkeiten sind nummeriert. Die Karte gibt auch hilfreiche Tipps für die Erkundung des Gebiets mit Auto, Bus oder Bahn.

In ... unterwegs informiert über Verkehrsverbindungen und Reisewege in einer Region.

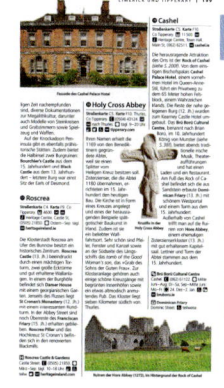

3 Detaillierte Informationen
Die Reihenfolge der sehenswerten Reiseziele einer Region entspricht der Nummerierung auf der *Regionalkarte*. Zu jedem Ort und jeder Sehenswürdigkeit gibt es detaillierte Informationen.

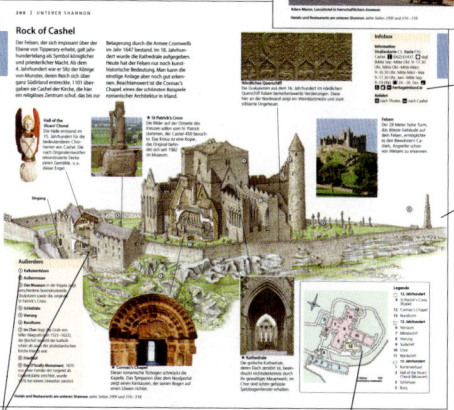

Die Infobox enthält Informationen, die für einen Besuch der Sehenswürdigkeit hilfreich sind.

4 Hauptsehenswürdigkeiten
Irlands Highlights werden auf zwei oder mehr Seiten, Orte oder Stadtzentren in 3-D-Perspektive, historische Bauten im Aufriss abgebildet.

Stadtplan Dublin
siehe Seiten 120–123.
Straßenkarte Irland
hintere Umschlaginnenseiten.
Karte *Extrakarte zum Herausnehmen.*

Schwarze Zahlen im weißen Kreis verweisen auf den »Außerdem«-Kasten, wo Sie zusätzlich Detailinformationen oder nette Kleinigkeiten finden.

Grundrisse geben einen schnellen Überblick.

IRLAND STELLT SICH VOR

Irland entdecken	**10–15**
Irland auf der Karte	**16–17**
Ein Porträt Irlands	**18–33**
Die Geschichte Irlands	**34–51**
Das Jahr in Irland	**52–55**

Irland entdecken

Die folgenden Touren bringen Sie auf kürzestem Weg zu möglichst vielen Sehenswürdigkeiten in Irland. Zuerst führt eine Zwei-Tage-Tour durch die Landeshauptstadt Dublin. *Drei Tage in Nordirland* beinhalten das faszinierende Belfast sowie Abstecher auf die wunderschöne Halbinsel Ards und an die Causeway Coast. Während der einwöchigen landesweiten Tour kommt man zu den wichtigsten Sehenswürdigkeiten Irlands, darunter viele interessante Städte und herrliche Landschaften. Wer seine Reise auf zehn Tage ausdehnen möchte, findet hierfür ergänzende Vorschläge. Die zweiwöchige Tour ist detailreicher als die einwöchige Reise und enthält weitere Sehenswürdigkeiten. Aus den folgenden Routenempfehlungen lässt sich auch leicht eine eigene Tour zusammenstellen.

Carrick-a-Rede Rope Bridge
Die ungewöhnliche Brücke an der Causeway Coast spannt sich 25 Meter über dem Meer über eine Strecke von 20 Metern *(siehe S. 265)*.

Ein Woche in Irland

- Ein aufregender Tag in **Dublin**, Irlands quirliger Kapitale.
- Tour entlang dem **Ring of Kerry** mit herrlichen Aussichtspunkten aufs Meer.
- Atemberaubende **Cliffs of Moher** im Burren, County Clare.
- Musik- und Universitätsstadt **Galway**.
- Erkundung der **North Antrim Coastline** mit Zwischenhalt am goldfarbenen **Benone Strand**.
- Magische Felsformationen des **Giant's Causeway** im **County Antrim**.
- Prähistorische Ganggräber von **Newgrange** und herrliche **Klosteranlagen** im **Boyne Valley**.

Legende
— Eine Woche in Irland
— Zwei Wochen in Irland

◀ *A View of Powerscourt (siehe S. 138f)* vom irischen Maler George Barret d. Ä. (1730–1784)

IRLAND ENTDECKEN | **11**

Kilkenny
Das pittoreske Kilkenny liegt am Ufer des Nore in Südost-Irland.

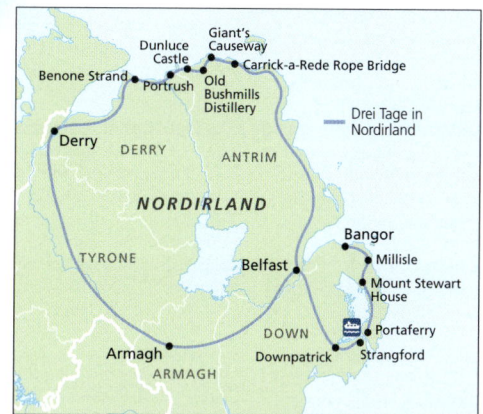

Zwei Wochen in Irland

- Zeit für **Dublin**, Irlands lebhafte Hauptstadt.
- Durch die Wildnis der **Wicklow Mountains**; Shoppen und Schlemmen im reizenden **Kilkenny**.
- Besuch der Wikingergründung **Waterford**, der ältesten Stadt Irlands.
- Tour über die attraktive **Dingle Peninsula** mit Übernachtung im gälischsprachigen **Dingle**.
- Wanderung durch den **Connemara National Park**; Abendessen in **Westport**.
- Durch die einzigartigen verwitterten Klippen des **Giant's Causeway** in County Antrim.

Drei Tage in Nordirland

- Tour von **Belfast** zur **Ards Peninsula** mit Zwischenstopp am prächtigen **Mount Stewart House**.
- Geselliger Abend in Belfasts berühmtestem Pub, dem **Crown Liquor Saloon**.
- Spaziergang durch die Straßen der altehrwürdigen Stadt **Armagh**.
- Geschichtstour durch die befestigte Stadt **Londonderry** mit dem **Tower Museum**.
- Besuch der Ruinen von **Dunluce Castle** auf einer Klippe am **Causeway**.
- Erkundung des **Giant's Causeway**; abenteuerliche **Carrick-a-Rede Rope Bridge**.

12 | IRLAND ENTDECKEN

Zwei Tage in Dublin

Irlands vitale Hauptstadt ist vergleichsweise klein, aber voller Sehenswürdigkeiten.

- **Anreise** Der Flughafen Dublin liegt zwölf Kilometer nördlich des Zentrums. Per Expressbus oder Taxi ist man in rund 30 Minuten in der Stadt.

Erster Tag
Widmen Sie eine Stunde dem wunderbaren **National Museum – Archaeology** *(siehe S. 70f)*. Danach werfen Sie im **Trinity College** *(siehe S. 66f)* unbedingt einen Blick auf das sagenhafte **Book of Kells**. Von hier sind es nur wenige Meter bis zur **Temple Bar** *(siehe S. 82)*, die sich für das Mittagessen anbietet. Ein Stückchen außerhalb des Stadtzentrums erfährt man im **Guinness Storehouse** *(siehe S. 102)* alles über Irlands beliebtestes Bier. Das **National Museum of Ireland – Decorative Arts & History** *(siehe S. 105)* zeigt Irlands reiche Geschichte im Spiegel seines Kunsthandwerks. Am Abend lohnt ein Besuch des bekannten **Gate Theatre** *(siehe S. 94)*.

Zweiter Tag
Zuerst steht der Besuch der **Christ Church Cathedral** *(siehe S. 84f)* auf dem Programm. Die Ausstellung **Dublinia** *(siehe S. 83)* dokumentiert Dublins frühe Geschichte. Sehr gut sind die Führungen durch **Dublin Castle** *(siehe S. 80f)*. Die **Chester Beatty Library** *(siehe S. 81)* zeigt prächtige historische Manuskripte. Am Ende der Grafton Street lädt der reizende Park **St Stephen's Green** *(siehe S. 64f)* zu einem Picknick ein. Am **Fitzwilliam Square** *(siehe S. 72)* gewährt das Haus Nr. 29 Einblicke in die georgianische Zeit. Die **National Gallery** *(siehe S. 74f)* präsentiert eine kleine, aber sehr sehenswerte Sammlung irischer und internationaler Kunst. Am Abend bieten die vielen einladenden Pubs der Gegend viel Gesellschaft.

School of Law des Trinity College, Dublin *(siehe S. 66f)*

Drei Tage in Nordirland

- **Anreise** Airport Belfast International oder Airport Belfast City.
- **Verkehrsmittel** Antrim Coast und Ards Peninsula lassen sich nur per Auto erschließen.
- **Reservierung** In den Sommermonaten sollte man einen Mietwagen reservieren. Buchung der Black Cab Tour siehe S. 282.

Erster Tag: Ards Peninsula
Fahren Sie frühzeitig in Belfast los. Im Osten liegt die wenig besuchte **Ards Peninsula** *(siehe S. 284)* mit wunderbarer weiter Landschaft. Die Fahrt auf der Küstenstraße führt durch Bangor und Donaghadee nach Millisle, wo sich die voll funktionstüchtige Ballycopeland Windmill für eine Pause anbietet. Nehmen Sie nun die Straße nach Strangford Lough und halten Sie am **Mount Stewart House** *(siehe S. 286f)* mit seinen wunderschönen Gärten. Folgen Sie dem Ostufer des Strangford Lough gen Süden bis zu den Ruinen der Grey Abbey. In Portaferry nehmen Sie die Fähre und fahren dann bis **Downpatrick** *(siehe S. 285)*, wo das County Museum und die Down Cathedral einen Besuch lohnen. Zurück in **Belfast** *(siehe S. 280–283)*, machen Sie eine Pause im Crown Liquor Saloon. In West-Belfast erinnern die politischen Wandbilder an unruhige Zeiten. Lassen Sie den Tag im **Titanic Quarter** *(siehe S. 283)* ausklingen. Die aufregende Multimedia-Show Titanic Belfast informiert eindrucksvoll über Konstruktion und Bau des berühmten Schiffs und seine schicksalhafte Jungfernfahrt.

Zweiter Tag: Armagh und Londonderry
Fahren Sie von Belfast nach **Armagh** *(siehe S. 278)*. Hier besuchen Sie das schön gelegene Planetarium und die beiden St Patrick's Cathedrals, die sich auf zwei Hügeln gegenüberstehen. Die Altstadt von Armagh bietet viele kleine Läden. Die Fahrt führt weiter durch Fermanagh zur befestigten Stadt **Londonderry** *(siehe S. 262f)*. Das Tower Museum dokumentiert die wechselreiche Geschichte der Stadt. Das Obergeschoss zeigt Relikte der spanischen Armada, darunter das Wrack eines 1588 gesunkenen Schiffs.

Die Skulptur *Titanica* vor Titanic Belfast *(siehe S. 283)*

Dritter Tag: Causeway Coast
Von Londonderry erreichen Sie gut einige der eindrucksvollsten Küstenabschnitte der britischen Inseln, beginnend mit der **North Antrim Coastline** *(siehe S. 265)*. Entlang dem Ufer des Lough Foyle geht es zum **Benone Strand** *(siehe S. 264)* mit seinem goldfarbenen Sand. Der hübsche Ferienort **Portrush** *(siehe S. 264)* ist das nächste Reiseziel. Östlich davon liegen die pittoresken Ruinen von **Dunluce Castle** *(siehe S. 265)*. Die **Old Bushmills**

Reiseinformationen Irland siehe Seiten 360–373

Distillery (siehe S. 270) bietet Touren und Whiskey-Verkostungen an. Höhepunkt der Tagestour sind die Felsformationen des **Giant's Causeway** (siehe S. 266f). Die Fahrt geht weiter zur schwindelerregenden **Carrick-a-Rede Rope Bridge** (siehe S. 265). An diesem Küstenabschnitt können Sie gut den Rest des Tages verbringen, bevor Sie nach Belfast zurückfahren.

Eine Woche in Irland

- **Anreise** Anreise per Flugzeug von Dublin Airport oder per Fähre von Liverpool oder Holyhead.
- **Verkehrsmittel** Für diese Tour ist ein eigenes Fahrzeug unerlässlich.

Erster Tag: Dublin
Wählen Sie eine Tagestour durch Dublin auf Seite 12.

Zweiter Tag: Von Kilkenny nach Cashel
Kilkenny (siehe S. 146–148) lockt mit eleganter Architektur, der mittelalterlichen Kathedrale St Canice's, der restaurierten Burg Kilkenny Castle und einem reichen Shopping-Angebot. Schöne Töpferarbeiten findet man in der **Nicholas Mosse Pottery** (siehe S. 333) in Bennettsbridge. In **Cashel** (siehe S. 199) beeindrucken mittelalterliche Klosterruinen und das Brú Ború Cultural Centre mit seinem Kulturangebot.

Dritter Tag: Ring of Kerry
Beginnen Sie den Tag im quirligen **Killarney** (siehe S. 163), das sich vorbildlich auf ausländische Besucher eingestellt hat. Der Ort selbst bietet viele Attraktionen, ist aber auch eine gute Basis für Touren auf dem berühmten, 180 Kilometer langen **Ring of Kerry** (siehe S. 168f). Die Fahrt endet in **Tralee** (siehe S. 160f), einer zutiefst irischen Arbeiterstadt. Hier lohnen das County Kerry Museum und eine Aufführung des irisch-nationalen Volkstheaters Siamsa Tíre einen Besuch.

Der Rock of Cashel mit seinen Ruinen thront über Tipperary (siehe S. 200f)

Abstecher
Verbringen Sie zwei Tage auf der **Dingle Peninsula** (siehe S. 162f) und eine Nacht in **Dingle** (siehe S. 161).

Vierter Tag: Von Tralee nach Galway
Von Tralee führt die Fahrt nach **Limerick** (siehe S. 195). Hier präsentiert das Hunt Museum Exponate aus der Antike. Die St Mary's Cathedral ist das älteste Gebäude der Stadt. Im reizenden **Ennis** (siehe S. 193) findet man mittags einige nette Restaurants, bevor es weitergeht zur Küste und den imposanten **Cliffs of Moher** (siehe S. 188). Von hier folgen Sie der Küste über Ballyvaughan im Burren bis **Galway** (siehe S. 214f). Das Hightech-Zentrum bietet ein überraschend vitales Nachtleben.

Fünfter Tag: Von Galway nach Sligo
Die Fahrt nach **Clifden** (siehe S. 210f) führt durch Seen- und Berglandschaften. Von hier geht es nach **Westport** (siehe S. 208) mit einem Stopp am Westport House. In **Sligo** (siehe S. 238) gibt es eine vitale Kunstszene.

Abstecher
Besuchen Sie die herrliche **Achill Island** (siehe S. 208) im County Mayo. Man erreicht sie über eine Brücke.

Sechster Tag: Nordirland
Fahren Sie von Sligo Richtung Derry und erkunden Sie auf einer Tagestour die Küste von **North Antrim** (siehe S. 265). **Benone Strand** (siehe S. 264) bietet einen der längsten Strände Irlands. Vom Seebad **Portrush** (siehe S. 264) geht es zu den Ruinen von **Dunluce Castle** (siehe S. 265). Am **Giant's Causeway** (siehe S. 266f) mit seinen bizarren Felsformationen kann man Stunden verbringen. Beenden Sie den Tag in **Belfast** (siehe S. 280–283).

Siebter Tag: Boyne Valley
Die Fahrt zurück nach Dublin führt durch **Newgrange und das Boyne Valley** (siehe S. 248f). Hier findet man zahlreiche Zeugnisse aus neolithischer Zeit wie Gang- und Hügelgräber, Ringforts und sakrale Stätten. Über die M1 mit einem Abstecher nach Balbriggan und einem Stück entlang der wunderbaren Küste geht es zurück nach Dublin.

Bizarre Felsformationen des Giant's Causeway (siehe S. 266f)

14 | IRLAND ENTDECKEN

Zwei Wochen in Irland

- **Anreise** Per Flugzeug von Dublin Airport; per Fähre von Liverpool oder Holyhead.
- **Verkehrsmittel** Für diese Tour ist ein eigenes Fahrzeug unerlässlich.

Erster Tag: Dublin
Wählen Sie eine Tagestour durch Dublin auf Seite 12.

Zweiter Tag: Von Wicklow nach Kilkenny
Fahren Sie von Dublin Richtung Süden nach Enniskerry, wo die prächtigen Gärten von **Powerscourt** (siehe S. 138f) einen Besuch lohnen. Ab hier folgen Sie eine Weile der **Military Road** (siehe S. 142), die sich durch die **Wicklow Mountains** (siehe S. 143) windet. Hier kann man gut picknicken. Auf der Strecke finden sich viele Plätze dafür. Bei Laragh führt eine Straße nach **Kilkenny** (siehe S. 146–148). Der Ort bietet neben guten Läden und Restaurants das prächtige **Kilkenny Castle** (siehe S. 148).

Dritter Tag: Von Kilkenny nach Cork City
Erstes Ziel ist **Waterford** (siehe S. 150f), Irlands älteste Stadt. Die drei Waterford Museums of Treasures dokumentieren die Stadthistorie. Das Waterford Crystal Visitor Centre organisiert Touren zu den örtlichen Glaswerkstätten. Folgen Sie dann der Straße nach **Youghal** (siehe S. 183) mit seiner mittelalterlichen Stadtmauer. Nächstes Ziel ist in Midleton die **Old Midleton Distillery** (siehe S. 183) aus dem 18. Jahrhundert. Auf einer Führung durch die Anlagen kann man feinen Whiskey verkosten. Beenden Sie den Tag in **Cork** (siehe S. 178–181) und mit einem Abstecher zum **Blarney Castle** (siehe S. 175).

Vierter Tag: West Cork
Besuchen Sie vormittags den **English Market** (siehe S. 180) in Cork, wo Sie Käse und Obst für ein Picknick einkaufen können. Fahren Sie anschließend nach **Kinsale** (siehe S. 176f), einer reizenden Kleinstadt. Nachmittags führt die Fahrt entlang der Küste durch hübsche Dörfer und zu Aussichtspunkten bei Bantry. Achten Sie auf Wegweiser zum **Drombeg Stone Circle** (siehe S. 174). Wenn noch Zeit bleibt, besuchen Sie das einladende Fischerdorf **Baltimore** (siehe S. 174). **Bantry** (siehe S. 171) eignet sich bestens zum Übernachten. Hier gibt es viele gute Restaurants, und in den Sommermonaten wird abends überall Musik gemacht.

Fünfter Tag: Ring of Kerry über Kenmare
Über Glengarriff führt die Straße durch die Caha Mountains nach **Kenmare** (siehe S. 170), den Ausgangspunkt für eine Tour entlang dem Ring of Kerry. In Kenmare genießen Sie ein Mittagessen in einem der vielen guten Restaurants, bevor Sie die Rundfahrt über

Bunt gestaltete Häuser in Dingle (siehe S. 161)

die Halbinsel Iveragh, auch bekannt als **Ring of Kerry** (siehe S. 168f), beginnen. Halten Sie in ein paar der Ortschaften an der Strecke und genießen Sie die herrliche Aussicht. Sie übernachten im netten Städtchen **Tralee** (siehe S. 160f).

Sechster Tag: Dingle Peninsula
Erkunden Sie die **Dingle Peninsula** (siehe S. 162f). Mittags pausieren Sie in **Dingle** (siehe S. 161) in einer der Bars in der Bucht. Sehen Sie sich in der Stadt um. Fahren Sie dann zum **Blasket Centre** (siehe S. 162), wo man mehr über die Inseln erfährt. Sie sind heute unbewohnt, früher gab es hier eine gälischsprachige Gemeinde. In **Ballyferriter** (siehe S. 162) werden Töpferwaren hergestellt.

Siebter Tag: Clare und Burren
Nutzen Sie die Fähre von Killimer nach Tarbert. Folgen Sie dann der Küstenstraße durch Kilkee, Milltown Malbay, die **Cliffs of Moher** und **Doolin** (siehe S. 192). Genießen Sie auf der Fahrt die Aussicht und die reizenden Ortschaften. In Doolin wird Volksmusik gepflegt. Nun beginnt die Erkundung des **Burren** (siehe S. 190–192) auf dem Plateau des **Mullaghmore** (siehe S. 192). **Ennis** (siehe S. 193) mit seinen vielen Musikpubs eignet sich bestens als Stopp für eine Nacht.

Die herrlichen Gärten von Powerscourt (siehe S. 138f)

Reiseinformationen Irland siehe Seiten 360–373

Achter Tag: Von Limerick nach Galway

Verbringen Sie den Vormittag in **Limerick** *(siehe S. 195)*. Das Hunt Museum versammelt erstaunliche Antiquitäten. Auch die St Mary's Cathedral lohnt einen Besuch. Nachmittags besichtigen Sie **Bunratty Castle & Folk Park** *(siehe S. 196f)*. Der Folk Park bietet eine Rekonstruktion des irischen Landlebens im späten 19. Jahrhundert. Abends geht es nach **Galway** *(siehe S. 214f)*. Die Restaurants und Bars in der Quay Street sind empfehlenswert.

Die idyllische Sky Road bei Clifden, County Galway *(siehe S. 211)*

Neunter Tag: Connemara

Von Galway folgen Sie den Küstenstraßen durch **Roundstone** und **Clifden**. Die **Sky Road** *(siehe S. 211)* ist ein Rundkurs mit herrlicher Aussicht. Besuchen Sie die Biofarm **Dan O'Hara's Homestead** *(siehe S. 211)* östlich von Clifden und die imposante **Kylemore Abbey** *(siehe S. 212)*. Der **Connemara National Park** *(siehe S. 212)* schützt einige der spektakulärsten Landschaften Westirlands. Das Städtchen **Westport** *(siehe S. 208)* bietet sich für die Übernachtung an.

Zehnter Tag: Mayo und Sligo

Beginnen Sie Ihren Tag mit einem Besuch des **Westport House** *(siehe S. 208)* aus dem 18. Jahrhundert. Fahren Sie dann auf die **Achill Island** *(siehe S. 208)* mit dem Atlantic Coast Drive. Zu Mittag erreichen Sie **Sligo** *(siehe S. 238)*. Hier zeigt die Model Arts & Niland Gallery Bilder von Jack B. Yeats. Dessen berühmter Bruder, der Dichter W. B. Yeats, wird in der Stephen Street mit einer Statue geehrt. Das Sligo County Museum erinnert an den großen Dichter.

Elfter Tag: Donegal

Die Küste von Donegal zählt zu den schönsten Landschaften Irlands. Von Sligo aus führt die Reise durch das stille Tal von **Glencolmcille** *(siehe S. 232f)*. Die Aussicht von den wenig befahrenen Küstenstraßen ist einmalig schön. **The Rosses** *(siehe S. 232)* ist eine Küstenlandschaft mit vielen Seen. Die Felsen des **Bloody Foreland** *(siehe S. 228)* färben sich bei Sonnenuntergang blutrot. Die Landspitze **Horn Head** *(siehe S. 229)* bietet beste Sicht aufs Meer. Am Killahoey Strand kann man baden. Beenden Sie den Tag in Londonderry.

Zwölfter Tag: Von Derry nach Antrim

Fahren Sie von Londonderry Richtung Norden nach **Benone Strand** *(siehe S. 264)*. Am westlichen Ende des schönen Sandstrands ragt der Martello-Turm auf. Die beeindruckenden Ruinen von **Dunluce Castle** *(siehe S. 265)* thronen einsam an der Causeway Coast. Nächster Halt ist die **Old Bushmills Distillery** *(siehe S. 270)*, wo Sie sich einige gute Tropfen Whiskey schmecken lassen können. Höhepunkt des Tages ist indes ein Ausflug zum einzigartigen **Giant's Causeway** *(siehe S. 266f)*. Die bizarren Felsformationen erfüllen jeden Besucher mit Ehrfurcht.

13. Tag: Belfast und Down

Die Fahrt führt nach Osten Richtung Belfast und der **Ards Peninsula** *(siehe S. 284)*. Von Belfast folgen Sie der Küstenstraße nach Bangor. Das **Ulster Folk and Transport Museum** *(siehe S. 284)* auf der Strecke lohnt einen Halt. Das **Mount Stewart House** *(siehe S. 286f)* weiter südlich bietet sich für das Mittagessen mit anschließendem Spaziergang durch die Gärten an. In Portaferry nehmen Sie die Fähre nach **Downpatrick** *(siehe S. 285)* mit der anglikanischen Down Cathedral. Abends sind Sie wieder in Belfast.

14. Tag: Boyne Valley und Midlands

Im Süden liegt mit **Newgrange und Boyne Valley** *(siehe S. 248f)* die Wiege der irischen Zivilisation. Die geheimnisvollen Ganggräber von **Newgrange** *(siehe S. 250f)* und **Knowth** *(siehe S. 249)* lassen sich im Rahmen von Führungen mit Start am Besucherzentrum Brú na Bóinne bei Newgrange besichtigen. Die stein- und eisenzeitliche Anlage **Hill of Tara** *(siehe S. 252)* lässt sich ebenfalls per Führung erkunden. Fahren Sie dann zurück nach Dublin, wo Sie den Tag in einem Restaurant oder Pub ausklingen lassen.

Statue des Dichters W. B. Yeats in Sligo *(siehe S. 238)*

Irland auf der Karte

Die Insel Irland bedeckt eine Fläche von 84 421 Quadratkilometern. Sie liegt nordwestlich des europäischen Festlands im Atlantik und ist von England, Wales und Schottland durch die Irische See getrennt. Die Insel umfasst die Republik Irland sowie das zu Großbritannien gehörende Nordirland. Die Republik Irland (4,8 Millionen Einwohner) nimmt 85 Prozent der Inselfläche ein. Im britischen Nordirland leben 1,8 Millionen Menschen. Dublin, die Hauptstadt der Republik Irland, ist exzellent an das internationale Verkehrsnetz angebunden.

Legende
- Autobahn
- Hauptstraße
- Nebenstraße
- Eisenbahn
- Staatsgrenze
- Fährlinie

Zeichenerklärung *siehe hintere Umschlagklappe*

IRLAND AUF DER KARTE | 17

Ein Porträt Irlands

Für viele Besucher ist die Grüne Insel das Land der strohgedeckten Cottages, der Pubs, der Musik und der Poesie. Wie alle Stereotype hat auch dieses Klischee einen wahren Kern. Die politische und wirtschaftliche Realität ist allerdings weniger ideal, doch der entspannte Humor seiner Bewohner machte Irland schon immer zu einem höchst angenehmen Reiseziel. Die Infrastruktur ist landesweit gut, doch viele sehenswerte Regionen erreicht man auch heute am besten mit dem eigenen Fahrzeug. Dublin, Belfast und Cork sind die großen Zentren des Landes.

Irland ist ein geteiltes Gebiet, das von den Auseinandersetzungen zwischen zwei religiösen Gemeinschaften geprägt wird. Doch die Waffenruhe der IRA 1997 und das Karfreitagsabkommen gaben neue Hoffnung. Der Sozialdemokrat und Katholik John Hume und Protestantenführer David Trimble wurden gemeinsam mit dem Friedensnobelpreis geehrt. 1998 nahm das neue Parlament (Nordirische Regionalversammlung) die Arbeit auf.

Irland ist im Lauf seiner wechselvollen Geschichte oft von Kriegen und Katastrophen heimgesucht worden. Seinen Tiefpunkt erlebte das Land während der Großen Hungersnot (1845–48), als viele Iren auswanderten. In den USA leben mehr Menschen irischer Herkunft als in Irland. Auch die im Kampf um die Unabhängigkeit von Großbritannien erlittenen Wunden prägen bis heute das irische Selbstverständnis. Die Heldin des Yeats-Stücks *Cathleen ní Houlihan* ruft ihre jungen Landsleute dazu auf, ihr Leben für Irland hinzugeben. Ihr Bildnis zierte die erste Banknote, die der neue Staat (1921) mit Dominion-Status 1922 herausgab.

In beiden Teilen der Insel ist eine junge, gut ausgebildete Bevölkerung zu Hause. In der Republik sind 40 Prozent der Bevölkerung jünger als 30 Jahre, in Nordirland sind die Anteile ähnlich gelagert, wobei ein Trend hin zur Überalterung der Bevölkerung festzustellen ist.

Trinity College *(siehe S. 66f)*, die berühmteste Universität der Republik Irland

◀ Riesiges Wandgemälde neben einem Pub in Cashel *(siehe S. 199)*

Mary Robinson, 1990–97 Präsidentin der Republik

Trotz hoher Geburtenraten ist das ländliche Irland dünn besiedelt. Die industrielle Revolution erreichte den Süden kaum. So blieb die Republik bis weit ins 20. Jahrhundert »altmodischer« und ärmer als die meisten übrigen Länder Westeuropas.

Wirtschaftliche Entwicklung
Steuervergünstigungen und niedrige Inflationsraten haben ausländische Investoren nach Irland gelockt. Heute haben dort viele Weltkonzerne Niederlassungen. Die Republik hat im Gegensatz zu Großbritannien den Euro eingeführt. Ab 2008 litt Irland unter einer Rezession und geriet in eine Schuldenkrise. Mittlerweile ist die Arbeitslosenzahl leicht gesunken, es geht aufwärts im ehedem vom Staatsbankrott bedrohten Land. Ende 2013 hat Irland auch den EU-Rettungsschirm verlassen.

Eine wichtige Devisenquelle ist der Tourismus: Die Republik wird alljährlich von über 6,5 Millionen Gästen besucht, der Norden verzeichnet 1,7 Millionen Besucher.

Traditionell gab es in Nordirland weit mehr Industrie als im Süden, aber während des 25-jährigen Bürgerkriegs haben einige Branchen (z. B. der Schiffsbau) einen Niedergang erlebt. Neue Investoren fühlten sich abgeschreckt. Die Wahlen zur Nordirischen Regionalversammlung (Parlament) bereiteten den Weg für neue wirtschaftliche und politische Entwicklungen. Dennoch stehen dem Wohlstand Irlands geografische Nachteile entgegen: Die Insel liegt weit von ihren Hauptmärkten entfernt und muss hohe Transportkosten in Kauf nehmen. Das Verkehrssystem konnte jedoch dank EU-Subventionen verbessert werden.

Religion und Politik
Der Einfluss des Katholizismus ist zwar noch immer groß, aber nicht mehr so stark wie früher. Die Teilnahme an den Gottesdiensten hat in den vergangenen Jahren nachgelassen. Im Jahr 2015 sprach sich die Bevölkerung mehrheitlich für die Legalisierung von Eheschließungen gleichgeschlechtlicher Paare aus.

Die Wahl der liberalen Juristin Mary Robinson zur ersten Präsidentin (1990) und ihrer Nachfolgerin Mary McAleese (1998) wurde nicht nur von Frauen als Beginn einer aufgeklärteren Epoche begrüßt. Das neue politische Klima begünstigte die Etablierung von Frauenrechten

Pflastermaler in der O'Connell Street, Dublin

Pferderennen – rasanter Nationalsport in Irland

und bereitete der Vetternwirtschaft ein Ende. Seit 2011 ist Michael D. Higgins Präsident.

Sprache und Kultur

Bis zum 16. Jahrhundert war das Gälische die Muttersprache der Bevölkerung von Irland. Seither ist das Englische dominierende Sprache. Heute ist die Republik Irland offiziell zweisprachig. Kenntnisse der irischen Sprache sind für den Zugang zur Universität und für den Staatsdienst Bedingung, obwohl gerade einmal elf Prozent der Bevölkerung fließend Gälisch sprechen.

Die irische Kultur hat tiefe, kräftige Wurzeln. Die Menschen lieben die alten Volkssagen, die Lieder und die epische Dichtung des Landes – und die Iren verstehen es auch bestens, Feste zu feiern. Musik ist geradezu eine nationale Leidenschaft der Iren. Das breite Spektrum reicht von Rockbands wie U2 und The Script zur Folk-Musik von Gruppen wie Clannad, den Chieftains oder Mary Black.

Eine weitere nationale Passion ist das Pferderennen. Fußball und die gälischen Sportarten wie Hurling, Camogie und Gaelic Football erfreuen sich ähnlicher Beliebtheit.

Mit den Pubs als Mittelpunkt des gesellschaftlichen Lebens ist auch das Trinken ein wesentlicher Bestandteil der irischen Kultur. Das 2004 eingeführte Rauchverbot und die kränkelnde Wirtschaft haben zu einem landesweiten Pub-Sterben geführt. Doch auch dieser Umstand wird den Iren nicht die Liebe zu Guinness, Klatsch und Musik nehmen können.

Die Temple Bar ist eine Institution in Dublin

Flora und Fauna

Die irische Landschaft ist eine der größten Attraktionen des Landes. Sie variiert zwischen Sümpfen, Mooren und Seen im zentralen Tiefland und Bergen und Felseninseln im Westen. Zwischen diesen Extremen ist die Insel größtenteils von Weideland bedeckt. Wälder gibt es hingegen fast keine. Die noch nach traditionellen Methoden bewirtschafteten Teile des Westens bieten bedrohten Tierarten einen Lebensraum, wie etwa der Wiesenralle (Wachtelkönig), die mit Vorliebe auf naturnahen Wiesen brütet.

Irlands Fauna

Aufgrund der Insellage leben in Irland nicht so viele Tiere wie auf dem Festland. So gibt es hier z. B. keine Schlangen, Maulwürfe, Wiesel oder Gemeinen Kröten (der Natterjack hingegen kommt vor). Die Waldmaus ist das einzige kleine Nagetier, das hier lebt. Das rote Eichhörnchen wurde durch das graue verdrängt.

Natterjack-Kröte

Felsküste

Die Dingle-Halbinsel *(siehe S. 162f)* an der Westküste gehört zu einer Reihe felsiger Landzungen mit fjordartigen Buchten. Sie entstanden, als der Meeresspiegel gegen Ende der letzten Eiszeit anstieg. Die Klippen und Inseln bieten zahlreichen Meeresvögeln eine Heimat, beispielsweise den Tölpel-Kolonien bei Little Skellig *(siehe S. 168f)*. Bis heute brütet auf den Klippen im äußersten Westen die Alpenkrähe.

Alpenkrähe

Seen, Flüsse und Moore

Die Landschaft um Lough Oughter ist charakteristisch für das Seenland am River Erne *(siehe S. 274f)*. Das ganze Jahr über fallen reichlich Niederschläge, deshalb sind vor allem die Flüsse Shannon *(siehe S. 189)* und Erne von weitflächigen Feuchtgebieten umgeben. Der Haubentaucher brütet vor allem an den größeren Seen des Nordens.

Haubentaucher

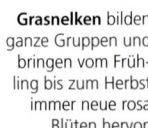

Grasnelken bilden ganze Gruppen und bringen vom Frühling bis zum Herbst immer neue rosa Blüten hervor.

Strand-Leimkraut, eine niedrige Pflanzenart mit großen weißen Blüten, wächst auf Klippen und an steinigen Kiesstränden.

Wasserlobelien wachsen in seichten, steinigen Seen. Die Blätter sitzen unter Wasser, während die Blüten an blattlosen Stängeln oberhalb des Wasserspiegels gedeihen.

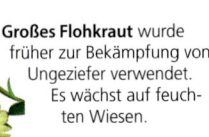

Großes Flohkraut wurde früher zur Bekämpfung von Ungeziefer verwendet. Es wächst auf feuchten Wiesen.

FLORA UND FAUNA | **23**

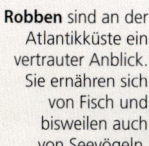

Robben sind an der Atlantikküste ein vertrauter Anblick. Sie ernähren sich von Fisch und bisweilen auch von Seevögeln.

Rotwild ist in vielen Gegenden heimisch, vor allem in den Hügeln Connemaras.

Baummarder sind nachtaktiv. Man sieht sie in den Midlands und im Osten im Sommer zuweilen auch tagsüber.

Otter sind an flachen Stellen vor der Felsküste wesentlich verbreiteter als in Seen und Flüssen.

Berge und Hochmoor

Genau wie im zentralen Tiefland *(siehe S. 256)* gibt es auch auf der übrigen Insel mit ihrem felsigen Untergrund Sumpfgebiete, vor allem im Westen wie hier in Connemara *(siehe S. 210–212)*. In höheren Lagen gehen diese Sümpfe in Heidemoor und karges Grasland über. Das in den Heidelandschaften heimische Schwarzkehlchen ist ein ruheloser Vogel mit schwarzem oder dunkelbraunem Kopf und orangeroter Brust.

Steinschmätzer

Weideland

Hügeliges Weideland mit grasendem Vieh – wie das hier abgebildete Vorland der Wicklow-Berge *(siehe S. 142f)* – ist in Irland ein vertrauter Anblick. Die traditionellen landwirtschaftlichen Methoden, die noch in weiten Teilen des Landes praktiziert werden, sind für Pflanzen und Tiere von Vorteil. Saatkrähen, die sich von Würmern und Insektenlarven ernähren, sind sehr verbreitet.

Saatkrähe

Der Gagelstrauch ist ein aromatischer Strauch. Die Blätter kann man zur Aromatisierung von Getränken verwenden.

Die Wiesen-Platterbse rankt sich an Gräsern und anderen Pflanzen empor. Ihre gelben Blüten wachsen in Traubenform.

Fieberklee wächst in den Fens und im Sumpfland. Die Blüten des auch Bitterklee genannten Gewächses sind weiß mit rosa Punkten.

Sumpfdisteln stehen auf feuchten Wiesen und in sumpfigen Gehölzen. Sie haben kleine purpurrote Blüten.

Architektur

Die turbulente Geschichte Irlands hat das architektonische Erbe der Insel erheblich in Mitleidenschaft gezogen. Cromwells Truppen zerstörten im 17. Jahrhundert Dutzende von Burgen, Klöstern und Städten. Gleichwohl sind zahlreiche Gebäude und Anlagen erhalten geblieben. Die ältesten noch vorhandenen Siedlungen sind eisenzeitliche Befestigungen. Dem Christentum verdankt Irland Klöster, Kirchen und Rundtürme, den Konflikten zwischen den anglo-normannischen Adligen und den einheimischen Anführern Burgen und Turmhäuser. Die herrschende Schicht ließ prächtige Landsitze erbauen.

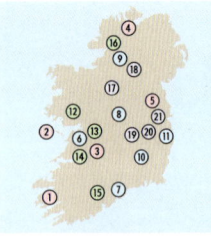

Zur Orientierung

- Eisenzeitliches Fort
- Rundturm
- Turmhaus
- Georgianisches Landhaus

Eisenzeitliche Befestigungsanlage

Ringforts, eisenzeitliche Hofanlagen, waren zum Schutz vor Viehdieben mit einem Erdwall, einem Holzzaun und einem Graben umgeben. Innerhalb der Anlage lebten die Menschen in Hütten mit Kellern, die auch als Lagerräume und Verstecke dienten. Einige dieser Anlagen wurden bis ins 17. Jahrhundert benutzt. Heute sind nur noch kleine Wälle erkennbar. Im Westen wurden die Farmanlagen mit Steinen befestigt. Oft wurden sie auf Klippen errichtet.

- Strohgedeckte Hütte
- Eingang
- Keller

Rundturm

Rundtürme wurden zwischen dem 10. und 12. Jahrhundert auf Klosteranlagen errichtet. Oft sind sie über 30 Meter hoch. Eigentlich waren es Glockentürme, doch sie dienten auch als Fliehburgen und zur Lagerung von wertvollen Manuskripten. Den Eingang, der sich bis vier Meter über dem Boden befand, erreichte man über eine Leiter, die dann hinaufgezogen wurde.

- Aussichtsfenster
- Kegelförmiges Dach
- Holzfußboden
- Mobile Leiter

Turmhaus

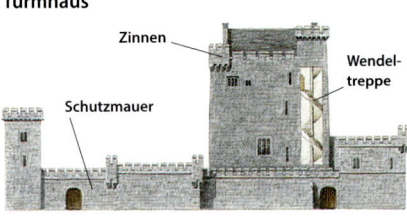

- Zinnen
- Wendeltreppe
- Schutzmauer

Turmhäuser nennt man zwischen dem 15. und dem 17. Jahrhundert errichtete kleine Burgen oder befestigte Wohnanlagen. Das große rechteckige Haus war oft von einer Steinmauer eingefasst, die einen – der Verteidigung und als Viehgehege dienenden – befestigten Innenhof bildete. Oben auf dem Haus waren Zinnen angebracht, die bei Angriffen Schutz boten.

Cottage

- Dachstuhl aus Eichenholz
- Strohdach, lehmverkleideter Schornstein
- Lehmfußboden

Cottages mit nur einem Raum und einem Stroh- oder Schieferdach sieht man in Irland auch heute noch. Die Häuschen aus Naturstein mit kleinen Fenstern (zur Wärmeisolierung) wurden von Landarbeitern und Kleinpächtern bewohnt.

ARCHITEKTUR | 25

Eisenzeitliche Forts

① Staigue Fort *S. 169*
② Dún Aonghasa *S. 216*
③ Craggaunowen *S. 194*
④ Grianán Ailigh *S. 230f*
⑤ Hill of Tara *S. 252*

Rundtürme

⑥ Kilmacduagh *S. 218*
⑦ Ardmore *S. 149*
⑧ Clonmacnoise *S. 254f*
⑨ Devenish Island *S. 275*
⑩ Kilkenny *S. 148*
⑪ Glendalough *S. 144f*

Turmhäuser

⑫ Aughnanure Castle *S. 213*
⑬ Thoor Ballylee *S. 218f*
⑭ Knappogue Castle *S. 193*
⑮ Blarney Castle *S. 175*
⑯ Donegal Castle *S. 234*

Georgianische Landhäuser

⑰ Strokestown Park *S. 222f*
⑱ Castle Coole *S. 276*
⑲ Emo Court *S. 257*
⑳ Russborough House *S. 136f*
㉑ Castletown House *S. 132f*

Der gut erhaltene Rundturm von Ardmore

Georgianische Landhäuser

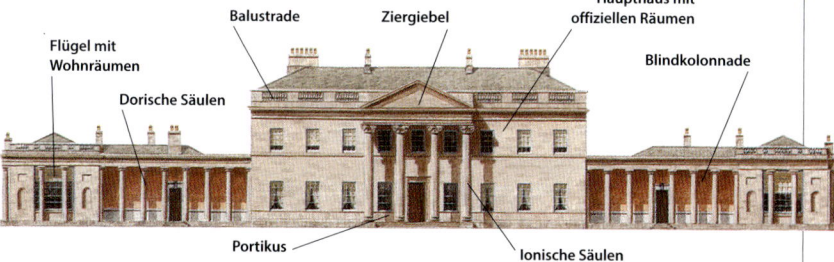

Labels: Flügel mit Wohnräumen; Balustrade; Ziergiebel; Haupthaus mit offiziellen Räumen; Blindkolonnade; Dorische Säulen; Portikus; Ionische Säulen

Zwischen 1720 und 1800 gaben reiche Landbesitzer palastartige Landhäuser in dem damals populären palladianischen oder klassizistischen Stil in Auftrag. Das oben abgebildete Castle Coole ist eine dieser palladianischen Anlagen mit Hauptgebäude und zwei seitlichen Kolonnaden, die zu je einem Pavillon führen. Der klassizistische Einfluss zeigt sich an der strengen Fassade und den dorischen Säulen der Kolonnaden. Die namhaftesten Architekten irischer Landhäuser sind Richard Cassels (1690–1751) und James Wyatt (1746–1813).

Architektonische Fachbegriffe

Bienenstockhütte: Rundes Steingebäude mit einem Kuppeldach, das aus Schichten überstehender Steine gebildet wird.

Cashel: Fort mit Ringmauer.

Crannog: Teils künstlich angelegte Verteidigungsinsel in einem See, häufig mit Hütten bebaut *(siehe S. 37)*.

Ringmauer: Meist in Abständen mit Türmen bestückte Außenmauer einer Burg.

Hiberno-romanisch: Kirchenarchitektur mit Rundbogen, die mit geometrischen Mustern sowie Menschen- und Tierdarstellungen verziert sind. Der Stil wird auch als irisch-romanischer Stil bezeichnet.

Hügel und Palisadenzaun: Von einem Zaun eingefasste und von einem Holzturm gekrönte Bodenerhebung. Diese Anlagen ließen sich im Kriegsfall rasch errichten.

Tympanon: Oft verziertes Bogenfeld über einem Portal, einer Tür oder einem Fenster.

Stuckarbeiten

Die im 18. Jahrhundert beliebten Stuckverzierungen findet man in vielen georgianischen Landsitzen sowie in Stadthäusern und öffentlichen Gebäuden. Wegen ihrer kunstvollen Stuckarbeiten (z. B. in Russborough und Castletown) waren die italienischen Brüder Lafranchini sehr begehrt. Gleiches gilt für den irischen Kunsthandwerker Michael Stapleton (Trinity College).

Trompe-l'Œil-Detail im Emo Court

Decke, Dublin Writers Museum

Stuckporträt im Castletown House

Stuckarbeit im Russborough House

Literatur

Für ein kleines Land wie Irland ist es eine beachtliche Leistung, mit Shaw, Yeats, Beckett und Seamus Heaney vier Nobelpreisträger hervorgebracht zu haben. Dennoch kann man nicht von der irischen Literatur sprechen, da sie ländliche und städtische, protestantische und katholische Traditionen, gälisch- und englischsprachige Werke umfasst. Bis heute wird die Literatur Irlands durch Liebe zur Sprache und zum Fabulieren geprägt.

W. B. Yeats – Irlands berühmtester Poet

Die Blasket-Inseln, Inspiration für verschiedene Schriftsteller

Gälische Literatur

Die irische Literatur ist angeblich die älteste volkssprachliche Literatur Europas. Sie geht bis in jene monastischen Zeiten zurück, als die keltischen Sagen, z. B. das Cúchulainn-Epos *(siehe S. 30)*, erstmals niedergeschrieben wurden. Mit dem Verschwinden der irischen Aristokratie (17. Jh.) erlebte auch die gälische Literatur ihren Niedergang. Im 20. Jahrhundert feierte sie u. a. mit Peig Sayers' Berichten über das harte Leben auf den Blasket-Inseln *(siehe S. 162)* eine Wiedergeburt.

Anglo-irische Literatur

Der Zusammenbruch der gälischen Kultur und die Vorherrschaft des Protestantismus verschafften dem Englischen allmählich eine dominierende Stellung. Ein früher anglo-irischer Autor war der Satiriker Jonathan Swift, Verfasser von *Gullivers Reisen*, der 1667 als Sohn englischer Eltern in Dublin geboren wurde. Die anglo-irische Literatur kultivierte damals das Drama und maß ihrem heimatlichen Umfeld wenig Bedeutung bei. Zu den führenden Dramatikern, die nach 1700 auch in London populär waren, zählen Oliver Goldsmith mit seiner bekannten Komödie *She Stoops to Conquer* und Richard Brinsley Sheridan, der Verfasser von *The School for Scandal*. Zu Beginn des 19. Jahrhunderts tat sich Maria Edgeworth mit Romanen wie *Castle Rackrent* hervor, in denen die Klassenunterschiede innerhalb der irischen Gesellschaft thematisiert wurden. Das 19. Jahrhundert erlebte einen Exodus irischer Dramatiker nach England. Darunter war auch Oscar Wilde, der ab 1874 die Universität Oxford besuchte und später mit Stücken wie *The Importance of Being Earnest* zum Liebling der Londoner Gesellschaft avancierte. Der in Dublin geborene Dramatiker, Pazifist und Nobelpreisträger George Bernard Shaw ließ sich ebenfalls in London nieder.

Romanautorin Maria Edgeworth

Autoren des 20. Jahrhunderts

Im Jahr 1898 gründeten W. B. Yeats und Lady Gregory das Dubliner Abbey Theatre *(siehe S. 92)*. Die Eröffnung 1904 war zugleich das Startsignal für die *Irish Renaissance*, die sich auf nationale Themen konzentrierte. John Millington Synge ließ sich durch seine Liebe zu den Aran-Inseln und den Gestalten der irischen Sagen inspirieren, doch die in seinem *Playboy of the Western World* kultivierte »unmoralische Sprache« löste bei der Erstaufführung im Abbey Theatre einen Skandal aus. Mit den Zeitgenossen Sean O'Casey und W. B. Yeats beeinflusste er Generationen irischer Autoren, etwa den Romancier Seán O'Faoláin, den Kolumnisten Flann O'Brien und Brendan Behan. Kinder

Dramatiker George Bernard Shaw

der *Irish Renaissance* sind auch Patrick Kavanagh (1904–1967) und Louis MacNeice (1907–1963), der als einer der besten Dichter seiner Generation galt.

Brendan Behan *(links)* amüsiert sich in einem Dubliner Pub

Karikatur von Moralaposteln vor dem Abbey Theatre

Literarische Giganten

Aus der Vielzahl talentierter irischer Autoren ragen drei Personen besonders heraus: zunächst W. B. Yeats *(siehe S. 237)*, Verfasser von melancholischer Poesie, der zu den Vorkämpfern der *Irish Renaissance* gehörte und einer neuen nationalen Kulturidentität mit zum Durchbruch verhalf. James Joyce *(siehe S. 94)* war ein weiterer Revolutionär. Seine komplexen Erzähltechniken haben die Entwicklung des modernen Romans enorm beeinflusst. Der vielfach als literarische Offenbarung gefeierte Roman *Ulysses* beschreibt einen Tag in Dublin.

Noch heute wird in der Stadt alljährlich der nach dem Protagonisten des Werks Leopold Bloom benannte »Bloomsday« begangen. Der letzte der drei Giganten, Samuel Beckett *(siehe S. 67)*, war ebenfalls gebürtiger Dubliner, der später nach Frankreich ging. In seinen Werken *Warten auf Godot* und *Endspiel* befasst Beckett sich mit der durch Entfremdung und Sinnlosigkeit charakterisierten menschlichen Existenz. Seine Prosatexte sind wahre literarische Monolithen.

Patrick Kavanagh bei der Bloomsday-Feier

Zeitgenössische Autoren

Die literarische Tradition Irlands wird heute von talentierten Autoren weitergeführt. Zu den besten zählen William Trevor, ein Meister der Kurzgeschichte, und Brian Moore, dessen Geschichten sich mit politischer Desillusionierung befassen. Anne Enright (2007) und John Banville (2005) gewannen den Booker-Preis. Die Herkunft Roddy Doyles aus dem Arbeitermilieu spiegelt sich in *The Snapper* und *Paddy Clarke Ha Ha Ha*. Auch Joseph O'Connor, Cecelia Ahern, Maeve Binchy, Colum McCann, Edna O'Brien, Colm Tóibín, Seamus Heaney († 2013) und Derek Mahon gehören zu den großen irischen Gegenwartsautoren.

Die Commitments nach dem Buch von Roddy Doyle

Irland im Film

Immer wieder hat Irland die wichtigen Regisseure der Welt inspiriert. Das Land und seine Bewohner sind Gegenstand mehrerer bedeutender Filme. Die bekanntesten darunter sind: *The Crying Game* (1992), *Im Namen des Vaters* (1994), *Michael Collins* (1996), *Once* (1997) und *The Guard* (2011). Ein weiterer in Dublin spielender Film war *Die Commitments* (1991), der ausschließlich mit irischen Schauspielern besetzt war. In Irland werden auch sehr aufwendige TV-Serien gedreht, u. a. *Ripper Street*, *Vikings* und *Game of Thrones*.

Musik

Irland ist der einzige Staat der Welt mit einem Musikinstrument – der Harfe – im Nationalwappen. Die Iren lieben Musik, auch moderne wie Country- oder Rockmusik, doch die traditionelle irische Folk Music ist dominierend. Ob man die bis ins Mittelalter zurückreichenden gälischen Liebeslieder hört oder die schottisch und englisch beeinflusste Volksmusik des 17. und 18. Jahrhunderts – der irische Charakter der Klänge ist unverkennbar einzigartig. Zur irischen Musik gehört der Tanz. Etliche Melodien gehen auf jahrhundertealte Dreh- und Gigue-Tänze sowie Hornpipes (nach dem Blasinstrument benannte Tänze) zurück. Heute werden sie auf Veranstaltungen wie *fleadhs* und *ceilís* gespielt.

Turlough O'Carolan (1670–1738) ist der berühmteste irische Harfenist. Der blinde Musiker spielte den Reichen wie den Armen gleichermaßen auf. Viele von O'Carolans Melodien, etwa *Lament for Owen Roe O'Neill*, sind bis heute beliebt.

John F. McCormack (1884–1945) Der irische Tenor feierte Anfang des 20. Jahrhunderts in Amerika große Erfolge. Besonders beliebt waren seine Aufnahmen von Mozart-Arien. Ein anderer Sänger, der Tenor Josef Locke aus Derry, wurde in den 1940er und 1950er Jahren mit Balladen populär. Sein Leben wurde 1992 in *Hear My Song* verfilmt.

Zeitgenössische Musikszene

Heute ist Irland ein Schmelztiegel verschiedenster Musikstile. Die traditionellen irische Musik hat viele renommierte Musiker hervorgebracht, etwa die Flötenvirtuosen Liam O'Flynn und Paddy Keenan aus Dublin. Durch ihre Mischung von Alt und Neu haben es Gruppen wie etwa die Chieftains und die Fureys zu Weltruhm gebracht. Dank Van Morrison und Bands wie Thin Lizzy und Boomtown Rats in den 1970er und 1980er Jahren ist Irland auch eine führende Rock-Nation. Die berühmteste irische Rockband ist U2 aus Dublin, die seit den 1980er Jahren zu den beliebtesten Gruppen der Welt gehört. Später folgten Sänger wie Enya, Sinéad O'Connor und Damien Rice sowie Gruppen wie The Cranberries, The Corrs, Boyzone, Westlife und Snow Patrol. Zu den aktuell erfolgreichsten zählen der Folkrock-Musiker Hozier und die Band The Script.

Hozier

Snow Patrol

Traditionelle Instrumente

Traditionelle Bands kennen keine »feste« Besetzung. Wie die Musik selbst sind auch einige Instrumente keltischen Ursprungs. Die Uilleann Pipes z. B. sind mit der heute in Schottland und England verbreiteten Variante des Dudelsacks verwandt.

Traditionelle irische Tänze erfreuen sich neuerdings wieder wachsender Beliebtheit. Seit dem 17. Jahrhundert bilden die sonntäglichen Dorftänze einen Brennpunkt des ländlichen Gesellschaftslebens.

Das irische Melodeon ist der Urtyp des Knopfgriff-Akkordeons. Es passt besser zur irischen Volksmusik als das Piano-Akkordeon.

Die Uilleann Pipes sind mit dem Dudelsack verwandt und gehören zu den Hauptinstrumenten traditioneller irischer Musik.

Die Harfe ist seit dem 10. Jahrhundert in Gebrauch. In der letzten Zeit spielt sie bei Darbietungen traditioneller irischer Musik wieder eine Rolle.

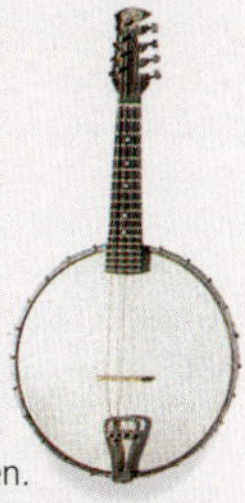

Das Banjo stammt aus dem Süden der USA und eröffnete den traditionellen Bands ganz neue klangliche Möglichkeiten.

Tin Whistle

Flöte

Querflöte und Tin Whistle gehören zu den beliebtesten Instrumenten der Volksmusik. Die Tin Whistle (auch Penny Whistle) ist eine einfache Flöte.

Irische Volkslieder, etwa das nebenstehende über den Osteraufstand von 1916, haben meist ein patriotisches Thema. Es gibt aber auch Lieder, die nicht vom Befreiungskampf, sondern von Not, Emigration und vom Heimweh handeln.

Die Violine wird von irischen Musikern liebevoll »fiddle« genannt. Spieltechniken und Klangfarben variieren von Region zu Region.

Keltisches Erbe

Irlands reiche erzählerische Tradition umfasst auch eine durch Mythen und Sagen geprägte volkstümliche Überlieferung. Etliche dieser Geschichten zirkulieren seit dem 8. Jahrhundert in schriftlicher Form, doch die meisten sind schon über 2000 Jahre alt. Sie wurden durch Druiden von Generation zu Generation mündlich weitergegeben und zeigen Ähnlichkeiten zu keltischen Sagen. Die irische Folklore ist voller Helden und furchtloser Krieger, aber auch Hexen, Kobolde, Feen und andere übernatürliche Geschöpfe treiben hier ihr (Un-)Wesen.

Die Rachekönigin Maeve von Connaught

Teilansicht des 2300 Jahre alten Gundestrup-Kessels aus Dänemark, der Cúchulainns Triumph in der »Viehschlacht von Cooley« zeigt

Cúchulainn

Der berühmteste Krieger der irischen Mythologie ist Cúchulainn. Mit sieben Jahren tötete ein Junge namens Setanta den bissigen Hund des Schmieds Culainn durch einen Stockschlag. Culainn war sehr aufgebracht. Als Entschädigung für den Verlust des Hundes hütete Setanta fortan sein Haus und erwarb sich den Namen Cúchulainn (»Hund des Culainn«).

Bevor er in die Schlacht ging, verwandelte sich Cúchulainn in einen Giganten, nahm eine andere Farbe an, und eines seiner Augen wurde riesig groß. Seinen größten Sieg errang er in der »Viehschlacht von Cooley«. Die mythische Königin Maeve von Connaught hatte ihren Truppen befohlen, den preisgekrönten Bullen von Ulster zu entführen. Cúchulainn erfuhr davon und besiegte die Männer ganz allein. Maeve rächte sich und lockte ihn in eine Todesfalle. Heute erinnert im Dubliner Hauptpostamt *(siehe S. 93)* eine Cúchulainn-Statue an die Helden des Osteraufstands von 1916.

Finn McCool

Der legendäre Krieger Finn McCool ist der berühmteste Anführer der Fianna, einer wegen ihrer Tapferkeit und Stärke gerühmten Truppe, die Irland gegen ausländische Invasoren verteidigte. Finn war aber nicht nur stark und kühn, sondern besaß auch Seherkräfte und konnte die Zukunft voraussagen, indem er seinen Daumen in den Mund steckte und daran saugte.

Wenn sie nicht gerade im Krieg waren, verbrachten die Mitglieder der Fianna ihre Zeit mit der Jagd. Finn hatte einen Hund namens Bran, der fast so groß war wie sein Herr und angeblich der Ahnherr der heutigen Irischen Wolfshunde ist. Viele Fianna-Mitglieder

Feen, Kobolde und Elfen

Die Existenz von Geistern und »kleinen Leuten« (Feen) spielt in der irischen Mythologie eine große Rolle. Vor Jahrhunderten glaubte man daran, dass unter Erdhügeln Elfen wohnen und die Berührung von Elfen Unglück bringen würde. Berühmt waren vor allem die Kobolde. Wenn man einen dieser Wichte fing, so die Sage, führte er einen zu einem Goldtopf. Sobald man ihn jedoch einmal aus den Augen ließ, hatte er sich wieder in Luft aufgelöst. Die Todesfee war ein weiblicher Geist, dessen Wehklagen vor einem Haus den baldigen Tod eines der Hausbewohner ankündigte.

Grafische Darstellung eines winzigen Kobolds

Todesfee mit flatterndem Haar

besaßen übernatürliche Kräfte, etwa Finns Sohn Ossian, der nicht nur wie sein Vater als Krieger, sondern auch als weiser Dichter berühmt war.

Der Sage nach hat der meist als Riese dargestellte Finn den Giant's Causeway im County Antrim *(siehe S. 266f)* erbaut, um gegen den schottischen Riesen Benandonner zu kämpfen.

Darstellung des für die Schlacht gerüsteten Finn McCool

König Lirs Kinder

Eine der traurigsten Gestalten der irischen Sage ist König Lir, der seine vier Kinder so sehr liebte, dass deren Stiefmutter vor Eifersucht tobte. Eines Tages führte sie die Kinder an einen See und verzauberte sie in Schwäne, die von da an 900 Jahre lang auf den Gewässern Irlands ihr Dasein fristen sollten. Bald wurde sie von Gewissensbissen gequält und schenkte den Schwänen die Gabe überirdisch schönen Gesangs. König Lir verfügte daraufhin, dass in Irland kein Schwan

Die Kinder König Lirs werden in Schwäne verwandelt

getötet werden dürfte – ein bis heute strafbares Vergehen. Der Zauber endete mit der Ankunft des Christentums. Die Kinder gewannen menschliche Gestalt zurück und starben kurz darauf.

Hl. Brendan

Brendan, ein Mönchsmissionar (6. Jh.), war viel auf Reisen. Obwohl er vorwiegend in Westirland lebte, soll er sich auch in Wales, Schottland und Frankreich aufgehalten haben. Seine berühmteste Reise, der *Navigatio Sancti Brendani*, ist aber wohl eher Fiktion und geht auf keltische Sagen zurück: Das Schiff mit Brendan und Mönchen soll nach siebenjähriger Irrfahrt auf dem Meer und zahllosen Prüfungen endlich das Land der Verheißung entdeckt haben. Das Fest des heiligen Brendan wird in Kerry bis zum heutigen Tag mit der Besteigung des Mount Brendan feierlich begangen.

Der hl. Brendan und seine Mönche begegnen einer Sirene, Holzschnitt

Ursprünge irischer Ortsnamen

Die Namen vieler Städte und Dörfer in Irland leiten sich von gälischen Bezeichnungen für auffallende Landschaftsmerkmale ab. Manche von ihnen sind mittlerweile verschwunden. Im Folgenden sind einige Bestandteile solcher Ortsnamen erklärt:

Die Festung auf dem Felsen von Cashel

Ar, ard – *hoch, Höhe*
Ass, ess – *Wasserfall*
A, ah, ath – *Furt*
Bal, bally – *Stadt*
Beg – *klein*
Ben – *Gipfel, Berg*
Carrick, carrig – *Fels*
Cashel – *Steinfestung*
Crock, knock – *Hügel*
Curra, curragh – *Marsch*
Darry, derry – *Eiche*
Dun – *Burg*
Eden – *Hügelabhang*
Innis, inch – *Insel*
Inver – *Flussmündung*
Isk, iska – *Wasser*
Glas, glass – *grün*
Glen, glyn – *Tal*
Kil, kill – *Kirche*
Lough – *See, Bucht*
Mona, mone – *Torfmoor*
Mor – *groß, ausgedehnt*
Mullen, mullin – *Mühle*
Rath, raha – *Festung*
Slieve – *Berg, Gebirge*
Toom – *Begräbnisstätte*
Tul, tulagh – *Hügelchen*

Die St Canice's Cathedral in Kilkenny

Sport-Events

Alle wichtigen internationalen Mannschaftssportarten werden in Irland praktiziert, doch am beliebtesten sind Gaelic Football und Hurling, zwei traditionelle irische Spiele. Die meisten großen Spiele sind, wie auch Fußball- und Rugby-Spiele, lange im Voraus ausverkauft. Wer kein Ticket hat, kann sie sich auch in einem Pub im Fernsehen anschauen. Pferderennen, die es an insgesamt 240 Tagen des Jahres gibt, finden ebenfalls begeisterten Zuspruch. Wer sich selbst sportlich betätigen möchte, kann beispielsweise angeln oder Golf spielen.

North West 200 ist das schnellste auf öffentlichen Straßen (unweit von Portstewart, *siehe S. 264*) ausgetragene Motorradrennen der Welt.

Endspiel um den Irish Football League Cup – die nordirische Fußballmeisterschaft

National Hunt Racing: viertägiges Pferderennen in Punchestown

Die Round-Ireland-Regatta findet nur alle zwei Jahre statt

Das irische Grand National ist ein mörderisches Hindernisrennen bei Fairyhouse.

| Januar | Februar | März | April | Mai | Juni |

Irish Champion Hurdle – Hindernisrennen in Leopardstown, County Dublin

Beginn der Lachsfangsaison

Das Six Nations Rugby Tournament zwischen Irland, Schottland, Wales, England, Italien und Frankreich dauert bis April. Irland trägt seine Heimspiele im Aviva Stadium in Dublin aus.

Die Internationale Seen-Rallye ist ein prestigeträchtiges Autorennen, das um die Seen von Killarney führt (*siehe S. 166f*).

Die Golfmeisterschaft Irish Open zieht Weltklassespieler an, die auf Plätzen wie Ballybunion im County Kerry antreten.

Legende
- Hurling
- Gaelic Football
- Galopprennen
- Nationales Jagdrennen
- Rugby
- Fußball
- Lachsfang
- Reiten

Beim Irish Derby auf der Rennstrecke The Curragh (*siehe S. 135*) sind viele der besten Dreijährigen Europas zu sehen.

SPORT-EVENTS

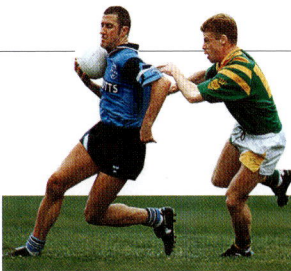

Das All-Ireland Football Final wird im Croke Park in Dublin ausgetragen. Teilnehmer sind die beiden besten Countys, die im Gaelic Football aufeinandertreffen. Das Spiel wird von mehr Menschen verfolgt als jedes andere Sportereignis in Irland.

Bei der Cork Week-Regatta, die alle zwei Jahre vom Royal Cork Yacht Club ausgerichtet wird, messen sich Boote aller Klassen.

Greyhound Derby im Shelbourne Park, Dublin

Bei der Galway Race Week geht es nicht nur um Pferdesport, sie ist auch ein wichtiges gesellschaftliches Ereignis.

Der Dublin Marathon ist der wichtigste Marathonlauf Irlands. Das Rennen zieht zahlreiche Sportler an, darunter auch Spitzenathleten aus aller Welt.

| Juli | August | September | Oktober | November | Dezember |

Internationaler Wettbewerb der Kunstspringer in der Millstreet

Finale um den Cup des Irischen Fußballverbands

Die Dublin Horse Show ist die wichtigste Pferdeschau des Landes – und gesellschaftliches Ereignis.

Finale der irischen Hurling-Meisterschaft im Croke Park in Dublin

Die Gälische Athletenvereinigung

Die GAA (Gaelic Athletic Association; gälisch: Cumann Lúthchleas Gael) wurde 1884 zur Förderung traditioneller irischer Sportarten gegründet. Trotz der Konkurrenz des internationalen Fußballs ist in Irland noch immer Gaelic Football – eine Mischung aus Rugby und Fußball – am beliebtesten. Ähnlich populär ist Hurling, eine mit Holzschlägern gespielte schnelle und sehr körperbetonte Feldsportart, die schon in frühkeltischer Zeit entstanden sein soll. Sowohl Gaelic Football als auch Hurling werden von Amateuren auf Gemeinde- und Bezirksebene gespielt. Das nationale Hurling-Finale findet in Dublin statt.

Camogie, eine von Frauen bevorzugte Variante des Hurling

Die Geschichte Irlands

Die Insel war wegen ihrer isolierten Lage lange von historischen Entwicklungen in Europa abgekoppelt. Eine Einigung der keltischen Stammesgebiete brachte die Christianisierung im 5. Jahrhundert. Mit der protestantischen Eroberung durch die Engländer brandete ein religiöser Konflikt auf, der die Geschichte Irlands über Jahrhunderte beherrschen sollte. Die Hungersnot Mitte des 19. Jahrhunderts zog eine Massenauswanderung in die USA nach sich. Die Republik Irland wurde 1922 unabhängig. Das überwiegend protestantische Nordirland verblieb bei Großbritannien.

Kelten, Wikinger und Normannen

Aus der Frühzeit Irlands künden Sagen von kriegerischen Göttern und heroischen Königen. Kriegerische keltische Stämme nahmen nach Ankunft des hl. Patrick auf der Insel 432 n. Chr. das Christentum an. Es entstanden riesige Klöster, Zentren der Gelehrsamkeit und des Glaubens. Die Zeit des Friedens endete mit Einfällen der Wikinger, die die Insel jedoch nie völlig unter ihre Kontrolle brachten. 1169 trafen die Anglo-Normannen ein, Henry II von England rief sich zum Lord Irlands aus.

Religiöse Konflikte

Im Jahr 1532 brach König Henry VIII mit dem Katholizismus, zwischen irischen Katholiken und Truppen der englischen Krone kam es zu erbitterten Kämpfen. Immer mehr Land ging in den Besitz englischer Protestanten über. Vollendet wurde die Eroberung durch den Sieg Wilhelms III. von Oranien im Jahr 1690 über seinen Schwiegervater James II. Die neue Ordnung unterdrückte die Iren.

Bei der Hungersnot (1845–48) starben etwa 1,5 Millionen Menschen, über zwei Millionen Iren emigrierten.

Teilung der Insel

Der Ruf nach Unabhängigkeit wurde immer lauter, aber es bedurfte blutiger Kämpfe, bevor das Land 1921 geteilt wurde: Im Süden entstand der Freistaat Irland. Nordirland verblieb bei Großbritannien, was Jahrzehnte dauernde Konflikte zur Folge hatte.

Karte von Irland (1592), auf der die vier traditionellen Provinzen zu sehen sind

◀ *Das Fest des hl. Kevin inmitten der Ruinen von Glendalough (siehe S. 144f) von Joseph Peacock (1813)*

Prähistorisches Irland

Bis vor etwa 9500 Jahren war Irland unbewohnt. Die ersten Menschen, die möglicherweise über eine Landbrücke von Schottland aus einwanderten, waren Jäger und Sammler, die nur wenige Siedlungsspuren hinterlassen haben. Im 4. Jahrtausend v. Chr. trafen jungsteinzeitliche Bauern und Viehhirten ein, die ihre Felder mit mächtigen Steinmauern einfassten und Monumentalgräber wie das in Newgrange errichteten. Die Eisenzeit begann im 3. Jahrhundert v. Chr. mit der Besiedlung Irlands durch die Kelten, die von Mitteleuropa aus auf die Insel gelangten und sich schon in kurzer Zeit als herrschende Kultur etablierten.

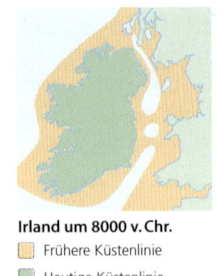

Irland um 8000 v. Chr.
- Frühere Küstenlinie
- Heutige Küstenlinie

Diese Scheiben wurden auf den Schultern getragen.

Ringkragen aus Gleninsheen
Die späte Bronzezeit hat viele Schmuckstücke hervorgebracht. Dieser Goldkragen stammt aus der Zeit um 700 v. Chr.

Dolmen oder Portalgräber
Die Megalithgräber datieren von etwa 2000 v. Chr. Der Dolmen von Leganany in den Bergen von Mourne *(siehe S. 288)* ist ein imposantes Beispiel.

Dreifache Seilschnüre

Holzgötze
Dieser Fetisch fand in heidnischen Fruchtbarkeitsriten Verwendung.

Keltischer Steingötze
Dieser dreigesichtige Kopf wurde im County Cavan gefunden. In der keltischen Religion hatte die Zahl Drei herausragende Bedeutung.

Bronzene Trense
Zwei mit reich verzierten Geschirren bespannte Pferde zogen die Kampfwagen.

um 7500 v. Chr. Erstbesiedlung Irlands
Ausgestorbener »Irischer Elch«

5000–3000 Irland ist von dichten (hauptsächlich Eichen- und Ulmen-)Wäldern bedeckt

2500 Anlage des Passagen-Grabs von Newgrange *(siehe S. 250f)*

1500 Erhebliche Fortschritte in der Metallverarbeitung

| 8000 v. Chr. | 6000 | 4000 | 2000 | 1000 |

6000 Aus dieser Zeit stammende Hütten wurden am Mount Sandel ausgegraben (älteste Siedlungen Europas)

3700 Neolithische Bauern erreichen Irland. Sie roden Wälder und bauen Getreide an

2050 Die nach ihren Tongefäßen benannten Becher-Leute erreichen Irland zu Beginn der Bronzezeit

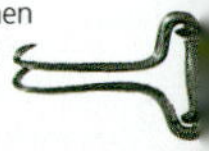

Prähistorisches Irland

Zu den vorgeschichtlichen Stätten gehören die Anlage von Newgrange mit ihren Ganggräbern *(siehe S. 250f)*, der Dolmen von Brownshill *(siehe S. 145)* sowie Ossian's Grave. In Céide Fields *(S. 208)* und Lough Gur *(S. 198f)* gibt es prähistorische Siedlungen. Der größte steinzeitliche Friedhof liegt in Carrowmore *(S. 238)*. Nachbauten prähistorischer Stätten gibt es in Craggaunowen *(S. 194)*. Das National Museum – Archaeology in Dublin *(S. 70f)* besitzt die landesweit schönste Sammlung von Kunsthandwerk.

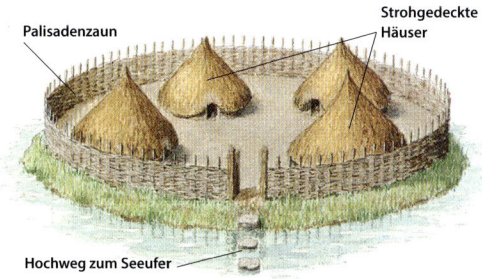

Palisadenzaun

Strohgedeckte Häuser

Hochweg zum Seeufer

Rekonstruktion eines Crannog
Die seit der Bronzezeit in Seen angelegten künstlichen Inseln, die Crannogs, waren anfangs für die Fischerei gedacht. Sie entwickelten sich zu Wohnanlagen und blieben bis ins 17. Jahrhundert in Gebrauch.

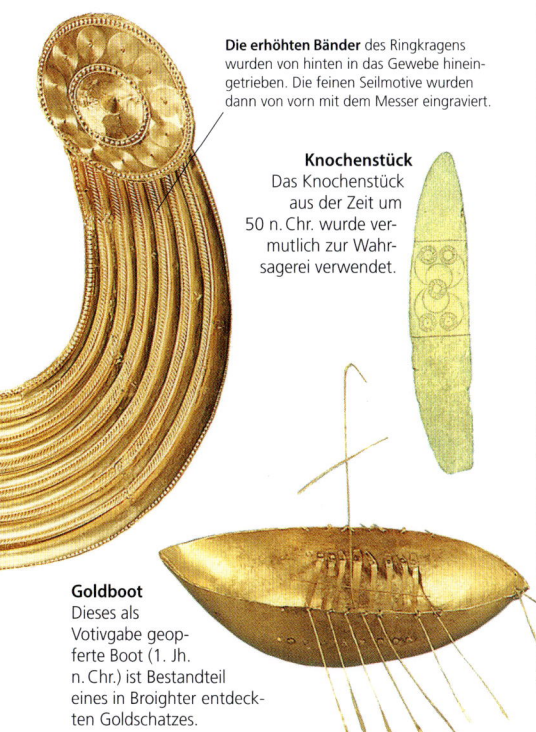

Die erhöhten Bänder des Ringkragens wurden von hinten in das Gewebe hineingetrieben. Die feinen Seilmotive wurden dann von vorn mit dem Messer eingraviert.

Knochenstück
Das Knochenstück aus der Zeit um 50 n. Chr. wurde vermutlich zur Wahrsagerei verwendet.

Goldboot
Dieses als Votivgabe geopferte Boot (1. Jh. n. Chr.) ist Bestandteil eines in Broighter entdeckten Goldschatzes.

In Newgrange *(siehe S. 250f)* liegt die am schönsten restaurierte jungsteinzeitliche Grabstätte Irlands.

Ossian's Grave ist ein Hofgrab, der früheste Typus neolithischer Gräber mit steinernem Hof vor dem Grabhügel *(siehe S. 271)*.

---

600 Erste Welle keltischer Einwanderer

500 Stammesfehden: Clan-Anführer streiten um den Titel des *Ard Ri* (Oberkönigs)

80 n. Chr. Der römische General Agricola erwägt die Invasion Irlands von Britannien aus

367 Das römische Britannien wird von Iren, Pikten und Sachsen angegriffen

| 650 | 500 | 250 | 0 | 250 n. Chr. |

Mit Vögeln verzierter Bronze-Stachelstock

250 Zweite keltische Einwanderungswelle bringt La-Tène-Kultur nach Irland

um 150 Ptolemäus berichtet über Irland und zeichnet eine Karte der Insel

Aus Südfrankreich stammender Bronze-Schwertgriff

Keltisches Christentum

Das keltische Irland war in über hundert Stammesgebiete unterteilt, von denen viele den Königen größerer Provinzen wie Munster und Connaught untertan waren. Bisweilen gab es auch einen offiziellen Oberkönig, der in Tara *(siehe S. 252)* residierte. Mit der Christianisierung im 5. Jahrhundert n. Chr. begann ein Zeitalter der Gelehrsamkeit, die vor allem in den Klöstern gepflegt wurde. Ende des 8. Jahrhunderts wurde Irland durch die Ankunft der Wikinger erschüttert.

Irland im Jahr 1000
- Wikingersiedlungen
- Die vier alten Provinzen

Ogham-Stein
Die älteste irische Schrift (Ogham) datiert von etwa 300 n. Chr. Die Einkerbungen entsprechen römischen Buchstaben.

Keltische Klöster
Die Klöster waren große Bevölkerungszentren. Die Rekonstruktion zeigt Glendalough (siehe S. 144f) um das Jahr 1100. Der große Rundturm diente dem Schutz vor Wikingern.

- Haus des Abtes
- Handwerkerwohnungen
- Refektorium und Küche
- Rundturm
- Marienkirche
- Die **Wassermühle** diente zum Mahlen von Weizen und Gerste.
- Das **Magnus Domus** war ein vom Abt und den Mönchen benutztes Gemeindehaus.
- St Kevin's Church
- Steinbrücke
- Ein **Hochkreuz** markiert die Grenze des Klosters.

Schlacht von Clontarf
Nach ihrer Niederlage gegen den irischen Oberkönig BrianBorú 1014 integrierten sich die Wikinger in die einheimische Bevölkerung. BrianBorú selbst fand in der Schlacht den Tod.

---

430 Papst entsendet den ersten christlichen Missionar

455 Der hl. Patrick gründet Kirche in Armagh

563 Der hl. Columba (Colmcille), der erste irische Missionar, gründet Kloster auf der Hebriden-Insel Iona

664 Synode von Whitby beschließt, dass die irische Kirche die Datierung des Osterfests von Rom übernimmt

400 — **500** — **600** — **700**

432 Beginn der Mission des hl. Patrick

um 550 Beginn des Goldenen Zeitalters des keltischen Klosterlebens

615 Der hl. Columba stirbt in Italien, nachdem er in ganz Europa viele Klöster gegründet hat

um 690 Fertigstellung des Buchs von Durrow *(siehe S. 67)*

Der hl. Patrick

KELTISCHES CHRISTENTUM | 39

Überfälle und Niederlassung der Wikinger
Die ersten Langschiffe gingen 795 in Irland vor Anker. Die gefürchteten Wikinger führten neue Agrarmethoden und die Münzprägung ein. Sie gründeten auch Städte wie Dublin, Waterford und Limerick.

Frühchristliche Stätten

Außer in Glendalough gibt es frühe Klosterbauten noch in Clonmacnoise und auf der Insel Devenish. Kirchen aus dieser Zeit stehen in Gallarus *(siehe S. 161)*, in Clonfert *(S. 219)* und auf dem Rock of Cashel *(S. 200f)*, Hochkreuze *(S. 247)* und Rundtürme *(S. 24)* findet man an vielen Stellen der Insel. Das National Museum – Archaeology in Dublin *(S. 70f)* besitzt eine exzellente Sammlung kirchlicher Kunstobjekte. Das Trinity College *(S. 66f)* birgt die schönsten illuminierten Manuskripte.

Goldvogel von Garryduff
Dieses Goldornament, vermutlich ein Zaunkönig, stammt etwa aus dem 7. Jahrhundert n. Chr. und ist im Cork Public Museum ausgestellt.

Kathedrale
Torhaus
Gästehaus und Stallungen
Mönchswohnungen und Scheunen

Devenish Island mit seinem schönen Rundturm (12. Jh.) befindet sich am Lower Lough Erne *(siehe S. 275)*.

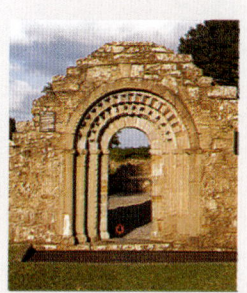

Die St Kieran's Church und andere bedeutende Kirchen wurden aus Stein errichtet. Ansonsten gab es nur Holzbauten.

Krummstab der Äbte von Clonmacnoise
Dieser Bischofsstab aus dem 11. Jahrhundert ist von einer verzierten Silberhülle umgeben.

Clonmacnoise *(siehe S. 254f)* liegt am Shannon-Ostufer. Das romanische Portal gehört zu den Ruinen einer Nonnenkirche.

Wikinger-Silberbrosche

795 Erste Plünderung der Küstenklöster durch die Wikinger

807 Beginn der Arbeiten am Kloster von Kells *(S. 245)*

841 Eine große Flotte der Wikinger verbringt den Winter in Dublin

967 Irische Krieger plündern Limerick und inszenieren Aufstand gegen Anführer der Wikinger

999 Sitric Seidenbart, der Wikingerkönig von Dublin, unterwirft sich Brian Ború

1014 Oberkönig Brian Ború von Munster schlägt bei Clontarf die Streitkräfte der Wikinger und des Königs von Leinster

1166 Dermot McMurrough, König von Leinster, flieht

1134 In Cashel wird die Cormac's Chapel errichtet *(S. 200f)*

1142 Gründung des ersten Zisterzienserklosters in Mellifont *(siehe S. 249)*

| 800 | 900 | 1000 | 1100 |

Wikingermünze

Irland unter den Normannen

Von Richard de Clare (genannt »der Bogenheld«) geführte anglo-normannische Edelleute wurden 1170 vom König von Leinster ins Land gerufen. Sie brachten die wichtigsten Städte unter ihre Herrschaft. Henry II von England proklamierte sich zum Herrscher Irlands. In den folgenden Jahrhunderten verfiel die englische Herrschaft. Die englische Krone kontrollierte schließlich lediglich ein als »Pale« *(siehe S. 136)* bekanntes kleines Gebiet um Dublin.

Irland im Jahr 1488
Ausdehnung des Pale-Gebiets

Carrickfergus Castle
Die ersten anglo-normannischen Forts waren Holzbauten, die bald durch Steinburgen ersetzt wurden. Mit dem Bau von Carrickfergus (siehe S. 279) wurde kurz nach 1180 begonnen.

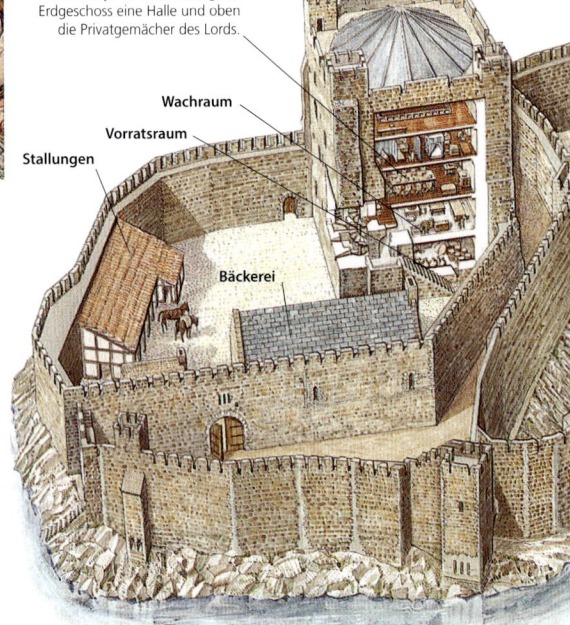

Der Hauptturm beherbergt im Erdgeschoss eine Halle und oben die Privatgemächer des Lords.

Wachraum
Vorratsraum
Stallungen
Bäckerei

Die Hochzeit von Strongbow und Eva
Der König von Leinster gab dem »Bogenhelden« (Strongbow) seine Tochter Eva (Aoife) zur Frau, weil er ihm sein Land zurückerobert hatte (Gemälde von Daniel Maclise von 1854).

Normannische Waffen
Diese bei Waterford ausgegrabenen Pfeile und Bogen sind vielleicht nach de Clares Angriff 1170 zurückgeblieben.

1172 Papst bestätigt Lehensherrschaft von Henry II von England über Irland

1177 Courcys Truppen dringen nach Ulster ein

Dermot McMurrough, König von Leinster, der de Clare zu Hilfe gerufen hatte

1260 Der irische Führer Brian O'Neill fällt in der Schlacht von Down

1318 Bruce fällt in der Schlacht

1315 Schotten fallen in Irland ein. Edward Bruce wird zum König gekrönt

1200 — **1250** — **1300**

1169 Richard de Clares Anglo-Normannen landen auf Wunsch des exilierten Königs von Leinster, Dermot McMurrough

1224 Dominikaner kommen nach Irland und gründen Klöster

1297 Erstes irisches Parlament tagt in Dublin

IRLAND UNTER DEN NORMANNEN | **41**

Rückkehr der Flotte Richards II nach England 1399
König Richard unternahm zwei Irlandfahrten – 1394 und 1399. Auf der ersten besiegte er Art McMurrough, den König von Leinster, die zweite blieb erfolglos.

Anglo-Normannen

Gute Beispiele normannischer Festungsbauten in Irland sind die Burgen von Carrickfergus, Limerick *(siehe S. 195)* und Trim *(siehe S. 252)* sowie Waterfords Stadtmauern. Gotische Kathedralen: Christ Church *(siehe S. 84f)* und St Patrick's *(siehe S. 86f)* in Dublin sowie St Canice's *(siehe S. 148)* in Kilkenny. Ruinen mittelalterlicher Zisterzienserabteien gibt es in Jerpoint und Boyle *(siehe S. 223)* zu sehen.

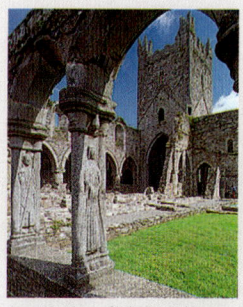

Küche

Das Torhaus war der letzte Anbau (13. Jh.). Die beiden Türme hatten Schießscharten für die Bogenschützen.

Zugbrücke

Kapelle

Jerpoint Abbey *(siehe S. 149)* hat einen Kreuzgang (15. Jh.), in den sonderbare Figuren geschnitzt wurden.

In der Halle hielt der Burgherr Hof und entschied Streitfälle, die ihm vorgetragen wurden.

Éamonn Burke
Der Lord von Mayo (14. Jh.) war ein typischer Vertreter der Adeligen anglo-normannischer Herkunft.

Zu Waterfords anglo-normannischer Befestigung gehört auch dieser Wachturm *(siehe S. 150f)*.

Große Charta von Waterford (1372) mit Porträts der Bürgermeister von vier mittelalterlichen Städten

1394 König Richard II landet mit Armee, um Herrschaft neu zu befestigen; fünf Jahre später zweite Expedition

1471 Achter Earl of Kildare zum Lord-Verwalter ernannt

1491 Kildare unterstützt Ansprüche Perkin Warbecks auf englischen Thron

1496 Kildare abermals Lord-Verwalter

| 1350 | 1400 | 1450 |

1366 Statuten von Kilkenny verbieten Ehen zwischen Anglo-Normannen und Iren

1348 Schwarzer Tod: Ein Drittel der Bevölkerung stirbt in nur drei Jahren

Englische Truppen (links) stehen irischen Reitern gegenüber

1487 Kildare krönt in Dublin Lambert Simnel zum König Edward VI

1494 Lord-Verwalter Edward Poynings verbietet Tagungen des irischen Parlaments ohne königliche Zustimmung

Protestantische Eroberung

Der Bruch Englands mit der katholischen Kirche, die Auflösung der Klöster und die Selbsternennung Henrys VIII zum König von Irland verbitterten sowohl die alten anglo-normannischen Dynastien als auch die irischen Clans, etwa die O'Neills. Gegen starken Widerstand etablierte sich die englisch-protestantische Vorherrschaft erst nach 150 Jahren. Die Tudors und Stuarts verfolgten eine Politik der Neubesiedlung und militärischen Gewalt. Als der Katholik James II den englischen Thron bestieg, keimten in Irland Hoffnungen – doch er wurde abgesetzt und floh nach Irland, wo er 1690 von Wilhelm III. von Oranien geschlagen wurde.

Irland im Jahr 1625

Hauptgebiete der Ansiedlungspolitik James' I

Das erste Entsatzschiff, das Londonderry erreichte, war die *Phoenix*. Drei Monate lang wurden englische Schiffe durch eine Holzbarrikade an der Einfahrt in die Foyle-Bucht gehindert.

Die Armee James' II attackiert das Schiff vom Ostufer der Foyle-Bucht aus.

Schlacht am Boyne
Dieser Wandteppich der Bank von Irland *(siehe S. 64)* zeigt Wilhelm von Oranien, der 1690 seine Truppen gegen die Armee James' II führt. Sein Sieg wird bis heute von den Oraniern in Nordirland gefeiert.

Silken Thomas Fitzgerald
Silken Thomas, Führer der Kildarer, kündigte Henry VIII 1534 die Treue auf und wurde 1537 gemeinsam mit seinen fünf Onkeln gehängt.

Die Waffen und Uniformen (17. Jh.) sind nicht originalgetreu dargestellt.

Henry VIII

1534 Silken Thomas rebelliert gegen Henry VIII

1504 8. Earl of Kildare macht sich nach dem Sieg bei Knocktoe zum Herrn Irlands

1541 Henry VIII wird vom irischen Parlament zum König von Irland proklamiert

1539 Henry VIII löst Klöster auf

Sir Thomas Lee, Offizier der Armee Elizabeths I, in irischer Tracht

1557 Mary I lässt in Offaly und Laois erste Briten ansiedeln

1592 Gründung des Trinity College in Dublin

1585 Irland wird kartiert und in 32 Countys unterteilt

1582 Desmond-Rebellion in Munster

1588 Spanische Armada sinkt vor der Westküste

1607 Irischer Hochadel flieht auf den europäischen Kontinent, Britische Neusiedler in Ulster

1603 Earl of Tyrone beendet durch Vertrag von Mellifont den achtjährigen Krieg

1500 — 1525 — 1550 — 1575 — 1600

PROTESTANTISCHE EROBERUNG | 43

Fremdbesiedlung Irlands

James I erkannte, dass Irland sich durch Macht allein nicht unterjochen ließ. Er ließ deshalb die ansässigen Iren vertreiben und verteilte ihr Land an englische und schottische Protestanten. Diese Politik führte zur Entstehung vieler neuer loyaler Garnisonsstädte, die die englische Krone unterstützten.

Droghedas Belagerung (1649)
Zwischen 1649 und 1652 rächte Cromwells Armee Angriffe auf protestantische Siedler mit äußerster Härte. Hier leitet Cromwell die Beschießung Droghedas.

Bellaghy im County Londonderry wurde von der Weinhändler-Gilde besiedelt. Diese Karte der präzis geplanten Stadt entstand 1622.

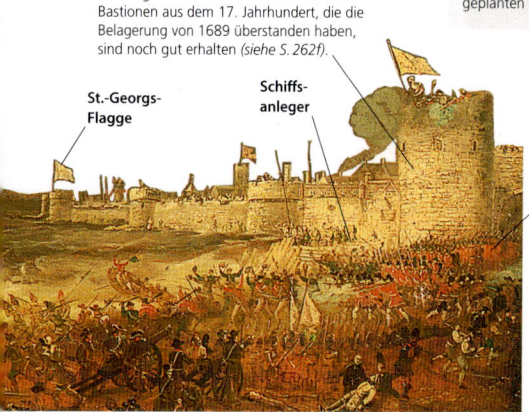

Die Stadtmauern von Derry wurden nie von Angreifern zerstört. Viele der Tore und Bastionen aus dem 17. Jahrhundert, die die Belagerung von 1689 überstanden haben, sind noch gut erhalten *(siehe S. 262f)*.

St.-Georgs-Flagge

Schiffsanleger

Protestanten stürmen den englischen Entsatztruppen aus der belagerten Stadt entgegen und schlagen auf den Feind ein.

Loftus Cup
Adam Loftus, Kanzler von Irland, nutzte seine Position zur eigenen Bereicherung. 1593 ließ er das große Siegel von Irland einschmelzen und diesen vergoldeten Silberpokal fertigen.

Derrys Belagerung (1689)
Rund 20 000 Protestanten wurden 1689 von den Streitkräften James' II 105 Tage lang in Londonderry belagert. Tausende verhungerten, bis englische Kriegsschiffe zu Hilfe kamen. Das Gemälde von William Sadler II (18. Jh.) zeigt das Ende der Belagerung.

1632 Wichtiges irisches Geschichtswerk: *The Annals of the Four Masters*, von vier Franziskanermönchen aus Donegal verfasst

Protestantische Lehrjungen schließen vor der Belagerung von 1689 die Stadttore von Derry

1690 Wilhelm von Oranien schlägt James II in der Schlacht am Boyne. James' Armee kapituliert im folgenden Jahr in Limerick

| 1625 | 1650 | 1675 | 1700 |

1649 Cromwell landet in Dublin, zerstört Drogheda und Wexford. Katholische Landbesitzer werden in den äußersten Westen umgesiedelt

1688 James II, der abgesetzte König von England, flieht nach Irland und organisiert Truppen

1695 Strafgesetze beschneiden drastisch die Rechte der Katholiken

1641 Bewaffneter Aufstand in Ulster gegen Neuansiedlung

1689 Belagerung Londonderrys

Georgianisches Irland

Zur Zeit der protestantischen Vorherrschaft lebte die landbesitzende Oberschicht in großem Wohlstand und baute prächtige Landhäuser. Die Katholiken durften zu jener Zeit nicht einmal Land kaufen. Ende des 18. Jahrhunderts forderten Radikale die Unabhängigkeit von der englischen Krone. Premierminister Henry Grattan versuchte, das Ziel auf parlamentarischem Weg zu erreichen. Wolfe Tone und die United Irishmen plädierten für einen bewaffneten Aufstand. Beide Wege scheiterten letztlich.

Irland im Jahr 1703
Countys mit 75 Prozent Landbesitz für Protestanten

Prunkschlafzimmer

Der Salon war der Haupt- und Empfangsraum des Gebäudes. Er ist mit einem herrlichen Parkettboden ausgestattet.

Steinlöwen von Edward Smyth (1749–1812)

Irisches Parlament
Das Gemälde zeigt den irischen Politiker Henry Grattan *(siehe S. 64)*. Das »Grattan-Parlament« tagte von 1782 bis 1800, wurde dann jedoch durch das Vereinigungsgesetz abgeschafft.

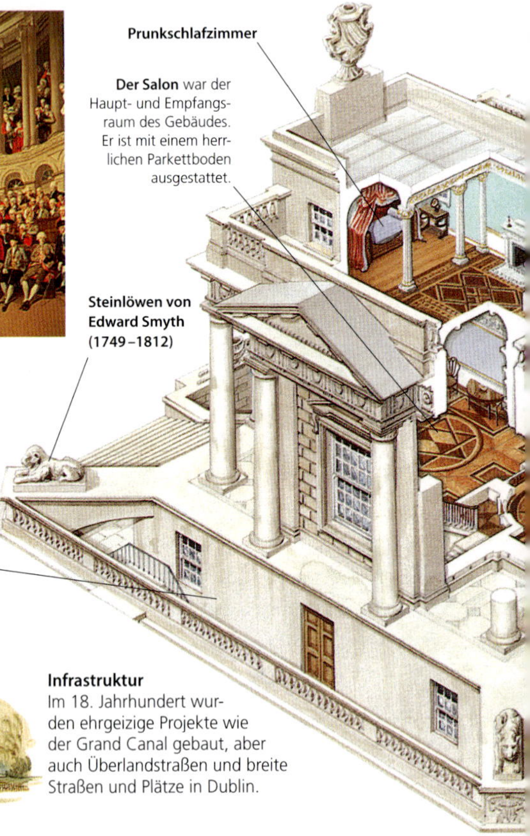

Im Tiefgeschoss sind der Gesinderaum, die Küche, der Vorratsraum und der Weinkeller untergebracht.

Infrastruktur
Im 18. Jahrhundert wurden ehrgeizige Projekte wie der Grand Canal gebaut, aber auch Überlandstraßen und breite Straßen und Plätze in Dublin.

Jonathan Swift (1667–1745)

1713 Jonathan Swift wird zum Dechanten der St Patrick's Cathedral ernannt *(siehe S. 86f)*

1724 Jonathan Swift greift in *Ein bescheidener Vorschlag* die irischen Strafgesetze an

1731 Erstausgabe des *Belfast Newsletter*, der ältesten bis heute erscheinenden Zeitung der Welt

1731 Gründung der Dublin Society zur Förderung der Landwirtschaft, der Künste und des Handwerks

1738 Tod des berühmtesten irischen Harfenisten Turlough O'Carolan *(siehe S. 28)*

1742 Uraufführung von Händels *Messias* in Dublin

1751 Das Rotunda Hospital in Dublin ist das erste Entbindungskrankenhaus der Britischen Inseln

1710 | 1720 | 1730 | 1740 | 1750

Georgianisches Irland

Dublin besitzt eine Vielzahl an georgianischen *terraces* und öffentlichen Gebäuden, darunter das Zollhaus *(siehe S. 92)* und die Four Courts *(siehe S. 96f)*. In der Umgebung der Stadt erinnern in Castletown *(siehe S. 132f)*, Russborough und Powerscourt *(siehe S. 138f)* Landhäuser an den Lebensstil der Oberschicht im 18. Jahrhundert. Sehenswert sind auch Emo Court, Westport House *(siehe S. 208)* und Castle Coole *(siehe S. 276)*.

Leinenbleiche
In Ulster erblühte dank eingewanderter hugenottischer Fachkräfte die Leinenindustrie. Das fertige Gewebe wurde auf Feldern oder an Flussufern ausgelegt *(siehe S. 272)*.

Die klassizistischen Urnen auf dem Dach kaschieren die Kamine.

Das Porzellankabinett war als Schlafzimmer gedacht.

Irische Malerei
Aristokratisches Mäzenatentum förderte die Bildung einer irischen Schule der Malerei. Dieses Bild eines unbekannten Künstlers zeigt Leixlip Castle.

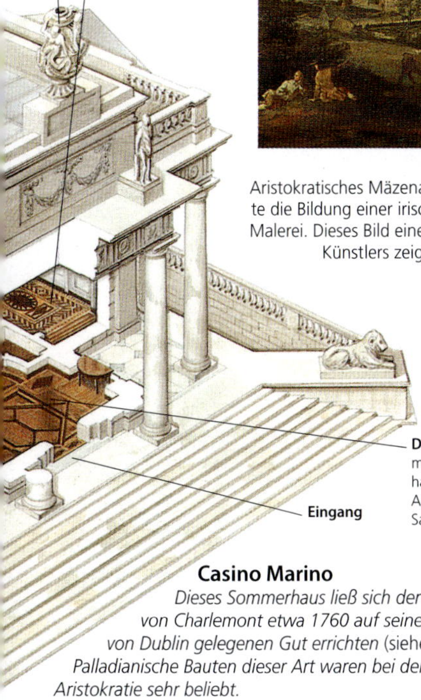

Die Halle mündet in eine halbkreisförmige Apsis, die in den Salon führt.

Eingang

Casino Marino
Dieses Sommerhaus ließ sich der erste Earl von Charlemont etwa 1760 auf seinem nördlich von Dublin gelegenen Gut errichten *(siehe S. 104)*. Palladianische Bauten dieser Art waren bei der irischen Aristokratie sehr beliebt.

Emo Court mit seinem schlichten ionischen Portikus ist ein Werk von James Gandon, der auch viele der öffentlichen Gebäude Dublins errichtet hat.

Russborough House *(siehe S. 136f)* wurde 1741 von Richard Cassels erbaut. Elegante Nischen flankieren den großen Kamin in der Eingangshalle.

Eingang der Guinness-Brauerei

1782 Parlament erhält mehr Unabhängigkeit von London

Die Irischen Freiwilligen, die das Parlament zu Reformen drängten

1798 Rebellion der United Irishmen niedergeschlagen

| 1760 | 1770 | 1780 | 1790 |

Zollhaus

1791 James Gandons Zollhaus in Dublin erbaut

1795 Protestanten bilden in Ulster den Oranier-Orden

1759 Arthur Guinness kauft die St James's Gate Brewery in Dublin

1793 Begrenzte rechtliche Gleichstellung der irischen Katholiken

Hungersnot und Emigration

Das beherrschende Ereignis der irischen Geschichte im 19. Jahrhundert war die durch den völligen Ausfall der Kartoffelernte verursachte Große Hungersnot (1845–48). Irisches Getreide wurde weiterhin nach England exportiert. In Irland starben etwa 1,5 Millionen Menschen an Hunger und Krankheiten, zwei Millionen emigrierten in die USA. Die Not löste einen Kampf der Pächter für mehr Rechte aus, der schließlich in der Forderung nach Unabhängigkeit von Großbritannien mündete. Im Parlament trat der charismatische Charles Stewart Parnell für eine unabhängige irische Regierung ein.

Irland im Jahr 1851
Gebiete, in denen die Bevölkerung mehr als 25 Prozent abnahm

Daniel O'Connell
Der »Befreier« genannte O'Connell organisierte friedliche »Riesenkundgebungen« zugunsten der rechtlichen Gleichstellung der Katholiken. Er zog 1828 für den Bezirk Clare ins Parlament ein.

Die Schiffe, auf denen die Iren nach Amerika reisten, waren überfüllt, verseucht und als »Sargschiffe« verrufen.

Castle Clinton war vor der Einrichtung der Anlagen auf Ellis Island die Abfertigungsstation für Neuankömmlinge in New York.

Boykottierung der Grundbesitzer
1880 bewachten Soldaten die Ernte des Captain Boycott. Er war das Opfer einer Kampagne gegen Gutsbesitzer, die ihre Pächter vertrieben hatten. Sein Name ging in die Sprache ein.

Charles Bianconis Postkutschenlinie, 1836

1815 Erster Kutschen-Dienst in Irland eröffnet

1817 Fertigstellung des Royal Canal

1838 Father Mathew ruft Anti-Alkohol-Kampagne ins Leben. Fünf Millionen Iren geloben Abstinenz. Die Whiskey-Produktion wird reduziert

1845 Beginn der Große Hungersnot, die vier Jahre andauern sollte

| 1800 | 1810 | 1820 | 1830 | 1840 |

1803 Von Emmet angeführte Erhebung wird unterdrückt

1800 Vereinigungsgesetz: Irland wird rechtlich Bestandteil Großbritanniens

1829 Nach einer von Daniel O'Connell angeführten fünfjährigen Kampagne wird ein Gesetz verabschiedet, das einer begrenzten Zahl von Katholiken das Wahlrecht gibt

Father Mathew

HUNGERSNOT UND EMIGRATION | 47

Vertreibung irischer Bauern
Kurz vor 1880 stürzten die Preise für landwirtschaftliche Produkte ins Bodenlose. Die Pächter konnten ihre Abgaben nicht mehr zahlen und wurden von ihrem Land vertrieben. Ihre Not rief die Land-Liga für Reformen ins Leben.

Iren im Ausland

Ein Ergebnis der Hungersnot war die Entstehung einer starken irischen Gemeinschaft in den USA. Die Einwanderer arbeiteten sich in der amerikanischen Gesellschaft allmählich nach oben und wurden relativ wohlhabend. Sie forderten die US-Regierung auf, die Briten zu einer Änderung ihrer Irland-Politik zu bewegen. Die militante Gruppe Clan na Gael entsandte US-Bürgerkriegsveteranen nach Irland, die in den fenianischen Erhebungen von 1865 und 1867 mitkämpften.

New Yorker Parade am 17. März 1870 anlässlich des St Patrick's Day.

Die Iren galten in den USA weithin als bäuerliche Analphabeten und stießen oft auf Ablehnung.

Einwanderer bei der Ankunft
Die Iren, die die Reise nach Amerika überlebten, landeten in Castle Garden in New York. Obwohl meist Bauern, siedelten sich die meisten in Manhattan an. Das Gemälde (1855) stammt von Samuel Waugh.

Charles Stewart Parnell
Die politische Laufbahn des Vorkämpfers der Land-Liga und der Home Rule war 1890 abrupt zu Ende, als er des Ehebruchs bezichtigt wurde.

1853 Königin Victoria eröffnet die Dubliner Ausstellung

1877 Parnell wird Chef der neuen Home Rule Party

1884 Gründung des Gälischen Sportverbands, der sich für irische Traditionen einsetzt

1892 Zweite Gesetzesvorlage zur Regelung einer unabhängigen Regierung abgelehnt

| 1850 | 1860 | 1870 | 1880 | 1890 |

1848 Scheitern des Junges-Irland-Aufstands – einer spontanen Reaktion auf den Aufruhr im übrigen Europa

1867 Irische Amerikaner kehren zurück, um in einem von der Irish Republican Brotherhood angezettelten Aufstand mitzukämpfen

1879–82 Der von der Land-Liga entfesselte Krieg versucht, eine Reform der Pachtgesetze zu erzwingen

1881 Parnell wird in Dublin inhaftiert

1886 Premier Gladstone scheitert mit seiner ersten Gesetzesvorlage zur Regierungsregelung im Parlament

Krieg und Unabhängigkeit

Der Erste Weltkrieg rückte die irischen Unabhängigkeitsbestrebungen vorerst in den Hintergrund. 1916 brachte der Osteraufstand neue Initiative, 1919 wurde ein inoffizielles irisches Parlament etabliert, ein Krieg gegen die britischen »Besatzungs«-Truppen begann. Im anglo-irischen Vertrag von 1921 wurde die Insel geteilt. Der Irische Freistaat erhielt größere innenpolitische Unabhängigkeit, Nordirland blieb bei Großbritannien. Daraufhin entbrannte im Süden zwischen Vertragsbefürwortern und -gegnern ein Bürgerkrieg.

Irland im Jahr 1922
- Nordirland
- Irischer Freistaat

Unionisten-Partei
Anführer des Kampfes war der Dubliner Anwalt Edward Carson. 1913 wurde das Ulster-Freiwilligen-Korps gegründet, das für den Verbleib von sechs Countys in Großbritannien kämpfte.

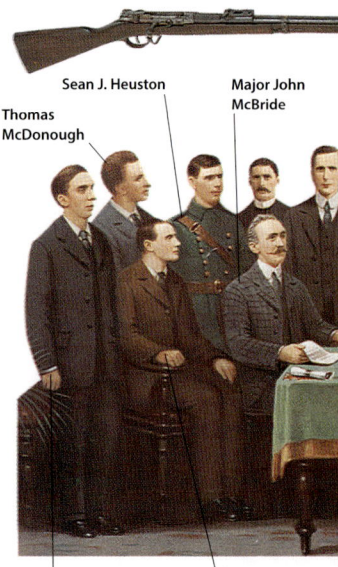

Die Medaille für die Osteraufständischen von 1916 zeigt auf der einen Seite den mythischen irischen Krieger Cúchulainn.

Sean J. Heuston

Thomas McDonough

Major John McBride

William Pearse

Patrick Pearse, Dichter, verlas am Ostermontag von den Stufen des Hauptpostamts die Proklamation der Republik.

Black and Tans
Diese nach ihren improvisierten Uniformen (schwarz und braun) benannten britischen Truppen übten 1920/21 an den Iren brutale Vergeltung.

Die Titanic

1913 Generalstreik in Dublin

1912 Die in Belfast gebaute *Titanic* sinkt auf der Jungfernfahrt

1918 Sinn Féin gewinnt 73 Sitze im Parlament von Westminster. C. Markievicz wird erste Parlamentarierin

1916 Osteraufstand niedergeschlagen

1919 Erste sammenku des unabhägen Parlam (*Dáil Éirean*

| 1905 | 1910 | 1915 | 192 |

1905 Gründung der Partei Sinn Féin (»Wir selbst«)

1904 Eröffnung des Dubliner Abbey Theatre

1912 Edward Carson schart Protestanten um sich. 471 414 Bürger unterzeichnen Verpflichtung, um die Home Rule zu kämpfen

Von Constance Markievicz während des Osteraufstands verwendete Kuriertasche

1920 Gesetzesvorlage zur Lösung der Irland-Frage schlägt Teilung der Insel vor

1921 Unterzeichnung des angl irischen Vertrags. De Valera tr zurück. Bürgerkrieg in Südirlan

KRIEG UND UNABHÄNGIGKEIT | 49

Das Hauptpostamt Ostern 1916
An der geplanten nationalen Erhebung beteiligten sich nur 2500 bewaffnete Rebellen in Dublin. Es gelang ihnen, fünf Tage lang das Hauptpostamt besetzt zu halten.

Dieses Mauser-Gewehr wurde von den Rebellen im Kampf eingesetzt.

Eamon de Valera (1882–1975)
Nachdem er nach dem Osteraufstand der Exekution entgangen war, spielte de Valera in der irischen Politik gut 60 Jahre lang eine beherrschende Rolle. Die Opposition seiner Sinn-Féin-Partei gegen den anglo-irischen Vertrag von 1921 stürzte den neuen Irischen Freistaat in einen Bürgerkrieg. Nachdem er die Partei Fianna Fáil etabliert hatte, wurde de Valera 1932 neuer Premierminister. Er blieb bis 1948 im Amt. Von 1959 bis 1973 war er Präsident Irlands.

Tom Clarke
James Connolly
Joseph Plunkett

Zu den Erinnerungsstücken aus dem Gefängnis in Kilmainham (siehe S. 101) gehört auch dieses von einem britischen Soldaten aus Patronenhülsen gefertigte Kruzifix.

Anführer des Aufstands von 1916
Diese Porträt-Collage zeigt 14 Anführer des Osteraufstands, die allesamt vor ein Kriegsgericht gestellt und im Gefängnis von Kilmainham erschossen wurden. Die Brutalität ihrer Hinrichtung nahm die bis dahin distanzierte Öffentlichkeit für die Aufständischen ein und ließ diese als Märtyrer erscheinen.

Wahlplakat
Cumann na nGaedheal, die Partei der Vertragsbefürworter, gewann 1923 die ersten Wahlen im Freistaat. 1933 fusionierte sie mit anderen Parteien zur Fine Gael.

1922 Gründung des [iri]schen Freistaats. [Mi]chael Collins wird [in] Cork aus dem Hin[ter]halt erschossen

Michael Collins (1890–1922), Held im Unabhängigkeitskrieg, wurde Präsident des Irischen Freistaats und Oberbefehlshaber der Armee

1932 Erdrutschsieg von Fianna Fáil bei den Wahlen. De Valera für 16 Jahre *Taoiseach* (Premierminister)

1936 IRA wird von der Regierung verboten

1939 Éire erklärt sich im Zweiten Weltkrieg für neutral

1925 **1930** **1935**

1923 W. B. Yeats erhält Nobelpreis für Literatur

1925 G. B. Shaw erhält den Nobelpreis für Literatur

1926 De Valera verlässt Sinn Féin und gründet die Partei Fianna Fáil

1929 Errichtung eines Wasserkraftwerks am Shannon

1933 Gründung der Partei Fine Gael (Vereinigtes Irland) als Opposition

1937 Neue Verfassung erklärt vollständige Unabhängigkeit von Großbritannien. Name des Landes von nun an Éire

Jüngere Geschichte

Seit dem Beitritt zur Europäischen Gemeinschaft 1973 (heute EU) hat die Irische Republik viel unternommen, um ihre Wirtschaft zu modernisieren. Der gesellschaftliche Wandel lässt sich z. B. daran erkennen, dass Scheidungen erlaubt sind. In Nordirland hingegen gehören seit etwa 25 Jahren Attentate und Schießereien zum Alltag. Seit den jüngsten Friedensabkommen und der Amtseinführung der Northern Ireland Assembly 2008 gibt es jedoch wieder Hoffnung auf Stabilität. Bei den Wahlen 2016 wurde die konservative Fine Gael stärkste politische Kraft vor der Labour Party.

1949 Neue Regierung unter John A. Costello. Das Land ändert seinen Namen von Éire in Republik Irland und tritt aus dem Britischen Commonwealth aus

1956 IRA veranstaltet bis 1962 Terror-Kampagne entlang der nordirischen Grenze

1967 Gründung der Nordirland-Bürgerrechts-Vereinigung zur Bekämpfung der Diskriminierung der Katholiken

1969 Zusammenstöße zwischen Polizei und Demonstranten in Belfast und Derry. Britische Truppen werden entsandt

1972 Blutiger Sonntag: Britische Soldaten erschießen 13 Demonstranten in Derry. Nordirisches Parlament wird aufgelöst. Verwaltung wird durch Großbritannien fortgeführt

1976 Mairead Corrigan und Betty Williams, die Organisatorinnen der Ulster-Friedensbewegung, erhalten in Oslo den Friedensnobelpreis

1982 Staatsschulden und Arbeitslosigkeit führen zu einer Wirtschaftskrise. Innerhalb von zwei Jahren finden drei Wahlen statt

1940	1950	1960	1970	1980

1955 Beitritt der Republik Irland zur UNO

1959 Eamon de Valera tritt als *Taoiseach* (Premier) zurück. Er wird später zum Präsidenten gewählt

1973 Die Republik Irland tritt der Europäischen Wirtschaftsgemeinschaft bei. Die Mitgliedschaft garantiert dem Land dringend benötigte Subventionen

1979 Papst Johannes Paul II. besucht Irland und feiert vor über einer Million Menschen im Dubliner Phoenix Park die Messe

1947 Die Statue von Königin Victoria wird vom Vorplatz des irischen Parlaments in Dublin entfernt

1963 John F. Kennedy, der erste amerikanische Präsident irisch-katholischer Herkunft, besucht Irland. Hier ist er mit Präsident Eamon de Valera zu sehen

1969 Samuel Beckett, hier bei Probenarbeiten, erhält den Nobelpreis für Literatur, reist aber nicht nach Stockholm, um ihn entgegenzunehmen

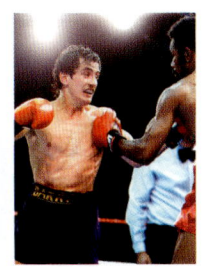

JÜNGERE GESCHICHTE | **51**

1985 Barry McGuigan gewinnt gegen den Panamaer Eusebio Pedroza die Box-WM im Federgewicht

1998 Das Karfreitagsabkommen (Entwaffnung) soll den Weg für eine zukünftige Autonomie Nordirlands ebnen

1986 Nordirische Loyalisten widersetzen sich erbittert der im Vorjahr zwischen irischer und britischer Regierung ausgehandelten anglo-irischen Vereinbarung

2001 David Trimble tritt als Premierminister zurück, wird aber später wiedergewählt. Beginn einer Periode der Gespräche über eine Rückkehr zur britischen Direktregierung

2005 Die IRA verkündet das Ende ihrer bewaffneten Kampagne

1987 Bei einer Parade am Enniskillen Remembrance Day tötet eine IRA-Bombe elf Personen

1994 Der IRA-Feuereinstellung folgt eine Feuerpause der Unionisten. Gary Adams spricht in Großbritannien im Fernsehen

2008 Profigolfer Pádraig Harrington gewinnt Open Championship und PGA Championship

2010 DUP und Sinn Féin erzielen Einigung über den vollständigen Transfer von Polizei- und Justizgewalt von London nach Belfast

2013 Irland lockert Abtreibungsgesetz und legalisiert unter bestimmten Bedingungen Schwangerschaftsabbrüche

2016 Gedenkfeiern zum 100. Jahrestag des Osteraufstands *(siehe S. 48)*

1990	2000	2010	2020
1990	2000	2010	2020

2002 Der Euro wird Zahlungsmittel in Irland

2015 Legalisierung der »Homo-Ehe« durch Volksabstimmung

1995 Zum ersten Mal seit 25 Jahren patrouillieren in Nordirland tagsüber keine Soldaten mehr

2014 Präsident Michael D. Higgins als erstes Staatsoberhaupt Irlands auf Besuch in Großbritannien

1994 Die Fußballmannschaft der Republik Irland kommt bei den Weltmeisterschaften in den USA bis ins Viertelfinale

2013 US-Präsident Obama besucht Nordirland

2011 Michael D. Higgins wird neunter Präsident von Irland

1991 Mit Mary Robinson gelangt die erste Frau ins irische Präsidentenamt. Nachfolgerin ist Mary McAleese

1988 Dublins 1000-jähriges Bestehen wird mit großem Aufwand gefeiert

2011 US-Präsident Obama auf Staatsbesuch in Irland

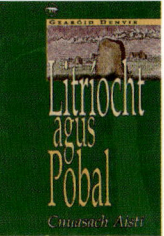

1987 Der Dubliner Stephen Roche gewinnt in einer Saison die Tour de France, den Giro d'Italia und die Weltmeisterschaft

2005 Irisch (Gälisch) wird offizielle Sprache der EU. In der Republik Irland ist Irisch erste und Englisch zweite Amtssprache

Das Jahr in Irland

Die meisten Gäste besuchen Irland in den Sommermonaten Juli und August. Auch Belfast kann man mittlerweile im Juli während der Marching Season besuchen. Im Juni und September kann es ebenfalls recht angenehm sein, auf das Wetter ist jedoch nie Verlass, denn Irlands üppiges Grün ist das Ergebnis eines berüchtigt feuchten Klimas. Die meisten Sehenswürdigkeiten sind zwischen Ostern und September geöffnet, haben allerdings nur begrenzte Öffnungszeiten. Im Frühjahr und Sommer gibt es viele Festtage, die oft mit musikalischen Darbietungen gefeiert werden. Irland ist am interessantesten, wenn es etwas zu feiern gibt, und bietet sich auch für die Zeit um Weihnachten und Neujahr als Reiseziel an. Halten Sie Ausschau nach dem Wort *fleadh* (Festival), doch berücksichtigen Sie ebenfalls, dass Iren auch gern spontan feiern.

Alljährliche St Patrick's Day Parade in Dublin *(17. März)*

Frühling
Der St Patrick's Day gilt oft als Beginn der Reisesaison. Danach folgt das Bank-Holiday-Wochenende im Mai, das an zahlreichen Orten mit Musik begangen wird. Die meisten Hotels sind dann ausgebucht.

März
St Patrick's Festival *(17. März)*. Fünf Tage lang gibt es Paraden, Konzerte, Céilí-Tänze und Feuerwerke in Dublin sowie Paraden in allen Großstädten des Landes.
Pferde-Pflüg-Wettbewerb und Kaltblüterschau, Ballycastle *(17. März, siehe S. 270)*. Jährlicher Wettbewerb, der seit über 100 Jahren ausgetragen wird.
DLR Poetry Now Festival *(Ende März)*. Dun Laoghaire. Vier Tage lang feiert man irische Dichtkunst.

Guinness-Reklame am St Patrick's Day *(17. März)*

Feis Ceoil, Dublin *(Ende März)*. Ein an verschiedenen Schauplätzen stattfindendes Festival klassischer Musik.

April
Pan Celtic Festival, jährlich wechselnder Ort *(Mitte Apr)*. Feier der keltischen Kultur.
Cork Choral Festival *(Ende Apr, siehe S. 178–181)*.

Mai
Belfast Civic Festival and Lord Mayor's Show *(Mitte Mai, siehe S. 280–283)*. Parade mit Kapellen und Festwagen.
Balmoral Show, Belfast *(Mitte Mai)*. Dreitägige Veranstaltung mit diversen Wettbewerben von Schafescheren über tanzende Hunde bis zu Modeschauen.
»A Taste of Baltimore« Meeresfrüchte-Festival *(Ende Mai, siehe S. 174)*.
Fleadh Nua, Ennis *(Ende Mai, siehe S. 193)*. Irische Musik und Tanz.

Sommer
Im Sommer finden die meisten Feste statt. Es gibt interessante Termine, von Musik- und Kunstfestivals bis hin zu Sport-, Sommerschul- und Eheanbahnungs-Veranstaltungen. Buchen Sie rechtzeitig eine Unterkunft, wenn Sie besonders beliebte Ereignisse besuchen wollen.

Strandrennen in Laytown *(Sep)*

Juni
Kilkenny Cat Laughs *(Ende Mai–Anfang Juni)*. Internationales Comedy-Festival.
County Wicklow Garden Festival *(Mai–Juli)*. Findet in Gärten – z.B. Powerscourt *(siehe S. 138f)* – statt.
Dublin Docklands Maritime Festival *(Anfang Juni)*. Hier gibt es große Schiffe, Straßentheater, Freiluftmärkte, Konzerte und Veranstaltungen.
Women's Mini Marathon, Dublin *(Anfang Juni)*.
Bloomsday, Dublin *(16. Juni)*. Feier des *Ulysses* von James Joyce in Lesungen.
Scurlogstown Olympiad Celtic Festival, Trim *(Anfang Juni, siehe S. 252)*. Traditionelles Musik- und Tanzfest mit Wahl der Festivalkönigin.

DAS JAHR IN IRLAND: FRÜHLING UND SOMMER

Durchschnittliche tägliche Sonnenstunden

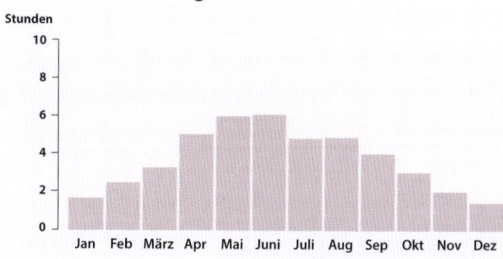

Sonnenschein
Die Tabelle bezieht sich auf Dublin, doch die Verhältnisse sind im ganzen Land recht ähnlich. Im Südosten scheint die Sonne länger, während Nordirland etwas weniger verwöhnt wird als die Republik.

Great Music in Irish Houses (Mitte Juni). Klassische Musik in herrlichem Ambiente.
Castleward Opera, Strangford (ganzer Juni, siehe S. 288). Opernfestival auf prächtigem altem Anwesen.
Erdbeerfest des County Wexford (Ende Juni–Anfang Juli, siehe S. 154). Fest mit Handwerksschau, Musik, Theater – und natürlich Erdbeeren.
Dublin Pride, Dublin (Ende Juni). Einwöchiges Fest von Dublins LGBTQ-Community.

Traditionelle Segelboote in der Cruinniú na mBád bei Kinvara (Aug)

Juli
Twelfth of July (12. Juli, siehe S. 248). Mitglieder des Oranier-Ordens marschieren durch nordirische Städte, um des protestantischen Siegs (1690) über die Armee James' II zu gedenken.
Cork-Regatta-Woche, Crosshaven, Cork (Mitte Juli).
Galway Arts Festival (3. und 4. Woche, siehe S. 214f). Umzüge, zahlreiche Konzerte, Straßentheater im reizvollen mittelalterlichen Stadtzentrum.
Mary-von-Dungloe-Festival, Dungloe (letzte Woche, siehe S. 232). Viel Tanz und Musik sowie die Wahl der Schönheitskönigin.
Jahrmarkt von Lughnasa, Carrickfergus Castle (Ende Juli, siehe S. 279). Beliebter »mittelalterlicher« Jahrmarkt.
Internationales Folk-Festival von Ballyshannon (Ende Juli, S. 235). Drei Tage mit traditioneller irischer Musik.
O'Carolan-Festival für Harfen- und traditionelle Musik, Keadue, County Roscommon (Ende Juli–Anfang Aug). Vielfältige traditionelle Musik- und Tanzdarbietungen.

August
Galway Race Week, County Galway (Anfang Aug). Eine Woche gibt es jeden Tag Pferderennen.

Parade der Oranier am Twelfth of July (12. Juli)

Dampfwagen-Rallye von Stradbally, County Laois (Anfang Aug). Rallye mit dampfbetriebenen Wagen.
Dublin Horse Show (1. oder 2. Woche). Springturnier und gesellschaftliches Ereignis.
Puck Fair, Killorglin, County Kerry (Mitte Aug, siehe S. 169). Zweitägiges Festival mit Krönung einer Ziege.
Segnung der See (2. und 3. So). In allen Küstenstädten.
Oul' Lammas-Jahrmarkt, Ballycastle (2. Hälfte Aug, siehe S. 270). Ein populäres Volksfest, das vor allem für seine essbaren Meerespflanzen bekannt ist.
Kilkenny Arts Festival (Mitte des Monats, siehe S. 146f). Kunstfestival mit Lesungen und Filmvorführungen.
Rose-von-Tralee-Festival (Ende Aug, siehe S. 160). Umzüge und Wahl der »Rose«.
Cruinniú na mBád, Kinvara (Mitte Aug, siehe S. 218). Traditionelle Boote treffen sich zur »Versammlung der Boote«.

Dampfwagen, Rallye von Stradbally (Juli)

Durchschnittliche monatliche Niederschläge

Niederschläge

Irland ist eines der niederschlagsreichsten Länder Europas – mit gleichmäßig über das Land verteilten Regenfällen. Im Westen sind die Niederschläge am höchsten, im Südosten geringfügig niedriger. Die nebenstehenden Werte gelten für Dublin.

Austernfestival in Galway (Sep)

Hurling-Meisterschaft im Croke Park, Dublin

Einspänner in Lisdoonvarna

Herbst

Austern und Opern – das sind die Attraktionen des Herbstes. Zudem gibt es Film- und Musikfestivals. Das Bank-Holiday-Wochenende im Oktober wird allerorts mit Musik begangen.

September

Heritage Week *(Anfang Sep)*. Landesweit Veranstaltungen.
Rennen von Laytown Beach, County Meath *(erste Septemberwoche)*. Pferderennen.
Finale der Hurling-Meisterschaft, Croke Park, Dublin *(1. So, siehe S. 33)*.
Dublin Fringe Festival *(2 Wochen Mitte Sep)*. Landesweit größtes Festival darstellender Künste mit Musik, Tanz und Straßentheater.
Matchmaking Festival Lisdoonvarna *(Sep und 1. Woche im Okt, siehe S. 192)*. Alleinstehende treffen sich zu Musik und Tanz.
Finale der Irischen Football-Meisterschaften, Croke Park, Dublin *(3. So, siehe S. 33)*. Gälischer Fußball.
Galway Oyster Festival *(Ende Sep, S. 214f)*. Austernproben an mehreren Orten.

Oktober

»Oktoberfest«, Londonderry *(ganzer Okt, siehe S. 262f)*. Tanz, Lesungen, Film, Theater und Musik.
Kinsale International Festival of Fine Food *(Anf. Okt, siehe S. 176f)*. Köstliches in Restaurants und Pubs der irischen »Gourmet-Kapitale«.
Ballinasloe Fair, County Galway *(1. Woche)*. Straßentreiben mit Europas ältestem Pferdemarkt.
Dubliner Theaterfestival *(1. und 2. Woche)*. Werke irischer und internationaler Dramatiker.
Wexford Festival of Opera *(letzte 2 Wochen im Okt, siehe S. 339)*. Festival mit weniger bekannten Opern.
Belfast Festival an der Queen's-Universität *(letzte 2 Wochen im Okt, siehe S. 280–283)*. Theater-, Ballett-, Film- und Musikaufführungen.
Hallowe'en (Samhain) *(31. Okt)*.
Cork Jazz Festival *(Ende Okt, siehe S. 178f)*. Sehr beliebtes Festival mit Musikdarbietungen in der ganzen Stadt.
Cork Film Festival *(Ende Okt/ Anfang Nov, siehe S. 178f)*. Irische und internationale Filme.

November

Éigse Sliabh Rua, Slieverue, County Kilkenny *(Mitte Nov)*. Historisches Festival mit Theater, Gastauftritten und interessanten Diskussionen.
Internationales Chorfestival in Sligo *(Mitte Nov, siehe S. 238)*. Chöre aus aller Welt treten gegeneinander an.

Straßenparade beim Dubliner Theaterfestival (Okt)

Durchschnittliche monatliche Temperaturen

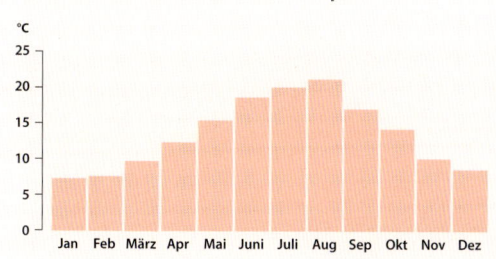

Temperaturen
Die Tabelle zeigt die durchschnittlichen monatlichen Tiefst- und Höchsttemperaturen von Dublin. Der Winter ist in Irland mild, mit Ausnahme der hohen Bergketten. Die wärmsten Sommertemperaturen herrschen im Südosten.

Winter
Obwohl der Winter keine Festivalsaison ist, gibt es dennoch reichlich Unterhaltung, einschließlich Theater- und Musikaufführungen. In der Weihnachtszeit finden zahllose ungezwungene Veranstaltungen statt. Zudem werden Pferderennen ausgetragen (siehe S. 32).

Dezember
Twelve Days of Christmas *(Dez)*. Dublin. Weihnachtsmarkt mit Festival-Atmosphäre.
Rennen von Leopardstown *(26. Dez, siehe S. 135)*. Am 2. Weihnachtsfeiertag wird das bedeutendste Rennen ausgetragen. Weitere gibt es in Limerick und Down Royal.
St Stephen's Day *(26. Dez)*. Katholische Jungen ziehen mit geschwärzten Gesichtern singend umher, um Geld für gute Zwecke zu sammeln.

Als Kaminkehrer hergerichtete Knaben am St Stephen's Day *(Dez)*

Januar
Fangsaison für Lachs und Lachsforelle *(17. Jan – Ende Sep, siehe S. 342f)*. Saisonbeginn einer beliebten Freizeitbeschäftigung der Iren.

Februar
Jameson Dublin International Film Festival *(Ende Feb – Anfang März)*. Diverse Kinos im gesamten Stadtgebiet.

Belfast Musical Festival *(Ende Feb – Mitte März)*. Jugend-Musik- und Theaterwettbewerbe.
Sechs-Nationen-Rugby-Turnier, Aviva Stadium, Dublin *(mehrere Sa und So Feb – Mitte Apr, siehe S. 32)*.

Feiertage
New Year's Day *(1. Jan)*
St Patrick's Day *(17. März)*
Good Friday *(Karfreitag)*
Easter Monday *(Oster-Mo)*
May Day *(1. Mo im Mai)*
Spring Bank Holiday *(Nordirland: letzter Mo im Mai)*
June Bank Holiday *(Republik: 1. Mo im Juni)*
Twelfth of July *(Nordirland: 12. Juli)*
August Bank Holiday *(Republik: 1. Mo im Aug)*
Summer Bank Holiday *(Nordirland: letzter Mo im Aug)*
October Bank Holiday *(Republik: letzter Mo im Okt)*
Christmas Day *(25. Dez)*
St Stephen's Day *(Republik: 26. Dez)*
Boxing Day *(Nordirland: 26. Dez)*

Glendalough *(siehe S. 144f)* im Schnee

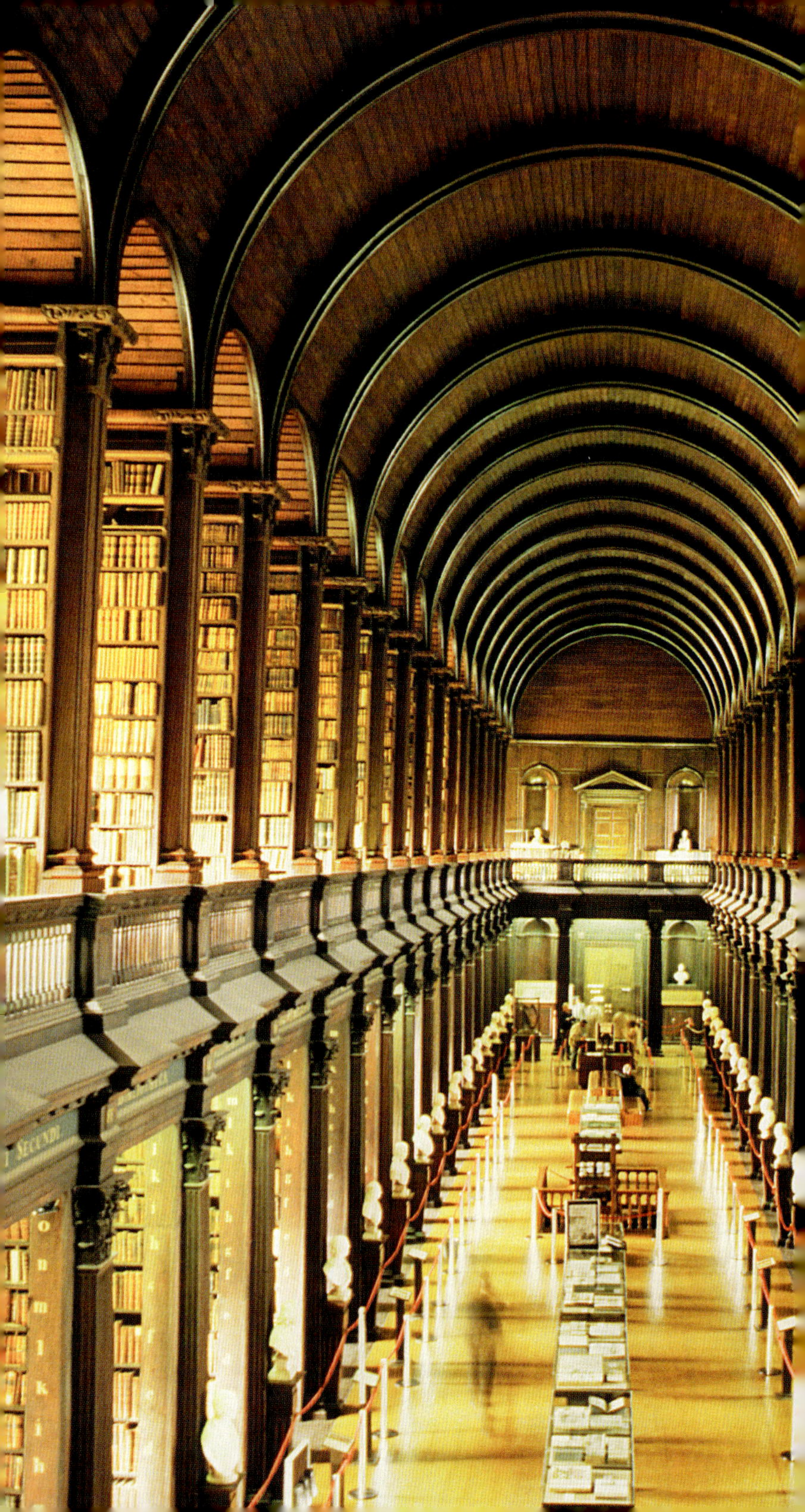

DUBLIN

Dublin im Überblick	**58 – 59**
Südost-Dublin	**60 – 75**
Südwest-Dublin	**76 – 87**
Nördlich des Liffey	**88 – 97**
Abstecher	**98 –107**
Shopping	**108 –111**
Unterhaltung	**112 –119**
Stadtplan	**120 –123**

Dublin im Überblick

Die irische Hauptstadt mit ihren etwa 525 000 Einwohnern hat zahlreiche Attraktionen, die man leicht zu Fuß erkunden kann. In diesem Reiseführer wird die Innenstadt in drei Sektionen eingeteilt: *Südost-Dublin*, das Herz der modernen City und Sitz des Trinity College. *Südwest-Dublin* mit dem alten Zentrum und der Burg. *Nördlich des Liffey*, die an die imposante O'Connell Street angrenzende Gegend. Die jeweiligen Kartenverweise beziehen sich auf den Stadtplan *(siehe S. 120–123)*.

Zur Orientierung

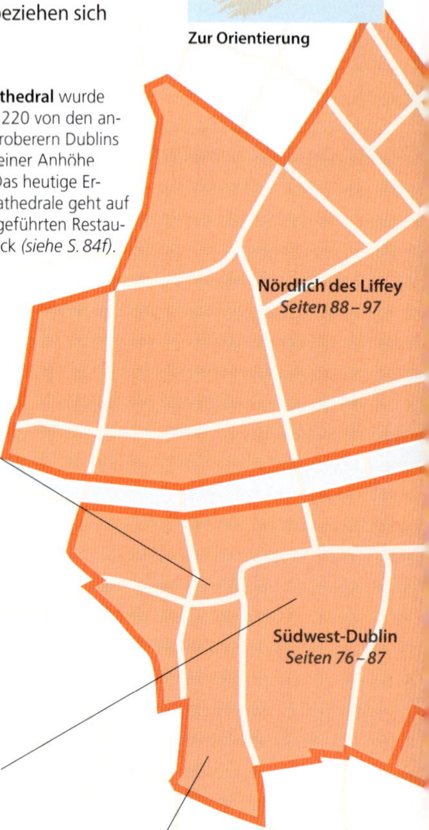

Die Christ Church Cathedral wurde zwischen 1172 und 1220 von den anglo-normannischen Eroberern Dublins erbaut. Sie steht auf einer Anhöhe oberhalb des Liffey. Das heutige Erscheinungsbild der Kathedrale geht auf die nach 1870 durchgeführten Restaurierungsarbeiten zurück *(siehe S. 84f)*.

Nördlich des Liffey
Seiten 88 – 97

0 Meter 400

Südwest-Dublin
Seiten 76 – 87

Dublin Castle steht im Herzen der Altstadt. Die abgebildete St Patrick's Hall ist einer der auf den oberen Etagen an der Südseite der Burg gelegenen Prachträume. Heute werden diese Räume für Staatszwecke, etwa die Amtseinführung des Präsidenten, genutzt *(siehe S. 80f)*.

Die St Patrick's Cathedral hat einen mit Bannern geschmückten Chor, dessen Gestühl mit den Insignien der Ritter des hl. Patrick verziert ist. Hier gibt es eine der besten Orgeln der Romantik sowie Gedenksteine, die dem Dechanten Jonathan Swift und prominenten anglo-irischen Familien gewidmet sind *(siehe S. 86f)*.

◀ Long Room des Trinity College *(siehe S. 67)*

DUBLIN IM ÜBERBLICK | **59**

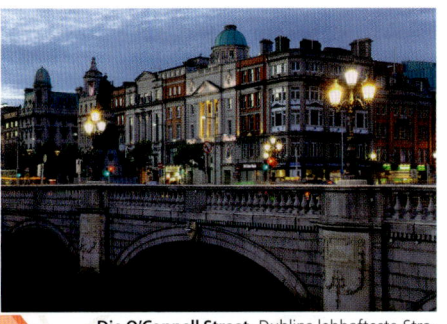

Die O'Connell Street, Dublins lebhafteste Straße, wartet mit einer Mischung architektonischer Stile, einer mit den Statuen berühmter Bürger verzierten Zentralpromenade und der 120 Meter hohen Skulptur *The Spire (Monument of Light)* auf. In der Moore Street findet man einen malerischen Markt *(siehe S. 92f)*.

Das Custom House ist ein klassisches georgianisches Gebäude von James Gandon (erbaut 1781–91). Die in Stein gehauenen Köpfe, die die Schlusssteine zieren, sind Personifizierungen der Flüsse Irlands. Der oben abgebildete verkörpert den Fluss Foyle *(siehe S. 92)*.

Das Trinity College beherbergt eine alte Bibliothek mit kostbaren illustrierten Manuskripten; dazu gehört auch das *Buch von Durrow*, das aus dem 9. Jahrhundert stammt *(siehe S. 66–68)*.

Südost-Dublin
Seiten 60–75

Das National Museum of Ireland – Archaeology präsentiert eindrucksvolle Exponate, die von der Steinzeit bis ins 20. Jahrhundert reichen. Der Ardagh-Kelch (um 800 n. Chr.) ist nur einer von vielen keltisch-christlichen Schätzen des Hauses *(siehe S. 70f)*.

Die National Gallery wurde 1864 eröffnet. Die präsentierten Gemälde sind vorwiegend irischer und italienischer Herkunft. Das kostbarste Bild ist Caravaggios *Kreuzabnahme Christi*. Der Millennium-Flügel zeigt allein über 500 Werke *(siehe S. 74f)*.

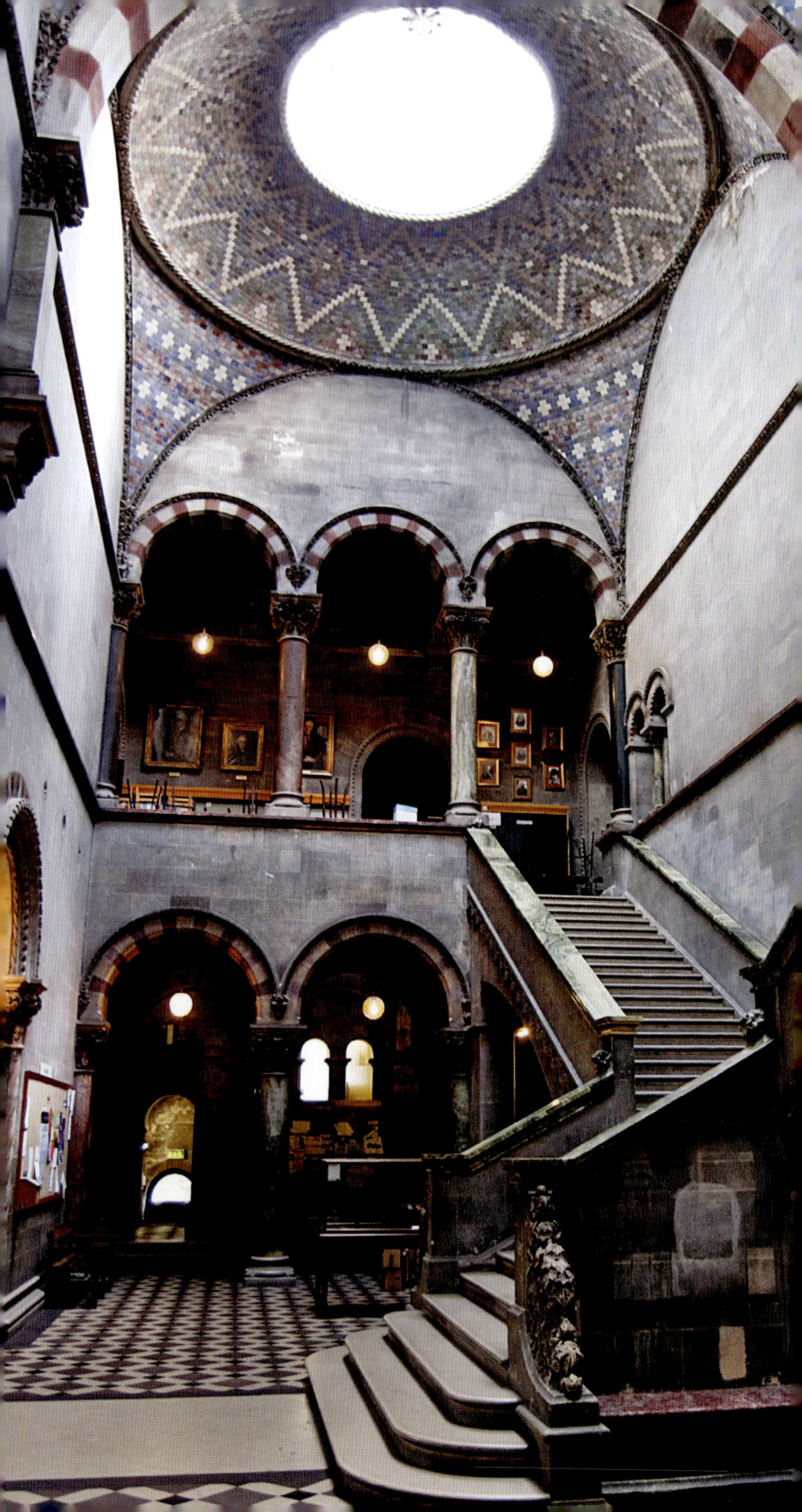

Südost-Dublin

Trotz seiner Nähe zur alten ummauerten Stadt war dieser Teil Dublins bis zur Gründung des Trinity College 1592 relativ unterentwickelt. Selbst dann sollte es noch fast 100 Jahre dauern, bis das Areal weiter im Süden in den weitläufigen Stadtpark St Stephen's Green umgestaltet wurde.

Mitte des 18. Jahrhunderts brach in der Gegend ein Bauboom aus. Während dieser Zeit wurden imposante Gebäude errichtet, etwa die Alte Bibliothek im Trinity College, das Leinster House und die Bank of Ireland. Die auffälligsten Hinterlassenschaften des georgianischen Dublin sind allerdings die schönen Plätze und *terraces* rund um den Merrion Square. Viele der fast unveränderten Bauten haben noch originale Türklopfer, Lünetten und schmiedeeiserne Balkone. Heute ist Südost-Dublin das touristische Herz der Stadt. Nur wenige Besucher können sich der lebendigen Atmosphäre der Grafton Street entziehen. In diesem Areal ist auch ein großer Teil des irischen Kulturerbes zu finden. Die National Gallery zeigt eine beeindruckende Sammlung irischer und europäischer Malerei, während das National Museum of Ireland – Archaeology bronzezeitliche Goldarbeiten sowie frühchristliche Schätze besitzt.

Sehenswürdigkeiten auf einen Blick

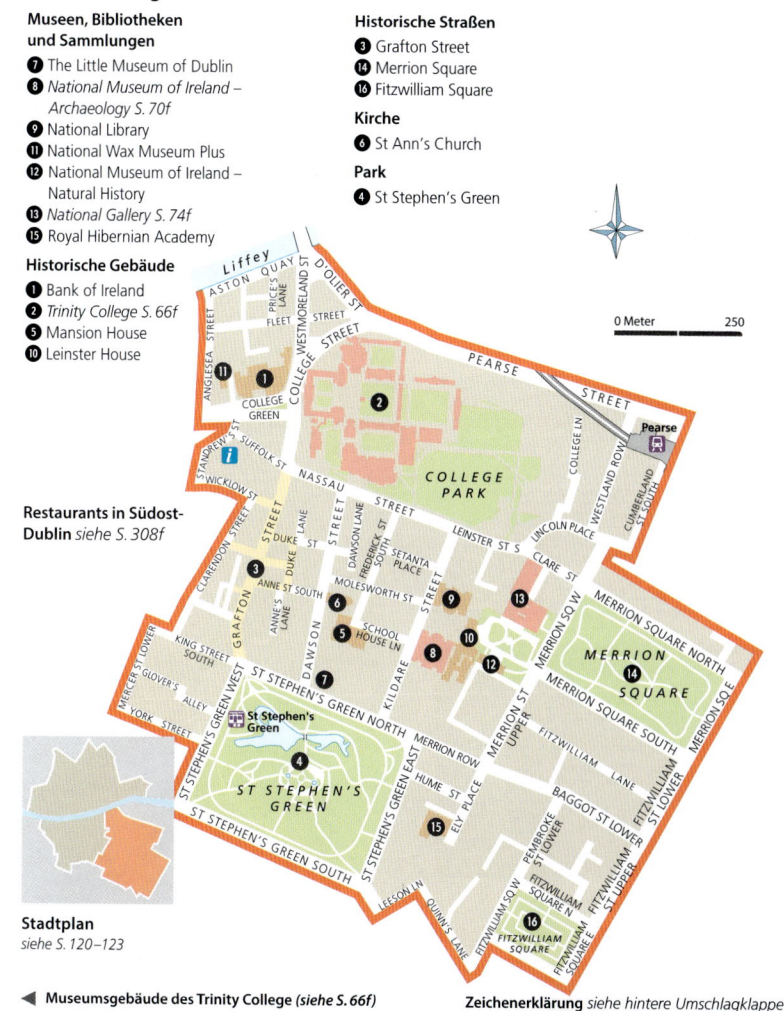

Museen, Bibliotheken und Sammlungen
- ❼ The Little Museum of Dublin
- ❽ *National Museum of Ireland – Archaeology S. 70f*
- ❾ National Library
- ⓫ National Wax Museum Plus
- ⓬ National Museum of Ireland – Natural History
- ⓭ *National Gallery S. 74f*
- ⓯ Royal Hibernian Academy

Historische Gebäude
- ❶ Bank of Ireland
- ❷ *Trinity College S. 66f*
- ❺ Mansion House
- ❿ Leinster House

Historische Straßen
- ❸ Grafton Street
- ⓮ Merrion Square
- ⓰ Fitzwilliam Square

Kirche
- ❻ St Ann's Church

Park
- ❹ St Stephen's Green

Restaurants in Südost-Dublin *siehe S. 308f*

Stadtplan
siehe S. 120–123

◀ Museumsgebäude des Trinity College *(siehe S. 66f)*   Zeichenerklärung *siehe hintere Umschlagklappe*

Im Detail: Südost-Dublin

Die Gegend um das College Green wird von den Fassaden der Bank of Ireland und des Trinity College dominiert. In den Gassen und Passagen, die die Fußgängerzone Grafton Street queren, gibt es viele der gehobeneren Dubliner Läden und Restaurants. An der Kildare Street befinden sich das irische Parlament, die Nationalbibliothek und das National Museum of Ireland – Archaeology. Um dem Getümmel zu entkommen, suchen viele den Park St Stephen's Green auf, der von georgianischen Gebäuden gesäumt wird.

❶ Bank of Ireland
Das große georgianische Gebäude war ursprünglich als irisches Parlament konzipiert.

Molly-Malone-Statue (1988)

❸ Grafton Street
Zu allen Tageszeiten ist diese geschäftige Fußgängerstraße gut besucht. Auch viele Straßenmusiker kommen hierher.

❻ St Ann's Church
Die imposante Fassade wurde dem Gebäude (18. Jh.) 1868 hinzugefügt. Das Innere besticht durch hübsche Bleiglasfenster.

❺ Mansion House
In diesem Gebäude residiert seit 1715 Dublins Bürgermeister.

Fusiliers' Arch (1907)

❹ ★ St Stephen's Green
Der Stadtpark ist von vielen großartigen Gebäuden umgeben. Im Sommer ziehen die Mittagskonzerte Besucher an.

Hotels und Restaurants in Dublin siehe Seiten 296f und 308–311

SÜDOST-DUBLIN | 63

O'Connell-Brücke

Zur Orientierung
Siehe Stadtplan S. 120–123

❷ ★ Trinity College
Pomodoros Skulptur *Sphäre in Sphäre* (1982) verleiht den Gebäuden auf dem Campus eine moderne Note.

❾ National Library
Ein Cherubim-Fries zieht sich an den Wänden des – auch schon von James Joyce frequentierten – schönen alten Lesesaals der Bibliothek entlang.

❿ Leinster House
Das imposante Gebäude beherbergt seit 1922 das irische Parlament.

❽ ★ National Museum of Ireland – Archaeology
Zu den irischen Altertümern des Museums gehört auch ein mysteriöses Bronzeobjekt (2. Jh. n. Chr.).

NASSAU STREET
FREDERICK STREET
MOLESWORTH ST
KILDARE STREET

Das Shelbourne Dublin (1824) dominiert die Nordseite von St Stephen's Green. Einheimische und Besucher trinken dort gern ihren Nachmittagstee.

0 Meter 50

Legende
— Routenempfehlung

Stadtplan Dublin *siehe Seiten 120–123* **Karte** *Extrakarte zum Herausnehmen*

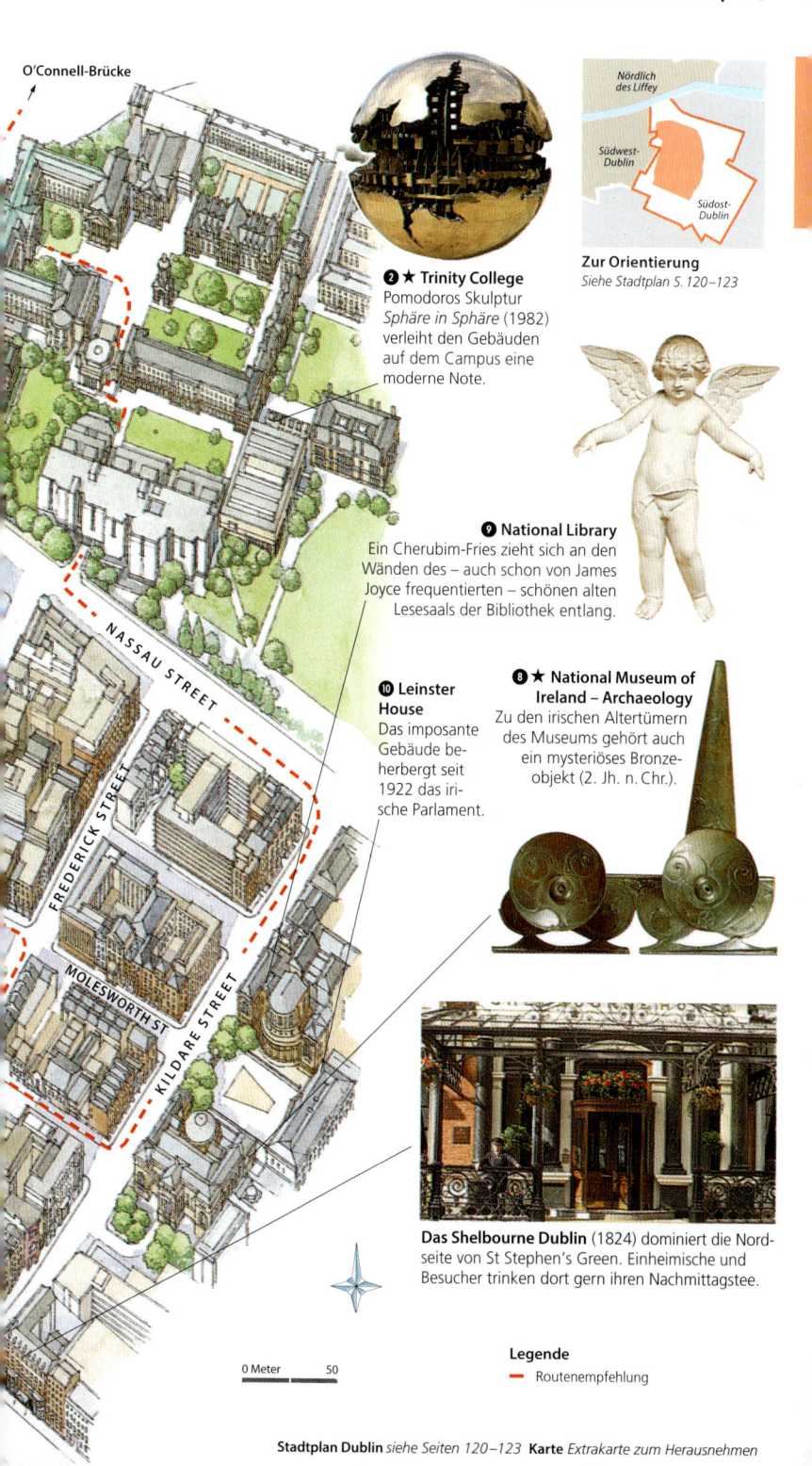

Früherer Sitzungssaal des irischen Oberhauses in der Bank of Ireland

❶ Bank of Ireland

2 College Green. **Stadtplan** D3. **Karte** O3. (01) 677 6801. Mo–Fr 10–16 Uhr (Do bis 17 Uhr). Sa, So, Feiertage. **House of Lords** Di 10.30, 11.30, 13.45 Uhr.

Das Domizil der Irischen Nationalbank war das erste bewusst als Parlamentssitz geplante Gebäude Europas. Der Mittelrakt wurde von dem irischen Architekten Edward Lovett Pearce begonnen, aber erst nach seinem Tod 1739 fertiggestellt. Leider wurde der achteckige Sitzungssaal des Unterhauses (siehe S. 44), Pearce' Meisterstück, 1802 auf Befehl der Regierung entfernt. Der Saal des Oberhauses indes blieb erhalten. Bei Führungen sind die schöne Kassettendecke und die Eichenpaneele zu besichtigen. Auf großen Wandteppichen sind die Schlacht am Boyne und die Belagerung Londonderrys dargestellt. Außerdem gibt es einen aus 1233 Teilen bestehenden Kristallüster von 1788.

Den östlichen Portikus fügte 1785 der Architekt James Gandon hinzu. Weitere Ergänzungen wurden Ende des 18. Jahrhunderts vorgenommen.

Nach Auflösung des irischen Parlaments 1800 erwarb die Bank of Ireland das Gebäude. Das heutige Erscheinungsbild wurde 1808 mit der Umgestaltung der Lobby des Unterhauses in eine Schalterhalle und mit dem Foster-Place-Anbau erreicht. Auf der Frontseite der Bank zum College Green hin (bis ins 17. Jh. Weideland) steht eine von John Foley 1876 geschaffene Statue Henry Grattans (siehe S. 44).

❷ Trinity College

Siehe S. 66f.

❸ Grafton Street

Stadtplan D4. **Karte** D3.

Das »Rückgrat« der beliebtesten Einkaufsgegend Dublins (siehe S. 108) verläuft vom Trinity College zum Einkaufszentrum St Stephen's Green mit mehr als 100 Läden internationaler Marken. An der Einmündung der Nassau Street befindet sich eine im Jahr 1988 von Jean Rynhart geschaffene Statue der aus dem gleichnamigen Lied bekannten Straßenhändlerin *Molly Malone*. In diesem von Musikanten und Pflastermalern bevölkerten Fußgängerbereich liegt das Warenhaus Brown Thomas (siehe S. 108). Auch kleinere Läden für den gehobenen Bedarf sind vertreten. Shopper zieht es vor allem zu Tommy Hilfiger und River Island. Juweliere gibt es hier auch. Nr. 78 befindet sich gleich neben der Samuel-Whyte-Schule, die sich so illustrer Schüler wie des Anführers des Aufstands von 1803, Robert Emmet (siehe S. 81), und des Duke of Wellington rühmen kann.

In den ruhigeren Seitenstraßen verbergen sich einige irische Pubs, in denen gestresste Shopper eine Pause einlegen können.

Königliches Chirurgenkolleg gegenüber von St Stephen's Green

❹ St Stephen's Green

Stadtplan D5. **Karte** OP4. bei Tageslicht. **Newman House** 85–86 St Stephen's Green. (01) 475 7816. ganzjährig. 25. Dez und telefonisch erfragen. obligatorisch; Führungen nach Vereinbarung.

Dieses Gelände wurde im Jahr 1664 eingehegt. In ihrer heutigen Form wurde die neun Hektar große Anlage 1880 durch Schenkungsmittel Lord Ardilauns, eines Mitglieds der Guinness-Familie, geschaffen. Zwischen Blumenbeeten, Bäumen, einem Brunnen und einem See stehen Statuen namhafter Dubliner. Neben der James-Joyce-Büste (siehe S. 94) findet man auch ein W.-B.-Yeats-Denkmal (siehe S. 236f) von Henry Moore. Das

Bronzestatue der Molly Malone in der Grafton Street

Hotels und Restaurants in Dublin *siehe Seiten 296f und 308–311*

Gepflegte Gartenanlage, St Stephen's Green

Denkmal des Nationalistenführers Wolfe Tone, von den Einheimischen auch »Tonehenge« genannt, an der Ecke Merrion Row wurde 1967 von Edward Delaney entworfen. Im Musikpavillon (1887) finden im Sommer tagsüber Konzerte statt.

Das Royal College of Surgeons (Königliches Chirurgenkolleg, 1806) steht an der Westseite. Während des Aufstands von 1916 *(siehe S. 48f)* hatten sich dort unter dem Kommando der Gräfin Constance Markievicz Rebellen verschanzt.

Am belebtesten ist die im 19. Jahrhundert als Beaux-Promenade bekannte Nordseite des Parks, auf der sich bis heute Gentlemen-Clubs befinden. Das auffälligste Gebäude ist das Shelbourne Dublin. Seit der Eröffnung 1824 ist der Eingang mit Statuen nubischer Prinzessinnen samt Sklaven geschmückt. Ein Blick in das Foyer lohnt ebenso wie ein Besuch der Lord Mayor's Lounge.

Auf der Südseite befindet sich das Newman House, Sitz der Katholischen Universität Irlands (heute Bestandteil des University College). Der erste Rektor des 1856 erbauten Hauses war der englische Theologe John Henry Newman. Berühmte Schüler waren der Dichter Gerald Manley Hopkins, der ehemalige Präsident Eamon de Valera *(siehe S. 49)* und der Dichter James Joyce.

In den umliegenden Gebäuden findet man einige der besterhaltenen georgianischen Interieurs. So sind die Wände und die Decken des Apollon-Zimmers im Haus Nr. 85 mit Barock-Stuckaturen (1739) der Schweizer Paolo und Filippo Lafranchini geschmückt.

Das Bischofszimmer im Haus Nr. 86 ist mit Möbeln aus dem 19. Jahrhundert ausgestattet. Die kleine Universitätskirche (1856) nebenan hat ein byzantinisches Marmorinterieur. Gleichfalls auf der Südseite des Parks befindet sich Iveagh House, ein Stadthaus der Familie Guinness, in dem jetzt das Außenministerium ansässig ist.

❺ Mansion House

Dawson St. **Stadtplan** D4. **Karte** P3–4. ● für Besucher.

Das attraktive Gebäude an der Dawson Street wurde 1710 im Queen-Anne-Stil für Joshua Dawson erbaut. 1715 erwarb die Stadt das Haus als Amtssitz des Bürgermeisters. Die Stuckfassade wurde in viktorianischer Zeit angebracht. Der Round Room neben dem Hauptgebäude wurde 1821 aus Anlass des Besuchs von König George IV errichtet.

Die Abgeordneten des Dáil Éireann *(siehe S. 69)*, das die Unabhängigkeitserklärung beschloss, traten hier erstmals am 21. Januar 1919 zusammen.

❻ St Ann's Church

Dawson St. **Stadtplan** E4. **Karte** P3. ☎ (01) 676 7727. ◯ Mo–Fr 10–16 Uhr (So an Gottesdiensten: 8, 10.45, 18.30 Uhr).

Zu ihrer beeindruckenden romanischen Fassade kam die 1707 erbaute Kirche erst 1868. Innen sind farbenprächtige Bleiglasfenster aus der Mitte des 19. Jh. zu sehen. 1723 schenkte Lord Newton der Kirche Geld zur Armenspeisung. Der alte Brottisch steht noch neben dem Altar. Berühmte Gemeindemitglieder waren Wolfe Tone *(siehe S. 44)*, der hier 1785 heiratete, Douglas Hyde *(siehe S. 87)* und Bram Stoker (1847–1912), der Autor des Romans *Dracula*.

Glaube, Hoffnung und Wohltätigkeit, Fensterdetail, St Ann's Church

❼ The Little Museum of Dublin

15 Stephen's Green. **Stadtplan** D4. **Karte** P4. ☎ (01) 661 1000. ◯ tägl. 9.30–17 Uhr (Do bis 20 Uhr). littlemuseum.ie

In einem schönen georgianischen Haus am nördlichen Rand von St Stephen's Green ist dieses sehenswerte Museum untergebracht. Anhand von über 5000 Objekten wird die kulturelle, soziale und politische Entwicklung von Irlands Metropole der letzten rund 100 Jahre eindrucksvoll illustriert. Zu sehen sind Kunstwerke, Fotografien und Dokumente – alles Schenkungen von Bürgern. Der thematische Bogen reicht vom Besuch von Queen Victoria im Jahr 1900 bis zum Erfolg der irischen Rockband U2.

Stadtplan Dublin *siehe Seiten 120–123* **Karte** Extrakarte zum Herausnehmen

❷ Trinity College

Das Trinity College wurde 1592 von Königin Elizabeth I auf dem Gelände eines ehemaligen Augustinerklosters gegründet. Katholiken besuchen die ursprünglich protestantische Universität seit 1793, in größerer Zahl aber erst seit den 1970er Jahren. Zu den berühmtesten Studenten zählen die Dramatiker Oliver Goldsmith und Samuel Beckett sowie der Autor Edmund Burke. Die Rasenflächen und gepflasterten Quadrate des Kollegs sind idyllisch. Attraktionen sind der Long Room und das in der Alten Bibliothek verwahrte *Book of Kells*.

★ **Campanile**
Der 30 Meter hohe Glockenturm (1853) wurde von Sir Charles Lanyon entworfen, dem Architekten der Queen's University in Belfast *(siehe S. 282)*.

Kapelle (1798)
Die einzige Kapelle der Republik, die von allen Konfessionen genutzt wird. Das Fenster über dem Altar datiert von 1867.

Parliament Square

Haupteingang

Außerdem

① Rektorat (um 1760)

② Statue Oliver Goldsmiths (1864) von John Foley

③ Statue Edmund Burkes (1868) von John Foley

④ Speisesaal (1761)

⑤ *Ruhende verbundene Formen* (1969) von Henry Moore

⑥ Das Museumsgebäude (1857) ist bekannt für sein venezianisches Exterieur und sein Kuppeldach aus roten, blauen und gelben glasierten Ziegeln.

⑦ *Sphere within Sphere* (1982) ist eine Schenkung des Künstlers Arnaldo Pomodoro.

⑧ Berkeley Library Building (1967) von Paul Koralek

⑨ The Douglas Hyde Gallery präsentiert seit den 1970er Jahren zeitgenössische Kunst.

Prüfungshalle
In dem nach Plänen von Sir William Chambers 1791 fertiggestellten Raum beeindrucken vor allem der vergoldete Eichenholzlüster und die Decke.

Hotels und Restaurants in Dublin *siehe Seiten 296f und 308–311*

SÜDOST-DUBLIN: TRINITY COLLEGE | 67

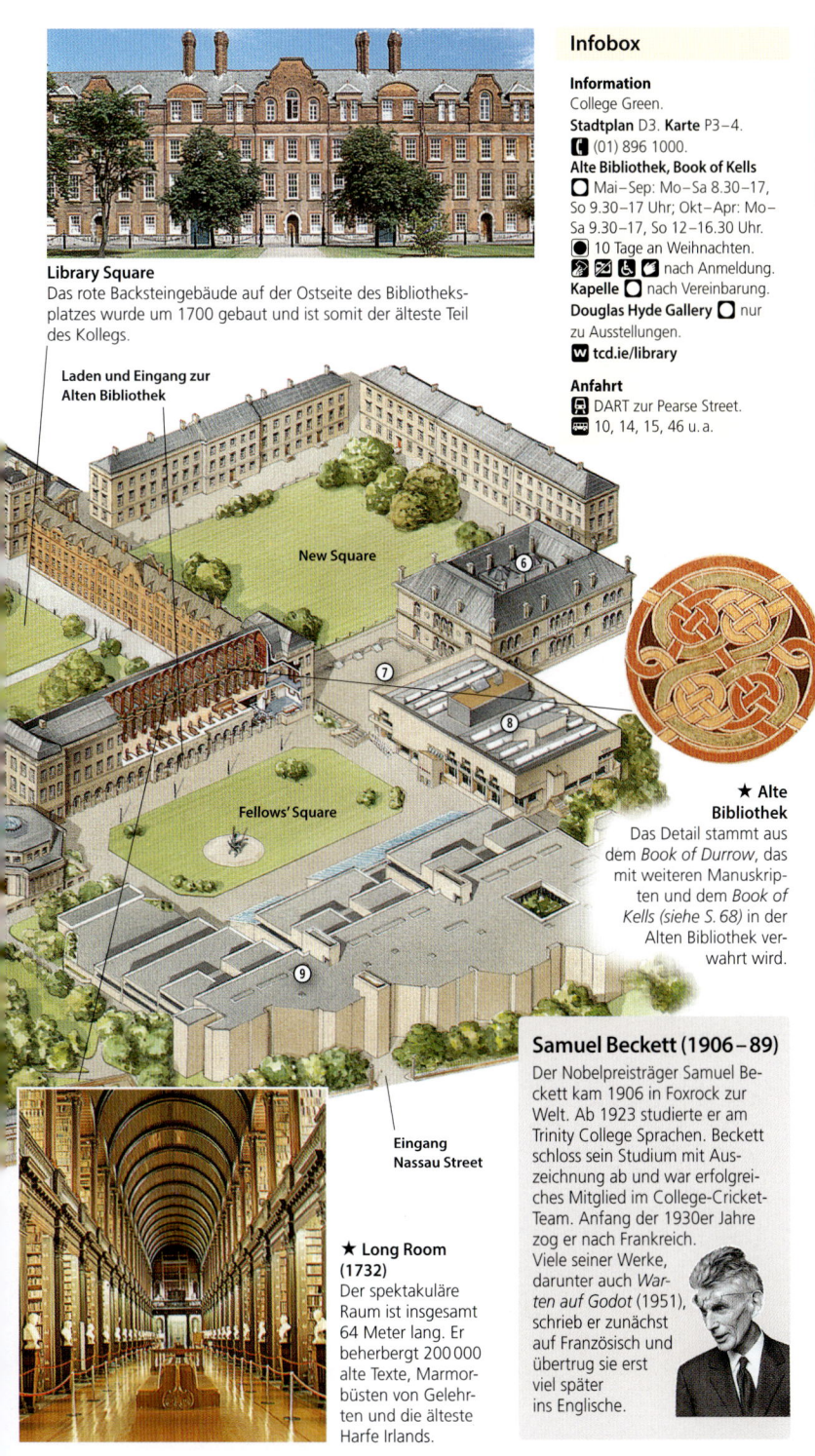

Library Square
Das rote Backsteingebäude auf der Ostseite des Bibliotheksplatzes wurde um 1700 gebaut und ist somit der älteste Teil des Kollegs.

Laden und Eingang zur Alte Bibliothek

New Square

Fellows' Square

Infobox

Information
College Green.
Stadtplan D3. **Karte** P3–4.
(01) 896 1000.
Alte Bibliothek, Book of Kells
Mai–Sep: Mo–Sa 8.30–17, So 9.30–17 Uhr; Okt–Apr: Mo–Sa 9.30–17, So 12–16.30 Uhr.
10 Tage an Weihnachten.
nach Anmeldung.
Kapelle nach Vereinbarung.
Douglas Hyde Gallery nur zu Ausstellungen.
tcd.ie/library

Anfahrt
DART zur Pearse Street.
10, 14, 15, 46 u. a.

★ Alte Bibliothek
Das Detail stammt aus dem *Book of Durrow*, das mit weiteren Manuskripten und dem *Book of Kells* (siehe S. 68) in der Alten Bibliothek verwahrt wird.

Eingang Nassau Street

★ Long Room (1732)
Der spektakuläre Raum ist insgesamt 64 Meter lang. Er beherbergt 200 000 alte Texte, Marmorbüsten von Gelehrten und die älteste Harfe Irlands.

Samuel Beckett (1906–89)
Der Nobelpreisträger Samuel Beckett kam 1906 in Foxrock zur Welt. Ab 1923 studierte er am Trinity College Sprachen. Beckett schloss sein Studium mit Auszeichnung ab und war erfolgreiches Mitglied im College-Cricket-Team. Anfang der 1930er Jahre zog er nach Frankreich. Viele seiner Werke, darunter auch *Warten auf Godot* (1951), schrieb er zunächst auf Französisch und übertrug sie erst viel später ins Englische.

Stadtplan Dublin *siehe Seiten 120–123* **Karte** *Extrakarte zum Herausnehmen*

Book of Kells

Die schönste mittelalterliche Handschrift Irlands, das *Book of Kells*, stammt von Mönchen, die 806 n. Chr. vor den Wikingern von Iona nach Kells *(siehe S. 245)* bei Newgrange flohen. Das Buch, das im 17. Jahrhundert ins Trinity College *(siehe S. 66f)* gebracht wurde, enthält die vier Evangelien in lateinischer Sprache. Das Manuskript ist mit verschlungenen Spiralen, Menschen- und Tierdarstellungen verziert. Einige der Farben wurden eigens aus dem Nahen Osten importiert.

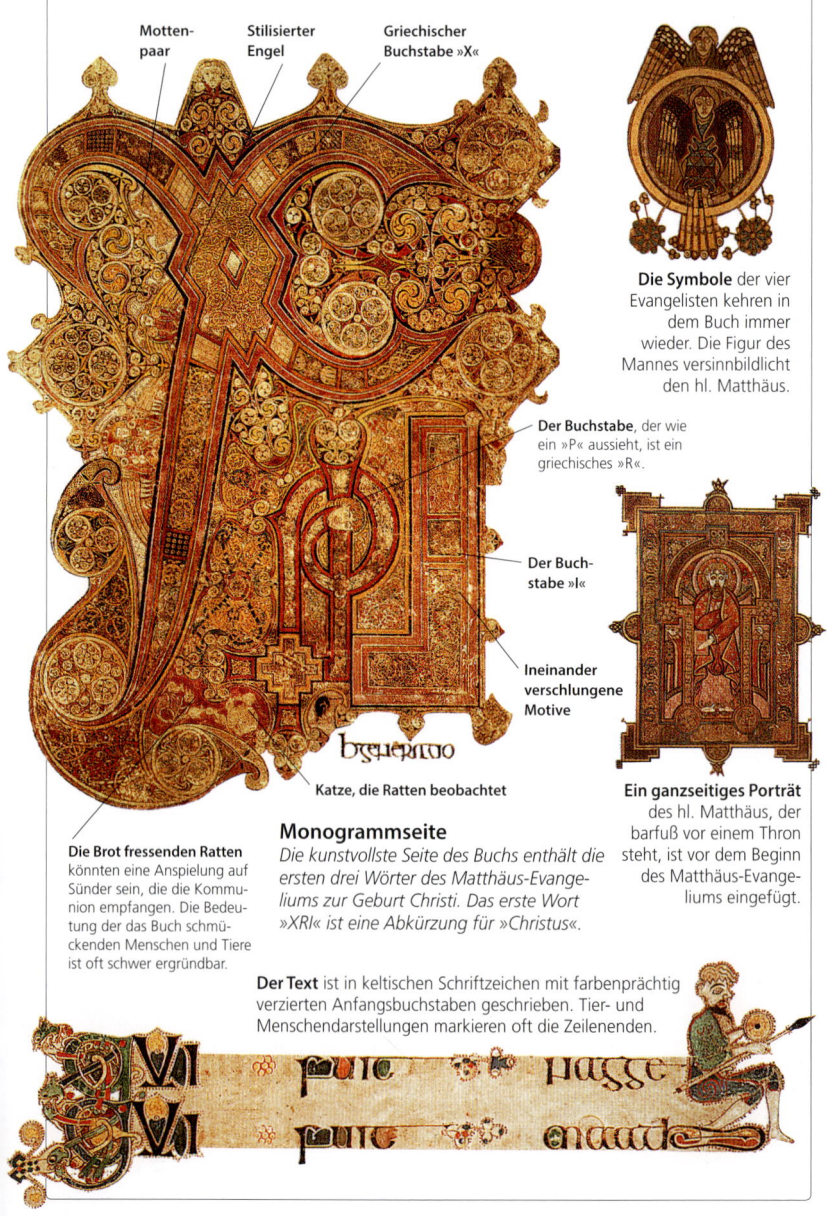

Mottenpaar

Stilisierter Engel

Griechischer Buchstabe »X«

Die Symbole der vier Evangelisten kehren in dem Buch immer wieder. Die Figur des Mannes versinnbildlicht den hl. Matthäus.

Der Buchstabe, der wie ein »P« aussieht, ist ein griechisches »R«.

Der Buchstabe »I«

Ineinander verschlungene Motive

Katze, die Ratten beobachtet

Ein ganzseitiges Porträt des hl. Matthäus, der barfuß vor einem Thron steht, ist vor dem Beginn des Matthäus-Evangeliums eingefügt.

Monogrammseite
Die kunstvollste Seite des Buchs enthält die ersten drei Wörter des Matthäus-Evangeliums zur Geburt Christi. Das erste Wort »XRI« ist eine Abkürzung für »Christus«.

Die Brot fressenden Ratten könnten eine Anspielung auf Sünder sein, die die Kommunion empfangen. Die Bedeutung der das Buch schmückenden Menschen und Tiere ist oft schwer ergründbar.

Der Text ist in keltischen Schriftzeichen mit farbenprächtig verzierten Anfangsbuchstaben geschrieben. Tier- und Menschendarstellungen markieren oft die Zeilenenden.

Hotels und Restaurants in Dublin *siehe Seiten 296f und 308–311*

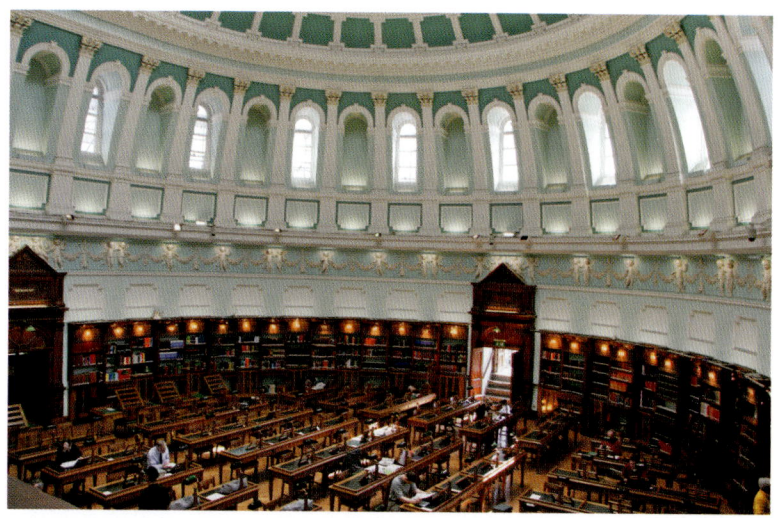

Der von einer Kuppel überwölbte Lesesaal im ersten Stock der Nationalbibliothek

❽ National Museum of Ireland – Archaeology

Siehe S. 70f.

❾ National Library

Kildare St. **Stadtplan** E4. **Karte** P3. ☎ (01) 603 0200. ◐ Mo–Mi 9.30–19.45, Do, Fr 9.30–16.45, Sa 9.30–16.30 Uhr (Lesesaal bis 12.45 Uhr). ● Feiertage. ♿ 🌐 nli.ie

Die von Sir Thomas Deane entworfene Nationalbibliothek wurde 1890 eröffnet. Sie birgt die ersten Editionen aller wichtigen irischen Autoren und Exemplare praktisch aller in Irland veröffentlichten Bücher. Zur Sammlung gehören auch Manuskripte, Drucke, Zeichnungen, Karten, Fotos, Zeitungen, Musik, Grafiken und genealogische Aufzeichnungen, was sie zur herausragendsten Sammlung dokumentierten irischen Erbes in der ganzen Welt macht.

Besucher können den Lesesaal, in dem wichtige irische Schriftsteller gearbeitet haben, oder eine der Ausstellungen besuchen.

Jeder, der an Genealogie interessiert ist, kann eine kostenlose Anfrage an den Genealogy Advisory Service stellen.

Die Bibliothek veranstaltet auch etliche kostenlose Events, darunter Lesungen, Theatervorführungen, Lesungen für Kinder, Führungen und Workshops.

❿ Leinster House

Kildare St. **Stadtplan** E4. **Karte** P3. ☎ (01) 618 3000. ◐ nur Gruppen nach Anmeldung (für Ausländer bei ihrer Botschaft). 🎫 tägl. 10.30, 14.30 Uhr. 🌐 oireachtas.ie

Das beeindruckende Palais beherbergt die beiden Kammern des irischen Parlaments *(Dáil* und *Seanad)*. Es wurde 1745 ursprünglich für den Duke of Leinster erbaut. Richard Cassels gestaltete die zur Kildare Street gewandte Front im Stil eines Stadthauses, während die auf den Merrion Square blickende Rückseite an ein ländliches Gutshaus erinnert. 1815 erwarb die Royal Dublin Society das Gebäude. Die Regierung kaufte dann im Jahr 1922 zunächst einen Teil des Anwesens für »parlamentarische Zwecke«, später auch das restliche Gebäude.

Interessierte können die wichtigsten Räume (u. a. den Saal, in dem der *Seanad* tagt) besichtigen.

Parlament

Der Irische Freistaat, Vorläufer der Republik Irland, wurde 1922 *(siehe S. 48f)* gegründet, obwohl bereits seit 1919 ein inoffizielles irisches Parlament *(Dáil)* getagt hatte. Heute besteht das Parlament aus zwei Häusern: dem *Dáil Éireann* (Unterhaus, Repräsentantenhaus) und dem *Seanad Éireann* (Oberhaus, Senat). Premierminister ist der *Taoiseach*. Die 166 Abgeordneten des Dáil – *Teachta Dála* oder TDs – werden nach dem Verhältniswahlrecht bestimmt, die 60 Senatoren von Individuen und Institutionen ernannt, darunter vom *Taoiseach* und der Universität Dublin.

Eröffnung des ersten Parlaments des Irischen Freistaats 1922

National Museum of Ireland – Archaeology

Das National Museum of Ireland – Archaeology wurde nach Plänen von Sir Thomas Deane erbaut und 1890 eröffnet. Die Halle ist mit Marmorsäulen und einem Tierkreismosaik verziert. Die Schatzkammer birgt Stücke wie das Goldboot von Broighter *(siehe S. 37)*, die Ausstellung *Ór – Irisches Gold* zeigt bronzezeitliche Goldarbeiten wie den Gleninsheen-Ringkragen *(siehe S. 36f)*. Zum National Museum gehören drei weitere Museen: Decorative Arts & History *(siehe S. 105)*, Country Life und Natural History.

Ägyptische Mumie
Der Sarkophag der Tentdinebu entstand vermutlich zwischen 945 und 716 v. Chr. Das farbenprächtige Stück ist Teil der umfangreichen ägyptischen Sammlung.

★ Ór – Irisches Gold
Die Sammlung gehört zu den umfangreichsten bronzezeitlichen Goldes in Westeuropa. Die abgebildete Gold-Lunula (1800 v. Chr.) ist eines der schönsten Exponate.

Legende
- Königtum und Opferung
- Ór – Irisches Gold
- Schatzkammer
- Prähistorisches Irland
- Mittelalterliches Irland
- Wikinger-Ausstellung
- Altägyptische Sammlung
- Keramiken und Glas aus dem alten Zypern
- Leben und Tod in der römischen Welt
- Sonderausstellungen
- Kein Ausstellungsbereich

★ Moorleichen
Die konservierte Hand (um 600 v. Chr.) ist ein Exponat der Ausstellung von 2003 entdeckten Moorleichen aus der Eisenzeit.

Haupteingang

Kurzführer
Im Erdgeschoss finden Sie die Schatzkammer und die Ausstellungen Ór – Irisches Gold, Königtum und Opferung und Prähistorisches Irland. Der erste Stock beherbergt Wikinger-Exponate und die Altägyptische Sammlung. Die Exponate des Museums werden von Zeit zu Zeit neu organisiert.

Die Kuppel-Rotunde, die der des Alten Museums in Berlin nachempfunden ist, bildet eine eindrucksvolle Eingangshalle.

Die Schatzkammer beherbergt Meisterwerke des irischen Kunsthandwerks.

Hotels und Restaurants in Dublin *siehe Seiten 296f und 308–311*

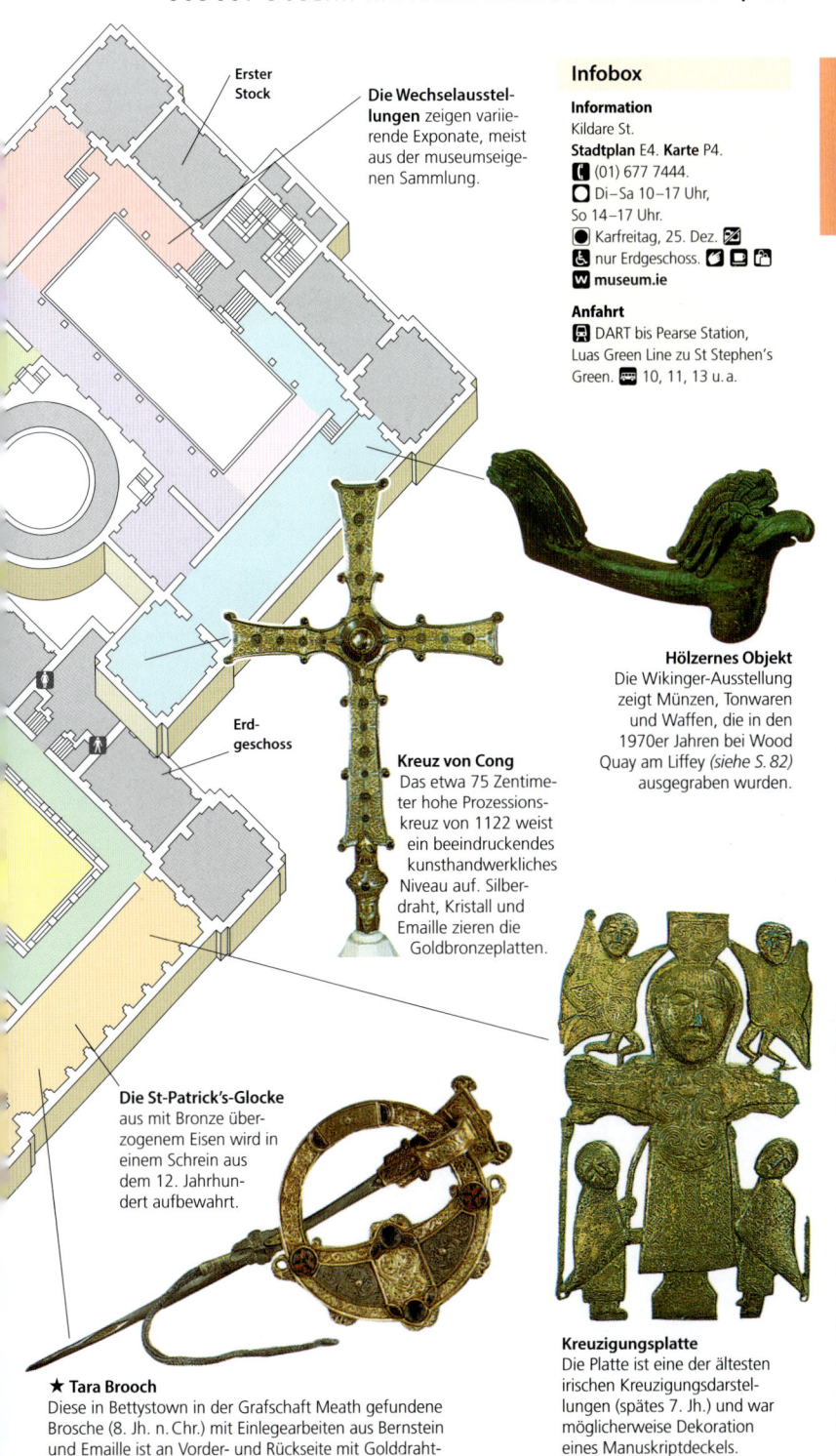

SÜDOST-DUBLIN: NATIONAL MUSEUM OF IRELAND | 71

Erster Stock

Die Wechselausstellungen zeigen variierende Exponate, meist aus der museumseigenen Sammlung.

Infobox

Information
Kildare St.
Stadtplan E4. **Karte** P4.
(01) 677 7444.
Di–Sa 10–17 Uhr,
So 14–17 Uhr.
Karfreitag, 25. Dez.
nur Erdgeschoss.
museum.ie

Anfahrt
DART bis Pearse Station,
Luas Green Line zu St Stephen's Green. 10, 11, 13 u.a.

Erdgeschoss

Kreuz von Cong
Das etwa 75 Zentimeter hohe Prozessionskreuz von 1122 weist ein beeindruckendes kunsthandwerkliches Niveau auf. Silberdraht, Kristall und Emaille zieren die Goldbronzeplatten.

Hölzernes Objekt
Die Wikinger-Ausstellung zeigt Münzen, Tonwaren und Waffen, die in den 1970er Jahren bei Wood Quay am Liffey (siehe S. 82) ausgegraben wurden.

Die St-Patrick's-Glocke
aus mit Bronze überzogenem Eisen wird in einem Schrein aus dem 12. Jahrhundert aufbewahrt.

★ Tara Brooch
Diese in Bettystown in der Grafschaft Meath gefundene Brosche (8. Jh. n. Chr.) mit Einlegearbeiten aus Bernstein und Emaille ist an Vorder- und Rückseite mit Golddraht-Filigranarbeit verziert.

Kreuzigungsplatte
Die Platte ist eine der ältesten irischen Kreuzigungsdarstellungen (spätes 7. Jh.) und war möglicherweise Dekoration eines Manuskriptdeckels.

Stadtplan Dublin siehe Seiten 120–123 **Karte** Extrakarte zum Herausnehmen

⓫ National Wax Museum Plus

4 Foster Place, Temple Bar, Dublin 2. **Stadtplan** D3. **Karte** O3. (01) 671 8373. tägl. 10–19 Uhr. 24.–26. Dez. waxmuseumplus.ie

Das National Wax Museum Plus zeigt seine Wachsfiguren auf vier Stockwerken. Besucher gehen auf eine Zeitreise mit Wachsfiguren aus der irischen Geschichte, Literatur, Musik, Film, Wissenschaft und Politik. Die Grand Hall ist Stars der irischen Rockmusik und des irischen Spielfilms vorbehalten. Internationale Stars wie Madonna und Elvis Presley sind ebenfalls verewigt. Im Recording Studio kann man mit modernster Technik ein Musikvideo drehen.

Die Attraktionen der Children's Fantasy World sind ein Kino für Kinder und Figuren wie Harry Potter. Die Chamber of Horrors im Untergeschoss ist nichts für Besucher mit schwachen Nerven.

Das Wax Museum befindet sich im historischen Armoury Building

⓬ National Museum of Ireland – Natural History

Merrion St. **Stadtplan** E4. **Karte** P4. (01) 677 7444. Di–Sa 10–17 Uhr, So 14–17 Uhr. Karfreitag, 25. Dez. teilweise. museum.ie

Das Museum wurde im Jahr 1857 mit einer Vorlesung des schottischen Missionars und Forschers David Livingstone eröffnet. Hinter dem Eingang stehen drei Skelette des »Irish Elk«, einer ausgestorbenen Hirschart. Im Erdgeschoss befasst sich der Irish Room mit der irischen Tierwelt, im Obergeschoss widmet man sich allen Säugetieren der Erde. Die Primaten (Affen und Lemuren), der Königstiger sowie die Walskelette, die an der Decke hängen, sind besonders faszinierende Ausstellungsstücke.

⓭ National Gallery

Siehe S. 74f.

⓮ Merrion Square

Stadtplan F4. **Karte** Q3–4. merrionsquare.ie

Einer der größten georgianischen Plätze Dublins wurde 1762 von John Ensor angelegt.

Auf der Westseite beeindrucken die imposanten Fassaden des Natural History Museum, der National Gallery und der vordere Garten des Leinster House *(siehe S. 69)*. Gleichwohl kann sich dieses erhabene Dreigespann mit den georgianischen Stadthäusern auf den übrigen Seiten des Platzes nicht messen.

An vielen der heute meist gewerblich genutzten Häuser geben Tafeln Auskunft über die Persönlichkeiten, die hier einst wohnten. Dazu gehört der Dichter W. B. Yeats *(siehe S. 236f)*, der im Haus Nr. 82 lebte. Der Dramatiker Oscar Wilde *(siehe S. 26)* verbrachte seine Kindheit im Haus Nr. 1.

Die Parkanlage in der Mitte diente während der Großen Hungersnot der 1840er Jahre *(siehe S. 223)* als Suppenküche.

Georgianische Stadthäuser säumen die Parkanlagen des Merrion Square

Auf der Nordwestseite des Parks steht der Rutland-Brunnen (1791), der allein für die Armen errichtet wurde.

⓯ Royal Hibernian Academy

15 Ely Place. **Stadtplan** E5. **Karte** P4. (01) 661 2558. Mo–Sa 11–17 (Mi bis 20), So 12–17 Uhr. Weihnachtsferien. rhagallery.ie

Die Akademie ist einer der größten Ausstellungsorte der Stadt. Hier werden Exponate von irischen und internationalen Künstlern gezeigt. Der moderne Bau (1985) aus Backstein und Glas setzt sich am Ende des Ely Place markant vom georgianischen Umfeld ab.

⓰ Fitzwilliam Square

Stadtplan E5. **Karte** PQ4. No. 29 Lower Fitzwilliam St. (01) 702 6165. Di–Sa 10–17, So, Feiertage 12–17 Uhr. Mo, Karfreitag, Mitte Dez–Mitte Feb. teilweise. esb.ie/numbertwentynine

Der ab 1790 angelegte Platz zählt zu Dublins spätesten georgianischen Anlagen. Heute haben sich hier zahlreiche Arztpraxen angesiedelt.

In den 1960er Jahren fielen 16 Stadthäuser an der Lower Fitzwilliam Street, Fortsetzung des Fitzwilliam Square, dem Hauptquartier der Elektrizitätswerke zum Opfer. Das Unternehmen versuchte, die Empörung durch die Restaurierung des georgianischen Hauses Nr. 29 zu besänftigen.

Hotels und Restaurants in Dublin siehe Seiten 296f und 308–311

Dublins georgianische Reihenhäuser

Das 18. Jahrhundert war Dublins Epoche des Wohlstands, in der die irischen Lords, die nicht länger als arme Vettern der britischen erscheinen wollten, aus Dublin eine der schönsten Städte Europas machten. Man baute elegante Reihenhäuser *(terraces)*, die neue Straßen und Plätze säumten. Im 19. Jahrhundert ging der Reichtum verloren. Etliche Familien mussten ihre Häuser in Mietswohnungen unterteilen, viele bedeutende Straßen verkamen. Zur Zeit des Wirtschaftsbooms in den 1960er Jahren schien die Bausubstanz bedroht. Glücklicherweise blieb vieles erhalten. So kann man bis heute am Merrion Square oder Fitzwilliam Square erstklassige Architektur bewundern.

Mansarde

Spielzimmer

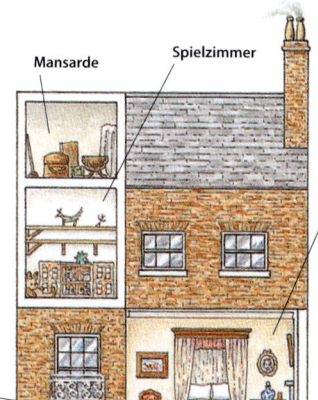

Die Schlafzimmer befanden sich meist im zweiten Stock. Weiter oben lagen die Räume der Bediensteten und der Kinder.

Schmiedeeiserne Balkone waren wirkungsvolle architektonische Elemente. Die noch vorhandenen stammen meist aus viktorianischer Zeit.

Der Salon befand sich stets im ersten Stock. Die hohe Decke war mit kunstvollen Stuckarbeiten ornamentiert.

Üppige Stuckarbeiten dienten im 18. Jahrhundert dazu, den Wohlstand des Besitzers zu dokumentieren.

Architrav

Das Esszimmer lag meist im Erdgeschoss.

Die Küche war mit einem großen Herd ausgestattet, der mit Kohle oder Holz befeuert wurde. In der Speisekammer daneben wurden die Vorräte aufbewahrt.

Die Eingangstür wurde gewöhnlich von einer segmentierten Lünette gekrönt. Die Hauptverzierung der Tür selbst war ein schwerer Türklopfer aus Messing.

Georgianische Reihenhäuser

Obwohl georgianische Straßenzüge oft einheitlich erscheinen, haben die Häuser ganz unterschiedliche Lünetten, Architrave und Balkone. In der Eingangshalle gab es meist einen Steinfußboden. Gegenüber der Eingangstür führte eine Treppe nach oben. Viele der Stadthäuser hatten keinen Garten, dafür waren die Parks im Zentrum der Plätze ausschließlich den Anwohnern vorbehalten.

Stadtplan Dublin siehe Seiten 120–123 **Karte** Extrakarte zum Herausnehmen

⓭ National Gallery

Die National Gallery wurde 1864 eröffnet. Dank großzügiger Schenkungen beherbergt sie exzellente Stücke, etwa die einst im Russborough House *(siehe S. 136f)* beheimatete Milltown-Sammlung. George Bernard Shaw gehörte ebenfalls zu ihren Förderern – mit einem Drittel seines Vermögens. Der Schwerpunkt liegt zwar auf Kunst aus Irland, doch auch die wichtigsten Schulen der europäischen Malerei sind gut vertreten. Nach mehrjähriger Sanierung wurden die Flügel Dargan und Milltown 2017 wiedereröffnet.

★ Pierrot
Diese kubistische Arbeit des in Spanien geborenen Künstlers Juan Gris ist eine seiner zahlreichen Variationen des Themas Pierrot und Harlekin. Das Bild stammt von 1921.

Kurzführer
Nach umfassender Sanierung der Galerie, bei der auch einzelne Sammlungen umgestaltet wurden, hat sich die Anordnung der Werke verändert. Detaillierte Informationen finden Besucher auf der Website der National Gallery.

Zwischengeschoss

★ A Landscape
Diese Arbeit des irischen Landschaftsmalers Thomas Roberts (1748–1777) zeigt eher eine ideale Landschaft nach Vorstellung des Künstlers denn eine reale Szenerie.

Legende
- Europäische Kunst: 1850–1950
- Europäische Skulpturen und Dekorative Kunst
- Drucke
- Umgestaltete Galerien
- Kein Ausstellungsbereich

Hotels und Restaurants in Dublin *siehe Seiten 296f und 308–311*

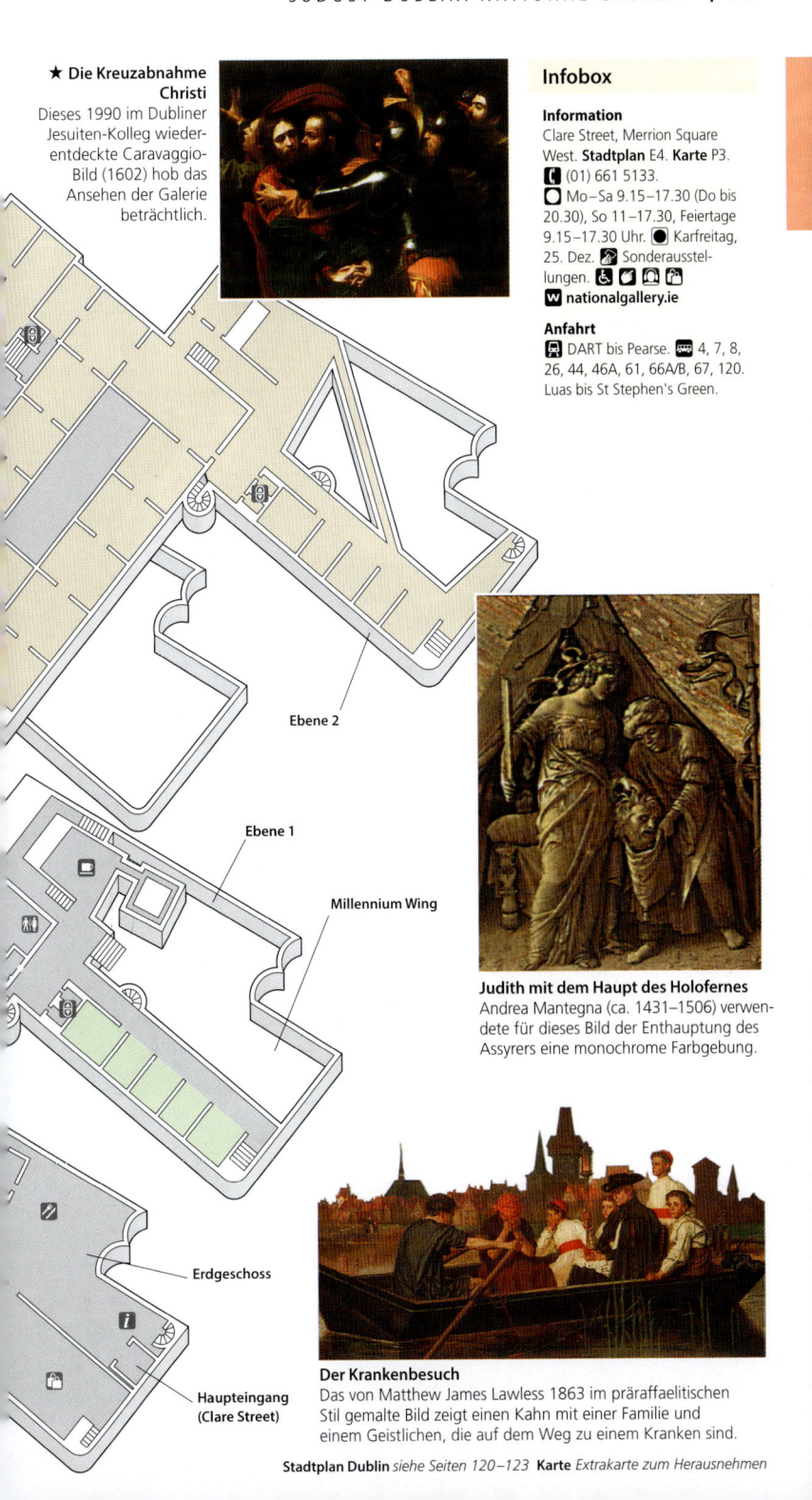

SÜDOST-DUBLIN: NATIONAL GALLERY | **75**

★ Die Kreuzabnahme Christi
Dieses 1990 im Dubliner Jesuiten-Kolleg wiederentdeckte Caravaggio-Bild (1602) hob das Ansehen der Galerie beträchtlich.

Infobox

Information
Clare Street, Merrion Square West. **Stadtplan** E4. **Karte** P3.
(01) 661 5133.
Mo–Sa 9.15–17.30 (Do bis 20.30), So 11–17.30, Feiertage 9.15–17.30 Uhr. Karfreitag, 25. Dez. Sonderausstellungen.
w nationalgallery.ie

Anfahrt
DART bis Pearse. 4, 7, 8, 26, 44, 46A, 61, 66A/B, 67, 120. Luas bis St Stephen's Green.

Ebene 2

Ebene 1

Millennium Wing

Erdgeschoss

Haupteingang (Clare Street)

Judith mit dem Haupt des Holofernes
Andrea Mantegna (ca. 1431–1506) verwendete für dieses Bild der Enthauptung des Assyrers eine monochrome Farbgebung.

Der Krankenbesuch
Das von Matthew James Lawless 1863 im präraffaelitischen Stil gemalte Bild zeigt einen Kahn mit einer Familie und einem Geistlichen, die auf dem Weg zu einem Kranken sind.

Stadtplan Dublin *siehe Seiten 120–123* **Karte** *Extrakarte zum Herausnehmen*

ADAM

Südwest-Dublin

Die Gegend um die Burg wurde bereits in prähistorischer Zeit besiedelt, hier liegen die Wurzeln der Stadt. Dublin verdankt seinen Namen dem »schwarzen Tümpel« *(Dubh Linn)*, der sich am Zusammenfluss des Liffey und des Poddle, der früher über das Burgareal floss, bildete. Der Poddle ist heute unterirdisch kanalisiert und ergießt sich nahe der Grattan-Brücke in den Liffey. Ausgrabungen hinter dem Wood Quay haben ergeben, dass die Wikinger hier um 841 einen Handelsposten gegründet hatten. Nach der Invasion Richard de Clares im Jahr 1170 entwickelte sich eine mittelalterliche Stadt. Die Anglo-Normannen umgaben die Burg mit einer starken Verteidigungsmauer. Ein kleiner rekonstruierter Teil dieser alten Stadtmauer ist nahe der St Audoen's Church zu sehen. Zeugnisse aus der anglo-normannischen Zeit sind Christ Church Cathedral und St Patrick's Cathedral. Als sich die Stadt in georgianischer Zeit nach Norden und Osten hin ausdehnte, verwandelten sich die engen gepflasterten Straßen von Temple Bar in ein vorwiegend von Handwerkern und Kaufleuten bewohntes Viertel. Heute ist die Gegend mit ihren Läden und Cafés das lebhafteste Viertel der Stadt, das mit seiner zum Teil »alternativen« Szene viele Besucher anzieht. Das Powerscourt Centre, ein im 18. Jahrhundert errichtetes prächtiges Palais, gehört heute zu den besten Shopping-Centern der Stadt.

Sehenswürdigkeiten auf einen Blick

Museen und Bibliotheken
- ❷ Chester Beatty Library
- ❽ Dublinia
- ⓬ Marsh's Library

Historische Gebäude
- ❶ *Dublin Castle S. 80f*
- ❸ City Hall
- ❹ Powerscourt Centre
- ❿ Tailors' Hall

Historische Straßen
- ❺ Temple Bar
- ❻ Wood Quay

Kirchen
- ❼ *Christ Church Cathedral S. 84f*
- ❾ St Audoen's Church
- ⓫ Saint Patrick's Cathedral
- ⓭ Whitefriar Street Carmelite Church

Stadtplan
siehe S. 120–123

Restaurants in Südwest-Dublin *siehe S. 309f*

◀ Buntglasfenster in der Christ Church Cathedral *(siehe S. 84f)*   Zeichenerklärung *siehe hintere Umschlagklappe*

Im Detail: Südwest-Dublin

Obwohl Südwest-Dublin mit historischen Gebäuden wie dem Dublin Castle und der Christ Church Cathedral aufwartet, lässt dieser Teil der Stadt den Charme der Gegend rund um die Grafton Street vermissen. Man hat sich jedoch bemüht, das Viertel attraktiver zu gestalten. Insbesondere um Temple Bar säumen nun Kunstgalerien, Läden und Cafés die hübschen Straßen.

Sunlight Chambers heißt das 1900 von der Lever-Brothers-Gruppe erbaute Haus. Die hübsche Terrakotta-Fassade wirbt auch für die Waschmittel des Konzerns.

❻ Wood Quay
Hier gründeten die Wikinger 841 ihre erste ständige Siedlung in Irland.

❼ ★ Christ Church Cathedral
In Irlands ältester Kathedrale findet man unter den Familiengrabmälern auch jenes des 19. Earl of Kildare.

St Werburgh's Church
Hinter der etwas düsteren Fassade der Kirche aus dem 18. Jahrhundert verbirgt sich ein kunstvolles Inneres.

❽ Dublinia
Das mittelalterliche Dublin und die Wikinger ist Thema dieses interaktiven Museums, das in der ehemaligen Synodalhalle der Church of Ireland untergebracht ist.

❸ City Hall
Das ursprünglich 1779 als Königliche Börse erbaute Verwaltungszentrum der Stadt besticht durch seinen korinthischen Portikus.

❶ ★ Dublin Castle
Der Salon mit seinem Waterford-Kristallüster ist einer der luxuriösen Räume, die im 18. Jahrhundert für die Vizekönige von Irland errichtet wurden.

Hotels und Restaurants in Dublin *siehe Seiten 296f und 308–311*

SÜDWEST-DUBLIN | **79**

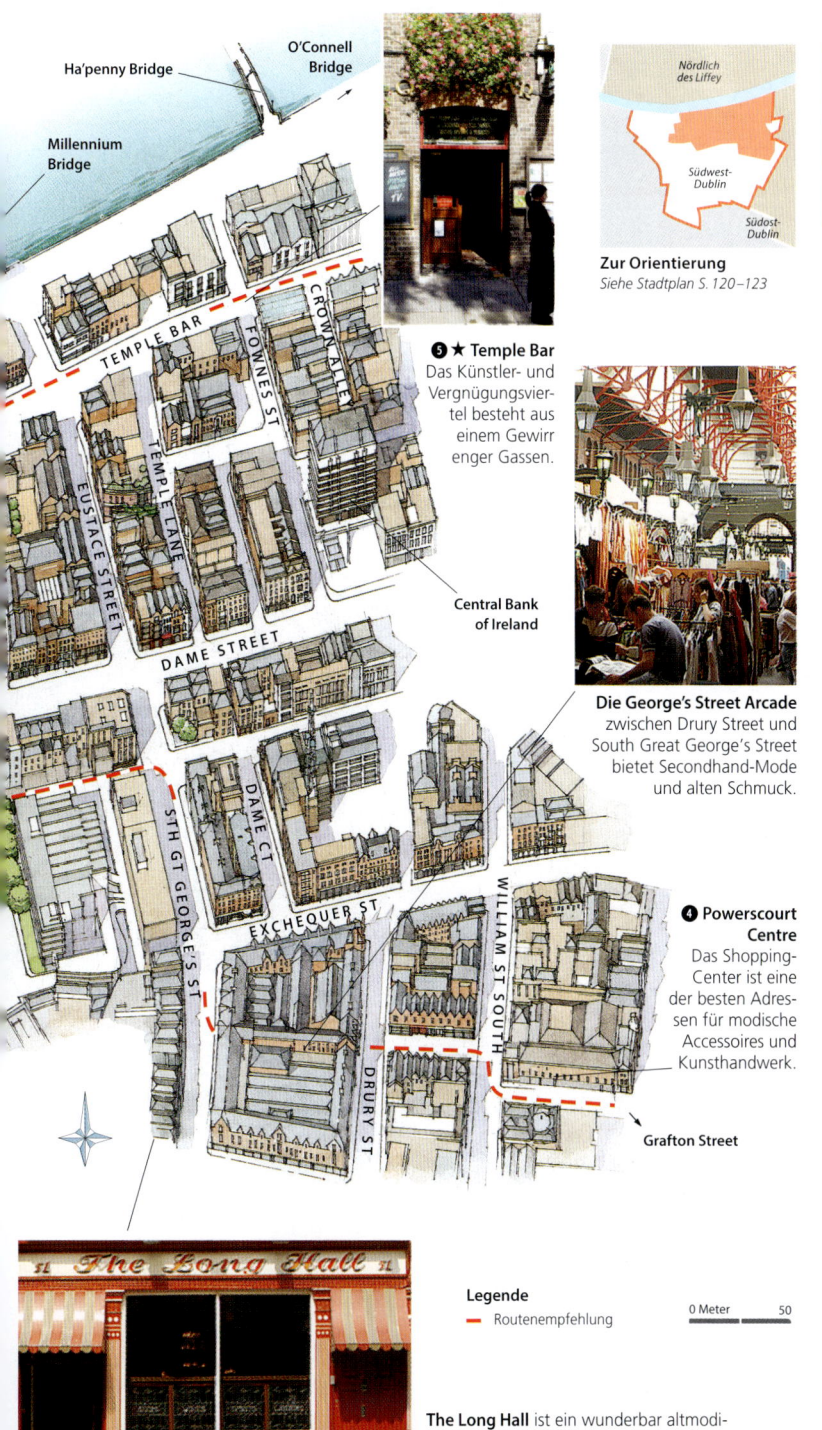

Zur Orientierung
Siehe Stadtplan S. 120–123

❺ ★ **Temple Bar**
Das Künstler- und Vergnügungsviertel besteht aus einem Gewirr enger Gassen.

Central Bank of Ireland

Die George's Street Arcade zwischen Drury Street und South Great George's Street bietet Secondhand-Mode und alten Schmuck.

❹ **Powerscourt Centre**
Das Shopping-Center ist eine der besten Adressen für modische Accessoires und Kunsthandwerk.

Grafton Street

Legende
— Routenempfehlung

0 Meter 50

The Long Hall ist ein wunderbar altmodisches Pub mit einer tollen Atmosphäre. Hinter der Bar des schmalen Raums sind viele alte Uhren aufgereiht.

Stadtplan Dublin *siehe Seiten 120–123* **Karte** *Extrakarte zum Herausnehmen*

Dublin Castle

Dublin Castle war 700 Jahre lang das Zentrum britisch-kolonialer Herrschaft in Irland. An der Stelle des Schlosses befand sich bereits im 10. Jahrhundert eine Festung. Sie wurde 1170 von den Normannen erobert und später ausgebaut. Aus dieser Zeit ist noch der Record Tower erhalten. Nach dem Brand 1684 ließ Sir William Robinson den Oberen und Unteren Schlosshof anlegen. Auf der Südseite des Oberen Hofes befinden sich die Prunkgemächer sowie die prächtige St Patrick's Hall. In diesen Gemächern waren die von den Briten eingesetzten Vizekönige von Irland untergebracht.

Justitia
Die Statue über dem Haupteingang kehrt der Stadt den Rücken zu und war deshalb den Dublinern oft Anlass für Hohn und Spott.

★ **Throne Room**
Dies ist einer der prächtigen Räume. Er enthält einen Thron, der 1821, anlässlich des Besuchs von König George IV, aufgestellt wurde.

Eingang von Cork Hill aus

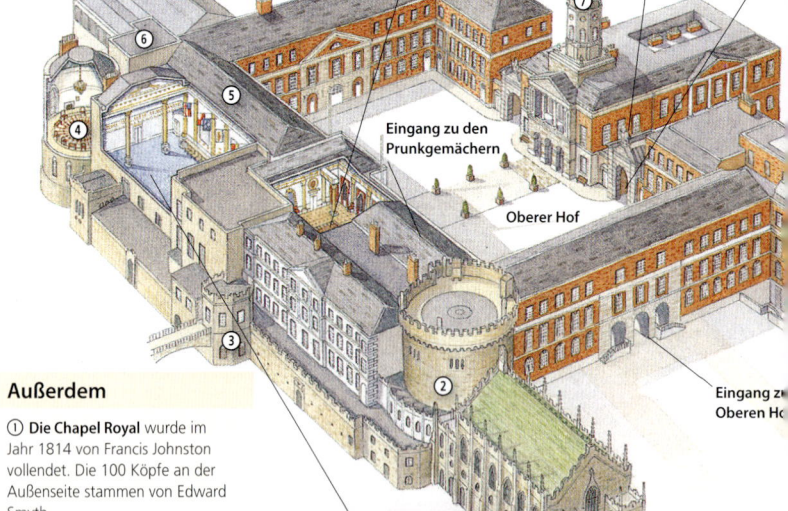

Eingang zu den Prunkgemächern

Oberer Hof

Eingang zu Oberen Ho

Außerdem

① **Die Chapel Royal** wurde im Jahr 1814 von Francis Johnston vollendet. Die 100 Köpfe an der Außenseite stammen von Edward Smyth.

② **Record Tower** (1226)

③ **Achteckiger Turm** (um 1812)

④ **Der Bermingham Tower** stammt aus dem 13. Jahrhundert. 1777 wurde er in einen Speisesaal umgebaut.

⑤ **Porträtgalerie**

⑥ **Wedgwood-Raum**

⑦ **Bedford Tower** (1761)

⑧ **Das Treasury Building** von 1717 ist der älteste Bürotrakt Dublins.

⑨ **Regierungsbüros**

★ **St Patrick's Hall**
Die von Vincenzo Valdré (späte 1780er Jahre) angefertigten Deckengemälde in dieser mit Bannern geschmückten Halle versinnbildlichen die Beziehung zwischen Großbritannien und Irland.

Hotels und Restaurants in Dublin *siehe Seiten 296f und 308–311*

Infobox

Information
Nahe Dame St. **Stadtplan** C3.
Karte N3. (01) 645 8813.
Staatsgemächer
tägl. 9.45–17.45 Uhr (letzter Einlass 17.15 Uhr). 1. Jan, Karfreitag, 25.–27. Dez.
dublincastle.ie

Anfahrt
49, 56A, 77, 77A, 123.

Robert Emmet

Robert Emmet (1778–1803), der Anführer des gescheiterten Aufstands von 1803, gilt bis heute als Held. Er wollte mit der Besetzung von Dublin Castle ein Fanal im Kampf gegen das Unionsgesetz *(siehe S. 46)* setzen. Emmet wurde in Kilmainham Gaol gehenkt. Doch die Rede, die er vorher hielt, inspirierte noch die nachfolgenden Generationen in ihrem Freiheitskampf.

Unterer Hof
Dame Street

Dublin Castle mit dem Record Tower und der Chapel Royal

Koran-Manuskript (1874) des Kalligrafen Ahmad Shaikh aus Kaschmir, ausgestellt in der Chester Beatty Library

❷ Chester Beatty Library

Dublin Castle. **Stadtplan** C3. **Karte** N3. (01) 407 0750. Mo–Fr 10–17 (Nov–Feb: Di–Fr), Sa 11–17, So 13–17 Uhr. 1. Jan, Karfreitag, 24.–26. Dez. cbl.ie

Die weltbekannte Sammlung mit Werken aus Asien (vor allem dem Nahen Osten), Afrika und Europa vermachte der amerikanische Bergbaumagnat Sir Alfred Chester Beatty (1875–1968) dem Staat, weshalb er 1957 zu Irlands erstem Ehrenbürger ernannt wurde. Beatty sammelte annähernd 300 Koran-Ausgaben vieler Meisterkalligrafen. In der Sammlung finden sich auch 5000 Jahre alte babylonische Steintafeln, griechische Papyrusrollen und Bibelauszüge in koptischer Sprache.

Die Schätze aus dem Fernen Osten umfassen eine Sammlung chinesischer Jadebücher – jedes Blatt dieser Bücher ist eine hauchdünne Jadescheibe mit eingravierten, goldgefüllten Schriftzeichen. Burmesische und siamesische Kunst ist durch Exponate aus dem 18. und 19. Jahrhundert, den *Parabaiks*, vertreten. Das sind Bücher aus Papier von Maulbeerbaumblättern. Sie enthalten Volkssagen, die mit farbenfrohen Illustrationen versehen sind. Die Exponate der japanischen Sammlung reichen vom 16. bis zum 19. Jahrhundert. Überaus interessant sind auch die westeuropäischen Manuskripte, allen voran das *Coëtivy Book of Hours*, ein illustriertes französisches Gebetbuch aus dem 15. Jahrhundert.

❸ City Hall

Cork Hill, Dame St. **Stadtplan** C3. **Karte** N3. (01) 222 2918. Mo–Sa 10–17.15 Uhr. 1. Jan, Karfreitag, 24.–26. Dez. dublincity.ie/dublincityhall

Der von Thomas Cooley entworfene Bau wurde 1769–79 als Börse errichtet, von der Dublin Corporation gekauft und schließlich als Versammlungsort des Stadtrats genutzt. Hinter der säulenverzierten Fassade öffnet sich die Eingangsrotunde mit einer von Säulen gestützten Kuppel. Die Ausstellung *Dublin City Hall – The Story of the Capital* beleuchtet die Entwicklung Dublins seit dem Einfall der Anglo-Normannen im Jahr 1170.

City Hall (Rathaus) von Dublin

Stadtplan Dublin *siehe Seiten 120–123* **Karte** *Extrakarte zum Herausnehmen*

Innenhof des Shopping-Centers Powerscourt Centre

❹ Powerscourt Centre

59 South William St. **Stadtplan D4. Karte** O3. (01) 679 4144. Mo–Fr 10–18 (Do bis 20), Sa 9–18, So 12–18 Uhr. powerscourtcentre.ie

Das 1774 von Robert Mack vollendete Palais war Stadtresidenz des Vicomte Powerscourt *(siehe S. 138f)*, der auch einen Landsitz in Enniskerry besaß. Für den Bau schaffte man von seinem Landgut Granit heran. Heute beherbergt das Gebäude eines der besten Dubliner Einkaufszentren. Innen sind noch immer die Mahagonitreppe und die Stuckarbeiten von Michael Stapleton zu sehen.

1830 wurde das Gebäude von einer Textilhandlung genutzt. Nach weiteren Umbauten in den 1960er Jahren zogen Galerien, Cafés, Juweliere und Luxusläden in das Gebäude mit dem von einer Glaskuppel gekrönten Innenhof. Man erreicht Powerscourt Centre auch von der Grafton Street aus durch die schmale Johnson Court Alley.

❺ Temple Bar

Stadtplan C3. Karte O2. **Temple Bar Information Centre** (01) 677 2255. *Siehe auch* **Unterhaltung** *S. 118*. **Project Arts Centre** 39 East Essex Street. (01) 881 9613. **Irish Film Institute** 6 Eustace Street. (01) 679 5744. Diversions (Mai–Sep). templebar.ie

Einige der besten Kunstgalerien und Restaurants sowie ungewöhnliche Läden säumen die engen Pflasterstraßen zwischen der Bank of Ireland *(siehe S. 64)* und der Christ Church Cathedral. Im 18. Jahrhundert waren hier viele schräge Vögel ansässig. Die Fownes Street war für ihre Bordelle bekannt. Doch auch der Parlamentarier Henry Grattan *(siehe S. 44)* wurde hier geboren. Nach dem Zweiten Weltkrieg lebten und arbeiteten hier Handwerker. Mit der Industrialisierung verfiel die Gegend.

In den 1970er Jahren erwarb die nationale Transportgesellschaft CIE in der Umgebung Grundstücke, um ein großes Busdepot anzulegen. Während sie noch mit der Beschaffung der Immobilien befasst war, vermietete die Gesellschaft alte Ladengeschäfte an Künstler, Platten-, Textil- und Buchhändler. So nahm das Viertel einen »alternativen« Charakter an. Die CIE ließ schließlich von ihren Bauplänen ab. Zynische Dubliner sagen, die Gegend sei jetzt die »offizielle Kunstzone« der Stadt. Zwischen Galerien und Theatern haben sich inzwischen viele Touristenläden mit eher kitschigem Angebot sowie Fast-Food-Restaurants niedergelassen.

Zu den Highlights gehören das **Project Arts Centre**, ein anerkanntes Zentrum für avantgardistische Kunst-Performances, und das **Irish Film Institute**, das nicht nur Arthouse- und Programmfilme zeigt, sondern auch über ein Restaurant mit Bar und einen Laden verfügt.

Beim Meeting House Square liegt einer der Schauplätze für Open-Air-Veranstaltungen wie etwa Konzerte sowie Theater- und Filmvorführungen. Hier befinden sich auch das National Photographic Archive und die Gallery of Photography. Samstags gibt es einen Lebensmittelmarkt, auf dem u. a. Austern, Lachs und Käse angeboten werden.

Das Pub Temple Bar gibt es seit dem Jahr 1840

❻ Wood Quay

Stadtplan B3. Karte N3.

An dieser Stelle – benannt nach den starken Holzbohlen, mit denen das Land vor dem Wasser geschützt wurde – ließen sich erstmals Wikinger in Irland nieder. Ausgrabungen haben Reste eines der frühesten Wikingerdörfer in Irland freigelegt *(siehe S. 83)*. Das Areal ist seit dem Jahr 2008 zugänglich. Viele der Funde sind im Nationalmuseum für Archäologie *(siehe S. 70f)* und in der Dublinia-Ausstellung *(siehe S. 83)* zu sehen.

Bummel in den Straßen von Temple Bar

Hotels und Restaurants in Dublin *siehe Seiten 296f und 308–311*

SÜDWEST-DUBLIN | 83

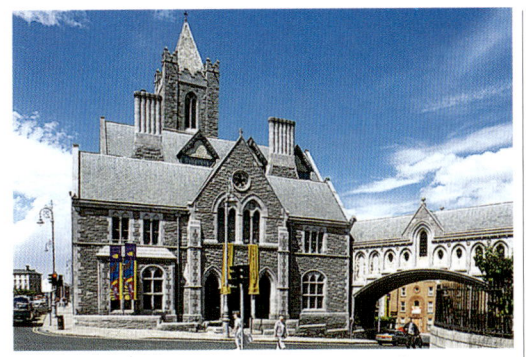

Frühere Synodalhalle, jetzt Schauplatz der Dublinia-Ausstellung

❼ Christ Church Cathedral

Siehe S. 84f.

❽ Dublinia

St Michael's Hill. **Stadtplan** B3. **Karte** N3. (01) 679 4611. März–Sep: tägl. 10–18.30; Okt–Feb: tägl. 10–16.30 Uhr. 24.–26. Dez. Eintritt zur Christ Church Cathedral über die Brücke inkl. dublinia.ie

Die Dublinia-Ausstellung dokumentiert Dublins frühe Geschichte von der Ankunft der Anglo-Normannen im Jahr 1170 bis zur Auflösung der Klöster zwischen 1538 und 1541 *(siehe S. 42)*. Die Ausstellung ist in der neogotischen Synodalhalle untergebracht, in der bis 1983 die Church of Ireland residierte. Die Halle und ihre Verbindungsbrücke zur Christ Church Cathedral wurden um 1870 erbaut. Vor der Einrichtung der Dublinia 1993 war die Synodalhalle kurzzeitig ein Nachtclub.

Die Ausstellung ist durchgehend interaktiv gestaltet und ermuntert die Besucher, selbst die Vergangenheit Dublins zu erforschen. Zu den spannendsten Bereichen zählt die Abteilung Medieval Dublin, in der besonders düstere Kapitel der Stadt aus dem Mittelalter scheinbar wieder zum Leben erwachen. Tod und Krankheit, Verbrechen und Bestrafung werden auf eindrucksvolle Weise dargestellt. Wichtige Ereignisse der Dubliner Geschichte wie die Pest und der Aufstand des Silken Thomas *(siehe S. 42)* werden hier ebenso gezeigt wie ein Modell von Dublin um das Jahr 1500. In einem weiteren Raum werden archäologische Funde aus dem nahen Wood Quay *(siehe S. 82)* gezeigt.

Einen fantastischen Blick über die Stadt genießt man vom 60 Meter hohen Turm von St Michael.

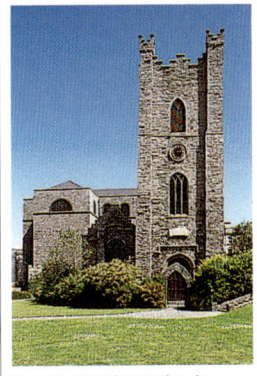

Turm der St Audoen's Church

❾ St Audoen's Church

High St, Cornmarket. **Stadtplan** B3. **Karte** M3. (01) 677 0088. Apr–Okt: tägl. 9.30–17.30 Uhr.

Die St Audoen's Church, das älteste noch existierende Gotteshaus in Dublin, ist das ganze Jahr über für Besucher geöffnet. Der über 800 Jahre alte Turm gilt als ältester Kirchturm Irlands. Die drei Glocken wurden 1423 hinzugefügt. Auch das Kirchenschiff (ebenfalls aus dem 15. Jh.) ist erhalten. Die Kirche steht in einem Kirchhof, der weite Rasenflächen mit gepflegten Büschen aufweist. An der Rückseite führen Stufen zum St-Audoen's-Bogen hinunter, dem einzigen verbliebenen alten Stadttor. Flankiert wird es von Teilen der restaurierten Stadtmauer aus dem 13. Jahrhundert. Unmittelbar daneben steht die römisch-katholische St Audoen's Church (1847).

Wikinger in Dublin

Wikinger landeten seit Ende des 8. Jahrhunderts immer wieder in Irland und gründeten 841 Dublin. Wo sich bei der Mündung des Flusses Poddle in den Liffey ein schwarzer Tümpel *(Dubh Linn)* bildete, bauten sie am heutigen Standort von Dublin Castle ein Fort. Eine weitere Siedlung legten sie am Wood Quay an *(siehe S. 82)*. Sie handelten mit Silber und Sklaven und betrieben Piraterie. Nach der Niederlage gegen Brian Ború in der Schlacht von Clontarf 1014 *(siehe S. 38)* integrierten sich die Wikinger in ihr Umfeld und wurden Christen. Nach der anglo-normannischen Invasion von 1170 *(siehe S. 40)* zerfiel ihr Handelsposten. Viele der Bewohner wurden in die Kolonie Oxmanstown auf der Nordseite des Flusses umgesiedelt.

Wikingerschiff in der Bucht von Dublin

Stadtplan Dublin *siehe Seiten 120–123* **Karte** *Extrakarte zum Herausnehmen*

❼ Christ Church Cathedral

Die Christ Church Cathedral wurde von Sitric »Silkbeard«, dem irisch-normannischen König Dublins, und Dunan, dem ersten Bischof Dublins, gegründet. 1186 wurde sie von Erzbischof John Cumin neu erbaut. Sie ist die Kathedrale der (anglikanischen) Diözese Dublin und Glendalough. In den 1870er Jahren wurde das baufällige Gebäude von dem Architekten George Street umgestaltet. Die riesige Krypta wurde 2000 renoviert.

★ Lesepult
Das schöne Messingpult in der Schatzkammer der Krypta wurde im Mittelalter gefertigt. Ein weiteres Pult steht an der Nordseite des Mittelschiffs vor der Kanzel.

Mittelschiff
Das 25 Meter hohe Schiff besticht durch seine gotischen Bogen. Auf der Nordseite ragt eine als Dachstütze genutzte Wand aus dem 13. Jahrhundert etwa 50 Zentimeter hervor.

Außerdem

① **Die Brücke** zur Synodalhalle wurde bei der Umgestaltung der Kathedrale (19. Jh.) hinzugefügt.

② **Krypta**

③ **Mittelalterliche Steinreliefs** findet man im nördlichen Seitenschiff. Die schönen romanischen Kapitelle (um 1200) zeigen eine Gruppe von Musikanten und zwei von Greifen umwickelte menschliche Gesichter.

④ **In der Marienkapelle** wird täglich das Abendmahl gefeiert.

⑤ **Treppe zur Krypta**

⑥ **Die Fundamente** des einstigen Domkapitels stammen aus dem frühen 13. Jahrhundert.

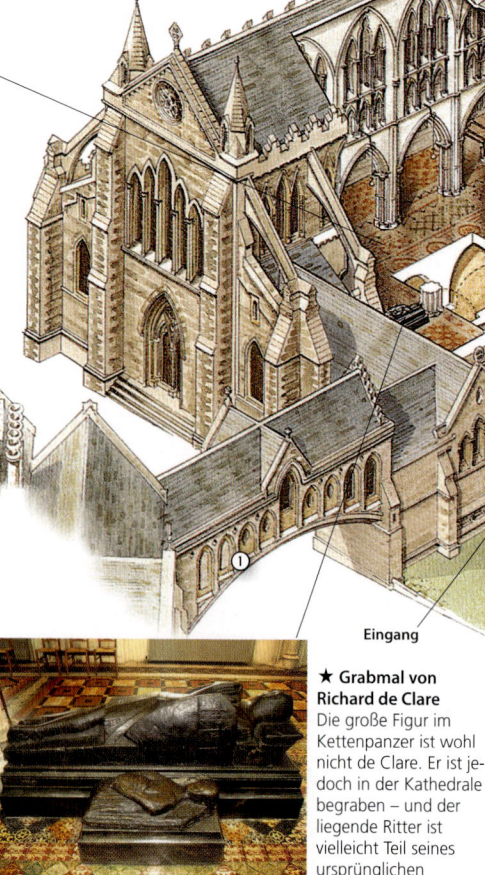

Eingang

★ Grabmal von Richard de Clare
Die große Figur im Kettenpanzer ist wohl nicht de Clare. Er ist jedoch in der Kathedrale begraben – und der liegende Ritter ist vielleicht Teil seines ursprünglichen Grabmals.

Hotels und Restaurants in Dublin *siehe Seiten 296f und 308–311*

SÜDWEST-DUBLIN: CHRIST CHURCH CATHEDRAL | 85

Mumifizierte Tiere
In der Krypta sind eine Katze und eine Ratte ausgestellt, die in einer Orgelpfeife stecken geblieben waren. James Joyce verewigte beide in einem Werk.

Infobox

Information
Christchurch Place. **Stadtplan** B3.
Karte N3. (01) 677 8099.
wechselnde Öffnungszeiten, Details auf der Website.
26. Dez.
Mo–Fr 10, 12.45, So 11, 15.30 Uhr. teilweise.
W christchurchdublin.ie

Anfahrt
50, 66, 77.

★ Krypta
Diese reich verzierte Schale von Francis Garthorne ist Teil der Sammlung, die König William III der Christ Church Cathedral anlässlich des Sieges in der Schlacht am Boyne 1690 überließ.

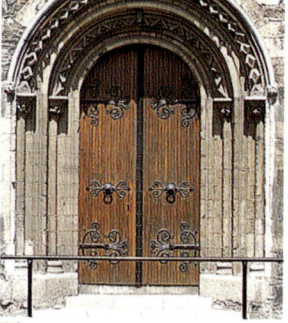

Romanisches Portal
Das Portal am südlichen Querschiff gehört zu den schönsten Beispielen irischer Steinmetzkunst des 12. Jahrhunderts.

1038 Bau der ursprünglichen hölzernen Wikinger-Kathedrale

1186 Der erste anglo-normannische Erzbischof, John Cumin, gibt den Bau einer Kathedrale in Auftrag

1240 Vollendung der Stein-Kathedrale

1541 König Henry VIII gibt der Kathedrale ein neues Statut

Begegnung zwischen Lambert Simnel und dem Earl of Kildare (siehe S. 41)

1487 Krönung des zehnjährigen Lambert Simnel zum König von England

1600 Ladenbesitzer mieten sich in der Krypta ein

1689 König James II von England betet in der Kathedrale

1742 Der Chor singt bei der Uraufführung von Händels *Messias*

1871 Beginn der Umgestaltung der Kathedrale, einschließlich Synodalhalle und Brücke

1983 Die Kathedrale gibt die Benutzung der Synodalhalle auf

| 1000 | 1200 | 1400 | 1600 | 1800 |

Stadtplan Dublin *siehe Seiten 120–123* **Karte** *Extrakarte zum Herausnehmen*

❿ Tailors' Hall

Back Lane. **Stadtplan** B4. **Karte** MN3. ☏ (01) 707 7076. ◷ Mo–Fr nach Vereinbarung. 🌐 antaisce.org

Das Gewandhaus ist das einzige noch existierende Zunfthaus Dublins. Es versprüht inmitten eines Sanierungsgebiets altmodischen Charme. Das 1706 errichtete Gebäude steht hinter einem Kalksteinbogen in einem Hof. Es ist Irlands ältestes Zunfthaus und wurde früher von unterschiedlichen Gewerben genutzt. Es diente auch als politischer Treffpunkt: So sprach Wolfe Tone vor dem Aufstand von 1798 *(siehe S. 45)* hier zu den United Irishmen. Das Gebäude wurde Anfang der 1960er Jahre wegen Baufälligkeit geschlossen, doch Desmond Guinness sorgte für eine vollständige Renovierung.

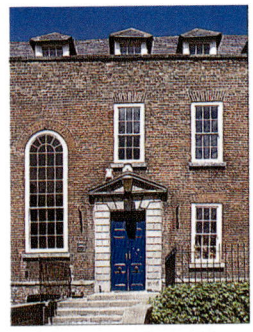

Fassade des Gewandhauses, Sitz des Irish National Trust *(An Taisce)*

Saint Patrick's Cathedral mit dem Minot-Turm samt Turmhelm

⓫ Saint Patrick's Cathedral

Saint Patrick's Close. **Stadtplan** B4. **Karte** N4. ☏ (01) 453 9472. ◷ März–Okt: Mo–Fr 9.30–17, Sa 9–18, So 9–10.30, 12.30–14.30, 16.30–18 Uhr; Nov–Feb: Mo–Sa 9.30–17, So 9–10.30, 12.30–14.30 Uhr. ⬤ bei Gottesdiensten. 🌐 stpatrickscathedral.ie

Das größte irische Gotteshaus steht neben einer heiligen Quelle, an der der hl. Patrick um 450 n. Chr. zum Glauben Bekehrte getauft haben soll. Um 1900 wurde eine Steinplatte mit einem keltischen Kreuz darauf ausgegraben, die die Quelle bedeckte. Sie wird heute am westlichen Ende des Hauptschiffs der Kathedrale verwahrt. Ursprünglich war die Kathedrale eine Holzkapelle, die 1192 unter Erzbischof John Cumin durch einen Steinbau ersetzt wurde. In den folgenden Jahrhunderten galt St Patrick's als Gotteshaus des Volkes, während die ältere Christ Church Cathedral *(siehe S. 84f)* vom britischen Establishment genutzt wurde.

Mitte des 17. Jahrhunderts kamen hugenottische Flüchtlinge aus Frankreich nach Dublin und erhielten dort die Lady Chapel als Gotteshaus zugewiesen. Heute ist die Kathedrale Hauptkirche der irischen Anglikaner und Episkopalen.

Ein Großteil des heutigen Gebäudes wurde zwischen 1254 und 1270 fertiggestellt. Die Kathedrale wurde im Lauf der Jahrhunderte vernachlässigt, brannte nieder und konnte nur dank der Großzügigkeit von Sir Benjamin Guinness um 1860 gründlich restauriert werden. Das Bauwerk ist 91 Meter lang. Am westlichen Ende befindet sich der 1370 unter Erzbischof Minot restaurierte 43 Meter hohe Glockenturm (Minot-Turm). Der Turmhelm wurde im 18. Jahrhundert hinzugefügt.

Das Innere der Kathedrale ist mit Gedenkbüsten, Messingtafeln und Monumenten übersät. Ein am Eingang erhältliches Faltblatt hilft bei der Orientierung. Das größte und kunstvollste Grabmal ließ sich im 17. Jahrhundert die Familie Boyle errichten. Die von Richard Boyle, Earl of Cork, dem

Jonathan Swift (1667–1745)

Jonathan Swift wurde in Dublin geboren und am Trinity College *(siehe S. 66f)* ausgebildet. 1689 ging er nach England, kehrte aber 1694 zurück, als seine politische Karriere scheiterte. Er schlug die Kirchenlaufbahn ein und wurde 1713 Dekan der St Patrick's Cathedral. Daneben war er politischer Kommentator. Sein bekanntestes Werk *Gullivers Reisen* ist eine Satire auf die anglo-irischen Beziehungen. Swifts Privatleben, vor allem seine Freundschaft mit zwei jüngeren Frauen – Esther Johnson und Esther Vanhomrigh –, machte ihn zur Zielscheibe der Kritik. In seinen letzten Jahren litt Swift unter der Ménière-Krankheit, was viele glauben ließ, er sei wahnsinnig geworden.

Hotels und Restaurants in Dublin siehe Seiten 296f und 308–311

Andenken seiner zweiten Frau Catherine gewidmete Grabstätte ist mit Darstellungen seiner Angehörigen geschmückt. Andere berühmte Bürger, derer in der Kirche gedacht wird, sind der Harfenist Turlough O'Carolan (1670–1738, *siehe S. 28*) und der erste irische Präsident Douglas Hyde (1860–1949).

Im südlichen Querschiff befindet sich die »Swift-Ecke«, in der ein Bücherschrank mit Swifts Totenmaske verwahrt wird. Ein von Swift selbst niedergeschriebenes Epitaph findet man an der Wand auf der Südwestseite des Schiffs. Wenige Schritte entfernt markieren zwei Messingplatten sein Grab und das von Esther Johnson, die vor ihm im Jahr 1728 starb.

Am westlichen Ende gibt es eine Tür mit einem Loch, das auf eine Fehde zwischen den Lords Kildare und Ormonde 1492 zurückgeht. Ormonde hatte im Stiftshaus Zuflucht gesucht. Es wurde jedoch bald Friede geschlossen, und Kildare schnitt ein Loch in die Tür, um Ormonde die Hand zu reichen.

❶❷ Marsh's Library

Saint Patrick's Close. **Stadtplan** B4. **Karte** N4. (01) 454 3511. Mo, Mi–Fr 9.30–17, Sa 10–17 Uhr. Di, So, 10 Tage um Weihnachten, Feiertage. marshlibrary.ie

Die älteste öffentliche Bibliothek Irlands wurde im Jahr 1701 für den Dubliner Erzbischof Narcissus Marsh gebaut. Sie wurde von Sir William Robinson entworfen, der auch einen Großteil von Dublin Castle *(siehe S. 80f)* und das Royal Hospital Kilmainham *(siehe S. 101)* erbaute.

Die Bücherschränke werden von einer Mitra gekrönt und sind mit geschnitzten Giebeln und eingelassenen Goldlettern geschmückt. Im rückwärtigen Teil der Bibliothek gibt es vergitterte Alkoven, in die Leser von seltenen, wertvollen Büchern eingeschlossen wurden. Zur Büchersammlung (16., 17. und frühes 18. Jh.) gehören unersetzliche Bände, darunter auch Bischof Bedells Übersetzung des Alten Testaments ins Irische (1685).

Marienaltar der Karmeliterkirche, Whitefriar Street Carmelite Church

❶❸ Whitefriar Street Carmelite Church

56 Aungier St. **Stadtplan** C4. **Karte** NO4. (01) 475 8821. Mo, Mi–Sa 7.45–18 Uhr, Di 8–19.30 Uhr, So, Feiertage 9.30–19 Uhr. whitefriarstreetchurch.ie

George Papworth entwarf diese 1827 erbaute katholische Kirche. Sie steht neben der Stätte eines mittelalterlichen Karmeliterklosters, von dem es keine Überreste gibt.

Während Saint Patrick's und Christ Church, die zwei Kathedralen der Kirche von Irland, viele Reisende anziehen, trifft man hier zumeist Dubliner an. Sie kommen, um für die Heiligen Kerzen zu entzünden – u. a. für den hl. Valentin, den Schutzpatron der Liebenden. Seine Überreste lagen auf dem Friedhof des hl. Hippolytus in Rom, bis Papst Gregor XVI. sie 1836 der Kirche schenkte. Heute ruhen sie unter der Statue des hl. Valentin an der Nordostseite neben dem Hochaltar.

Berühmt ist die flämische Marienstatue der Lady of Dublin (spätes 15. oder frühes 16. Jh.) aus Eiche. Sie hat früher vielleicht der St Mary's Abbey *(siehe S. 97)* gehört und soll die einzige Holzstatue ihrer Art sein, die die während der Reformation angerichteten Zerstörungen in den irischen Klöstern *(siehe S. 42)* unbeschadet überstanden hat.

Grabmal (1632) der Familie Boyle in der Saint Patrick's Cathedral

Stadtplan Dublin siehe Seiten 120–123 **Karte** *Extrakarte zum Herausnehmen*

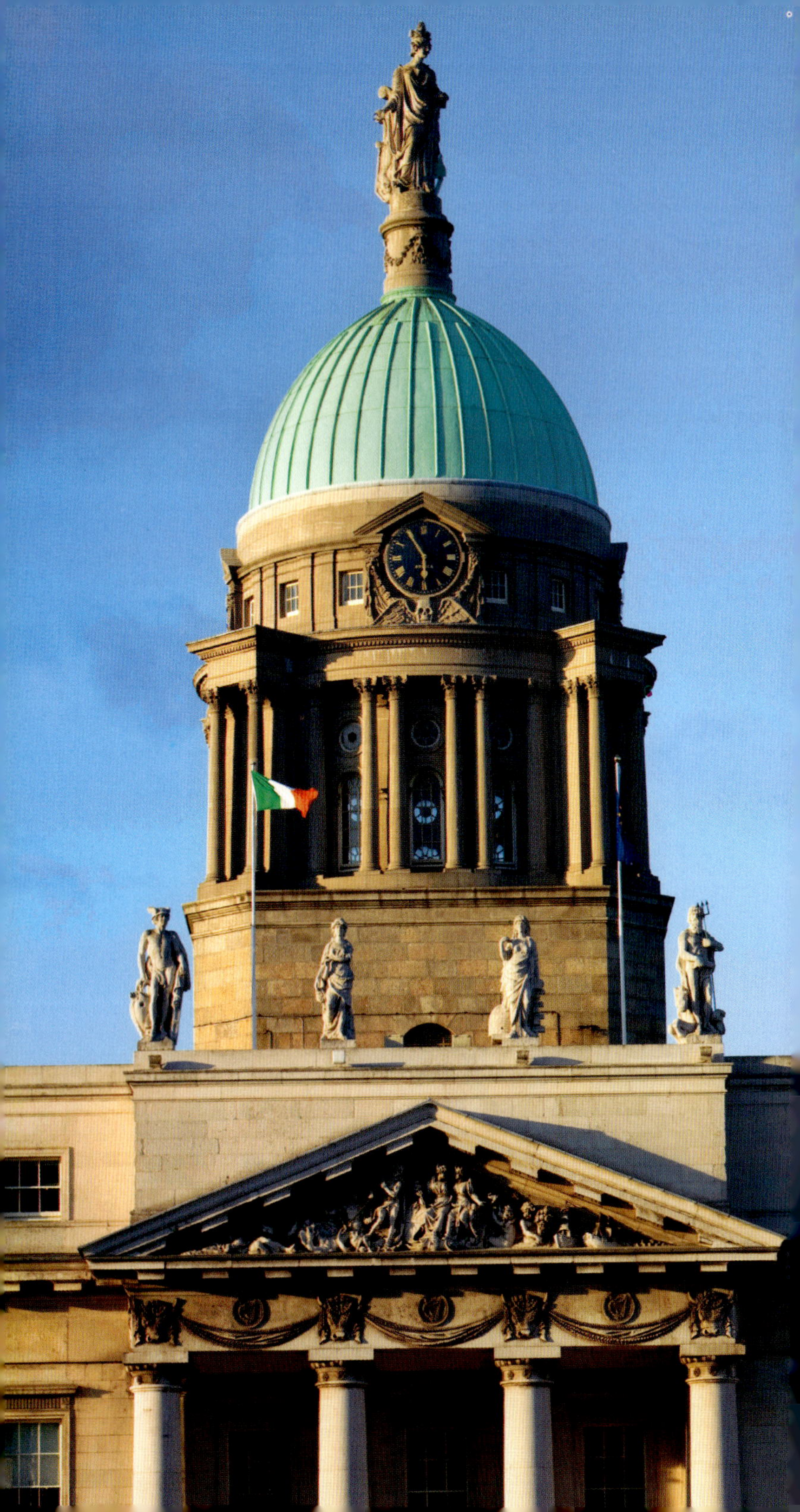

Nördlich des Liffey

Der Dubliner Norden entstand als letzter Teil der Stadt im 18. Jahrhundert. Die Behörden wollten hier ein weitläufiges Gebiet mit großzügigen Alleen schaffen, doch der stark zunehmende Straßenverkehr machte diesen Plan allzu bald zunichte. Dennoch ist die von schönen Statuen und Denkmälern gesäumte O'Connell Street recht eindrucksvoll.

Hier kaufen die Dubliner ein. In einigen der Seitenstraßen rund um die O'Connell Street, vor allem in der Moore Street, findet man bunte Verkaufsstände und Straßenhändler. Einige öffentliche Gebäude wie James Gandons großartiges Zollhaus, die majestätischen Four Courts und das historische Hauptpostamt *(siehe S. 93)* verleihen dieser Gegend zusätzlichen Charme. Das schöne Rotunden-Hospital war die erste offizielle Entbindungsklinik in Europa. Die beiden berühmtesten Dubliner Theater, Abbey und Gate, sind ebensolche Besuchermagneten wie das Dublin Writers Museum und das James-Joyce-Zentrum – die beiden Museen sind den Schriftstellern Dublins gewidmet.

Auch die schönsten georgianischen Straßenzüge befinden sich im Norden der Stadt. Viele waren lange Zeit arg vernachlässigt, doch einige, beispielsweise die North Great George's Street, werden mittlerweile mit großem Aufwand restauriert.

Sehenswürdigkeiten auf einen Blick

Museen und Sammlungen
- ❺ James Joyce Centre
- ❾ Dublin Writers Museum
- ❿ Hugh Lane Gallery
- ⓭ Old Jameson Distillery
- ⓱ National Leprechaun Museum

Historische Gebäude
- ❶ Custom House
- ❼ Rotunda Hospital
- ⓫ King's Inns
- ⓯ Four Courts

Historische Straßen und Brücken
- ❸ O'Connell Street
- ⓬ Smithfield
- ⓲ Ha'penny Bridge

Theater
- ❷ Abbey Theatre
- ❻ Gate Theatre

Kirchen
- ❹ St Mary's Pro-Cathedral
- ⓮ St Michan's Church
- ⓰ St Mary's Abbey

Park
- ❽ Garden of Remembrance

Stadtplan
siehe S. 120–123

Restaurants nördlich des Liffey *siehe S. 310*

◀ **Kuppel und Portikus des Custom House** *(siehe S. 92)*

Zeichenerklärung *siehe hintere Umschlagklappe*

Im Detail: O'Connell Street

Während der georgianischen Ära galt die O'Connell Street als vornehmste Wohngegend Dublins. Beim Osteraufstand von 1916 wurden viele der schönen Häuser zerstört, einschließlich eines Großteils des Hauptpostamts, von dem nur die Fassade erhalten blieb. Heute wird die O'Connell Street von Läden gesäumt. Weitere Attraktionen in der Nähe sind St Mary's Pro-Cathedral und James Gandons Custom House.

❺ James Joyce Centre
In dem schönen georgianischen Stadthaus befindet sich ein kleines Joyce-Museum.

Parnell-Denkmal (1911)

❻ Gate Theatre
Das 1928 gegründete Theater ist für seine Inszenierungen zeitgenössischer Stücke bekannt.

❼ Rotunda Hospital
Im Rotunden-Hospital gibt es eine 1750 nach dem Entwurf von Richard Cassels erbaute Kapelle. Man findet dort schöne Bleiglasfenster, kannelierte Säulen, Paneele und kunstvolle Eisenbalustraden.

Der Markt in der Moore Street ist der lebhafteste im Umfeld der O'Connell Street. Budenverkäufer bieten lautstark eine immense Auswahl an frischem Obst, Gemüse und Schnittblumen an.

The Spire, eine elegante Stahlskulptur mit einem Licht an der Spitze, ist 120 Meter hoch.

Das Hauptpostamt ist das größte Gebäude an der O'Connell Street und stand im Zentrum des Aufstands von 1916.

Legende
— Routenempfehlung

0 Meter 50

Hotels und Restaurants in Dublin siehe Seiten 296f und 308–311

NÖRDLICH DES LIFFEY: O'CONNELL STREET | 91

❹ St Mary's Pro-Cathedral
Die 1825 erbaute Kirche ist das wichtigste Gotteshaus der Dubliner Katholiken. Das Gipsrelief über dem Altar stellt Mariä Himmelfahrt dar.

Zur Orientierung
Siehe Stadtplan S. 120–123

Die James-Joyce-Statue (1990) von Marjorie Fitzgibbon erinnert an den berühmtesten irischen, 1882 in Dublin geborenen Romancier. In seinen Büchern *Dubliners* und *Ulysses* hat er die Menschen und Straßen Dublins dargestellt.

❶ ★ Custom House
Dieser Kopf von Edward Smyth versinnbildlicht den Fluss Liffey. Er ist einer von 14 Schlusssteinen, die das Zollhaus schmücken.

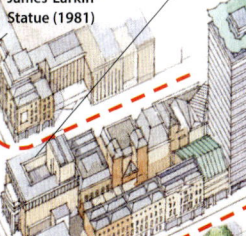

❷ Abbey Theatre
Das irische Nationaltheater ist weltweit für seine Inszenierungen der Stücke irischer Dramatiker wie Sean O'Casey und J. M. Synge bekannt.

James-Larkin-Statue (1981)

Butt Bridge

O'Connell Bridge

Trinity College

Rosie Hackett Bridge

❸ ★ O'Connell Street
Die Errichtung des Daniel-O'Connell-Denkmals von John Foley hat von der Grundsteinlegung 1864 bis zur Vollendung 19 Jahre gedauert.

Stadtplan Dublin *siehe Seiten 120–123* **Karte** *Extrakarte zum Herausnehmen*

Fassade des Custom House und ihr Widerschein im Liffey

❶ Custom House

Custom House Quay. **Stadtplan** E2. **Karte** P2. ☎ (01) 888 2000. ◯ Mo–Fr 10–17, Sa, So 14–17 Uhr (Nov–März: Mi–Fr).

Das majestätische Gebäude (irisch: *Teach an Chustaim*) wurde vom James Gandon als Zollhaus entworfen. Doch nur neun Jahre nach der Fertigstellung wurde die Zollverwaltung durch das Unionsgesetz von 1800 *(siehe S. 46)* nach London verlegt und das Gebäude somit überflüssig. Im Jahr 1921 feierten Sinn-Féin-Anhänger ihren Wahlsieg, indem sie das Haus – in ihren Augen Symbol des britischen Imperialismus – in Brand setzten. Das Feuer tobte fünf Tage und richtete schweren Schaden an. Fünf Jahre später begann man mit der Restaurierung, die sich bis zum Jahr 1991 hinziehen sollte, als das Zollhaus schließlich in ein Regierungsgebäude umgewandelt wurde.

An den beiden Enden der Hauptfassade befinden sich Pavillons, die das irische Wappen krönt, in der Mitte ist ein dorischer Portikus. 14 allegorische Häupter des Bildhauers Edward Smyth bilden die Schlusssteine der Bogen und Eingänge. Die Köpfe symbolisieren wichtige irische Flüsse und den Atlantik. Die Kupferkuppel wird von einer Darstellung des Handels gekrönt. Die Nordfassade weist Allegorien von Europa, Afrika, Amerika und Asien auf. Den besten Blick auf das Gebäude hat man von der Matt Talbot Bridge.

Skulptur von Edward Smyth, Custom House

❷ Abbey Theatre

26 Lower Abbey St. **Stadtplan** E2. **Karte** P2. ☎ (01) 878 7222. ◯ nur zu Aufführungen. **Vorverkauf** ◯ Mo–Sa 10.30–19 Uhr. *Siehe auch* **Unterhaltung** *S. 112.* 🌐 abbeytheatre.ie

Das von W. B. Yeats und Lady Gregory geführte Theater zeigte 1904 das erste Stück. In den ersten Jahren brachte dieses Nationaltheater v. a. Dramen von W. B. Yeats, J. M. Synge und Sean O'Casey zur Aufführung. Es kam auch zu Skandalen, etwa als im Jahr 1926 bei der Premiere von O'Caseys *The Plough and the Stars* die Fahne des Irischen Freistaats auf der Bühne in einem von Prostituierten besuchten Pub zu sehen war. Heute wird das Abbey vom Arts Council of Ireland/An Chomhairle Ealaíon subventioniert und fördert junge Schriftsteller und Schauspieler. Jedes Jahr gibt es ein Programm mit irischen und internationalen Theaterproduktionen.

Zu den aufgeführten Produktionen gehören Stücke von Wilde, Beckett, Shakespeare, Brecht, Marina Carr, Tom Mac Intyre, Billy Roche und Sam Shepard.

❸ O'Connell Street

Stadtplan D1–2. **Karte** O1–2.

Diese Straße hat sich ganz anders entwickelt, als es die Pläne von Luke Gardiner vorsahen. Als der irische Adlige das Land um 1750 erwarb, schwebte ihm eine Vorzeigemeile mit eleganten Wohnhäusern und zentraler Promenade vor. Diese Vision zerplatzte jedoch schnell: Der Bau der Carlisle-Brücke (der heutigen O'Connell Bridge) um 1790 machte die Straße zu Dublins wichtigster Nord-Süd-Achse. Der Osteraufstand von 1916 und der Irische

Emblem des Abbey Theatre

Hotels und Restaurants in Dublin siehe Seiten 296f und 308–311

Bürgerkrieg zogen zudem etliche Gebäude in Mitleidenschaft. Seit den 1960er Jahren wich viel alte Bausubstanz neonbeleuchteten Amüsierstätten, Fast-Food-Lokalen und Läden großer Modeketten.

Einige ehrwürdige Bauten haben die Zeiten überdauert, so das Hauptpostamt GPO (1818), das Gresham Hotel (1817), das Gebäude des früheren Warenhauses Clery's (1822) und der im einzigen original erhaltenen Stadthaus der Straße untergebrachte Teil des Hotel Royal Dublin.

Die Vielfalt der Baustile macht einen Bummel reizvoll. Die O'Connell Street (früher Sackville Street) heißt seit 1922 nach dem katholischen »Befreier« Daniel O'Connell *(siehe S. 46)*, dessen Denkmal (1822) am Südende der Straße aufragt. Etwas weiter nördlich, gegenüber dem Hauptpostamt, erinnert eine Statue an James Larkin (1867–1943), der 1913 den Dubliner Generalstreik anführte. Das nächste Standbild zeigt Father Theobald Mathew (1790–1856), der die Abstinenzler-Bewegung ins Leben rief.

Das Denkmal am Nordende ehrt Charles Stewart Parnell (1846–1891), den Führer der Home Rule Party *(siehe S. 47)*.

An der Stelle, die einst die Nelson-Säule zierte, ragt The Spire auf. Das Denkmal aus Edelstahl hat die Form einer kegelförmigen Nadel, deren Durchmesser sich von drei Metern an der Basis bis auf zehn Zentimeter in 120 Metern Höhe zuspitzt, wo ein Glaskörper leuchtet.

Malerisch und immer stark frequentiert ist die O'Connell Street

James-Larkin-Statue (1981), O'Connell Street

General Post Office (GPO)

Das 1818 an der O'Connell Street erbaute Hauptpostamt ist ein Symbol des Osteraufstands von 1916. Mitglieder der Irish Volunteers und der irischen Bürgerarmee besetzten das Gebäude am Ostermontag. Patrick Pearse *(siehe S. 48)* verlas vor dem Gebäude die Proklamation der Irischen Republik. Die Rebellen konnten das GPO noch eine Woche lang halten, doch der Beschuss durch die Briten zwang sie schließlich zur Aufgabe. Anfangs gingen viele Iren auf Distanz zu den Aufständischen. Doch als in den folgenden Wochen im Gefängnis von Kilmainham *(siehe S. 101)* 14 Anführer erschossen wurden, änderte sich die Situation grundlegend. Ein Museum zeigt eine Kopie der Proklamation und Berichte des damaligen Personals. Es besitzt auch eine schöne Briefmarkensammlung.

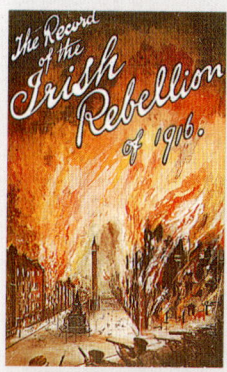

Titelseite des Irish Life-Magazins: Osteraufstand-Szene von 1916

❹ St Mary's Pro-Cathedral

83 Marlborough St. **Stadtplan** D2. **Karte** OP1. (01) 874 5441. Mo–Fr 7.30–18.45 Uhr (Sa bis 19.15 Uhr), So 9–13.45, 17.30–19.45 Uhr, Feiertage 10–13.30 Uhr. **W** procathedral.ie

Die 1825, geweihte Kirche ist Dublins katholische Kathedrale. Ihr abgelegener Standort war das Äußerste, was die anglo-irischen Stadtführer der Kirche zugestanden. Die Fassade ist dem Athener Theseus-Tempel nachempfunden. Dorische Säulen stützen einen Giebel mit Statuen des hl. Laurence O'Toole, Schutzpatron Dublins (12. Jh.), der Jungfrau Maria und des hl. Patrick. St Mary's ist Heimstatt des Palestrina-Chors. 1904 begann der Tenor John McCormack *(siehe S. 28)* hier seine Laufbahn. Der Chor singt sonntags um 11 Uhr.

Klassizistisches Hauptschiff der St Mary's Pro-Cathedral

❺ James Joyce Centre

35 North Great George's St. **Stadtplan** D1. **Karte** O1. ☎ (01) 878 8547. ⌚ Mo–Sa 10–17 (Okt–März: Mo geschlossen), So 12–17 Uhr. ⬤ Feiertage. 🌐 jamesjoyce.ie

Den größten Teil seines Lebens verbrachte James Joyce außerhalb Irlands, seine Hauptwerke (*Ulysses*, *Dubliners*) aber spielen in der Heimatstadt des Autors. Das Zentrum ist in einem Stadthaus des Earl of Kenmare von 1784 untergebracht. Michael Stapleton, einer der größten irischen Stuckateure seiner Zeit, hat an den Stuckarbeiten mitgewirkt, von denen v. a. die Friese bemerkenswert sind.

Die literarische Ausstellung befasst sich mit den Biografien von rund 50 Figuren aus Joyce' *Ulysses*, die alle reale Dubliner Bürger zum Vorbild hatten. Professor Dennis J. Maginni, eine Nebenfigur in *Ulysses*, betrieb in diesem Haus eine Tanzschule. Leopold und Molly Bloom, die Hauptfiguren, wohnten ein paar Schritte entfernt in der Eccles Street 7. Das Zentrum veranstaltet Dichterlesungen und Führungen durch das Dublin von James Joyce.

Das von Jesuiten geführte Belvedere College in der Great Denmark Street besuchte Joyce 1893–1898. Seine unglücklichen Schultage hat er in *Jugendbildnis* beschrieben. Im Innern des College findet man einige der besten Stuckaturen (1785) Stapletons.

James Joyce (1882–1941)

James Joyce verbrachte sein Leben größtenteils in anderen Teilen Europas. Doch Dublin war Hintergrund all seiner großen Werke wie *Dubliners*, *Jugendbildnis* und *Ulysses*. Joyce behauptete, wenn die Stadt je zerstört werden sollte, könnte man sie anhand des *Ulysses* rekonstruieren. Das Werk gilt als bedeutendstes von Joyce und als richtungsweisend für den modernen Roman.

Eingang des Gate Theatre

❻ Gate Theatre

1 Cavendish Row. **Stadtplan** D1. **Karte** O1. ⌚ nur zu Aufführungen. **Tickets** ☎ (01) 874 4045. ⌚ Mo–Sa 10–19 Uhr. *Siehe auch Unterhaltung S. 112.* 🌐 gatetheatre.ie

Das im Jahr 1928 von Hilton Edwards und Mícheál Mac Liammóir gegründete Theater ist vor allem für seine Aufführungen zeitgenössischer internationaler Dramen bekannt. Liammóir ist bis heute vor allem für seine Oscar Wilde (siehe S. 26) gewidmete Ein-Mann-Show *The Importance of Being Oscar* berühmt. Ein früher Erfolg war auch Denis Johnstons *The Old Lady Says No*, das seinen Titel Notizen verdankt, die Lady Gregory an den Rand des Manuskripts schrieb. Obwohl als Aufführungsstätte neuer Stücke bekannt, spielt das Gate heute auch klassische irische Dramen. Zu den Talenten, die hier den Durchbruch schafften, gehören James Mason und Orson Welles.

❼ Rotunda Hospital

Parnell Square West. **Stadtplan** D1. **Karte** O1. ☎ (01) 817 1700. 🌐 rotunda.ie

Das mitten auf dem Parnell Square gelegene Hospital ist die älteste Entbindungsklinik Europas. Das Erscheinungsbild des im Jahr 1745 von Dr. Bartholomew Mosse gegründeten Instituts erinnert an Leinster House (siehe S. 69). Beide Gebäude entwarf der Architekt Richard Cassels, ebenso wie Powerscourt Centre (siehe S. 82) und Russborough House (siehe S. 136f).

Im ersten Stock befindet sich eine Kapelle mit herrlichen Bleiglasfenstern sowie überreichen Rokoko-Stuckarbeiten und einem prächtigen Deckengewölbe aus dem Jahr 1755 von dem Stuckateur Bartholomew Cramillion. Das Deckengemälde zeigt symbolhaft Fruchtbarkeit sowie die Tugenden Vertrauen, Hoffnung und Nächstenliebe.

Buntglasfenster (um 1863) in der Kapelle des Rotunda Hospital

Hotels und Restaurants in Dublin siehe Seiten 296f und 308–311

⓮ Garden of Remembrance

Parnell Square. **Stadtplan** C1. **Karte** O1. 📞 (01) 821 3021. 🕐 Apr–Sep: tägl. 8.30–18 Uhr; Okt–März: tägl. 9.30–16 Uhr. 🌐 heritageireland.ie

Auf der Nordseite des Parnell Square liegt ein kleiner Park zu Ehren der im Kampf für die Freiheit Irlands gestorbenen Männer und Frauen. Dieser »Garten der Erinnerung« befindet sich an der Stelle, wo Anführer des Osteraufstands von 1916 vor ihrer Überführung ins Kilmainham Gaol *(siehe S. 101)* nachts festgehalten wurden und wo sich 1913 die Irish-Volunteers-Bewegung konstituierte.

Der von Daithí Hanly entworfene Garten wurde 1966 anlässlich des 50. Jahrestags des Osteraufstands von Präsident Eamon de Valera *(siehe S. 49)* feierlich eröffnet. Im Zentrum befindet sich ein kreuzförmiges Bassin. Auf dem Boden symbolisieren Mosaiken zerbrochener Schwerter, Speere und Schilde den Frieden. An einem Ende des Gartens steht eine Bronzestatue (1971) der legendären *Kinder des Lir (siehe S. 31)* von Oisín Kelly.

Kinder des Lir, Garden of Remembrance

Schriftstellergalerie im Dublin Writers Museum

⓯ Dublin Writers Museum

18 Parnell Sq North. **Stadtplan** C1. **Karte** O1. 📞 (01) 872 2077. 🕐 Mo–Sa 9.45–16.45, So, Feiertage 11–16.30 Uhr (letzter Einlass 45 Min. vor Schließung). ⬤ 25., 26. Dez. 🌐 writersmuseum.com

Das Museum in dem attraktiven Stadthaus aus dem 18. Jahrhundert wurde im Jahr 1991 eröffnet. Die Exponate beziehen sich auf sämtliche Formen der irischen Literatur vom 18. Jahrhundert bis zur Gegenwart. Das Haus präsentiert Gemälde, Manuskripte, Briefe, seltene Ausgaben und andere Andenken an viele irische Autoren. Es finden außerdem Wechselausstellungen statt. Im Obergeschoss gibt es eine Schriftstellergalerie. Das Museum veranstaltet zudem Lesungen. Ein gut sortiertes Antiquariat rundet das Angebot ab.

⓰ Hugh Lane Gallery

Charlemont House, Parnell Square North. **Stadtplan** C1. **Karte** O1. 📞 (01) 222 5550. 🕐 Di–Do 9.45–18, Fr 9.45–17, Sa 10–17, So 11–17 Uhr. ⬤ 24.–28. Dez. 🌐 hughlane.ie

Der namhafte Kunstsammler Hugh Lane vermachte diese überaus wertvolle Kollektion von 39 impressionistischen Gemälden im Jahr 1908 der Dublin Corporation. 31 dieser Bilder – darunter auch Werke so berühmter Maler wie Manet, Degas, Renoir und Vuillard – sind in der Hugh Lane Gallery im Charlemont House untergebracht. Die weiteren acht hängen in der National Gallery in London, kehren aber alle paar Jahre nach Dublin zurück.

Neben der Lane-Schenkung beherbergt die renommierte Galerie auch eine umfassende Sammlung zeitgenössischer irischer und internationaler Kunst. Zu den Höhepunkten gehören Bleiglasfenster irischer Künstler, darunter *The Eve of St Agnes* von Harry Clarke, und der Skulpturensaal (u. a. mit Werken von Rodin).

Eine spannende Erweiterung ist die 1998 erfolgte Schenkung von John Edwards: das berühmte Londoner Atelier von Francis Bacon.

Sur la plage (um 1876) von Edgar Degas, Hugh Lane Gallery

Detail der Holzschnitzereien (um 1724) in der St Michan's Church

⓫ King's Inns

Henrietta St/Constitution Hill. **Stadtplan** B1. **Karte** N1. ⬤ für Besucher. 🆆 kingsinns.ie

Das klassisch proportionierte Gebäude wurde 1800 als Wohn- und Studiendomizil für Juristen errichtet. James Gandon ließ mit dem Haus die Henrietta Street, damals eine der besten Dubliner Adressen, enden. Francis Johnston fügte 1813 das Kuppeldach hinzu. 1817 war das Bauwerk fertiggestellt. Innen gibt es einen schönen Speisesaal und die Räumlichkeiten des vormaligen Nachlassgerichts. Die Westfassade hat zwei von Karyatiden (Bildhauer: Edward Smyth) flankierte Eingänge. Eine weitere Figur mit Buch und Federkiel versinnbildlicht das Gesetz.

Ein Großteil der Gegend um den Constitution Hill ist leider heute unansehnlicher als in georgianischen Zeiten. Gleichwohl sind die öffentlichen Gärten noch immer durchaus gefällig.

Westfassade des King's Inns mit einer der Karyatiden

⓬ Smithfield

Stadtplan A2. **Karte** M2.

Die Mitte des 17. Jahrhunderts als Marktplatz in einem der ältesten Wohnviertel angelegte gepflasterte Fläche lädt nach den verkehrsreichen Dubliner Straßen zum Ausruhen ein – umso mehr, als der in den 2000er Jahren mit großem Aufwand komplett neu gestaltete Platz jetzt Fußgängern vorbehalten ist. Smithfield wird von einigen Kunstwerken umrahmt und von Gaslampen beleuchtet. Das Kino Lighthouse ist ein willkommener Neuzugang.

⓭ Old Jameson Distillery

Bow St. **Stadtplan** A2. **Karte** M2. 📞 (01) 807 2355. ⭕ tägl. 9–18 Uhr (So ab 10 Uhr); letzte Führung 17.30 Uhr. ⬤ Karfreitag, 24.–26. Dez. 🆆 jamesonwhiskey.com

Diese große Ausstellung belegt, dass das Smithfield-Gelände in Dublins Norden durchaus Investoren anlockt. In dem restaurierten Gebäude, einst Teil der traditionsreichen John-Jameson-Brennerei, wurde von 1780 bis 1971 Whiskey gebrannt. Ein Besuch ist lehrreich und sehr unterhaltend. Die Führung beginnt mit einem Video. Die Herstellung von Whiskey wird beim 40-minütigen Rundgang durch die Destillieranlagen erläutert. Im Unterschied zum schottischen Whisky wird die Gerste ausschließlich an der Luft getrocknet – nicht über Rauch –, was den Whiskey sanfter schmecken lässt. Das Ergebnis kann man an der Bar testen.

⓮ St Michan's Church

Church St. **Stadtplan** B3. **Karte** M2. 📞 (01) 872 4154. ⭕ Mitte März–Anf. Nov: Mo–Fr 10–12.45, 14–16.45 Uhr, Sa 10–12.45 Uhr; Anf. Nov–Mitte März: Mo–Fr 12.30–15.30 Uhr, Sa 10–12.45 Uhr. teilweise. 🆆 stmichans.com

Die Kirche (1685) erhebt sich über einem irisch-wikingischen Vorgängerbau (11. Jh.). Die Fassade wirkt unscheinbar, das Innenleben ist beeindruckend: Dank der trockenen Luft – ein Resultat der magnesiumreichen Mauern – sind die Leichname im Keller fast unverwest erhalten. Die Holzsärge erlauben einen Blick auf die mumifizierten Toten. Unter diesen sollen sich die hingerichteten Gebrüder Sheares befinden, zwei Anführer des Aufstands von 1798 *(siehe S. 45).*

Auf der Orgel von 1724 soll schon Georg Friedrich Händel gespielt haben, auf dem Friedhof soll auch Robert Emmet *(siehe S. 81),* der Anführer des Aufstands von 1803, anonym begraben sein.

⓯ Four Courts

Inn's Quay (Zugang für die Öffentlichkeit: Morgan Place). **Stadtplan** B3. **Karte** MN2. 📞 (01) 888 6000. ⭕ Mo–Fr 11–13, 14–16 Uhr (zu Gerichtssitzungen).

Das majestätische Bauwerk wurde 1802 nach Plänen von James Gandon vollendet und 120 Jahre später im Bürgerkrieg *(siehe S. 48f)* fast ganz zerstört. Die bis ins 12. Jahrhundert zurückreichende Dokumentensammlung des Staatsarchivs zerfiel zu Asche.

Hotels und Restaurants in Dublin *siehe Seiten 296f und 308–311*

Bis 1932 baute man die Hauptgebäude anhand von Gandons Plänen wieder auf. Figuren von Moses, Gerechtigkeit, Barmherzigkeit, Weisheit und Autorität krönen den von Säulen gestützten korinthischen Portikus unter einer Kuppel. In den beiden Seitenflügeln residierten die vier Gerichtshöfe oder Four Courts. Eine Tafel informiert über die Geschichte des Hauses.

⓰ St Mary's Abbey

Meetinghouse Lane. **Stadtplan** C2. **Karte** N2. ⬛ auf unbestimmte Zeit (wegen Renovierung); siehe auch Website. W **heritageireland.ie/en/ Dublin/StMarysAbbeyDublin**

Der von den Benediktinern im Jahr 1139 gegründete, 1147 den Zisterziensern übergebene Komplex war eines der größten und wichtigsten Klöster im mittelalterlichen Irland. Das Kloster, das zu seiner Entstehungszeit in ländlicher Idylle lag, herrschte nicht nur über große Ländereien, sondern besorgte auch die Steuereintreibung und war Tagungsort des Rats von Irland. Bei einer solchen Versammlung kündigte »Silken Thomas« Fitzgerald *(siehe S. 42)* Henry VIII die Gefolgschaft auf und zettelte die kurze Rebellion von 1534 an. Die Abtei wurde im Jahr 1539 aufgelöst und diente im 17. Jahrhundert als Steinbruch.

Die Ha'penny Bridge verbindet Temple Bar und Liffey Street

Heute ist nur noch das Gewölbe des Stiftshauses übrig. Man findet dort ein Modell der Anlage, das ihr Aussehen vor 800 Jahren zeigt.

⓱ National Leprechaun Museum

Twilfit House, Jervis St. **Stadtplan** C2. **Karte** N2. ☏ (01) 873 3899. ⏱ tägl. 10–18.30. **Abendführungen** Fr, Sa 19.30, 20 Uhr. W **leprechaunmuseum.ie**

Das Museum zu Mythen und Folklore Irlands bringt Besuchern keltische Kultur näher und erzählt über Feen, Kobolde und Elfen. Kinder werden die lebendigen Geschichten lieben, doch auch Erwachsene werden hier ihren Spaß haben.

⓲ Ha'penny Bridge

Stadtplan D3. **Karte** O2.

Die bogenförmige gusseiserne Fußgängerbrücke, die täglich von Tausenden von Menschen benutzt wird, verbindet das Temple-Bar-Viertel *(siehe S. 82)* mit der Liffey Street. Sie wurde von John Windsor, einem Stahlbauer aus dem englischen Shropshire, errichtet. Das Bauwerk, eines der meistfotografierten von Dublin, hieß früher Wellington Bridge, ist heute aber auch als Ha'penny Bridge bekannt. Ihren Beinamen verdankt die 1816 eröffnete Brücke dem halben Penny Wegzoll, den ihre Benutzung bis 1919 kostete. Nach einer umfassenden Restaurierung erstrahlt die Brücke in neuem Glanz.

James Gandons Four Courts am Ufer des Liffey

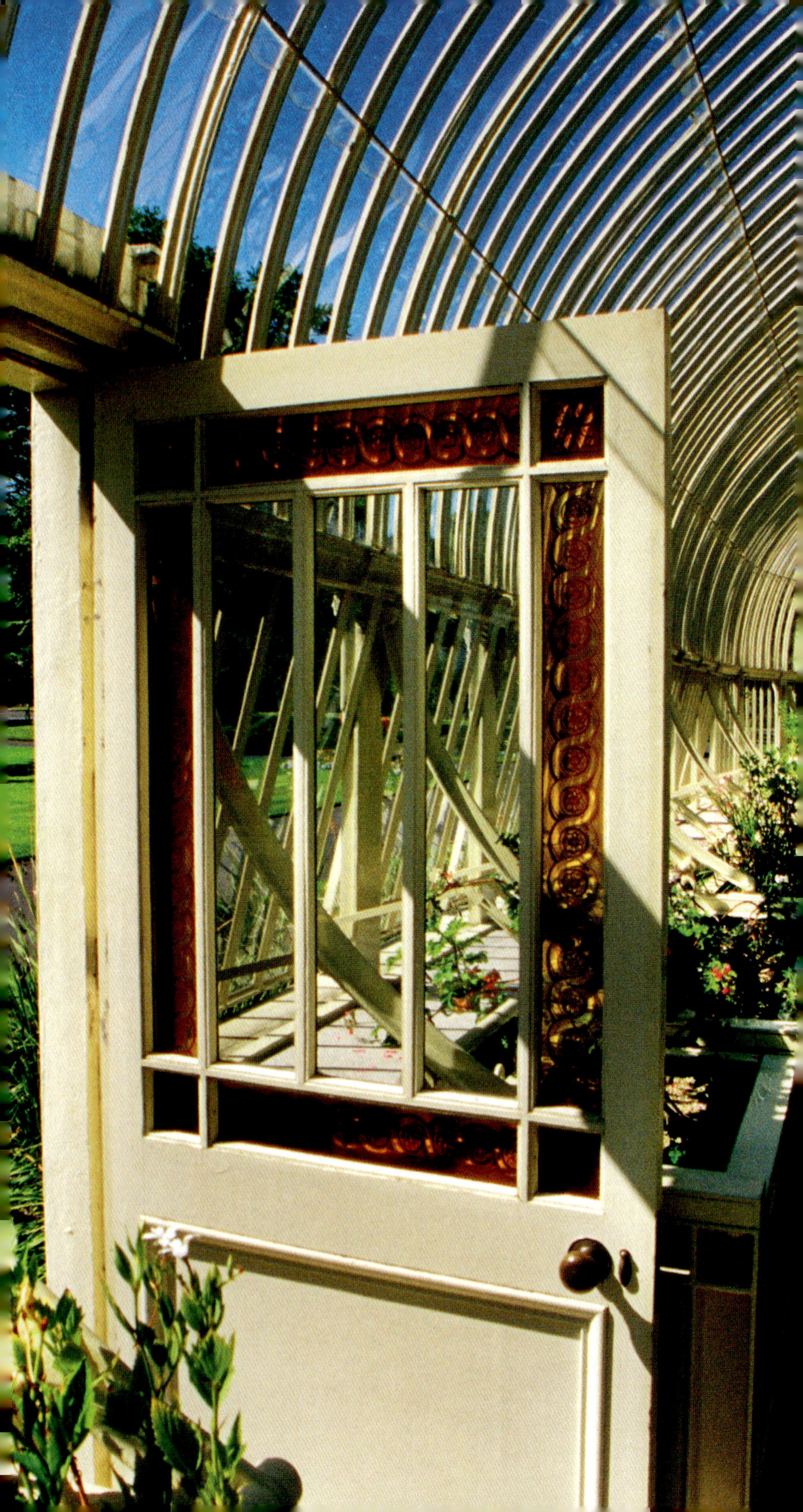

Abstecher

Viele Sehenswürdigkeiten liegen außerhalb des Stadtzentrums. Der Besuch der westlichen Vorstädte lohnt einen Tagesausflug, z. B. um das nahe dem gespenstischen Kilmainham Gaol (Gefängnis) gelegene Royal Hospital Kilmainham mit dem Museum of Modern Art zu besichtigen. Der Phoenix Park lädt zu einem ausgedehnten Spaziergang ein. Dieser größte Stadtpark Europas besitzt auch einen Zoo. Weiter nördlich liegt der Botanische Garten, der mit über 20 000 Pflanzenarten aufwartet.

Nicht weit davon entfernt befindet sich das Casino Marino, eines der imposanten Beispiele palladianischer Architektur in Irland. Die herrliche Küste erreicht man leicht mit einem der DART-Züge – so das Vorgebirge von Howth und, weiter südlich, die bezaubernde Gegend um Dalkey Village und die Killiney-Bucht. In einem der zur Verteidigung gegen Napoléon errichteten Martello-Türme, dem James Joyce Tower, werden Joyce-Memorabilien präsentiert. Im Nordosten liegt Malahide Castle, einst Heim der Talbots.

Sehenswürdigkeiten auf einen Blick

Museen und Sammlungen
- ❷ Kilmainham Gaol
- ❸ Irish Museum of Modern Art – Royal Hospital Kilmainham
- ❹ Guinness Storehouse®
- ❻ National Print Museum
- ❾ National Museum of Ireland – Decorative Arts & History
- ⓴ James Joyce Tower

Parks und Gärten
- ❶ Phoenix Park
- ❺ National Botanic Gardens
- ❿ Glasnevin Cemetery

Historische Gebäude
- ❼ Casino Marino
- ❽ Dublin Docklands
- ⓫ Malahide Castle

Städte und Dörfer
- ⓬ Howth
- ⓭ Dun Laoghaire
- ⓯ Dalkey
- ⓰ Killiney

Restaurants bei den Abstechern *siehe S. 310f*

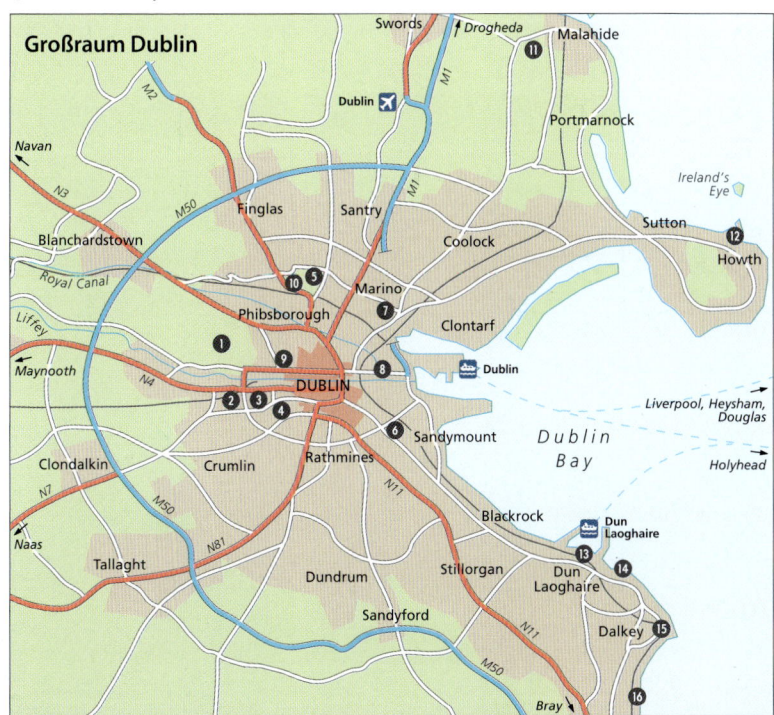

Legende
- Dublin Zentrum
- Autobahn
- Hauptstraße
- Nebenstraße
- Eisenbahn

◀ Gewächshaus im Botanischen Garten, Dublin *(siehe S. 104)*   **Zeichenerklärung** *siehe hintere Umschlagklappe*

❶ Phoenix Park

Park Gate, Conyngham Rd, Dublin 8.
🚌 10, 25, 26, 37, 38, 39 u. a.
🅿 tägl. **Phoenix Park Visitor Centre**
📞 (01) 677 0095. 🕒 Apr–Dez:
tägl. 10–18 Uhr; Jan–März: Mi–So
9.30–17.30 Uhr. 🛇 📷 🚫 ♿ nur
Erdgeschoss. 🌐 phoenixpark.ie
Dublin Zoo 📞 (01) 474 8900.
🕒 März–Sep: tägl. 9.30–18 Uhr;
Okt: 9.30–17.30 Uhr; Nov, Dez:
tägl. 9.30–16 Uhr; Jan: tägl. 9.30–
16.30 Uhr; Feb: tägl. 9.30–17 Uhr
(letzter Einlass eine Stunde vor
Schließung). 🛇 🚫 ♿ 📷
🌐 dublinzoo.ie

Westlich des Zentrums liegt der von einer elf Kilometer langen Mauer umgebene größte eingefriedete Stadtpark Europas. Der Name »Phoenix« soll vom gälischen Begriff *Fionn Uisce*, »klares Wasser«, stammen. Damit ist eine Quelle gemeint, die nahe der **Phönix-Säule** entspringt. Der Park entstand 1662, als der Duke of Ormonde die Gegend in einen Hirschgarten umwandelte. 1745 machte man das neu gestaltete Gelände der Öffentlichkeit zugänglich.

Nahe dem Eingang liegt an einem See der **People's Garden**

Die elegante Phönix-Säule im Phoenix Park

– der einzige kultivierte Teil des Parks. Ein Stück weiter folgt der 1831 gegründete **Dublin Zoo**. Der viertälteste Zoo der Welt ist bekannt für seine Löwenzucht.

Neben der Phönix-Säule gibt es im Park zwei weitere Denkmäler. Der 63 Meter hohe Obelisk des **Wellington Testimonial** wurde 1817 begonnen und 1861 fertiggestellt. Seine Flachreliefs aus Bronze stammen von erbeuteten Kanonen. Das 27 Meter hohe stählerne **Papstkreuz** markiert jene Stelle, an der 1979 Papst Johannes Paul II. vor mehr als einer Million Menschen eine Messe hielt. Zwei der im Park gelegenen Häuser aus dem 18. Jahrhundert sind **Áras an Uachtaráin**, die offizielle Residenz des irischen Präsidenten, und **Deerfield**, der Amtssitz des US-amerikanischen Botschafters. Im **Ashtown Castle**, einem restaurierten Turmhaus (17. Jh.), ist das Besucherzentrum untergebracht. Außerdem stehen Spielfelder für Gaelic Football, Hurling und Polo sowie Lauf- und Radwege zur Verfügung.

Phoenix Park
① Ashtown Castle
② Deerfield
③ Papstkreuz
④ Phönix-Säule
⑤ Áras an Uachtaráin
⑥ Dublin Zoo
⑦ Wellington Testimonial
⑧ People's Garden

Zeichenerklärung siehe hintere Umschlagklappe

ABSTECHER | 101

Restaurierte Zentralhalle im Gefängnis Kilmainham

❷ Kilmainham Gaol

Inchicore Rd, Kilmainham, Dublin 8. (01) 453 5984. 51B, 51C, 69, 73, 78A, 79. Apr–Sep: tägl. 9.30–18 Uhr; Okt–März: Mo–Sa 9.30–17.30, So und Feiertage 10–18 Uhr (letzter Eintritt eine Stunde vor Schließung). 24.–26. Dez. Gruppenbuchung vorab. teilweise.
w kilmainhamgaolmuseum.ie

Eine lange Allee verbindet das Königliche Hospital mit dem Gefängnis von Kilmainham. Das Gebäude wurde 1796 erbaut und in den 1960er Jahren restauriert. In den 130 Jahren, die das Gebäude als Gefängnis diente, waren dort viele irische Unabhängigkeitskämpfer inhaftiert, etwa Robert Emmet *(siehe S. 81)* und Charles Stewart Parnell *(siehe S. 47)*. Der letzte Gefangene, Eamon de Valera *(siehe S. 49)*, wurde am 16. Juli 1924 entlassen.

Die Führung beginnt in der Kapelle, in der Joseph Plunkett Grace Gifford heiratete – kurz bevor er wegen Beteiligung am Osteraufstand von 1916 *(siehe S. 48f)* hingerichtet wurde. Sie endet im Gefängnishof, wo Plunketts verletzter Kamerad James Connolly vor seiner Erschießung auf einen Stuhl gebunden wurde. Man sieht auch die Zellen der an den Aufständen von 1798, 1803, 1848 und 1867 Beteiligten sowie den Raum, in dem die Gefangenen gehenkt wurden.

Eine eindrucksvolle Ausstellung zeigt allerlei persönliche Gegenstände von Häftlingen sowie sehr interessante Exponate aus der Zeit vor 1924, also bevor das Gefängnis geschlossen wurde.

❸ Irish Museum of Modern Art – Royal Hospital Kilmainham

Military Road, Kilmainham, Dublin 8. (01) 612 9900. Heuston Station. 51, 51B, 78A, 79, 79A, 90, 123. **Irish Museum of Modern Art** Di–Fr 11.30–17.30, Sa 10–17.30, So, Feiertage 12–17.30 Uhr (letzter Einlass 17.15 Uhr). Karfreitag, 24.–26., 30. Dez. Mi 13.15, Sa, So 14.30 Uhr. teilweise. **Gärten** ganzjährig. **w** imma.ie

Das Krankenhaus gilt als Irlands schönstes Gebäude aus dem 17. Jahrhundert. Es entstand 1684 nach dem Vorbild des Pariser Invalidendoms und wurde von Sir William Robinson als Heimstatt für 300 verwundete Soldaten entworfen – eine Funktion, die es bis 1927 beibehielt. Nach Fertigstellung war man von der klassischen Symmetrie des Baus so beeindruckt, dass manche vorschlugen, ihn zum Hauptcampus von Trinity College zu machen. Die Kapelle besitzt Holzschnitzereien und schöne Bleiglasfenster. Die Stuckdecke ist eine Replik des 1902 eingestürzten Originals. Die Barock-Gärten sind nun öffentlich zugänglich.

1991 wurden die Wohnquartiere zum Irish Museum of Modern Art umgestaltet. Es zeigt rund 3500 Werke moderner Kunst seit den 1940er Jahren. Die Objekte wechseln regelmäßig. Retrospektiven und Sondershows zählen ebenfalls zum Programm.

Das von Sir William Robinson entworfene Royal Hospital Kilmainham

Hotels und Restaurants in Dublin *siehe Seiten 296f und 308–311*

Guinness-Produktion

Guinness ist ein dunkles Bier, das für sein malziges Aroma und seine cremige Schaumkrone bekannt ist. Nach bescheidenen Anfängen vor mehr als 200 Jahren nimmt die Guinness-Brauerei heute an ihrem Standort in St James's Gate eine Fläche von rund 25 Hektar ein. Sie ist eine der großen Brauereien Europas und exportiert Bier in über 120 Länder. Andere berühmte Marken von Guinness sind Harp und Smithwick's Ale.

Gravity Bar, Guinness Storehouse®

❹ Guinness Storehouse®

St James's Gate, Dublin 8. **Karte** L3. (01) 408 4800. 78A, 51B, 123. tägl. 9.30–19 Uhr (Juli, Aug: bis 20 Uhr). Karfreitag, 24.–26. Dez.
guinness-storehouse.com

Das Guinness Storehouse befindet sich in der komplett umgestalteten St James's Gate Brewery, in der einst die Guinness-Brauerei untergebracht war. Über 15 000 Quadratmeter Ausstellungsfläche verteilen sich auf sieben Stockwerke. Sie gruppieren sich um einen Lichthof in Form eines Pint-Glases. Die Besucher können in einem Stockwerk an interaktiven Displays die Zutaten für ein Guinness-Bier nicht nur ansehen, sondern auch anfassen und probieren. Sie werden in ein georgianisch eingerichtetes Vorzimmer geführt, in dem sie Arthur Guinness »begegnen« und ihn bei der Arbeit beobachten können. In einem anderen Stockwerk wird der Brauprozess sehr anschaulich erklärt. In der Böttcherei können die Zuschauer beobachten, wie einst die Bierfässer hergestellt wurden. Durch Modelle und auf Tafeln wird erklärt, wie der Transport des Biers vonstattenging und wie das Bier u. a. durch auffällige Werbung Weltruhm erlangte.

Stilvoll wird der Rundgang durch das Storehouse mit einem Guinness in der traditionellen Brewery Bar oder in der Gravity Bar im obersten Stock des Gebäudes mit einem großartigen Panoramablick über die ganze Stadt beendet.

Guinness-Herstellung

Die vier Hauptbestandteile des Guinness-Biers sind Gerste, Hopfen, Hefe und Wasser, das entgegen landläufiger Auffassung nicht aus dem Liffey, sondern aus den Wicklow-Bergen stammt.

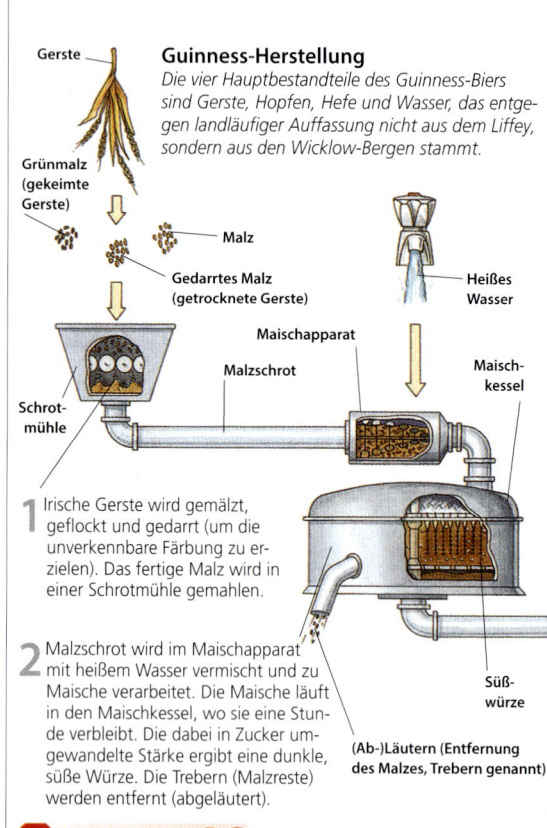

Gerste
Grünmalz (gekeimte Gerste)
Malz
Gedarrtes Malz (getrocknete Gerste)
Heißes Wasser
Schrotmühle
Malzschrot
Maischapparat
Maischkessel

1 Irische Gerste wird gemälzt, geflockt und gedarrt (um die unverkennbare Färbung zu erzielen). Das fertige Malz wird in einer Schrotmühle gemahlen.

2 Malzschrot wird im Maischapparat mit heißem Wasser vermischt und zu Maische verarbeitet. Die Maische läuft in den Maischkessel, wo sie eine Stunde verbleibt. Die dabei in Zucker umgewandelte Stärke ergibt eine dunkle, süße Würze. Die Trebern (Malzreste) werden entfernt (abgeläutert).

Süßwürze
(Ab-)Läutern (Entfernung des Malzes, Trebern genannt)

Die Guinness-Reklame ist fast so berühmt wie das Produkt selbst. Seit 1929, als die Brauerei erstmals mit dem Spruch »Guinness ist gut für Sie« warb, hat das Unternehmen immer wieder durch seine lustige Plakat- und TV-Werbung auf sich aufmerksam gemacht.

Hotels und Restaurants in Dublin *siehe Seiten 296f und 308–311*

Arthur Guinness

Im Dezember 1759 übernahm der 34-jährige Arthur Guinness gegen eine Pacht von 45 Pfund jährlich die stillgelegte St James's Gate Brewery. Damals lag die Dubliner Brauereiwirtschaft darnieder – die Ale-Qualität wurde häufig kritisiert. Im ländlichen Irland war Bier fast unbekannt, dort trank man lieber Whiskey und Gin. Zudem machten Importe dem irischen Brauwesen zu schaffen. Guinness braute zunächst Ale, kannte aber auch schon das in London unter dem Namen Porter produzierte dunkle Ale. Porter hieß das Bier wegen seiner Beliebtheit bei den Trägern *(porters)* auf den Märkten von Covent Garden. Guinness stellte die Ale-Produktion ein und entwickelte eine eigene Porter-Rezeptur. Diese Geschäftspolitik war so erfolgreich, dass er 1769 seine erste Ladung Guinness-Bier exportieren konnte.

Arthur Guinness

Stich (um 1794) eines zufriedenen Gastes

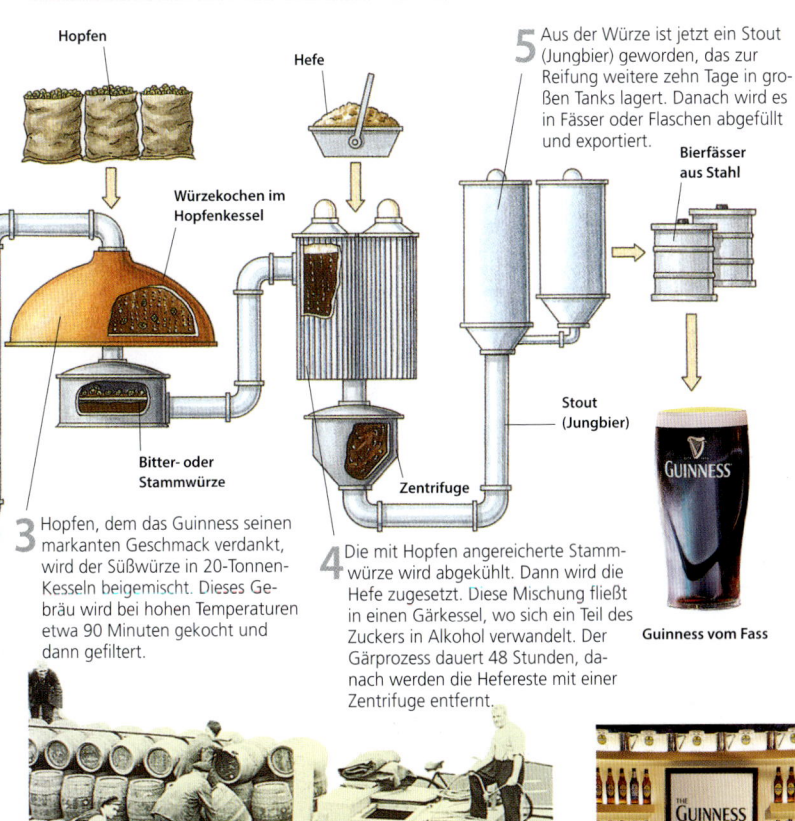

Hopfen

Hefe

Würzekochen im Hopfenkessel

Bitter- oder Stammwürze

Stout (Jungbier)

Zentrifuge

Bierfässer aus Stahl

5 Aus der Würze ist jetzt ein Stout (Jungbier) geworden, das zur Reifung weitere zehn Tage in großen Tanks lagert. Danach wird es in Fässer oder Flaschen abgefüllt und exportiert.

3 Hopfen, dem das Guinness seinen markanten Geschmack verdankt, wird der Süßwürze in 20-Tonnen-Kesseln beigemischt. Dieses Gebräu wird bei hohen Temperaturen etwa 90 Minuten gekocht und dann gefiltert.

4 Die mit Hopfen angereicherte Stammwürze wird abgekühlt. Dann wird die Hefe zugesetzt. Diese Mischung fließt in einen Gärkessel, wo sich ein Teil des Zuckers in Alkohol verwandelt. Der Gärprozess dauert 48 Stunden, danach werden die Hefereste mit einer Zentrifuge entfernt.

Guinness vom Fass

Die Guinness-Brauerei hat seit der ersten Schiffsladung, die 1769 nach England exportiert wurde, einen Großteil ihrer Produktion auf dem Wasserweg ausgeliefert. Die Kähne, die das Bier bis 1961 über den Liffey zum Dubliner Hafen transportierten, wo es für den Export nach Übersee verladen wurde, waren früher ein vertrauter Anblick.

Flaschenregal in der Guinness Academy Bar

Karte *Extrakarte zum Herausnehmen*

Idylle pur: National Botanic Gardens

❺ National Botanic Gardens

Botanic Ave, Glasnevin, Dublin 9. (01) 804 0300. 4, 13, 19, 19A, 83. März–Okt: Mo–Fr 9–17, Sa, So, Feiertage 10–18 Uhr; Nov–Feb: Mo–Fr 9–16.30, Sa, So, Feiertage 10–16.30 Uhr. 25. Dez. So 12, 14.30 Uhr. botanicgardens.ie

Der Botanische Garten, Irlands berühmtestes Botanik- und Gartenbauzentrum, wurde 1795 eröffnet. Das gusseiserne Palmenhaus und die Gewächshäuser verströmen altmodischen Charme. Sie wurden 1843–69 von Richard Turner errichtet, der auch das Palmenhaus in den Londoner Kew Gardens und die Gewächshäuser im Belfaster Botanischen Garten *(siehe S. 282)* schuf.

Im 20 Hektar großen Botanischen Garten wachsen über 16 000 Pflanzenarten. Sehr hübsch sind die viktorianischen Beete. Weitere Höhepunkte sind der Rosengarten, die Kakteen- und Orchideensammlungen sowie ein 30 Meter hoher Redwood-Baum.

Im Besucherzentrum ist ein Restaurant untergebracht, ein Ausstellungsbereich mit Exponaten zur Geschichte und Bestimmung des Botanischen Gartens sowie ein Hörsaal, in dem regulär Gespräche und Workshops stattfinden. Der Garten grenzt an den Glasnevin oder Prospect Cemetery *(siehe S. 105)*, in den Besucher durch ein Tor gelangen.

Das neu errichtete Viking House (Wikingerhaus) ist eine originalgetreue Rekonstruktion eines typischen Hauses mit Garten in Dublin vor rund 1000 Jahren.

❻ National Print Museum

Garrison Chapel, Beggars Bush Barracks, Haddington Road, Dublin 4. (01) 660 3770. DART nach Landsdowne oder Grand Canal Dock. 4, 7. Mo–Fr 9–17, Sa, So 14–17 Uhr. Feiertage. begrenzt. nationalprintmuseum.ie

Das im Jahr 1996 in der früheren Kapelle der Beggar Bush Barracks eröffnete National Print Museum dokumentiert die lange und eindrucksvolle Geschichte des irischen Druckgewerbes. Zu den Exponaten gehören Druckmaschinen, Druckblöcke, Flugblätter, Zeitschriften und Bücher.

Neben Führungen organisiert das Museum auch Workshops zu verwandten Themen wie Buchdruck, Kalligrafie oder traditioneller Buchbinderei.

Druckblöcke, National Print Museum

❼ Casino Marino

Cherrymount Crescent. (01) 833 1618. DART nach Clontarf. 20A, 20B, 27A, 42, 42C, 123. Mitte März–Ende Okt: tägl. 10–17 Uhr (Juni–Sep: bis 18 Uhr). obligatorisch (letzte Führung 45 Min. vor Schließung). heritageireland.ie/en/dublin/casinomarino

Die von Sir William Chambers in den 1760er Jahren für Lord Charlemont entworfene anmutige kleine Villa *(siehe S. 44f)* steht inmitten einer schönen Anlage. Die als Sommerhaus für das Marino-Anwesen errichtete Villa überstand die Zeiten, während das Hauptgebäude 1921 abgerissen wurde. Das Casino gilt als eines der schönsten Beispiele klassizistischer Architektur in Irland. Beim Bau gab es einige Innovationen, etwa als Urnen verkleidete Kamine. Vor der Villa halten an den Ecken vier dem Bildhauer Joseph Wilton zugeschriebene Steinlöwen Wache.

Steinlöwe vor dem Casino Marino

Das Haus birgt 16 auf drei Ebenen um die zentrale Treppe gruppierte Räume. Im Erdgeschoss gibt es eine Halle und einen Salon mit Seidenvorhängen, kunstvollen Parkettfußböden und vertäfelten Decken. Der prächtige State Room und die Dienstbotenzimmer befinden sich im ersten Stock.

Hotels und Restaurants in Dublin siehe Seiten 296f und 308–311

ABSTECHER | 105

Vergoldeter Holzstuhl im National Museum of Ireland

8 Dublin Docklands

w dublindocklands.ie

Vor rund 300 Jahren lagen die Docklands bis auf das Fischerdorf Ringsend unter Wasser. In den 1990er und 2000er Jahren wurde das Gebiet erschlossen und zu einem schönen Viertel. Theater, Museen, Cafés, Restaurants und Wassersportmöglichkeiten machen den Reiz der Docklands aus. Ein Denkmal erinnert an die Opfer der Hungersnot des 19. Jahrhunderts. Die Docklands umspannen beide Seiten des Liffey. Über die Samuel Beckett Bridge erreicht man die östlichen Rand des Stadtzentrums.

9 National Museum of Ireland – Decorative Arts & History

Collins Barracks, Benburb St, Dublin 7. **Karte** L2. (01) 677 7444. 25, 25A, 66, 67, 90. Di–Sa 10–17, So 14–17 Uhr. Karfreitag, 25. Dez. w museum.ie

Nahe dem Phoenix Park, gegenüber der Guinness-Brauerei am anderen Liffey-Ufer, steht das wunderschöne Nebengebäude des National Museum of Ireland *(siehe S. 70f)* für dekorative Kunst und Geschichte. Der Komplex wurde 1700 von König William III in Auftrag gegeben, zehn Jahre nach der siegreichen Schlacht am Boyne. Er war die größte Kaserne seines Hoheitsgebiets und bot über 5000 Personen Arbeit und Unterkunft. Ursprünglich hieß die Kaserne Dublin Barracks, nach der irischen Unabhängigkeit wurde sie jedoch nach Michael Collins, dem ersten irischen Oberbefehlshaber, benannt. Bis in die 1990er Jahre diente der Bau als Kaserne, dann wurde er Teil des Nationalmuseums. In Kontrast zum grauen Äußeren zeigt das Innere seine Exponate auf innovative Weise mit den neuesten Technologien.

Im Südblock sind überwiegend Möbel, Silber, Glas- und Keramikwaren sowie eine Sammlung von wissenschaftlichen Instrumenten ausgestellt. Der Westblock informiert über Geschichte, Arbeit und Entwicklung des National Museum of Ireland. Die »Out of Storage«-Ausstellung kombiniert verschiedene Artefakte aus aller Welt mit Hintergrundinformationen, die von Multimedia-Datenbanken abgerufen werden können. Die Abteilung »Curator's Choice« ist eine der Hauptattraktionen. Hier sind 25 außergewöhnliche Exponate – etwa ein früher Hurling-Schläger – ausgestellt mit Erklärungen zu ihrer Geschichte und kulturellen Bedeutung.

Im Nordblock gibt es eine Dauerausstellung über »Soldaten und Offiziere«, die irische Militärgeschichte vom Standpunkt eines normalen irischen Soldaten von 1550 bis in die späten 1990er Jahre zeigt.

10 Glasnevin Cemetery

Finglas Rd. (01) 882 6500. 13, 19, 19A, 40, 40A von Parnell St. tägl. 8–16.30 Uhr. tägl. 14.30 Uhr (Dauer: 90 Min). **Museum** (01) 882 6550. Mo–Fr 10–17 Uhr, Sa, So 11–17 Uhr. w glasnevinmuseum.ie

Auf Irlands größtem Friedhof befinden sich auf über 50 Hektar mehr als eine Million Gräber. Glasnevin Cemetery, der zuerst Prospect Cemetery hieß, wurde 1828 auf Initiative von Daniel O'Connell *(siehe S. 46)* für irische Katholiken und Protestanten gegründet.

Der alte Teil des Friedhofs ist von hohen Mauern und Wachtürmen umgeben. Damit wollte man im frühen 19. Jahrhundert vermeiden, dass Leichen gestohlen werden. Das Gebiet jenseits der Straße wurde hinzugefügt, als man mehr Platz brauchte. Auf beiden Friedhöfen sieht man eine Vielfalt unterschiedlicher Monumente, von einfachen Grabsteinen, die bis in die 1860er Jahre vorherrschten, über kunstvolle keltische Kreuze der nationalistischen Wiederbelebung bis zu Marmormonumenten aus dem späten 20. Jahrhundert.

Ein Museum gibt Auskunft über die Geschichte des Friedhofs und über die Menschen, die hier bestattet sind. Bei einem geführten Rundgang kommt man an Gräbern vieler Berühmtheiten vorbei, darunter Daniel O'Connell, Michael Collins, Eamon de Valera, Constance Markievicz und Brendan Behan.

Glasnevin Cemetery, der größte Friedhof von Dublin

Karte *Extrakarte zum Herausnehmen*

Blick auf das imposante Schloss Malahide

⓫ Malahide Castle

Malahide, Co Dublin. **Karte** J7. 🚆 und DART nach Malahide. 🚌 42 von Beresford Place nahe Busáras. 📞 (01) 816 9538. 🕘 tägl. 9.30–17.30 Uhr. 📷 🎫 🎧 obligatorisch (letzte Führung 16.30 Uhr; Nov–März: 15.30 Uhr).
🌐 malahidecastleandgardens.ie

Das in seinen Ausmaßen geradezu majestätisch wirkende Schloss erhebt sich unweit der Küstenstadt Malahide. Das Gebäude stammt im Kern aus dem 12. Jahrhundert. Spätere Anbauten wie die runden Türme lassen es wie ein Märchenschloss erscheinen. Bis 1973 bewohnte die Familie Talbot die frühere Festung.

Die Talbots unterstützten James II. Am Tag der Schlacht am Boyne im Jahr 1690 *(siehe S. 248f)* sollen in dem Schloss 14 Familienmitglieder gefrühstückt haben, von denen keines die Schlacht überlebte.

Eine Führung präsentiert Möbel aus dem 18. Jahrhundert, die große Halle mit ihren Eichenbalken und die Ziervertäfelung des Eichenzimmers. Zu besichtigen sind auch die der National Gallery *(siehe S. 74f)* entliehene Porträtsammlung der Familie Talbot sowie Bilder anderer Personen, etwa von Wolfe Tone *(siehe S. 44)*.

Das Besucherzentrum im Hof des Anwesens präsentiert eine Ausstellung zum Wirken der Familie Talbot. In den Gärten kann man wunderbar schlendern. Sie wurden von Lord Milo Talbot, dem letzten im Schloss lebenden Familienmitglied, angelegt.

⓬ Howth

Co Dublin. **Karte** J8. 🚆 DART. **Howth Castle** 🕘 tägl. 8 Uhr bis Sonnenuntergang. 🌐 howthcastle.com

Der Fischerort Howth ist die nördliche Grenze der Dublin Bay. Das Felsmassiv Howth Head bietet schöne Ausblicke auf die Bucht, ein Fußweg führt an der »Nase« genannten Spitze entlang. In der Nähe steht der Baily-Leuchtturm (1814). Leider ist das Gebiet heute verbaut.

Westlich von Howth liegt Howth Castle, eine Burg aus normannischer Zeit. Auf dem Gelände befindet sich das **National Transport Museum**.

Im Sommer fahren Boote zum Felseninselchen Ireland's Eye mit einer Vogelkolonie.

🏛 **National Transport Museum**
📞 (01) 8320 427. 🕘 Sa, So, Feiertage 14–17 Uhr.
🌐 nationaltransportmuseum.org

⓭ Dun Laoghaire

Co Dublin. **Karte** J8. 🚆 DART. **National Maritime Museum** 📞 (01) 280 0969. 🕘 Di–So 11–17 Uhr. 🎵 **Comhaltas Ceoltóirí Éireann** 📞 (01) 280 0295. 🕘 Musik: Mi u. Sa abends; *céilis:* Fr. 🌐 comhaltas.ie

Irlands ehemals größter, heute nicht mehr betriebener Personenfährhafen mit bunten Villen, Parks und Palmen zeigt eine überraschende Seite der

Baily-Leuchtturm an der Südostspitze von Howth Head

Hotels und Restaurants in Dublin *siehe Seiten 296f und 308–311*

ABSTECHER | 107

Dun Laoghaire – eindrucksvoller Hafen

Insel. An manchen Tagen fühlt man sich dort wie in Italien. Man kann in Dun Laoghaire (gesprochen »Danlieri«) auch am Hafen promenieren oder am Ostpier zum Leuchtturm spazieren. Die Dörfer Sandycove und Dalkey erreicht man über den Fußweg »The Metals« entlang der stillgelegten Eisenbahn.

Die Mariners' Church (1837) beherbergt das Seefahrtmuseum. Zu sehen ist u. a. ein von französischen Offizieren während Wolfe Tones erfolgloser Invasion 1796 in Bantry benutztes Langboot *(siehe S. 172)*. An Monkstowns Belgrave Square liegt das Comhaltas Ceoltóirí Éireann, Irlands wichtigstes Zentrum für Volksmusik und -tanz mit traditionellen Konzerten und Tanzvorführungen *(céilís)*.

Gitarre im James Joyce Tower

100 Jahre später war Joyce *(siehe S. 94)* hier eine Woche lang Gast des Dichters Oliver St John Gogarty, der im *Ulysses* als Buck Mulligan verewigt ist. Gogarty mietete den Turm für ganze acht Pfund jährlich. Die Granitwände des zwölf Meter hohen Turms bergen einige Joyce-Briefe und persönliche Habseligkeiten wie seine Gitarre, sein Zigarrenetui, seinen Spazierstock und seine Totenmaske. Es gibt ferner Fotografien und Erstausgaben, darunter die von Henri Matisse illustrierte Luxusausgabe (1935) des *Ulysses*. Vom einst kanonenbestückten, von Gogarty als Terrasse genutzten Dach blickt man auf die Dublin Bay. Unterhalb befindet sich ein früher nur für Männer, heute allgemein zugänglicher FKK-Strand.

⓯ Dalkey

Co Dublin. **Karte** J8. DART. ilovedalkey.com

Früher nannte man Dalkey »Stadt der sieben Burgen«. Von diesen sind allerdings nur noch zwei erhalten. Beide stehen an der Hauptstraße des hübschen Orts, der mit seinen engen, gewundenen Straßen und anmutigen Villen beinahe mediterran erscheint.

Ein Stück weit vor der Küste befindet sich Dalkey Island, ein felsiges Vogelschutzgebiet samt Wehrturm und mittelalterlicher Benediktinerkirche. Im Sommer kann man vom nahe gelegenen Coliemore Harbour aus mit dem Schiff zur Insel gelangen.

⓰ Killiney

Co Dublin. **Karte** J8. DART nach Dalkey oder Killiney.

Südlich von Dalkey steigt die Küstenstraße steil an, bevor sie ins Dorf Killiney hinunterführt. Die Strecke bietet einige der schönsten Ausblicke dieses Teils der Ostküste, die stellenweise an die Bucht von Neapel erinnern. Im Norden ist Howth Head sichtbar, im Süden sind es Bray Head *(siehe S. 137)* und die Ausläufer der Wicklow Mountains *(siehe S. 142f)*. Einen schönen Ausblick bietet auch der Killiney Hill Park (nahe der Victoria Road), der den kurzen, steilen Aufstieg lohnt. Unterhalb liegt Killiney Beach, ein beliebter Strand.

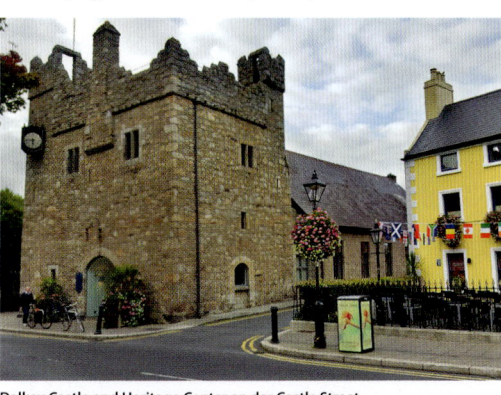

⓮ James Joyce Tower

Sandycove, Co Dublin. **Karte** J8. (01) 280 9265. DART nach Sandycove. 59, 7A. tägl. 10–18 Uhr (Winter: 10–16 Uhr). jamesjoycetower.com

Oberhalb des reizenden Dorfs Sandycove thront auf einem Felsvorsprung dieser gedrungene Turm. Er ist einer von 15 Wehrtürmen, die 1804 zwischen Dublin und Bray als Schutz vor einer Invasion Napoléons angelegt wurden.

Dalkey Castle and Heritage Center an der Castle Street

Karte *Extrakarte zum Herausnehmen*

Shopping

Dublin besitzt nördlich und südlich des Liffey jeweils eine große Einkaufsstraße. Im Norden bietet die Gegend um die Henry Street edle Kaufhäuser mit zahlreich vertretenen internationalen Marken sowie kleine Spezialitätenläden. Im Süden locken vor allem in der trendigen Grafton Street elegante Boutiquen und Läden. Doch trotz der großen Auswahl an internationalen Markennamen und allgegenwärtiger Ladenketten lebt Dublins wahrer Geist in seinen traditionsreichen Straßenmärkten, die jede Menge irisches Kunsthandwerk und originelle Souvenirs feilbieten. Dublin ist auch ein wahres Paradies für Schnäppchenjäger und Secondhand-Fans, die von Büchern über Kleidung bis Nippes alles finden, was ihr Herz begehrt. Die Stadt bietet für jedes Budget etwas. Allerlei nützliche Hinweise, wo Sie was erstehen können, finden Sie auf den folgenden Seiten.

Shopping-Meilen

Temple Bar hat sich mit seinem breiten Angebot zu einem wahren Besuchermagneten entwickelt. Abends tummeln sich hier die Nachtschwärmer, tagsüber kann man in Handwerks-, Designer- und Souvenirläden stöbern. Darüber hinaus gibt es hier einige Secondhand-Boutiquen mit großem Angebot – von Vintage-Schuhen bis zu Designer-Handtaschen.

Die Henry Street nördlich des Liffey säumen Kaufhäuser und kleinere Läden mit speziellem Sortiment. Außerdem findet man hier einen der Outlet-Stores von Primark, die in Irland unter dem Namen Penneys firmieren.

Wer ein relaxteres, eleganteres Ambiente bevorzugt, sollte die Grafton Street im Süden aufsuchen. Sehr populär sind dort Brown Thomas und einige Designer-Outlets. Westlich davon, vor allem entlang von South William Street und Wicklow Street, reihen sich kleine Boutiquen sowie Läden mit Haushaltswaren aneinander. Das in einem georgianischen Stadthaus untergebrachte Powerscourt Centre umfasst Designer-Outlets und Juweliere.

Öffnungszeiten

Läden sind im Allgemeinen montags bis samstags von 9 bis 18 Uhr geöffnet. Einige Kaufhäuser öffnen auch sonntags von 11 oder 12 bis 18 Uhr. Viele Geschäfte haben am Donnerstag bis 20 Uhr offen.

Bezahlung

Kreditkarten *(siehe S. 356)* werden in den meisten Läden akzeptiert. Die Mehrwertsteuersätze sind gestaffelt *(siehe S. 332)*. Nicht-EU-Bürger können sich die Mehrwertsteuer bei Ausreise zurückerstatten lassen. Das Formular erhält man beim Einkauf.

Kaufhaus Brown Thomas

Kaufhäuser

Dublins bekannteste Kaufhäuser sind **Arnott's**, das älteste und größte der Stadt, und **Debenhams** – beide in der Henry Street.

Einer der ältesten Läden der Stadt, **Avoca** in der Suffolk Street, führt u. a. Damen- und Kindermode sowie Möbel. Das irische Kaufhaus **Brown Thomas** ist für seinen gehobenen Stil bekannt.

Filialen von Marks & Spencer gibt es z. B. in der Grafton Street und in der Mary Street.

Shopping-Center

In Dublin gibt es vier große Shopping-Center – drei im Süden, eines im Norden der Stadt. Südlich des Liffey befinden sich **Stephen's Green Centre** und **Powerscourt Centre**. Das Stephen's Green Centre ist ein riesiges Shopping-Center mit unzähligen Geschäften unter einem Dach,

Grafton Street: beliebte Shopping-Meile

Mehrwertsteuersätze in Dublin *23%, 13,5%, 12% und 4,8% (siehe Seite 332)*

SHOPPING

Die farbenfrohe George's Street Arcade

u. a. Kunsthandwerks- und Geschenkeläden, Boutiquen und Fast-Food-Restaurants.

Das vierstöckige georgianische Powerscourt Centre ist luxuriöser. Hier findet man viele Modeläden, Restaurants und Antiquitätenläden. Ebenfalls im Süden befindet sich das **Dundrum Centre**.

Am nördlichen Ufer des Liffey steht das **Jervis Centre**, in dem sich viele britische Ladenketten und populäre irische Einzelhandelsgeschäfte niedergelassen haben.

Märkte

Im Norden der Stadt, gleich bei der Henry Street, bieten die lautstarken Händler auf dem Moore Street Market täglich frisches Obst und Gemüse feil. In dieser quirligen Gegend eröffneten viele Ethno-Läden, in denen man alles Mögliche von CDs mit iranischer Tanzmusik bis zu asiatischen Konserven mit exotischem Inhalt erhält.

Auf dem wunderbaren **Temple Bar Food Market** findet man jeden Samstag eine große Auswahl an biologisch angebauten Nahrungsmitteln. Besonders beliebt ist ein Stand mit frischen Austern und offenen Weinen – ideal für eine Pause beim Marktbummel.

Einzigartig ist die sieben Tage die Woche offene **George's Street Arcade** mit vielen Secondhand-Läden. Hier findet man CDs, Bücher, Nippes sowie junge Designermode, flippige Kleidung und Accessoires.

Handgefertigte Keramikvase

Souvenirs und Geschenke

Es überrascht nicht, dass Dublins populärste Fundgrube für Souvenirs das Haus von Irlands beliebtestem Getränk ist – das **Guinness Storehouse** (siehe S. 102f). Die interaktiven Führungen durch das Hopfenlager rundet man am besten mit einem Besuch im Souvenirladen ab, wo man vielerlei Dinge mit dem Guinness-Logo kaufen kann.

In der Nassau Street findet man zahlreiche Andenkenläden, z. B. **Heraldic Artists**, wo Iren ihren Stammbaum nachverfolgen lassen können. Unterschiedlichste Mitbringsel, z. B. irische Keramik und das berühmte Waterford-Kristall, bietet der **Kilkenny Shop**.

Der Laden des Trinity College auf der anderen Straßenseite verkauft Universitätsandenken und Artikel, die mit dem *Book of Kells* in Zusammenhang stehen.

Rua an der Capel Street ist eine Schatztruhe für Schmuck und Accessoires. **Scout** in der Essex Street führt Schuhe irischer und internationaler Labels. Der kleine **Irish Design Shop** an der Drury Street verkauft Kunsthandwerk, **Industry** gleich nebenan Möbel und Haushaltswaren – von alt bis modern.

Delikatessen

Liebhaber guter Weine und Whiskeys haben in Dublin die Qual der Wahl. **Mitchell & Son** hat einen riesigen Laden im Finanzdistrikt, liefert aber auch auf Online-Bestellung. Im **Celtic Whiskey Shop** verkauft sachkundiges Personal irische Whiskeys und schottische Whiskys.

Zum hervorragenden kulinarischen Charakter der Stadt tragen die vielen Feinkostläden bei. **Sheridan's Cheesemongers** in der South Anne Street ist auf irischen Bauernkäse spezialisiert, verkauft aber auch andere Käsesorten und weitere Delikatessen. **Butler's Irish Chocolate** lockt mit hübschen Geschenkschachteln exquisiter selbst hergestellter Schokolade. Wer frisch gefangenen irischen Lachs kaufen will, geht zu **Fallon & Byrne** in der Exchequer Street. Dort erhält man auch Bioware, importierte Produkte sowie Wein-, Käse- und Wurstspezialitäten.

Da Dublin immer multikultureller wird, gibt es in der Stadt auch entsprechend mehr Läden mit Delikatessen aus aller Welt. Viele haben sich im Norden der Stadt in der Parnell Street und der Moore Street niedergelassen. Im Süden findet man solche Läden in der George's Street.

Käse satt – Sheridan's Cheesemongers

Mehr über Dublin? Vis-à-Vis Dublin

Mode

In Dublin gibt es viele elegante Boutiquen. Die angesagtesten liegen in der Umgebung von Dublins »Fifth Avenue« – der Grafton Street. **Costume** mit einer großen Auswahl an irischen und internationalen Designer-Labels ist eine sehr beliebte Adresse für Damenmode. Designer wie Roland Mouret, Temperley und Jonathan Saunders sind hier ebenfalls zu finden.

Schnäppchenjäger zieht es nach Temple Bar, an den Ständen des Designer Mart in der Cow's Lane gibt es sonntags 10–17 Uhr handgemachte irische Mode.

Klassische Herrenmode bietet der berühmte Schneider **Louis Copeland**. Traditionelles gibt es im Kilkenny Shop *(siehe S. 109)* und bei **Kevin & Howlin**. Beide führen Tweed, Arans und viele irische Kleidungsstücke.

Bücher

Angesichts des reichen literarischen Vermächtnisses ist es nicht verwunderlich, dass es in Dublin viele Buchhandlungen gibt. In der Dawson Street wird jeder Buchliebhaber fündig, etwa bei **Hodges Figgis**. **Eason** in der O'Connell Street und **Dubray Books** in der Grafton Street sind also große Buchläden. Lesungen bietet **The Gutter Bookshop** in Temple Bar. Hinter einem Durchgang liegt **The Secret Book and Record Store** mit einer Auswahl an Secondhand-Büchern, CDs und LPs. Das Antiquariat **Cathach Books** ist auf alte irische Drucksachen spezialisiert. Hier findet man Erstausgaben und Raritäten. Größte Buchhandlung der Stadt ist **Chapters** mit riesiger Secondhand-Abteilung.

Musik

Die meisten Musikläden liegen in Temple Bar. Die kleinen Geschäfte führen alles von obskurer Elektronikmusik bis zu Indie und Reggae. Viele unabhängige Musikläden mussten in den letzten Jahren schließen, **Tower Records** stemmt sich jedoch bis heute erfolgreich gegen den Trend und ist ein beliebter Treffpunkt mit Live-Musik und einem neu eröffneten Café. Bei **All City Records** ist man auf Hip-Hop und zeitgenössische Dance-Musik spezialisiert.

Die meisten CD-Läden in Dublin – darunter etwa auch **Claddagh Records** – führen ein sehr umfangreiches Sortiment an traditioneller irischer Musik. Auch wer etwas Spezielles sucht, wird hier fündig.

McCullough Piggot und **Waltons** – beide im Süden Dublins – verkaufen Noten und irische Instrumente wie Akkordeons, Dudelsäcke und *bodhráns*.

Antiquitäten

Einer der ältesten Antiquitätenläden der Stadt, die **Oman Antique Galleries**, ist auf hochwertige georgianische, viktorianische und edwardianische Möbel spezialisiert. **Clifford Antiques** bietet originale und reproduzierte antike Möbelstücke sowie dekorative offene Kamine. Die Sammlung an Bronzebrunnen und -figuren ist einzigartig. Die eklektische Auswahl bei **Christy Bird** umfasst recycelte Möbel und Pub-Armaturen.

Zu den Antiquitätenläden im Powerscourt Centre gehört **Delphi** mit Schmuck aus viktorianischer und edwardianischer Zeit sowie Belleek-Porzellan. **Courtville Antiques** verkauft Art-déco-Schmuck und Liebhaberstücke wie Verlobungsringe mit Diamanten, viktorianische Broschen und edwardianischen Emailleschmuck. Antikes aus Silber, darunter irische und englische Porträtminiaturen aus dem 18. bis 20. Jahrhundert, verkauft **The Silver Shop**.

Alte Landkarten und Drucke findet man in der Umgebung der Grafton Street, z. B. in der **Neptune Gallery**.

Die Francis Street in einem der ältesten Stadtteile Dublins bietet ebenfalls viele Antiquitätenläden. Alte Uhren, Secondhand-Möbel und vielerlei Nippes locken Passanten in die Läden, die selbst schon fast Antiquitätenstatus haben.

Beaufield Mews außerhalb des Zentrums ist auf Porzellan und Bilder aus dem frühen 20. Jahrhundert spezialisiert, **Q Antiques** in Dun Laoghaire führt eine interessante Auswahl an Stilmöbeln und dazu passenden Lampen.

Informieren Sie sich auf der Website von **Antiques Fairs** über Termine und Plätze für Antiquitätenmessen, die das ganze Jahr über stattfinden.

Kunstgalerien

Die Fülle von Kunstgalerien und Künstlerateliers machen Dublin zum beliebten Reiseziel von Sammlern und Bewunderern der schönen Künste. Zahlreiche Galerien findet man in der Dawson Street, einer Parallelstraße der Grafton Street.

Die **Oisín Gallery** in der Westland Row verkauft auf mehreren Ebenen Werke der besten jungen, aufstrebenden Künstler Irlands. Einen Besuch lohnt die **Doorway Gallery** in der South Frederick Street mit großem Raum für Werke einheimischer Künstler. Vielleicht ersteigern Sie auch in den **Whyte's Auction Rooms** internationale oder einheimische Kunstwerke. Die Kataloge werden im Internet veröffentlicht.

Sonntags findet am Merrion Square nahe dem Museumsviertel ein Kunstmarkt statt. Unterschiedlichste Werke hängen an dem schwarzen Gitter rund um den Platz. Gerade bei gutem Wetter ist diese improvisierte Ausstellung ein wahres Vergnügen.

Auch in Temple Bar findet man zahlreiche Kunstgalerien, darunter etwa die **Temple Bar Gallery and Studios**. Diese Einrichtung gehört zu Dublins angesagtesten Kunststätten und präsentiert Werke von mehr als 30 irischen Künstlern, die mit diversen Medien arbeiten. In der Nähe, im Herzen von Dublins linkem Liffey-Ufer, liegen die **Graphic Studio Gallery** und die **Gallery of Photography** mit ihrer imposanten Sammlung hochglänzender Kunstbände. Obwohl die Gegend wegen vieler Betrunkener und Lärmender keinen guten Ruf hat, hält sie doch ihren Status als »Kulturbastion« aufrecht.

SHOPPING: MODE BIS KUNSTGALERIEN | 111

Auf einen Blick

Kaufhäuser

Arnott's
12 Henry St. **Stadtplan** D2. (01) 805 0400.
w arnotts.ie

Avoca
11–13 Suffolk St. **Stadtplan** D2. (01) 677 4215. **w** avoca.com

Brown Thomas
88–95 Grafton St. **Stadtplan** D4.
(01) 605 6666.
w brownthomas.com

Debenhams
54–62 Henry St. **Stadtplan** D2.
(01) 814 7200.
w debenhams.com

Shopping-Center

Dundrum Centre
Dundrum. (01) 299 1700. **w** dundrum.ie

Jervis Centre
125 Upper Abbey St. **Stadtplan** C2. (01) 878 1323. **w** jervis.ie

Powerscourt Centre
59 S William St. **Stadtplan** D4. (01) 679 4144. **w** powerscourtcentre.com

Stephen's Green Centre
St Stephen's Green West. **Stadtplan** D4.
(01) 478 0888.
w stephensgreen.com

Märkte

George's Street Arcade
George's St. **Stadtplan** C4. **w** georgesstreetarcade.ie

Temple Bar Food Market
Meeting House Sq, Temple Bar. **Stadtplan** D3. **w** templebar.ie

Souvenirs und Geschenke

Guinness Storehouse®
St James's Gate. **Stadtplan** A3. (01) 408 4800. **w** guinnessstorehouse.com

Heraldic Artists
3 Nassau St. **Stadtplan** A3. (01) 679 7020.
w roots.ie

Industry
41 Drury St. **Stadtplan** D4. (01) 613 9111.
w industryandco.com

Irish Design Shop
41 Drury St. **Stadtplan** D4. (01) 679 8871.

Kilkenny Shop
6–10 Nassau St. **Stadtplan** E4.
(01) 677 7066.

Rua
55 Capel St. **Stadtplan** C2. (01) 874 8051.

Scout
5 Smock Alley Court, West Essex St. **Stadtplan** C3. (01) 677 8846.

Delikatessen

Butler's Irish Chocolate
24 Wicklow St. **Stadtplan** D4.
(01) 671 0591.

Celtic Whiskey Shop
27–28 Dawson St. **Stadtplan** D4.
(01) 675 9744.

Fallon & Byrne
11–17 Exchequer St. **Stadtplan** D4.
(01) 472 1010.

Mitchell & Son
CHQ Building, IFSC. **Stadtplan** D2.
(01) 612 5540.

Sheridan's Cheesemongers
11 S Anne St. **Stadtplan** D4.
(01) 679 3143.

Mode

Costume
10 Castle Market. **Stadtplan** D4.
(01) 679 4188.

Kevin & Howlin
31 Nassau St. **Stadtplan** E4. (01) 633 4576.

Louis Copeland
39–41 Capel St. **Stadtplan** C2.
(01) 872 1600.
w louiscopeland.com

Bücher

Cathach Books
10 Duke St. **Stadtplan** D4. (01) 671 8676.

Chapters
Ivy Exchange, Parnell St. **Stadtplan** D2.
(01) 872 3297.

Dubray Books
24 Grafton St. **Stadtplan** D4. (01) 677 5568.

Eason
40 Lower O'Connell St. **Stadtplan** D2.
(01) 858 3800.

Hodges Figgis
56–58 Dawson St. **Stadtplan** D4.
(01) 677 4754.

The Gutter Bookshop
Cow's Lane. **Stadtplan** C3. (01) 679 9206.

The Secret Book and Record Store
15a Wicklow St, Dublin 2. **Stadtplan** D3.
(01) 679 7272.

Musik

All City Records
4 Crow St, Temple Bar. **Stadtplan** C3.
(01) 677 2994.

Claddagh Records
2 Cecilia St, Temple Bar. **Stadtplan** D3.
(01) 677 0262.

McCullough Piggot
11 S William St. **Stadtplan** D4.
(01) 677 3138.

Tower Records
6–8 Wicklow St. **Stadtplan** D4. (01) 671 3250. **w** towerrecords.ie

Waltons
69 S Great George's St. **Stadtplan** D1. (01) 475 0661. **w** waltons.ie

Antiquitäten

Antiques Fairs
w vintageireland.eu

Beaufield Mews
Woodlans Ave, Stillorgan, Co Dublin. **Straßenkarte** D4.
(01) 288 0375.
w beaufieldmews.com

Christy Bird
32 S Richmond St.
(01) 475 4049.

Clifford Antiques
7/8 Parnell St. **Stadtplan** D1. (01) 872 6062.

Courtville Antiques
Powerscourt Centre. **Stadtplan** D4.
(01) 679 4042.

Delphi
Powerscourt Centre. **Stadtplan** D4.
(01) 679 0331.

Neptune Gallery
41 S William St. **Stadtplan** D4.
(01) 671 5021.

Oman Antique Galleries
20/21 S William St. **Stadtplan** D4.
(01) 616 8991.

Q Antiques
76 York Rd, Dun Laoghaire. **Stadtplan** D4.
(01) 280 2895.

The Silver Shop
Powerscourt Centre. **Stadtplan** D4.
(01) 679 4147.

Kunstgalerien

Doorway Gallery
24 S Frederick St. **Stadtplan** E4.
(01) 764 5895.

Gallery of Photography
Meeting House Sq, Temple Bar. **Stadtplan** C3. (01) 671 4654.

Graphic Studio Gallery
8a Cope Street, Temple Bar. **Stadtplan** D3.
(01) 679 8021.
w graphicstudiodublin.com

Oisín Gallery
44 Westland Row. **Stadtplan** F3.
(087) 254 9370.

Temple Bar Gallery and Studios
5–9 Temple Bar. **Stadtplan** D3.
(01) 671 0073.

Whyte's Auction Rooms
38 Molesworth St. **Stadtplan** D2. (01) 676 2888. **w** whytes.ie

Stadtplan Dublin *siehe Seiten 120–123* **Straßenkarte** *siehe hintere Umschlaginnenseiten*

Unterhaltung

Obwohl Dublin mit Kinos, Theatern, Rocklokalen und Clubs ausgesprochen gut bestückt ist, unterscheidet sich die Stadt von anderen europäischen Großstädten vor allem durch ihre Pubs. Lebhafte Gespräche, improvisierte Musik und natürlich Guinness sind Voraussetzungen für einen angenehmen Abend in einer dieser gemütlichen Kneipen.

Eines der beliebtesten Ausgehviertel ist das in jüngster Zeit neu belebte Temple Bar. Im Gewirr enger Pflastersteinstraßen wird alles geboten – von traditioneller Musik in alten Pubs bis zu den angesagtesten aktuellen Hits. Wegen der zahllosen Kneipen und Lokale ist Dublins Stadtzentrum südlich des Liffey bei Nachtschwärmern äußerst beliebt. Auf der Nordseite liegen die beiden berühmtesten Theater Dublins, die größten Kinos und die topmoderne 3Arena, ein Bahnhof aus dem 19. Jahrhundert. Hier finden die großen Rock- und Musical-Ereignisse, aber auch klassische Konzerte statt.

Fassade des Gate Theatre im Norden von Dublin

Information

Tageszeitungen wie *Irish Times* oder *Irish Independent* drucken die Programme von Clubs, Kinos, Theatern usw. ab, vor allem am Wochenende. *Hot Press*, eine landesweite zweiwöchentliche Zeitung, die sich mit Musik befasst, bietet einen umfangreichen Veranstaltungskalender für Dublin. *The Herald* ist ebenso eine gute Quelle für Informationen über Konzerte und Filme. Das Magazin *The Ticket* ist freitags Beilage der *Irish Times*. In Pubs und Cafés liegt das kostenlose Magazin *Totally Dublin* aus.

Tickets

Für viele Veranstaltungen gibt es an der Abendkasse Karten, sicherer ist jedoch der Vorverkauf. Bei allen großen Veranstaltern kann man per Kreditkarte bezahlen. **Ticketmaster** akzeptiert für viele große Veranstaltungen eine telefonische Buchung per Kreditkarte. Die Hauptfilialen **Dublin Tourism** (Suffolk Street) verkaufen Karten für alle großen Theater und Rockkonzerte.

Theater

Irlands Nationaltheater, das **Abbey Theatre** (siehe S. 92), präsentiert junge irische Autoren, aber auch Stücke von Brendan Behan, J. M. Synge, Sean O'Casey und W. B. Yeats. Das **Peacock Theatre** im gleichen Haus zeigt experimentelle Stücke. Das **Gate Theatre** (siehe S. 94), ebenfalls auf der Nordseite, wurde 1929 gegründet und ist für Inszenierungen internationaler Stücke bekannt. Im **Grand Canal Theatre** werden West-End-Musicals, Opern, Ballett- und Theaterstücke aufgeführt.

Das **Samuel Beckett Theatre** ist berühmt für seine kraftvollen Produktionen. Das **Gaiety Theatre**, das wichtigste südlich des Liffey, präsentiert populäre Stücke meist irischer Autoren. Experimentelles Theater und modernen Tanz bietet das **Project Arts Centre** in Temple Bar. Im **Smock Alley Theatre** gastieren experimentelle Theatergruppen und studentische Produktionen. In **Bewley's Café Theatre** werden mittags Dramen aufgeführt. Das **Andrew's Lane Theatre** bietet jungen Autoren und Regisseuren ein Forum. Im **Olympia Theatre** sind Komödien und populäre Dramen zu sehen. Gelegentlich werden hier auch Rockkonzerte und Aufführungen irischer Musik veranstaltet. Die meisten Theater bleiben sonntags geschlossen.

Jedes Jahr im Oktober findet an praktisch allen der oben genannten Spielstätten das **Dublin Theatre Festival** mit experimentellen irischen und internationalen Stücken statt.

Plattenladen und Kartenbüro in der Crown Alley, Temple Bar

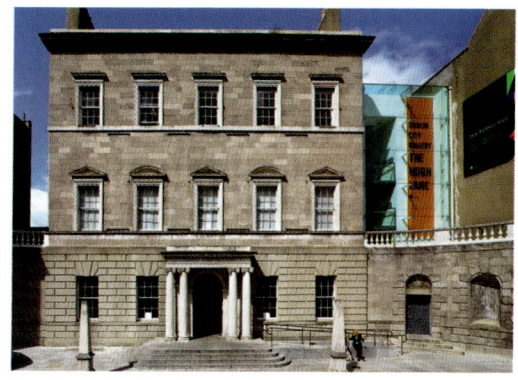

Hugh Lane Gallery: Kunsttempel der Extraklasse

Kino
Die Dubliner Kinos erlebten in den 1990er Jahren einen gewaltigen Ansturm – dank des riesigen Erfolgs einiger in Dublin spielender Filme wie *Mein linker Fuß* (1989) oder *Die Commitments* (1991). Die Filmindustrie boomte und blieb mit Publikumsrennern wie *Intermission* (2004), *The Guard* (2011) und *Calvary* (2014) im Gespräch.

Das **Irish Film Institute** bietet meist unabhängige und ausländische Filme sowie Vorträge und Seminare. Es hat zwei Vorführräume, eine Bar und ein Restaurant. Ein weiteres Programmkino ist **The Lighthouse Cinema** in Smithfield. Das Premierenkino **Savoy** ist das älteste Kino Dublins.

Die großen Kinos wie Cineworld liegen auf der nördlichen Flussseite. Sie bieten für Nachmittagsvorstellungen Rabatte und am Wochenende Spätvorstellungen. Im Sommer finden die **Temple Bar Cultural Events** mit Open-Air-Aufführungen statt, die meisten am Meeting House Square.

Klassische Musik, Oper und Tanz
In der **National Concert Hall** spielt jede Woche das heimische RTÉ National Symphony Orchestra. Es gastieren auch regelmäßig bekannte internationale Orchester wie die Berliner Philharmoniker. Der beliebte Veranstaltungsort bietet etwas für jeden Musikgeschmack, so gibt es auch Opern-, Musical- und Tanzaufführungen sowie Jazzkonzerte und irische Folk-Musik.

Die **Hugh Lane Gallery** *(siehe S. 95)* bietet Sonntagsmatineen (Eintritt frei!) und weist außerdem eine außergewöhnliche Gemäldesammlung auf, darunter Werke von Renoir und Degas.

Weitere Klassikkonzerte zeigen das Irish Museum of Modern Art im **Royal Hospital Kilmainham** *(siehe S. 101)* – das mehr als 3500 Werke irischer und internationaler Künstler beherbergt – sowie die **Royal Dublin Society (RDS)**. Internationale Opern finden in der **3Arena** statt. Die Opera Ireland tritt jedes Jahr im April und November im **Gaiety Theatre** auf. Das **Grand Canal Theatre** zeigt auch Opern- und Ballettproduktionen.

Rock, Jazz, Blues und Country-Musik
Dublins Rockszene blüht seit den 1970er Jahren, als die hiesige Band Thin Lizzy weltweit bekannt wurde. Der Erfolg von U2 ermutigte zur Gründung weiterer lokaler Bands. Jeden Abend findet in Dublin mindestens ein interessanter Gig statt. **Whelan's** ist die populärste Live-Bühne. Seit 1989 treten hier berühmte Musiker auf. Bei **The Mezz** in Temple Bar steigen beinahe jeden Abend Live-Konzerte mit Reggae, Funk und Rock. Der zweistöckige Club ist immer voller Studenten und Urlauber. Für einen Platz an der Bühne muss man hier frühzeitig erscheinen.

Der **Workman's Club** ist ein weiterer Dubliner Live-Musik-Tempel mit mehreren Bars und Bühnen auf zwei Stockwerken. DJs sorgen für ständigen Nachschub in Indie-, Hillbilly-, Rock- und Ska-Sounds.

Im oberen Raum der sympathischen **International Bar** finden am Mittwochabend Konzerte akustischer Musiker und Liedermacher statt. Am Sonntagnachmittag zwischen 13 und 16 Uhr wird hier traditionelle irische Musik gespielt, während das **Ha'penny Bridge Inn** am Freitag- und Samstagabend Folk- und Bluesmusik bietet.

Große Namen treten entweder in der 3Arena oder – im Sommer – in den Sportstadien auf. Das viktorianische Theater **Olympia** zeigt einzigartige Konzerte in ungewöhnlichem Rahmen. Im **Slane Castle** außerhalb von Dublin findet fast jeden Sommer ein Rockfestival statt *(siehe S. 249)*.

Button Factory und **The Sugar Club** bieten das ganze Jahr hindurch Jazz, Salsa, Latin und Blues. In **The Academy** treten auf vier Etagen Live-Bands und DJs auf. Country-Musik ist in Irland sehr beliebt. In vielen Pubs finden entsprechende Konzerte statt. Details erfährt man in den Veranstaltungsmagazinen.

Rockband auf der Bühne des Sugar Club

Traditionelle Musik

Für viele Iren ist die Musik in einem Pub genauso wichtig wie die Guinness-Qualität. In Dublins Zentrum erklingen in vielen Pubs Bodhrán-, Fidel- und Dudelsackklänge. Zu den berühmtesten zählt **O'Donoghue's**, in dem die legendären Dubliners Anfang der 1960er Jahre ihre Karriere begannen. Das **Cobblestone**, das **Auld Dubliner** und **The Temple Bar** sind ebenfalls bekannt. Im **Devitts** in der Camden Street treten bekannte Dubliner Musiker auf. In den Bergen um Dublin liegt **Johnnie Fox's**, etwa 35 Minuten mit dem Auto entfernt. Hier gibt es jeden Abend Live-Musik.

Pubs und Bars

Dublins Pubs sind ein Stück lebendiger Geschichte. An diesen Orten sind einige der bekanntesten Szenen irischer Literatur angesiedelt. Hier trafen sich aufständische Politiker. Viele weltbekannte Musiker traten hier erstmals auf. Singen, tanzen, reden und lachen – eine Tour durch Dublins Pubs ist ein absolutes Muss.

Innerhalb der Stadtgrenzen gibt es an die 1000 Pubs. Zu den besten traditionellen Etablissements gehören vor allem **Neary's**, das bei Schauspielern beliebt ist und einen fantastischen Marmortresen hat, die stimmungsvolle **Long Hall** und das schicke **Stag's Head** von 1770.

Die Pubs des 19. Jahrhunderts hatten sehr gemütliche Nischen, in denen man ungestört trinken und reden konnte. Ein paar davon gibt es noch, z. B. die winzige Journalistenkneipe **Doheny & Nesbitt** und das **Kehoe's**.

Der **Brazen Head** von 1198 ist wohl Dublins ältestes Pub. Die heutige Kneipe aus den 1750er Jahren ist voller alter Fotos und dunklem Holz. Abends gibt es traditionelle Live-Musik. Jedes Pub rühmt sich seines hervorragenden Guinness, das beste serviert man jedoch im 1782 gegründeten **Mulligan's**. Im **The Bull and Castle** gibt es eine große Auswahl an Bieren von Kleinbrauereien sowie gutes Essen.

The Grave Diggers nördlich der Stadt an einem Friedhof in Phibsborough hat mehr Charakter als die meisten. Die Taxifahrt lohnt sich auf jeden Fall. An Wochenenden im Sommer sitzt man auf dem Rasen vor dem Haus.

Das **Grogan's** in der South William Street ist teils Bar, teils Kunstgalerie (ausgestellt sind Gemälde hiesiger Künstler) und Treffpunkt der Boheme.

Das **Café en Seine** ist einer Pariser Bar der Belle Époque nachempfunden. Das riesige, verwinkelte Café ist wunderbar dekoriert. Am Wochenende treffen sich hier Dublins Thirtysomethings. Nebenan liegt das **37 Dawson St**, eine überaus angesagte Bar mit Speiselokal, das vor allem bei Hipstern und Nachtschwärmern sehr angesagt ist. Nehmen Sie an der Whiskey-Bar Platz und genehmigen Sie sich ein Gläschen *usice beatha*.

Das **Grand Central** ist eine der wenigen Bars an der Hauptstraße der Stadt, der O'Connell Street. Sie befindet sich in einer ehemaligen Bank. Viele Originalelemente sind noch erhalten.

Das **Dakota** ist eine große, belebte Tapas- und Weinbar, die viele junge Leute anzieht. **Cassidy's** in der Westmoreland Street zählt zu den populärsten Hangouts. Graffiti an den Wänden schaffen ein besonderes Flair, die Auswahl an irischen und internationalen Bieren vom Fass und in Flaschen ist riesig.

Die **Dice Bar** ist eine Kellerbar in Rot- und Schwarztönen. Zu hören sind seltene Rock-'n'-Roll- und Blues-Aufnahmen. Kosmopolitisch gibt sich **The Globe**, in dem man tagsüber auch Kaffee trinken kann. Die Klientel ist ein Mix aus Musikern und hippen Städtern. Noch modischer geht es in der Bar **4 Dame Lane** zu. Hier lauschen junge Menschen eklektischen Tönen. Fackeln markieren den Eingang.

Zum eleganten Morgan Hotel in Temple Bar gehört die **Morgan Bar** mit besten Cocktails und irischer Live-Musik. **The Market Bar** ist eines der beliebtesten Gastro-Pubs der Stadt. Die Bar in einer alten Fabrik, mit hoher Decke und Ziegelwänden, bietet industriellen Retro-Charme und den ganzen Tag über gutes Essen.

Das kleine, behagliche **Peter's Pub** ist für gutes Bier bekannt und gilt als die Dubliner Kneipe schlechthin.

Literatur-Tour

Literaten-Pubs gibt es in Dublin zuhauf, vor allem rund um die Grafton Street. Das **McDaid's** mit seinem Art-déco-Interieur hat noch etwas von der Boheme-Atmosphäre jener

Guinness-Reklame vor einem Dubliner Pub

Das im französischen Stil eingerichtete Café en Seine

Die alte Fassade des Doheny & Nesbitt

Zeit, als berühmte Autoren-Trinker wie Patrick Kavanagh und Brendan Behan hier Stammgäste waren. Das **Davy Byrne's** ist heute zwar nobler als zu jener Zeit, als James Joyce' Romanfigur Leopold Bloom hier Gorgonzola und ein Senfbrot aß, lohnt aber immer noch einen Besuch.

Diese sowie einige weitere einst von den berühmtesten irischen Autoren und Dramatikern frequentierten Pubs präsentiert **Dublin Literary Pub Crawl**. Die von Schauspielern geführten Zwei-Stunden-Touren beginnen mit einem Bier im **The Duke**. Im Sommer werden die Führungen jeden Tag angeboten, im Winter meist nur an Wochenenden.

Clubs

Dublins Clubs erfinden sich immer wieder neu, und Vielfalt beherrscht die Szene: Neben gigantischen Superclubs gibt es auch kleine, geradezu intime Etablissements. Die Lizenzgesetze der Stadt beschneiden die Clublandschaft allerdings: Ein lizenzierter Club muss um 2.30 Uhr schließen – für eine Großstadt sehr früh. Die Dubliner Clubgänger fangen ihren Abend entsprechend früh an, meist in einem Pub.

Einen wunderbaren Mix aus Pub und Musikschuppen bietet **Sweeney's** an der Dame Street. Von Donnerstag bis Samstag wird hier zu einer kaum zu beschreibenden Mischung aus Hip-Hop, Rockabilly, Soul, Funk und House auf drei Ebenen getanzt. Im Erdgeschoss des Powerscourt Centre befindet sich das **Pygmalion** – tagsüber gemütliche Café-Bar, abends trendiger Club mit spezieller Atmosphäre und schier magischer Anziehungskraft für Dublins Hipster. Der kleine Dancefloor füllt sich rasch, wenn international renommierte DJs auflegen.

Copper Face Jacks ist der wohl profitabelste Club dieser Größe in Europa. Auf den Tanzflächen schwitzen die Gäste – meist männliche und weibliche Singles – zu Pop. Wenn die Schlange vor dem Club zu lang ist – in der Nähe gibt es ähnliche Clubs, vor allem die Harcourt Street ist eine bewährte Partymeile.

The Academy, vormals Spirit, gilt als angesagter Musiktempel. Auf vier Etagen wird hier ein einzigartiges Club-Erlebnis geboten. The Academy wetteifert mit dem Whelan's um den Titel des besten Live-Musik-Clubs mit einer Vorliebe für Rock und Pop sowie Auftritten von bekannten DJs aus der ganzen Welt.

Der populäre Gay-Club **Mother** zählt in der Community zu den angesagtesten der Stadt, die Partys sind geradezu legendär. Allerdings ist das Mother nur samstagnachts geöffnet.

Für viele Einheimische coolster Club der Stadt ist das **Krystle** auf der Harcourt Street, auf der Nordseite des Liffey. Irische Rugby-Spieler und bekannte Models haben das Krystle zu einer Institution des Dubliner Nachtlebens gemacht.

Das in zwei georgianischen Stadthäusern an der Leeson Street untergebrachte **House** hat eine ähnliche Zielgruppe, das Ambiente ist aber entspannter. Hier chillt man in der Lounge, freitags und samstags geht es zum Abtanzen in den opulenten Red Room.

Im **Ri-Ra** (irisch für »Aufruhr«) ist jeden Abend andere Musik geboten – von Hip-Hop über House, Funk und Soul bis Reggae. Dieser Club in einem Nebengebäude des beliebten Globe ist einer der ältesten der Stadt und wird jeden Abend in der Woche von den tanzwilligen Nachteulen Dublins frequentiert.

Lillie's Bordello wirbt als renommiertester Club Dublins für sich. Hier herrscht eine geradezu luxuriöse, von Art déco geprägte Atmosphäre. Der legendäre VIP-Raum ist seit langer Zeit ein Favorit unter den Reichen und Berühmten der Stadt. Mit etwas Glück steht man Schulter an Schulter mit Prominenten aus der Unterhaltungsbranche.

Howl at the Moon ist ein exotisch eingerichteter, schicker Club in der Nähe des Merrion Square. Der Club erstreckt sich über drei Stockwerke und verfügt auch über Außenbereiche, darunter einen geheizten, überdachten Raucherbereich. Am Donnerstag- und Freitagabend ist der Eintritt frei.

Im **The Grand Social** nördlich des Liffey legen die Haus- und Gast-DJs an den Wochenenden Disco, Indie, Classic Rock und Electro auf. Der montagabendliche Jazz-Club ist ebenfalls sehr beliebt.

Clubnächte, Karaoke und Getränke-Specials machen **The George** zu einem der beliebtesten Schwulenclubs Dublins. Die sonntägliche Travestie-Nacht sollte man erleben.

The Front Lounge ist bei Schwulen beliebt, auch wegen der gemütlichen Sessel und dem großartigen Essen. Höhepunkt ist der Karaoke-Dienstag ab 22 Uhr.

Auf einen Blick

Tickets

Dublin Tourism
Tourism Centre,
Suffolk St. Stadtplan D3.
☎ (01) 605 7700.
🌐 visitdublin.ie

Ticketmaster
☎ 0818 719300.
🌐 ticketmaster.ie

Theater

Abbey Theatre
Lower Abbey St.
Stadtplan E2.
☎ (01) 878 7222.
🌐 abbeytheatre.ie

Bewley's Café Theatre
Bewley's Café,
78 Grafton St.
Stadtplan D4.
☎ (01) 679 5720.
🌐 bewleyscafe
theatre.com

Bord Gáis Energy Theatre
Grand Canal Square,
Docklands.
☎ (01) 677 7999.
🌐 bordgaisenergy
theatre.ie

Dublin Theatre Festival
44 East Essex St.
Stadtplan C3.
☎ (01) 677 8439.
🌐 dublintheatre
festival.com

Gaiety Theatre
King St South.
Stadtplan D4.
☎ 0818 719 388.
🌐 gaietytheatre.com

Gate Theatre
Cavendish Row,
Parnell Sq.
Stadtplan D1.
☎ (01) 874 4045.
🌐 gatetheatre.ie

Olympia Theatre
Dame St.
Stadtplan C3.
☎ (01) 679 3323.
🌐 olympia.ie

Project Arts Centre
39 East Essex St.
Stadtplan C3.
☎ (01) 881 9613.
🌐 projectartscentre.ie

Samuel Beckett Theatre
Trinity College.
Stadtplan E3.
☎ (01) 896 1334.
🌐 tcd.ie

Smock Alley Theatre
6/7 Lower Exchange St,
Temple Bar.
Stadtplan C3.
☎ (01) 677 0014.
🌐 smockalley.com

Kino

Cineworld Cinemas
Parnell St.
Stadtplan C2.
☎ (1520) 880 444.
🌐 cineworld.ie

Irish Film Institute
6 Eustace St,
Temple Bar.
Stadtplan C3.
☎ (01) 679 5744.
🌐 ifi.ie

The Lighthouse Cinema
Market Square,
Smithfield.
Stadtplan B2.
☎ (01) 872 8006.
🌐 lighthousecinema.ie

Savoy
Upper O'Connell Street.
Stadtplan D1.
☎ (01) 874 8822.
🌐 savoy.ie

Temple Bar Cultural Events
🌐 templebar.ie

Klassische Musik, Oper und Tanz

3Arena
East Link Bridge,
North Wall Quay.
Stadtplan D1.
☎ (01) 819 8888.
🌐 3arena.ie

Bord Gáis Energy Theatre
Siehe *Theater*.

Grand Canal Theatre
Grand Canal Square,
Docklands.
☎ (01) 677 7999.
🌐 grandcanal
theatre.ie

Hugh Lane Gallery
Charlemont House,
Parnell Sq North.
Stadtplan C1.
☎ (01) 222 5550.
🌐 hughlane.ie

National Concert Hall
Earlsfort Terrace.
Stadtplan D5.
☎ (01) 417 0000.
🌐 nch.ie

Royal Dublin Society (RDS)
Ballsbridge.
☎ (01) 668 0866.
🌐 rds.ie

Royal Hospital Kilmainham
Military Lane, Kilmainham, Dublin 18.
☎ (01) 612 9900.
🌐 royalhospital
kilmainham.com

Rock, Jazz, Blues und Country-Musik

The Academy
57 Abbey St.
Stadtplan C2.
☎ (01) 877 9999.
🌐 theacademy
dublin.com

Button Factory
Curved St, Temple Bar.
Stadtplan E4.
☎ (01) 670 9202.
🌐 buttonfactory.ie

Ha'penny Bridge Inn
42 Wellington Quay.
Stadtplan C3.
☎ (01) 677 0616.
🌐 hapennybridgeinn.com

International Bar
23 Wicklow St.
Stadtplan D3.
☎ (01) 677 9250.
🌐 international-
bar.com

The Mezz
Eustace St, Temple Bar,
Dublin 2.
Stadtplan C3.
☎ (01) 670 7655.
🌐 mezz.ie

Slane Castle
Slane, Co Meath.
☎ (041) 982 0643.
🌐 slanecastle.ie

The Sugar Club
8 Lower Leeson St.
Stadtplan E5.
☎ (01) 678 7188.
🌐 thesugarclub.com

Whelan's
25 Wexford St.
Stadtplan E4 C5.
☎ (01) 478 0766.
🌐 whelanslive.com

The Workman's Club
10 Wellington Quay,
Dublin 2.
Stadtplan C3.
☎ (01) 670 6692.
🌐 theworkmansclub.com

Traditionelle Musik

Auld Dubliner
Auld Dubliner,
24–25 Temple Bar.
Stadtplan D3.
☎ (01) 677 0527.
🌐 thesmithgroup.ie

Cobblestone
77 King St North.
Stadtplan A2.
☎ (01) 872 1799.
🌐 cobblestonepub.ie

Devitts
78 Lower Camden Street.
Stadtplan C5.
☎ (01) 475 3414.
🌐 devittspub.ie

Johnnie Fox's
Glencullen,
Co Dublin.
☎ (01) 295 5647.
🌐 jfp.ie

O'Donoghue's
15 Merrion Row.
Stadtplan E5.
☎ (01) 660 7194.
🌐 odonoghues.ie

UNTERHALTUNG | 117

Auf einen Blick

The Temple Bar
48 Temple Bar, Dublin 2.
Stadtplan C3.
(01) 672 5287.
thetemplebar
pub.com

Pubs und Bars

4 Dame Lane
4 Dame Lane, Dublin 2.
Stadtplan C3.
(01) 679 0291.

37 Dawson St
37 Dawson St.
Stadtplan D4.
(01) 902 2908.
37dawsonst.ie

Brazen Head
20 Lower Bridge St.
Stadtplan A3.
(01) 677 9549.
brazenhead.com

The Bull and Castle
5–7 Lord Edward St.
Stadtplan C3.
(01) 475 1122.
bull-and-castle.
fxbuckley.ie

Café en Seine
40 Dawson St, Dublin 2.
Stadtplan D4.
(01) 677 4567.
cafeenseine.ie

Cassidy's
27 Westmoreland St.
Stadtplan D3.
(01) 670 8604.
cafeenseine.ie

Dakota
9 S William St, Dublin 2.
Stadtplan D4.
(01) 672 7696.
dakotabar.ie

Davy Byrne's
21 Duke St.
Stadtplan D4.
(01) 677 5217.
davybyrnes.com

Dice Bar
79 Queen St, Dublin 7.
Stadtplan A2.
(01) 633 3936.
dicebar.com

Doheny & Nesbitt
5 Lower Baggot St.
Stadtplan E5.
(01) 676 2945.
dohenyand
nesbitt.ie

Dublin Literary Pub Crawl
9 Duke St.
Stadtplan D3.
(01) 670 5602.
dublinpubcrawl.com

The Duke
9 Duke St.
Stadtplan D4.
(01) 679 9553.
thedukedublin.com

The Globe
11 S Great George's St,
Dublin 2.
Stadtplan C4.
(01) 671 1220.
theglobe.ie

Grand Central
10–11 O'Connell St,
Dublin 1.
Stadtplan D2.
(01) 872 8658.
louisfitzgerald.com

The Grave Diggers
Prospect Sq,
Glasnevin.
Stadtplan D1.
(01) 830 7978.

Grogan's
15 S William St,
Dublin 2.
Stadtplan D4.
(01) 677 9320.
groganspub.ie

Kehoe's
9 S Anne St.
Stadtplan D4.
(01) 677 8312.
louisfitzgerald.com/
kehoes

Long Hall
51 S Great George's St.
Stadtplan C4.
(01) 475 1590.

The Market Bar
14a Fade St,
Dublin 2.
Stadtplan D4.
(01) 613 9094.
marketbar.ie

McDaid's
3 Harry St.
Stadtplan D4.
(01) 679 4395.
mcdaids.ie

Morgan Bar
The Morgan Hotel,
10 Fleet St,
Dublin 2.
Stadtplan D3.
(01) 643 7000.
themorgan.com

Mulligan's
8 Poolbeg St.
Stadtplan E3.
(01) 677 5582.
mulligans.ie

Neary's
1 Chatham St.
Stadtplan D4.
(01) 677 8596.
nearys.ie

Peter's Pub
1 Johnson's Place,
Dublin 2.
Stadtplan D4.
(01) 679 3347.
peterspub.ie

Stag's Head
1 Dame Court,
bei Dame Lane.
Stadtplan D3.
(01) 679 3687.
louisfitzgerald.com/
stagshead

Clubs

The Academy
Abbey St,
Dublin 1.
Stadtplan C2.
(01) 877 9999.
theacademydublin.
com

Copper Face Jacks
29–30 Harcourt St.
Stadtplan D5.
(01) 475 8777.
copperfacejacks.ie

The Front Lounge
33–34 Parliament St.
Stadtplan C3.
(01) 670 4112.
thefrontlounge.ie

The George
89 S Great George's St.
Stadtplan C4.
(01) 478 2983.
thegeorge.ie

The Grand Social
35 Lower Liffey St,
Dublin 1.
Stadtplan D3.
(01) 873 4332.
thegrandsocial.ie

House
27 Lower Leeson St.
Stadtplan E5.
(01) 905 9090.
housedublin.ie

Howl at the Moon
7 Lower Mount St.
Stadtplan F4.
(01) 634 5460.
howlatthemoon.ie

Krystle
Harcourt St, Dublin 2.
Stadtplan D5.
087 674 5391.
krystlenight
club.com

Lillie's Bordello
Adam Court,
bei Grafton St.
Stadtplan E4 D4.
(01) 679 9204.
lilliesbordello.ie

Mother
Copper Alley, Exchange
St, Temple Bar, Dublin 2.
Stadtplan C3.
(01) 675 5025.
motherclub.ie

Pygmalion
S William St.
Stadtplan D5.
(01) 633 4479.
pyg.ie

Ri-Ra
S Great George's St,
Dublin 2.
Stadtplan E3.
(01) 671 1220.
theglobe.ie

Sweeny's
32 Dame St.
Stadtplan E3.
(01) 635 0056.
sweenysdublin.ie

Stadtplan Dublin siehe Seiten 120–123

Highlights: Unterhaltung

An einem Abend in Dublin kann man eine Menge unternehmen. Es gibt eine große Anzahl sehr guter Lokale, die nahe beieinanderliegen – viele davon sind im Temple-Bar-Viertel. Die Stadt hat für jeden Geschmack und Geldbeutel etwas zu bieten: Weltklasse-Theater, exzellente Konzerte, verschiedenste Szenetreffs und gemütliche Lokale mit traditioneller, Country-, Jazz- oder Rockmusik. Selbst wenn Sie keine besondere Veranstaltung besuchen möchten – die zahllosen Pubs bieten immer reichlich Abwechslung.

Gate Theatre
Das Gate spielt ausländische Stücke und irische Klassiker wie Sean O'Caseys *Juno and the Peacock* (siehe S. 94).

Stag's Head
Das herrliche viktorianische Pub mit seiner langen Mahagonibar hat noch heute seine alten Spiegel und seine Bleiglasdekoration *(siehe S. 114)*.

Nördlich des Liffey

Siehe Kartenausschnitt Seite 118 un[ten]

Südwest-Dublin

Temple-Bar-Viertel

Um zu erkunden, was diese engen Straßen bieten, braucht man ein paar Abende. Hier liegen viele der besten Restaurants der Stadt: Neben traditionellen Pubs mit »Fiedelmusik« findet man moderne Bars, Theater sowie das Irische Filmzentrum (Irish Film Institute). Clubs bieten Sounds von Country bis zu den aktuellsten Hits.

Straßentheater gehört im Sommer in Temple Bar zum Straßenbild. Dieser Schauspieler hat sich eine George-Bernard-Shaw-Maske übergezogen.

UNTERHALTUNG | 119

Abbey Theatre
Trotz finanzieller Schwierigkeiten bringt das angesehene Irische Nationaltheater stets überzeugende Stücke wie Oscar Wildes *An Ideal Husband* auf die Bühne *(siehe S. 92)*.

3Arena
Die erste Live-Musik-Adresse befindet sich in einer 1878 erbauten, ehemaligen Lagerhalle. Die Arena (früher O_2) bietet von jedem Platz gute Sicht und eine tolle Akustik, sodass jeder Besuch zum besonderen Erlebnis wird *(siehe S. 113)*.

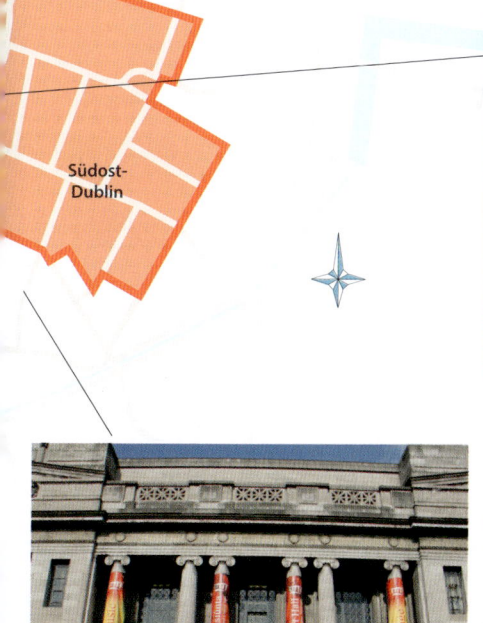

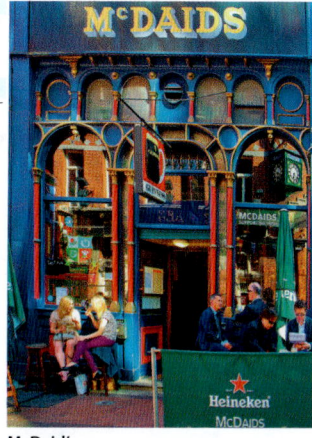

Südost-Dublin

McDaid's
Der Dramatiker Brendan Behan *(siehe S. 26f)* trank in diesem 1779 eröffneten Pub so manches Bier. Obwohl ein Besuchermagnet, bewahrt das McDaid's seinen Boheme-Charme und bietet in seinen beiden Bars Raum für einen entspannten Umtrunk *(siehe S. 114f)*.

National Concert Hall
Irlands führender Musikveranstaltungsort bietet eine interessante Bandbreite von Auftritten nationaler und internationaler Künstler, von traditioneller Musik bis Oper sowie von Klassik bis Jazz. Das heimische RTÉ National Symphony spielt einmal in der Woche *(siehe S. 113)*.

Stadtplan

Legende

- Hauptsehenswürdigkeit
- Sehenswürdigkeit
- Bahnhof
- Bus
- DART-Station
- Luas-Haltestelle
- Information
- Krankenhaus mit Notaufnahme
- Polizei
- Kirche
- Eisenbahn
- Fußgängerzone

Maßstab 0 Meter — 200 1:11 500

Abkürzungen im Stadtplan

Ave	Avenue	E	East	Pde	Parade	Sth	South
Br	Bridge	La	Lane	Pl	Place	Tce	Terrace
Cl	Close	Lr	Lower	Rd	Road	Up	Upper
Ct	Court	Nth	North	St	Street/Saint	W	West

A

Abbey Street Lower	D2
Abbey Street Middle	D2
Abbey Street Old	D2
Abbey Street Upper	C2
Abbey Theatre	D2
Adair Lane	D3
Adelaide Hospital	C4
Amiens Street	F1
Anglesea Row	C2
Anglesea Street	D3
Anne Street North	B2
Anne Street South	D4
Anne's Lane	D4
Ardee Row	A5
Ardee Street	A5
Arran Quay	A3
Arran Street East	B2
Asdill's Row	D3
Ash Street	A4
Aston Place	D3
Aston Quay	D3
Aungier Place	C5
Aungier Street	C5

B

Bachelors Walk	D3
Back Lane	B4
Baggot Court	F5
Baggot Rath Place	E5
Baggot Street Lower	F5
Ball's Lane	B2
Bank of Ireland	D3
Bass Place	F4
Beaver Street	F1
Bedford Row	D3
Bella Place	F1
Bella Street	E1
Bell's Lane	E5
Benburb Street	A2
Beresford Lane	E2
Beresford Place	E2
Beresford Street	B2
Bewley's Oriental Café	D4
Bishop Street	C5
Blackhall Parade	A2
Blackhall Place	A2
Blackhall Street	A2
Blackpitts	B5
Bolton Street	C1
Bonham Street	A3
Borris Court	B3
Bow Lane East	C4
Bow Street	A2
Boyne Street	F4
Brabazon Row	A5
Brabazon Street	A4
Bracken's Lane	E3
Braithwaite Street	A4
Bride Road	B4
Bride Street	C4

Bride Street New	C4
Bridge Street Lower	A3
Bridge Street Upper	A3
Bridgefoot Street	A3
Britain Place	D1
Brown Street North	A2
Brown Street South	A5
Brunswick Street North	A2
Buckingham Street Lower	F1
Bull Alley Street	B4
Burgh Quay	D3
Busáras	E2
Butt Bridge	E2
Byrne's Lane	C2

C

Camden Place	C5
Camden Row	C5
Camden Street Lower	C5
Capel Street	C2
Carman's Hall	A4
Castle Market	D4
Castle Steps	C3
Castle Street	C3
Cathal Brugha Street	D1
Cathedral Lane	B5
Cathedral Street	D2
Cathedral View Court	B5
Chamber Street	A5
Chancery Lane	C4
Chancery Place	B3
Chancery Street	B3
Chapel Lane	C2
Charles Street West	B3
Chatham Row	D4
Chatham Street	D4
Christ Church Cathedral	B3
Christchurch Place	B3
Church Avenue West	B2
Church Lane South	C5
Church Street	B3
Church Street New	A2
Church Street Upper	B2
Church Terrace	B2
City Hall	C3
City Quay	F2
Clanbrassil Street Lower	B5
Clare Lane	E4
Clare Street	E4
Clarence Mangan Road	A5
Clarendon Row	D4
Clarendon Street	D4
Clonmel Street	D5
Coke Lane	A3
Coleraine Street	B1
College Green	D3
College Lane	E3
College Street	D3
Commons Street	F2
Connolly Station	F1
Constitution Hill	B1
Convent Close	F5

Cook Street	B3
Coombe Court	A4
Cope Street	D3
Copper Alley	C3
Cork Hill	C3
Cork Street	A5
Corporation Street	E1
Crane Lane	C3
Creighton Street	F3
Crown Alley	D3
Cuckoo Lane	B2
Cuffe Street	C5
Cumberland Street North	D1
Cumberland Street South	F4
Custom House	E2
Custom House Quay	E2

D

Dame Lane	C3
Dame Street	C3
Dawson Lane	D4
Dawson Street	D4
Dean Street	B4
Dean Swift Square	B4
Denzille Lane	F4
Diamond Park	E1
Digges Street Upper	C5
D'Olier Street	D3
Dominick Lane	C1
Dominick Place	C1
Dominick Street Lower	C1
Dominick Street Upper	B1
Donore Road	A5
Dorset Street Upper	C1
Dowlings Court	F3
Drury Street	D4
Dublin Castle	C3
Dublin Civic Museum	D4
Dublin Writers Museum	C1
Dublinia	B4
Duke Lane	D4
Duke Street	D4

E

Earl Place	D2
Earl Street North	D2
Earl Street South	A4
Earlsfort Terrace	D5
Ebenezer Terrace	A5
Eden Quay	D2
Ellis Quay	A3
Ely Place	E5
Erne Place Lower	F3
Erne Street Upper	F4
Erne Terrace Front	F3
Essex Quay	C3
Essex Street East	C3
Essex Street West	C3
Eustace Street	C3
Exchange Street Lower	C3
Exchange Street Upper	C3
Exchequer Street	D3

F

Fade Street	C4
Father Mathew Bridge	A3
Father Mathew Square	B2
Fenian Street	F4
Fishamble Street	B3
Fitzwilliam Lane	E5
Fitzwilliam Square	E5
Fitzwilliam Square North	E5
Fitzwilliam Square West	E5
Fitzwilliam Street Lower	F5
Fitzwilliam Street Upper	F5
Fleet Street	D3
Foley Street	E1
Foster Place	D3
Fountain Place	A2
Four Courts	B3
Fownes Street	D3
Francis Street	B4
Frederick Street South	E4
Frenchman's Lane	E2
Friary Avenue	A2
Fumbally Lane	B5

G

Garden Lane	A4
Garden of Remembrance	C1
Gardiner Street Lower	E1
Gardiner Street Middle	D1
Gate Theatre	D1
General Post Office	D2
Geoffrey Keating Road	A5
George's Dock	F2
George's Hill	B2
George's Lane	A2
George's Quay	E2
Gloucester Diamond	E1
Gloucester Place	E1
Gloucester Street South	E3
Glover's Alley	D4
Golden Lane	C4
Grafton Street	D4
Granby Lane	C1
Granby Place	C1
Granby Row	C1
Grangegorman Upper	A1
Grant's Row	F4
Grattan Bridge	C3
Gray Street	A4
Greek Street	B2
Green Street	B2

H

Hagan's Court	F5
Halston Street	B2
Hammond Lane	A3
Hammond Street	A5
Hanbury Lane	A4
Hanover Lane	B4
Hanover Street	B4

KARTENREGISTER | 121

Hanover Street East	F3	Lotts	D2	Oscar Square	A5	Seville Place	F1
Ha'penny Bridge	D3	Luke Street	E3	Oxmantown Lane	A2	Seville Terrace	F1
Harbour Court	D2	Lurgan Street	B2			Shaw Street	E3
Harcourt Street	D5			**P**		Shelbourne Hotel	E4
Hawkins Street	E3	**M**		Palmerston Place	B1	Sheriff Street Lower	F1
Haymarket	A2	Mabbot Lane	E1	Parliament Street	C3	Ship Street Great	C4
Hendrick Lane	A2	Madden Road	A5	Parnell Place	D1	Ship Street Little	C4
Hendrick Street	A2	Magennis Place	F3	Parnell Square East	D1	Smithfield	A2
Henrietta Lane	B1	Malpas Street	B5	Parnell Square West	C1	South Great George's Street	C4
Henrietta Place	B2	Mansion House	D4	Parnell Street	C2	Spring Garden Lane	E3
Henrietta Street	B1	Mark Street	E3	Patrick Street	B4	Stable Lane	A3
Henry Place	D2	Mark's Alley West	B4	Pearse Station	F3	Stanhope Street	A1
Henry Street	D2	Mark's Lane	F3	Pearse Street	E3	Stephen Street Lower	C4
Herbert Lane	F5	Marlborough Street	D1	Pembroke Lane	E5	Stephen Street Upper	C4
Herbert Street	F5	Marshall Lane	A3	Pembroke Row	F5	Stephen's Lane	F5
Heytesbury Street	C5	Marsh's Library	B4	Pembroke Street Lower	E5	Stephen's Place	F5
High Street	B3	Mary Street	C2	Peter Row	C4	Stirrup Lane	B2
Hill Street	D1	Mary Street Little	B2	Peter Street	C4	Stokes Place	D5
Hogan Place	F4	Mary's Lane	B2	Peterson's Court	F3	Stoneybatter	A2
Holles Place	F4	Matt Talbot Memorial		Phibsborough Road	B1	Store Street	E2
Holles Row	F4	Bridge	E2	Phoenix Street North	A3	Strand Street Great	C3
Holles Street	F4	May Lane	A2	Pimlico	A4	Strand Street Little	C3
Hugh Lane Gallery		Mayor Street Lower	F2	Pleasants Street	C5	Strong's Court	D1
of Modern Art	C1	Meade's Terrace	F4	Poolbeg Street	E3	Suffolk Street	D3
Hume Street	E5	Meath Hospital	B5	Poole Street	A4	Summerhill	E1
		Meath Place	A4	Powerscourt Centre	D4	Susan Terrace	A5
I		Meath Street	A4	Prebend Street	B1	Swift's Alley	A4
Inner Dock	F2	Meetinghouse Lane	C2	Preston Street	F1	Swift's Row	C3
Inns Quay	B3	Mellowes Bridge	A3	Price's Lane	D3	Sycamore Street	C3
Irish Whiskey Corner	A2	Memorial Road	E2	Prince's Street North	D2		
Island Street	A3	Mercer Street Upper	C5	Prince's Street South	F3	**T**	
Iveagh Gardens	D5	Merchant's Quay	B3			Tailors' Hall	B4
		Merrion Row	E5	**Q**		Talbot Place	E2
J		Merrion Square	F4	Queen Street	A2	Talbot Street	D2
James Joyce Centre	D1	Merrion Square East	F5	Quinn's Lane	E5	Tara Street	E3
James's Place	F5	Merrion Square North	F4			Tara Street Station	E3
James's Place East	F5	Merrion Square South	E4	**R**		Temple Bar	C3
Jervis Lane Lower	C2	Merrion Square West	E4	Railway Street	E1	Temple Cottages	B1
Jervis Lane Upper	C2	Merrion Street Lower	F4	Rath Row	E3	Temple Lane North	D1
Jervis Street	C2	Merrion Street Upper	E5	Redmond's Hill	C5	Temple Lane South	C3
John Street North	A3	Michael's Terrace	A5	Reginald Street	A4	The Coombe	A4
John Street South	A5	Mill Street	A5	River Liffey	A3	Thomas Court	A4
John Dillon Street	B4	Millennium Bridge	C3	Ross Road	B4	Thomas Court Lane	A4
John's Lane East	B3	Molesworth Place	D4	Rotunda Hospital	D1	Thomas Davis Street South	B4
John's Lane West	A4	Molesworth Street	D4	Royal Hibernian Academy	E5	Thomas Street West	A4
Johnson Court	D4	Montague Place	C5	Rutland Place	D1	Thomas's Lane	D1
		Montague Street	C5	Rutland Street Lower	E1	Townsend Street	E3
K		Moore Lane	D1	Ryder's Row	C2	Trinity College	E3
Kevin Street Lower	C5	Moore Street	D2			Trinity Street	D3
Kevin Street Upper	B5	Morning Star Avenue	A1	**S**			
Kildare Street	E4	Moss Street	E2	Sackville Place	D2	**U**	
Killarney Street	F1	Mount Street Lower	F4	St Andrew's Street	D3	Usher Street	A3
King Street North	A2	Mount Street Upper	F5	St Ann's Church	D4	Usher's Island	A3
King Street South	D4	Mountjoy Street	C1	St Audoen's Church	B3	Usher's Quay	A3
King's Inns	B1	Mountjoy Street Middle	B1	St Augustine Street	A3		
King's Inns Park	B1			St Cathedral Lane East	A4	**V**	
King's Inns Street	C1	**N**		St Kevin's Avenue	B5	Vicar Street	A4
Kirwan Street	A1	Nassau Street	D3	St Mary's Abbey	C2		
		National Gallery	E4	St Mary's Pro-Cathedral	D1	**W**	
L		National Library	E4	St Mary's Terrace	C1	Wards Hill	B5
Lad Lane	F5	National Museum	E4	St Michael's Close	B3	Watkins Buildings	A4
Lamb Alley	B4	National Museum of		St Michael's Hill	B3	Weaver's Square	A5
Leeson Lane	E5	Ireland	E4	St Michan's Church	A2	Weaver's Street	A4
Leeson Street Lower	E5	New Row South	B5	St Michan's Street	B2	Wellington Quay	C3
Leinster House	E4	New Street North	B2	St Patrick's Cathedral	B4	Werburgh Street	C4
Leinster Street South	E4	New Street South	B5	St Patrick's Close	B4	Western Way	B1
Lemon Street	D4	Newman House	D5	St Patrick's Park	B4	Westland Row	F4
Liberty Lane	C5	Newmarket	A5	St Paul Street	A2	Westmoreland Street	D3
Liberty Park	E1	Nicholas Street	B4	St Stephen's Green	D5	Wexford Street	C5
Liffey Street Lower	D2	North Great George's Street	D1	St Stephen's Green East	E5	Whitefriar Place	C4
Liffey Street Upper	C2	North Wall Quay	F2	St Stephen's Green North	D4	Whitefriar Street	C4
Lincoln Place	E4			St Stephen's Green South	D5	Whitefriar Street Carmelite	
Linenhall Parade	B1	**O**		St Stephen's Green West	D5	Church	C4
Linenhall Street	B2	O'Carolan Road	A5	St Thomas Road	A5	Wicklow Street	D3
Linenhall Terrace	B1	O'Connell Bridge	D2	St Werburgh's Church	B4	William Street South	D4
Lisburn Street	B2	O'Connell Street Lower	D2	Sampson's Lane	D2	William's Place South	B5
Little Britain Street	B2	O'Connell Street Upper	D1	Sandwith Street Upper	F4	William's Row	D2
Little Green Street	B2	O'Curry Avenue	A5	Sandwith Street Lower	F3	Windmill Lane	F3
Litton Lane	D2	O'Curry Road	A5	Schoolhouse Lane	E4	Windsor Place	E5
Loftus Lane	C2	O'Donovan Rossa Bridge	B3	Schoolhouse Lane West	B3	Winetavern Street	B3
Lombard Street East	F3	Oliver Bond Street	A3	Sean MacDermott Street		Wolfe Tone Park	C2
Long Lane	B5	O'Rahilly Parade	D2	Lower	E1	Wolfe Tone Street	C2
Longford Street Great	C4	Oriel Street Upper	F1	Sean MacDermott Street		Wood Quay	B3
Longford Street Little	C4	Ormond Quay Lower	C3	Upper	D1	Wood Street	C4
Lord Edward Street	C3	Ormond Quay Upper	B3	Setanta Place	E4		
		Ormond Square	B3			**Y**	
		Ormond Street	A5			York Street	C4

A
B
C
1
2
3
4
5
Dublin Writers Museum
Hugh Lane Gallery of Modern Art
National Wax Museum
Garden of Remembrance
King's Inns
KING'S INNS PARK
GRANGEGORMAN UPPER
KIRWAN STREET
STANHOPE STREET
PHIBSBOROUGH ROAD
CONSTITUTION HILL
PREBEND STREET
DOMINICK STREET UPPER
PALMERSTON PL
MOUNTJOY ST MIDDLE
WESTERN WAY
MOUNTJOY ST
TEMPLE COTTAGES
HENRIETTA LANE
HENRIETTA STREET
ST MARY'S TCE
DORSET ST UPPER
GRANBY ROW
GRANBY LANE
PARNELL SQUARE W
GRANBY PL
BOLTON STREET
DOMINICK PLACE
DOMINICK STREET LOWER
DOMINICK LANE
KING'S INNS STREET
MORNING STAR AVE
LINENHALL TCE
LINENHALL PDE
COLERAINE ST
LISBURN ST
LINENHALL STREET
LURGAN STREET
ANNE STREET NORTH
HENRIETTA PLACE
LOFTUS LANE
CHURCH ST UPPER
FOUNTAIN PLACE
STONEY BATTER
BRUNSWICK STREET NORTH
GEORGE'S LA
NORTH KING STREET
STIRRUP LA
NEW ST NTH
CHURCH TCE
BERESFORD STREET
BALL'S LA
GREEN STREET
CAPEL STREET
RYDER'S ROW
PARNELL STREET
CHAPEL LANE
BROW
N ST NTH
ST PAUL STREET
BLACKHALL PDE
QUEEN STREET
SMITHFIELD
FRIARY AVENUE
BLACKHALL PL
BLACKHALL STREET
OXMANTOWN LA
HENDRICK STREET
HENDRICK LANE
HAYMARKET
Old Jameson Distillery
FATHER MATHEW SQUARE
CHURCH AVE W
CUCKOO LANE
GEORGE'S HILL
HALSTON STREET
LITTLE GREEN ST
BRITAIN ST
ANGLESEA ROW
JERVIS LANE UP
WOLFE TONE STREET
JERVIS STREET
MARY STREET
St Mary's Church
WOLFE TONE PARK
Jervis
ABBEY STREET UPPER
MAY LANE
MARY'S LANE
MARY ST LITTLE
MEETINGHOUSE LANE
ARRAN STREET EAST
St Mary's Abbey Exhibition
JERVIS LANE LR
National Leprechaun Museum
BYRNE'S LANE
SMITHFIELD
St Michan's Church
Four Courts
GREEK STREET
ST MICHAN'S ST
MARY'S ABBEY
BENBURB STREET
JOHN ST NTH
COKE LA
PHOENIX ST NTH
HAMMOND LANE
STABLE LA
CHANCERY STREET
CHANCERY PL
CHARLES ST W
ORMOND SQUARE
STRAND ST LITTLE
STRAND STREET
SWIFT'S ROW
ELLIS QUAY
Mellowes Bridge
USHER'S ISLAND
ARRAN QUAY
Liffey
USHER'S QUAY
INNS QUAY
ORMOND QUAY UPPER
ORMOND QUAY LOWER
Grattan Bridge
Millennium Bridge
ISLAND STREET
USHER STREET
Father Mathew Bridge
O'Donovan Rossa Bridge
MERCHANT'S QUAY
WOOD QUAY
ESSEX QUAY
WELLINGTON QUAY
National Photographic Archive
TEMPLE LA SOUTH
BRIDGEFOOT STREET
BONHAM ST
ST AUGUSTINE STREET
BRIDGE ST LOWER
WINETAVERN STREET
FISHAMBLE ST
EXCHANGE ST LOWER
ESSEX STREET WEST
COWS LANE
EXCHANGE ST UP
PARLIAMENT ST
ESSEX ST E
CRANE LA
Project Arts Centre
SYCAMORE ST
MEETING HOUSE SQ
Gallery of Photography
COOK STREET
SCHOOLHOUSE LANE W
ST MICHAEL'S HILL
Christ Church Cathedral
COPPER ALLEY
LORD EDWARD ST
CORK HILL
City Hall
DAME STREET
MARSHALL LANE
OLIVER BOND STREET
St Audoen's Church
BRIDGE ST UPPER
BORRIS CT
ST MICHAEL'S CL
JOHN'S LA EAST
CASTLE STREET
Dublin Castle
SOUTH GREAT GEORGE'S ST
JOHN'S LANE WEST
HIGH STREET
BACK LANE
Tailors' Hall
Dublinia
CHRIST CHURCH PLACE
CASTLE STEPS
THOMAS STREET WEST
THOMAS CT
ST CATHEDRAL LANE EAST
VICAR STREET
FRANCIS STREET
LAMB ALLEY
NICHOLAS STREET
WERBURGH ST
St Werburgh's Church
SHIP ST LITTLE
Chester Beatty Library
HANBURY LANE
MEATH STREET
DEAN SWIFT SQ
JOHN DILLON STREET
ROSS ROAD
SHIP STREET GREAT
FADE ST
THOMAS COURT LANE
EARL STREET SOUTH
SWIFT'S ALLEY
THOMAS DAVIS ST STH
BRIDE ROAD
CHANCERY LANE
STEPHEN ST UPPER
STEPHEN ST LOWER
MEATH PLACE
GARDEN LANE
ASH STREET
HALL STREET
LONGFORD ST GREAT
LONGFORD ST LITTLE
DIGGES LANE
BOW LANE EAST
PIMLICO
REGINALD STREET
CARMAN'S HALL
HANOVER STREET
HANOVER LN
BULL ALLEY STREET
ST PATRICK'S PARK
GOLDEN LANE
WHITEFRIAR ST
Whitefriar Street Carmelite Church
BRIDE STREET
BRAITHWAITE ST
GRAY STREET
MARK'S ALLEY W
St Patrick's Cathedral
WOOD ST
AUNGIER STREET
POOLE ST
THE COOMBE
BRABAZON STREET
PATRICK ST
Adelaide Hospital
WHITEFRIAR PLACE
YORK STREET
JOHN STREET SOUTH
WEAVER'S STREET
DEAN ST
ST PATRICK'S CLOSE
PETER STREET
PETER ROW
Marsh's Library
AUNGIER PL
THE LIBERTIES
ARDEE STREET
BRABAZON ROW
NEW ROW SOUTH
NEW STREET SOUTH
KEVIN STREET UPPER
BISHOP STREET
DIGGES ST UP
MERCER STREET UPPER
CORK STREET
ORMOND ST
NEWMARKET
WARDS HILL
CATHEDRAL LA
CATHEDRAL VIEW CT
BRIDE STREET NEW
KEVIN STREET LOWER
REDMOND'S HILL
CUFFE ST
CHAMBER STREET
WEAVER'S SQUARE
MILL STREET
CHURCH LANE S
LIBERTY LANE
WEXFORD ST
MONTAGUE PLACE
OSCAR SQUARE
CLARENCE MANGAN ROAD
FUMBALLY LANE
BROWN ST SOUTH
O'CURRY AVE
O'CAROLAN RD
O'CURRY ROAD
ST THOMAS ROAD
BLACKPITTS
MALPAS STREET
CLANBRASSIL ST LR
LONG LANE
CAMDEN ROW
MONTAGUE
HEYTESBURY ST
CAMDEN ST LR
EBENEZER TERRACE
SUSAN TERRACE
DONORE RD
GEOFFREY KEATING ROAD
MICHAEL'S TCE
HAMMOND ST
ST KEVIN'S AVE
WILLIAM'S PL STH
Meath Hospital
PLEASANTS STREET
CAMDEN PLACE

D
E
F
1
2
3
4
5
James Joyce Centre
Rotunda Hospital
Diamond Park
Gloucester Diamond
Liberty Park
Connolly
Sheriff St Lower
St Mary's Pro-Cathedral
Tyrone House
Inner Dock
George's Dock
Busáras
Custom House
General Post Office
Abbey Street
Abbey Theatre
Butt Bridge
O'Connell Bridge
Matt Talbot Memorial Bridge
Sean O'Casey Bridge
Liffey
Ha'penny Bridge
Tara Street
National Wax Museum Plus
Bank of Ireland
Trinity College
Science Gallery
Pearse
Powerscourt Townhouse
St Teresa's Church
Heraldic Museum
National Gallery of Ireland
National Library
St Ann's Church
Leinster House
Mansion House
National Museum – Archaeology
National Museum of Ireland
Merrion Square
Shelbourne Hotel
Government Buildings
St Stephen's Green
Newman House
Iveagh House
Iveagh Gardens
Royal Hibernian Academy
Fitzwilliam Square
O'Connell St Upper
O'Connell St Lower
Gardiner Street Lower
Talbot Street
Sean MacDermott Street Upper
Sean Mac Dermott Street Lower
Parnell Street
Abbey Street Lower
Abbey Street Middle
Eden Quay
Custom House Quay
North Wall Quay
George's Quay
City Quay
Burgh Quay
Aston Quay
Bachelors Walk
Pearse Street
College Street
Westmoreland St
D'Olier St
Nassau Street
Dawson Street
Grafton Street
Kildare Street
Merrion Street Upper
Merrion Square North
Merrion Square South
Merrion Sq West
Merrion Sq East
Clare Street
Fenian Street
Mount Street Upper
Baggot Street Lower
Fitzwilliam St Lr
Fitzwilliam St Up
St Stephen's Green North
St Stephen's Green South
St Stephen's Green West
St Stephen's Green East
Earlsfort Tce
Leeson St Lr
Hume Street
Ely Place
Amiens Street
Seville Pl
Killarney Street
Summer Hill
Gloucester Place
Railway Street
Foley Street
Store St
Beresford Pl
Memorial Rd
Mayor Street Lower
Townsend Street
Poolbeg Street
Hawkins Street
Fleet Street
Lombard Street East
Hanover Street East
Westland Row
Lincoln Place
Leinster St Sth
Molesworth Street
Duke Street
Wicklow St
Suffolk Street
Cathedral St
Earl St Nth
Henry Street
Marlborough Street
Moore Street
Cathal Brugha St
Mabbot Lane
Corporation Street
Buckingham Street Lower
Sandwith Street Lower
Erne Street Upper
Hogan Place
Holles Street
Denzille Lane
Pembroke Street Lr
Leeson Lane
Windsor Place
Herbert Street

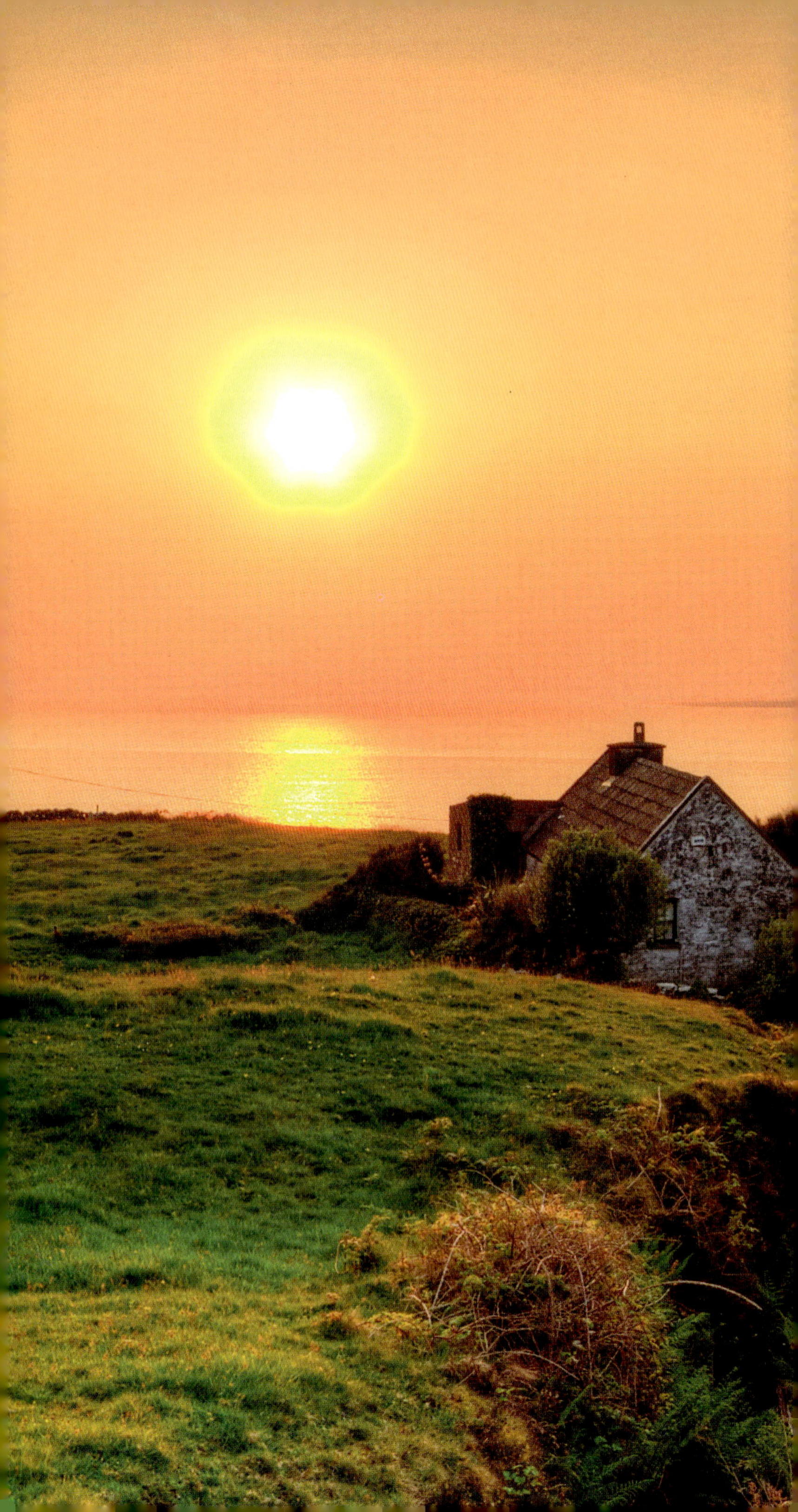

DIE REGIONEN IRLANDS

Irland im Überblick	**126–127**
Südost-Irland	**128–155**
Cork und Kerry	**156–183**
Unterer Shannon	**184–203**
Westirland	**204–223**
Nordwest-Irland	**224–239**
Midlands	**240–257**
Nordirland	**258–289**

Irland im Überblick

Die irische Atlantikküste – von den zerklüfteten Landstrichen bei Cork und Kerry bis zu den abgelegenen Halbinseln des Nordwestens – ist äußerst anziehend. Doch reizvoll ist auch das Landesinnere mit grünen Tälern, dunklen Mooren und stillen Loughs (Seen). Fast überall gibt es historische Sehenswürdigkeiten: die weltberühmten neolithischen Fundstätten in den Midlands, normannische Burgen im Norden und palladianische Landsitze im Südosten.

Yeats Country ist eine eng mit W. B. Yeats verbundene, hübsche Gegend des County Sligo. Der Dichter kam hier zur Welt und ist am Fuß der Ben-Bulben's-Berge begraben *(siehe S. 236f)*.

Im Connemara National Park im County Galway gibt es herrliche Berg-, Seen- und Küstenlandschaften. In den ausgedehnten Sümpfen und Mooren leben zahlreiche Tierarten und seltene Pflanzen *(siehe S. 212)*.

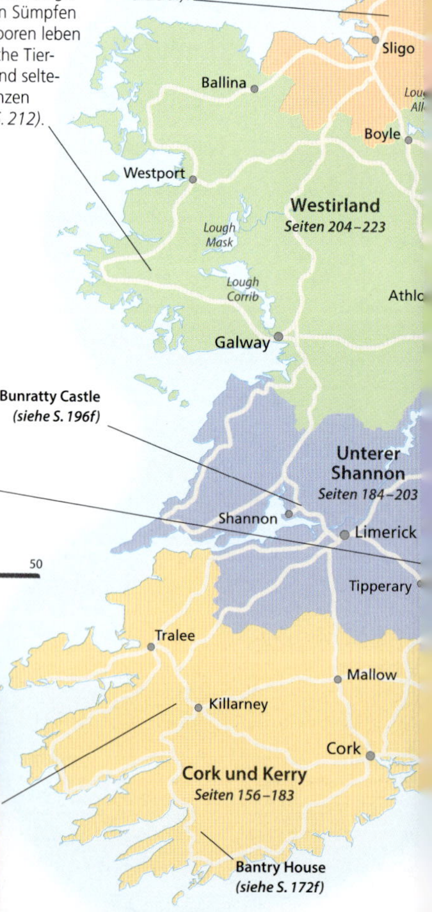

Bunratty Castle *(siehe S. 196f)*

Der Rock von Cashel, eine befestigte mittelalterliche Abtei, thront auf freiliegendem Kalkgestein im Herzen des County Tipperary. Man findet hier einige der schönsten romanischen Skulpturen Irlands *(siehe S. 200f)*.

Westirland Seiten 204–223

Unterer Shannon Seiten 184–203

Cork und Kerry Seiten 156–183

Bantry House *(siehe S. 172f)*

Die Lakes of Killarney werden von den grünen, bewaldeten Hängen einiger der höchsten Berge Irlands gesäumt. Sie sind die Hauptattraktion im Südwesten der Insel *(siehe S. 166f)*.

◀ Idyllischer Sonnenuntergang an der Küste

IRLAND IM ÜBERBLICK | 127

The Giant's Causeway, eine Formation aus mehreren Tausend polyedrischen Basaltsäulen, ist die wohl interessanteste Sehenswürdigkeit Nordirlands. Einer Sage nach platzierte der Riese Finn McCool die Felsen, um auf diese Weise übers Meer nach Schottland zu kommen *(siehe S. 266f)*.

Mount Stewart House, ein Herrenhaus aus dem 19. Jahrhundert, ist vor allem für seinen erst in den 1920er Jahren angelegten herrlichen Park bekannt. Das milde, warme Mikroklima in diesem Teil des County ließ eine bunte Ansammlung exotischer Pflanzen heranwachsen *(siehe S. 286f)*.

Powerscourt, ein wundervoll gelegenes Anwesen am Fuß der Wicklow Mountains, ist von einem der letzten großen barocken Gärten Europas umgeben. Es wurde nach 1730 angelegt und im 19. Jahrhundert restauriert *(siehe S. 138f)*.

Kilkenny Castle war jahrhundertelang ein Bollwerk der Butler-Dynastie, die im Mittelalter weite Teile Südost-Irlands kontrollierte. Die normannische Festung wurde in viktorianischer Zeit umgebaut und beherrscht noch heute Kilkenny, eine der interessantesten und schönsten Städte Irlands *(siehe S. 146–148)*.

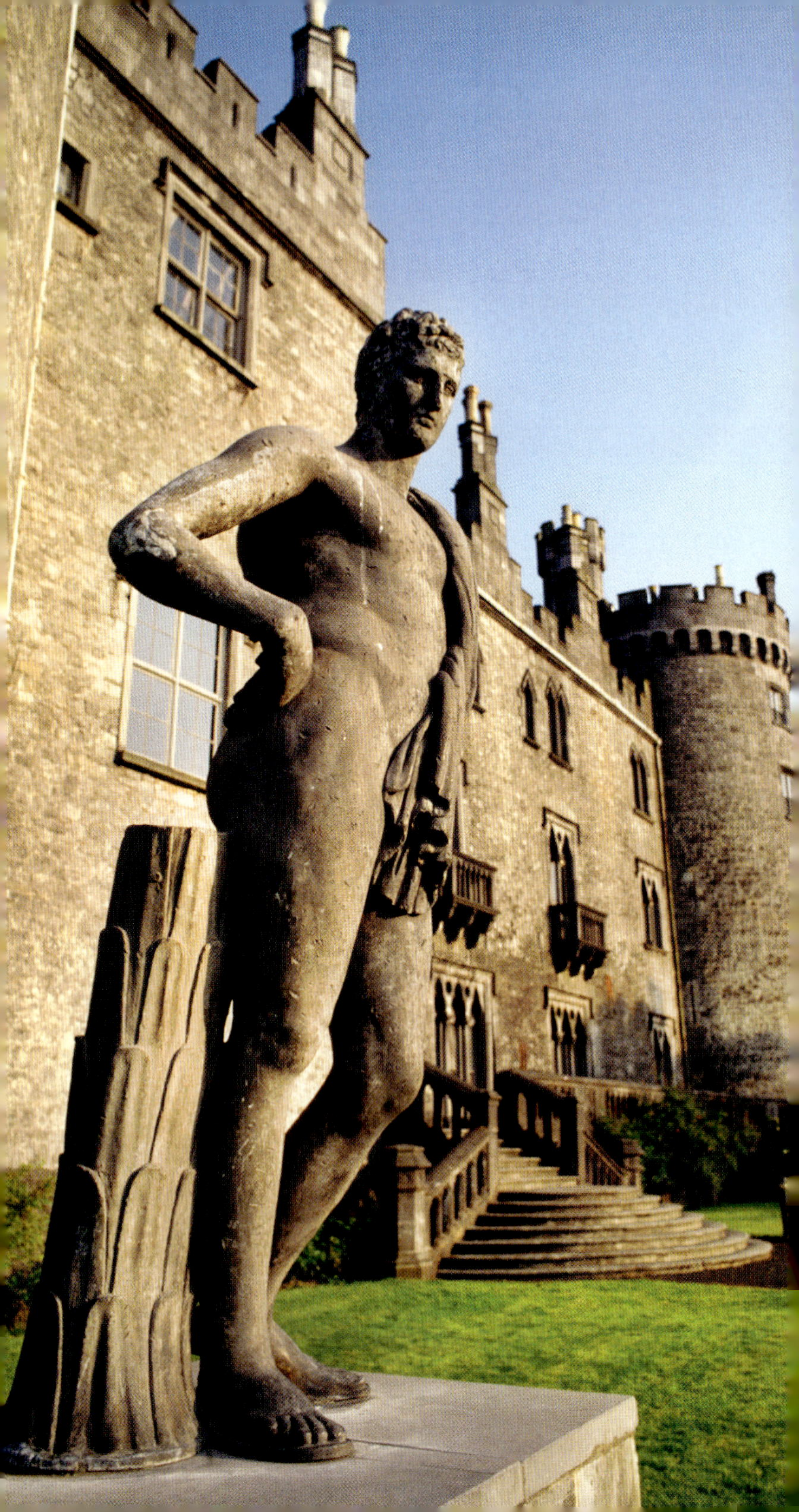

Südost-Irland

Kildare · Wicklow · Carlow · Kilkenny · Waterford · Wexford

Der Südosten Irlands ist mit dem wärmsten Klima der Insel gesegnet und hat von jeher Siedler angezogen. Die sanft gewellte Landschaft mit ihrem fruchtbaren Ackerland, den imposanten mittelalterlichen Burgen und den Landsitzen, die den Eindruck von Wohlstand vermitteln, ist seit vielen Jahrhunderten Kulturland. Großstädte sucht man hier vergeblich, der Reiz liegt in den ursprünglichen Landschaften und altehrwürdigen Ortschaften, die sich durch herrliche Architektur und gepflegte Traditionen auszeichnen.

Die Nähe zu Großbritannien machte den Südosten wiederholt zum Einfallstor für Invasoren. Im 9. Jahrhundert fielen die Wikinger ein und gründeten einige der ältesten Städte Irlands, darunter Waterford und Wexford. Im Jahr 1169 kamen die Anglo-Normannen *(siehe S. 40f)* und bestimmten die Entwicklung der Region in der folgenden Zeit.

Wegen seiner strategischen Bedeutung wurde der Südosten meist von der englischen Krone ergebenen Lords sorgfältig geschützt. Die Überreste ihrer Burgen bezeugen die Macht der Fitzgeralds von Kildare und der Butlers von Kilkenny, die den Südosten im Mittelalter gemeinsam kontrollierten. Der englische Einfluss war hier stärker als im übrigen Irland. Ab dem 18. Jahrhundert zogen reiche anglo-irische Familien in die Region und bauten schöne Herrenhäuser wie die palladianischen Meisterwerke Russborough und Castletown. Die englische Herrschaft wurde jedoch nicht überall akzeptiert. Die Wicklow Mountains dienten Gegnern der Krone als Zuflucht, so auch denjenigen Rebellen, die 1798 nach einer Schlacht gegen die Engländer bei der Stadt Enniscorthy fliehen mussten *(siehe S. 45)*.

Anders als das flache Grasland, das sich von Kildare Richtung Westen erstreckt, ist die Bergregion in Irlands Südosten noch eine richtige Wildnis. Im Osten reihen sich an der Küste zwischen Dublin und Rosslare im County Wexford die Sandstrände beinahe lückenlos aneinander.

Traditionelle strohgedeckte Häuser in Dunmore East, County Wexford

◀ **Normannisches Kilkenny Castle, County Kilkenny, mit viktorianischen Zinnen** *(siehe S. 148)*

Überblick: Südost-Irland

Der Südosten hat für jeden etwas zu bieten, von belebten Seebädern bis zu malerischen Kanaldörfern, normannischen Abteien und Vogelreservaten. Die Wicklow Mountains mit bedeutenden Sehenswürdigkeiten wie dem Kloster Glendalough und den herrlichen Parks von Powerscourt sind ein ideales Reise- und Wandergebiet. Weiter südlich führen die schönsten Routen durch die Flusstäler von Slaney, Barrow und Nore mit historischen Häfen wie New Ross. Von hier aus kann man die Wasserwege der Umgebung per Boot erkunden. An der vielgestaltigen Südküste wechseln Strände mit Felsformationen ab, die stillen Küstendörfer bieten sich als Alternative zu den Städten Waterford und Wexford an. Weiter landeinwärts liegen Lismore und Kilkenny – Letzteres eine der schönsten historischen Städte Irlands.

Graiguenamanagh am Barrow nördlich von New Ross

Sehenswürdigkeiten auf einen Blick

❶ Castletown House S. 132f
❷ Robertstown
❸ Bog of Allen Nature Centre
❹ Monasterevin
❺ Kildare
❻ Russborough House
❼ Powerscourt S. 138f
❽ Bray
❾ Killruddery House and Gardens
⓫ Wicklow Mountains
⓬ Mount Usher Gardens
⓭ Glendalough
⓮ Avondale House
⓯ Brownshill Dolmen
⓰ Kilkenny S. 146–148
⓱ Jerpoint Abbey
⓲ Lismore
⓳ Ardmore
⓴ Waterford S. 150f
㉑ Dunmore East
㉒ Hook Peninsula
㉓ New Ross
㉔ Enniscorthy
㉕ Irish National Heritage Park
㉖ Wexford
㉗ Johnstown Castle
㉘ Saltee Islands
㉙ Rosslare

Tour
❿ Military Road

Weitere Zeichenerklärungen *siehe hintere Umschlagklappe*

SÜDOST-IRLAND | 131

Geflügeltes Pferd (19. Jh.) in Powerscourt

In Südost-Irland unterwegs

Die Nationalstraßen M11, M9 und M7 verbinden Dublin mit Wexford, Waterford und Kildare. Die Bahn bedient diese Strecken ebenfalls: Die Städte der Ostküste liegen an der Route Dublin – Rosslare. Auch Kildare, Kilkenny und Waterford sind gut angebunden. Zur Erkundung der Südküste benötigen Sie ein Auto. Zwischen Waterford und Wexford kann man die Passage-East-Ballyhack-Fähre nehmen.

Legende

- ═══ Autobahn
- ━━━ Schnellstraße
- ─── Hauptstraße
- ┄┄┄ Nebenstraße
- ─── Panoramastraße
- ╼╾ Eisenbahn (Hauptstrecke)
- ── Eisenbahn (Nebenstrecke)
- ▬▬ Staatsgrenze
- ▬▬ County-Grenze
- △ Gipfel

Killruddery House and Gardens

ly # Castletown House

Castletown House wurde 1722–29 für William Conolly erbaut. Die Fassade, eine Arbeit des Florentiner Architekten Alessandro Galilei, war das erste Beispiel des palladianischen Stils auf der Insel. Die herrliche Innenausstattung datiert aus der zweiten Hälfte des 18. Jahrhunderts. Sie wurde von Lady Louisa Lennox, der Frau von William Conollys Großneffen Tom, der ab 1759 hier wohnte, in Auftrag gegeben. Bis 1965 war Castletown in Familienbesitz, heute ist es in Staatsbesitz und öffentlich zugänglich.

★ Long Gallery
Friese (um 1720) zieren den Raum. Die Nischen (1770) sind im pompejischen Stil gestaltet.

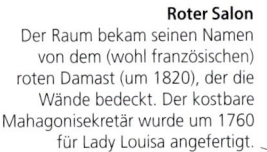

Roter Salon
Der Raum bekam seinen Namen von dem (wohl französischen) roten Damast (um 1820), der die Wände bedeckt. Der kostbare Mahagonisekretär wurde um 1760 für Lady Louisa angefertigt.

Wandgemälde im Boudoir
Die aus der Long Gallery hierher verbrachten dekorativen Paneele sind von der Raffael-Loggia im Vatikan inspiriert.

Außerdem

① **Westflügel** mit Küche und Besuchercafé

② **Das Esszimmer** mit einer prachtvollen Kassettendecke entwarf Isaac Ware.

③ **Grüner Salon**

④ **Die Eingangshalle** ist ein streng klassizistisch gestalteter Raum. Herausragend sind die prächtigen Verzierungen an den Pilastern der oberen Galerie.

⑤ *Die Wildschweinjagd* von Paul de Vos (1596–1678)

⑥ **Im Ostflügel** befinden sich die erneuerten Ställe, ein Konferenzzentrum und ein Audio-Video-Raum.

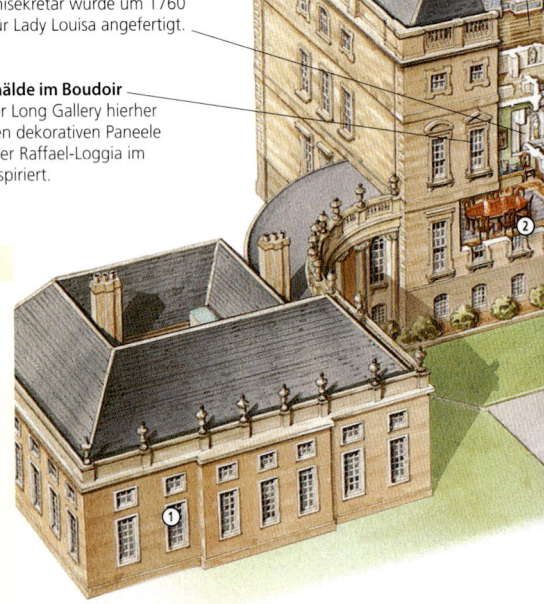

Hotels und Restaurants in Südost-Irland *siehe Seiten 297f und 311–313*

KILDARE: CASTLETOWN HOUSE | 133

Conolly-Denkmal

Das Bauwerk befindet sich außerhalb des Castletown-Anwesens und liegt genau in der Fluchtlinie der Long Gallery. Conollys Witwe Katherine gab es 1740 als Denkmal für ihren Mann und zur Arbeitsbeschaffung nach einem harten Winter in Auftrag. Das aus übereinandergeschichteten Bogen bestehende, von einem Obelisken gekrönte Gebilde entwarf Richard Cassels, der Architekt von Russborough House *(siehe S. 136)*.

Infobox

Information
Straßenkarte D4.
Karte H8.
Celbridge, Co Kildare.
(01) 628 8252.
Mitte März–Okt: tägl.
teilweise. obligatorisch (ab 10.15 Uhr).
Sommerkonzerte.
castletown.ie

Anfahrt
67, 67A von Dublin.

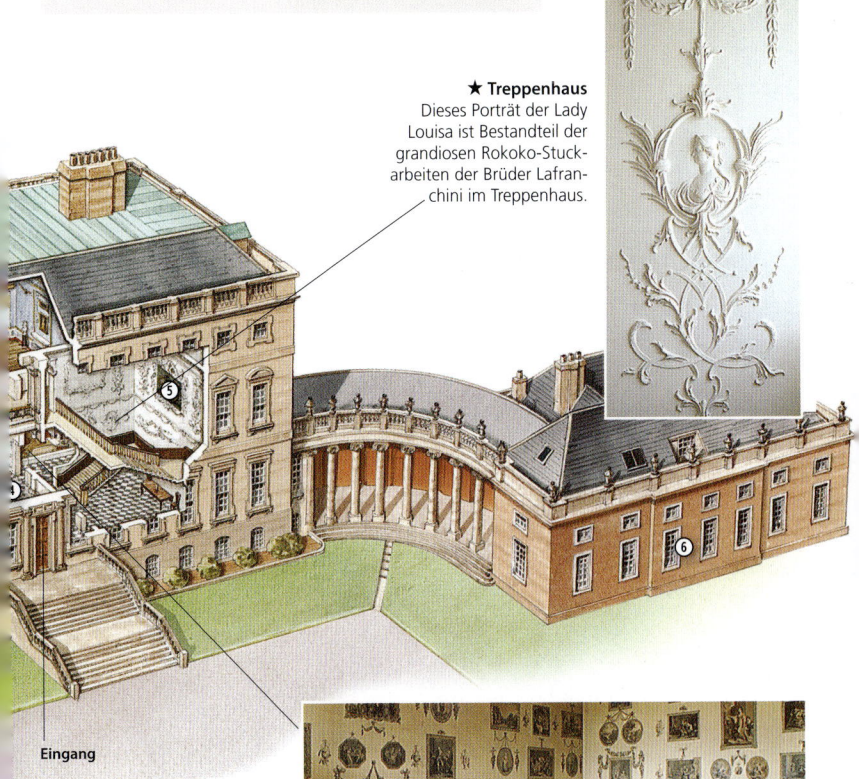

★ Treppenhaus
Dieses Porträt der Lady Louisa ist Bestandteil der grandiosen Rokoko-Stuckarbeiten der Brüder Lafranchini im Treppenhaus.

Eingang

★ Print Room
In dem einzigen noch erhaltenen Grafikkabinett Irlands widmete sich Lady Louisa italienischen Stichen. Im 18. Jahrhundert pflegten die Damen Drucke direkt an die Wand zu applizieren und mit kunstvollen Girlanden zu rahmen.

❷ Robertstown

Straßenkarte D4. **Karte** H8.
Co Kildare. 650.

Der Ort Robertstown liegt zehn Schleusen von Dublin entfernt am Grand Canal. Lagerschuppen und Häuschen aus dem 19. Jahrhundert prägen die Stadt am Kanal. Bis in die 1960er Jahre fuhren hier noch Frachtkähne, heute legen nur noch Ausflugsboote an. Das im Jahr 1801 erbaute Robertstown Hotel dient noch immer als Veranstaltungsort für Feste.

Nahe Sallins, rund acht Kilometer östlich von Robertstown, führt das 1783 gebaute imposante **Leinster-Aquädukt** den Kanal über den Liffey.

Robertstown Hotel in der gleichnamigen Ortschaft

❸ Bog of Allen Nature Centre

Straßenkarte D4. **Karte** G8. Lullymore, Co Kildare. (045) 860 133. nach Newbridge. nach Allenwood. Mo–Fr 9–17 Uhr (Mai–Sep; manchmal auch Sa, So). teilweise. **ipcc.ie**

Wer sich für die irischen Moore interessiert, sollte das Bog of Allen Nature Centre besuchen, das auf einer Farm in Lullymore liegt, neun Kilometer nordöstlich von Rathangan. Peatland World ist das Herz des Bog of Allen, eines Hochmoors *(siehe S. 256)*, das sich in den Countys Offaly, Meath, Westmeath, Laois und Kildare erstreckt. Die Ausstellung zeigt Tiere und Pflanzen sowie archäologische Funde. Vorab gebuchte Führungen machen die Besucher mit dem empfindlichen Ökosystem des Moors bekannt.

Torf zum Heizen wird gestochen

❹ Monasterevin

Straßenkarte D4. **Karte** G8.
Co Kildare. 3000.
monasterevin.ie

Die georgianische Marktstadt liegt an der Kreuzung des Grand Canal mit dem Fluss Barrow westlich von Kildare. Der Kanal machte die Stadt im 18. Jahrhundert reich. Heute werden die Schleusen nur noch selten benutzt. Sehenswert in Monasterevin ist das Aquädukt, ein wahres Meisterwerk des Kanalbaus.

Die **Moore Abbey**, gleich neben der Kirche, entstand im 18. Jahrhundert auf dem Gelände eines älteren Stifts. Im 19. Jahrhundert wurde das Gebäude erheblich umgestaltet. In den 1920er Jahren wohnte der Tenor John McCormack *(siehe S. 28)* in dem einstigen Stammsitz der Earls of Drogheda. Heute dient das Gebäude als Krankenhaus.

❺ Kildare

Straßenkarte D4. **Karte** G8. Co Kildare. 7500. Market House, (045) 521 240. Do. **kildare.ie**

Das charmante Kildare wird von der **St Brigid's Cathedral** überragt, deren Schutzheilige 480 an dieser Stelle eine religiöse Gemeinschaft gründete. Hier lebten Mönche und Nonnen unter einem Dach, doch das war nicht die einzige unorthodoxe Gepflogenheit der Gemeinschaft. Heidnische Riten, beispielsweise das Abbrennen eines »ewigen« Feuers, wurden bis ins 16. Jahrhundert kultiviert. Das Feuerloch ist ebenso erhalten wie der höchste in Irland zu besteigende Rundturm aus dem 12. Jahrhundert. Die Kathedrale wurde in viktorianischer Zeit umgebaut

St Brigid's Cathedral und der dachlose Rundturm in Kildare

Hotels und Restaurants in Südost-Irland *siehe Seiten 297f und 311–313*

Japanische Gärten in Tully bei Kildare

– in Anlehnung an die Entwürfe des 13. Jahrhunderts.

St Brigid's Cathedral
Market Square. (085) 120 5920. Mai–Sep: tägl. Spende.

Umgebung: Kildare liegt im Land der Pferderennen: Der Rennplatz Curragh ist in der Nähe, überall findet man Rennställe. Im nordöstlich gelegenen Kill werden Vollblüter versteigert.

Gleich südlich von Kildare, in Tully, befindet sich das **National Stud**, ein halbstaatliches Zuchtgestüt, das 1900 von dem exzentrischen anglo-irischen Oberst William Hall-Walker gegründet wurde. Er taxierte den Wert seiner Fohlen nach ihrem Horoskop. Dachfenster in den Stallungen sollten die Pferde in den Genuss des Sonnen- und Mondlichts bringen. 1917 vermachte er das Gestüt der Krone und erhielt zum Dank den Titel eines Lord Wavertree.

Besucher des 400-Hektar-Anwesens können beim Training der Pferde zuschauen. Die Stuten werden normalerweise von den Hengsten getrennt gehalten, ein »Animier«-Hengst testet die Paarungsbereitschaft der Stuten. Die Zuchthengste decken mehr als 100 Stuten pro Saison. Das Gestüt hat eine Sattlerei, eine Schmiede sowie ein Museum in einem alten Stall, das über die Bedeutung des Pferdes in der irischen Geschichte informiert. Eines der Exponate ist das Skelett des in den 1960er Jahren berühmten Springers *Arkle*.

Das Gestüt teilt sich das Anwesen mit den von Lord Wavertree auf dem Höhepunkt des edwardianischen Orient-Faibles geschaffenen **Japanischen Gärten** und dem **St Fiachra's Garden**. Den Park legten der japanische Landschaftsgärtner Tassa Eida und sein Sohn Minoru 1906–10 an. Zum Baum- und Strauchbestand gehören Maulbeer-, Ahorn- und Kirschbäume, Bonsais und Bambusarten. Die Gärten beschreiben allegorisch den Weg von der Wiege zum Grab: Am Beginn tritt das Leben aus dem Tor des Vergessens, am Ende steht das »Tor zur Ewigkeit«, ein Zen-Steingarten. Zum St Fiachra's Garden (1,6 ha) gehören Wald, Feuchtgebiete, Seen und Inseln sowie ein Garten mit Waterford-Kristall.

National Stud, Japanische Gärten und St Fiachra's Gardens Tully. (045) 521 617. Mitte Feb–Nov: tägl. 9–18 Uhr. nur National Stud. irishnationalstud.ie

Pferderennen in Irland

Irland hat eine ausgeprägte Rennkultur. Weil diese Sportart nicht als elitär gilt, erfreuen sich alle daran. Eines der Zentren für Vollblutzucht liegt bei Curragh: eine 2000 Hektar große, zaunlose Grasebene im County Kildare. In der Gegend gibt es viele Gestüte und Trainingszentren. Jeden Morgen kann man Pferde in den verschiedenen Gangarten beobachten.

Die meisten irischen Galopprennen, so auch das Irish Derby, werden auf dem Rennplatz von Curragh östlich von Kildare ausgetragen. Berühmt sind auch die Veranstaltungen in Punchestown – vor allem das Hindernisrennen im April/Mai –, in Leopardstown, wo gleichfalls Hindernisrennen stattfinden *(siehe S. 32f)*, und in Fairyhouse, Heimstätte des Irish Grand National.

Auf der Zielgeraden beim Rennen in Curragh

Salon im Russborough House mit Kamin und Stuckdecke

❻ Russborough House

Straßenkarte D4. **Karte** H8. Blessington, Co Wicklow. (045) 865 239. 65 von Dublin. März–Dez: tägl. 10–18 Uhr. obligatorisch. russboroughhouse.ie

Das um 1740 für Joseph Leeson, Earl von Milltown, erbaute palladianische Herrenhaus ist eines der schönsten Irlands. Der Architekt Richard Cassels entwarf auch Powerscourt House *(siehe S. 138f)*. Cassels gilt als erster Vertreter des palladianischen Stils in Irland. Anders als viele große Landsitze der Pale-Region befindet sich Russborough in tadellosem Zustand. Die Front des Hauses ist die längste in Irland. Die Fassade ist mit Wappenlöwen und »Kurven«-Kolonnaden verziert. Das Interieur ist noch eindrucksvoller: Viele Räume sind mit exzellenten Stuckarbeiten der Brüder Lafranchini ausgestattet, die auch in Castletown House *(siehe S. 132f)* mitwirkten. Die besten Arbeiten finden sich in Musikzimmer, Salon und Bibliothek. Diese Räume sind reich geschmückt mit Laubwerk und Cherubim. Die Stuckarbeiten neben der Haupttreppe zeigen eine Jagd mit Hunden und Blumengirlanden. Die Stuckarbeiten im Salon umgeben Meeresszenen des französischen Malers Joseph Vernet (1714–1789). Die Gemälde wurden 1926 veräußert, jedoch über 40 Jahre später wieder aufgespürt und ins Haus zurückgebracht.

Russborough hat viele weitere Schätze zu bieten, etwa die aus italienischem Marmor gearbeiteten Kamine, imposante Mahagonitüren sowie unschätzbare Silber-, Porzellan- und Gobelinsammlungen.

Abgesehen von alledem lohnt sich ein Besuch in Russborough vor allem wegen der **Beit Art Collection**, die für flämische, holländische und spanische Meister bekannt ist. Sir Alfred Beit, der Russborough 1952 erwarb, erbte die Bilder von seinem Onkel, einem Mitbegründer des De-Beers-Diamanten-Imperiums in Südafrika. 1974, 1986 und 2000 wurden etliche Werke gestohlen. Die meisten konnten jedoch später zurückgeholt werden. 2001 kamen bei einem Raub weitere Stücke abhanden, wurden aber wiedergefunden. In Russborough wird nur eine Auswahl der Sammlung gezeigt. Die meisten Gemälde

Meeresszene von Vernet im Salon

Geschichte des Pale

Pale (Pfahl, Gau) bezeichnet die Grenzen des um Dublin gelegenen englischen Einflussbereichs von der Normannen- bis zur Tudor-Zeit. Die Grenzziehung variierte. Zum Zeitpunkt seiner größten Ausdehnung erstreckte sich das Gebiet von Dundalk im County Louth bis nach Waterford. Der gälische Adel außerhalb der Zone konnte sein Land unter der Bedingung behalten, dass er seine Söhne innerhalb des Pale erziehen ließ.

Die Bewohner des Pale vertraten die Interessen ihres Herrschers und englische Werte. So vergrößerte sich die Kluft zwischen der gälischen Mehrheit und den Anglo-Iren so weit, dass die Engländer das Land verlassen mussten. Noch lange nach Schleifung der Festungen lebte die Idee des Pale fort. »Jenseits des Pale« bedeutet bis heute asozial.

Familienidyll (18. Jh.): typische Szene für den gehobenen Lebensstil der Oberschicht des Pale

---

Hotels und Restaurants in Südost-Irland *siehe Seiten 297f und 311–313*

Strandpromenade von Bray, im Hintergrund der Bray Head

befinden sich als Dauerleihgaben in der National Gallery in Dublin *(siehe S. 74f).*

Die Ausstellung im Untergeschoss zeigt 3-D-Fotografien, die Sir Alfred Beit in den 1920er und 1930er Jahren aufgenommen hat, sowie Vinylplatten und Notenblätter. Der Westflügel des Gebäudes wurde nach dem Brand von 2010 saniert und mit acht Gästezimmern ausgestattet, die beim Irish Landmark Trust (www.irishlandmark.com) gebucht werden können.

Umgebung: Das durch die Stauung des Liffey entstandene, bei Wassersportlern beliebte **Poulaphouca Reservoir** erstreckt sich südlich von Blessington. Der Blick auf die Berge ist ebenfalls schön.

❼ Powerscourt

Siehe S. 138f.

❽ Bray

Straßenkarte D4. **Karte** J8. Co Wicklow. 33 000. DART. Old Court House, Main St, (01) 286 7128. bray.ie

Das frühere viktorianische Seebad ist heute ein lauter Ferienort mit Nepplokalen und Fish-and-Chips-Läden an der Strandpromenade. Im Sommer herrscht in dem vor allem von jungen Familien frequentierten Ort bedrängende Enge. Wer Ruhe sucht, kann auf Bray Head an der Hochküste spazieren gehen. Von Bray aus lassen sich die Gärten von Powerscourt, die Wicklow Mountains und die hübschen Küstendörfer Killiney und Dalkey *(siehe S. 107)* gut erkunden.

❾ Killruddery House and Gardens

Straßenkarte D4. **Karte** J8. Bray, Co Wicklow. (01) 286 3405. **House** Juli–Sep: tägl. 13–16 Uhr. **Gärten** Mai–Sep: tägl. 9.30–18 Uhr; Apr, Okt: Sa, So 9.30–18 Uhr. **Bauernmarkt** Sa 10–16 Uhr. für Gruppen ab 20 Personen (nach Voranmeldung). teilweise. killruddery.com

Killruddery House südlich von Bray wurde 1651 erbaut und ist seitdem die Residenz der Earls of Meath. Anfang des 19. Jahrhunderts wurde es im neoelisabethanischen Stil umgebaut. Das Haus birgt schöne Schnitz- und Stuckarbeiten. Seinen Charme verdankt es dem Garten aus dem 17. Jahrhundert, der als schönste Anlage Irlands im französischen Stil gilt. Der Gärtner Patrice Bonet, der auch in Versailles tätig war, legte ihn in den 1680er Jahren an.

Die mit großer Präzision bepflanzte Anlage besticht durch zahlreiche romantische Ecken, prächtige Hecken und viele schöne Bäume und Sträucher. Das von einer Lorbeerhecke umschlossene Waldtheater ist das einzige seiner Art in Irland.

Das Zentrum des Gartens bilden die »Langen Teiche« und zwei 165 Meter lange Kanäle, in denen früher Fische gezüchtet wurden. Ein Weiher führt zu einem viktorianischen Arrangement von Wegen, die von Statuen sowie Eiben-, Buchen- und Lindenhecken gesäumt werden.

Blick über die »Langen Teiche« (Long Ponds) auf Killruddery House

❼ Powerscourt

Die Gärten von Powerscourt sind wegen ihrer Gestaltung und der herrlichen Lage am Fuß des Great Sugar Loaf Mountain die vielleicht schönsten Irlands. Richard Wingfield, der Erste Viscount von Powerscourt, gab das gesamte Anwesen um 1730 in Auftrag. Weitere Ziergärten ließ der 7. Viscount 1875 anlegen. Er installierte auch Tore, Urnen und Statuen, die er auf seinen Reisen gesammelt hatte. Bei einem Brand 1974 wurde Powerscourt schwer beschädigt. Das Erdgeschoss wurde jedoch wunderschön renoviert und beherbergt nun ein exklusives Shopping-Center, ein exzellentes Restaurant und ein Café.

Bamberg Gate
Das um 1770 in Wien gefertigte, vergoldete schmiedeeiserne Tor brachte der 7. Viscount aus dem Bamberger Dom nach Powerscourt.

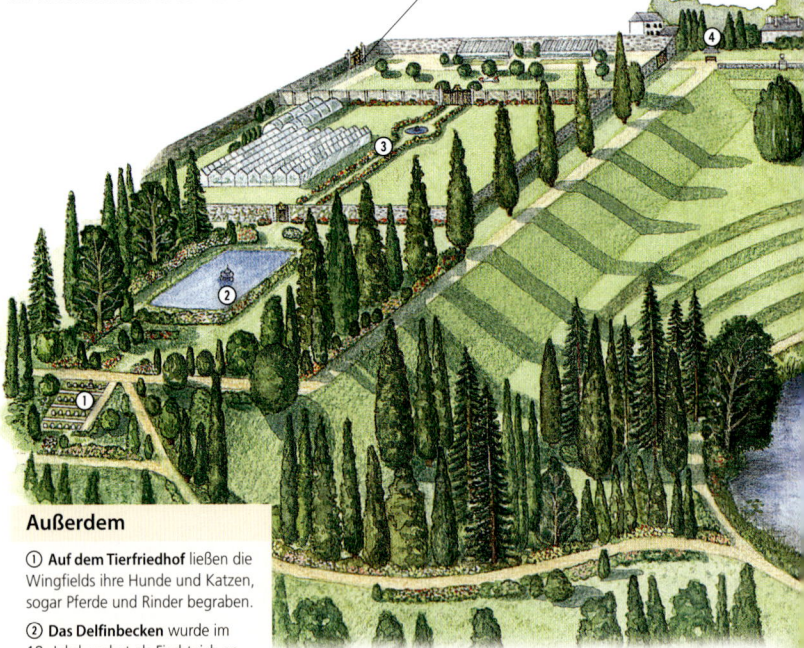

Außerdem

① **Auf dem Tierfriedhof** ließen die Wingfields ihre Hunde und Katzen, sogar Pferde und Rinder begraben.

② **Das Delfinbecken** wurde im 18. Jahrhundert als Fischteich angelegt. Das Gewässer ist umgeben von exotischen Koniferen.

③ **Die ummauerten Gärten** umfassen ein Arrangement beschnittener Lorbeerbäume.

④ **Laokoon-Statue**

⑤ **Der italienische Garten** (ca. 1730) ist auf Terrassen angelegt, die in das Hügelland gegraben wurden.

⑥ **Für das Kieselmosaik** auf der Terrasse wurden am nahen Strand von Bray viele Tonnen Kieselsteine gesammelt.

⑦ **Der Pepper Pot Tower** entstand im Jahr 1911.

Powerscourt House

Das Powerscourt House und die herrlichen Gärten wurden 1731 am Standort einer normannischen Burg von Richard Cassels entworfen, ebenso wie das Russborough House (siehe S. 136f). 1974 brannte das palladianische Herrenhaus von Powerscourt innen komplett aus. Die neuen Besitzer haben Teile des Hauses renoviert. Heute gibt es hier ein Café, Läden und eine Ausstellung zur Geschichte des Anwesens.

Powerscourt brannte 1974 aus

Hotels und Restaurants in Südost-Irland *siehe Seiten 297f und 311–313*

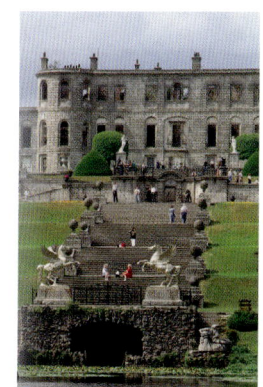

WICKLOW: POWERSCOURT | 139

★ Freitreppe
Die 1874 eingefügte herrliche italienische Freitreppe führt zum Tritonsee, wo Pegasus in zweifacher plastischer Ausführung wacht: als geflügeltes Ross der griechischen Mythologie und als Emblem der Familie Wingfield.

Infobox

Information
Straßenkarte D4. **Karte** J8.
Enniskerry, Co Wicklow.
 (01) 204 6000.
 tägl. 9.30–17.30 Uhr (Gärten bis Sonnenuntergang im Winter). 25., 26. Dez.
 powerscourt.ie

Anfahrt
 185 ab DART-Station Bray, 44 ab Enniskerry.

★ Tritonsee
Der für den ersten Garten geschaffene See verdankt seinen Namen der Springbrunnenfigur, die einer Arbeit Berninis in Rom nachempfunden ist.

★ Japanische Gärten
In den bezaubernden edwardianischen Gärten auf ehemaligem Sumpfland wachsen chinesische Koniferen und Bambus.

Blick über den Lower Lake, Glendalough *(siehe S. 144)* ▶

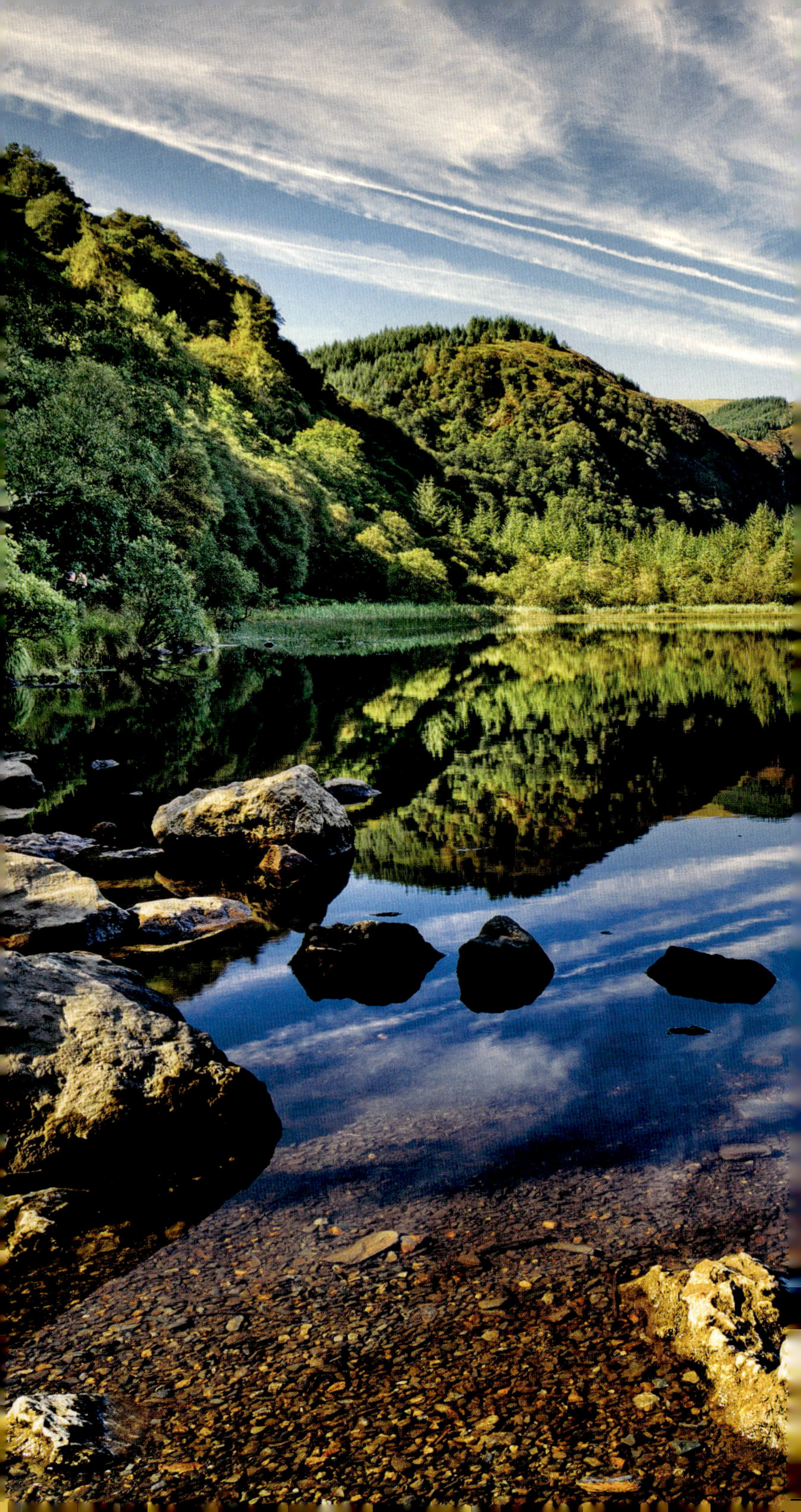

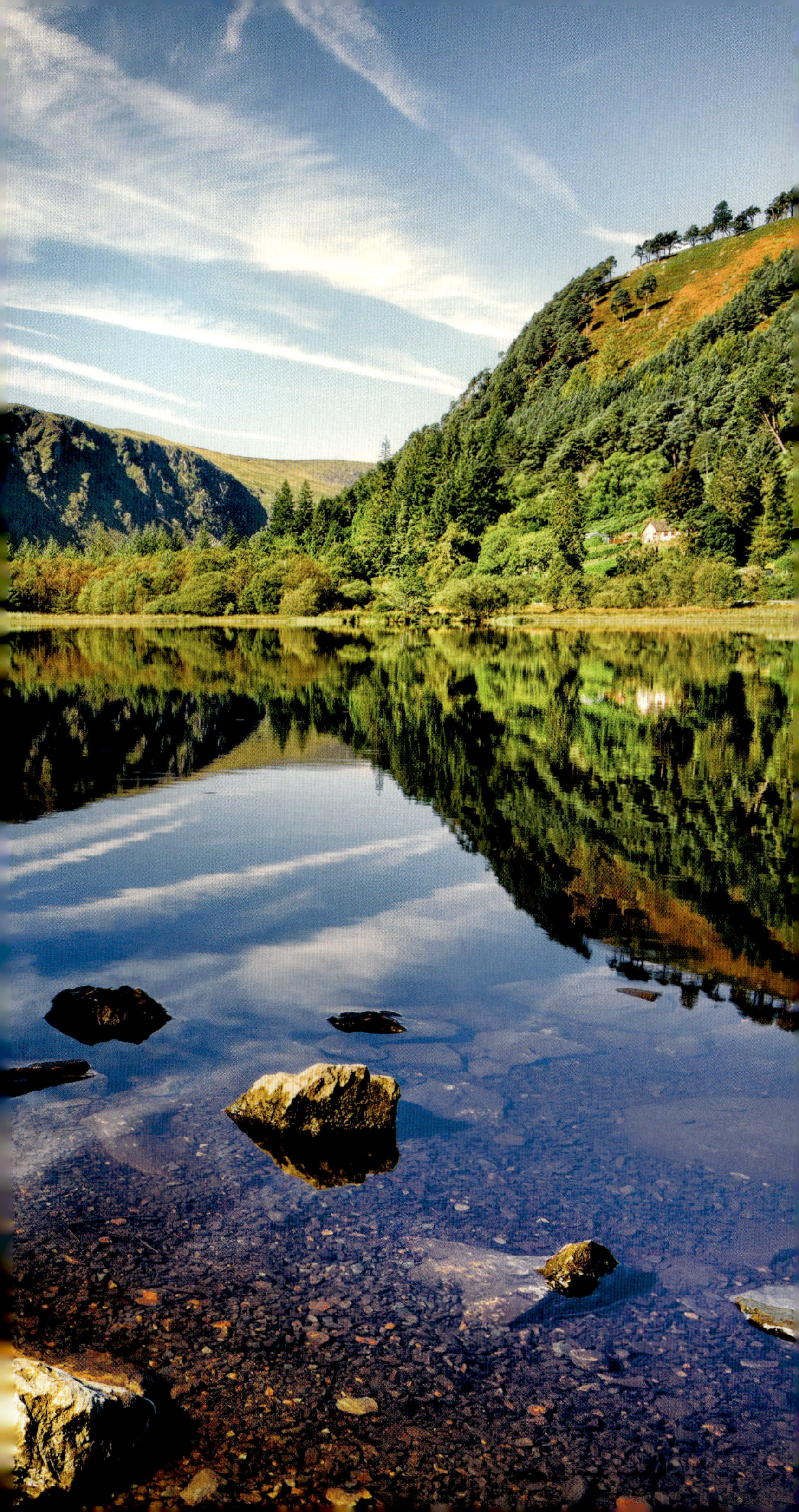

Tour: Military Road

Die Briten bauten die Militärstraße durch die Wicklow Mountains, als sie nach dem Aufstand von 1798 *(siehe S. 153)* versuchten, die Zufluchtsstätten der irischen Rebellen zu finden. Die heute als R115 bekannte Straße führt durch die abgelegensten und zerklüftetsten Landschaften des County Wicklow. Auf der Fahrt sieht man viele Tiere (z. B. Hirsche) und Pflanzen.

① Glencree
In Glencree und einigen anderen Orten sind die früheren britischen Kasernen erhalten.

② Sally Gap
Der abgelegene Pass ist von einem mit Tümpeln und Bächen durchzogenen Moorgebiet umgeben.

③ Glenmacnass
Hinter dem Sally Gap führt die Straße in eine Schlucht mit spektakulärem Wasserfall.

④ Glendalough
Das von Hängen umgebene alte Kloster *(siehe S. 144f)* ist die wichtigste historische Sehenswürdigkeit der Wicklow Mountains.

Routeninfos
Länge: 96 km.
Rasten: Es gibt Pubs und Cafés in Enniskerry (z. B. das Poppies, einen altmodischen »tea room«) und in Roundwood, doch die Gegend eignet sich besser für Picknicks. Südlich von Enniskerry gibt es mehrere ausgewiesene Picknickplätze *(siehe S. 365–367)*.

⑨ Powerscourt Waterfall
Der Dargle stürzt im höchsten irischen Wasserfall 130 Meter tief über Granitfelsen hinab.

⑧ Great Sugar Loaf
Vom Parkplatz auf der Südseite aus kann man in weniger als einer Stunde zum Granitkegel des Sugar Loaf hinaufsteigen.

⑦ Lough Tay
Kahle Felswände erheben sich um das dunkle Wasser von Lough Tay. Der See gehört der Guinness-Brauerei, ist aber für Wanderer zugänglich.

⑥ Roundwood
Das mit 238 Metern über dem Meeresspiegel höchste Dorf Irlands liegt in schöner Umgebung. Die Hauptstraße säumen Pubs, Cafés und Kunsthandwerksläden.

⑤ Vale of Clara
Das malerisch bewaldete Tal folgt dem Fluss Avonmore. Hier liegt versteckt das aus zwei Häusern, Kirche und Schule bestehende winzige Dorf Clara.

Legende
- Routenempfehlung
- Andere Straße
- Aussichtspunkt

⓫ Wicklow Mountains

Straßenkarte D4. **Karte** H8–9.
🚆 nach Rathdrum und Wicklow.
🚌 nach Enniskerry, Wicklow, Glendalough, Rathdrum und Avoca.
ℹ️ Rialto House, Fitzwilliam Square, Wicklow, (0404) 69117.
🌐 discoverireland.ie/eastcoast

In der Wildnis der Wicklow Mountains ist es nur schwer vorstellbar, dass Dublin keine Stunde Autofahrt entfernt ist. Wegen ihrer Unzugänglichkeit waren die Berge früher ein ideales Versteck für Gegner der englischen Herrschaft. Während das Gebiet des Pale *(siehe S. 136)* im Südosten der englischen Krone folgte, herrschten im Gebirge Kriegsherren wie die O'Tooles. Auch die Aufständischen von 1798 *(siehe S. 45)* suchten hier Zuflucht. Michael Dwyer, einer ihrer Anführer, konnte in den Hügeln bis 1803 seine Freiheit behaupten.

Die ab 1800 angelegte **Military Road** machte die Gegend zugänglicher, doch sie ist noch immer dünn besiedelt. Nur wenig Verkehr stört die Atmosphäre tiefer Schluchten, üppiger Wälder und weiter Heidemoore. Torfstechen ist noch immer ein blühendes Kleingewerbe, wie die vielen Torfstapel an den Straßen belegen. Viele Wanderwege durchschneiden die Landschaft, etwa der **Wicklow Way**, der älteste Wanderweg Irlands. Er erstreckt sich vom Marlay Park in Dublin bis Clonegal (County Carlow) über 132 Kilometer. Er ist zwar markiert, doch man kommt leicht vom Weg ab – wandern Sie also nicht ohne Karte. Obwohl die Berge nirgends höher als 915 Meter sind, können sie bei schlechtem Wetter gefährlich werden.

Ansonsten bietet die Landschaft Wanderern viele Möglichkeiten. Ein guter Startpunkt zur Erkundung des nördlichen Teils ist das Dorf **Enniskerry**. Im Sommer wimmelt es hier von Besuchern, die die Gärten von Powerscourt *(siehe S. 138f)* besichtigen. Von Laragh Richtung Süden kann man nach Glendalough *(siehe S. 144f)* und zum **Vale of Avoca** wandern, in dem im Frühjahr Kirschbäume blühen. Seine Schönheit beschrieb Thomas Moore: »In der weiten Welt ist kein Tal so süß wie jenes, in dessen Schoß die funkelnden Wasser zusammentreffen« – ein Verweis auf den Zusammenfluss von Avonbeg und Avonmore am **Meeting of the Waters** jenseits des Avondale House *(siehe S. 145)*. Inmitten bewaldeter Hügel im Herzen des Tals liegt der Ort Avoca. Hier stellen die **Avoca Handweavers** in der ältesten irischen Weberei Irlands (seit 1723) bunte Tweedstoffe her.

Weiter nördlich in Meeresnähe unweit des Dorfs Ashford braust der Fluss Vartry durch die tiefen Spalten des **Devil's Glen**. Beim Eintritt in die Schlucht stürzt der Fluss etwa 30 Meter tief in den »Punschtopf des Teufels«. Es gibt hier schöne Spaziermöglichkeiten samt beeindruckendem Ausblick auf die Küste.

🏠 **Avoca Handweavers**
Avoca. 📞 (0402) 35105. 🕐 tägl. 9–18 Uhr. ⛔ 25., 26. Dez.
🌐 avoca.ie

Straßenschilder in den Wicklow Mountains

Mount Usher Gardens an den Ufern des Vartry

⓬ Mount Usher Gardens

Straßenkarte D4. **Karte** J9. Ashford, Co Wicklow. 📞 (0404) 40205.
🚌 nach Ashford. 🕐 tägl. 10–18 Uhr. ganzjährig.
♿ teilweise. 📷 auf tel. Anfrage.
🌐 mountushergardens.ie

Am Fluss Vartry liegen diese reizenden Gärten. Sie wurden 1868 vom Dubliner Edward Walpole angelegt. Unter den rund 5000 Pflanzenarten gibt es seltene Sträucher und Bäume – von chinesischen Koniferen und Bambussen bis zu mexikanischen Pinien und Pampasgras – sowie eine im Herbst bunte Ahornallee. Die Gärten bieten neben exotischer Vegetation immer wieder Ausblicke auf den Fluss und die auf Wehren stehenden Reiher.

Farbenprächtiges Heidemoor um den Sally Gap in den Wicklow Mountains

⓭ Glendalough

Straßenkarte D4. **Karte** H9. Co Wicklow. 🚌 St Kevin's Bus von Dublin. **Ruinen** 🔵 tägl. 9.30–17 Uhr (Mitte März–Mitte Okt: bis 18 Uhr). 🍽 im Sommer. **Besucherzentrum** 📞 (0404) 45325/45352. 🔵 tägl. ⚫ 23.–30. Dez. 🌐 **glendalough.ie**

Die bewaldeten Hänge von Glendalough (»Tal der zwei Seen«) sind Kulisse für eines der am schönsten gelegenen Klöster Irlands. Die im 6. Jahrhundert vom hl. Kevin gegründete Anlage wurde oft von den Wikingern geplündert, stand aber über 600 Jahre lang in Blüte. Der Niedergang begann 1398, als englische Truppen die Gebäude schleiften. Das monastische Leben behauptete sich bis zur Auflösung der Klöster 1539 durch Henry VIII *(siehe S. 42)*. Pilger kommen weiterhin nach Glendalough, viele am 3. Juni, dem St Kevin's Day, an dem es einst oft Unruhen gab *(siehe S. 34)*.

Blick über den Upper Lake in Glendalough

Reste des Torhauses, das früher ins Kloster Glendalough führte

Das Alter der Gebäude ist ungeklärt, die meisten entstanden wohl zwischen dem 10. und dem 12. Jahrhundert. Viele wurden um 1870 restauriert. Die Hauptruinen liegen östlich des Lower Lake, die dem hl. Kevin zugeschriebenen Gebäude am Upper Lake. Hier kann man die Ruhe genießen und den Massen entkommen, die den unteren Teil des Anwesens bevölkern. Versuchen Sie, früh dort zu sein, vor allem in der Hauptsaison. Zutritt gewährt der doppelte Steinbogen des Torhauses, des einzigen seiner Art in einem irischen Klosterbezirk.

Nur wenige Schritte vom Eingang entfernt liegt der Friedhof mit seinem **Rundturm**. Der 30 Meter hohe Turm gehört zu den schönsten Exemplaren in Irland. Seine Spitze wurde 1870 rekonstruiert. Die dachlose Kathedrale neben dem Turm stammt zum größten Teil aus dem 10. und dem 13. Jahrhundert und ist die größte Ruine des Tals. Im Zentrum des Friedhofs befindet sich das **Priesterhaus**. Es heißt so, weil hier früher der einheimische Klerus bestattet wurde. Die verwitterte Figur oberhalb der Tür ist vermutlich der von zwei Schülern flankierte hl. Kevin. Etwas östlich davon befindet sich **St Kevin's Cross** aus dem 8. Jahrhundert. Das Granitkreuz gehört zu den besterhaltenen Hochkreuzen in Glendalough. Ein Stück weiter in dem üppigen Tal steht eine winzige Kapelle mit einem Steindach. Das im 11. Jahrhundert oder bereits früher erbaute Gebäude ist als **St Kevin's Kitchen** bekannt – wohl wegen seines später hinzugefügten Glockentürmchens, das an einen Schornstein erinnert. **St Mary's**, eine der ältesten Kirchen von Glendalough, steht etwas weiter

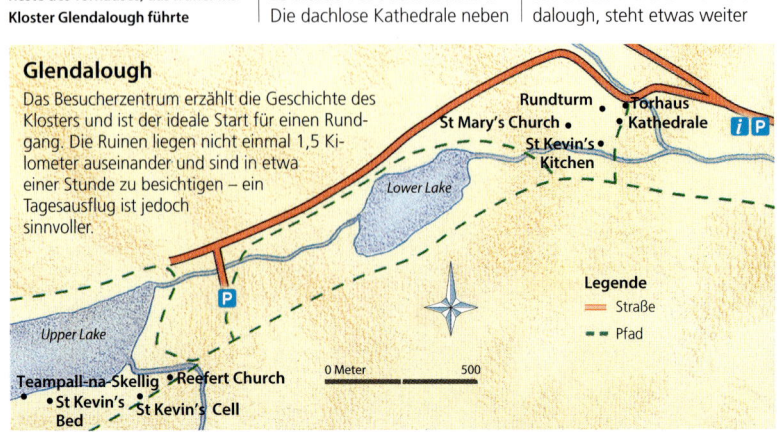

St Kevin's Kitchen

Glendalough

Das Besucherzentrum erzählt die Geschichte des Klosters und ist der ideale Start für einen Rundgang. Die Ruinen liegen nicht einmal 1,5 Kilometer auseinander und sind in etwa einer Stunde zu besichtigen – ein Tagesausflug ist jedoch sinnvoller.

Legende
— Straße
-- Pfad

WICKLOW UND CARLOW | 145

Rundturm von Glendalough

Hl. Kevin in Glendalough

Kevin wurde 498 als Abkömmling des Königshauses von Leinster geboren. Er verzichtete jedoch auf seine Privilegien und lebte als Eremit in einer Höhle in Glendalough. Später gründete er hier ein Kloster und ein Studienzentrum. Die Mönche widmeten sich der Krankenpflege und der Abschrift und Illustration von Manuskripten. Kevin zog zu Lebzeiten viele Schüler nach Glendalough – als Pilgerstätte wurde das Kloster aber erst nach seinem Tod um 618 berühmt.

Statt Fakten sind über Kevin vor allem Legenden bekannt. Eine Geschichte besagt, er sei 120 Jahre alt geworden. Einer anderen Überlieferung zufolge legte eines Tages, als Kevin betete, eine Amsel ein Ei in eine seiner ausgestreckten Hände. Der Heilige verharrte angeblich in dieser Position, bis das Vogeljunge endlich schlüpfte.

westlich. Am Ostfenster sind noch romanische Spuren zu erkennen. Folgt man dem Weg am Südufer des Flusses entlang, gelangt man zum Upper Lake. Hier stehen weitere Klosterruinen. Man kann von hier aus auch durch das Tal und zu einigen ausgedienten Blei- und Zinkminen wandern.

Nicht weit vom Poulanass-Wasserfall entfernt finden Sie in einem Wäldchen die Ruinen der schlichten **Reefert Church**. Der Name leitet sich von Righ Fearta (»Begräbnisplatz der Könige«) her. Nahebei auf einem Felsvorsprung mit Blick auf den Upper Lake befindet sich **St Kevin's Cell**, eine Ruine in Form eines Bienenkorbs, die dem Eremiten als Wohnstatt gedient haben soll.

Zwei Ruinenfelder auf der Südseite des Sees sind zu Fuß nicht erreichbar, aber vom gegenüberliegenden Ufer aus hat man eine gute Sicht darauf. **Teampall-na-Skellig**, die »Kirche auf dem Fels«, wurde am Standort der ersten vom hl. Kevin in Glendalough gegründeten Kirche errichtet. Östlich davon ist **St Kevin's Bed** in den Fels gegraben. Die Höhle oberhalb des Upper Lake soll der bevorzugte Rückzugsort des hl. Kevin gewesen sein. Hier soll der Heilige auch angeblich die Avancen einer Frau zurückgewiesen haben, indem er sie in den See gestoßen hat.

⓮ Avondale House

Straßenkarte D4. **Karte** J9. Co Wicklow. (0404) 46111. nach Rathdrum. **Haus** Juni–Aug: tägl. 11–17 Uhr; Apr, Mai, Sep, Okt: Di–So 11–16 Uhr. Karfreitag, 23.–28. Dez. teilweise. **Gelände** tägl.
w heritageisland.com

Nahe Rathdrum liegt das georgianische Geburtshaus von Stewart Parnell (1846–1891, siehe S. 47). Das heutige Museum informiert über das Leben des Politikers und über dessen Kampf für die Unabhängigkeit Irlands. Das Anwesen gehört dem Staat, der hier eine Forstschule betreibt. Auf dem **Avondale Forest Park** genannten Gut gibt es einen im 18. Jahrhundert angelegten Baumgarten und viele Spazierwege.

⓯ Brownshill Dolmen

Straßenkarte D4. **Karte** G9. Co Carlow. nach Carlow. tägl.

Auf einem Feld an der R726, drei Kilometer östlich von Carlow, thront ein Dolmen mit dem größten Deckstein Irlands. Dieser angeblich 100 Tonnen schwere Stein ruht mit einer Seite im Erdreich, während drei wesentlich kleinere Steine das andere Ende stützen. In dem um 2000 v. Chr. errichteten Grab soll ein irischer Anführer begraben sein. Auf einem Pfad von der Straße gelangt man dorthin.

Der für seinen Deckstein berühmte Brownshill Dolmen

Hotels und Restaurants in Südost-Irland *siehe Seiten 297f und 311–313*

⑯ Im Detail: Kilkenny

Kilkenny ist zweifellos die schönste Stadt im Inneren Irlands. Sie erlangte im 13. Jahrhundert Bedeutung, als sie zur Hauptstadt des mittelalterlichen Irland wurde. 1390 gelangte die anglo-normannische Familie Butler an die Macht und herrschte von da an 500 Jahre über Kilkenny. Noch heute künden die Gebäude von ihrem Einfluss. Kilkenny veranstaltet jedes Jahr im August das renommierteste Kunstfestival der Republik und das Catslaugh Comedy Festival (Mai – Juni).

St Canice's Cathedral, Irishtown

Grace's Castle wurde 1210 erbaut und später in ein Gefängnis umgewandelt. Seit dem 18. Jahrhundert dient es als Gerichtsgebäude.

Kleine Gassen, von den Einheimischen *slips* (Durchschlupf) genannt, gehören zum mittelalterlichen Erbe Kilkennys.

Marble City Bar

Tholsel (Rathaus)

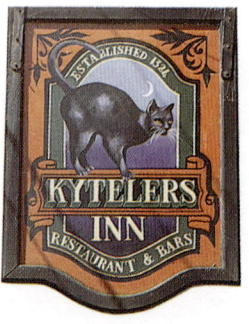

★ Rothe House
Das um zwei Innenhöfe errichtete hübsche Tudor-Kaufmannshaus besitzt die für die Hauptstraßen Kilkennys einst typischen Arkaden. Das kleine Museum im Haus zeigt archäologische Funde aus der Umgebung sowie eine Kostümsammlung.

Kyteler's Inn
Die mittelalterliche Kutschenstation *(siehe S. 326)* ist nach Lady Alice Kyteler benannt, einer »Hexe«, die im 14. Jahrhundert hier wohnte. Wie in den meisten Pubs der Stadt gibt es auch hier Smithwick's, ein Bier, das seit 1710 in Kilkenny gebraut wird.

Legende
— Routenempfehlung

Butter Slip
Die Gasse verdankt ihren Namen den Butterständen, die früher den kleinen Marktplatz säumten.

Hotels und Restaurants in Südost-Irland *siehe Seiten 297f und 311–313*

KILKENNY | 147

Infobox

Information
Straßenkarte C4. Co Kilkenny.
Karte G10. 🚉 26 000.
ℹ️ Shee Alms House, Rose Inn St, (056) 775 1500. **Rothe House**
📞 (056) 772 2893. 🕐 Apr–Okt: Mo–Sa 10.30–17, So 15–17 Uhr; Nov–März: Mo–Sa 10.30–16.30 Uhr. ● Sa 13–14 Uhr. 🌐 visitkilkenny.ie

Anfahrt
🚆 Dublin Rd, (056) 772 2024.
🚌 Bus Éireann, (051) 317 864.

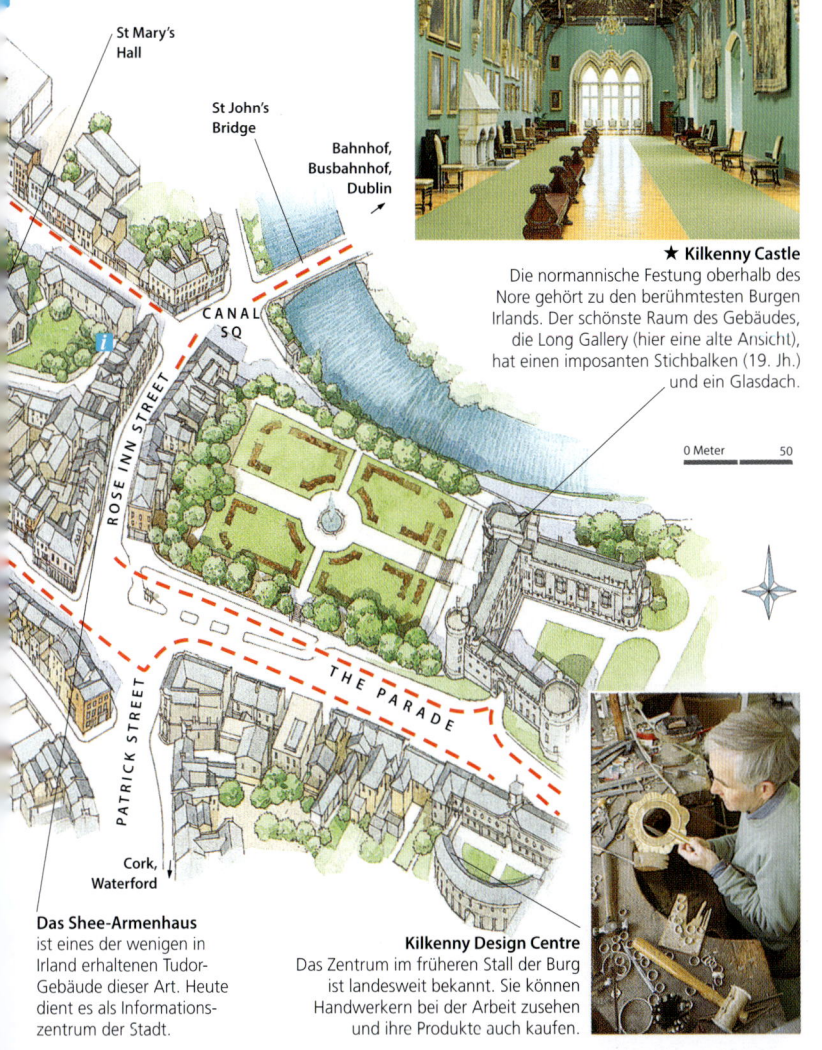

High Street
Das Rathaus (18. Jh.) mit seinem Turm und den Arkaden ist das Wahrzeichen der High Street. In der eleganten georgianischen Kammer tagt der Stadtrat noch heute.

★ Kilkenny Castle
Die normannische Festung oberhalb des Nore gehört zu den berühmtesten Burgen Irlands. Der schönste Raum des Gebäudes, die Long Gallery (hier eine alte Ansicht), hat einen imposanten Stichbalken (19. Jh.) und ein Glasdach.

St Mary's Hall

St John's Bridge

Bahnhof, Busbahnhof, Dublin

CANAL SQ

ROSE INN STREET

THE PARADE

PATRICK STREET

Cork, Waterford

0 Meter 50

Das Shee-Armenhaus
ist eines der wenigen in Irland erhaltenen Tudor-Gebäude dieser Art. Heute dient es als Informationszentrum der Stadt.

Kilkenny Design Centre
Das Zentrum im früheren Stall der Burg ist landesweit bekannt. Sie können Handwerkern bei der Arbeit zusehen und ihre Produkte auch kaufen.

Zeichenerklärung siehe hintere Umschlagklappe

Überblick: Kilkenny

Die am Nore gelegene Stadt ist architektonisch hochinteressant. Der viel verwendete hiesige schwarze Kalkstein wird auch Kilkenny-Marmor genannt. Viele der Kostbarkeiten liegen versteckt: So verbirgt sich etwa hinter einer georgianischen Fassade ein Tudor-Kamin oder klassizistisches Interieur.

Der Name Irishtown im von der St Canice's Cathedral überragten Bereich erinnert an die frühere Teilung der Stadt. Hier, in der einstigen Englishtown, stehen bis heute repräsentative öffentliche Gebäude.

Die Brauereien von Kilkenny sind ein Paradies für Bierliebhaber. Rund 60 Pubs warten hier auf Besucher.

Nordseite der Burg Kilkenny mit viktorianischen Zinnen

Schild der Marble City Bar in der High Street

Kilkenny Castle
The Parade. (056) 770 4100. tägl. (Details auf der Website). Karfreitag, Weihnachten. obligatorisch. teilweise. Im Sommer teils längere Wartezeiten. kilkennycastle.ie

Die um 1190 erbaute Burg war bis 1935 durchgängig bewohnt. Ab dem 14. Jahrhundert lebte dort die mächtige Familie Butler *(siehe S. 146)*, 1967 vermachten deren Nachkommen die Burg dem Staat. Mit Türmen und dicken Mauern hat das Bauwerk trotz erheblicher Umbauten seinen mittelalterlichen Charakter bewahrt. Am auffälligsten sind restaurierte neogotische Stilelemente aus viktorianischer Zeit.

Zwei Flügel der Burg erstrahlen wieder im Glanz des 19. Jahrhunderts. Hier befinden sich u. a. die Bibliothek, der Salon und die Long Gallery mit der restaurierten familieneigenen Kunstsammlung. Nach Abschluss der Restaurierungsarbeit beherbergt das Bauwerk auch ein modernes Konferenzzentrum, das sich in einem der Türme aus dem 12. Jahrhundert befindet.

Das Gelände wurde im Lauf der Jahrhunderte immer kleiner, doch die in der hügeligen Landschaft gelegenen klassischen Parks und Terrassen blieben erhalten.

St Canice's Cathedral
Irishtown. (056) 776 4971. tägl. stcanicescathedral.com

Der Rundturm neben der in einem frühen englisch-gotischen Stil erbauten Kathedrale (13. Jh.) bietet einen schönen Ausblick. Die Truppen Cromwells plünderten St Canice's 1650, dennoch ist sie eines der kostbarsten Baudenkmäler Irlands. Die Wände aus Kilkenny-Marmor und die Kalksteinpfeiler strahlen schlichte Größe aus. Im südlichen Querschiff beeindrucken Steinmetzarbeiten und prächtige Grabmäler (16. Jh.) mit Skulpturen von Mitgliedern der Familie Butler.

Black Abbey
Abbey St. (056) 772 1279. tägl. kilkenny.ie

Die im Jahr 1225 gegründete Dominikanerabtei westlich der Parliament Street wurde im 16. Jahrhundert zum Gerichtsgebäude, ist heute aber wieder ein Kloster. Die Kirche hat unterirdische Gewölbe und vielleicht etwas überrestaurierten plastischen Schmuck. Es gibt auch einige schöne Bleiglasfenster und eine Alabasterstatue aus dem 14. Jahrhundert.

Umgebung: Nördlich der Stadt liegt **Dunmore Cave**, eine Kalksteinhöhle mit einigen bizarren Gesteinsformationen.

Das Dorf **Bennettsbridge**, acht Kilometer südlich von Kilkenny, ist berühmt für seine Keramiken. Die Nicholas-Mosse-Töpferei *(siehe S. 337)* ist auf farbenfrohe Waren aus einheimischem Ton spezialisiert.

Dunmore Cave
Ballyfoyle. (056) 776 7726. März–Okt: tägl. 9.30–17 Uhr (Mitte Juni–Mitte Sep: bis 18.30 Uhr); Nov–Feb: Mi–So 9.30–17 Uhr. obligatorisch. heritageireland.ie

Grab des zweiten Marquess of Ormonde in der St Canice's Cathedral

Hotels und Restaurants in Südost-Irland *siehe Seiten 297f und 311–313*

KILKENNY UND WATERFORD | 149

⓱ Jerpoint Abbey

Straßenkarte D5. **Karte** G10. Thomastown, Co Kilkenny. (056) 772 4623. nach Thomastown. März–Sep: tägl. 9–17.30 Uhr; Okt: tägl. 9–17 Uhr; Nov: tägl. 9.30–16 Uhr; Dez–Feb: auf Anfrage. 25. Dez. Dez–März: nur nach Voranmeldung.
w heritageireland.ie

Die Abtei am Ufer des Little Arrigle südlich von Thomastown ist trotz der Zerstörung etlicher Gebäude noch immer eine der schönsten Zisterzienserruinen in Irland. Die um 1160 gegründete Anlage konkurrierte lange Zeit mit der nahe gelegenen Duiske-Abtei *(siehe S. 153)*. Jerpoint blühte bis zur Auflösung der Klöster *(siehe S. 42)*, dann übernahmen sie die Earls von Ormonde.

Zinnenturm und Kreuzgang der Anlage stammen aus dem 15. Jahrhundert. Die Hauptattraktion in Jerpoint ist der Säulengang mit amüsanten Skulpturen von Rittern, adeligen Damen, Bischöfen, Drachen – und einem Mann mit Bauchschmerzen. Die Kirche aus dem 12. Jahrhundert ist gut erhalten. Die Kapellen des Querschiffs bergen Grabmalskulpturen (13.– 16. Jh.). Romanische Kapitelle zieren die Nordseite des Schiffs. Skulpturen früherer Bischöfe sind auf dem gesamten Gelände der Abtei zu sehen.

Heiligenskulpturen auf einem Grabmal (16. Jh.) in der Jerpoint Abbey

⓲ Lismore

Straßenkarte C5. **Karte** F11. Co Waterford. 1500. Lismore Heritage Centre, Main St, (058) 54975. Handwerk.
w discoverlismore.com

Das Städtchen wird vom **Lismore Castle** überragt, das sich romantisch über dem Fluss Blackwater erhebt. Die 1185 erbaute, im 19. Jahrhundert umgestaltete Burg ist das irische Domizil des Duke of Devonshire. Besucher können lediglich die bis an den Fluss reichenden Gärten besichtigen. Das **Lismore Heritage Centre** erzählt die Geschichte des hl. Carthagus, der im 7. Jahrhundert hier ein Kloster gründete. Zwei Kathedralen in der Stadt sind ihm geweiht. Die protestantische **Cathedral of St Carthage** ist die interessantere von beiden. Der Kirchenbau wurde 1633 fertiggestellt und später im Stil der Neogotik der viktorianischen Epoche umgebaut. Ein Bleiglasfenster stammt von dem präraffaelitischen Künstler Sir Edward Burne-Jones.

Burne-Jones-Fenster in der St Carthage's Cathedral, Lismore

Lismore Castle Gärten (058) 54061. Mitte Apr–Mitte Okt: tägl. 10.30–17.30 Uhr. **w lismorecastlegardens.com**

Umgebung: Von Lismore aus führt eine malerische Route durch das **Blackwater Valley** *(siehe S. 181)*. Von Cappoquin an verläuft sie durch ein Waldgebiet zur Flussmündung bei Youghal *(siehe S. 183)*.

⓳ Ardmore

Straßenkarte C5. **Karte** F12. Co Waterford. 450. (024) 94444.

Ardmore ist ein Ferienort am Meer mit Strand, Pubs, Klippenwegen und interessanten Bauwerken. Auf einem Hügel neben dem Dorf steht ein im 5. Jahrhundert vom hl. Declan gegründetes Kloster. Der Heilige bekehrte die Gegend zum Christentum.

Die meisten Bauten, wie die zerfallene **St Declan's Cathedral** – eine der ältesten kirchlichen Stätten Irlands –, stammen aus dem 12. Jahrhundert. In den Arkaden der Westmauer der Kathedrale stehen Skulpturen mit Titeln wie *Der Erzengel Michael wiegt Seelen* in der oberen Reihe und darunter *Die Anbetung der Heiligen Drei Könige* und *Salomons Urteil*.

Der 30 Meter hohe Rundturm der Anlage gehört zu den besterhaltenen in Irland. Eine nahe gelegene Kapelle soll angeblich über dem Grab des hl. Declan errichtet worden sein.

St Declan's Cathedral in Ardmore mit gut erhaltenem Rundturm

Waterford

Waterford wurde 914 von den Wikingern gegründet und später von den Anglo-Normannen ausgebaut. Die Stadt hatte eine strategisch günstige Lage an der Mündung des Suir und stieg rasch zum führenden Seehafen Südost-Irlands auf. Seit dem 18. Jahrhundert gründet sich ihr Wohlstand auf die bekannte Glasindustrie. Die Handelstradition ist bis heute lebendig, noch immer ist der Hafen von Waterford einer der geschäftigsten des Landes. Heute versucht man, die von der Industrialisierung in Mitleidenschaft gezogene alte Bausubstanz zu retten. Die alte Wikingersiedlung wurde wieder freigelegt. Im historischen Zentrum gibt es eine Fußgängerzone.

Ardmore Castle und Watch Tower (1867), Ardmore

Reginald's Tower am Kai

Überblick: Waterford

Die Reste der Stadtmauer verlaufen entlang dem einst von den Wikingern befestigten Areal. Der am besten erhaltene Abschnitt liegt nordwestlich des **Watch Tower** in der Castle Street. Der Reginald's Tower oberhalb des Flusses ist das größte Bauwerk der Anlage. Durch die Bogen in der Reginald Bar fuhren früher Schiffe den Fluss hinab. Die Ausfalltore gehören zu den Wikinger-Resten der sonst meist normannischen Befestigungsanlage.

Die schönsten Gebäude der überwiegend mittelalterlichen Stadt sind georgianischen Ursprungs. Gute Beispiele findet man in der Mall südwestlich vom Reginald's Tower und auf dem Cathedral Square. Er verdankt seinen Namen der **Christchurch Cathedral**, die John Roberts um 1770 entwarf. Der hiesige Architekt prägte den georgianischen Charakter der Stadt. Innen überrascht das Bildnis eines verwesenden Leichnams (15. Jh.).

Weiter Richtung Fluss passiert man die Ruinen von **Grey Friars** aus dem 13. Jahrhundert, auch französische Kirche genannt, da das Gebäude nach 1693 von emigrierten Hugenotten als Kapelle genutzt wurde.

Am Flussufer Richtung Westen steht in der Barronstrand Street der viktorianische **Clock Tower**. Über den belebten Läden erhebt sich die **Holy Trinity Cathedral** mit neoklassizistischem Interieur.

In der von hier nach Westen verlaufenden George's Street gibt es zahlreiche gemütliche Pubs. Diese Straße führt zur O'Connell Street, deren restaurierte Lagerhäuser mit den schäbigeren Gebäuden am Quai kontrastieren. Im Sommer werden Bootsfahrten auf dem Fluss angeboten.

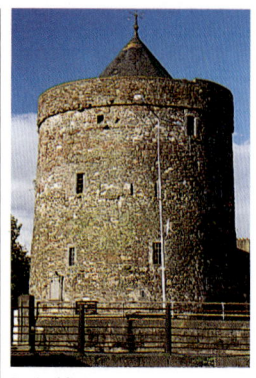

Reginald's Tower

The Quay. (051) 304 220. Juni–Aug: Mo–Sa 9.30–18, So 11–18 Uhr; Sep–Mai: Mo–Sa 9.30–17, So 11–17 Uhr.

Anglo-Normannen schufen 1185 den Bau aus Stein. Die drei Meter dicken Mauern sollen – erstmals in Irland – mit Mörtel gebaut worden sein, gemischt aus Blut, Fell, Kalk und Schlamm. Der Turm war Festung, Münze, Arsenal und Gefängnis.

Medieval Museum

The Granary, Merchants Quay. (051) 304 500. Juni–Aug: Mo–Fr 9.15–18, Sa 9.30–18, So 11–18 Uhr; Sep–Mai: Mo–Fr 9.15–17, Sa 10–17, So 11–17 Uhr.

Das sehenswerte Museum ist in der Chorister's Hall (13. Jh.) untergebracht. Es präsentiert die wechselvolle Geschichte der Region zur Zeit des Mittelalters.

Blick über den Fluss Suir auf Waterford

Hotels und Restaurants in Südost-Irland siehe Seiten 297f und 311–313

Waterford Crystal Visitor Centre

The Mall. (051) 317 000.
Nov–Feb: Mo–Fr 9.30–15.15 Uhr; März–Okt: tägl. 9–16.15 Uhr.
24.–27. Dez.
waterfordvisitorcentre.com

Bei einem Besuch des Waterford Crystal Visitor Centre erhält man einen Einblick in die Methoden der Glasherstellung.

1783 wurde die Fabrik von den Brüdern George und William Penrose gegründet, die sich wegen des Hafens für Waterford entschieden. Lange genoss ihr Kristall den besten Ruf. Drakonische Steuern veranlassten die Firma jedoch, 1851 zu schließen. 1947 öffnete eine neue Fabrik südlich der Stadt. Glasbläser und -schleifer vom Kontinent unterweisen die hiesigen Lehrlinge. Die Konkurrenz von Tipperary und Galway Crystal schmälerte in den frühen 1990er Jahren die Umsätze, doch dank zunehmender Nachfrage auf dem amerikanischen Markt stiegen die Absatzzahlen wieder.

Nach Schließung der Fabrik und des Besucherzentrums 2009 wurde eine Übereinkunft getroffen, um die Zukunft des Kristalls in Waterford zu sichern. Während ein Großteil der Herstellung nun anderswo stattfindet, können Besucher nach wie vor in einer Minifabrik auf dem ESB-Gelände die Herstellung von repräsentativen Stücken verfolgen. Das Besucherzentrum bietet Touren, bei welchen man Interessantes über die 225 Jahre alte Glastradition erfährt. Angeschlossen ist ein Laden, in dem man Waterford-Kristall kaufen kann.

Handwerker der Kristallfabrik in Waterford bei der Arbeit

Infobox

Information
Straßenkarte D5. Karte G11.
Co Waterford. 48 000.
120 Parade Quay, (051) 875 823. Waterford Spraoi (Aug.).
discoverireland.ie/southeast

Anfahrt
10 km südl. Plunkett Station, The Bridge, (051) 873 401.
The Quay, (051) 879 000.

Der Hafen von Ballyhack jenseits des Suir

Umgebung: Im kleinen Hafen **Passage East**, zwölf Kilometer östlich von Waterford, landeten 1170 die Normannen *(siehe S. 40)*, doch längst ist es um den Ort still geworden. Eine Autofähre verbindet das Dorf mit Ballyhack im County Wexford. Sie gewährt Blicke auf Waterfords Hafen und bringt Fahrgäste auf die Hook Peninsula *(siehe S. 152)*.

Zentrum von Waterford

① Clock Tower
② Holy Trinity Cathedral
③ Watch Tower
④ Christchurch Cathedral
⑤ Medieval Museum
⑥ Grey Friars
⑦ Reginald's Tower
⑧ Waterford Crystal Visitor Centre

Zeichenerklärung *siehe hintere Umschlagklappe*

㉑ Dunmore East

Straßenkarte D5. **Co** Waterford. **Karte** G11. 1600.

Das hübscheste Fischerdorf Waterfords verdankt seinen Charme den roten Sandsteinklippen und dem Hafen. Am Fuße der Klippen führen Wege entlang, doch die besten Ausblicke bietet die Straße, die sich vom Restaurant Azzurro am Strand zum Haven Hotel hinaufwindet. Ein Tor in der Nähe führt in einen herrlichen Garten mit Ausblick auf die Fischerboote. Der Weg die Stufen hinauf wird durch den Anblick der Klippen mit Möwenkolonien belohnt.

㉒ Hook Peninsula

Straßenkarte D5. **Karte** G11. Co. Wexford. nach Duncannon. von Passage East nach Ballyhack, (051) 382 480. Fethard-on-Sea, (051) 397 502. hooktourism.com

Die von sanften Landschaften, alten Ruinen und ruhigen Dörfern geprägte Landzunge ist ideal für eine Rundreise. Die »Ring of Hook«-Route beginnt südlich von New Ross an der **Dunbrody Abbey**, den Ruinen einer Zisterzienserkirche (12. Jh.), doch eignet sich auch **Ballyhack** als Ausgangspunkt. Der Ort war früher ein befestigter Zugang zum County Waterford und ist noch durch eine Fähre mit dem benachbarten Hafen Passage East verbunden *(siehe S. 151)*. Das um 1450 vom Templerorden erbaute **Ballyhack Castle** beherbergt ein kleines Museum. Vier Kilometer weiter liegt das kleine Seebad **Duncannon** mit breitem Sandstrand und sternförmigem Fort, das 1588 zum Schutz gegen die Spanische Armada entstand.

Nach Süden führt die Küstenstraße nach **Hook Head**. Hier thront seit 1172 der wohl älteste Leuchtturm der Welt. Pfade säumen die Küste, an der es Seevögel, Robben und Versteinerungen gibt.

Nur zwei Kilometer östlich liegt das malerische **Slade**. Den Fischereihafen überragt **Slade Castle**, ein Turmhaus aus dem 15. Jahrhundert. Die Straße führt weiter an der zerklüfteten Küste entlang, vorbei an dem Seebad Fethard-on-Sea zu den spektakulären Ruinen von **Tintern Abbey**. William Marshall, Earl of Pembroke, gründete im 13. Jahrhundert das Zisterzienserkloster. Über Felder gelangt man zu einer Steinbrücke mit Blick auf die **Bannow Bay**, in der 1169 Normannen gelandet sein sollen.

Der geschäftige Fischereihafen von Dunmore East

Dunbrody Abbey
Campile. (051) 388 603. Mai–Sep: tägl. 11–18 Uhr.

Ballyhack Castle
Ballyhack. (051) 389 468. Ende Juni–Aug: Sa–Mi 10.30–17 Uhr.

Tintern Abbey
(051) 562 650. tägl. 10–17 Uhr. Mai–Okt: tägl.

Normannischer Leuchtturm in Hook Head, Halbinsel Hook

㉓ New Ross

Straßenkarte D5. **Karte** G10. Co Wexford. 6000. South Quay, (051) 421 857. Di. experiencenewross.com
Galley Cruising Restaurants The Quay, (051) 421 723. Apr–Okt.

Die Stadt am Ufer des Barrow ist eine der ältesten des County. Ihre Bedeutung verdankt sie dem Hafen. Im Sommer herrscht auf dem Fluss reger Betrieb. Die Galley Cruising Restaurants bedienen den Barrow wie auch Nore und Suir. Am South Quay liegt **The Dunbrody Famine Ship**, die maßstabsgetreue Rekonstruktion eines Frachtschiffs. Die vom Kai steil ansteigenden Straßen sind von traditionellen

Burgruine und Hafen von Slade auf der Halbinsel Hook

Hotels und Restaurants in Südost-Irland siehe Seiten 297f und 311–313

WATERFORD UND WEXFORD | 153

Läden gesäumt. Das heutige Rathaus und frühere Zollhaus **Tholsel** besetzten die Briten während des Aufstands von 1798 *(siehe S. 44f)*. Gegenüber erinnert ein Denkmal an die Tapferkeit der irischen Rebellen im Kampf gegen die Briten.

St Mary's (13. Jh.) in der Nähe war einst die größte Gemeindekirche Irlands. Vom Original blieben ein Querschiff und mittelalterliche Grabsteine.

The Dunbrody Famine Ship
South Quay. (051) 425 239.
Apr–Sep: tägl. 9–18 Uhr (Okt–März: bis 17 Uhr).
dunbrody.com

Umgebung: Ein Ausflug den Barrow aufwärts führt 16 Kilometer weiter nördlich nach **Graiguenamanagh**. Sehenswert in der Marktstadt ist die **Duiske Abbey**, die größte Zisterzienserkirche Irlands. Das 1207 erbaute Gotteshaus ist restauriert und dient heute als Gemeindekirche. Interessante Details sind ein romanisches Portal, das Eichendach und die Überreste des mittelalterlichen Bodenbelags. Eine Statue des Ritters von Duiske mit gekreuzten Beinen gehört zu den schönsten mittelalterlichen Plastiken Irlands.

Wenn man am Nore, einem der »Three Sisters« genannten Flüsse (die beiden anderen Flüsse sind Suir und Barrow), entlangfährt, gelangt man zum idyllischen **Inistioge** in einem bewaldeten Tal. Das Dorf hat hübsche Häuschen (18. Jh.), einen mit Linden bepflanzten Platz und eine zehnbogige Brücke über den Nore. Von Inistioge aus kann man am Fluss entlang oder bis zum

Blick auf Enniscorthy und die St Aidan's Cathedral vom Vinegar Hill aus

Woodstock Gardens and Arboretum, einem geschützten Naturreservat, wandern. Die meisten Besucher genießen die entspannte Atmosphäre der Anlage für ein paar Stunden.

Auf einem Hügel zwölf Kilometer südlich von New Ross liegt ein zum **JFK Memorial Park** gehöriges Waldgebiet. In dem im Jahr 1968 nahe Dunganstown (nun **The Kennedy Homestead**) gegründeten, weitläufigen Park gibt es mehr als 4500 Baumarten, einige Naturpfade und Reitmöglichkeiten.

Duiske Abbey
Graiguenamanagh, Co Kilkenny.
(059) 972 4238. Mo–Fr.

JFK Memorial Park
New Ross, Co Wexford. (051) 388 171. tägl. Karfreitag, 25. Dez. Mai–Ende Sep.
heritageireland.ie

Enniscorthy

Straßenkarte D5. **Karte** H10. Co Wexford. 5000. The 1798 Visitor Centre, (053) 923 7596.

Die Straßen am Ufer des Slaney bewahren die Erinnerung an die turbulente Vergangenheit der Stadt. Im Jahr 1798 kam es bei Enniscorthy zum letzten Gefecht der Wexford-Pikeniere, als sie auf dem nahen **Vinegar Hill** gegen 20 000 britische Soldaten kämpften. Das **National 1798 Visitor Centre** dokumentiert diese Ereignisse mit Zeugnissen und Exponaten.

Eine weitere Attraktion ist die **St Aidan's Cathedral**, die der für seine Mitwirkung am Londoner Parlamentsgebäude berühmte A. W. N. Pugin (1812–1852) in den 1840er Jahren erbaute. Der Fluss Slaney wird von Kornspeichern, Mühlen und Keramikwerkstätten gesäumt, beispielsweise der immer noch arbeitenden Carley's Bridge (1654).

Eines der vielen Pubs von Enniscorthy ist die fast ganz aus Holz erbaute Antique Tavern *(siehe S. 326)*, die mit bei der Schlacht auf dem Vinegar Hill 1798 verwendeten Spießen dekoriert ist.

National 1798 Visitor Centre
Millpark Road. (053) 923 7596.
Apr–Sep: Mo–Fr 9.30–17 Uhr; Okt–März: Mo–Fr 10–16, Sa, So 12–17 Uhr.
1798centre.ie

St Aidan's Cathedral
Main St. (053) 9235 777.
tägl. 9–18 Uhr.

Der Binnenhafen von New Ross vom Westufer des Barrow aus gesehen

Blick über den Hafen auf die Stadt Wexford

❷⑤ Irish National Heritage Park

Straßenkarte D5. **Karte** H11. Ferrycarrig, Co Wexford. ((053) 912 0733. ☐ Mai–Aug: 9.30–18.30 Uhr (Sep–Apr: bis 17.30 Uhr). ● Weihnachtswoche. März–Okt. inhp.com

Der Park auf einem früheren Sumpfgelände nahe Ferrycarrig nördlich von Wexford ist ein eindrucksvolles Freilichtmuseum. Nachbauten alter Häuser und Begräbnisstätten vermitteln einen Eindruck der Geschichte Irlands *(siehe S. 36f)*. Die Abteilung über die Kelten ist besonders interessant. Die Wikingerwerft mit einem Kaperschiff und einer Wassermühle (7. Jh.) ist auch einen Besuch wert.

❷⑥ Wexford

Straßenkarte D5. **Karte** H11. Co Wexford. 17 000. Quay Front, (053) 912 3111. discoverireland.ie/southeast

Wexfords Name kommt vom nordischen *Waesfjord* (schlammige Mündung). Der Ort war einst ein blühender Hafen. Seit viktorianischer Zeit verlor er allerdings wegen Versandung an Bedeutung. Die Wexforder Kais, an denen die Schiffe früher nach Bristol, Tenby und Liverpool ablegten, werden heute vornehmlich von Booten für den Muschelfang genutzt.

Wexford ist eine ansprechende Stadt mit hübschen Pubs, einer bunten Kunstszene – und sprachlichen Eigentümlichkeiten. Der von den frühen Siedlern gesprochene Yola-Dialekt färbt bis heute die Aussprache.

In Wexford sind nur wenige Spuren der Vergangenheit erhalten. Die Fischgrätanlage der Stadt – mit der Main Street und den davon abzweigenden engen Gassen – geht auf die Wikinger zurück. Die Keyser's Lane, die die South Main Street mit dem Paul Quay verbindet, ist eine tunnelartige Gasse, die früher zum Anlegeplatz führte. Die Normannen errichteten die Wexforder Stadtmauer, zu deren Resten eines der alten Tore gehört. Dahinter liegt die **Selskar Abbey**, die Ruine eines Augustinerklosters aus dem 12. Jahrhundert. Henry II soll hier wegen der Ermordung von Thomas Becket Buße getan haben.

Wexford besitzt zudem hübsche Gebäude aus späteren Perioden, etwa die Markthalle (heute ein Kunstzentrum) **Cornmarket** (18. Jh.) an der Main Street. Der nahe gelegene **Bull-Ring-Platz** ist historisch bemerkenswert, weil in normannischer Zeit hier Bullenhatzen stattfanden und Cromwells Leute 1649 an der Stelle ein Gemetzel unter den Einwohnern anrichteten.

Das Wexforder Opernfestival im Oktober ist das führende Opernereignis des Landes. Es findet im **Wexford Opera House** auf dem Gelände des alten Royal Theatre statt. Fans rühmen die intime Atmosphäre während und nach den Vorstellungen, wenn Künstler und Zuhörer in den Pubs zusammentreffen. Das Centenary Stores nahe der Main Street ist eines der beliebtesten.

Umgebung: Östlich der Stadt liegt das 100 Hektar große, für seine Gänse berühmte **Wexford Wildfowl Reserve**: Mehr als ein Drittel der Weltpopulation an Weißbrust-Grönlandgänsen überwintert hier von Oktober bis April.

Die Schlammtümpel locken Schwäne und Stelzvögel an und sind ein ergiebiges Jagdrevier für Greifvögel. Man kann die Tiere von einigen Unterständen, einem Aussichtsturm oder im Rahmen einer geführten Bootstour beobachten.

Wexford Opera House
High Street. ((053) 912 2400. wexfordoperahouse.ie

Wexford Wildfowl Reserve
Wexford. ((053) 912 3406. ☐ tägl. am Wochenende.

Bootsausflüge
Harbour Thrills, Seaview, Murrintown. ((085) 732 9787.

❷⑦ Johnstown Castle

Straßenkarte D5. **Karte** H11. Co Wexford. ((053) 914 2888. nach Wexford. **Gärten** ☐ Mai–Sep: tägl. 9–16.30 Uhr (im Sommer bis 17.30 Uhr). ● 24., 25. Dez.

Das neogotische Herrenhaus liegt sechs Kilometer südwestlich von Wexford. Es ist seit 1945 in staatlicher Hand und

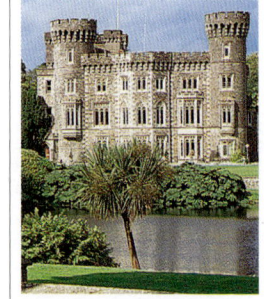

Schild eines Pubs in Wexford

Fassade von Johnstown Castle

Hotels und Restaurants in Südost-Irland *siehe Seiten 297f und 311–313*

WEXFORD | 155

Halbkreisförmiger Sandstrand bei Rosslare

für die Öffentlichkeit nicht zugänglich. Besichtigt werden kann dagegen das **Irish Agricultural Museum** im Wirtschaftstrakt. Modelle veranschaulichen traditionelles Gewerbe, und es gibt eine Ausstellung zur Hungersnot. Weitere Schwerpunkte sind Dorfhandwerk und Küchen.

Das Prachtvollste an Johnstown Castle sind die italienischen Gärten mit Seen und Ziersträuchern. Außer Japanischen Zedern, Redwoods und Kiefern blühen Azaleen und Kamelien. An den Seen leben u. a. Höckerschwäne, Teichrallen, Zwergtaucher und Reiher.

In den Wäldern westlich des Gebäudes verbergen sich die Ruinen des aus dem Mittelalter stammenden Turmhauses **Rathlannon Castle**.

Irish Agricultural Museum
Johnstown Castle. (053) 918 4671. Apr–Okt: tägl. 9–17 Uhr (Nov–März: bis 16 Uhr). teilweise. irishagrimuseum.ie

㉘ Saltee Islands

Straßenkarte D5. **Karte** H11. Co Wexford. von Wexford nach Kilmore Quay: Mi, Sa. von Kilmore Quay: Apr–Sep (je nach Wetter). (053) 91 29637. salteeislands.info

Die Inseln vor der Südküste von Wexford sind ein Paradies für Seevögel. Great und Little Saltee Island bilden das größte Vogelreservat Irlands und bieten u. a. Tölpeln, Möwen, Papageitauchern und Schwarzschnabel-Sturmtauchern eine Heimat. Great Saltee ist vor allem für seine Kormorankolonie berühmt. Es gibt hier auch über 1000 Paare Dreizehenmöwen. Im Frühling und im Herbst legen Zugvögel hier eine Zwischenstation ein. Die Vogelwelt der Inseln wird erforscht. Auch eine Robbenkolonie wird genau untersucht.

Die zwei unbewohnten Inseln befinden sich in Privatbesitz, doch Besucher sind willkommen. Bei schönem Wetter werden von **Kilmore Quay** aus Bootsausflüge angeboten.

Kilmore Quay ist ein auf einem präkambrischen Gneisfelsen erbautes Fischerdorf. Strohgedeckte Häuser drängen sich am Sandstrand und am Hafen.

㉙ Rosslare

Straßenkarte D5. **Karte** H11. Co Wexford. 2000. Kilrane, Rosslare Harbour, (053) 912 3111. rosslareharbour.ie

Nach dem Niedergang des Wikingerhafens in Wexford übernahm Rosslare dessen Rolle. Der Hafen ist so bekannt, dass viele Leute bei seinem Namen mehr an Fähren nach Wales und Frankreich denken als an die Stadt acht Kilometer nördlich.

Die Stadt zählt zu den am meisten von der Sonne verwöhnten Orten in Irland, lockt aber nicht nur wegen des günstigen Klimas zahlreiche Besucher an. Hauptattraktion ist sicher der rund 9,5 Kilometer lange, gepflegte Strand. Darüber hinaus gibt es ein paar populäre Pubs, einen exzellenten Golfplatz sowie Wanderwege zum nördlich gelegenen Rosslare Point. Das **Rosslare Watersports Centre** vermietet Equipment für Kayak und Windsurfing

Rosslare Watersports Centre
Tagoat. (053) 913 2202. rosslareholidayresort.ie

Tölpelkolonie auf den Klippen von Great Saltee Island

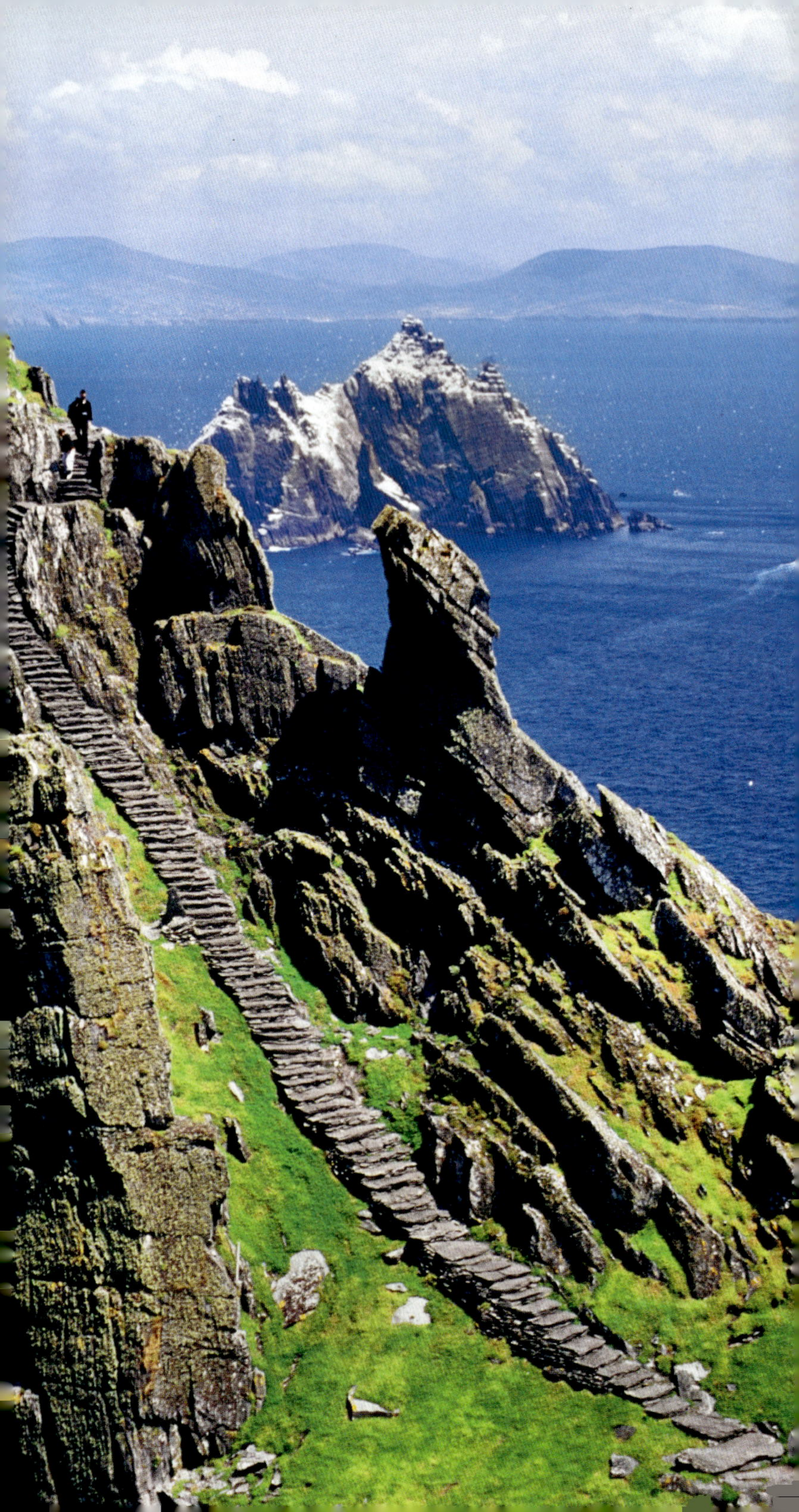

Cork und Kerry

Cork · Kerry

Seit viktorianischer Zeit lockt die herrliche Landschaft Besucher an. Felsmassive ragen in den Atlantik hinaus. Im Schutz der Buchten liegen farbenfrohe Fischerdörfer. Das County Kerry bietet spektakuläre Landschaften und zahllose prähistorische und frühchristliche Fundstätten, während der sanftere Charakter des County Cork schon so manchen Besucher zum Bleiben verführte.

Killarney und seine Seen ziehen Besucher ebenso an wie die hübschen Küstenstädte und -dörfer in Cork. Die Gegend ist noch sehr authentisch – insbesondere in den gälischsprachigen Nischen leben viele traditionsbewusste Menschen. Das Handwerk besitzt hier eine lange Tradition.

Dieser Teil von Irland hatte früher den engsten Kontakt zum Festland. Aus Angst vor französischen und spanischen Invasionen bauten die Engländer im 17. Jahrhundert an der Küste Corks mehrere Festungen, darunter auch das mächtige Charles Fort in Kinsale.

Im 19. Jahrhundert kamen viele Menschen während der Hungersnot *(siehe S. 223)* nach Cork und schifften sich von Cobh aus nach Amerika ein. Die Bedeutung Corks als Hafenstadt hat seitdem zwar augenscheinlich abgenommen, doch sie ist noch immer die zweitwichtigste Stadt der Insel mit einem aufregenden Kulturleben.

Kerry wurde wegen seiner traditionellen Missachtung der Herrschaft Dublins auch »das Königreich« genannt. Die Iren erkennen die Bewohner von Kerry – über die zahlreiche Witze kursieren – an ihrer Lebenslust.

Diese facettenreiche Gegend bietet einige der schönsten Landschaften des Landes. Typisch für Cork sind grüne Täler und eine idyllische Küste, Kerry ist deutlich zerklüfteter und bergiger. Schönheit und Zauber der Natur erlebt man insbesondere entlang dem insgesamt rund 2500 Kilometer langen Wild Atlantic Way *(siehe S. 342)*, der auch durch diese Gegend führt. Die Inseln vor der Küste Kerrys wirken ungastlich, aber viele waren früher bewohnt. Im 6. Jahrhundert befand sich auf der abgelegenen Felseninsel Skellig Michael ein christliches Kloster. Die Inseln sind Lebensraum einer artenreiche Tierwelt.

Papageitaucher auf der Insel Skellig Michael vor der Küste Kerrys

◀ Die berühmte Steintreppe zum Kloster Skellig Michael, County Kerry *(siehe S. 168f)*

/ 158 | DIE REGIONEN IRLANDS

Überblick: Cork und Kerry

Killarney ist ein beliebter Ausgangspunkt für die Erkundung Corks und Kerrys, vor allem für die Ring-of-Kerry-Tour und Fahrten zu den archäologischen Fundstätten der Dingle Peninsula. Trotz des unbeständigen Wetters locken die spektakulären Landschaften und die üppige Natur viele Besucher an. Wenn Sie in ruhigen Fischerdörfern und eleganten Städten wie Kenmare anhalten, werden Sie von den Einheimischen stets freundlich begrüßt. Outdoor-Fans finden reichlich Möglichkeiten zum Reiten, Wandern oder Radfahren. Die Stadt Cork mit ihren Kunstgalerien und Kunsthandwerksläden besitzt kosmopolitisches Ambiente.

Die Mauern von Ross Castle bei Killarney spiegeln sich im Lough Leane

In Cork und Kerry unterwegs

Zur Erkundung der Gegend ist ein Auto unverzichtbar. Die N22 verbindet Cork, Killarney und Tralee; die N71 führt an der Küste entlang über Clonakilty und Bantry nach Killarney. In abgelegeneren Gebieten sind die Schilder bisweilen nur auf Gälisch beschriftet. Von Killarney aus gibt es Busausflüge. Die Zugverbindung Cork–Dublin ist gut. Auch Killarney ist an Cork und Dublin per Bahn angebunden, man muss eventuell unterwegs umsteigen. Busse verkehren ebenfalls in der Region, oft aber nur zu den Hauptsehenswürdigkeiten.

Weitere Zeichenerklärungen *siehe hintere Umschlagklappe*

Sehenswürdigkeiten auf einen Blick

1. Carrigafoyle Castle
2. Ardfert Cathedral
3. Tralee
4. Dingle (An Daingean)
5. Gallarus Oratory
7. Killarney
8. *Lakes of Killarney S. 166f*
9. Valentia Island
10. The Skellig Islands
12. Kenmare
13. Beara Peninsula
14. Garnish Island
15. *Bantry House S. 172f*
16. Bantry Bay
17. Mizen Head
18. Baltimore
19. Drombeg Stone Circle
20. Clonakilty
21. Timoleague Abbey
22. River Lee
23. Blarney Castle
24. *Kinsale S. 176f*
25. *Cork S. 178–180*
26. River Blackwater
27. Cobh
28. Old Midleton Distillery
29. Youghal

Touren
6. Dingle Peninsula
11. Ring of Kerry

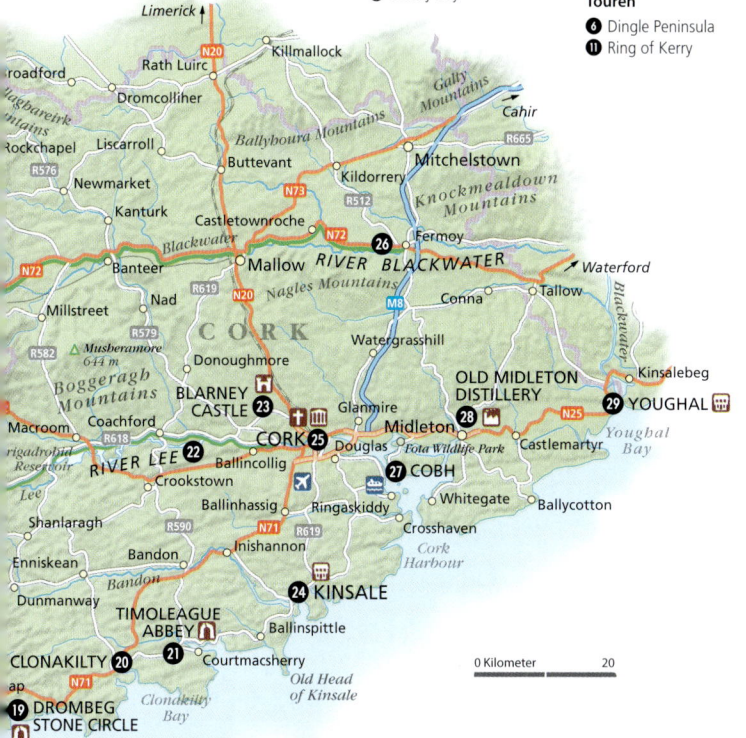

Grasendes Vieh nahe der Ardfert Cathedral

Legende
- Autobahn
- Schnellstraße
- Hauptstraße
- Nebenstraße
- Panoramastraße
- Eisenbahn (Hauptstrecke)
- Eisenbahn (Nebenstrecke)
- County-Grenze
- Gipfel

Newman's Mall in Kinsale

Die Ardfert Cathedral und die Ruinen von Teampall na Hoe und Teampall na Griffin

❶ Carrigafoyle Castle

Straßenkarte B5. **Karte** C10. Co Kerry. 🚌 nach Listowel.

Oberhalb der Shannon-Mündung, drei Kilometer von Ballylongford entfernt, thront die Burg Carrigafoyle aus dem 15. Jahrhundert, Sitz des O'Connor-Clans, der einen Großteil des nördlichen Kerry beherrschte. Die Engländer belagerten oder plünderten sie wiederholt. Die Truppen Cromwells zerstörten sie im Jahr 1649 dann endgültig *(siehe S. 43)*. Zu den Ruinen gehören ein Burghof und ein Turm.

Ruinen von Carrigafoyle Castle

❷ Ardfert Cathedral

Straßenkarte A5. **Karte** C10. Co Kerry. 📞 (066) 713 4711. 🕐 Ostern–Mitte Sep: tägl., sonst auf Anfrage. 🅿 ♿ 🌐 **heritageireland.ie**

Der Kirchenkomplex ist dem hl. Brendan, dem Seefahrer *(siehe S. 219)*, geweiht, der 484 in der Nähe zur Welt kam und im 6. Jahrhundert hier ein Kloster gründete. Die zerfallene Kathedrale ist aus dem 12. Jahrhundert. Ein romanisches Portal und die Blendarkaden sind erhalten. Die Zinnen wurden im 15. Jahrhundert hinzugefügt. Das südliche Querschiff zeigt eine Ausstellung über die Geschichte der Kathedrale. Auf dem Friedhof stehen Überreste der romanischen Kirche Teampall na Hoe und die gotische Kapelle Teampall na Griffin.

In der Nähe finden sich auch die Ruinen eines 1253 von Thomas Fitzmaurice gegründeten Franziskanerklosters. Der Kreuzgang und die südliche Kapelle stammen aus dem 15. Jahrhundert.

Umgebung: Nordwestlich von Ardfert liegt **Banna Strand**, wo der irische Patriot Roger Casement 1916 mit einem deutschen U-Boot Waffen für den Osteraufstand anlandete *(siehe S. 48f)*. An seine Festnahme erinnert ein Denkmal.

20 Fahrminuten nördlich von Ardfert, in Ballyduff, steht der 28 Meter hohe **Ratoo Round Tower**. Von dem im 10. oder 11. Jahrhundert erbauten Wachturm aus sollte frühzeitig vor Angriffen der Wikinger gewarnt werden. Den Turm, der zu den schönsten in Irland gehört, schmückt ein Steinrelief.

❸ Tralee

Straßenkarte B5. **Karte** C11. Co Kerry. 👥 21 000. 🚍 🚌 ℹ Ashe Memorial Hall, Denny St, (066) 712 1288. 📅 Fr. 🌐 **discoverireland.ie/southwest**

Die Heimat des renommierten Rose of Tralee International Festival *(siehe S. 53)* wendet große Mühe auf, ihr Kultur- und Freizeitangebot zu vermarkten. Hauptattraktion ist das **Kerry County Museum** mit dem Themenpark Königreich Kerry und drei Ausstellungen: einer audiovisuellen Schau über die Landschaften Kerrys, archäologischen Funden und einer Zeitreise durch das mittelalterliche Tralee.

Das **Siamsa Tíre** National Folk Theatre leistet viel für die Erhaltung der irischen Kultur. Im Sommer finden hier traditionelle Gesangs- und Tanzdarbietungen statt.

Steam Railway auf der Strecke zwischen Tralee und Blennerville

Hotels und Restaurants in Cork und Kerry *siehe Seiten 298f und 313–316*

Außerhalb liegt die **Blennerville Windmill** (1800), Irlands größte noch betriebene Windmühle. Im Lee Valley Park gegenüber gibt es ein Besucherzentrum, einen See sowie Wander- und Radwege. Die **Steam Railway** verbindet Blennerville mit Tralee. Von Ballyard fährt die Bahn zur Windmühle.

Kerry County Museum
Ashe Memorial Hall, Denny St. (066) 712 7777. Jan–Mai, Sep–Dez: Di–Sa 9.30–18 Uhr; Juni–Aug: Mo–Fr 9–17.30, Sa, So 10–17 Uhr. eine Woche zu Weihnachten.

Siamsa Tíre
Town Park, Denny St. (066) 712 3055. Mai–Sep: bei Veranstaltungen.

Blennerville Windmill
(066) 712 1064. Apr–Okt: tägl.

Steam Railway
Ballyard Station. (066) 712 1064. Mai–Sep: tägl.

❹ Dingle
Straßenkarte A5. **Karte** B11. Co Kerry. 2000. Apr–Nov. Strand St, (066) 915 1188. Fr. **discoverireland.ie/southwest**

Die einst abgelegene gälischsprachige Stadt ist heute ein blühender Fischerhafen und beliebtes Ferienzentrum – mit Handwerksläden und Cafés, oft mit leichtem Hippie-Touch.

Dingle Bay ist ein hübscher Ort mit einem etwas heruntergekommenen Hafen voller Fischkutter. Die quirligen Bars am Kai bieten Musik und frisches Seafood. Star des Hafens ist der Delfin Fungi, der seit 1984 hier lebt und den man per Boot oder schwimmend besuchen kann.

Andere Meeresbewohner kann man in der Ocean World bestaunen. Die Attraktion mit atemberaubenden Unterwassertunneln präsentiert Fauna und Flora der hiesigen Küste.

Gallarus Oratory, eine frühchristliche Kirche

❺ Gallarus Oratory
Straßenkarte A5. **Karte** A11. Co Kerry. nach Dingle. (064) 663 2402. tägl. 10–18 Uhr. Apr–Sep.

Die Kirche am beschaulichen Hafen von Smerwick wurde zwischen dem 6. und 9. Jahrhundert erbaut und ist zweifellos das besterhaltene frühchristliche Gotteshaus Irlands und ein Glanzstück der erstmals von den jungsteinzeitlichen Grabbauern angewandten Kragsteintechnik: Die Steine wurden schräg gesetzt, damit der Regen besser abfließen konnte.

Fischerboote liegen am Kai von Dingle

Tour über die Dingle Peninsula

Die Halbinsel ist eine der attraktivsten Gegenden Irlands. Im Norden ragt der Brandon Mountain empor. Die Westküste bietet überwältigende Blicke aufs Meer. Bei einer Rundfahrt (die mindestens einen halben Tag dauert) sieht man faszinierende Altertümer: Festungen aus der Eisenzeit, Inschriften, Steinhütten und frühchristliche Gebetshäuser. Manche liegen auf Privatgrund. Der Eintritt kostet eventuell etwas. In Teilen der Halbinsel wird Gälisch gesprochen, insbesondere in abgelegenen Gebieten. Viele Straßenschilder und Wegweiser tragen dort nur irische Aufschriften.

Blick vom Clogher Head

Ballyferriter (Baile an Fheirtéaraigh) ⑥
Zu den Sehenswürdigkeiten dieses gemütlichen Dorfs zählen die pastellfarbenen Häuser, die Töpferei von Louis Mulcahy und ein Heimatmuseum.

Riasc (An Riasc) ⑦
Die durch Ausgrabungen freigelegte Klosteranlage aus dem 6. Jahrhundert umfasst die Überreste eines Gebetshauses, mehrere mit Kreuzen versehene Platten und eine Steinstele mit Inschriften *(siehe S. 247)*.

Blasket Centre (Ionad an Bhlascaoid) ⑤
Das Zentrum am Blasket Sound informiert die Besucher über Literatur, Sprache und Leben der Bewohner der Blasket Islands. Sie übersiedelten 1953 auf das Festland.

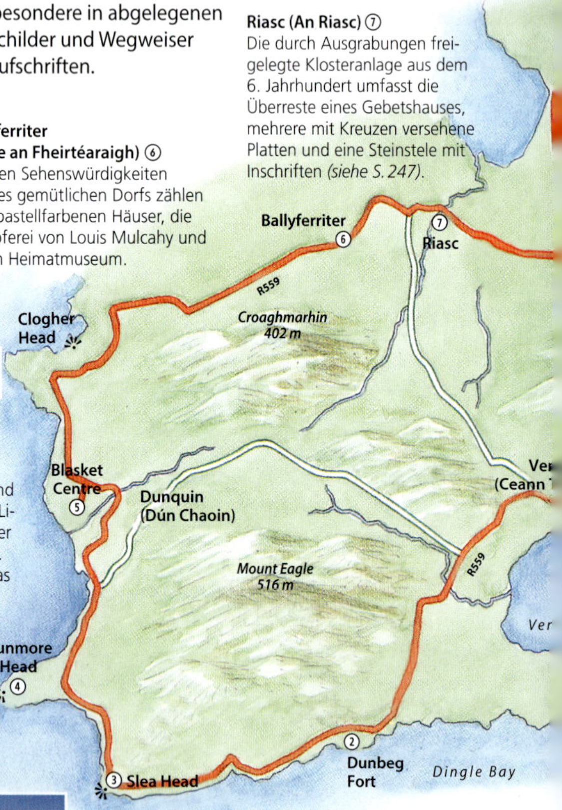

Dunmore Head (Ceann an Dúin Mhoir) ④
Der westlichste Punkt bietet schöne Blicke auf die Blasket Islands.

Slea Head (Ceann Sléibe) ③
Auf der Küstenstraße um das Vorgebirge von Slea Head kommen die Blasket Islands in Sicht. Die Kreuzigungsskulptur an der Straße nennen die Einheimischen »das Kreuz« (An Cros).

Legende
- Routenempfehlung
- Andere Straße
- Aussichtspunkt

0 Kilometer 2

Hotels und Restaurants in Cork und Kerry *siehe Seiten 298f und 313–316*

TOUR: DINGLE PENINSULA | 163

Pferdekutschen in Killarney warten auf Gäste

❼ Killarney

Straßenkarte B5. **Karte** C11. Co Kerry. 15 000. Beech Rd, (064) 663 1633. Fr.
w killarney.ie

Killarney wird zwar oft als zu touristisch abgetan, besitzt aber eine gemütliche Atmosphäre. Der Humor seiner Bewohner äußert sich am deutlichsten bei den Kutschern, die schon seit Generationen in diesem Gewerbe arbeiten. Im Sommer ist die Stadt überlaufen. Die Läden haben bis 22 Uhr geöffnet, es gibt mehrere ausgezeichnete Restaurants und einige Hotels an den Seen. Killarney ist ein guter Ausgangspunkt für Ausflüge zu den bekannten Seen *(siehe S. 166f)* und den heidebedeckten Hügeln der Umgebung.

Umgebung: Von Killarney aus erreicht man nach kurzer Fahrt das **Muckross House** mit herrlicher Aussicht auf die umliegenden Seen. Das imposante viktorianische Herrenhaus wurde im Jahr 1843 liebevoll im elisabethanischen Stil errichtet. Die eleganten Innenräume sind mit Stilmöbeln ausgestattet. Hier befindet sich auch das Heimatmuseum, das die Geschichte Südwest-Irlands vermittelt. In der nahe gelegenen Farm, Muckross House, wird Landwirtschaft noch wie in den 1930er und 1940er Jahren betrieben.

Muckross House
6 km, The National Park, südlich von Killarney. (064) 667 0144.
Juli, Aug: tägl. 9–19 Uhr; Sep–Juni: tägl. 9–17.30 Uhr.
26. Dez–2. Jan.
w muckross-house.ie

Kilmalkedar (Cill Maolchéadair) ⑨
Wo früher eine heidnische Kultstätte war, liegen die Ruinen einer irisch-romanischen Kirche mit Steinskulpturen. Auf dem Friedhof stehen heidnische Gedenksteine, ein Kreuz und eine Sonnenuhr.

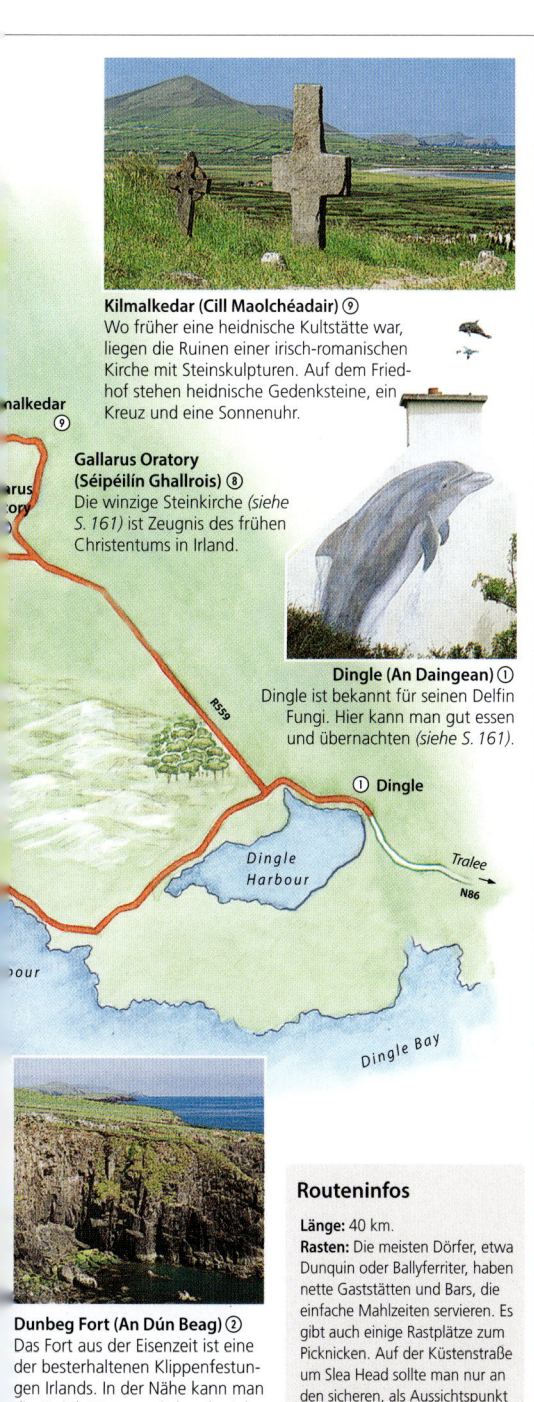

Gallarus Oratory (Séipéilín Ghallrois) ⑧
Die winzige Steinkirche *(siehe S. 161)* ist Zeugnis des frühen Christentums in Irland.

Dingle (An Daingean) ①
Dingle ist bekannt für seinen Delfin Fungi. Hier kann man gut essen und übernachten *(siehe S. 161)*.

① Dingle

Dingle Harbour

Tralee N86

Dingle Bay

Dunbeg Fort (An Dún Beag) ②
Das Fort aus der Eisenzeit ist eine der besterhaltenen Klippenfestungen Irlands. In der Nähe kann man die Steinhütten von Fahan besichtigen. Sie datieren aus der Zeit des frühen Christentums.

Routeninfos

Länge: 40 km.
Rasten: Die meisten Dörfer, etwa Dunquin oder Ballyferriter, haben nette Gaststätten und Bars, die einfache Mahlzeiten servieren. Es gibt auch einige Rastplätze zum Picknicken. Auf der Küstenstraße um Slea Head sollte man nur an den sicheren, als Aussichtspunkt markierten Stellen parken *(siehe S. 365–367)*.

Der felsenreiche Sneem River am Ring of Kerry *(siehe S. 168f)* ▶

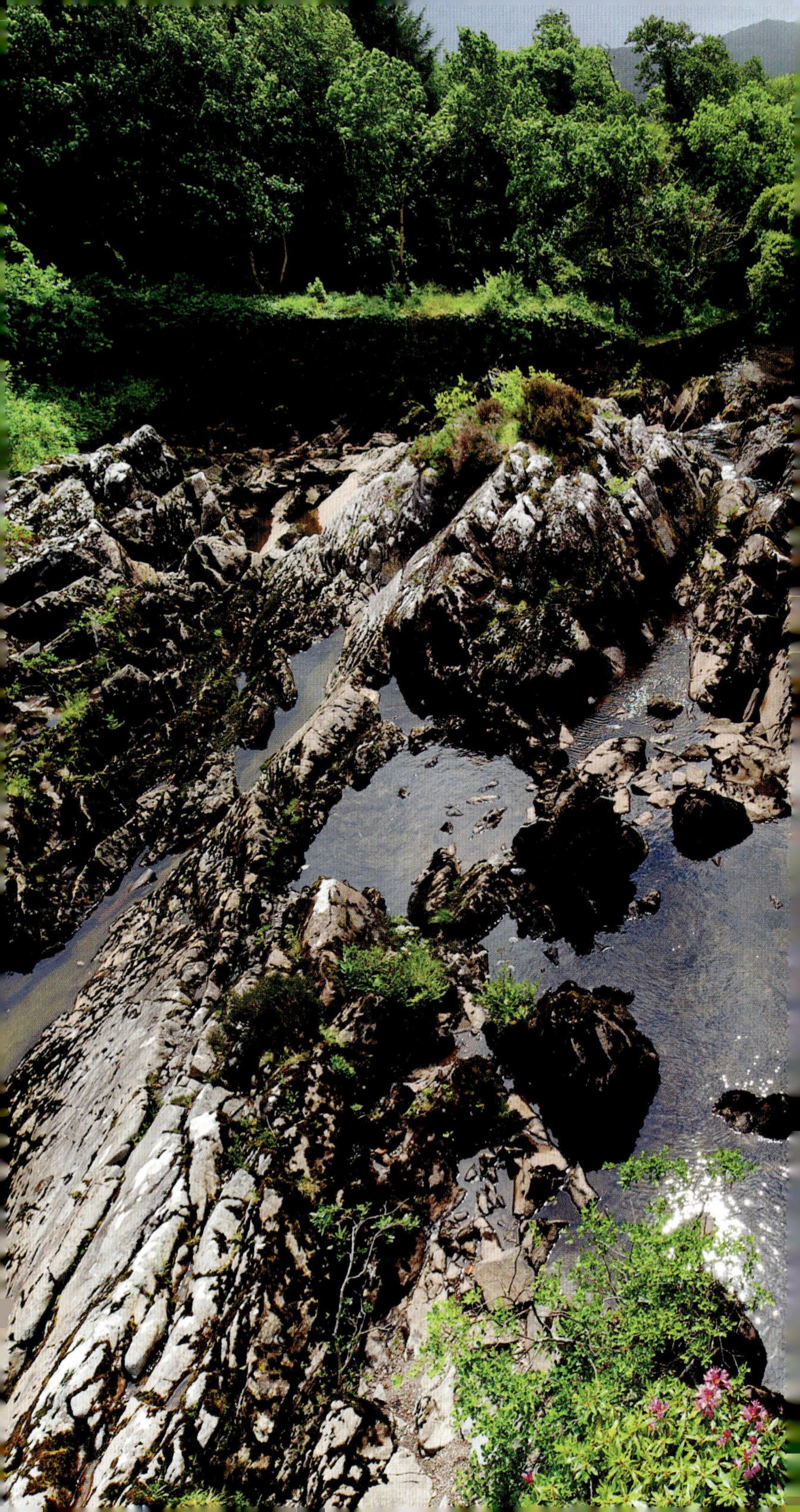

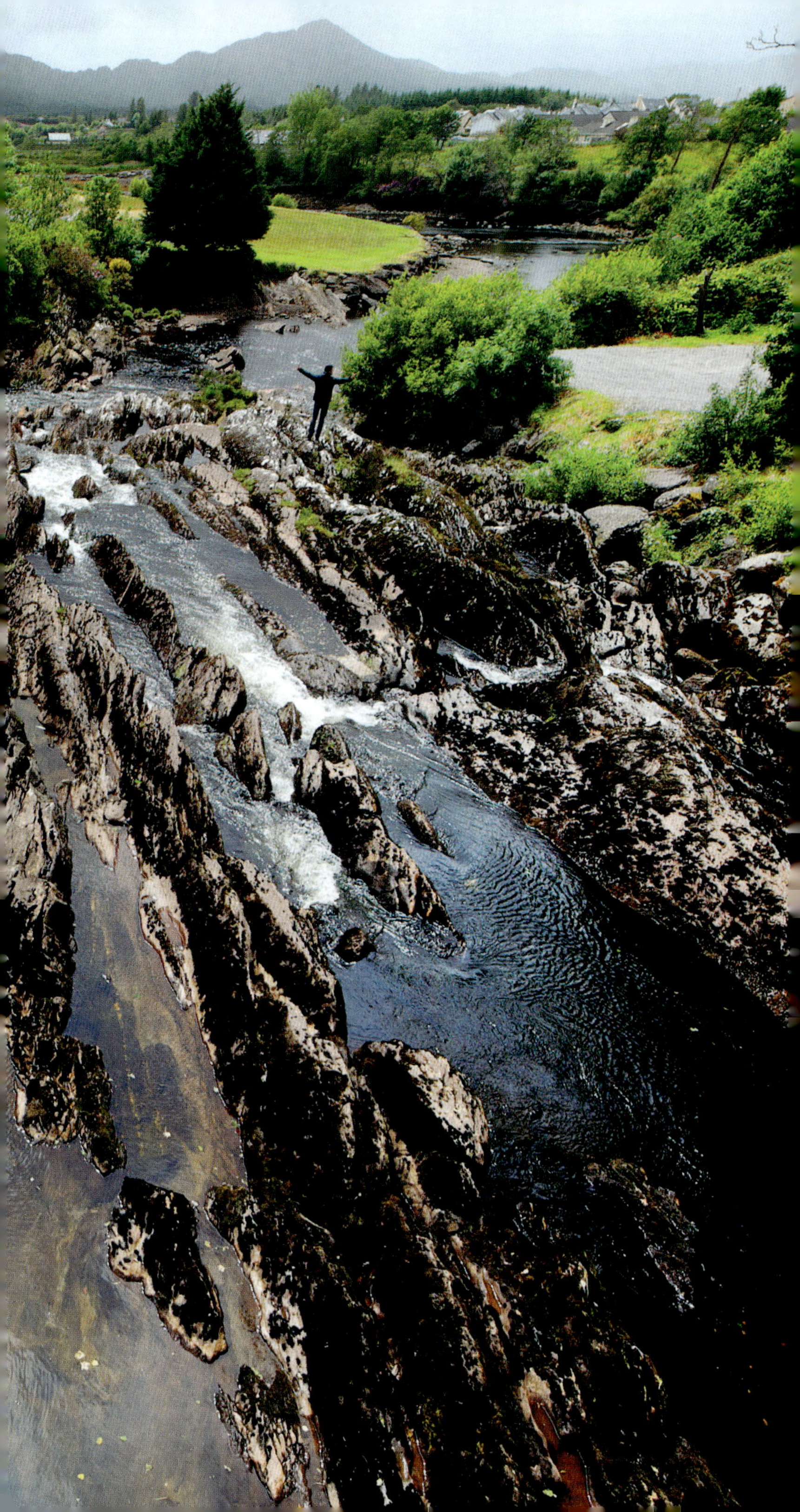

❽ Lakes of Killarney

Das wegen seiner herrlichen Landschaft berühmte Gebiet ist eine der größten Attraktionen Irlands. Die drei Seen im Nationalpark von Killarney bilden in der von Abtei- und Schlossruinen übersäten Gegend den Hauptanziehungspunkt: spiegelnde Wasserflächen mit einem Wechselspiel feiner Licht- und Farbschattierungen. Die Landschaft bezauberte viele Künstler und Schriftsteller, etwa William Makepeace Thackeray, der »einen Abgrund, bedeckt von tausend Bäumen …, und Berge, so weit das Auge reicht«, beschrieb. Im Herbst leuchten an den stillen Ufern die roten Früchte des Erdbeerbaums.

★ Gap of Dunloe
Gletscher schufen die wildromantische Schlucht. Der Weg zum Pass lockt Wanderer, Radfahrer und Reiter. Er führt an drei kleinen Seen vorbei und bietet herrliche Ausblicke auf die Schlucht.

R562 nach Killorglin *(siehe S. 168f)*

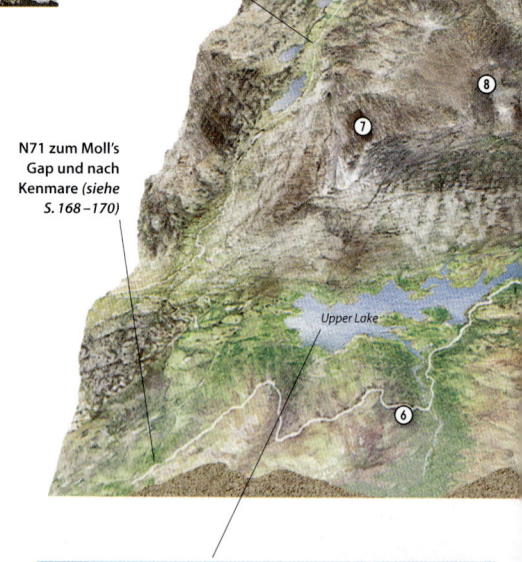

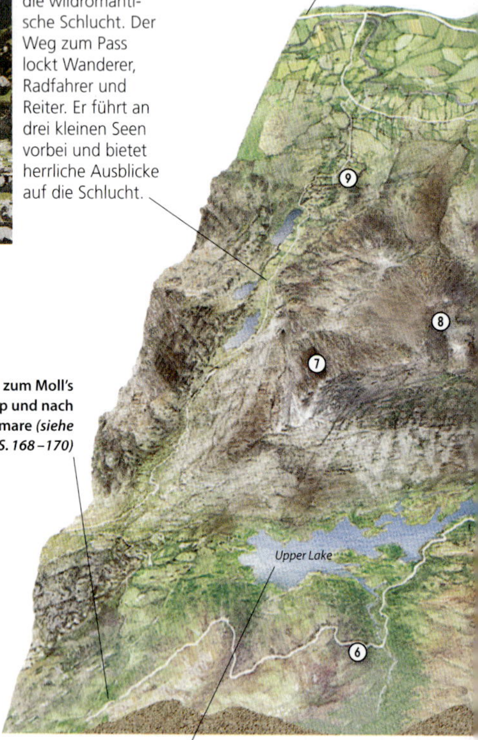

N71 zum Moll's Gap und nach Kenmare *(siehe S. 168–170)*

Upper Lake

Außerdem

① **Killarney** *(siehe S. 163)* ist der Hauptausgangspunkt für Ausflüge in das Gebiet rund um die Seen.

② **Ross Castle** wurde im 15. Jahrhundert erbaut und war die letzte Bastion der Iren gegen die Truppen Cromwells. Diese eroberten die Festung 1653.

③ **Muckross Abbey**, 1448 von den Franziskanern gegründet, wurde 1653 von Cromwells Truppen niedergebrannt.

④ **Torc Waterfall**, ein 18 Meter hoher Wasserfall, stürzt in Kaskaden durch das Friars Glen in den Muckross Lake. Ein gewundener Pfad führt zum höchsten Punkt des Wasserfalls mit Sicht auf den Torc Mountain.

⑤ **Long Range River**

⑥ **Ladies' View** verdankt seinen Namen den Hofdamen Königin Victorias, die 1861 hier die Schönheit der Landschaft bewunderten.

⑦ **Purple Mountain**, 832 m

⑧ **Tomies Mountain**, 735 m

⑨ **In Kate Kearney's Cottage** bewirtete Mitte des 19. Jahrhunderts eine lokale Schönheit Durchreisende mit illegalem Whiskey. Auch heute ist dies noch ein Pub.

Upper Lake
Er ist der kleinste der drei Seen. Der Long Range River verbindet ihn mit dem Meeting of the Waters.

Hotels und Restaurants in Cork und Kerry *siehe Seiten 298f und 313–316*

Lough Leane
Den größten der drei Seen mit seinen vielen unbewohnten Inselchen umgeben bewaldete Hänge. Von Ross Castle fährt ein Schiff zur Insel Innisfallen.

Infobox

Information
Straßenkarte B5. **Karte** C11. Killarney, Co Kerry. 🛈 Killarney, (064) 663 1633.
National Park 📞 (064) 663 1440. ⬚ Fußgänger haben durchgehend Zutritt; Autos: tägl. 8–18 Uhr (Juni–Aug: bis 19 Uhr). 🌐 killarneynationalpark.ie
Muckross House 📞 (064) 667 0144. ⬚ siehe S. 163. 🌐 muckross-house.ie
Ross Castle 📞 (064) 663 5851. ⬚ Mitte März– Mitte Okt: tägl. obligatorisch. **The Lily of Killarney** (064) 663 3358: Mai–Okt. **Kate Kearney's Cottage** 📞 (064) 664 4146. ⬚ Ostern–Okt: tägl. 9–24 Uhr; Nov–Ostern: 11–22 Uhr. 🌐 katekearneyscottage.com

Anfahrt
✈ Kerry, (066) 976 4644. 🚂 🚌 🚢 von Ross Castle: *MV Pride of the Lakes* (064) 662 7737: Apr–Okt.

N22 nach Tralee (siehe S. 160f)

Innisfallen Island

Dinis Island

Muckross Lake

★ Muckross House
Das Haus aus dem 19. Jahrhundert *(siehe S. 163)* liegt wunderschön oberhalb der Seen. Das Naturkundezentrum informiert über Flora und Fauna des Nationalparks.

Meeting of the Waters
Dinis Island bietet den schönsten Blick auf diesen Ort, an dem sich Upper Lake, Muckross Lake und Lough Leane vereinigen. An der Old Weir Bridge schießen Boote über die Stromschnellen.

0 Kilometer 2

❾ Valentia Island

Straßenkarte A5. **Karte** A12. Co Kerry. 🚌 nach Cahirciveen. 🛈 Mai–Sep: Cahirciveen, (066) 947 2589. 🌐 visitvalentiaisland.ie

Auf Valentia fühlt man sich wie auf dem Festland, und doch ist es eine Insel, die mit Portmagee durch eine Brücke verbunden ist. Die Insel ist elf Kilometer lang und bietet gute Wassersportmöglichkeiten, romantische Küsten und archäologische Stätten.

Nahe der Brücke informiert das **Skellig Experience Centre** über die Geschichte des Klosters auf Skellig Michael sowie über die Seevögel und Meerestiere der größten der Skellig Islands. Die Klippen von Skellig reichen 50 Meter tief. Das Zentrum organisiert Schiffsfahrten um die Inseln.

Valentias Hauptort **Knightstown** bietet Unterkünfte und Pubs. Den besten Blick hat man von den **Geokaun Mountain and Fogher Cliffs**, dem mit Auto oder zu Fuß erreichbaren höchsten Punkt der Insel.

Stufen zum Kloster von Skellig Michael

🏛 **Geokaun Mountain and Fogher Cliffs**
Valentia Island. 📞 (087) 649 3728.
🕐 tägl. 6–23 Uhr. ♿
🌐 geokaun.com

🏛 **Skellig Experience Centre**
Valentia Island. 📞 (066) 947 6306.
🕐 Mai–Sep: tägl.; März, Apr, Okt, Nov: tel. erfragen. ♿
🌐 skelligexperience.com

❿ The Skellig Islands

Straßenkarte A6. **Karte** A12. Co Kerry. 🚢 Mitte März–Okt: von Valentia Island. 📞 (066) 947 6306. 🌐 skelligexperience.com

Skellig Michael (Great Skellig) ist UNESCO-Welterbe. Der aus dem Atlantik ragende Felsen ist 17 Hektar groß. Ein frühchristliches Kloster thront 218 Meter hoch auf einem Felsgesims, zu dem eine über 1000 Jahre alte Treppe führt.

⓫ Tour entlang dem Ring of Kerry

Die Route um die Halbinsel Iveragh, die man im oder gegen den Uhrzeigersinn befahren kann, ist als Ring of Kerry bekannt. Sie dauert einen ganzen Tag, will man in Muße die Fischerdörfer und die Landschaft bewundern. Brechen Sie früh auf, damit Sie den Massen entgehen, die mittags oder zum Nachmittagstee die Orte bevölkern. Auch Abstecher ins Innere der Halbinsel lohnen sich.

Cahirciveen ④
Der Hauptort der Halbinsel beherbergt ein Heimatmuseum.

Glenbeigh ③
Besichtigen Sie das Kerry Bog Village, ein Museumsdorf mit Häusern aus dem 19. Jahrhundert.

Derrynane House ⑤
In dem Haus aus dem 17. Jahrhundert erinnert ein Museum an Daniel O'Connell (*siehe S. 46*), der hier einmal wohnte.

Strand bei Ballinskelligs

Legende
━ Routenempfehlung
═ Andere Straße
🚢 Boote zu den Skelligs
🌟 Aussichtspunkt

Hotels und Restaurants in Cork und Kerry siehe Seiten 298f und 313–316

Mönche suchten hier im 6. Jahrhundert Einsamkeit. Sie bauten eine Gruppe bienenkorbartiger Stein- und zwei bootsförmige Gebetshäuser. Die ohne Mörtel errichteten Bauwerke sind unbeschädigt erhalten. Die Mönche lebten auf dieser Insel völlig autark. Mit vorbeifahrenden Schiffsleuten tauschten sie Eier, Federn und Robbenfleisch gegen Getreide, Werkzeuge und Häute. Aus den Häuten fertigten sie Pergament für religiöse Schriften. Bis ins 12. Jahrhundert war das Kloster bewohnt, dann zogen die Mönche in die Augustinerpriorei von Ballinskelligs.

Heute bevölkern Skellig Michael Tausende von Seevögeln, die auf den Klippen nisten und brüten, u. a. Sturmschwalben und Papageitaucher. Die Vogelkolonien sind durchs Meer und die felsige Küste vor Räubern sicher.

Little Skellig liegt näher am Festland. Die Felswände des sieben Hektar großen Eilands ragen steil aus dem Meer. Neben vielen anderen Meeresvögeln findet man hier eine der weltgrößten Basstölpelkolonien – hier brüten ungefähr 22 000 Paare. Zudem kann man Riesenhaie, Delfine und Schildkröten beobachten.

Basstölpel vor den Felshängen von Little Skellig

Außer einem Pier auf Skellig Michael gibt es auf den Inseln keine Landungsstege. So soll verhindert werden, dass die Tiere gestört oder die Pflanzen und die archäologischen Stätten beschädigt werden.

Sofern es das Wetter erlaubt, werden Bootsausflüge um die Inseln angeboten. Skellig Michael war Kulisse von Dreharbeiten für die Filme *Star Wars: The Force Awakens* (2015) und *Star Wars: Episode VIII* (2017).

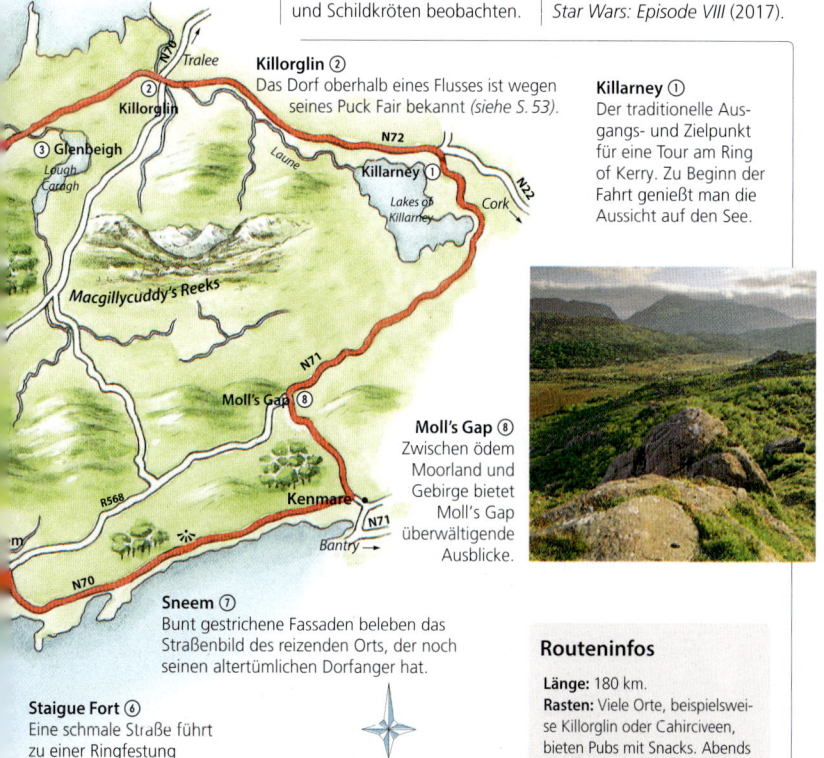

Killorglin ②
Das Dorf oberhalb eines Flusses ist wegen seines Puck Fair bekannt *(siehe S. 53)*.

Killarney ①
Der traditionelle Ausgangs- und Zielpunkt für eine Tour am Ring of Kerry. Zu Beginn der Fahrt genießt man die Aussicht auf den See.

Moll's Gap ⑧
Zwischen ödem Moorland und Gebirge bietet Moll's Gap überwältigende Ausblicke.

Sneem ⑦
Bunt gestrichene Fassaden beleben das Straßenbild des reizenden Orts, der noch seinen altertümlichen Dorfanger hat.

Staigue Fort ⑥
Eine schmale Straße führt zu einer Ringfestung *(caher)* aus der Eisenzeit, der besterhaltenen Irlands.

Routeninfos

Länge: 180 km.
Rasten: Viele Orte, beispielsweise Killorglin oder Cahirciveen, bieten Pubs mit Snacks. Abends können Sie in einem der Gourmet-Restaurants in Kenmare speisen *(siehe S. 365–367)*.

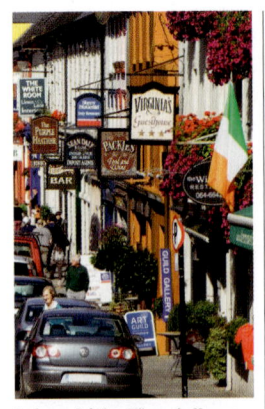

Farbenprächtige Häuser in Kenmare

⓬ Kenmare

Straßenkarte B5. Karte C12. Co Kerry. 🚗 1700. 🚌 ℹ️ Mai–Sep: The Square, (064) 664 1233. 🚢 Mi. 🌐 discoverireland.ie

Cromwells Generalinspektor Sir William Petty gründete diesen Ort 1670 an der Mündung des Sheen. Sein Nachfahre, der Marquess of Lansdowne, baute Kenmare 1775 in ein Modellstädtchen für Grundbesitzer um, geprägt durch Stuckfassaden.

Kenmare ist für Spitze bekannt. Während der Hungersnot führten Nonnen hier das Spitzklöppeln ein, um für Mädchen und Frauen einen Broterwerb zu schaffen. Es gibt auch einige gute Hotels *(siehe S. 298f)* und Gourmet-Restaurants *(siehe S. 315)*. Der Ort ist ideal als Ausgangspunkt für Fahrten über die Beara Peninsula und den Ring of Kerry *(siehe S. 168f).*

Die Market Street führt zum Fluss und dem **Druid's Circle**, einem prähistorischen Ring aus 15 Steinen, wahrscheinlich für Menschenopfer.

⓭ Beara Peninsula

Straßenkarte A6. **Karte** B12. Co Cork und Co Kerry. 🚌 nach Glengarriff (tägl.) und Castletownbere (Mo, Mi, Fr, So). ℹ️ Kenmare, (064) 664 1233.

Moorland mit verstreut liegenden Fischerdörfern ist typisch für die Halbinsel. Früher war sie Zuflucht und Anlaufstelle von Schmugglern. Die Iren machten beim Tausch von Sardinen gegen Cognac damals wohl das bessere Geschäft.

Die schöne Landschaft lädt zu Wanderungen ein. Der nicht ganz leichte Weg über den **Healy Pass** durch die Caha Mountains bietet herrliche Blicke auf die Bantry Bay und die raue Landschaft von West Cork. Westlich ragt der **Hungry Hill** empor, der bei Bergsteigern beliebte höchste Berg der Caha Mountains.

Zwischen Caha und den Slieve Miskish Mountains liegt **Castletownbere**, der Hauptort der Halbinsel. Früher nutzten Schmuggler den Naturhafen. Heute drängen sich hier Trawler. In McCarthy's Bar am Town Square steht noch der Tisch, an dem früher Familien Heiratsverträge aushandelten.

Westlich von Castletownbere liegt die Ruine von **Puxley Mansion**, dem Stammhaus der Puxleys, denen die Bergwerke in **Allihies** gehörten. Allihies, bis in die 1930er Jahre ein Zentrum des Kupferbergbaus, ist ein interessanter Ort mit ockerfarbenen Abraumhalden und dem **Allihies Copper Mine Museum**.

Eine Seilbahn fährt von der Spitze der Halbinsel nach **Dursey Island** mit Schlossruine und Seevögelkolonien. Von der für je sechs Fahrgäste oder ein großes Tier zugelassenen Kabine blickt man auf die Inseln Bull, Cow und Calf.

Auf der R757 kommt man nach Kenmare zurück. Zwei Dörfer lohnen einen Halt: **Eyeries** wegen seiner Handwerksarbeiten und bunten Hausfassaden und **Ardgroom** als Ausgangspunkt für Wanderungen durchs eiszeitliche Tal um den **Glenbeg Lough**.

🏛 **Allihies Copper Mine Museum**
Allihies. 📞 (027) 73218. 🕘 tägl. 10–17.30 Uhr. 🌐 acmm.ie

⓮ Garnish Island

Straßenkarte B6. **Karte** C12. Co Cork. 🚌 von Glengarriff, (027) 63116. Gärten 📞 (027) 63040. 🕘 Apr–Okt: tägl. teilweise. 🌐 garnishisland.com

Harold Peto gestaltete die kleine, auch Ilnacullin genannte Insel 1910 für den Belfaster

Beara Peninsula: Blick vom Healy Pass auf die Caha Mountains

Hotels und Restaurants in Cork und Kerry *siehe Seiten 298f und 313–316*

Italienischer Garten mit Zierbecken und Statue auf Garnish Island

Geschäftsmann Annan Bryce in einen exotischen Garten um. Der Park, der auf die Bantry Bay blickt, hat neoklassizistische Zierbauten und ist von üppiger subtropischer Flora bedeckt.

Besonders prächtig ist das exotische Strauchwerk im Sommer. Im Mai und Juni blühen Kamelien, Azaleen und Rhododendren. Es gibt eine Pflanzung mit neuseeländischen Farnen, einen japanischen Steingarten und eine schöne Sammlung von Bonsaibäumen. Es wird angenommen, dass der die Insel krönende Martello-Turm der erste ist, der jemals gebaut wurde. Das britische Empire baute diese Türme während der Napoleonischen Kriege.

Herzstück des Parks ist ein mit Säulen ausgestatteter Garten im italienischen Stil mit neoklassizistischer Statue und Zierbecken. Seinen Reiz verdankt er dem Kontrast zwischen der gepflegt-üppigen Vegetation und dem Blick auf das Meer und die Gebirgslandschaft. Wer Glück hat, kann auf der Überfahrt zu diesem Golfstrom-Paradies in der Bantry Bay sogar Seehunde sehen.

⓯ Bantry House

Siehe S. 172f.

⓰ Bantry Bay

Straßenkarte A6. Karte BC12. Co Cork. 🚌 nach Bantry und Glengarriff. 🛈 März–Okt: The Square, Bantry, (027) 50229. 🌐 bantry.ie Bamboo Park 📞 (027) 63007. 🌐 bamboo-park.com

Die interessantesten Orte der Bantry Bay sind **Bantry** und **Glengarriff**, Ausgangspunkte für Ausflüge nach Mizen Head und auf die Beara Peninsula. Bantry liegt an den Hügeln, die sich zur Bucht erstrecken. Das vorgelagerte **Whiddy Island** war Sitz der Familie White, die im 18. Jahrhundert ins Bantry House zog. **Bere Island** im Westen war bis zum Zweiten Weltkrieg britischer Stützpunkt. Auf der Südseite stehen noch Martello-Türme.

Glengarriff verströmt viktorianisches Flair. Im Eccles Hotel an der Küste stieg Königin Victoria gern ab. George Bernard Shaw schrieb hier wohl *Die heilige Johanna*.

Im exotischen **Bamboo Park** in Glengarriff wachsen rund 30 Bambusarten, Palmen und andere Tropenpflanzen.

⓱ Mizen Head

Straßenkarte A6. Karte B13. Co Cork. 🚌 nach Goleen. 🛈 Town Hall, North St, Skibbereen, (028) 21766. 🌐 mizenhead.net

Mizen Head, die raue Südwestspitze Irlands, besticht durch ihre steilen, sturmgepeitschten Klippen. Eine neu errichtete Hängebrücke führt über eine Kluft zum Leuchtturm und zum **Besucherzentrum**. Der Weg lohnt sich schon wegen des Blicks auf die Klippen. Unweit davon zieht der Sandstrand von **Barley Cove** Badegäste und Spaziergänger an. Etwas weiter östlich lockt **Crookhaven**, ein von bunten Häusern gesäumter Yachthafen.

Nach Mizen Head gelangt man von Bantry über Durrus oder von **Skibbereen** über **Ballydehob** an der R592 und das Dorf **Schull**, im Sommer Ausgangspunkt für Schiffsausflüge nach Cape Clear Island *(siehe S. 174)*.

🏛 Visitors' Centre

Mizen Head. 📞 (028) 35115. ◯ Mitte März–Okt: tägl.; Nov–Mitte März: Sa, So. 🌐 mizenhead.net

Die Felsklippen von Mizen Head

Bantry House

Bantry House ist seit 1739 der Wohnsitz der Familie White, der früheren Earls of Bantry. Das ursprüngliche Gebäude entstand um 1700, später wurde die der Bucht zugewandte Nordfassade angefügt. Die Innenräume sind mit erlesenen Kunstgegenständen und Möbeln ausgestattet, die der 2. Earl of Bantry auf Europareisen erwarb. Ein Highlight sind die Aubusson-Tapisserien für Marie-Antoinette anlässlich ihrer Hochzeit mit dem späteren Louis XVI. Bantry House bietet auch Bed and Breakfast an.

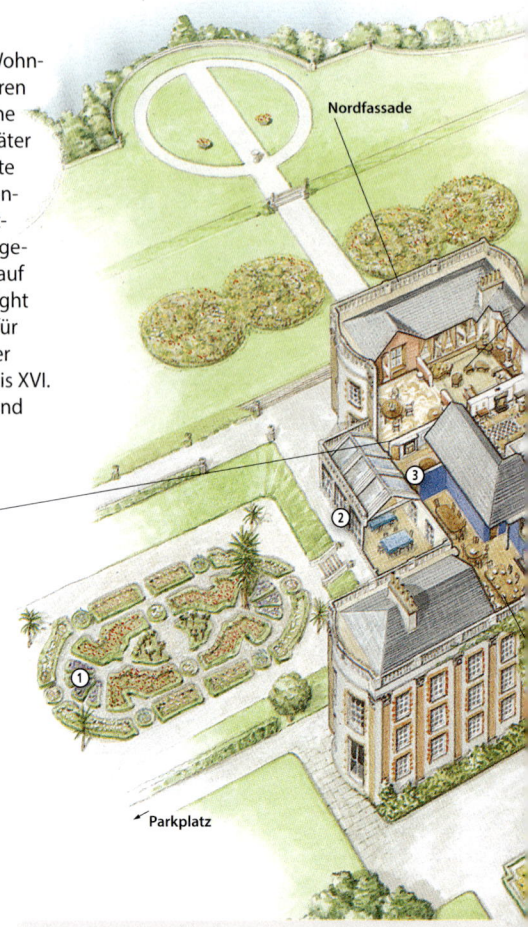

Nordfassade

Gobelin-Salon
Dieser Gobelin aus dem 18. Jahrhundert stellt *Das Bad von Cupido und Psyche* dar. In dem Raum steht auch ein Klavier aus dem frühen 19. Jahrhundert.

Außerdem

① **Der Rosengarten** wurde zu Beginn des 18. Jahrhunderts angelegt. Der 1. Earl of Bantry beschrieb ihn als »französischen Garten englischer Art«.

② **Loggia**

③ **Der Vorraum** enthält Porzellan und Drucke des 18. Jahrhunderts.

④ **Diana-Statue (1840)**

⑤ **Bibliothek**

⑥ **Die Stufen**, auch »Himmelstreppe« genannt, führen zu einer Reihe von Terrassen mit herrlichem Blick auf Herrenhaus und Bucht.

Erster Earl of Bantry (1767–1851)

Richard White, 1. Earl of Bantry, spielte eine führende Rolle bei der Verteidigung Irlands gegen die Invasion von Wolfe Tone und den United Irishmen *(siehe S. 44f)*. Tone setzte am 16. Dezember 1796 von Brest in der Bretagne mit 43 Schiffen nach Irland über. Richard White bezog mit Freiwilligen aus der Umgebung an strategisch günstigen Punkten der Bantry Bay Position. Dies erwies sich jedoch als überflüssig, da sehr schlechtes Wetter die französische Flotte zur Umkehr zwang. George III verlieh White für sein mutiges Verhalten die Peers-Würde. 1800 wurde er Viscount Bantry, 1816 Earl of Bantry.

Hotels und Restaurants in Cork und Kerry *siehe Seiten 298f und 313–316*

CORK: BANTRY HOUSE | **173**

Infobox

Information
Straßenkarte B6. **Karte** C12.
Bantry, Co Cork. (027) 50047.
Apr–Okt: Di–So 10–17 Uhr
(Juni–Aug: tägl.). 25. Dez.
teilweise.
w bantryhouse.com
Konzerte monatlich und zwei
Musikfeste im Sommer.
(027) 52788.
w westcorkmusic.ie
siehe auch **Hotels** *S. 298.*

Anfahrt
tägl. von Cork nach Bantry.

Eingangshalle

★ **Rosa Salon**
Die rosafarbenen Tapisserien des
Salons wurden um 1770 für die
Hochzeit Marie-Antoinettes mit dem
französischen Thronfolger gefertigt.

Süd-
fassade

★ **Blick auf Haus und Bantry Bay**
Bantry House thront oberhalb der
Bucht. Die Gartenterrassen hinter dem
Haus bieten eine einzigartige Aussicht
auf die Bantry Bay mit Hafen und
Whiddy Island. Die Kulisse bilden
die Caha Mountains.

★ **Blaues Speisezimmer**
Den Raum dominieren
Porträts von George III und
Königin Charlotte, die der
Hofmaler Allan Ramsay
schuf. Den spanischen
Lüster zieren Blumen aus
Meißener Porzellan.

Italienischer Garten
Der den Boboli-Gärten in Florenz
nachempfundene Park umgibt
einen klassizistisch-grotesken
Brunnen, den der 2. Earl of Bantry
Anfang der 1850er Jahre gestaltete.

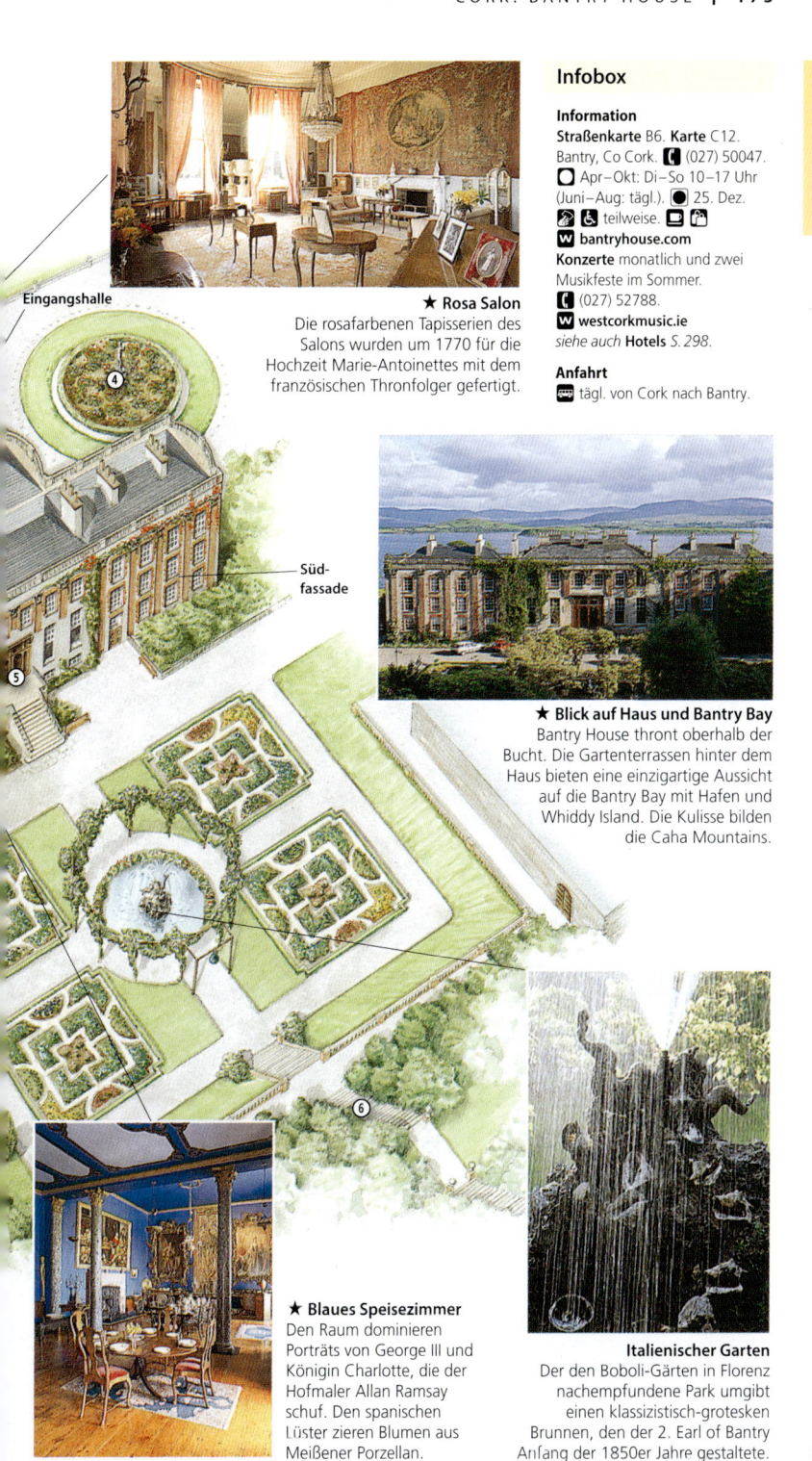

⓲ Baltimore

Straßenkarte B6. **Karte** C13. Co Cork. 🚗 300. 🚌 🚢 nach Sherkin Island, (087) 911 7377. 🌐 **sherkin island.ie/eu** nach Cape Clear Island, (028) 39159. 🌐 **cailinoir.com**

Baltimores eigenartigster Auftritt in der Geschichte geht auf das Jahr 1631 zurück, als algerische Piraten mehr als 100 Einwohner in die Sklaverei verschleppten. Heute zieht das Fischerdorf Segler und »Island Hoppers« an. Wie in Schull gibt es auch hier im Sommer eine Menge Festivals.

Oberhalb des Hafens erhebt sich die Ruine eines Schlosses (15. Jh.), die einstige Bastion des O'Driscoll-Clans. Lohnend sind die Fischrestaurants und die stimmungsvolle Bushe's Bar voller Seefahrer-Memorabilien.

Von den Pfaden hinter dem Dorf blickt man auf Carbery's Hundred Islands in der Roaringwater Bay. Ein markanter Leuchtturm dient entgegenkommenden Schiffen zur Orientierung.

Mit der Fähre erreicht man **Sherkin Island** mit Sandstränden, den Ruinen einer Abtei aus dem 15. Jahrhundert, einer Meeresstation und Pubs. Die Überfahrt nach **Cape Clear Island**, einer abgelegenen, irischsprachigen Insel, ist aufregender, da sie durch Felsen führt. Die Insel ist durch die Vogelwarte im North Harbour bekannt. Man hat hier auch fantastische Ausblicke.

Der weiße Leuchtturm von Baltimore ist weithin sichtbar

Der Drombeg Stone Circle stammt aus dem 2. Jahrhundert v. Chr.

⓳ Drombeg Stone Circle

Straßenkarte B6. **Karte** D13. Co Cork. 🚌 nach Skibbereen oder Clonakilty.

Der Steinkreis an der Straße nach Glandore (R597), 16 Kilometer westlich von Clonakilty, ist der schönste des County Cork. Er wird auf etwa 150 v. Chr. datiert. Die 17 Monolithen bilden einen Kreis von 9,50 Metern Durchmesser. Zur Wintersonnenwende fallen die Strahlen der untergehenden Sonne auf den flachen Altarstein gegenüber dem durch zwei aufrechte Steine markierten Eingang des Kreises. In der Nähe gibt es einen Bach mit einer steinzeitlichen Kochmulde *(fulacht fiadh)*, ähnlich der von Craggaunowen *(siehe S. 194)*. Das Wasser wurde mit im Feuer erhitzten Steinen zum Sieden gebracht, in der Mulde garte man so Fleisch.

⓴ Clonakilty

Straßenkarte B6. **Karte** D12. Co Cork. 🚗 4000. 🚌 ℹ️ 25 Ashe Street, (023) 883 3226. 🌐 **clonakilty.ie**

Der sehenswerte Ort wurde 1588 gegründet. Das **West Cork Regional Museum** informiert über die Geschichte der lokalen Industrie. Einige restaurierte Gebäude am Kai zeugen von der industriellen Vergangenheit des Orts. Sehenswert ist der georgianische Emmet Square.

Bis ins 19. Jahrhundert war Clonakilty für Leinen bekannt. Heute verdankt es seinen Ruf dem Black Pudding (Blutwurst), handgemalten Ladenschildern und Musik-Pubs. Nahe dem Zentrum zeigt eine Ausstellung das Clonakilty der 1940er Jahre. Östlich davon steht das neu aufgebaute **Lios-na-gCon Ring Fort** *(siehe S. 24)*. Ein Damm verbindet Clonakilty mit dem Strand von **Inchydoney**.

Clonakiltys Spezialität: Black Pudding

🏛️ **West Cork Regional Museum**
Western Rd. 📞 (023) 883 3115. 🕐 Mai–Okt (Zeiten tel. erfragen).

🏰 **Lios-na-gCon Ring Fort**
📞 (087) 059 1854. 🕐 nach tel. Anmeldung. 🌐 **liosnagcon.com**

㉑ Timoleague Abbey

Straßenkarte B6. **Karte** D12. Co Cork. 🚌 nach Clonakilty oder Courtmacsherry. 🕐 tägl. 🌐 **timoleague.ie**

Franziskaner gründeten die Abtei an der Mündung des Argideen in die Courtmacsherry Bay Ende des 13. Jahrhunderts. Die heutige Ruine wurde mehrmals vergrößert. Der älteste Teil ist der Chor der gotischen Kirche. Der Bischof von Ross fügte die jüngste Erweiterung, den Turm, im

Hotels und Restaurants in Cork und Kerry *siehe Seiten 298f und 313–316*

16. Jahrhundert hinzu. Obwohl Engländer 1642 die Abtei plünderten, sind Teile erhalten: Kirche, Krankenhaus, Spitzbogenfenster, das Refektorium und ein ummauerter Hof. Ebenso Teile von Säulengängen und Weinkeller. Dem Stil der Franziskaner entsprechend, ist die Anlage schmucklos – man darf sich aber nicht täuschen lassen. Die Mönche waren irdischen Genüssen keineswegs abgeneigt. Das Kloster verdiente am Handel mit geschmuggelten spanischen Weinen, die man aufgrund seiner Lage am damals noch schiffbaren Wasserlauf leicht an Land schaffen konnte.

Spitzbogenfenster in den Ruinen der Timoleague Abbey

㉒ River Lee

Straßenkarte B6. Karte D12. Co Cork. 🚍 nach Cork. 🛈 Cork, (021) 425 5100.

Der Lee beginnt seinen Weg durch Wälder und Ackerland nach Cork *(siehe S. 178–181)* im See des **Gougane Barra Park**. Ein Damm führt vom Seeufer zu **Holy Island**, wo der hl. Finbarr, Corks Schutzpatron, ein Kloster gründete. Höhepunkt der Festlichkeiten zu Ehren des hl. Fin Barre am 25. September ist die am folgenden Sonntag stattfindende Wallfahrt auf die Insel. Der Lee fließt durch mehrere irischsprachige Marktorte und Dörfer. Einige davon, etwa **Ballingeary**, bieten schöne Ausblicke auf den See und gute Angelmöglichkeiten. Der Ort ist wegen der irischen Sprachschule bekannt. Weiter im Osten, nahe Inchigeela, stehen die Ruinen von **Carrignacurra Castle**. Flussabwärts liegt Gearagh, ein unter Naturschutz stehendes, mit Auwäldern bewachsenes Sumpfgebiet.

Der Fluss durchquert das Sullane-Tal mit dem Marktort **Macroom**. Hier steht die Ruine einer mittelalterlichen Burg, deren Portal restauriert wurde. 1654 überließ Cromwell die Burg Sir William Penn. Auch dessen Sohn, der später die englische Kolonie Pennsylvania gründen sollte, lebte hier zeitweise.

Zwischen Macroom und Cork wird der Lee für Wasserkraftwerke genutzt, die von Stauseen und Auwäldern umgeben sind. Kurz vor Cork, am Südufer des Flusses, liegt **Ballincollig**, wo man sich die früheren Royal Gunpowder Mills ansehen kann.

㉓ Blarney Castle

Straßenkarte B5. Karte E12. Blarney, Co Cork. 📞 (021) 438 5252. 🚍 nach Cork. 🕐 tägl. ⬤ 24., 25. Dez. 🅿 🚻 nur Erdgeschoss. 🌐 **blarneycastle.ie**

Aus der ganzen Welt strömen die Besucher zu dieser Burgruine und dem legendären Blarney Stone. Den Stein zu küssen, soll Eloquenz verleihen. Er ist unterhalb der Zinnen eingemauert. Wer ihn küssen will, wird an den Füßen gepackt und hängt mit dem Kopf nach unten.

Von der Burg ist nur der 1446 errichtete Bergfried erhalten, ein für diese Zeit typisches Turmhaus *(siehe S. 24)*. Das erste Stockwerk mit Gewölben war der Große Saal.

Um die Zinnen zu erreichen, muss man den Bergfried mit über 127 Stufen erklimmen. Das Gelände bietet attraktive Spazierwege, z. B. durch ein Wäldchen mit alten Eiben und Felsformationen in Rock Close.

Blarney House, ein Herrenhaus schottischer Barone neben dem Schloss, bewohnen seit dem 18. Jahrhundert die Colthursts. Es ist nur von April bis Mitte Juni zugänglich.

Blarney liegt nur einen Spaziergang von der Burg entfernt und hat einen hübschen Dorfanger mit netten Pubs und Kunsthandwerksläden.

Die **Blarney Woollen Mills** verkaufen hochwertige Stoffe und Souvenirs.

Der zinnengekrönte Bergfried und die Turmruinen von Blarney Castle

⓴ Im Detail: Kinsale

Für viele Irland-Besucher steht Kinsale auf der Liste der Sehenswürdigkeiten ganz oben – schließlich ist es eine der schönsten Kleinstädte Irlands mit Spuren einer wechselvollen Geschichte. Die Niederlage der irischen Truppen und ihrer spanischen Verbündeten in der Schlacht von Kinsale 1601 beendete die alte gälische Ordnung. Im 17. und 18. Jahrhundert war Kinsale wichtiger Flottenstützpunkt, heute ist es beliebter Yachthafen. Auch für seine Küche ist es bekannt: Das alljährliche Festival of Fine Food lockt Feinschmecker von nah und fern an. Neben vorzüglichen Restaurants bietet die Stadt Pubs und Bars für jeden Geschmack.

Desmond Castle entstand um 1500 und wird allgemein »French Prison« genannt.

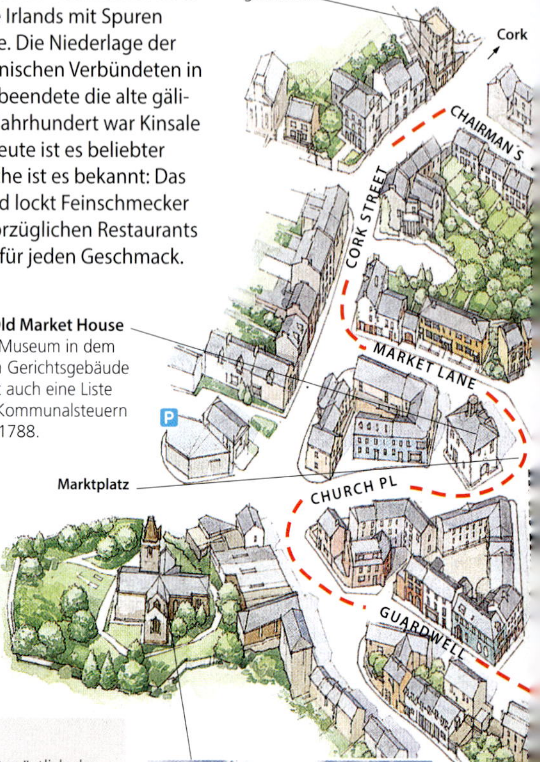

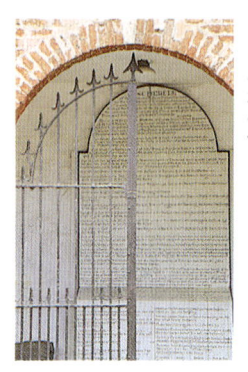

★ **Old Market House**
Das Museum in dem alten Gerichtsgebäude zeigt auch eine Liste der Kommunalsteuern von 1788.

Marktplatz

Charles Fort

Das sternförmige Fort, drei Kilometer östlich der Stadt in Summercove, ist über den ausgeschilderten Küstenweg erreichbar, der am Kai beginnt und an Scilly vorbeiführt. Die Engländer erbauten es 1677 zur Sicherung des Hafens gegen ausländische Kriegsschiffe. Gegen Angriffe von der Landseite war das Fort aber schwer zu verteidigen. So wurde es bei der Belagerung von 1690 von den Truppen Wilhelms von Oranien erobert. Militärisch genutzt wurde es noch bis 1922, als die abziehenden Briten es Irlands Regierung übergaben. Charles Fort gehört zu den schönsten sternförmigen Festungen Europas.

★ **St Multose Church**
Die stark umgebaute, nach einem Heiligen aus dem 6. Jahrhundert benannte normannische Kirche markiert das Zentrum der mittelalterlichen Stadt.

Wälle und Bastionen von Charles Fort

Legende
— Routenempfehlung

Zeichenerklärung *siehe hintere Umschlagklappe*

CORK: KINSALE | 177

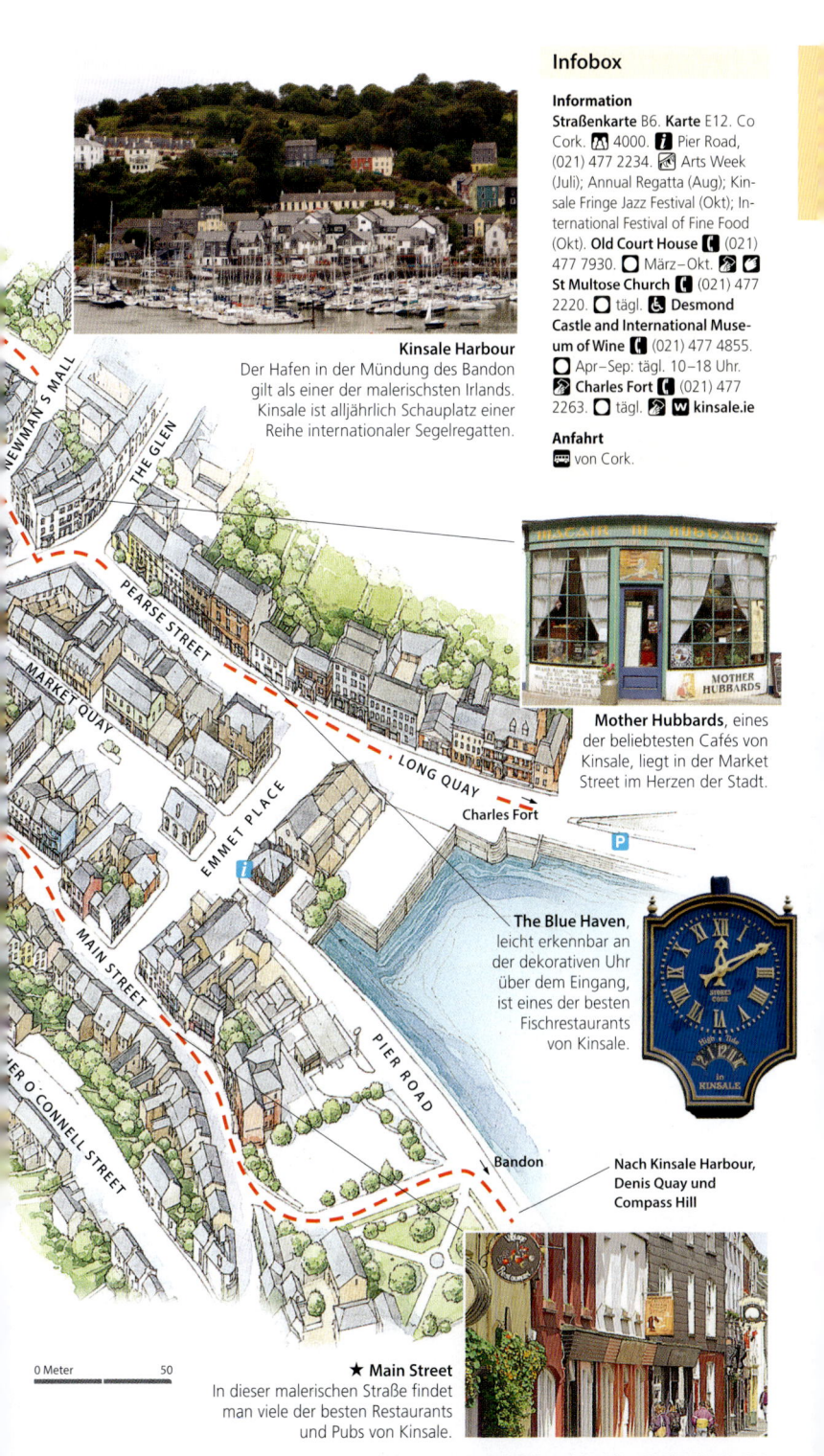

Kinsale Harbour
Der Hafen in der Mündung des Bandon gilt als einer der malerischsten Irlands. Kinsale ist alljährlich Schauplatz einer Reihe internationaler Segelregatten.

Infobox

Information
Straßenkarte B6. **Karte** E12. Co Cork. 4000. Pier Road, (021) 477 2234. Arts Week (Juli); Annual Regatta (Aug); Kinsale Fringe Jazz Festival (Okt); International Festival of Fine Food (Okt). **Old Court House** (021) 477 7930. März–Okt. **St Multose Church** (021) 477 2220. tägl. **Desmond Castle and International Museum of Wine** (021) 477 4855. Apr–Sep: tägl. 10–18 Uhr. **Charles Fort** (021) 477 2263. tägl. **w** kinsale.ie

Anfahrt
von Cork.

Mother Hubbards
Mother Hubbards, eines der beliebtesten Cafés von Kinsale, liegt in der Market Street im Herzen der Stadt.

The Blue Haven
The Blue Haven, leicht erkennbar an der dekorativen Uhr über dem Eingang, ist eines der besten Fischrestaurants von Kinsale.

Charles Fort

Bandon

Nach Kinsale Harbour, Denis Quay und Compass Hill

0 Meter   50

★ Main Street
In dieser malerischen Straße findet man viele der besten Restaurants und Pubs von Kinsale.

Hotels und Restaurants in Cork und Kerry *siehe Seiten 298f und 313–316*

㉕ Cork

Die Stadt verdankt ihren Namen dem Sumpfgebiet am Lee: Das irische *Corcaigh* bedeutet Sumpfland. Um 650 gründete der hl. Finbarr hier ein Kloster. Enge Gassen, Wasserwege und georgianische Architektur verleihen Cork eine kontinentale Atmosphäre. Seit es im 19. Jahrhundert ein Zentrum der National-Fenian-Bewegung war *(siehe S. 47)*, hat es den Ruf politischer Aufsässigkeit. Heute äußert sich dies in der Einstellung zur Kunst und dem Flair von Boheme, das vor allem während des beliebten Jazzfestivals im Oktober spürbar ist.

St Anne's Shandon
Church St. (021) 450 5906. tägl. zwei Wochen an Weihnachten. teilweise. **shandonbells.ie**

Corks Wahrzeichen erhebt sich auf den Hängen nördlich des Lee. Zwei Fassaden der 1722 erbauten Kirche bestehen aus Kalkstein, die beiden anderen aus rotem Sandstein. Die Wetterfahne auf der Turmspitze hat die Form eines Lachses. Die Einwohner Corks nennen die Turmuhr »viergesichtiger Lügner«, denn bis zu ihrer Reparatur 1986 zeigten alle vier Zifferblätter verschiedene Zeiten an. Man kann den Turm besteigen und gegen eine geringe Gebühr auch die berühmten Shandon-Glocken läuten.

Cork Butter Museum
O'Connell Square. (021) 430 0600. März–Okt: tägl. 10–17 Uhr (Juli, Aug: bis 18 Uhr); Nov–Feb: Sa, So 11–15 Uhr. **corkbutter.museum**

Das Museum widmet sich dem wichtigsten Ausfuhrprodukt Irlands. Die 1770 eröffnete Butter-Börse klassifizierte die zum Export bestimmte Butter und belieferte die britische Kriegsmarine. 1892 lag das jährliche Exportvolumen bei 500 000 Fass Butter. 1924 schloss die Börse. Nebenan befindet sich das Shandon Craft Centre, wo man Kunsthandwerkern bei der Arbeit zusehen kann.

Uhrenturm und Wetterfahne der St Anne's Shandon

Crawford Art Gallery
Emmet Place. (021) 480 5042. Mo–Sa 10–17 Uhr, Do bis 20 Uhr. Feiertage. **crawfordartgallery.ie**

Ein 1724 errichtetes Gebäude aus Kalkstein und roten Ziegeln beherbergt Corks größte Kunstgalerie. Es diente ursprünglich als Zollamt, 1850 richtete man darin eine Zeichenschule ein. Der Mäzen William Horatio Crawford erweiterte es 1884, damit Ateliers und Galerien mit Skulpturen und Gemälden Platz fanden. Es diente als Schule, bis diese 1979 umzog. Die Galerie zeigt Bilder irischer Maler der

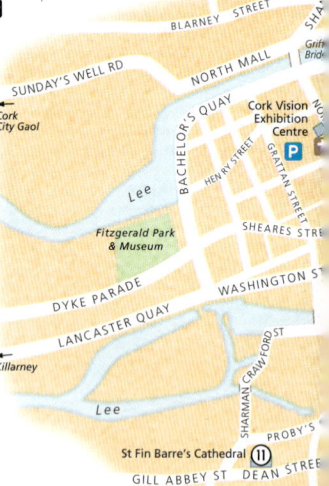

Detail des Bleiglasfensters *Begegnung des hl. Brendan mit dem unglücklichen Judas* (1911) von Harry Clarke, Crawford Art Gallery

Hotels und Restaurants in Cork und Kerry *siehe Seiten 298f und 313–316*

Zentrum von Cork
① St Anne's Shandon
② Cork Butter Museum
③ St Mary's Dominican Church
④ Crawford Art Gallery
⑤ Father Mathew Statue
⑥ English Market
⑦ National Monument
⑧ Parliament Bridge
⑨ Red Abbey
⑩ Elizabeth Fort
⑪ St Fin Barre's Cathedral

Jahrhundertwende, beispielsweise Werke von Jack Yeats, und drei Fenster von Irlands berühmtem Glasmaler Harry Clarke (1889–1931), darunter *Die Begegnung des hl. Brendan mit dem unglücklichen Judas* (1911). Sehr sehenswert ist außerdem die Sammlung mit Bildern von Joan Miró, Georges Rouault u. a.

Die Galerie ist für ihr Café bekannt, in dem Mittagsgerichte und vorzügliche Tees serviert werden. Der Raum ist mit Kunstwerken aus der Sammlung geschmückt.

Reich verzierte Decke der Apsis der St Fin Barre's Cathedral

🏠 St Fin Barre's Cathedral

Bishop Street. 📞 (021) 496 3387. 🕐 Mai–Okt: tägl.; Nov–Apr: Mo–Sa. 🎫 ⬤ 24. Dez–2. Jan. ♿ 🌐 cathedral.cork.anglican.org

In einem ruhigen Stadtviertel südlich des Lee steht die dem Gründer und Schutzheiligen Corks geweihte Kathedrale, ein 1878 nach Plänen von William Burges vollendetes dreitürmiges neogotisches Gotteshaus. Die üppig ausgeschmückte Decke der Apsis zeigt den von Engeln umgebenen Christus. Die Bleiglasfenster stellen Szenen aus dem Leben Christi dar.

🏛 Cork City Gaol

Convent Avenue, Sunday's Well. 📞 (021) 430 5022. 🕐 tägl. ⬤ 25., 26. Dez. 🎫 ♿ 🌐 corkcitygaol.com

Ein 20-minütiger Spaziergang führt zum restaurierten Stadtgefängnis westlich des Zentrums. Eine Ausstellung zeigt das Leben der Häftlinge im 19. und 20. Jahrhundert. Die Bedingungen waren miserabel, als Strafe mussten Gefangene auf einer Tretmühle Getreide mahlen. Das Gefängnisrestaurant ist ebenfalls einen Besuch wert. Das Radio Museum Experience ist im gleichen Gebäude untergebracht: Es dokumentiert die Geschichte des Radios in Irland und auf der ganzen Welt.

Infobox

Information
Straßenkarte C5. Karte E12. Co Cork. 👥 125.000. ℹ️ Tourist Office, Grand Parade, (021) 425 5100. 🎭 Cork Jazz Festival (Okt); Cork Film Festival (Okt/Nov). 🌐 corkcity.ie

Anfahrt
✈️ 6 km südl. von Cork, (021) 431 3131. 🚆 Kent Station, (021) 450 6766. 🚌 Parnell Place, (021) 450 8188.

Blick über den South Channel auf die Parliament Bridge

Zeichenerklärung siehe hintere Umschlagklappe

Überblick: Cork

Cork ist eine Wasserstadt – und darin liegt ihr Reiz. Ihr Herz ist eine von zwei Seitenarmen des Lee gebildete Insel. Viele ihrer Straßen waren einst von Lagerhäusern und Wohnsitzen wohlhabender Kaufleute gesäumte Wasserwege. Einige Brücken und Kais erinnern an holländisches Ambiente. Südlich und nördlich der Insel führen Gassen zu den aus dem 19. Jahrhundert stammenden Randbezirken. Sie bieten Blicke auf die Stadt und ihre Gebäude.

Kais

Wirtschaftlich hat der Fluss an Bedeutung verloren, dennoch spielt sich ein großer Teil des Geschäftslebens noch um die alten Kais ab. Die über einem Arm des Lee verlaufende South Mall war bis Ende des 18. Jahrhunderts ein Wasserweg. Die Boote wurden an den Steintreppen festgemacht, die zu den Wohnhäusern der Kaufleute führten. Einige davon sind noch erhalten. Darunterliegende Gewölbe führen zu den Magazinen, in denen die Waren lagerten.

Nahe der South Mall liegt die **Parliament Bridge**, die 1806 zur Erinnerung an den Act of Union entstand *(siehe S. 46)*. Die elegante einbogige Brücke errichtete William Hargrave aus Kalkstein. Sie wurde an der Stelle einer 1804 bei einer Überschwemmung zerstörten Brücke erbaut. Unweit davon, am Sullivan's Quay, trifft man sich im Quay Co-Op, einem vegetarischen Restaurant. Vom Sullivan's Quay führt eine elegante, im Jahr 1985 erbaute Fußgängerbrücke über den Fluss zum Südende der Grand Parade.

Grand Parade und St Patrick's Street

Auf dem früheren Wasserweg Grand Parade erinnert das **National Monument** an die irischen Patrioten, die zwischen 1798 und 1867 für ihr Land starben. Im Bishop Lucey Park an der Grand Parade stehen Reste der Stadtmauer und ein Torweg vom alten Kornmarkt. Zwischen St Patrick's Street und Grand Parade liegt der **English Market**, ein überdachter Obst- und Gemüsemarkt (1610). Die St Patrick's Street, Hauptschlagader der Stadt, war bis 1800 ein Wasserweg, an dessen Treppen, die zu Häusern wie Chateau Bar führten, die Boote anlegten. Am Ende der Straße, nahe der **St. Patrick's Bridge**, erinnert die **Father Mathew Statue** an den Begründer der Abstinenzbewegung.

National Monument, Grand Parade

Obst- und Gemüsestand auf dem English Market

Paul Street

Die für ihre internationalen Restaurants, schicken Bars, Buchläden und Modeboutiquen bekannte Paul Street mit ihren Seitenstraßen Carey's Lane und French Church Street bildet das Zentrum des geschäftigsten Viertels von Cork. Anfang des 18. Jahrhunderts etablierten sich hier Hugenotten als Butterexporteure, Bierbrauer und Großhändler. Dieses Viertel ist für Cork, was Temple Bar *(siehe S. 82)* für Dublin ist.

Shandon Quarter

Geht man über die Christy Ring Bridge zum Pope's Quay, steht links die **St Mary's Dominican Church** mit einem Portikus aus ionischen Säulen, gekrönt von einem riesigen Giebelfeld. Die John Redmond Street führt in den nördlichen, vom Turm von St Anne's Shandon *(siehe S. 178)* dominierten Teil Corks. Das stolze Viertel Montenotte im Nordosten verkörperte einst viktorianischen Lebensstil.

St Fin Barre's Quarter

Südlich des Flusses thront St Fin Barre's Cathedral, Wahrzeichen des Viertels *(siehe S. 179)*. **Elizabeth Fort** aus dem 16. Jahrhundert wurde 1835 zum Gefängnis und später zur Polizeistation umfunktioniert. Etwas östlich davon liegt **Red Abbey**. Die Ruine einer Augustinerabtei (13. Jh.) ist das älteste Bauwerk von Cork.

St Patrick's Quay am North Channel in Cork

Hotels und Restaurants in Cork und Kerry *siehe Seiten 298f und 313–316*

Umgebung: Einige schöne Landstriche umgeben die Stadt, v. a. entlang dem üppigen Tal des Lee *(siehe S. 175)*.

Die Landschaft des östlichen Cork ist viel sanfter als die wilde, felsige Küste von West-Cork und Kerry, der Boden wesentlich fruchtbarer. Für Tagesausflüge bieten sich in der Gegend viele lohnende Ziele an, es fehlt auch nicht an Gelegenheiten zum Wandern, Reiten und Angeln.

Blackrock Castle Observatory

Blackrock. (021) 435 7917. tägl. 10–17 Uhr. 1. Jan, 24.–26. Dez. bco.ie

1,5 Kilometer flussabwärts vom Stadtzentrum erhebt sich Blackrock Castle. Es wurde 1582 von Lord Mountjoy als Hafenbefestigung erbaut, brannte 1827 aus und wurde 1829 restauriert. Heute beherbergt die Burg ein Planetarium und eine Ausstellung über den Kosmos. Südlicher, am Carrigtwohill nahe dem Fota Wildlife Park *(siehe S. 182f)*, liegt Barryscourt Castle mit zwei unbeschädigten Türmen.

Blackrock Castle am Ufer des Lee

Barryscourt Castle

Carrigtwohill, Co Cork. (021) 488 2218. Juni–Sep: tägl. 10–18 Uhr. obligatorisch. heritageireland.ie

Die Burg war im 16. Jahrhundert Sitz der Familie Barry. Das Bauwerk wurde restauriert und im Stil der damaligen Zeit eingerichtet. Zur Burg gehört ein Turmhaus (15. Jh.), das im 16. Jahrhundert ausgebaut und umgestaltet wurde. Das

Turmhaus von Barryscourt Castle

Turmhaus an der Südwestecke der Burganlage hat einen rechteckigen Grundriss mit einem vierstöckigen Turm. Was Barryscourt von ähnlichen Turmhaus-Komplexen unterscheidet, ist der 50 Meter lange Saal im westlichen Bereich.

Great Hall und Main Hall können besichtigt werden. Im Bergfried befindet sich eine Ausstellung über irische Kunst von 1100 bis 1600. Auch der Obstgarten wurde nach dem Originalentwurf (16. Jh.) gestaltet. An der Burgmauer befindet sich ein Kräutergarten.

Desmond Castle

Kinsale. (021) 477 4855. Ostern–Mitte Sep: tägl. 10–18 Uhr (letzter Einlass 17 Uhr). heritageireland.ie

Desmond Castle, etwa 16 Kilometer südlich von Cork, wurde von Maurice Bacach Fitzgerald, dem 9. Earl of Desmond, um 1500 errichtet und gilt als perfektes Beispiel für eine städtische Turmanlage. Diese umfasst auch einen Bergfried, in dessen hinterem Bereich Lagerhäuser untergebracht sind.

Die Burg diente als Munitionsdepot, Zollhaus, Fabrik und Gefängnis, 1938 wurde sie zum National Monument erklärt. Das **International Museum of Wine** in der Burg dokumentiert die Geschichte des Weins in Irland und zeigt u. a. alte Weinflaschen.

❷ River Blackwater

Straßenkarte B5. **Karte** E11. Co Cork. nach Mallow. nach Fermoy, Mallow oder Kanturk.

Der Blackwater, nach dem Shannon *(siehe S. 189)* Irlands zweitlängster Fluss, entspringt im Hochland von Kerry. Er fließt ostwärts durch das County Cork nach Cappoquin im County Waterford, dann nach Süden und durch Sandsteinschluchten bei Youghal *(siehe S. 183)* ins Meer. Große Teile des Tals sind bewaldet. Noch bis ins 17. Jahrhundert war die ganze Gegend mit Wäldern bedeckt. Der Fluss fließt an herrlichen Landhäusern vorbei.

Berühmt ist die Gegend wegen ihrer Angelmöglichkeiten – die Nebenflüsse des Blackwater sind voller Lachsforellen. Der Blackwater Valley Drive von Youghal nach Mallow bietet die besten Ausblicke ins Tal. An der Strecke liegt die Stadt **Fermoy**, die der schottische Kaufmann John Anderson im Jahr 1789 gründete, ein Anglerparadies mit Rotaugen, Flussbarschen und Hechten. **Mallow**, westlich davon, ist ebenfalls für Angelgründe, aber auch für seine Golfplätze und Pferderennen bekannt. Die Stadt ist ein guter Ausgangspunkt für Ausflüge. Einen Abstecher lohnt **Kanturk** am Allow, eine nette Marktstadt.

Brücke mit Wehr in Fermoy am Blackwater

㉗ Cobh

Straßenkarte C6. **Karte** E12. Co Cork. 🚉 13 000. 🚌 ℹ️ Old Yacht Club, (021) 481 3612.
🌐 visitcobh.com

Cobh (gesprochen »Couv«) liegt auf Great Island, einer der drei Inseln im Cork Harbour, die jetzt miteinander verbunden sind. Die terrassenförmig angeordneten viktorianischen Häuserreihen am Hafen überragt die imposante neogotische **St Colman's Cathedral**.

Nach dem Besuch Königin Victorias 1849 wurde Cobh in Queenstown umbenannt, nahm aber 1922 wieder seinen alten Namen an. Cobh liegt an einem der größten Naturhäfen der Welt und war im 18. Jahrhundert ein wichtiger Marinestützpunkt und Handelshafen. Hier schifften sich viele irische Auswanderer nach Amerika ein.

Cobh war auch Anlaufstelle für Luxusdampfer. 1838 startete die *Sirius* von hier aus als erstes Dampfschiff über den Atlantik. 1912 war Cobh die letzte Station der *Titanic* auf ihrer Unglücksreise. Drei Jahre später versenkte ein deutsches U-Boot vor Kinsale *(siehe S. 176f)* südwestlich von Cobh die *Lusitania*. Das Mahnmal auf der Promenade gedenkt der Opfer dieses Angriffs.

Irische Auswanderer

Zwischen 1848 und 1950 emigrierten aus Irland mehr als sechs Millionen Menschen – zweieinhalb Millionen davon über Cobh. Die Hungerjahre 1845–48 *(siehe S. 223)* veranlassten Massen, den Weg über den Atlantik anzutreten, zusammengepfercht und unter unerträglichen hygienischen Bedingungen. Die meisten wollten in die USA und nach Kanada, einige nach Australien. Bis Anfang des 20. Jahrhunderts waren auf Einschiffung wartende Auswanderer in Cobh ein gewohnter Anblick. In den 1930er Jahren ließen weltweite Rezession und Einwanderungsbeschränkungen die Zahl der irischen Auswanderer zurückgehen.

Auswanderer im Hafen von Cobh, Stich aus dem 19. Jahrhundert

🏛 The Queenstown Story

Cobh Heritage Centre. 📞 (021) 481 3591. 🕐 tägl. ⬤ 22. Dez–5. Jan.
🌐 cobhheritage.com

Die Ausstellung *The Queenstown Story* in einem viktorianischen Bahnhof erzählt die Geschichte der Hafenstadt. Exponate und audiovisuelle Technik zeigen die Verschiffung von Auswanderern und Sträflingen. 1791–1853 wurden von hier aus 40 000 Häftlinge auf den »Sargschiffen« in australische Sträflingskolonien gebracht. In Kontrast dazu steht die Dokumentation über die Rolle von Cobh als Hafen für Luxusliner im Transatlantikverkehr.

Umgebung: Nördlich von Cobh liegt Fota Island mit dem Herrensitz **Fota House and Gardens** (frühes 19. Jh.). Ebenfalls auf der Insel findet sich der **Fota Wildlife Park**, wo man seltene Tiere züchtet. Der Seeadler ist eine der Tierarten, die auf diese Weise in Irland vor dem Aussterben bewahrt wur-

Hafen von Cobh mit dem die Stadt überragenden Turm von St Colman's

Hotels und Restaurants in Cork und Kerry *siehe Seiten 298f und 313–316*

den. Der Park beherbergt über 70 Tierarten, darunter Giraffen, Flamingos und Zebras. Nur die Geparden leben in Gehegen. Ein Zug verbindet die Parkteile.

Fota House and Gardens
Fota Island. (021) 481 5543. Apr–Sep: tägl. nur Haus. fotahouse.com

Fota Wildlife Park
Fota Island. (021) 481 2678. tägl. 25., 26. Dez. fotawildlife.ie

㉘ Old Midleton Distillery

Straßenkarte C5. **Karte** E12. Distillery Walk, Midleton, Co Cork. (021) 461 3594. nach Midleton. tägl. 9–18 Uhr. Karfreitag, 24., 25. Dez. nur im Sommer. jamesonwhiskey.com

Die restaurierte Whiskey-Brennerei aus dem 18. Jahrhundert gehört zu den Irish Distillers in Midleton. Bushmills *(siehe S. 270)* ist zwar die älteste irische Whiskey-Brennerei, doch Midleton ist die größte. Sie umfasst mehrere Brennereien, die alle eigene Whiskey-Sorten herstellen, u. a. Jameson.

Audiovisuelle Vorführungen, Modelle und authentische Geräte vermitteln die Geschichte des irischen Whiskeys. Ein Rundgang führt durch Mälzereien, Darren, Destillieranlagen, Kornspeicher und Lagerhäuser. Man kann bei Kostproben versuchen, zwischen verschiedenen irischen Marken und schottischem Whisky zu unterscheiden. Sehenswert ist die weltweit größte Brennblase mit mehr als 1362 Hektolitern Fassungsvermögen.

Im Hafen von Youghal vertäutes Fischerboot

Getreide-Lastwagen (um 1940) im Jameson Heritage Centre

㉙ Youghal

Straßenkarte C5. **Karte** F12. Co Cork. 7500. Market Place, (024) 92447. youghal.ie

Das historische, von Mauern umgebene Youghal (gesprochen »Yohl«) mit seinem so pittoresken wie lebhaften Fischereihafen erhielt Sir Walter Raleigh (ca. 1552–1618) von Elizabeth I. Später wurde die Stadt an den Earl of Cork verkauft. Zur Zeit des Lordprotektors Cromwell wurde sie zur befestigten Garnisonsstadt ausgebaut.

Der malerische, vierstöckige **Uhrturm** war einst Stadttor, später Gefängnis. Neben dem Turm führt eine steile Treppe auf einen gut erhaltenen Teil der mittelalterlichen Stadtmauer mit schönem Blick auf die Mündung des Blackwater. Das Tor leitet zum **Red House** in der dunklen North Main Street. Es stammt aus dem Jahr 1710. Gleich nebenan findet man elisabethanische Armenhäuser und gegenüber den Turm **Tynte's Castle** aus dem 15. Jahrhundert.

In die gegenüberliegenden Stadtmauern schmiegt sich **Myrtle Grove**, eines der wenigen in Irland erhaltenen unbefestigten Herrenhäuser aus der Tudor-Zeit. Es hat eine dreigiebelige Fassade und im Inneren eine wunderschöne Eichenholztäfelung. Bergan geht es zur gotischen **Church of St Mary** mit Grabskulpturen und Bleiglasfenstern, die die Wappen der örtlichen Familien zeigen.

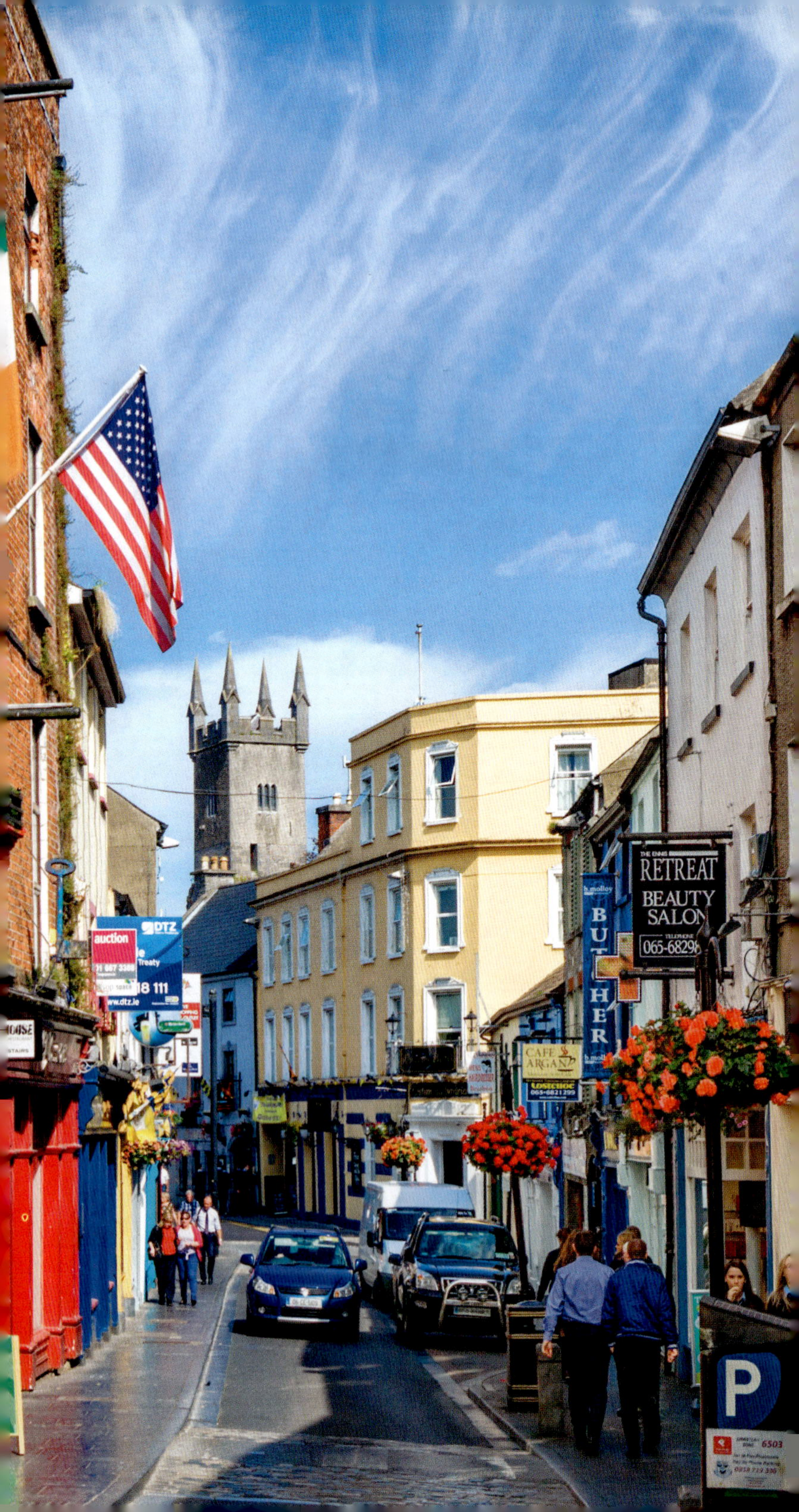

RETREAT
BEAUTY
SALON
CAFE
ARGAN
BUTCHER
auction
DTZ
P

Unterer Shannon

Clare · Limerick · Tipperary

Die drei Countys, die den Unterlauf des Shannon, des längsten irischen Flusses, säumen, sind sehr unterschiedlich – vom hügeligen Ackerland in Tipperary bis zum unwirtlichen Kalksteinplateau des Burren. Die Erholungsorte am Shannon, mittelalterliche Bollwerke und historisch interessante Städte locken viele Besucher an. Dieser Teil Irlands ist auch für sein Musikleben bekannt.

Am Shannon gab es schon in frühester Zeit Siedlungen. Man fand mehrere Steinzeitstätten, u. a. eine große Siedlung am Lough Gur im heutigen County Limerick. Seit dem 5. Jahrhundert lag das Gebiet im Herzen von Munster, einer der vier großen keltischen Provinzen. Der Rock of Cashel *(Carraig Phadraig)*, eine imposante befestigte Abtei im County Tipperary, war rund 700 Jahre lang Sitz der Könige von Munster.

Im 10. Jahrhundert drangen die Wikinger in das Shannon-Gebiet vor, zum Missfallen der gälischen Clans. Diese bauten in normannischer Zeit Festungen wie Bunratty Castle in der Nähe von Shannon Town im County Clare. Die Bauten standen den Burgen der anglo-irischen Dynastien in nichts nach. Zu den Anglo-Iren gehörten die Familie Butler, die Earls of Ormonde, die in Tipperary viel Land besaßen, und die Fitzgeralds, die bedeutendsten Grundherren im Gebiet um Limerick. Die Stadt war im Mittelalter oft Mittelpunkt der Ereignisse am unteren Shannon. 1691 belagerte das Heer Wilhelms von Oranien die Stadt, was zum Vertrag von Limerick führte und die Flucht des katholischen Adels auf den Kontinent auslöste, die sogenannte »Flight of the Wild Geese«.

Typisch für die Region ist üppiges Grasland, das sie zum führenden Gebiet der Milchwirtschaft macht. Malerische Berglandschaften bieten z. B. die Galty Mountains im südlichen Tipperary. Am bezauberndsten ist jedoch die Gegend längs der Küste von Clare, einem County, das als Zentrum traditioneller Musik bekannt ist.

Klosterruine Dysert O'Dea im County Clare mit markantem Hochkreuz (12. Jh.)

◀ Die pittoreske Abbey Street in der reizenden Stadt Ennis, County Clare *(siehe S. 193)*

Überblick: Unterer Shannon

Die Stadt Limerick ist durch ihre zentrale Lage ein Besuchermagnet. Viele weitere nette Orte in der Region sind jedoch eine ebenso gute Ausgangsbasis für Touren, z. B. Adare und Cashel. Killaloe eignet sich gut zur Erkundung des Shannon. Die meisten interessanten Orte Tipperarys liegen im südlichen Teil des County. Hier findet man am Suir historische Städte wie Clonmel und Cahir. Einige der kleinen Dörfer im County Clare, z. B. Doolin, sind für traditionelle Musik bekannt. In diesem County befinden sich auch Bunratty Castle und der Burren.

Sehenswürdigkeiten auf einen Blick

1. Burren S. 190–192
2. Cliffs of Moher
3. Kilrush
4. Glin
5. Foynes
6. River Shannon
7. Dysert O'Dea
8. Ennis
9. Knappogue Castle
10. Craggaunowen
11. Mountshannon
12. Killaloe
13. Bunratty Castle & Folk Park S. 196f
14. Limerick
15. Adare
16. Lough Gur
17. Roscrea
18. Holy Cross Abbey
19. Cashel S. 199–201
20. Athassel Priory
21. Glen of Aherlow
22. Cahir
23. Clonmel
24. Carrick-on-Suir

Cliffs of Moher

Weitere Zeichenerklärungen siehe hintere Umschlagklappe

Am unteren Shannon unterwegs

Von Limerick aus ist jede Ecke dieses Gebiets für Autofahrer gut erreichbar. Die Autofähre von Tarbert, County Kerry, nach Killimer, östlich von Kilrush, County Clare, ist eine praktische Abkürzung über den Shannon. Züge fahren von Limerick nach Cahir, Clonmel und Carrick. In anderen Gebieten ist man vom Busnetz abhängig, das jedoch, vor allem in Clare, sehr begrenzt ist. Immerhin gibt es von Limerick aus Busverbindungen zu den wichtigsten Sehenswürdigkeiten der Gegend wie dem Bunratty Castle oder dem Burren.

UNTERER SHANNON | **187**

Segelboote auf dem Lough Derg nahe Mountshannon

Legende

- Autobahn
- Autobahn (im Bau)
- Schnellstraße
- Hauptstraße
- Nebenstraße
- Panoramastraße
- Eisenbahn (Hauptstrecke)
- Eisenbahn (Nebenstrecke)
- County-Grenze
- △ Gipfel

Pub-Schild in Cashel

Blick nach Süden auf die Cliffs of Moher, einen der imposantesten Abschnitte der Westküste Irlands

❶ Burren

Siehe S. 190–192.

❷ Cliffs of Moher

Straßenkarte B4. **Karte** C9. Co Clare. 🚌 von Ennis, Galway und Limerick. **Besucherzentrum** 📞 (065) 708 6141. ⚪ tägl. ⚫ 24.–26. Dez. 🌐 cliffsofmoher.ie

Die Cliffs of Moher, die auf acht Kilometern Länge bis zu 214 Meter hoch aus dem Meer ragen, sind selbst, wenn sie in Nebel gehüllt sind, ein atemberaubender Anblick. In den Felswänden mit ihren Schichten aus Sandstein und Schiefer nisten Trottellummen, Dreizehenmöwen und andere Seevögel.

Pfade führen die Klippen entlang. Vom **Besucherzentrum** nordwestlich von Liscannor wandert man südlich in einer Stunde nach **Hag's Head**. Im Norden geht man drei Stunden vom **O'Brien's Tower**, dem unter Königin Victoria errichteten Aussichtsturm, bis Fisherstreet bei **Doolin** *(siehe S. 192).*

❸ Kilrush

Straßenkarte B4. **Karte** C10. Co Clare. 👥 2800. 🚌 ℹ️ Francis St, (065) 905 1577. ⚪ Juni–Sep. 🌐 kilrush.ie

Der Yachthafen und die Förderung als historischer Ort ließen das Städtchen aus dem 18. Jahrhundert aufblühen. Folgen Sie dem sehr gut ausgeschilderten Weg ab dem Market Square, der zu den historischen Sehenswürdigkeiten des Orts führt.

Umgebung: Boote fahren vom Hafen in Kilrush hinaus zu Delfinbeobachtungen – die Chancen stehen sehr gut, dass Sie einen der hier lebenden Großen Tümmler sehen – oder zum unbewohnten **Scattery Island** mit mittelalterlichem Kloster. Zu den Ruinen gehören fünf Kirchen und einer der höchsten Rundtürme Irlands.

Der 27 Kilometer lange **Loop Head Drive** beginnt beim Resort Kilkee, westlich von Kilrush, und windet sich nach Süden durch wildromantische Küstenlandschaften bis zum Loop Head.

❹ Glin

Straßenkarte B5. **Karte** C10. Co Limerick. 👥 600. 🚌 von Limerick.

Das Dorf am Shannon ist Sitz der Knights of Glin, eines Zweigs der Fitzgeralds. Ihre mittelalterliche Burg ist eine Ruine, doch westlich des Dorfs liegt **Glin Castle**, ihr zweiter Sitz. Die 1780 erbaute georgianische Burg wurde in den 1820er Jahren in gotisch-romanischer Art mit Zinnen und kitschigen Anbauten verziert. Glin Castle wurde auch schon als Hotel genutzt, heute lebt hier der 29. Knight of Glin.

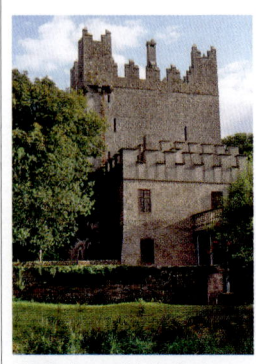

Glin Castle, westlich des Dorfs, ist für Besucher geschlossen

❺ Foynes

Straßenkarte B5. **Karte** D10. Co Limerick. 👥 650. 🚌 von Limerick.

Foynes war in den 1930er und 1940er Jahren als östlicher Endpunkt der ersten Passagierflugroute über den Atlantik bekannt. Das **Foynes Flying Boat and Maritime Museum** erläutert die Geschichte der Wasserflugzeuglinie. Die originalen Räume für Funk- und Wetterdienst sind mit Sendern, Empfängern und Morseapparaten eingerichtet. Es gibt auch einen Teesalon im Stil der 1940er Jahre und einen Nachbau des Boeing-Flugboots B314 in Originalgröße.

🏛 **Foynes Flying Boat and Maritime Museum**
Aras Ide, Foynes. 📞 (069) 65416. ⚪ Mitte März–Mitte Nov: tägl. 🌐 flyingboatmuseum.com

Umgebung: In **Askeaton**, elf Kilometer östlich von Foynes, stehen eine Burg und ein Franziskanerkloster. Interessant ist der Kreuzgang aus schwarzem Marmor (15. Jh.) im Kloster. In Rathkeale, acht Kilometer südlich, ist das restaurierte **Castle Matrix** (15. Jh.) für seine Bibliothek bekannt.

🏰 **Castle Matrix**
Rathkeale. 📞 (085) 730 7760. ⚪ nur nach tel. Voranmeldung.

Hotels und Restaurants am unteren Shannon siehe Seiten 299f und 316–318

CLARE UND LIMERICK | **189**

Angeln am Lough Derg, dem größten See am Shannon

❻ River Shannon

Straßenkarte B4, C4, C3. **Karte** CD10. 🚆 nach Limerick oder Athlone. 🚌 nach Carrick-on-Shannon, Athlone oder Limerick. 🛈 Arthur's Quay, Limerick, (061) 317 522. **W** discoverireland.ie

Der Shannon, mit 370 Kilometern Irlands längster Fluss, entspringt in der Grafschaft Cavan und schlängelt sich durch das Herz der Insel nach Süden zum Atlantik. Er war schon immer die Grenze zwischen den Provinzen Leinster und Connaught. Im Mittelalter wachten Burgen an den Furten von Limerick bis Portumna.

An den Ufern entstanden viele Klöster, so auch das berühmte Clonmacnoise *(siehe S. 254f)*. Schon um 1750 begann man, den Shannon in ein Wasserstraßensystem einzubinden, was aber durch das Aufkommen der Eisenbahnen überflüssig wurde. Das Netz erfuhr durch die Wiedereröffnung des Shannon-Erne-Kanals *(siehe S. 239)* einen enormen Aufschwung.

Entlang dem Fluss verändert sich der Charakter der Landschaft nach und nach. Südlich des **Lough Allen** ziehen sich die lang gestreckten, für die Midlands typischen Moränenhügel hin. Zum **Lough Ree** hin übersäen Inseln den Fluss und bilden ein Gebiet, in dem Otter, Schwäne, Graureiher und Gänse leben. Südlich von

Shannon

Carrick-on-Shannon ist der wichtigste Hafen für Fahrten auf dem oberen Shannon. Portumna und die Häfen Mountshannon und Killaloe sind die wichtigsten Ausgangspunkte für Fahrten auf dem Lough Derg.

Boot auf dem Shannon

Legende
🛈 Information
⚓ Bootsverleih
🚤 Wasserbusstation

Reiher am Shannon

Athlone *(siehe S. 253)* fließt er durch Sumpfland zum **Lough Derg**, dem größten der Shannon-Seen. Die Landschaft wird hier interessanter. Das Südende des Sees säumen bergige Waldgebiete.

Ab **Killaloe** *(siehe S. 194)* fließt der Fluss schneller in Richtung **Limerick** *(siehe S. 195)* und Meer. Die Schlammzonen an der Mündung ziehen etliche Vogelarten an. Der Hafen **Carrick-on-Shannon** *(siehe S. 239)* ist Basis für größere Schiffe, es gibt aber Häfen in allen Flussabschnitten, vor allem am Lough Derg, dem für Boote am besten geeigneten See. Wasserbusse verbinden die meisten Häfen südlich von Athlone. Bevor man ein Boot mietet, sollte man sich über das Wetter informieren, vor allem auf Lough Ree und Lough Derg, die sehr exponiert liegen. Für Unerfahrene empfiehlt sich die Strecke zwischen **Portumna** *(siehe S. 219)* und Athlone. Wanderer lieben den ausgeschilderten Lough Derg Way um den See oder die Wälder um **Lough Key** *(siehe S. 223)*.

Athlone und die südlichen Ausläufer von Lough Ree

❶ Burren

Der Name des ausgedehnten Kalksteinplateaus im Nordwesten Clares geht auf das gälische *boireann* für »Felsland« zurück. 1640 beschrieb es Cromwells Verwalter als »wildes Land, das weder genug Wasser hat, um einen Mann zu ertränken, noch einen Baum, um ihn zu hängen, noch genug Erde, um ihn zu begraben«. Tatsächlich wachsen nur wenige Bäume in der kargen Gegend, dafür gedeihen andere Pflanzen. Der Burren ist eine botanische Fundgrube mit mediterranen und alpinen Pflanzen, die sonst in Irland rar sind. Von Mai bis August zaubert eine erstaunliche Blütenvielfalt bunte Farbtupfer in die Landschaft. Üppig gedeihen die Blumen an den seichten Seen und Weideplätzen, sie wurzeln aber auch in den Spalten der Kalksteinplatten, dem auffälligsten geologischen Merkmal des Plateaus. Im südlichen Burren weicht der Kalkstein Sandstein und schwarzem Schiefer, aus denen auch die imposanten Cliffs of Moher bestehen *(siehe S. 188).*

Weiden des Burren
Aufgrund einer klimatischen Eigenart der Gegend ist es im Winter auf den Bergen wärmer als in den Tälern. Daher lässt man hier das Vieh im Winter auf den Höhen.

Kalksteinplatten (Karren)
Die Erosionswirkung von Eis, Wind und Wasser bildete Kalksteinplatten mit tiefen Spalten, *grykes* genannt. Das den porösen Fels leicht durchdringende Regenwasser hat ein weitverzweigtes unterirdisches Höhlensystem geschaffen.

Außerdem

① **Frühlingsenzian**

② **Turloughs** sind seichte Seen, die im Sommer austrocknen. Wenn sie sich im Winter mit Wasser füllen, kommen Wildenten und -gänse sowie Stelzvögel.

③ **Kalksteinschichten**

④ **Weißdorn** ist eine der wenigen Straucharten, die im Burren wachsen. Er erreicht allerdings meist nur geringe Größe.

⑤ **Burren-Steinhaus**

⑥ **Trockensteinmauer**

⑦ **Kalksteinplatten oder »clints«**

⑧ **Frauenhaarfarn** gedeiht in den feuchten Spalten der Felsplatten.

⑨ **Stechpalmen** können zwischen den Platten wurzeln. Weidetiere und Wind beschränken ihr Wachstum.

⑩ **Das Sonnenröschen** ist eine der seltenen Pflanzen im Burren.

Storchschnabel
Die auffällige, im Burren häufige Pflanze gehört zur Familie der Geranien und blüht im Juni.

Hotels und Restaurants am unteren Shannon siehe Seiten 299f und 316–318

Fauna des Burren

28 Arten machen den Burren zu einer der schmetterlingsreichsten Gegenden Irlands. Auch die Vogelwelt ist gut vertreten. Auf den Bergen und den Wiesen sind Lerche und Kuckuck heimisch, an der Küste nisten u. a. Tordalken, Trottellummen und Papageitaucher. Säugetiere sind seltener. Es gibt Dachse, Füchse und Wiesel. Häufiger sieht man Wildziegen und irische Hasen.

Der Perlmuttfalter, eine von vielen hier heimischen Fleckenfalterarten, ist in Irland sonst nirgends anzutreffen.

Der irische Hase – sein weiß-brauner Winterpelz wird im Sommer rötlich braun.

Singschwäne aus Island strömen im Winter in die Feuchtgebiete des Burren.

Die Nebelkrähe erkennt man an ihrem grauschwarzen Federkleid.

Gebirgsnelkwurz
Diese Bergpflanze wächst im Burren schon auf Meereshöhe.

Überblick: Burren

Wer sich für die einzigartige Geologie und Natur des Burren interessiert, sollte nach **Mullaghmore** fahren – das Plateau mit einer Höhe von 191 Metern ist eine der wildesten Gegenden Irlands. Hier findet man einige der eindrucksvollsten Kalksteinplatten.

Die leichter zugänglichen Teile des Burren sind gut von den **Cliffs of Moher** *(siehe S. 188)* zu erreichen. Eine kurze Fahrt Richtung Norden bringt Sie nach **Doolin**, unweit des Hafens an den Aran Islands *(siehe S. 216f)*. In der Doolin Cave gibt es einen der größten frei hängenden Stalaktiten der Welt. Doolin gilt als Zentrum der Volksmusik. Treffpunkt für Liebhaber irischer Musik ist Gus O'Connor's Pub *(siehe S. 328)*. Die Küstenstraße nach Norden führt in ein Kalksteingebiet bei **Black Head**. Richtung Binnenland gelangt man nach **Lisdoonvarna**. In viktorianischer Zeit war es ein Heilbad,

Der Poulnabrone Dolmen im Herzen des Burren

Musikladen in Doolin

heute ist das Städtchen für seine Pubs und seinen Heiratsmarkt bekannt *(siehe S. 54)*.

Die N67 nach Norden führt zum Fischerdorf **Ballyvaughan** mit schiefergedeckten Häusern. Es ist ein guter Ausgangspunkt für Ausflüge. Der geschützte Strand nahe **Bishop's Quarter** bietet einen großartigen Blick über eine Lagune auf die Galway Bay. Von den vielen Höhlen des Burren ist nur **Aillwee Cave** zu besichtigen. In Bear Haven sieht man die Spuren von Gruben, in denen Bären ihren Winterschlaf hielten.

Festungs- und Burgruinen sowie prähistorische Stätten durchsetzen die Landschaft. Der Eingang von **Cahermore Stone Fort**, etwas westlich von Aillwee Cave, ist mit einem wuchtigen Türsturz gedeckt. Südlich befindet sich **Gleninsheen Wedge Tomb**, ein für den Übergang von der Steinzeit zur Bronzezeit typisches Grab. Bekannter ist der nahe **Poulnabrone Dolmen** aus der Zeit um 2500–2000 v. Chr. Weiter südlich erreicht man die gespenstische Ruine von **Leamaneagh Castle** (17. Jh.), zu der ein von den O'Briens errichtetes Turmhaus gehört.

Am Südrand des Burren liegt das katholische Bistum **Kilfenora**, das durch ein historisches Kuriosum den Papst zum Bischof hat. Die Kathedrale des Dorfs, eine der vielen Kirchen des 12. Jahrhunderts im Burren, hat einen dachlosen Chor mit schönen Kapitellen. Bekannt ist Kilfenora vor allem wegen seiner Hochkreuze, von denen einige auf dem Friedhof stehen. Am besten erhalten ist das Doorty Cross. Es hat Skulpturen eines Bischofs und zweier Kleriker. Das **Burren Centre** informiert mit interessanten Exponaten über Geologie, Flora und ökologische Fragen.

Kapitell der Kilfenora Cathedral

Aillwee Cave
Ballyvaughan. (065) 707 7036. tägl.

Burren Centre
Kilfenora. (065) 708 8030. März–Okt: tägl.
theburrencentre.ie

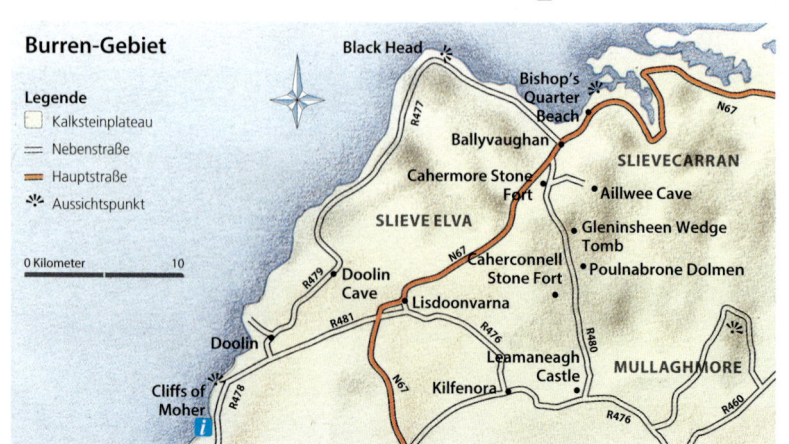

Burren-Gebiet

Legende
- Kalksteinplateau
- Nebenstraße
- Hauptstraße
- Aussichtspunkt

0 Kilometer 10

Black Head · Bishop's Quarter Beach · Ballyvaughan · Cahermore Stone Fort · Aillwee Cave · SLIEVECARRAN · SLIEVE ELVA · Caherconnell Stone Fort · Gleninsheen Wedge Tomb · Poulnabrone Dolmen · Doolin Cave · Lisdoonvarna · Doolin · Leamaneagh Castle · MULLAGHMORE · Cliffs of Moher · Kilfenora

Weitere Zeichenerklärungen *siehe hintere Umschlagklappe*

CLARE | 193

❼ Dysert O'Dea

Straßenkarte B4. **Karte** D9. Corrofin, Co Clare. 🚌 von Ennis. 📞 (065) 683 7401. ⏰ Mai–Sep: tägl. 10–18 Uhr; Okt–Apr: nach Vereinbarung. 🌐 dysertcastle.com

Das Turmhaus (15. Jh.) auf einem Felsen neun Kilometer nördlich von Ennis birgt das **Archäologiezentrum** mit Museum. Das Zentrum ist Ausgangspunkt eines Rundwegs zu historischen Stätten. Hier erhält man auch eine Karte für Wanderer und Radfahrer.

Ein Feld trennt die Burg von der Klosteranlage, die der hl. Tola im 8. Jahrhundert gegründet haben soll. Die Ruinen sind schlecht erhalten, aber über einem Eingang ist noch ein romanisches Relief zu sehen. Die Ostseite eines eindrucksvollen Hochkreuzes (12. Jh.) stellt einen Bischof dar *(siehe S. 247)*. Weiter südlich führt der Weg an Resten zweier Steinforts, einer Burgruine und dem Schauplatz einer Schlacht im 14. Jahrhundert vorbei.

❽ Ennis

Straßenkarte B4. **Karte** B9. Co Clare. 👥 25 000. 🚌 🎫 Arthur's Row, (065) 682 8366. 🌐 ennis.ie

Besonders typisch für den Hauptort des County Clare sind die engen Gassen, die an den mittelalterlichen Ursprung der Stadt am Fluss Fergus erinnern. Ennis ist für die bunt bemalten Ladenfronten und die Folk-Musik-Festivals (gälisch *fleadh*) bekannt. Im Ort gibt es viele Singing Pubs und Musik-Shops.

Knappogue Castle aus dem 15. Jahrhundert in County Clare

Die O'Briens, die Könige von Thomond, die im Mittelalter diese Gegend regierten, gründeten hier um 1240 ein Franziskanerkloster. Die größtenteils aus dem 14./15. Jahrhundert stammende **Ennis Friary** ist für ihre Skulpturen und reliefverzierten Gräber im Chor bekannt. Alabasterreliefs des MacMahon-Grabmals (15. Jh.) wurden für das Creagh-Grab verwendet.

Neben dem Kloster befindet sich in einem Haus aus dem 17. Jahrhundert Cruise's Restaurant. An der Ecke der Francis Street liegt das in James Joyce' *Ulysses* erwähnte Queen's Hotel. Am südlich liegenden O'Connell Square erinnert ein Denkmal an Daniel O'Connell *(siehe S. 46)*, der 1828 als Vertreter Clares ins Parlament gewählt wurde. Nach ihm ist die Hauptstraße von Ennis benannt, die neben Pubs und Läden auch einen mittelalterlichen Turm, einen Schornsteinkasten aus der Zeit von James I und einen bemerkenswerten Bogen aus dem 18. Jahrhundert besitzt.

🏛 **Ennis Friary**
Abbey St. 📞 (065) 682 9100. ⏰ Ostern–Okt: tägl. 🌐 ♿

Umgebung: Die Gegend ist reich an Klosterruinen. Die Augustinerabtei **Clare Abbey** (3 km südlich von Ennis) gründeten die O'Briens 1189. Vieles der Anlage stammt aus dem 15. Jahrhundert.

Quin Franciscan Friary, 13 Kilometer südöstlich, datiert aus dem 15. Jahrhundert und enthält die Ruinen einer normannischen Burg. Der gut erhaltene Kreuzgang ist einer der schönsten seiner Art in ganz Irland.

❾ Knappogue Castle

Straßenkarte B4. **Karte** D9. Quin, Co Clare. 📞 (065) 360 788. ⏰ Mai–Sep: tägl. 🌐 ♿ teilweise. 🌐 shannonheritage.com

Der Clan der MacNamaras ließ die Burg 1467 erbauen. Abgesehen von einer zehnjährigen Unterbrechung zur Cromwell-Zeit, blieb sie bis 1815 in ihrem Besitz. Im Unabhängigkeitskrieg *(siehe S. 48f)* nutzte sie die Revolutionsarmee.

Knappogue Castle ist eine der schönsten Burgen Irlands. Das Turmhaus ist original, die übrigen Teile sind neogotisch. Elisabethanische Kamine und Holztäfelungen zieren die Räume.

Die mittelalterlichen Bankette *(siehe S. 340)*, die hier von April bis Oktober veranstaltet werden, begleiten Gesang und Erzählungen.

Romanische Steinmetzarbeiten über dem Klostertor, Dysert O'Dea

Hotels und Restaurants am unteren Shannon siehe Seiten 299f und 316–318

❿ Craggaunowen

Straßenkarte B4. **Karte** D9. Kilmurry, Co Clare. 📞 (061) 360 788. 🕐 Ostern–Mitte Sep: tägl. 10–17 Uhr. 🎫 ♿ teilweise. 🅿️ 🚻
🌐 shannonheritage.com

Das Museumsprojekt *Craggaunowen: the Living Past* ist der Bronzezeit und keltischen Kultur gewidmet. Es entstand in den 1960er Jahren in der Umgebung von Craggaunowen Castle auf Anregung des umtriebigen Archäologen John Hunt (1900–1976). Inspiriert wurde das Projekt nicht zuletzt von den Ausgrabungen bei Lough Gur *(siehe S. 198f)*. Die Ausstellung *Living Past* behandelt die Ankunft der Kelten in Irland sowie deren Anbau- und Jagdmethoden.

Im Sommer führen manchmal Personen in Trachten alte Handwerksformen wie Spinnen und Töpfern vor. Sie demonstrieren auch *fulacht fiadh*, Kochgruben, in denen damals das Fleisch gegart wurde. Auf dem Areal befinden sich zudem Originalteile einer *togher*, einer Holzstraße aus der Eisenzeit, die in Longford entdeckt wurde. Besonders beeindruckend ist ein *Crannog (siehe S. 37)*, eine künstliche Insel, auf der Lehmhäuser einem – bis ins frühe 17. Jahrhundert – eine Möglichkeit zur Verteidigung.

Interessant ist auch ein Boot mit Lederverkleidung, das der Entdecker Tim Severin in den 1970er Jahren konstruierte. Er nutzte es, um die Atlantikroute zu befahren, die der hl. Brendan der Überlieferung nach im 6. Jahrhundert in einem ähnlichen Fahrzeug genommen haben soll *(siehe S. 31)*.

Eine Frau in Tracht spinnt Wolle, Craggaunowen

⓫ Mountshannon

Straßenkarte C4. **Karte** E9. Co Clare. 🚗 240. ℹ️ East Clare Heritage. 📞 (061) 921 351.
🌐 mountshannon.com

Das Dorf an den Ufern des Lough Derg *(siehe S. 189)* lockt vor allem Angler an. Am Hafen von Mountshannon befinden sich zahlreiche Wohnhäuser, ein Gotteshaus aus dem 18. Jahrhundert sowie einige einladende Pubs.

Mountshannon ist ein guter Ausgangspunkt zur Erkundung des Westufers, mit vielen Rad- und Wanderwegen. Hier können Sie per Schiff nach Holy Island fahren. Dort befindet sich ein Kloster aus dem 7. Jahrhundert. Vier Kapellen und ein mittelalterlicher Friedhof sind noch erhalten.

⓬ Killaloe

Straßenkarte C4. **Karte** E9. Co Clare. 🚗 950. ℹ️ Mai–Okt: BrianBorú Heritage Centre, The Bridge, (061) 370 788.
🌐 discoverkillaloe.com

Der Geburtsort von BrianBorú, Oberkönig von Irland *(siehe S. 38)*, liegt am Austritt des Shannon aus dem Lough Derg. Er verfügt über den wichtigsten Freizeithafen am See. Eine Steinbrücke aus dem 17. Jahrhundert verbindet Killaloe mit Ballina auf der anderen Seite des Sees. Zwar hat Ballina bessere Pubs, etwa das Goosers am Ufer *(siehe S. 329)*, doch Killaloe ist der größere Hafen *(siehe S. 345)* und bietet mehr Sehenswertes.

Hauptattraktion ist die **St Flannan's Cathedral** von 1182 mit romanischem Torbogen einer früheren Kirche und einem alten Ogham-Stein *(siehe S. 38)*. Ungewöhnlich ist, dass die Inschrift des Steins in Altnordisch wie in Ogham verfasst ist. Zur Kirche gehört auch das St Flannan's Oratory, etwa zur selben Zeit wie die Kathedrale erbaut.

Das **BrianBorú Heritage Centre** auf der Brücke zeigt eine Ausstellung über BrianBorú. Von dort können Sie ein Stück am alten Killaloe Canal entlangspazieren. Von Killaloe aus kann man mit den Fischern auf den See hinausfahren.

⓭ Bunratty Castle & Folk Park

Siehe S. 196f.

Fahrrad- und Bootsverleih in Mountshannon

Hotels und Restaurants am unteren Shannon *siehe Seiten 299f und 316–318*

⓮ Limerick

Straßenkarte B4. **Karte** E10. Co Limerick. 90 000. Shannon. Arthur's Quay, (061) 317 522. Sa. **limerick.ie**

Limerick, drittgrößte Stadt der Republik Irland, wurde von den Wikingern gegründet und später von den Normannen erobert, unter deren Herrschaft sie ihren Aufschwung erfuhr. Nach der Schlacht am Boyne (siehe S. 248) zog sich der Rest der Armee James' II hierher zurück und verteidigte die Stadt zunächst gegen die englischen Belagerer. Ein Jahr später fiel sie – 1691 besiegelt durch den Vertrag von Limerick, den England jedoch mehrfach verletzte. Diese Erfahrung prägt noch heute die Stadt, in der Katholizismus und Nationalismus deutlich spürbar sind. Das jahrelang von Arbeitslosigkeit und Kriminalität heimgesuchte Limerick ist bemüht, mit Industrieansiedlungen und Restaurierungsprojekten langfristig einen Ruf als Handelsmetropole zu erlangen.

Das historische Zentrum bildet der Bezirk King's Island. Zuerst siedelten hier die Wikinger. Später wurde er als Englishtown mittelalterliches Herzstück der Stadt. Hier befinden sich die zwei wichtigsten Sehenswürdigkeiten Limericks, King John's Castle und St Mary's Cathedral. Typisch für den alten Bezirk Irishtown südlich des Abbey sind die düsteren Häuser und Läden. Es finden sich hier allerdings auch historische Gebäude und georgianische Eleganz, etwa am St John's Square, in dessen Nähe die 1861 erbaute St John's Cathedral liegt. Ihr 85 Meter hoher Turm ist der höchste seiner Art im Land.

Der schönste Teil Limericks ist Newtown Pery, ein Netz freundlicher Straßen im georgianischen Stil, die alle in die O'Connell Street einmünden.

🏰 King John's Castle
Nicholas St. (061) 360 788. tägl. 9.30–17 Uhr. 23.– 26. Dez. teilweise.
shannonheritage.com

Wahrscheinlich wurde die Burg von König John um 1200, kurz nachdem die Normannen ins Land gekommen waren, erbaut. Sie hat fünf Rundtürme und starke Befestigungsmauern. Eine Ausstellung zur Stadthistorie zeigt u. a. Töpferwaren und Schmuck. Zudem sind alte Wikingerhäuser und Befestigungsanlagen aus späterer Zeit zu sehen. Auf der nahen Thomond Bridge markiert der sogenannte Treaty Stone den Ort, an dem im Jahr 1691 der Vertrag von Limerick (»Treaty of Limerick«) unterzeichnet wurde.

Engel am Chorgestühl der St Mary's Cathedral

⛪ St Mary's Cathedral
Bridge Street. (061) 310 293. Mo–Fr 9.30–16.30, Sa 9.30–14 Uhr, So nur zu Gottesdiensten.
cathedral.limerick.anglican.org

Die 1172 erbaute Kirche ist das älteste Gebäude der Stadt. Außer dem sehr schönen romanischen Portal und dem Kirchenschiff ist jedoch nur wenig von der ursprünglichen Kirche erhalten. Der Stolz von St Mary's ist das Chorgestühl (15. Jh.) mit schönen Engels- und allegorischen Figuren.

Nahe der Kirche bietet der George's Quay Restaurants und Straßencafés am Fluss.

🏛 Hunt Museum
Rutland St. (061) 312 833. Mo–Sa 10–17, So, Feiertage 14–17 Uhr. (So frei). 1. Jan, Karfreitag, 25., 26. Dez.
huntmuseum.com

Das Museum im Old Customs House zeigt eine der bedeutendsten Sammlungen antiker Funde ganz Irlands, die der Archäologe John Hunt zusammengetragen hat, darunter Goldschmuck, Waffen und ein Schild aus der Bronzezeit sowie keltische Broschen und das Antrim Cross, ein Meisterwerk aus dem 9. Jahrhundert.

🏛 Limerick Museum
Istabraq Hall, City Hall, Merchants Quay. (061) 417 826. Mo–Fr 10–13, 14.15–17 Uhr. Feiertage, 7 Tage zu Weihnachten.
limerick.ie

Das Museum in einem Kornspeicher (19. Jh.) erläutert die Geschichte Limericks und zeigt regionales Kunsthandwerk.

Haustüre im georgianischen Stil am St John's Square

Blick auf die Thomond Bridge und auf King John's Castle, Limerick

Bunratty Castle & Folk Park

Die wunderschöne Burg wurde im 15. Jahrhundert von den MacNamaras erbaut. Ihre berühmtesten Herren waren die O'Briens, Earls of Thomond, die hier vom frühen 16. Jahrhundert bis 1640 lebten. Im Inneren präsentiert sich die Burg so, wie sie zu Zeiten des »Great Earl« aussah, der 1624 starb. Im 19. Jahrhundert war sie herrenlos, 1950 wurde sie von Lord Gort erworben und sorgfältig im ursprünglichen Stil restauriert. Im angrenzenden Folk Park wird das ländliche Dorfleben im Irland des 19. Jahrhunderts reflektiert. Auf Bunratty finden regelmäßig opulente »mittelalterliche« Bankette statt.

★ North Solar
Der Kronleuchter aus dem 17. Jahrhundert in den Privaträumen des Great Earl stammt aus Deutschland. Ein »Solar« war im Mittelalter ein oben im Haus gelegenes Zimmer.

Eingang

Außerdem

① **Das Untergeschoss** mit seinen drei Meter dicken Mauern diente wahrscheinlich als Lager oder Stall.

② **Vom Murder Hole** aus wurde heißes Wasser oder Pech auf Angreifer gegossen.

③ **Der Kamin**, heute eine Kopie aus Holz, bestand ursprünglich aus Stein. Er diente als Abzug für den Feuerplatz in der Great Hall.

④ **Im Robing Room** legten die Earls vor der Audienz in der Great Hall ihre Roben an. Er diente auch privaten Gesprächen.

⑤ **Eine Wendeltreppe** führt in jedem der vier Türme nach oben.

★ Main Guard
Der heute für mittelalterliche Bankette genutzte Raum mit direktem Zugang zu den Kerkern der Burg war früher Wohn-, Schlaf- und Essraum der Soldaten von Bunratty. Von der Minstrels' Gallery spielte für sie Musik.

Hotels und Restaurants am unteren Shannon *siehe Seiten 299f und 316–318*

CLARE: BUNRATTY CASTLE | **197**

Nordfront
Die Burg weist an Nord- und Südseite ungewöhnlich hohe Torbogen auf. Eingänge auf Höhe des ersten Stocks, die Angreifer abschrecken sollten, waren damals typisch.

Infobox

Information
Straßenkarte B4. **Karte** D9. Bunratty, Co Clare. (061) 360 788. tägl. 9–17.30 Uhr (letzter Einlass 16 Uhr). 24.–26. Dez. über Folk Park. **Bankett** *siehe S. 340.*
w shannonheritage.com

Anfahrt
Shannon. von Ennis, Limerick, Shannon. Castle und Folk Park.

South Solar
Diese Gemächer der Burg waren für Gäste bestimmt. Die sehr schöne Fächerdecke aus Holz ist zum Teil eine Rekonstruktion im Stil der späten Tudor-Zeit.

Bunratty Folk Park
Die Anlage bietet eine sehr genaue Rekonstruktion des irischen Landlebens am Ausgang des 19. Jahrhunderts. Sie enthält u. a. ein altes Bauernhaus, das vor der Zerstörung durch den Bau des nahe gelegenen Flughafens Shannon gerettet werden konnte. Heute befindet sich hier ein vollständig neu errichtetes Dorf mit Läden und im traditionellen Stil erbauten Häusern, darunter ein typisches Arbeiterhaus, ein Haus im eleganten georgianischen Stil, ein Bauernhaus vom Burren *(siehe S. 192)* und eine funktionierende Kornmühle. Im Sommer führen Angestellte in Tracht altes Handwerk wie Weben oder Buttern vor.

★ Great Hall
Diese Tudor-Standarte gehört zu der von Lord Gort ausgewählten Ausstattung der Burg. Sie befindet sich in der Great Hall, einst Bankett- und Audienzhalle und damals wie heute Bunrattys größter Raum.

Hauptstraße im Dorf des Bunratty Folk Park

Typisches strohgedecktes Haus im Dorf Adare

⓯ Adare

Straßenkarte B5. **Karte** D10. Co Limerick. 2000. Heritage Centre, Main St, (061) 396 666. tägl. adareheritagecentre.ie

Adare gilt gemeinhin als hübschestes Dorf Irlands. Zyniker nennen es das hübscheste »englische« Dorf, da es so herausgeputzt ist wie kaum ein anderes in Irland. Das einstige Lehnsgut der Fitzgeralds, Earls of Kildare, verdankt sein heutiges Aussehen den Earls of Dunraven, die es von 1820 bis 1830 wieder instand setzten. Der Ort bietet ein sehr malerisches Gesamtbild.

Im Heritage Centre befinden sich das örtliche Fremdenverkehrsbüro und eine sehr schöne Ausstellung zur Klostergeschichte von Adare. Die **Trinitarian Priory** nebenan wurde 1230 von den Fitzgeralds gegründet und vom 1. Earl of Dunraven renoviert. Kirche und Konvent gehören der Katholischen Kirche Irlands. Gegenüber, nahe der Steinbrücke, befindet sich das Washing Pool, das restaurierte Waschhaus des Dorfes.

Im Jahr 1316 gründeten die Fitzgeralds die **Augustinian Priory** in der Limerick Road, direkt an der Hauptbrücke. Das auch als Black Abbey bekannte Gebäude hat einen Zentralturm und wunderschöne Kreuzgänge. Auf der anderen Seite der Brücke thront an den Ufern des Maigue **Desmond Castle** aus dem 13. Jahrhundert – Tickets gibt es im Heritage Centre (Juni–Ende Sep).

Von hier ist es nicht weit bis zum Luxushotel **Adare Manor** mit Golfplatz *(siehe S. 299)*. In dem zum Anwesen gehörenden 900 Hektar großen Park befinden sich die Ruinen der Kirchen **St Nicholas Church** und **Chantry Chapel** (beide 12. Jh.). Inmitten des Golfplatzes befindet sich die altehrwürdige **Franciscan Abbey** (15. Jh.), die man aber vom Weg aus gut sehen kann.

Im Herzen von Adare wartet das luxuriöse Hotel Dunraven Arms *(siehe S. 299)*. In einigen der Cottages in der Nachbarschaft, die der Earl of Dunraven 1828 ursprünglich für seine Arbeiter erbaut hatte, befinden sich heute schöne Cafés und Restaurants.

⓰ Lough Gur

Straßenkarte B5. **Karte** E10. Co Limerick. **Heritage Centre** (061) 385 186. Mo–Fr 10–17, Sa, So, Feiertage 12–18 Uhr (Nov–Feb: jeweils bis 16 Uhr). teilweise. loughgur.com

Lough Gur, 21 Kilometer südlich von Limerick, war schon in der Steinzeit, etwa 3000 v. Chr., besiedelt. Ein archäologischer Park zeigt Steinmonumente und Begräbnisstätten aus der Megalithzeit. Eine der größten Sehenswürdigkeiten ist der etwa 4200 Jahre alte **Grange Stone Circle** unmittelbar vor dem Park an der Straße von Limerick nach Kilmallock. Ausgrabungen in der Umgebung legten in den 1970er Jahren Überreste von rechteckigen, runden und ovalen Häusern aus der Steinzeit frei.

Ein Informationszentrum zeigt in Bauten, die der dama-

Adare Manor, Luxushotel in herrschaftlichem Anwesen

Hotels und Restaurants am unteren Shannon *siehe Seiten 299f und 316–318*

LIMERICK UND TIPPERARY | 199

Fassade des Cashel Palace Hotel

ligen Zeit nachempfunden sind, diverse Dokumentationen zur Megalithkultur, darunter auch Modelle von Steinkreisen und Grabzimmern sowie Spielzeug und Waffen.

Auf der Knockadoon Peninsula gibt es ebenfalls prähistorische Stätten. Zudem bietet die Halbinsel zwei Burgruinen: **Bourchier's Castle** aus dem 15. Jahrhundert und **Black Castle** aus dem 13. Jahrhundert – letztere Burg war einst Sitz der Earls of Desmond.

⓱ Roscrea

Straßenkarte C4. Karte F9. Co Tipperary. 4600.
i Heritage Centre, Castle St, (0505) 21850. Ostern–Sep: tägl.
w heritageireland.ie

Die Klosterstadt Roscrea am Ufer des Bunnow besitzt ein historisches Zentrum. **Roscrea Castle** (13. Jh.) beeindruckt durch einen mächtigen Torturm, zwei große Ecktürme und gut erhaltene Wallanlagen. In einem der Burghöfe befindet sich **Damer House** mit einem georgianischen Garten. Jenseits des Flusses liegt **St Cronan's Monastery** (12. Jh.) mit einem interessanten Rundturm. In der Abbey Street sind noch Überreste des **Franciscan Friary** (15. Jh.) erhalten geblieben. **Roscrea Pillar** und das Hochkreuz St Cronan's befinden sich in den renovierten Blackmills.

🏠 **Roscrea Castle & Gardens**
Castle Street. (0505) 21850. März–Sep: tägl. 10–18 Uhr. teilw. **w** heritageireland.com

⓲ Holy Cross Abbey

Straßenkarte C5. Karte F10. Thurles, Co Tipperary. (0504) 43124. nach Thurles. tägl. 9–20 Uhr.
w tipperary.com

Ihren Namen erhielt die 1169 von den Benediktinern gegründete Abtei, weil sie einen Splitter vom Heiligen Kreuz besitzen soll. Zisterzienser, die die Abtei 1180 übernahmen, errichteten im 15. Jahrhundert den heutigen Bau. Die Kirche ist in Form eines Kreuzes angelegt und eines der herausragenden Beispiele spätgotischer Baukunst in Irland. Zudem ist sie ein beliebter Wallfahrtsort. Sehr schön sind Pfeiler, Fenster und Kanzel sowie an der Südseite des Längsschiffs das *tomb of the Good Woman's son*, das »Grab des Sohns der Guten Frau«. Zur Klosteranlage gehören auch einige schöne Kreuzgänge mit begrünten Innenhöfen sowie ein etwas altmodisch anmutendes Pub. Das Kloster liegt sieben Kilometer südlich von Thurles.

Kruzifix in der Holy Cross Abbey

⓳ Cashel

Straßenkarte C5. Karte F10.
Co Tipperary. 11500.
i Heritage Centre, Town Hall, Main St, (062) 62511. **w** cashel.ie

Die herausragende Attraktion des Orts ist der **Rock of Cashel** *(siehe S. 200f)*. Von dem einstigen Bischofspalais **Cashel Palace Hotel**, einem vornehmen Hotel im Queen-Anne-Stil, führt ein Privatweg zu dem 65 Meter hohen Felsblock, einem Wahrzeichen Irlands. Die Reste der nahe gelegenen Burg (12. Jh.) wurden zum Kearney Castle Hotel umgebaut. Das **Brú Ború Cultural Centre**, benannt nach Brian Ború, im 10. Jahrhundert König von Munster *(siehe S. 38f)*, bietet abends traditionelle irische Musik, Theateraufführungen und hat einen Laden und ein Restaurant. Am Fuß des Rock of Cashel befindet sich die aus Sandstein erbaute **Dominican Friary** (13. Jh.) mit schönem Westportal und einem Turm aus dem 15. Jahrhundert.

Außerhalb von Cashel trifft man auf die Ruinen von **Hore Abbey**, einem ehemaligen Zisterzienserkloster (13. Jh.) mit gut erhaltenem Kapitelsaal. Lettner und Turm der Abtei stammen aus dem 15. Jahrhundert.

🎭 **Brú Ború Cultural Centre**
Cashel. (062) 61122. Mitte Juni–Aug: Di–Sa; Sep–Mitte Juni: Mo–Fr. 24. Dez–2. Jan.
w bruboru.ie

🏛 **Dominican Friary**
Dominic Street. teilweise.

Ruinen der Hore Abbey (1272), im Hintergrund der Rock of Cashel

Rock of Cashel

Der Felsen, der sich imposant über der Ebene von Tipperary erhebt, galt jahrhundertelang als Symbol königlicher und priesterlicher Macht. Ab dem 4. Jahrhundert war er Sitz der Könige von Munster, deren Reich sich über ganz Südirland erstreckte. 1101 übergaben sie Cashel der Kirche, die hier ein religiöses Zentrum schuf, das bis zur Belagerung durch die Armee Cromwells im Jahr 1647 bestand. Im 18. Jahrhundert wurde die Kathedrale aufgegeben. Heute hat der Felsen nur noch kunsthistorische Bedeutung. Man kann die einstige Anlage aber noch gut erkennen. Beachtenswert ist die Cormac's Chapel, eines der schönsten Beispiele romanischer Architektur in Irland.

Hall of the Vicars' Choral
Die Halle entstand im 15. Jahrhundert für die bedeutenderen Chorherren von Cashel. Die nach Originalentwürfen rekonstruierte Decke zieren Gemälde, u. a. dieser Engel.

★ St Patrick's Cross
Die Bilder auf der Ostseite des Kreuzes sollen vom hl. Patrick stammen, der Cashel 450 besuchte. Das Kreuz ist eine Kopie, das Original befindet sich seit 1982 im Museum.

Eingang

Außerdem

① Kalksteinfelsen

② Außenmauer

③ **Das Museum** in der Krypta zeigt verschiedene beeindruckende Skulpturen sowie das originale St Patrick's Cross.

④ Schlafsäle

⑤ Vierung

⑥ Rundturm

⑦ **Im Chor** liegt das Grab von Miler Magrath (um 1523–1622), der Bischof sowohl der katholischen als auch der protestantischen Kirche Irlands war.

⑧ Friedhof

⑨ **Das O'Scully-Monument**, 1870 von einer Familie der Gegend als Gedenkstätte errichtet, wurde 1976 bei einem Unwetter zerstört.

★ Cormac's Chapel
Dieser romanische Türbogen schmückt die Kapelle. Das Tympanon über dem Nordportal zeigt einen Kentauren, der seinen Bogen auf einen Löwen richtet.

Hotels und Restaurants am unteren Shannon *siehe Seiten 299f und 316–318*

TIPPERARY: ROCK OF CASHEL | **201**

Nördliches Querschiff
Die Grabplatten aus dem 16. Jahrhundert im nördlichen Querschiff haben bemerkenswerte Verzierungen. Diese hier an der Nordwand zeigt ein Weinblattmotiv und stark stilisierte Ungeheuer.

Infobox

Information
Straßenkarte C5. **Karte** F10. Cashel. (062) 61437. tägl. (Mitte Sep–Mitte Okt: 9–17.30 Uhr; Mitte Okt–Mitte März: 9–16.30 Uhr; Mitte März–Mai: 9–17.30 Uhr; Juni–Mitte Sep: 9–19 Uhr). 24.–26. Dez.
heritageireland.ie

Anfahrt
nach Thurles. nach Cashel.

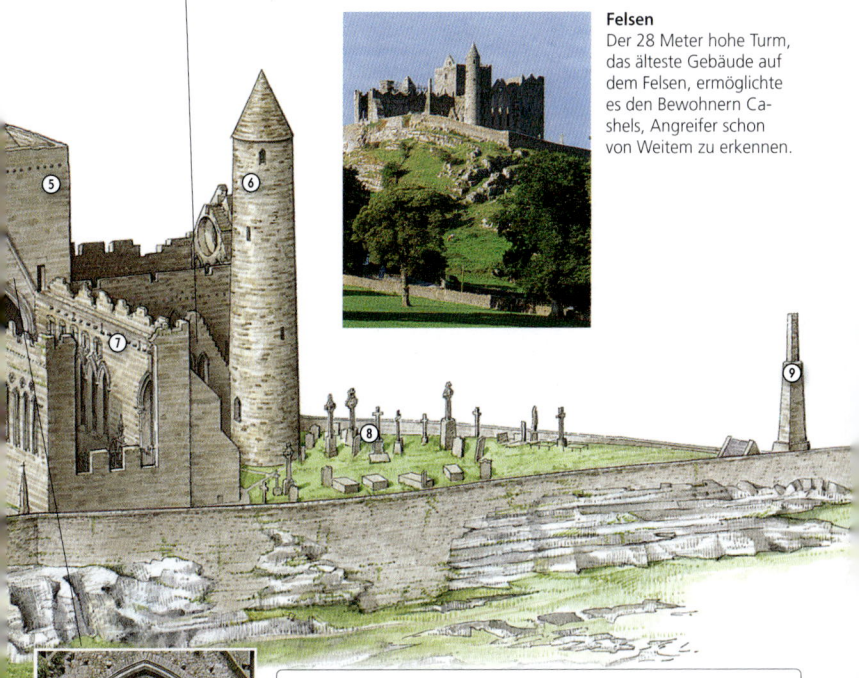

Felsen
Der 28 Meter hohe Turm, das älteste Gebäude auf dem Felsen, ermöglichte es den Bewohnern Cashels, Angreifer schon von Weitem zu erkennen.

★ **Kathedrale**
Die gotische Kathedrale, deren Dach zerstört ist, beeindruckt nichtsdestotrotz durch ihr gewaltiges Mauerwerk; im Chor sind schön gefasste Spitzbogenfenster erhalten.

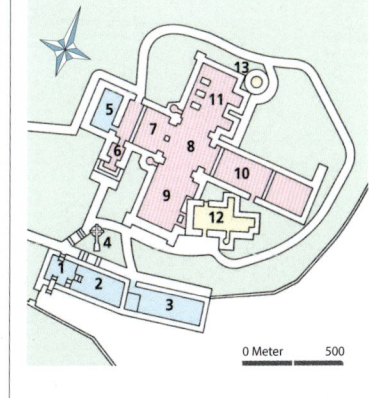

Legende

12. Jahrhundert
4 St Patrick's Cross (Kopie)
12 Cormac's Chapel
13 Rundturm

13. Jahrhundert
6 Vorraum
7 Mittelschiff
8 Vierung
9 Südschiff
10 Chor
11 Nordschiff

15. Jahrhundert
1 Kartenverkauf
2 Hall of the Vicars' Choral (Museum)
3 Schlafsaal
5 Burg

⓴ Athassel Priory

Straßenkarte C5. **Karte** F10. 8 km westl. von Cashel, Co Tipperary. 🚌 nach Tipperary. ◯ tägl. 🌐 **cashel.ie**

Die Ruine des ehemaligen Augustinerklosters liegt am Westufer des Suir. In der Kirche befindet sich das Grab von William de Burgh, der das Kloster 1192 gründete. Es heißt, Athassel sei das größte mittelalterliche Kloster Irlands gewesen. 1447 brannte die Anlage nieder. Ihre Ruinen – ein Torhaus, die Kirche und Überreste eines Kreuzgangs und des Kapitelsaals – strahlen noch heute Ruhe und Frieden aus. Bemerkenswert sind das Westportal der Kirche und der Zentralturm aus dem 15. Jahrhundert.

Die Ruinen der Athassel Priory am Ufer des Suir

㉑ Glen of Aherlow

Straßenkarte C5. **Karte** E10. Co Tipperary. 🚌 nach Bansha oder Tipperary. 🛈 Coach Rd, an der R663 8 km östlich von Galbally, (062) 56331. 🌐 **aherlow.com**

Das grüne Tal des Aherlow zwängt sich zwischen die Galty Mountains und die Hügel von Slievenamuck. Die von den Orten **Galbally** und **Bansha** begrenzte Ebene war eine wichtige Verbindung zwischen Limerick und Tipperary und ein Rückzugsgebiet für Gesetzesflüchtige.

Heute bietet die Region vielfältige Freizeitmöglichkeiten, etwa Reiten, Radfahren und Angeln. Spazierwege durchziehen die Ebene. Die Galty Mountains locken mit Wanderwegen und mit schönen Ausblicken über Seen, Wälder und den Fluss.

㉒ Cahir

Straßenkarte C5. **Karte** F10. Co Tipperary. 👥 2100. 🚏 🚌 🛈 Apr–Okt: Castle Street, (052) 744 1453. 🌐 **discoverireland.ie/southeast**

Das einstige Garnisonsstädtchen ist heute ein lebhafter Marktort. Von der mit Pubs gesäumten Castle Street gelangt man zum Suir, zum Cahir Castle und über einen ausgeschilderten Spazierweg zum Swiss Cottage.

Am Ortsrand liegt die pittoreske Ruine von **Cahir Abbey**, einem Augustinerkloster aus dem 13. Jahrhundert mit sehr schönen Fenstern.

Blick über den Glen of Aherlow

🏰 Cahir Castle

Castle Street. 📞 (052) 744 1011. ◯ tägl. ⬤ 24.–30. Dez. 🎫 📷 ♿ teilweise. 🌐 **heritageireland.ie**

Die Burg auf einer Felseninsel im Suir ist eine der schönsten Irlands und als solche eine beliebte Filmkulisse. Die gut erhaltene Festungsanlage aus dem 13. Jahrhundert gehörte bis 1964 der Familie Butler, einer einst mächtigen irischen Familie, die seit den Tagen der anglo-normannischen Invasion als Lehnsherren der englischen Krone die Geschicke des County Cahir lenkte. Unter ihrer Herrschaft wurde die Burg im 15. und 16. Jahrhundert erweitert.

Die Burganlage besteht aus einem äußeren, mittleren und inneren Teil. Der innere Teil steht an der Stelle einer normannischen Burg. Wallanlagen und Burgfried stammen aus dem 13. Jahrhundert. Die schön restaurierte Great Hall in der Burg wurde 1840 weitgehend erneuert, jedoch stammen Mauern und Fenster noch aus dem 15. Jahrhundert. Von den Wallanlagen aus hat man einen herrlichen Blick über den Fluss.

🏠 Swiss Cottage

Kilcommon, Cahir. 📞 (052) 744 1144. ◯ Apr–Okt: tägl. 📷 obligatorisch.

Das Swiss Cottage ist ein wunderschönes Beispiel für ein sogenanntes *cottage orné*. Es wurde im Jahr 1810 von John Nash, einem Regency-Architekten, für die Butlers entworfen. Hier pflegten sich Lady und Lord Cahir den Annehmlichkeiten des irischen Land-

Hotels und Restaurants am unteren Shannon siehe Seiten 299f und 316–318

Das Swiss Cottage bei Cahir, originalgetreu restauriert

lebens hinzugeben. Als typisches *cottage orné* musste sich das Haus in die natürliche Umgebung möglichst stilvoll einbinden, so als sei es von der Natur selbst gebildet. Daher die Formvariationen der Fenster, der Dachtraufen und der Fassade. Die Räume sind restauriert und schön möbliert.

❷❸ Clonmel

Straßenkarte C5. **Karte** F10. Co Tipperary. 17000. The Main Guard, (052) 612 2960. **W** discoverireland.ie

Der am Suir gelegene Hauptort der Tipperary-Region gehörte einst zu den Besitzungen der Desmonds und wohl auch der Butlers. Der Wohlstand von Clonmel basierte auf den Erträgen der Mühlen und Brauereien der Gegend. Einige Mühlen sind noch zu sehen.

Die **Franciscan Friary** am Flussufer wurde in viktorianischer Zeit weitgehend umgebaut, doch gibt es immer noch einen Turm aus dem 15. Jahrhundert und ein Grabmal der Butlers (16. Jh.). Die nahe gelegene O'Connell Street, Clonmels Haupteinkaufsstraße, führt zum 1831 errichteten West Gate. Gäste des **Hearn's Hotel** in der Parnell Street können Andenken an Charles Bianconi (1786–1875) bewundern, darunter auch Bilder von den Pferdekutschen, die einst in seinem Auftrag zwischen Clonmel und Cahir verkehrten.

❷❹ Carrick-on-Suir

Straßenkarte C5. **Karte** FG10. Co Tipperary. 5500. Heritage Centre, Main St, (051) 640 200.

Die kleine Marktstadt Carrick-on-Suir hat eine ganz eigene Atmosphäre. Im 15. Jahrhundert hatte der zwischen Clonmel und Waterford gelegene Ort eine wichtige strategische Funktion, doch seit den Tudors sank seine Bedeutung zunehmend. Außer Ormond Castle gibt es nicht viel zu sehen, allerdings können Sie bei Blarney Woollen Mills *(siehe S. 334)* einkaufen.

Ormond Castle
Castle Park. (051) 640 787. Apr–Mitte Sep: tägl. (Website prüfen); für Führungen täglich geöffnet. obligatorisch. teilweise. **W** heritageireland.ie

Die frühere Burg ist heute Irlands schönstes Landhaus im Tudor-Stil. Es wurde für die mächtige Familie der Butlers, Earls of Ormond, erbaut, die ihren Adelstitel im Jahr 1328 von der englischen Krone erhielten. Der Wehrturm an der Südseite des ursprünglich mittelalterlichen Bauwerks ist mit architektonischen Elementen aus späterer Zeit verziert.

Die Repräsentationsräume verfügen über einige der schönsten Stuckdecken von ganz Irland. Die Long Gallery mit zwei Kaminen misst 30 Meter. Den elisabethanischen Anbau verdankt das Haus Black Tom Butler, dem 10. Earl of Ormonde. Als er starb, zog die Familie nach Kilkenny *(siehe S. 146f)*.

Umgebung: Auf dem Friedhof von **Ahenny**, zehn Kilometer nördlich von Carrick, befinden sich zwei Hochkreuze *(siehe S. 247)*. Sie sind von einer »Bischofsmitra« gekrönt und mit einigen außergewöhnlichen Mustern verziert.

In **Kilkieran**, fünf Kilometer nördlich von Carrick, findet man drei weitere sehenswerte Hochkreuze aus dem 9. Jahrhundert: das Plain Cross, das West Cross und das Long Shaft Cross – jedes auf seine Art ungewöhnlich verziert.

Das West Gate in Clonmel, das die O'Connell Street überspannt

Schmuckelemente an einem Bettpfosten in Ormond Castle

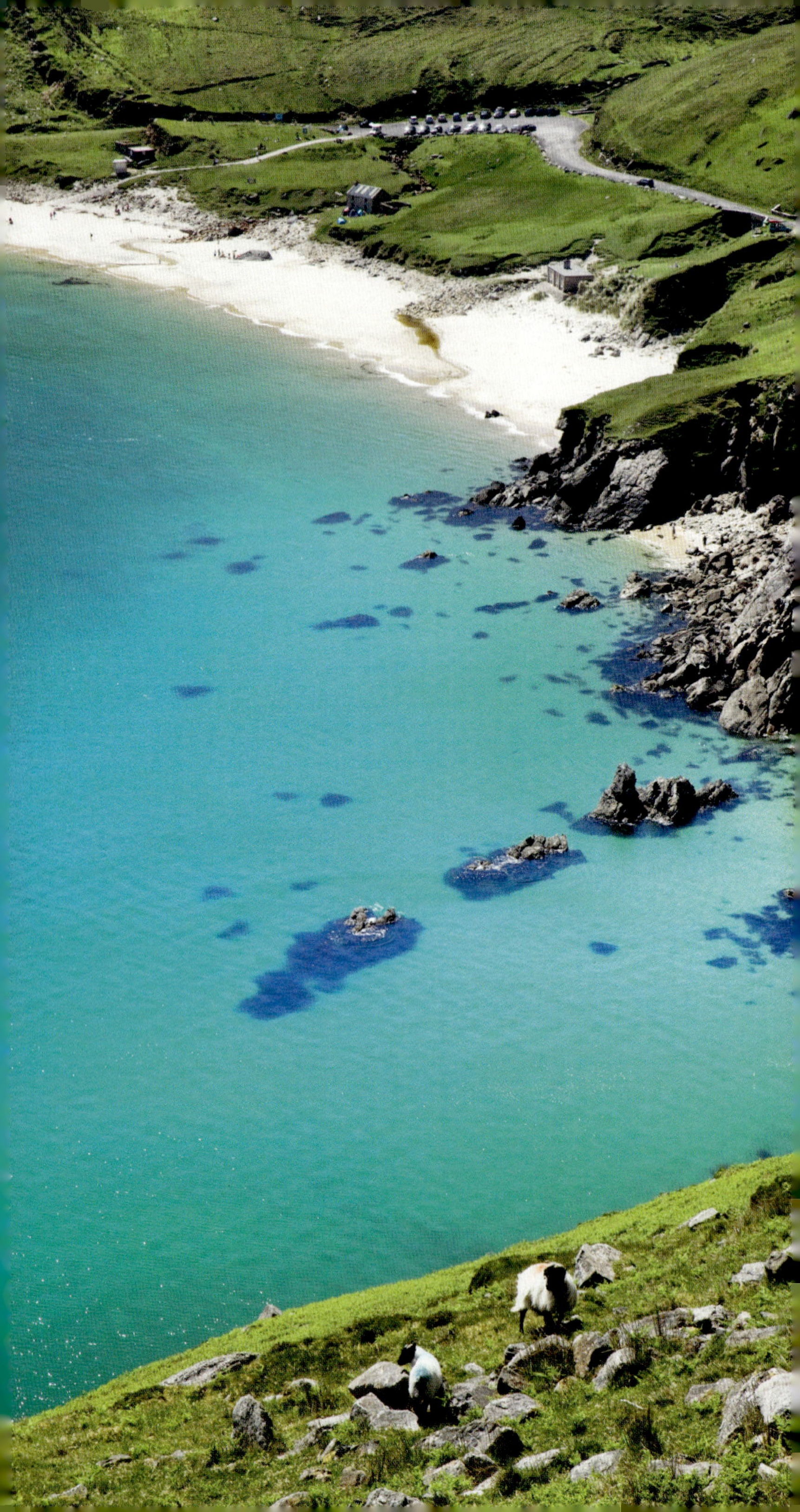

Westirland

Mayo · Galway · Roscommon

Die drei Regionen Mayo, Galway und Roscommon bilden das Herz von Connaught, Irlands historischem Westteil, der spärlich besiedelt und von sturmgepeitschten Bergen, niedrigen Steinmauern und Torfmooren geprägt ist. In dieser ursprünglich-ländlichen Region liegt die ausgesprochen quirlige Universitätsstadt Galway, in deren mittelalterlichen Straßen und gemütlichen Pubs das moderne Leben pulsiert.

Die zerklüftete Westküste Irlands ist seit über 5000 Jahren besiedelt. Sie ist reich an prähistorischen Sehenswürdigkeiten wie den Céide Fields oder den Steinwällen der Aran Islands. Zeugnisse einer ausgeprägten klösterlichen Kultur gibt es in Kilmacduagh und Clonfert, deren religiöse Traditionen in den Wallfahrten nach Knock und Croagh Patrick fortleben.

Im Mittelalter stand Galway unter anglonormannischer Herrschaft, während einheimische Clans seine Umgebung kontrollierten. Nach den Siegen Cromwells wurden viele Iren zwischen 1640 und 1650 mit dem Ruf »Zur Hölle oder nach Connacht« (Connaught) in diese Provinz vertrieben. Im Lauf des 17. und 18. Jahrhunderts ließen Landlords prunkvolle Landhäuser errichten, etwa bei Clonalis, Strokestown Park und Westport. Während der Großen Hungersnot zwischen 1845 und 1852 verließen viele Bewohner den Westen Irlands, betroffen war vor allem die Gegend um Mayo. Gleichwohl haben alte gälische Traditionen im County Galway bis heute überlebt. Hier befindet sich die größte Gaeltacht *(siehe S. 233)* des Landes, in der die Hälfte der Bevölkerung Gälisch noch als Muttersprache spricht.

Die Braun- und Violetttöne von Connemara im Westen Galways und das fruchtbare Ackerland Roscommons bilden einen reizvollen Kontrast zur schroffen Atlantikküste, die oft in diffuse Nebel getaucht ist und von Sturmwinden heimgesucht wird.

Der Sommer ist in dieser traditionsbewussten Region die Zeit der Feste, dann finden beispielsweise im Juli und August die Galway Races, im Juli das Galway Arts Festival, im August die traditionellen Bootsrennen bei Kinvara und im September das Galway Oyster Festival statt.

Schwäne am Ufer des Corrib, in Galways Stadtteil Claddagh

◀ Pittoresker Strand in der Keem Bay, Achill Island *(siehe S. 208)*

Überblick: Westirland

Galway, Clifden und Westport sind die besten Ausgangspunkte, um den Westen Irlands zu erkunden. Connemara und die wilde Schönheit von Mayo beeindrucken vor allem Naturliebhaber, während Wassersportler eher zu den Inseln Achill, Aran, Clare und Inishbofin streben. Sehr beliebt bei Anglern sind auch die Seen der Countys Roscommon, Mayo und Galway. Lough Corrib und Lough Key bieten mehr Ruhe und Entspannung.

Bunte Ladenfronten an einer Straße in Galway

In Westirland unterwegs

Vom kleinen Flughafen bei Rossaveal aus kann man zu den Aran Islands fliegen, zu denen auch Fährboote von Rossaveal oder Doolin (County Clare) fahren. Mit Fähren sind von Cleggan aus Inishbofin und von Roonagh nahe Louisburgh aus Clare Island erreichbar. Zwischen Galway und Westport gibt es keine direkte Zug-, aber Busverbindungen. Nach Connemara kommt man mit dem Bus von Galway und Clifden (über Oughterard oder Cong) aus. Die Gegend kann von beiden Städten aus auch auf einem Tagesausflug mit dem Reisebus erkundet werden.

Weitere Zeichenerklärungen *siehe hintere Umschlagklappe*

WESTIRLAND | 207

Flusstal bei Delphi im nördlichen Connemara

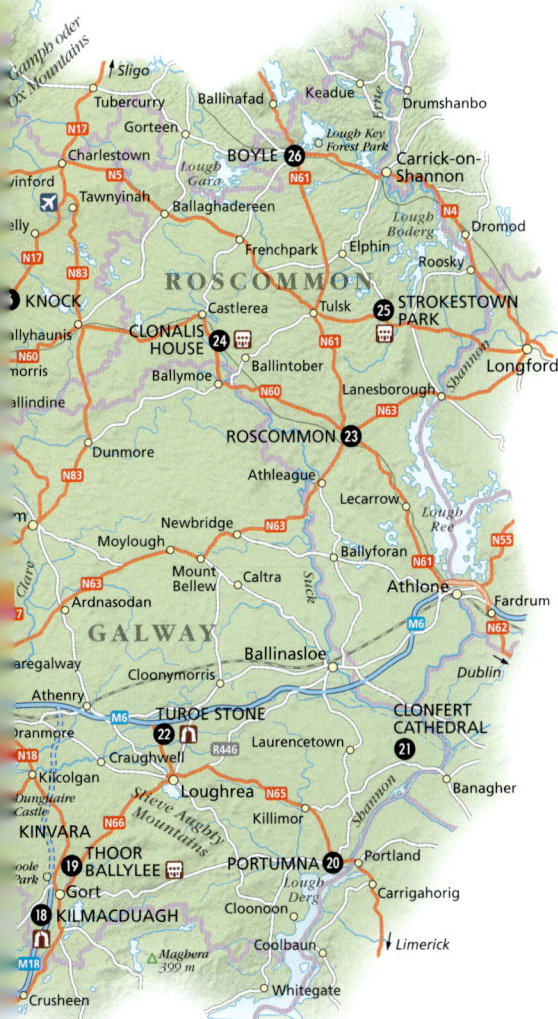

Sehenswürdigkeiten auf einen Blick

1. Céide Fields
2. Achill Island
3. Westport
4. National Museum of Ireland – Country Life
5. Foxford
6. Knock
7. Croagh Patrick
8. Clare Island
9. Inishbofin
10. Clifden
11. Kylemore Abbey
12. Connemara National Park
13. Cong
14. Lough Corrib
15. *Galway S. 214f*
16. *Aran Islands S. 216f*
17. Kinvara
18. Kilmacduagh
19. Thoor Ballylee
20. Portumna
21. Clonfert Cathedral
22. Turoe Stone
23. Roscommon
24. Clonalis House
25. Strokestown Park
26. Boyle

Dekorativer Stuck im Westport House

Legende

- Autobahn
- Autobahn (im Bau)
- Schnellstraße
- Hauptstraße
- Nebenstraße
- Panoramastraße
- Eisenbahn (Hauptstrecke)
- Eisenbahn (Nebenstrecke)
- County-Grenze
- △ Gipfel

❶ Céide Fields

Straßenkarte B2. Karte C5. 8 km westlich von Ballycastle, Co Mayo. ✆ (096) 43325. ○ Apr–Ende Okt: tägl. 🌿 📷 💺 🛒
🌐 heritageireland.ie

Der Küstenabschnitt von Mayo, umgeben von Mooren und steilen Bergen, ist Europas größtes Gebiet, das noch von der Kultur der Steinzeit zeugt. Steinmauern gliedern ein Areal von zehn Quadratkilometern in Parzellen für Acker- oder Weideland. Überreste von Häusern lassen erkennen, dass hier einst eine große Gemeinde lebte. Torf hatte die Felder überzogen und sie so über 5000 Jahre lang erhalten.

Teile dieser Feldmarkierungen sind freigelegt. Fremdenführer erklären vor Ort die jeweilige Bedeutung der steinernen Zeugen. Bei Grabungen fand man Töpferwaren und einfaches Werkzeug. Das interessante Informationszentrum vor Ort bietet zudem Dokumentationen zu Geologie und Botanik der Gegend.

Umgebung: An der Nordküste von Mayo, zwischen Ballina und der Halbinsel Mullet, führt der **North Mayo Sculpture Trail** an Skulpturen vorbei. 15 Werke aus Erde, Stein und anderen natürlichen Materialien fügen sich in die Umgebung ein und stammen von zwölf verschiedenen Bildhauern. Intention des Projekts ist es, die Großartigkeit der Landschaft durch das künstlerische Werk zu unterstreichen. Es finden auch Wechselausstellungen statt.

❷ Achill Island

Straßenkarte A3. Karte BC6. Co Mayo. 🚐 3000. 🚌 von Westport. ℹ (098) 20705.
🌐 achilltourism.com

Achill Island, Irlands größte Insel, ist 22 Kilometer lang und 19 Kilometer breit. Man erreicht sie vom Festland der Halbinsel Currane über die Michael Davitt Bridge, die hochgezogen werden kann, wenn Schiffe passieren wollen. Achill bietet Moore, Berge, steile Klippen und weite Strände und ist bei Anglern und Wassersportlern ausgesprochen beliebt. Es gibt Hinweise, dass die Insel schon vor mehr als 5000 Jahren bewohnt war.

Autofahrern bietet sich der **Atlantic Coast Drive** an, ein eindrucksvoller Rundkurs ab Achill Sound. Die Straße führt zur Südspitze der Insel und dann an der Nordküste entlang wieder zurück. Zwischen Dooega und Keel im Südwesten erheben sich die Minaun Cliffs und Cathedral Rocks. Im Norden überragt ein Berg Slievemore, das seit der Großen Hungersnot *(siehe S. 223)* verlassen ist.

❸ Westport

Straßenkarte B3. Karte C6. Co Mayo. 🚐 6000. 🚆 🚌 ℹ Bridge St, (098) 25711. ○ Do.
🌐 westporttourism.com

Westport ist ein hübscher Ort. Ende des 18. Jahrhunderts ließ James Wyatt die breiten,

Der Angel of Welcome in der Eingangshalle von Westport House

baumgesäumten Straßen anlegen sowie die North und die South Mall an beiden Ufern des Carrowbeg. Zur Zeit der Industrialisierung und der Großen Hungersnot *(siehe S. 223)* herrschte auch hier große Armut. Das änderte sich erst in den 1950er Jahren, als neue Industrien angesiedelt wurden und auch Urlauber hierherkamen.

In der Bridge Street gibt es eine Reihe Cafés und Pubs, das netteste ist Matt Molloy's *(siehe S. 330)*.

Gefäß aus Mooreiche und Silber, Westport House

Westport House

Westport. ✆ (098) 27766. ○ Mitte März–Sep: tägl.; Okt–Dez: Wochenenden. 🌿 📷
💺 🌐 westporthouse.ie

Westlich des Orts kommt man zur Mündung des Carrowbeg und zur Clew Bay. Hier befindet sich Westport House, Sitz der Earls of Altamont, Nachfahren der Familie Browne, die einst Untertanen der Tudors waren. Westport wurde in den 1750er Jahren von John Browne, dem ersten Lord Altamont, gegründet, nachdem Westport House bereits 1732 nach Plänen von Richard Cassels errichtet worden war. Fertiggestellt wurde die Anlage 1778 von James Wyatt. Das Haus befindet sich im Privatbesitz der Familie Browne, Nachfahren der Piratin Grace O'Malley. Es ist mit Familienporträts ausgestattet. Es gibt einen See zum Bootfahren, eine Mini-Eisenbahn, ein Museum und den Pirate Adventure Park für Kinder.

Moorfindling im Dokumentationszentrum von Céide Fields

Hotels und Restaurants in Westirland *siehe Seiten 300f und 318–320*

Statue des hl. Patrick zu Füßen des Croagh Patrick mit Blick über die Clew Bay

❹ National Museum of Ireland – Country Life

Turlough Park, Turlough, an der N5, 8 km östlich von Castlebar, Co Mayo. (094) 903 1755. Di–Sa 10–17, So 14–17 Uhr. Karfreitag, 25. Dez. museum.ie

Das preisgekrönte Museum in Turlough Park widmet sich irischem Landleben. Die Sammlung umspannt v. a. den Zeitraum von 1850 bis 1950, als Farmer nicht mehr nur Pächter, sondern Eigentümer des Landes, das sie bestellten, sein wollten und dafür kämpften. Das Museum erklärt den historischen Kontext der ausgestellten Exponate. Auf vier Stockwerken sind u. a. Korbwaren, Spinnräder und von Hand betriebene Maschinen zu sehen.

❺ Foxford

Straßenkarte B3. Karte D6. Co Mayo. 1000. von Galway. Westport, (098) 25711.

Der ruhige Marktort ist für seine Angelplätze am nahe gelegenen Lough Conn und für die Herstellung von Stoffen bekannt. Die **Foxford Woollen Mills** im Zentrum wurden im Jahr 1892 von Mother Arsenius, einer irischen Nonne, gegründet. Die Fabrik beliefert die führenden Modehäuser des Landes und kann bei Führungen besichtigt werden.

Foxford Woollen Mills and Visitor Centre
Providence Rd. (094) 925 6104. tägl. 1. Jan, 16. März, Karfreitag, 24.–26. Dez. Ausstellung. foxfordwoollenmills.com

❻ Knock

Straßenkarte B3. Karte D6. Co Mayo. 600. 15 km nördlich von Knock. Mai–Sep: Knock, (094) 938 8193. discoverireland.ie

Im Giebel der Kirche St John the Baptist soll 1879 zwei Frauen aus dem Ort die Heilige Jungfrau mit Josef und Johannes dem Täufer erschienen sein. Die Vision wurde von der katholischen Kirche als Wunder anerkannt. Jedes Jahr kommen über 1,5 Millionen Menschen nach Knock, 1979 auch Papst Johannes Paul II. und 1993 Mutter Teresa, um den Kirchengiebel zu betrachten, in dem die Muttergottes zu sehen war. Er wurde inzwischen zu einer Art Kapelle um-

Croagh Patrick, Irlands heiliger Berg

gebaut. In der Nähe steht die Basilica of Our Lady mit einem Marienschrein. Das **Knock Museum** zeigt zudem Dokumentationen zur Geschichte des Wunders von Knock.

Knock Shrine and Museum
(094) 938 8100. tägl. 25., 26. Dez. Museum. knock-shrine.ie

❼ Croagh Patrick

Straßenkarte B3. Karte C6. Murrisk, Co Mayo. von Westport. Westport, (098) 25711. croagh-patrick.com

Irlands heiliger Berg wurde nach dem Nationalheiligen *(siehe S. 285)* benannt und ist eine der Attraktionen im County Mayo. Von unten sieht er aus wie ein Kegel, ein Eindruck, der sich jedoch verliert, sobald man den Berg besteigt. Seine Geschichte lässt sich bis 3000 v. Chr. zurückverfolgen. Im Jahr 441 soll der hl. Patrick hier 40 Tage fastend zugebracht haben.

Seit dieser Zeit haben unzählige Pilger, oft barfuß, den Berg erklommen, vor allem am Garland Friday oder Reek Sunday im Juli. Von Campbell's Pub in Murrisk aus, wo eine riesige Statue des Heiligen steht, benötigt man rund zwei Stunden bis zum 765 Meter hohen Gipfel. Am Reek Sunday werden dort in der modernen Kapelle auf dem Gipfel Messen gelesen. Außerdem hat man einen herrlichen Ausblick in die Umgebung.

❽ Clare Island

Straßenkarte A3. **Karte** B6. Co Mayo. 130. von Roonagh Quay, 6,5 km westl. von Louisburgh. (098) 23737 oder (086) 851 5003 (Fährverkehr). Westport, (098) 25711. W clareisland.ie

Clare Island wird von zwei Bergen überragt. Eine Burg aus dem 15. Jahrhundert wacht über den Hafen und seine Landspitze. Im 16. Jahrhundert war die Insel in den Händen von Grace O'Malley, Piratenkönigin und irische Patriotin, die die ganze Westküste kontrollierte. Obwohl sie, wie alte Dokumente belegen, am Hof von Königin Elizabeth I verkehrte, kämpfte sie bis zu ihrem Tod 1603 gegen die englische Herrschaft. Ihr Grab liegt in einer ehemaligen, kleinen Zisterzienserabtei und trägt als Inschrift ihr Lebensmotto: »Unbesiegbar zu Wasser und zu Lande.«

Auf der Insel finden sich Zeugnisse aus der Eisen- und Bronzezeit. Flora und Fauna sind geprägt von Moor- und Sumpfland. Tierfreunde können Delfine, Seehunde und Falken beobachten.

Umgebung: Louisburgh bietet viel Wassersport. Das Grace O'Malley gewidmete **Granuaile**

Die Fähre nach Inishbofin verlässt Cleggan Harbour

Visitor Centre (*Granuaile* = gälisch für Grace O'Malley) dokumentiert Archäologie und Folklore der Insel.

🏛 Granuaile Visitor Centre
St Catherine's Church, Louisburgh.
(098) 66341. Mo–Fr, Wochenende nach Vereinbarung.

❾ Inishbofin

Straßenkarte A3. **Karte** B7. Co Galway. 200. von Cleggan, (095) 45819. Clifden, (095) 21163.

Der Name Inishbofin bedeutet »Insel der weißen Kuh«. Der hl. Colman, Abt in Lindisfarne, wählte die oft in Nebel getauchte Insel im 7. Jahrhundert aufgrund ihrer Abgeschiedenheit als Exil. An der Stelle seines einstigen Klosters befindet sich heute eine spätmittelalterliche Kirche. An der Einfahrt zum Hafen liegt eine zerstörte Burg, die der spanische Pirat Don Bosco mit Grace O'Malley im 16. Jahrhundert besetzte. Cromwell nahm sie 1653 ein und funktionierte sie zum Gefängnis für katholische Priester um. Später gehörte Inishbofin Landlords. Heute lebt die Bevölkerung vom Fischfang und von der Landwirtschaft.

Das Aussehen der von Riffen umgebenen Insel ist von Steinmauern, Seen und Weiden geprägt. Hier kann man den Wachtelkönig *(siehe S. 22)* hören oder sogar sehen.

❿ Clifden

Straßenkarte A3. **Karte** B7. Co Galway. 920. März–Ende Sep: Galway Road, (095) 21163. Di, Fr. W discoverireland.ie/west

Das von der Bergkette der Twelve Bens eingerahmte und von zwei Kirchtürmen überragte Clifden ist Hauptort der Connemara-Region und idealer Ausgangspunkt für deren Erkundung. John d'Arcy, Grundbesitzer und High Sheriff of Galway, gründete den Ort 1812, um der als gesetzlos geltenden Region mehr Ansehen zu verschaffen. Doch wahrscheinlich führte gerade dieses Ansinnen zum Bankrott der Familie. In der protestantischen Kirche des Orts befindet sich eine Kopie des Cross of Cong *(siehe S. 71)*.

Heute hat Clifden einige Kunsthandwerksläden. Am zentralen Platz liegen Pubs, z. B. das populäre EJ Kings *(siehe S. 329)*. Connemara ist zwar berühmt für *sean nós* (A-cappella-Gesang), doch ist in Clifden eher traditionelle Musik verbreitet.

Clifden vor dem Hintergrund der Bergkette der Twelve Bens

Hotels und Restaurants in Westirland *siehe Seiten 300f und 318–320*

Connemara

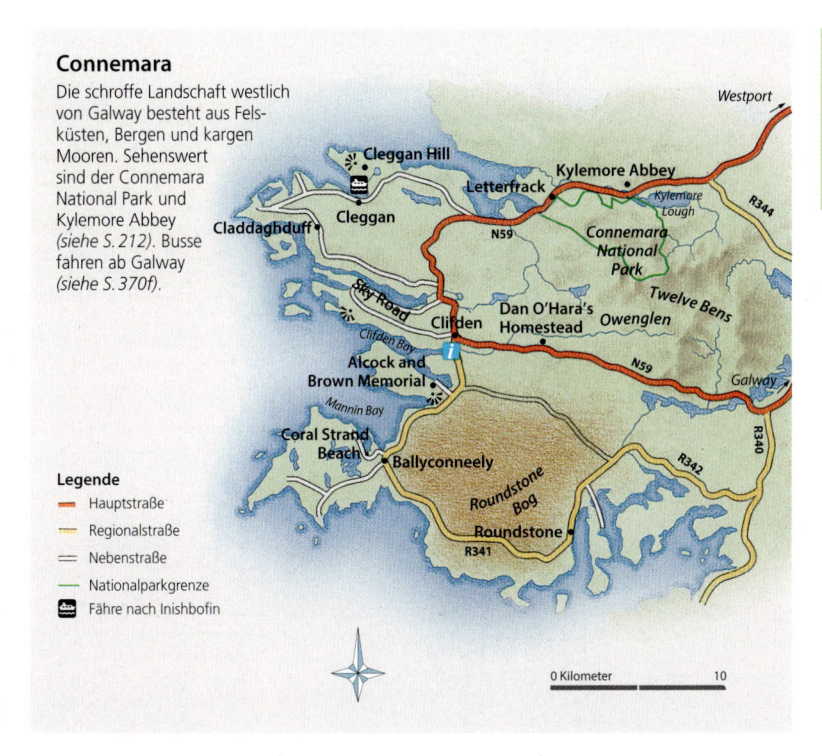

Die schroffe Landschaft westlich von Galway besteht aus Felsküsten, Bergen und kargen Mooren. Sehenswert sind der Connemara National Park und Kylemore Abbey *(siehe S. 212)*. Busse fahren ab Galway *(siehe S. 370f.)*.

Legende
- Hauptstraße
- Regionalstraße
- Nebenstraße
- Nationalparkgrenze
- Fähre nach Inishbofin

In der **Clifden Bay**, die ab Clifden Square ausgeschildert ist, findet man weite Sandstrände. An der Owenglen Cascade, südlich von Clifden, ziehen im Mai Lachse auf ihrer alljährlichen Wanderung vorüber.

Umgebung: Die **Sky Road**, ein elf Kilometer langer Rundkurs, führt nordwestlich von Clifden durch verlassene Gegenden und gewährt Ausblicke über das Meer. Unterwegs passiert man Clifden Castle, die Ruine von John d'Arcys Gothic Revival.

Die Küstenstraße nördlich von Clifden, über Claddaghduff in Richtung **Cleggan**, bietet eine spektakuläre Landschaft, die Schmuggler einst als Stützpunkt nutzten. Der hübsche Fischerort Cleggan liegt an der äußersten Spitze der Cleggan Bay. Von hier fahren Boote nach Inishbofin und Inishturk. Auf dem **Cleggan Hill** steht die Ruine eines Martello-Turms. Das Grab zu seinen Füßen stammt aus der Zeit der Megalithkultur. Südlich von Clifden führt die Küstenstraße durch Moor- und Seenlandschaft nach Roundstone. Das **Alcock and Brown Memorial** erinnert an den ersten Transatlantikflug von Alcock und Brown im Jahr 1919. Ganz in der Nähe ist der Ort, von dem aus Marconi 1907 die erste drahtlos übermittelte Radiomeldung nach Nova Scotia sandte. Die **Ballyconneely-Region** zeichnet sich durch schroffe Inseln sowie den herrlichen **Coral Strand Beach** aus. **Roundstone** besucht man am besten zur Sommerregatta der Galway Hooker *(siehe S. 215)*.

Als Ziel einer Ausflugsfahrt Richtung Osten bietet sich **Dan O'Hara's Homestead** an. Auf dieser Farm werden traditionelle Lebens- und Arbeitsweisen gepflegt.

🏛 Dan O'Hara's Homestead
Connemara Heritage & History Centre, Lettershea, an der N59. ☎ (095) 21246. 🕐 Apr–Okt: tägl. 9–18 Uhr.
🌐 connemaraheritage.com

Blick von der Sky Road auf die Küste

Weitere Zeichenerklärungen siehe hintere Umschlagklappe

Die imposante Kylemore Abbey am Ufer des Kylemore Lough

⓫ Kylemore Abbey

Straßenkarte A3. **Karte** C7. Connemara, Co Galway. (095) 52001. von Galway. tägl. 9–19 Uhr. Weihnachten. **Garten** tägl. teilweise.
W kylemoreabbeytourism.ie

Die Burg am Seeufer im Schutz der Twelve Bens ist eine romantische Wiederbelebung gotischer Fantasie-Architektur. Mitchell Henry (1826–1911), ein Großindustrieller aus Manchester, ließ sie als Geschenk für seine Frau errichten. Die Henrys legten weite Moorgebiete trocken, kultivierten das Land und pflanzten Tausende von Bäumen, um den exotischen Garten vor Wind zu schützen. Nach dem plötzlichen Tod seiner Frau und seiner Tochter verließ Henry Kylemore für immer, die Burg wurde verkauft.

Im Ersten Weltkrieg kamen Benediktinerinnen auf der Flucht aus Belgien hierher und gründeten in der Burg ein Kloster. Viele Jahre führten sie hier eine Mädchenschule. Besucher können restaurierte Kammern besichtigen. Auf dem Gelände gibt es auch ein Restaurant, einen Handwerksladen, eine Töpfer- und eine Seifenwerkstatt sowie einen Garten mit den längsten doppelt bepflanzten Rabatten Irlands, einem Vogelhäuschen und einem idyllischen Weg am Wasser.

⓬ Connemara National Park

Straßenkarte A3. **Karte** C7. Letterfrack, Connemara, Co Galway. (095) 41054. **Park** tägl. **Besucherzentrum** (095) 41054. März–Okt: tägl.
W connemaranationalpark.ie

Der Nationalpark im Herzen Connemaras besteht im Wesentlichen aus Bergen, Seen und Moorland. Auf dem über 2000 Hektar großen Gelände liegen vier der Twelve Bens, darunter Benbaun, der mit 730 Metern höchste der zwölf Berge, und Diamond Hill. Im Zentrum des Parks befindet sich das Glanmore-Tal mit dem Fluss Polladirk. Besucher erleben hier eine der schönsten Landschaften Westirlands.

Teile des Landes gehörten ursprünglich zur Kylemore Abbey. 1980 wurde der Nationalpark gegründet. Überall finden sich Zeugnisse aus prähistorischer Zeit: mehr als 4000 Jahre alte Megalithgräber und Landmarkierungen, die einst Äcker und Weideland begrenzten.

Der Park ist das ganze Jahr hindurch geöffnet, das Besucherzentrum nahe dem Eingang, außerhalb von Letterfrack, nur von März bis Mitte Oktober. Ausstellungen erläutern die Geschichte, Geologie, Flora und Fauna der Region. Es gibt auch ein Restaurant. Drei ausgeschilderte Wege führen vom Besucherzentrum durch den Park. Im Sommer werden Führungen und Aktivitäten für Kinder angeboten. Wanderungen in den Twelve Bens sollten nur erfahrene, gut ausgerüstete Bergsteiger unternehmen.

Connemaras Tierwelt

Das einzigartige Sumpf- und Moorland von Connemara ist ein wahres Pflanzenparadies, vor allem für eher ungewöhnliche und seltene Torf- und Heidepflanzen. Auch die Vogelwelt präsentiert sich in zahlreichen Arten. Hier gibt es u. a. Nebelkrähen, gut erkennbar an ihrem grauen Gefieder, Störche, Schwarzkehlchen und Zwergfalken, die kleinsten Falken auf den Britischen Inseln. Zudem wurde Rotwild angesiedelt, das man im Nationalpark zum Teil erstaunlich nah sehen kann, ebenso wie Dachse, Füchse, Otter und Seehunde.

Der Merlin nistet im Heidekraut und ernährt sich meist von kleinen Vögeln.

Die irische Glockenheide, eine besonders hübsche Art, wächst nur in der Connemara-Region.

Hotels und Restaurants in Westirland *siehe Seiten 300f und 318–320*

⓭ Cong

Straßenkarte B3. **Karte** D7. Co Mayo. 350. Old Courthouse, (094) 954 6542. März–Okt: tägl. congtourism.com

Der malerische Ort liegt am Ufer des Lough Corrib im County Mayo. *Cong* bedeutet »Landenge« – damit ist der Landstrich zwischen Lough Corrib und Lough Mask gemeint. In den 1840er Jahren baute man einen Kanal, um die beiden Seen miteinander zu verbinden, jedoch verschwand das Wasser im porösen Kalkstein des Flussbetts. Über den ausgetrockneten Kanal führen noch Brücken. Bisweilen stößt man auf alte Schleusen.

Nahe der Hauptstraße befindet sich **Cong Abbey**, eine im 12. Jahrhundert von Turlough O'Conor, König von Connaught und Oberkönig von Irland, gegründete Augustinerabtei. Die Kirchenportale sind im romanisch-gotischen Stil gestaltet. Sehr schön ist auch der Kreuzgang des Klosters. Das berühmte Cross of Cong, ein verziertes Prozessionskreuz, befindet sich heute wieder im National Museum of Ireland in Dublin, nachdem es Teil einer erfolgreichen Ausstellung im Museum of Country Life in Turlough war. Sehenswert sind auch der gotische Kapitelsaal und das Fischerhaus der Mönche über dem Fluss. Ein Klingelzug ließ eine Glocke in der Küche erklingen, wenn ein Fisch angebissen hatte. Südlich von Cong liegt das 1870 von Lord Ardilaun erbaute **Ashford Castle** – nun eines der besten irischen Hotels *(siehe S. 300)*. Das Gelände ist per Schiff von Galway oder Oughterard aus erreichbar.

Verziertes Portal von Cong Abbey (12. Jh.)

⓮ Lough Corrib

Straßenkarte B3. **Karte** CD7. Co Galway. von Galway und Cong. von Oughterard, Cong und Wood Quay, Galway.

Das Anglerparadies bietet die Gelegenheit, mit einheimischen Fischern Forellen, Hechte, Flussbarsche oder Lachse zu angeln. Trotz seiner Nähe zu Galway ist der See mit seinen kleinen Inseln und den umliegenden Weiden und Wäldern eine Oase der Ruhe, in der Blesshühner und Schwäne leben. Auf **Inchagoill**, der größten Insel, befinden sich die Ruinen einer frühchristlichen Klosteranlage und romanischen Kirche.

Man erreicht den See von Galway aus. Üblicherweise fährt man durch das Marschland, vorbei an verschiedenen Zeugnissen aus der Eisenzeit, an Kalksteinfelsen und an Menlo Castle. Nach Belieben kann man am See für ein Picknick rasten oder nach Cong weiterfahren.

Blick über den Lough Corrib vom Nordwestufer bei Oughterard

Umgebung: Der Ort **Oughterard** am Ufer des Lough Corrib ist als »Tor nach Connemara« bekannt. Er bietet Kunsthandwerksläden, Cottages und Pubs. In der Umgebung kann man golfen, angeln, reiten, bergwandern und Rad fahren. Zudem gibt es Spazierwege am See oder zu einem Wasserfall westlich des Dorfs.

Vier Kilometer südöstlich von Oughterard (nahe der N59) liegt **Aughnanure Castle**. Das schön restaurierte Turmhaus direkt am Drimneen entstand auf dem Areal einer alten Burg, die die Familie O'Flaherty 1256 errichten ließ. Zwischen dem 13. und 16. Jahrhundert kontrollierte sie West Connaught vom Lough Corrib bis zur Küste bei Galway. Von der Burg aus verteidigte sie das Land im 16. Jahrhundert gegen die Engländer. 1545 heiratete Donal O'Flaherty die Piratenkönigin Grace O'Malley *(siehe S. 210)*. Das Turmhaus verfügt über eine ungewöhnliche doppelte Steinmauer *(siehe S. 24)* und ein *murderhole*, von dem aus man heißes Pech auf Angreifer schüttete.

Aughnanure Castle
Oughterard. (091) 552 214.
Apr–Okt: tägl.
teilweise. heritageireland.ie

Connemara-Ponys sollen von Araberpferden abstammen, die von den Wracks der Spanischen Armada hierherkamen.

Fuchsien gedeihen und blühen üppig im milden Klima von Connemara.

Galway

Galway ist Zentrum der Irisch sprechenden Region im Westen sowie Universitätsstadt. 1396 erhielt es königliche Privilegien und wurde dann zwei Jahrhunderte lang von 14 Kaufmannsfamilien, den »tribes«, dominiert. Unter dem Einfluss Englands prosperierte die Stadt, doch Galway bezahlte seine Untertänigkeit gegenüber der englischen Krone teuer: 1652 zerstörten die Truppen Cromwells die Stadt. Nach der Schlacht am Boyne *(siehe S. 248)* verfiel Galway zusehends. Durch die Entwicklung zu einem Hightech-Zentrum ist die Stadt zu neuem Leben erwacht.

The Quays – Fischrestaurant und Pub zugleich

Häuser am Ufer des Corrib

Überblick: Galway
Das Zentrum von Galway liegt am Corrib, der vom Lough Corrib *(siehe S. 213)* herabfließt und von hier weiter zur Galway Bay. Die Stadterneuerung in den 1970er Jahren verhalf den engen Straßen dieser einst von einer Mauer umgebenen Stadt zu neuem Glanz. Galway mit seinen vielen Cafés, Pubs und historischen Sehenswürdigkeiten lässt sich sehr gut und entspannt zu Fuß erkunden.

Eyre Square
Der vor einigen Jahren völlig neu gestaltete Platz umfasst eine Plaza mit dem John F. Kennedy Memorial Park, umgeben von Häusern aus dem 19. Jahrhundert. An der Nordwestseite befindet sich der **Browne Doorway**, ein Hauszugang aus dem 17. Jahrhundert, der ursprünglich von einem Landhaus in der Lower Abbeygate Street stammt. Daneben steht ein Brunnen mit einem Galway Hooker. Beim Bau des **Eyre Square Centre**, eines belebten Einkaufszentrums mit mehr als 60 Läden, hat man Teile der alten Stadtmauer integriert. Wege verbinden den Penrice Tower mit dem Shoemakers Tower. Beide Türme gehören zur Stadtbefestigung aus dem 17. Jahrhundert.

Latin Quarter
Vom Eyre Square führen William Street und Shop Street ins »Latin Quarter«. **Lynch's Castle** (16. Jh.) an der Ecke Upper Abbeygate Street und Shop Street ist die größte Stadtresidenz Galways. Sie gehörte einst der Lynch-Familie, einer der 14 »tribes« von Galway.

Eine Seitenstraße führt zur **Collegiate Church of St Nicholas**, dem schönsten mittelalterlichen Gebäude der Stadt. Die Kirche wurde im 15. und 16. Jahrhundert erweitert, dann aber von Cromwells Armee zerstört, die sie als Pferdestall nutzte. Das Westportal stammt aus dem 15. Jahrhundert.

Die Quay Street wird von Lokalen und Pubs gesäumt, z. B. **The Quays Pub** *(siehe S. 329)*. Das heutige Restaurant Ti Neachtain *(siehe S. 330)* gehörte einst »Humanity Dick«, einem Parlamentarier, der sich im 18. Jahrhundert gegen Gewalt an Tieren engagierte.

Nord-Galway
Die aus örtlichem Kalkstein und Connemara-Marmor erbaute **Cathedral of St Nicholas** (1965) erhebt sich am Westufer des Flusses. Von hier aus sieht man Wood Quay, im Sommer Startpunkt der Schiffe zum Lough Corrib *(siehe S. 213)*. Die **National University of Ireland Galway** im Westen hat einen großen Campus, der 1849 im gotischen Stil angelegt wurde. Unter der Salmon Weir Bridge kann man Lachse beobachten.

Farbenprächtige Häuserfassaden im Zentrum von Galway

Hotels und Restaurants in Westirland *siehe Seiten 300f und 318–320*

Galway Hooker

Galways traditionelle Segelboote, auch im Wappen der Stadt verankert, sind als *pucans* oder *gleotogs* bekannt (englisch *hookers*). Sie haben einen schwarzen Rumpf und einen dicken Mast mit Haupt- und zwei Vorsegeln. Sie stammen wohl aus dem Claddagh-Distrikt. Man benutzte sie auch, um an der Küste Torf, Vieh oder Bier zu transportieren. Die Boote sind beim Cruinniú na mBád-Festival zu sehen.

Kleiner Galway Hooker nahe den Old Quays und dem Spanish Arch

Infobox

Information
Straßenkarte B4. Karte D8. Co Galway. 80 000. The Fairgreen, Foster St, (091) 537 700. Sa, So. Galway Arts Festival (Mitte Juli); Galway Races (Ende Juli, Aug). **W** galwaytourism.ie

Anfahrt
Carnmore, 11 km nordöstlich von Galway. Ceannt Station, (091) 561 444. Ceannt Station, (091) 562 000.

Old Quays
Der **Spanish Arch**, einst Anlegeplatz der spanischen Kaufleute, wurde 1584 zum Schutz des Hafens errichtet, der damals außerhalb der Stadtbefestigung lag. Das **Galway City Museum** hinter dem Bogen erläutert die Stadtgeschichte.

Claddagh
Claddagh liegt jenseits des Spanish Arch am Westufer des Corrib. Der Name stammt von *An Cladach* (»flache, steinige Küste«). Seit dem Mittelalter wurde die unabhängige Gemeinde der Fischer außerhalb der Stadtmauern von einem »König« regiert. Der letzte dieser »Könige« starb 1954. Die einzige Erinnerung an jene Zeit sind die gemütlichen Pubs und die Claddagh-Ringe, Verlobungsringe, die der Tradition gemäß von Müttern an ihre Töchter weitergegeben werden *(siehe S. 336)*.

Umgebung: Westlich der Stadt liegt **Salthill**, Galways Hausstrand. Beliebt sind auch die Strände von Palmer's Rock und Grattan Road. Zum typischen Strandleben gehört ein Bummel auf der Strandpromenade.

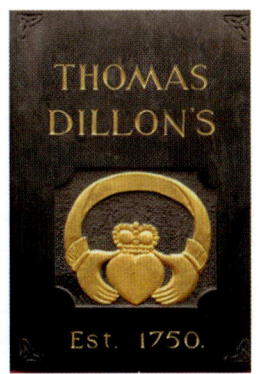

Tafel am Dillons Shop, wo die ersten Claddagh-Ringe hergestellt wurden

Zentrum von Galway
① Cathedral of St Nicholas
② Collegiate Church of St Nicholas
③ Lynch's Castle
④ Browne Doorway
⑤ The Quays Pub
⑥ Spanish Arch
⑦ Galway City Museum
⑧ The Claddagh

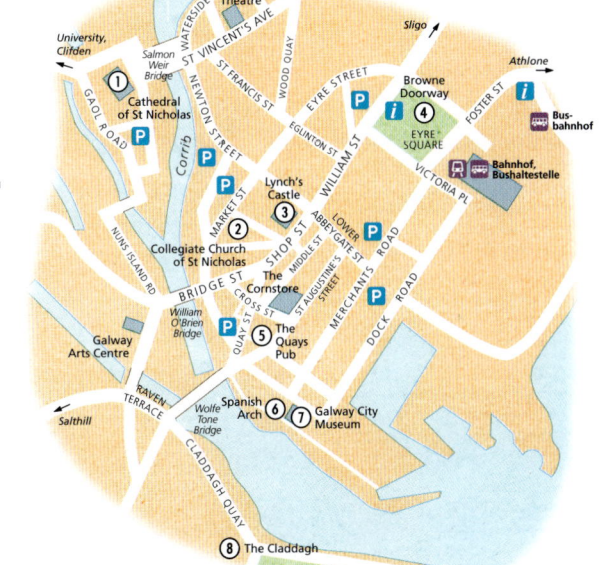

Zeichenerklärung *siehe hintere Umschlagklappe*

Aran Islands

Die Aran Islands Inishmore (Inis Mór), Inishmaan (Inis Meáin) und Inisheer (Inis Oírr) sind kahle Kalksteininseln. Inishmore ist mit 13 Kilometern Länge und drei Kilometern Breite die größte. Der Reiz der Inseln liegt in der kargen, von Steinwällen und prähistorischen Zeugnissen geprägten Landschaft. Als der hl. Enda im 5. Jahrhundert das Christentum hierherbrachte, begann eine lange klösterliche Tradition. Die Inseln, seit Jahrhunderten durch ihre isolierte Lage geschützt, sind Bastionen alter irischer Kultur. Landwirtschaft, Fischerei und Fremdenverkehr sind wichtige Einnahmequellen der Bewohner.

Blick über den Klippenrand bei Dún Aonghasa

Kilmurvey Beach
Die Küste mit schönem Sandstrand östlich von Kilmurvey bietet gute Bademöglichkeiten, der Ort selbst ruhigen Aufenthalt unweit der bedeutendsten Sehenswürdigkeiten der Insel.

Außerdem

① **Dún Eoghanachta** ist ein Rundfort aus der Eisenzeit mit nur einer terrassenförmig angelegten Mauer.

② **Na Seacht Teampaill**, die »Sieben Kirchen«, waren einst ein dem hl. Brecan geweihtes Kloster. Sie wurden zwischen dem 9. und 15. Jahrhundert errichtet und dienten wohl zum Teil auch als Wohnhäuser.

③ **Clochán na Carraige** ist eine große, gut erhaltene Bienenstockhütte (siehe S. 25). Sie wurde wohl von den ersten christlichen Siedlern errichtet.

④ **Teampall Chiaráin**, eine Kirchenruine aus dem 12. Jahrhundert, ist dem hl. Ciarán gewidmet. In der Nähe finden sich Steine mit Kreuzgravuren.

⑤ **Dún Eochla**, die Burg aus der Eisenzeit auf einer Landspitze, ist allgemein als Black Fort bekannt.

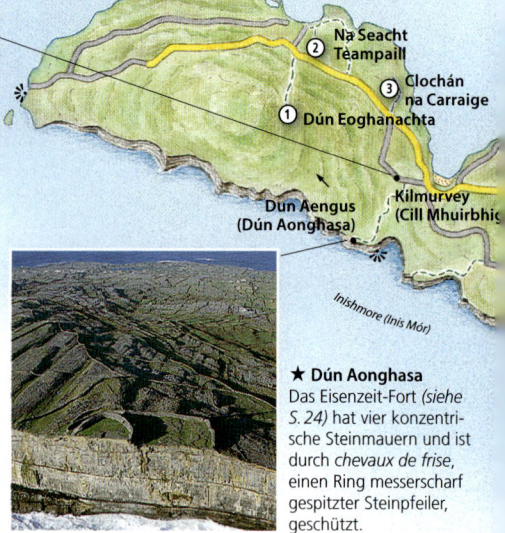

★ **Dún Aonghasa**
Das Eisenzeit-Fort (siehe S. 24) hat vier konzentrische Steinmauern und ist durch *chevaux de frise*, einen Ring messerscharf gespitzter Steinpfeiler, geschützt.

Traditionen auf den Aran Islands

Die Inseln sind bekannt für Strickwaren (siehe S. 334) und Trachten, die bis vor Kurzem noch von älteren Bewohnern getragen wurden: Frauen trugen einen roten Flanellrock und ein Häkeltuch, Männer eine ärmellose Tweed-Jacke mit buntem Wollgürtel. Das seit Jahrhunderten wichtigste Verkehrsmittel der Inseln ist das flache Boot *currach*. Landgewinnung – das bedeutet, dass die kahlen Felsen mit Sand und Seetang bedeckt werden – wird hier seit vielen Hundert Jahren betrieben.

***Currach*, ein traditionelles Boot**

Hotels und Restaurants in Westirland siehe Seiten 300f und 318–320

GALWAY: ARAN ISLANDS | **217**

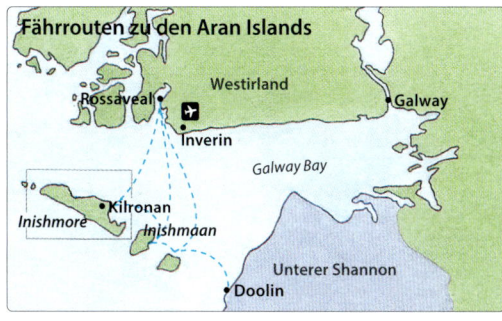

Fährrouten zu den Aran Islands

Legende
- Hauptstraße
- Nebenstraße
- --- Wanderweg
- Strand
- ☼ Aussichtspunkt

0 Kilometer 2

Infobox

Information
Straßenkarte A4, B4. **Karte** C8.
Co Galway. 🏠 1200.
🛈 Kilronan, Inishmore,
(099) 61263.
🌐 aranislands.ie

Anfahrt
✈ von Connemara Airport,
Inverin, (091) 593 034.
🌐 aerarannislands.ie
⛴ von Rossaveal:
Island Ferries, (091) 568 903.
🌐 aranislandferries.com
⛴ von Doolin: **Doolin Ferries**
🌐 doolinferries.com
(März–Okt; (065) 707 4455).
Fähren verkehren ganzjährig,
einige zu allen drei Hauptinseln.
Details telefonisch erfragen. Keine
Autos; in Kilronan Fahrradverleih
und Fahrten im Ponywagen oder
per Minibus, (087) 253 2030.

Map locations: Teampall Chiaráin ④, Dún Eochla ⑤, Kilronan (Cill Rónáin), Inishmore Airport, Dún Duchathair, Inishmore (Inis Mór)

★ Dún Duchathair
Die Burg aus der Eisenzeit auf einer
Landspitze ist allgemein als Black
Fort bekannt.

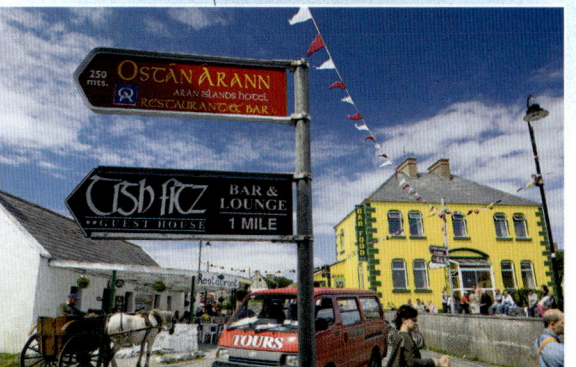

★ Kilronan
Der größte Hafen der
Aran Islands ist ein ge-
schäftiger Ort, in dem
zweirädrige Ponywagen
und Minibusse für Insel-
rundfahrten am Pier
bereitstehen. Auch
Fahrräder kann man
mieten. Im nahen Aran
Heritage Centre kann
man den *Aran way of
life* entdecken.

Weitere Zeichenerklärungen *siehe hintere Umschlagklappe*

Wandbild an einem Geschäftshaus im Zentrum von Kinvara

🟠 Kinvara

Straßenkarte B4. **Karte** D8.
Co Galway. 🚉 550. 🚌
🛈 Galway, (091) 537 700.

Kinvara ist eines der hübschesten Fischerdörfer an der Galway Bay. Es verfügt über einen geschützten Hafen und über die typische Atmosphäre irischer Küstenorte. Seit dem Mittelalter ist sein Schicksal verknüpft mit Kilmacduagh, dem mächtigen Kloster und Bischofssitz.

Am Pier stehen die Häuser der Fischer. Im Hafen liegen einige Galway Hooker *(siehe S. 215)*. Im August findet hier das Cruinniú na mBád-Festival mit diesen Segelbooten statt. In der Umgebung führen Wanderwege zu historischen und landschaftlichen Sehenswürdigkeiten. Vogelfreunde können an der Küste u. a. Krickenten, Triele und Austernfischer sehen.

Umgebung:
Nördlich von Kinvara liegt oberhalb der Bay of Galway, hinter einigen Häusern und einer Brücke, **Dunguaire Castle**. Die Burg ist nach Guaire of Connaught benannt, im 7. Jahrhundert König der Region. Sein Hof war einst Treffpunkt von Balladen- und Bänkelsängern. Die heutige Burg mit einem schönen Turmhaus *(siehe S. 24)* und mächtigen Festungsanlagen stammt aus dem 16. Jahrhundert. Im Bankettsaal finden auch heute noch »mittelalterliche Bankette« statt, bei denen die Gäste mit Harfenmusik und irischen Gedichten unterhalten werden.

🏰 **Dunguaire Castle**
📞 (061) 360 788. 🕐 Mai–Sep: tägl.
♿ 📷 🌐 shannonheritage.com

🟠 Kilmacduagh

Straßenkarte B4. **Karte** D8. Außerhalb von Gort an der Corofin Rd, Co Galway. 🚌 bis Gort. 🕐 tägl.

Die schöne Klosteranlage liegt im Gebiet zwischen den Countys Clare und Galway, fünf Kilometer südwestlich von Gort. Der Eindruck von Einsamkeit wird noch verstärkt durch die sich von hier nach Westen ziehende karge Landschaft des Burren *(siehe S. 190–192)*. Das Kloster soll vom hl. Colman MacDuagh im 7. Jahrhundert gegründet worden sein. Seit dem 11. Jahrhundert wurde es im Zug der Wiederbelebung der Klöster immer wieder erneuert. Im Zentrum befinden sich ein sehr großer Rundturm (11. oder 12. Jh.) und eine Kirche ohne Dach, auch bekannt als Cathedral oder Teampall. Sie stammt aus vornormannischer Zeit, wurde jedoch später im gotischen Flamboyant-Stil umgebaut. In der Umgebung liegen Ruinen anderer Kirchen, die alle zum Kloster gehörten. Nordwestlich der Kathedrale liegt das mittelalterliche Glebe oder Abbot's House im Stil eines Turmhauses aus dem 14. oder 15. Jahrhundert *(siehe S. 24)*.

🟠 Thoor Ballylee

Straßenkarte B4. **Karte** D8. Gort, Co Galway. **Ballylee Castle** 🚌 bis Gort. 🕐 Öffnungszeiten bei Galway Tourist Office unter (091) 537 700 erfragen. ♿ 📷 ♿ teilweise.

Zwischen 1920 und 1930 verbrachte W. B. Yeats *(siehe S. 26f)* sehr oft den Sommer in diesem Turmhaus. Yeats reiste regelmäßig zum nahe gelegenen Coole Park, Wohnsitz seiner Freundin Lady Gregory (1852–1932), die zu den Begründern des Abbey Theatre *(siehe S. 92)* gehörte. Bei einem der Besuche kam Yeats nach Ballylee Castle, einem Turmhaus aus dem 14. Jahrhundert, das zu einem hübschen Cottage mit Park gehörte. 1902 gelangte das Anwesen in den Besitz der Gregorys, von denen

Rundturm und Kathedrale, die bedeutendsten Zeugnisse des Klosters von Kilmacduagh

Hotels und Restaurants in Westirland *siehe Seiten 300f und 318–320*

Yeats es 1916 erwarb. Ab 1919 lebte seine Familie dort oder in Dublin. Yeats gab den Namen Thoor Ballylee auch als seine Adresse an, bewusst den irischen Namen für Turm benutzend. Die Sammlung *The Tower* (1928) enthält Gedichte, die vom Turmhaus inspiriert sind. Heute finden hier Führungen mit Lesungen von Yeats-Gedichten statt. Der Charme eines Turmbesuchs liegt allerdings in dessen steinerner Wendeltreppe. Von oben überblickt man Wälder und Farmland.

Umgebung: Nordwestlich von Gort liegt **Coole Park**, einst Wohnsitz von Lady Gregory. Das Wohnhaus wurde 1941 zerstört, Farm und Gärten sind aber erhalten geblieben. Sehenswert ist der »autograph tree«, eine Rotbuche, in deren Stamm die Initialen von G. B. Shaw, W. B. Yeats, J. M. Synge *(siehe S. 26f)*, Jack Yeats und anderen Gästen eingeritzt sind. Im Haus befinden sich Dokumentationen über diese Gäste. Das Besucherzentrum beschäftigt sich mit Lady Gregorys Leben. Es ist auch Ausgangspunkt von zwei ausgeschilderten Spazierwegen um die Gärten bzw. unter den Bäumen zum Coole Lake.

Coole Park
3 km nordwestlich von Gort. (091) 631 804. **Besucherzentrum** Ostern–Sep: tägl., Park ganzjährig. teilweise. **coolepark.ie**

Turmhaus von Thoor Ballylee, Sommerwohnsitz von W. B. Yeats

Sanfte Hügel und Weideland am Coole Lake in Coole Park

⓴ Portumna

Straßenkarte C4. **Karte** E8. Co Galway. 1200. Galway, (091) 537 700. Fr.

Portumna ist eine Marktstadt mit einigen renovierten Sehenswürdigkeiten. Sie liegt am Lough Derg und hat einen modernen Hafen, was sie zu einem beliebten Ausgangspunkt für Ausflüge auf dem Shannon *(siehe S. 189)* macht. **Portumna Castle** aus dem frühen 17. Jahrhundert war Hauptsitz der Familie de Burgo. Es besitzt einige sehenswerte Steinmetzarbeiten. Nahe der Burg liegen die Ruinen der 1414 von Dominikanern gegründeten **Portumna Priory**. Man findet auch Spuren eines älteren Zisterzienserklosters. Das Land der Burgos, heute der **Portumna Forest Park**, reicht bis zum Lough Derg hinunter.

Portumna Castle
(090) 974 1658. Apr–Sep: tägl.; Okt: nur an den Wochenenden.

㉑ Clonfert Cathedral

Straßenkarte C4. **Karte** E8. Clonfert, Co Galway. tägl.

Dort, wo das Tal des Shannon an das Sumpfgebiet der Midlands grenzt, steht die Clonfert Cathedral, ein Juwel irisch-romanischer Baukunst. Sie gehört zu einem Kloster, das der hl. Brendan 563 gründete, und soll die Grabstätte des Heiligen sein.

Der hl. Brendan gilt als der »große Steuermann«, von dessen Reisen die *Navigatio Sancti Brendani* erzählt, ein Text von 1050, der in Handschriften verschiedener Sprachen, u. a. Flämisch, Altnordisch und Französisch, überliefert ist. Dieser Text spricht von Reisen nach Wales, zu den Orkneys, nach Island sowie an die Ostküste Nordamerikas. Wissenschaftler versuchen heute mittels Rekonstruktionen seines Schiffs *(siehe S. 194)* herauszufinden, ob er wirklich 900 Jahre vor Kolumbus in Amerika angelandet ist.

Tympanon mit Menschenköpfen, Clonfert Cathedral

Besonders beachtenswert an Clonfert Cathedral ist das wunderschöne Portal, dessen Rundbogen mit geometrischen und symbolischen Figuren sowie mit Tier- und Menschenköpfen verziert ist. Letztere finden sich außerdem im dreieckigen Tympanon über dem Rundbogen. Die Ostfenster des Chorraums, dessen Bogen (15. Jh.) mit Engeln und einer Seejungfrau geschmückt ist, stammen aus dem 13. Jahrhundert und sind sehr schöne Beispiele später irisch-romanischer Kunst. Obwohl Clonfert über mehrere Jahrhunderte erbaut und im 17. Jahrhundert verändert wurde, vermittelt die Kirche ein harmonisches Gesamtbild.

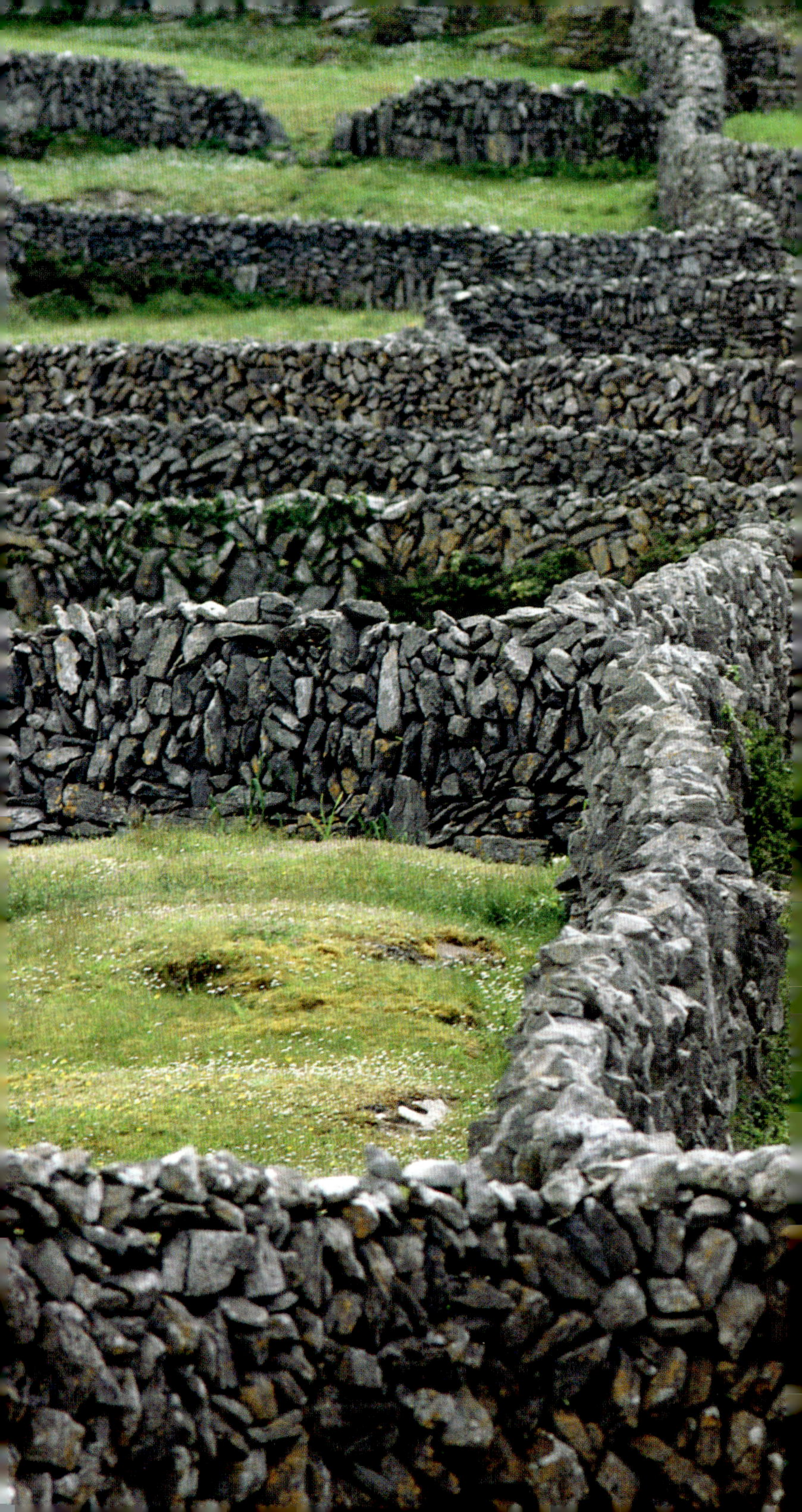

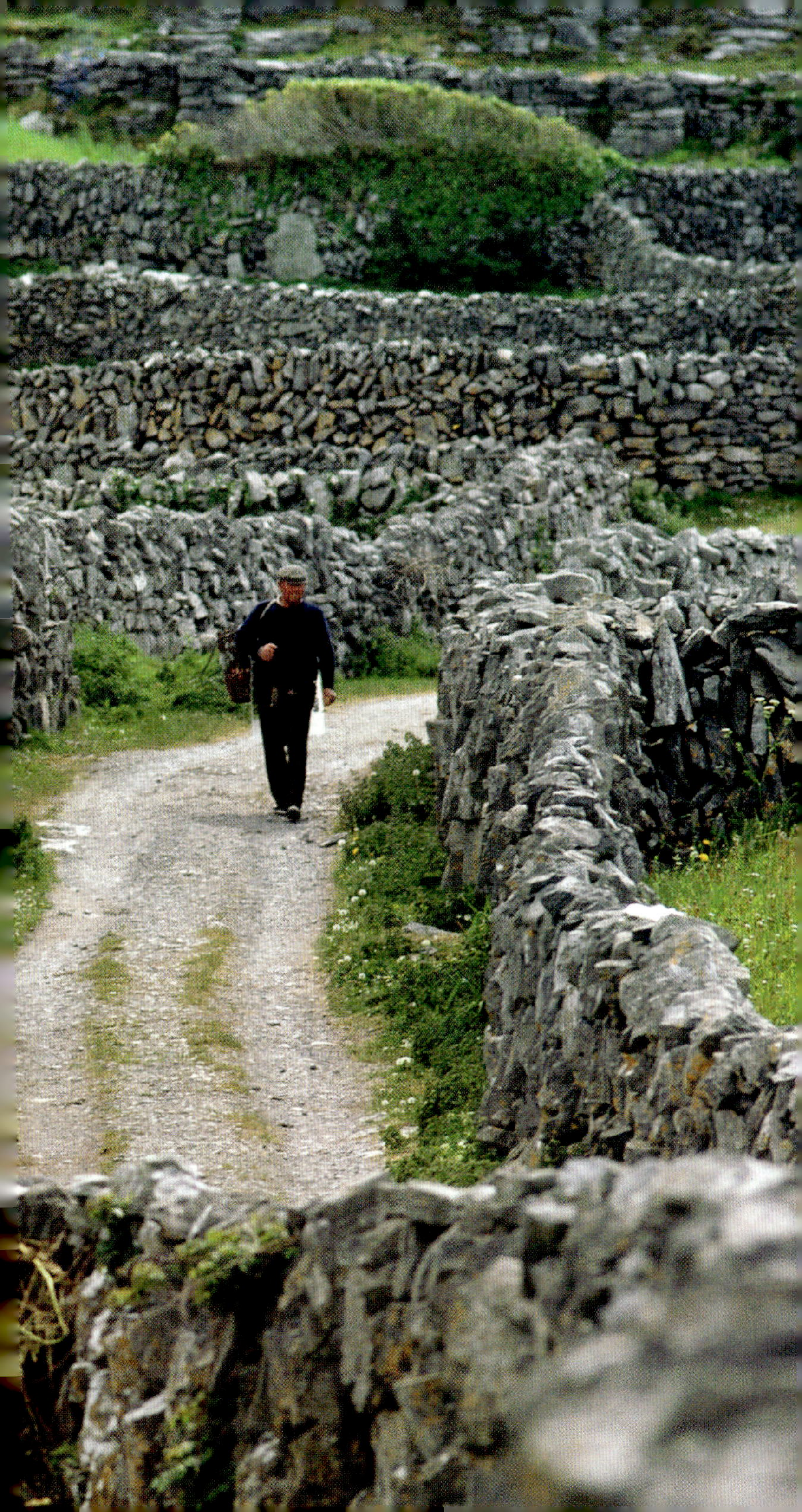

Ostwall und Torhaus von Roscommon Castle

❷ Turoe Stone

Straßenkarte B4. **Karte** E8. Turoe, Bullaun, Loughrea, Co Galway. (091) 841 580. Mitte Mai–Aug: tägl.; Sep–Mitte Mai: Sa, So. turoepetfarm.com

Der Turoe Stone steht im Zentrum des Turoe Pet Farm and Leisure Park nahe Bullaun (an der R350). Der über einen Meter hohe weiße Granitblock geht auf das 1. oder 2. Jahrhundert v. Chr. zurück. Die obere Hälfte ist mit keltischen Mustern aus der La-Tène-Zeit verziert. Im unteren Teil sind Bandornamente zu sehen. Der Stein wurde in einem nahen Ringfort aus der Eisenzeit gefunden und soll einst als Fruchtbarkeitssymbol gegolten haben. Restaurierungsarbeiten können die Sicht behindern.

Der Park selbst ist vor allem für Kinder gedacht. Auf dem Bauernhof gibt es Tiere und einen Teich. Ein Wanderweg führt am Fluss entlang (festes Schuhwerk ist ratsam). Außerdem gibt es einen Rast- und Imbissplatz sowie einen Spielplatz.

Umgebung: Zehn Kilometer südwestlich nahe Craughwell befindet sich das renovierte **Dunsandle Castle** (16. Jh.).

❸ Roscommon

Straßenkarte C3. **Karte** E7. Co Roscommon. 3500. Juni–Sep: Harrison Hall, (090) 662 6342. Fr. discoverireland.ie

Der Hauptort des gleichnamigen County ist ein Marktstädtchen, das früher ein Gefängnis besaß und wegen des letzten weiblichen Henkers bekannt ist. »Lady Betty« wurde 1780 wegen Mordes an ihrem Sohn zum Tod verurteilt, dann begnadigt, um das Amt des Henkers auszuüben.

Südlich des Zentrums, nahe der Abbey Street, liegt die **Dominican Friary**, 1253 von Felim O'Conor, Lord von Connaught, gegründet, dessen Porträt in der Nordwand des Chors zu sehen ist.

Roscommon Castle wurde 1269 von Robert d'Ufford, Lord Justice of Ireland, auf Land errichtet, das er von den Dominikanern konfisziert hatte. Bereits elf Jahre später wurde die Burg, nachdem sie von Hugh O'Conor, König von Connaught, zerstört worden war, wieder aufgebaut.

❹ Clonalis House

Straßenkarte B3. **Karte** E6. Castlerea, Co Roscommon. (094) 962 0014. Juni–Ende Aug: Mo–Sa 11–17 Uhr. teilweise. clonalis.com

Das Tudor-Landhaus außerhalb von Castlerea war einst Wohnsitz der O'Conors, der letzten Könige von Irland und Connaught. Die gälische Familie konnte ihre Linie über 1500 Jahre zurückverfolgen. Ruinen ihres Wohnsitzes (17. Jh.) sind noch zu sehen, ebenso ein Krönungsstein von 90 v. Chr.

Die Anlage besteht aus einem venezianischen Hallengang, einer Bibliothek, einer Privatkapelle und einer Galerie mit Familienporträts. Im Billardzimmer befindet sich die Harfe des letzten gälischen Barden, des blinden Turlough O'Carolan (1670–1738; *siehe S. 28*).

❺ Strokestown Park

Straßenkarte C3. **Karte** E6. Strokestown, Co Roscommon. **Haus, Pleasure Garden und Museum** (071) 963 3013. tägl. Weihnachtswoche. strokestownpark.ie

Strokestown Park, einer der ausgedehntesten Landsitze des County Roscommon, wurde 1730 für Thomas Mahon errichtet, dessen Familie von Charles II das umliegende Land erhalten hatte. Mahon bezog ein Turmhaus (*siehe S. 24*, 17. Jh.) mit in den Bau ein, den der Baumeister Richard Cassels (*siehe S. 136*) durchführte.

Das Haus war bis zum Beginn der Renovierung im Jahr 1979 in Familienbesitz. In seiner Blütezeit gehörten zu dem Landbesitz ein großer Park, ein Hirschgarten, ein Mausoleum sowie der Ort Strokestown. Seine ursprüngliche Größe von 12 000 Hektar ging bis 1979 auf 120 Hektar zurück. Der neu angelegte Pleasure Garden vermittelt jedoch noch immer den Eindruck von großzügiger

Der keltische Turoe Stone, mit schönen Ornamenten verziert

GALWAY UND ROSCOMMON | 223

Weite. Die alte Einrichtung des Hauses ist noch erhalten.

In den Stallungen ist heute das **Famine Museum** eingerichtet, das der Großen Hungersnot in den 1840er Jahren gewidmet ist. Während dieser Krisenzeit teilten sich die Landlords in zwei Lager: Die einen unterstützten die Bevölkerung, die anderen beachteten die allgemeine Not nicht. Zu Letzteren zählten sich die Mahons. Major Denis Mahon wurde, nachdem er zwei Drittel seiner hungernden Bauern von ihrem Land vertrieben bzw. in sogenannten *coffin ships* (Sargschiffen) nach Nordamerika verfrachtet hatte, ermordet. Das Museum stützt sich in seinen Dokumentationen auf die Archive von Stroketown. In einer speziellen Abteilung informiert es über die Geschichte des Hungers und über die weltweite Ernährungssituation.

㉖ Boyle

Straßenkarte C3. Karte E6. Co Roscommon. 2200. Juni–Sep: King House, (071) 966 3247. Fr. discoverireland.ie

Boyle mit seiner mittelalterlichen Architektur ist der reizvollste Ort im County Roscommon. **Boyle Abbey**, ein gut erhaltenes Zisterzienserkloster von 1161, einst Tochterhaus von Mellifont im County Louth *(siehe S. 249)*, überlebte alle Raubzüge der anglo-normannischen Truppen ebenso wie die Auflösung der Klöster 1539. Sie wurde 1659 in eine Burg umgebaut. Erhalten sind Kirche, Kreuzgang, Sakristei und Küche. Im Kirchenschiff finden sich romanische und gotische Gewölbebogen sowie recht gut erhaltene Kapitelle (12. Jh.). Im Besucherzentrum gibt es Ausstellungen zur Abteigeschichte.

Das **King House** ist das georgianische Herrenhaus der anglo-irischen Königsfamilie, der späteren Earls of Kingstone. Es beherbergt eine sehenswerte Galerie mit zeitgenössischer Kunst, erklärt mit Schautafeln die Architektur und informiert über die Geschichte von Boyle und die Anführer in Connaught. Die Haus dient als Bühne für kulturelle Veranstaltungen (u. a. Konzerte).

Kapitell im Kirchenschiff von Boyle Abbey

Große Hungersnot

Der Ausfall der Kartoffelernte wegen Mehltaubefalls der Pflanzen in den Jahren 1845, 1846 und 1848 hatte für die irische Bevölkerung katastrophale Folgen. Mehr als eine Million Menschen starben und mehr als zweieinhalb Millionen verließen bis 1856 die Insel. Zudem zwangen viele Landlords die Bauern trotz allem zu den üblichen Abgaben. Die Konsequenzen: Die Emigration wurde zu einem normalen Bestandteil des Lebens *(siehe S. 46f)*. Viele Familien, vor allem im Westen Irlands, wurden in diesen Jahren stark dezimiert.

Hungernde Bauern warten auf einen Teller Suppe (1847)

Boyle Abbey
(071) 966 2604. Ostern–Mitte Sep: 10–18 Uhr.

King House
Main St. (071) 966 3242. Apr–Sep: Di–Sa, Feiertage. auf Nachfrage. kinghouse.ie

Umgebung: Lough Key halten viele für den schönsten See Irlands. Er liegt mitten in einer Waldlandschaft, gehört mit seiner Insel zum 320 Hektar großen **Lough Key Forest Park** und war bis zum Jahr 1957 Teil der Rockingham-Ländereien. In jenem Jahr brannte Rockingham House des Architects John Nash bis auf die Wirtschaftshäuser nieder. Die Waldgebiete wurden im 18. Jahrhundert von den damaligen Landlords erworben.

Lough Key Experience nimmt Besucher mit auf eine Fahrt durch unterirdische Tunnel zu einem Beobachtungsturm und zu Irlands erstem Baumklettergarten.

Darüber hinaus gibt es mehrere Ringforts *(siehe S. 24)*, einen Bootsanleger und einen Abenteuerspielplatz.

Lough Key Forest Park
N4 8 km östlich von Boyle. (071) 967 3122. Ostern–Okt: tägl.; Nov–Ostern: Fr–So.

Torhaus und Ruine des Kirchenschiffs von Boyle Abbey

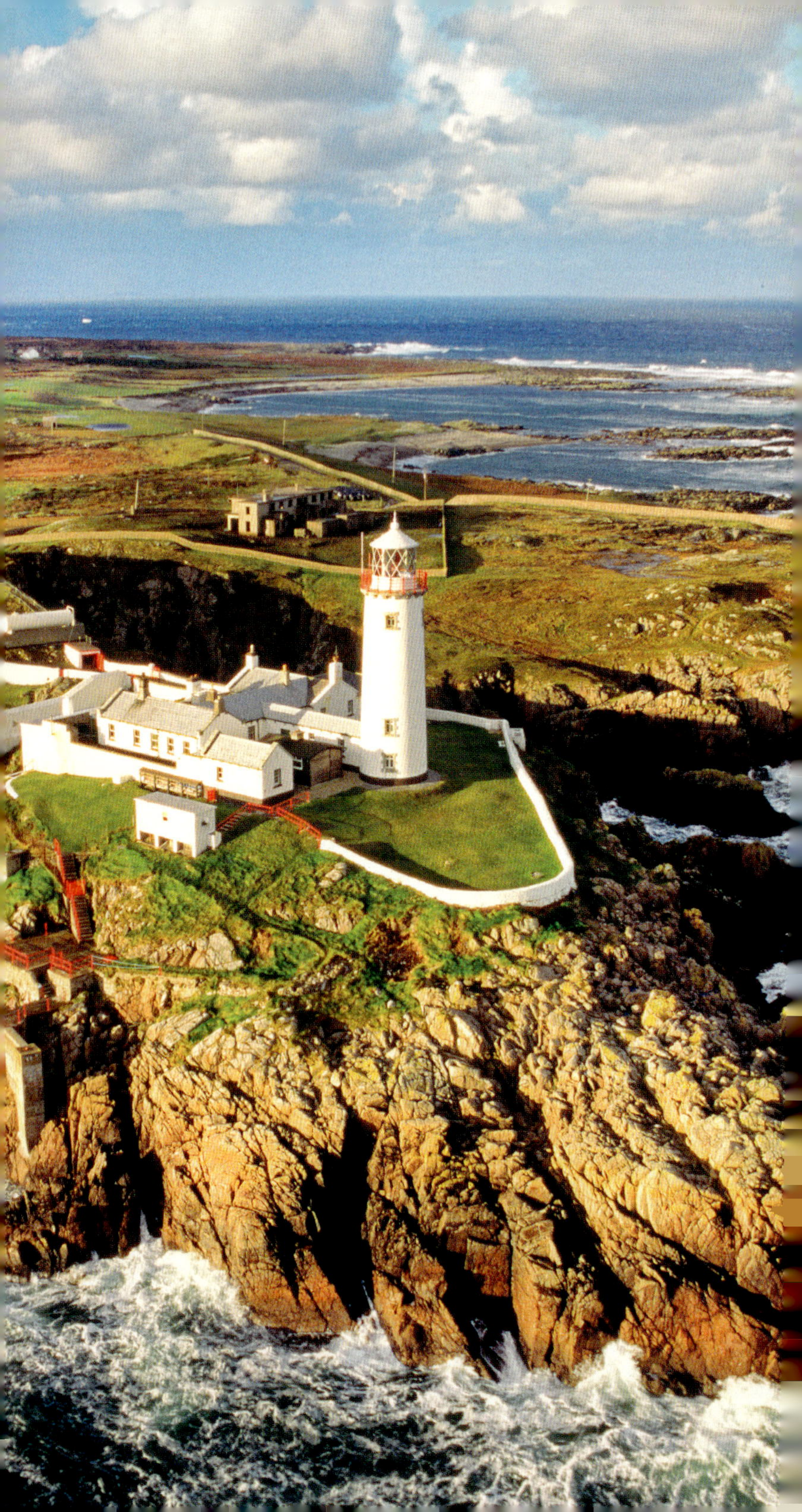

Nordwest-Irland

Donegal · Sligo · Leitrim

Turmhohe Klippen und einsame Strände prägen das Bild der Küste Donegals, die einige der wildesten Landschaften Irlands bietet. Sligo mit seinem Erbe aus prähistorischer und keltischer Zeit besticht durch seine natürliche Schönheit, die Assoziationen an den Dichter W. B. Yeats wachruft. Leitrim hingegen ist eine beschauliche Ecke mit vielen Seen und Wasserwegen.

In der keltischen Mythologie ist Sligo das Stammland der Kriegerkönigin Maeve of Connaught *(siehe S. 30)* und reich an prähistorischen Zeugnissen. Es war bereits in keltischer Zeit dicht besiedelt. Wie das benachbarte County Leitrim scheint es von den späteren Ereignissen in Irland kaum berührt worden zu sein. Auch zur Zeit der Normannen regierten hier die gälischen Clans.

Donegal dagegen ist ein Teil von Ulster und spielte stets eine aktive Rolle in der Geschichte des Nordens. Im Mittelalter herrschten hier die O'Donnells, doch 1607 flohen auch sie, ebenso wie die O'Neills, als eine der letzten katholischen Landlordfamilien vor den Engländern aufs europäische Festland *(siehe S. 259)*. In der Folge wurden Protestanten aus England angesiedelt, doch diese überließen den größten Teil Donegals den Iren, die hier weitab von Ulster isoliert lebten. Diese Ecke der Provinz blieb so überwiegend katholisch und wurde 1921 bei der Teilung Irlands vom neu gegründeten protestantischen Nordirland ausgeschlossen.

Donegal ist eine der abgeschiedensten Regionen Irlands und hat landesweit den größten Anteil Gälisch sprechender Einwohner. Tradition und Kultur werden gepflegt, sowohl im County als auch auf Inseln wie Tory Island *(siehe S. 228)*.

Die schönsten Landstriche Donegals liegen an seinen Küsten, die hübschesten Sligos rund um Lough Gill sowie in den spärlich besiedelten Bricklieve Mountains.

Bar in Sligo, deren Einrichtung noch aus dem 19. Jahrhundert stammt

◀ Leuchtturm an der Spitze von Fanad Head, County Donegal *(siehe S. 229)*

Überblick: Nordwest-Irland

Der größte Reiz Donegals liegt in der Schönheit seiner Küsten mit ihren Landspitzen, Klippen und wunderschönen Stränden. Man findet dort einige hübsche Badeorte, von denen aus man schöne Ausflüge unternehmen kann. Donegal liegt zudem günstig, um von hier aus den Süden des County zu entdecken. Sligo ist das kulturelle Herzland und gleichzeitig die einzige größere Stadt des Nordwestens, von der aus man gut zu den prähistorischen Sehenswürdigkeiten der Gegend gelangt. Etwas weiter im Süden liegen der schöne Lough Gill und der weniger überlaufene Lough Arrow. Wichtigster Ort in Leitrim, dem Land der Seen und Flüsse, ist Carrick-on-Shannon.

Lough Eske mit kristallklarem Wasser, County Donegal

Legende

- Schnellstraße
- Hauptstraße
- Nebenstraße
- Panoramastraße
- Eisenbahn (Hauptstrecke)
- Eisenbahn (Nebenstrecke)
- Staatsgrenze
- County-Grenze
- △ Gipfel

0 Kilometer 20

Weitere Zeichenerklärungen *siehe hintere Umschlagklappe*

NORDWEST-IRLAND | 227

In Nordwest-Irland unterwegs

Die N56, die Letterkenny mit Donegal verbindet, führt zu den meisten Sehenswürdigkeiten im Nordwesten. Von ihr zweigen Straßen auch zur Küste ab. Einige Busse fahren hier ebenfalls – auch wenn es weiter im Süden einfacher ist, sich ohne Auto zu bewegen, da hier täglich Busse von Donegal via Ballyshannon nach Sligo verkehren. Mit dem Zug kommt man kaum in den Nordwesten, nur zwischen Sligo und Carrick-on-Shannon besteht eine Verbindung.

Reetgedecktes Haus in der Nähe von Malin Head auf der Halbinsel Inishowen

Sehenswürdigkeiten auf einen Blick

1. Tory Island
2. Bloody Foreland
3. Derryveagh Mountains
4. Horn Head
5. Rosguill Peninsula
6. Fanad Peninsula
8. Grianán Ailigh
9. Letterkenny
10. The Rosses
11. Ardara
12. Glencolmcille
13. Slieve League
14. Killybegs
15. Donegal
16. Lough Derg
17. Rossnowlagh
18. Ballyshannon
19. Lissadell House
21. Parke's Castle
22. Sligo
23. Lough Arrow
24. Carrick-on-Shannon
25. The Organic Centre

Touren

7. Inishowen Peninsula
20. Yeats Country

Blick vom Carrowkeel, einem bronzezeitlichen Friedhof über Lough Arrow

Quarzkegel des Errigal, des höchsten Bergs der Derryveagh Mountains

❶ Tory Island

Straßenkarte C1. **Karte** EF2. Co Donegal. 🚗 100. 🚢 vom Magheraroarty Pier bei Gortahork und Bunbeg (im Sommer tägl.: (074) 953 5061; im Winter wetterabhängig: (074) 953 1340).
w toryislandferry.com

Der wilde Tory Sound trennt die Insel vom Nordwesten Donegals. Da es passieren kann, dass die Insel bei schlechtem Wetter für Tage unerreichbar ist, verwundert es nicht, dass ihre Bewohner, die meist Gälisch sprechen, sich sehr unabhängig fühlen. Zudem hat die Insel ihren eigenen »Monarchen« – dessen Macht ist nicht erblich und auch nicht sehr groß, doch bemüht sich der derzeitige Amtsinhaber, die Interessen seiner »Untertanen« zu wahren und Besucher auf die Insel zu locken.

In den 1970er Jahren versuchte die irische Regierung vergeblich, die Inselbewohner auf dem Festland anzusiedeln. Ihr Widerstand dagegen wurde vor allem von der *Tory's school of Primitive artists* unterstützt, die 1968 von James Dixon gegründet wurde, der seine Kunst selbst höher bewertete als die des englischen Malerfürsten Derek Hill. Seine Schule zieht auch immer mehr Besucher an, und zudem wurde im Hauptort der Insel, West Town, die **Dixon Gallery** eröffnet. Die Insel hat spektakuläre Felsküsten sowie Ruinen eines vom hl. Columba *(siehe S. 38)* gegründeten Klosters.

🏛️ **Dixon Gallery**
West Town. 📞 (074) 913 5011. 🕒 Ostern – Sep: tägl.

❷ Bloody Foreland

Straßenkarte C1. **Karte** E2. Co Donegal. 🚌 nach Letterkenny.

Bloody Foreland, dessen Name vom blutroten Glanz der Felsen bei Sonnenuntergang herrührt, bietet einige landschaftliche Sehenswürdigkeiten. Die R257, die an der Küste entlangführt, eröffnet herrliche Ausblicke. Die schönste Aussicht hat man von der Nordküste über die Felsen der vorgelagerten Inseln. Weiter im Süden liegt **Bunbeg** mit einem hübschen Hafen. Allerdings ist hier die Küste mit Ferienhäusern zugebaut.

❸ Derryveagh Mountains

Straßenkarte C1. **Karte** EF2. Co Donegal.

Die wilde Schönheit dieser Berge gehört zu den Highlights, die Donegal an landschaftlichen Sehenswürdigkeiten zu bieten hat. Errigal Mountain, mit 752 Metern der höchste Berg, zieht viele Bergsteiger an. Am beeindruckendsten jedoch ist der **Glenveagh National Park**, der nahezu 16 000 Hektar umfasst. Hier befinden sich der in einem Tal gelegene Lough Veagh sowie Poisoned Glen, ein sumpfiges Tal, das von spektakulären Felsen überragt wird. Der Park ist auch Heimat der größten Rotwildherde des County Donegal.

Am südlichen Ufer des Lough Veagh, nahe dem Besucherzentrum, befindet sich Glenveagh Castle, 1870 von John Adair errichtet. Adair war einst bekannt dafür, dass er nach der Großen Hungersnot *(siehe S. 223)* viele Familien von ihrem Land vertrieb. 1970 übergab der letzte Besitzer, ein Kunsthändler aus Pennsylvania, die Burg an den irischen Staat.

Brunnen bei Glenveagh

Glenveagh Castle mit Blick über den Lough Veagh

Hotels und Restaurants in Nordwest-Irland *siehe Seiten 301f und 320f*

DONEGAL | 229

Blick über Dunfanaghy, das Tor zur Halbinsel Horn Head

Vom Besucherzentrum aus fahren Busse zur Burg, wo man an einer Besichtigung teilnehmen kann. Einer der Wege führt steil hinauf zu einem Aussichtspunkt. Von dort hat man einen herrlichen Blick über den Lough Veagh.

Glebe House and Gallery liegt sechs Kilometer südlich des Besucherzentrums mit Blick über Lough Gartan. In dem Regency-Anwesen wohnte der Maler und Kunstsammler Derek Hill (1916–2000). Das Haus spiegelt seine vielfältigen Interessen und Vorlieben wider, u. a. gibt es Tapeten von William Morris, Bilder der Tory-Island-Künstler, jedoch auch Werke von Pablo Picasso und Pierre-Auguste Renoir.

Das weniger als einen Kilometer entfernte **Colmcille Heritage Centre** dokumentiert mit Bleiglasbildern und illuminierten Manuskripten das Leben des hl. Columba (gälisch: Colmcille), der im Jahr 521 im nahen Church Hill geboren wurde. Den Geburtsort markiert eine Steinplatte.

Glenveagh National Park and Castle
Nahe R251, 16 km nördlich von Churchill. (076) 100 2536.
Park und Burg tägl. teilweise.
w glenveaghnationalpark.ie

Glebe House and Gallery
(074) 913 7071. Ostern, Mai–Sep: Sa–Do. teilweise.

Colmcille Heritage Centre
(074) 913 7306. Ostern, Mai–Sep: tägl.
w colmcilleheritagecentre.ie

❹ Horn Head

Straßenkarte C1. Karte F2. Co Donegal. nach Dunfanaghy von Letterkenny. The Workhouse, Dunfanaghy, (074) 913 6540. Juli, Aug: tägl.; Sep–Juni: Mo–Sa.
w dunfanaghyworkhouse.ie

Das mit Heidekraut bewachsene und an Vogelarten reiche Horn Head ist die markanteste Landspitze im Norden von Donegal. Von hier kann man schöne Ausblicke aufs Meer und auf die Berge genießen. Hier liegt der hübsche Ort **Dunfanaghy**, den ein für die Gegend eher ungewöhnlicher Hauch von Reichtum umgibt. Am nahen **Killahoey Strand** kann man gut baden.

❺ Rosguill Peninsula

Straßenkarte C1. Karte F2–3. Co Donegal.

Die Halbinsel Rosguill ragt zwischen Sheephaven und den Buchten von Mulroy ins Meer. Eine Fahrt auf dem elf Kilometer langen Atlantic Drive, der bis zu den Klippen am Ende der Landspitze führt, ist die beste Art, sie zu erkunden. **Doe Castle**, fünf Kilometer nördlich von Creeslough, empfiehlt sich vor allem wegen des wunderschönen Blicks über die Sheephaven Bay. Es wurde auf den Ruinen einer Burg erbaut, die im 16. Jahrhundert von den MacSweeneys, schottischen Söldnern, errichtet wurde.

❻ Fanad Peninsula

Straßenkarte C1. Karte F2–3. Co Donegal. nach Rathmelton und Portsalon ab Letterkenny.

Eine Panoramastraße windet sich zwischen dem hügeligen Landesinneren und der steilen Küste der Insel hindurch, deren östlicher Teil der schönste ist. Hier liegt **Rathmelton**, ein hübscher Ort aus dem 17. Jahrhundert mit eleganten Wohnhäusern und Läden. Weiter im Norden bietet **Portsalon** sichere Bademöglichkeiten sowie schöne Ausblicke vom nahe gelegenen Saldanha Head.

Unweit von **Doagh Beg**, auf dem Weg nach Fanad Head hoch oben im Norden, trifft man auf eine spektakuläre Klippenlandschaft.

Das zinnenbewehrte Doe Castle auf der Halbinsel Rosguill

❼ Tour über die Inishowen Peninsula

Die größte der nördlichen Halbinseln Donegals ist reich an historischen Sehenswürdigkeiten – von Zeugnissen aus frühchristlicher Zeit bis hin zu Forts und Burgen an einst strategisch wichtigen Plätzen. Die wildesten Landschaften liegen im Westen und Norden, beim Gap of Mamore sowie bei Malin Head, dem nördlichsten Punkt. Die Nordküste bietet viele Bademöglichkeiten, so bei der schönen Isle of Doagh oder den Familienstränden von Buncrana. Von der Küste hat man einen schönen Blick nach Westen auf die Derryveagh Mountains von Donegal und nach Osten auf die nordirische Küste.

Banba's Crown, Malin Head

④ Carndonagh Cross
Das christliche Kreuz aus dem 7. Jahrhundert zeigt menschliche Figuren und abstrakte Motive.

③ Gap of Mamore
Zwischen Mamore Hill und Urris Hills bietet eine 250 Meter über dem Meer gelegene Straße schöne Ausblicke über die Küste.

② Dunree Head
Dunree Fort wurde 1798 an der Küste des Lough Swilly erbaut, um diese vor der drohenden Invasion durch die Franzosen zu schützen. Seit 1986 ist es militärhistorisches Museum.

① Buncrana
Buncrana hat fünf Kilometer Sandstrand und zwei Burgen. Buncrana Castle wurde 1718 erneuert, während O'Doherty Castle noch unverändert aus normannischer Zeit stammt.

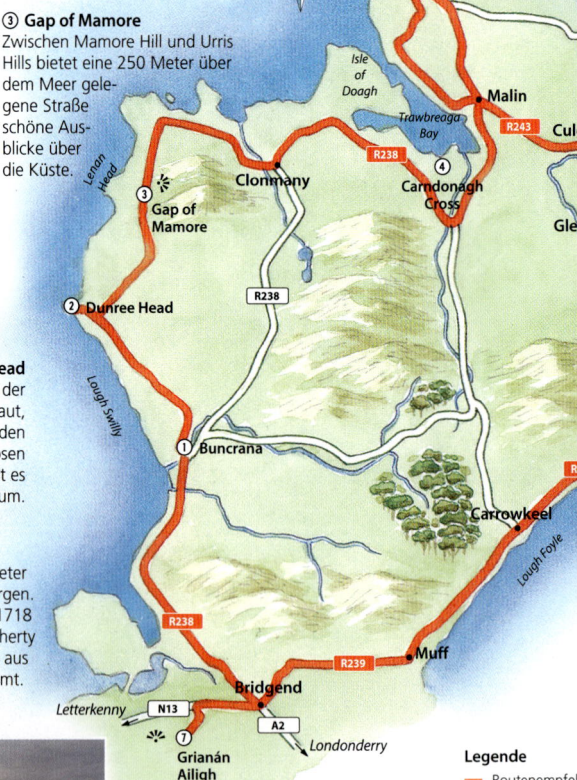

Legende
- ━━ Routenempfehlung
- ══ Andere Straße
- ☀ Aussichtspunkt

Die Küste von Lough Swilly

⑦ Grianán Ailigh
Das wunderschöne Ringfort liegt auf einem Hügel im Südwesten der Halbinsel Inishowen. Sein heutiges Aussehen verdankt es weitestgehend den umfangreichen Restaurierungsarbeiten von 1870.

Hotels und Restaurants in Nordwest-Irland siehe Seiten 301f und 320f

TOUR: INISHOWEN PENINSULA | **231**

Routeninfos

Länge: 157 km.
Rasten: In Malin, Greencastle und Carndonagh gibt es Pubs und Esslokale; an der Küste finden sich mehrere Picknickplätze. Das Guns of Dunree Military Museum hat ein Café. Zwischen Moville und Greencastle verläuft ein drei Kilometer langer, sehr schöner Spazierweg *(siehe S. 365–367)*.

Das Grianán Ailigh bietet wunderschöne Ausblicke über die Gegend

⑤ Malin Head
Dieser Teil der Insel bietet sich für einen weiten Blick über den Atlantik an. Der Turm auf Banba's Crown, dem höchsten Punkt von Malin Head, wurde 1805 zur Überwachung der Schifffahrt errichtet.

⑥ Greencastle
Der Ferienort und Fischereihafen Greencastle ist nach den Ruinen einer Burg benannt, die 1305 von Richard de Burgo, Earl of Ulster, errichtet wurde und einst die Einfahrt zum Lough Foyle bewachte.

0 Kilometer 5

❽ Grianán Ailigh

Straßenkarte C1. **Karte** G3. Co Donegal. 🚌 von Letterkenny oder Londonderry. 🕐 tägl. 10–16 Uhr. ℹ️ Letterkenny, (074) 912 1160.

Das eindrucksvollste der historischen Bauwerke Donegals liegt zehn Kilometer westlich der Stadt Londonderry *(siehe S. 262f)* und bildet das Tor zur Halbinsel Inishowen. Man geht davon aus, dass dieses Ringfort, das den Lough Swilly und den Lough Foyle überblickt, ursprünglich im 5. Jahrhundert v. Chr. als heidnischer Tempel erbaut wurde, obgleich dieser Ort wohl auch schon früher Kultstätte war. Später wurde es christianisiert: Es heißt, der hl. Patrick habe hier im Jahr 450 den Begründer der O'Neill-Dynastie, Eoghan, getauft. Im 12. Jahrhundert zerstörte Murtagh O'Brien, König von Munster, die Anlage.

In den 1870er Jahren wurde das Fort restauriert. Zwei Eingänge führen durch dicke Mauern in die Ringanlage, die von drei Terrassen umgeben ist. Der tiefste Eindruck jedoch, den das Fort hinterlässt, sind die herrlichen Ausblicke.

Zu Füßen des Hügels befindet sich eine schöne Kirche, 1967 errichtet und St. Aengus geweiht. Ihre kreisförmige Anlage spiegelt die Architektur von Grianán wider.

❾ Letterkenny

Straßenkarte C1. **Karte** F3. Co Donegal. 🚌 19500. 🚌 ℹ️ Neil T Blaney Rd, (074) 912 1160.
🌐 **discoverireland.ie**

Malerisch zwischen den Sperrin Mountains im Osten und den Derryveagh Mountains *(siehe S. 228f)* im Westen am Fluss Swilly liegt Letterkenny, die größte Stadt Donegals und das größte Geschäftszentrum der Region – eine Rolle, die die Stadt nach der Teilung des Landes im Jahr 1921 von Londonderry übernahm. Das hübsche Letterkenny bietet sich an, um von hier aus die nördliche Küste Donegals zu erkunden oder die Fischgründe des Lough Swilly zu besuchen.

Letterkenny besitzt eine der längsten Hauptstraßen Irlands. Sie wird vom Kirchturm der **St Eunan's Cathedral** überragt. Die Ende des 19. Jahrhunderts im neogotischen Stil errichtete Kirche birgt Bildhauerarbeiten im keltischen Stil, einen Marmoraltar und Bleiglasfenster. Das **Donegal County Museum** dokumentiert die Geschichte der Region von der Steinzeit bis zum 20. Jahrhundert. Während des International Folk Festival im August wird in den Pubs der Stadt *traditional* und *folk music* gespielt. Dazu gibt es Tanzwettbewerbe.

🏛 **Donegal County Museum**
High Rd. 📞 (074) 912 4613. 🕐 Mo–Sa (Sa nur nachmittags). ⛔ Weihnachten, Feiertage. ♿

St Eunan's Cathedral mit imposantem Kirchturm, Letterkenny

Cottage in den Rosses, nahe Burtonport

❿ The Rosses

Straßenkarte C1. **Karte** E3. Co Donegal. 🚌 nach Dungloe oder Burtonport ab Letterkenny.
🛈 Dungloe, (074) 952 1297.
⛴ nach Arranmore von Burtonport, (074) 952 0532.

Die Rosses, eine felsige Küstenlandschaft mit über 100 Seen, sind eine der malerischsten Gegenden Donegals. Hier sprechen noch sehr viele Menschen Gälisch. Die geschäftige Marktstadt **Dungloe** am Südende der Landzunge ist der Hauptort der Rosses und Treffpunkt für Angler.

Umgebung: Von der **Maghery Bay** mit ihrem schönen Strand (westlich von Dungloe) kann man zum Küstenabschnitt **Crohy Head** gehen, der für Höhlen und bizarre Felsformationen bekannt ist. Vom kleinen Fischerdorf Burtonport, acht Kilometer nördlich von Dungloe, fahren Autofähren täglich nach **Arranmore**, der größten Insel Donegals mit schöner Steilküste. Von der Südküste aus hat man einen herrlichen Blick auf die Rosses. Die meisten der 500 Bewohner von Arranmore leben in dem kleinen Ort Leabgarrow, wo sich der Hafen befindet.

⓫ Ardara

Straßenkarte C2. **Karte** E4. Co Donegal. 👥 700. 🚌 ab Killybegs oder Donegal. 🛈 Donegal, (074) 972 1148. 🌐 ardara.ie

Ardara ist Donegals Zentrum der Tuchherstellung. Deshalb gibt es hier auch eine Vielzahl von Läden, die Tweed und handgestrickte Pullover anbieten. Einige der größeren Läden haben zudem handgewebte Waren im Angebot. Ardaras Pubs sind wegen ihrer *fiddle sessions* beliebt.

Umgebung: Zwischen Ardara und **Loughros Point**, zehn Kilometer westlich des Orts, ist die Küstenlandschaft spektakulär. Eine andere Straße führt südwestlich von Ardara durch malerische Gegenden nach Glencolmcille über den **Glengesh Pass**, dessen Serpentinen sich durch eine wilde, verlassene Landschaft winden.

Arbeiter an einem Handwebstuhl in Ardara

⓬ Glencolmcille

Straßenkarte B2. **Karte** E4. Co Donegal. 👥 260. 🚌 ab Killybegs. 🛈 Donegal, (074) 972 1148. 🌐 glencolmcille.ie

In Glencolmcille, einem Tal mit zahlreichen Cottages, scheint die Zeit trotz des großen Besucherzuspruchs stehen geblieben zu sein.

»Glen of St Colmcille« ist ein populärer Wallfahrtsort, der eng mit der Erinnerung an den hl. Columba (gälisch: Colmcille) verknüpft ist. Unmittelbar nördlich von Cashel auf dem Weg nach Glen Head steht zudem eine kleine Kapelle, die Columba geweiht ist: Eine Legende besagt, dass der Heilige hier auf den beiden Steinen schlief, die in einer Ecke des Kirchleins zu sehen sind.

Eine weitere Sehenswürdigkeit ist das **Folk Village Museum**, das das frühere ländliche Leben Donegals dokumentiert. Es wurde 1950 von einem

Alte Bügeleisen im Folk Village Museum von Glencolmcille

Hotels und Restaurants in Nordwest-Irland *siehe Seiten 301f und 320f*

Slieve League, eine der höchsten Felsklippen Europas

Priester, Father James McDyer, gegründet, der vor dem Hintergrund der anhaltenden Emigration aus dieser Gegend die Menschen ermutigte, sich in Kooperativen zusammenzuschließen und Kunsthandwerk herzustellen. Im Museum wird regelmäßig Handwerk demonstriert. Der Laden verkauft Waren aus der Region.

Im Tal selbst sind Dolmen, Steinsäulen und andere Monumente zu finden. Auch die Küste ist hier sehr schön. Ein Spazierweg führt nach Westen über **Malin Beg**. Bei Malin More führen Stufen hinunter zu einer idyllischen Felsbucht mit Sandstrand.

Folk Village Museum
Dooey. (074) 973 0017. Ostern – Sep: tägl

⓭ Slieve League

Straßenkarte B2. **Karte** E4. Co Donegal. bis Carrick ab Donegal oder Killybegs.

Slieve League, eine der höchsten Felsenklippen Europas, bietet vor allem am Abend, wenn die Sonne das Gestein in roten Farbtönen erstrahlen lässt, einen spektakulären Anblick. Die acht Kilometer lange Strecke von **Carrick** zur östlichen Spitze der Slieve League ist zwar holprig, jedoch lohnt sich die Fahrt. Hinter Teelin gibt es tiefe Schlaglöcher, doch dann erreicht die Straße **Bunglass Point** und Amharc Mor, die »gute Aussicht«. Von hier aus kann man die gesamte Slieve League überblicken.

Nur erfahrene Bergsteiger und Kletterer sollten versuchen, den gefährlichen **One Man's Pass** zu begehen. Dieser Pass ist Teil eines Wegs durch die Felswand, der von Teelin westwärts zum höchsten Punkt der Slieve League führt – mit Blick auf den glitzernden Ozean in 598 Metern Tiefe. Der Weg führt zum 16 Kilometer westlich gelegenen Malin Beg weiter. Im Sommer kann man einen Bootseigner in Teelin anheuern, um auf eine zwar weniger aufregende, dafür aber viel sicherere Art vom Meer aus die Klippen zu betrachten.

⓮ Killybegs

Straßenkarte C2. **Karte** E4. Co Donegal. 3000. ab Donegal. Donegal, (074) 972 1148.
w killybegs.ie

Schmale Straßen winden sich durch Killybegs und geben dem Ort den Anschein von Zeitlosigkeit, doch die Kleinstadt ist ein wichtiges und prosperierendes Zentrum der Teppichherstellung. Teppiche aus Killybegs schmücken Dublin Castle *(siehe S. 80f)* sowie andere Paläste auf der ganzen Welt.

Killybegs ist zudem einer der lebendigsten Fischereihäfen Irlands. Es lohnt sich zuzusehen, wenn die Fischer mit ihren Schiffen dort ankommen und ihren Fang ausladen. Sie kommen von nah und fern hierher – man hört zunehmend auch osteuropäische Sprachen.

Besatzung eines Fischkutters im Hafen von Killybegs

Irische Gaeltachts

»Gaeltacht« bezeichnet eine irische Region, in der heute noch Gälisch gesprochen wird. Bis zum 16. Jahrhundert wurde in Irland überall Gälisch gesprochen, doch die britische Herrschaft und die Große Hungersnot *(siehe S. 223)* unterminierten die irische Kultur. Die alte Sprache wird von immer weniger Leuten benutzt. In den Gaeltachts sprechen sie noch 75 Prozent der Bewohner. Auch die Straßenschilder sind hier gälisch.

Donegals Gaeltacht erstreckt sich von Fanad Head die Küste entlang bis zur Slieve League und beheimatet die meisten Gälisch sprechenden Iren des Landes. Die beiden anderen bedeutenden Gaeltachts sind Galway und Kerry.

Straßenschild in Gälisch

Donegal Castle: eindrucksvolle Burg aus dem 15. Jahrhundert

⓯ Donegal

Straßenkarte C2. **Karte** F4. Co Donegal. 🗻 2300. 🚌 ℹ️ The Quay, (074) 972 1148. 🌐 donegaltown.ie

Donegal bedeutet »Burg der Fremden«. Der Name geht auf die Wikinger zurück, die hier einst ein Fort errichteten. Die Stadt selbst entstand erst unter den O'Donnells. Der Turm von **Donegal Castle** im Zentrum stammt noch aus dem 15. Jahrhundert. Die übrigen Gebäude wurden unter Sir Basil Brooke errichtet, der die Burg übernahm, nachdem die O'Donnells 1607 von den Engländern vertrieben worden waren *(siehe S. 42f)*.

Brooke ließ auch den Marktplatz anlegen, den **Diamond**. Ein Obelisk gedenkt der vier Franziskaner, die um 1630 die *Annals of the four Masters* schrieben. Das Manuskript erzählt die Geschichte des gälischen Volks vom 40. Tag vor der Sintflut bis ins 16. Jahrhundert hinein. Teile davon wurden in der **Donegal Abbey** geschrieben, die südlich des Marktplatzes am Fluss Eske liegt. Von der Abtei (1474) gibt es nur wenige Überreste, darunter einige gotische Fenster und Bogen des Kreuzgangs. Etwa 1,5 Kilometer weiter liegt **Donegal Craft Village**, wo viel Kunsthandwerk zu sehen ist. Es gibt einige sehr hübsche Hotels *(siehe S. 301)* in Donegal. Die Stadt ist damit ein guter Ausgangspunkt für die Erkundung des südlichen Teils des County.

🏰 Donegal Castle
Tirchonaill St. 📞 (074) 972 2405. ⭕ Ostern–Mitte Sep: tägl.; Mitte Sep–Ostern: Do–Mo. 🎟️ ♿ teilweise.

🏛️ Donegal Craft Village
Ballyshannon Rd. 📞 (074) 972 2225. ⭕ Apr–Sep: Mo–Sa; Okt–März: Di–Sa. 🎟️ ♿ teilweise.

⓰ Lough Derg

Straßenkarte C2. **Karte** F4. Co Donegal. 🚌 Juni–Mitte Aug (nur für Pilger). 🚌 bis Pettigo von Donegal. 🌐 loughderg.org

Seit der hl. Patrick auf einer der Inseln im Lough Derg 40 Tage im Gebet verbrachte, um Irland von bösen Geistern zu befreien, ist der Ort Ziel vieler Pilger. Die Pilgrimage of St Patrick's Purgatory fand erstmals um 1150 statt. Noch heute kommen Tausende von Pilgern zur kleinen **Station Island** am Südufer, das mit dem Schiff von einem Hafen acht Kilometer nördlich von Pettigo erreichbar ist. Die Insel ist religiöses Zentrum mit einer 1921 errichteten Basilika und Pilgerherbergen.

Die Wallfahrer kommen von April bis September und verbringen drei Tage auf der Insel, in denen sie nur eine Mahlzeit pro Tag (trockenes Brot und Tee) zu sich nehmen. Die Insel dürfen ausschließlich Pilger besuchen. Der Hafen, von dem sie losfahren, ist sehenswert. Hier hat man auch eine schöne Sicht auf die Basilika.

Feriengäste am Sandstrand von Rossnowlagh

⓱ Rossnowlagh

Straßenkarte C2. **Karte** E4. Co Donegal. 🗻 55. 🚌 von Bundoran und Donegal. ℹ️ Mai–Sep: The Bridge, Bundoran, (071) 984 1350.

Bei Rossnowlagh brechen sich die Wellen des Ozeans an einem der schönsten Strände Irlands, der Badegäste wie Surfer anzieht. Dennoch ist der Ort sehr viel ruhiger als der Ferienort Bundoran 14 Kilometer südlich. Zudem bietet die Küste hier schöne Spazierwege. Etwas abseits vom Meer befindet sich das **Donegal Historical Society Museum** in einem schönen Franziskanerkloster von 1950. Die kleine, aber interessante Samm-

Blick vom Ufer des Lough Derg auf die Basilika von Station Island

Hotels und Restaurants in Nordwest-Irland *siehe Seiten 301f und 320f*

DONEGAL UND SLIGO | 235

Esszimmer im Lissadell House mit den Familienporträts der Gore-Booths

⑲ Lissadell House

Straßenkarte B2. **Karte** E5. Carney, Co Sligo. ☎ (071) 916 3150. 🚉 🚌 bis Sligo. ⏰ Ende März–Okt: tägl. 10–18 Uhr. 🎫 obligatorisch.
W lissadellhouse.com

Lissadell, ein um 1830 erbautes Wohnhaus im klassizistischen Stil, ist weniger aufgrund seiner Architektur, sondern eher wegen seiner einstigen Bewohner von Interesse. Hier lebten die Gore-Booths, die der Region in vier Jahrhunderten viel Gutes angedeihen ließen. Während der Großen Hungersnot *(siehe S. 223)* verpfändete Sir Robert sein Haus, um sein Personal zu versorgen.

Berühmtestes Familienmitglied ist die Enkeltochter von Sir Robert: Constance Markievicz (1868–1927). Als Nationalistin war sie am Aufstand von 1916 *(siehe S. 48f)* beteiligt. Sie war die erste Frau, die ins British House of Commons gewählt wurde. Später war sie Arbeitsministerin im ersten Dáil. W. B. Yeats, der das Haus 1894 erstmals besuchte, verewigte Constance und ihre Schwester Eva in einem Gedicht, in dem er sie beschrieb als »zwei Mädchen in seidenen Kimonos, beide schön, eine von ihnen eine Gazelle«.

Das Lissadell House aus grauem Kalkstein erscheint von außen relativ bescheiden. Im Inneren allerdings herrscht eine aristokratische Atmosphäre, unterstrichen von Gemälden und Andenken an die früheren Bewohner dieses Hauses. Die schönsten Räume sind die Galerie und der Speiseraum, der mit außergewöhnlichen Wandbildern geschmückt ist, die die Familie Gore-Booth und ihren Lieblingsbutler Thomas Kilgallon zeigen.

Lissadell House wird privat genutzt und ist für Besucher nur im Rahmen einer Führung zugänglich. Die Umgebung lockt zu Spaziergängen am Strand.

lung des Museums umfasst Funde aus der Steinzeit, irische Musikinstrumente sowie örtliches Kunsthandwerk.

In Rossnowlagh findet jedes Jahr im Juli die einzige Parade des protestantischen Oranier-Ordens (engl. *orange order*, *siehe S. 53*) in der Republik Irland statt.

🏛 Donegal Historical Society Museum
☎ (071) 985 1726. ⏰ tägl.

⑱ Ballyshannon

Straßenkarte C2. **Karte** F4. Co Donegal. 👥 2500. 🚌 von Bundoran und Donegal.

In Ballyshannon säumen gut erhaltene Häuser im georgianischen Stil die Straßen am Ufer des Erne, der nur unweit von hier in die Donegal Bay mündet. Die Stadt mit ihrem ganz eigenen Charakter ist voller Leben und liegt, obwohl hier im Juli eines der besten Festivals traditioneller Musik stattfindet, abseits der großen Besucherströme.

Über dieses Musikfestival hinaus ist Ballyshannon als Geburtsort des Dichters William Allingham (1824–1889) bekannt, der seine Heimatstadt so besang: »Adieu to Ballyshanny and the winding banks of the Erne.« Er ist auf dem Friedhof der St Anne's Church nahe der Hauptstraße begraben. Von hier aus hat man einen schönen Blick über den Fluss: Man sieht die kleine Insel **Inis Saimer**, auf der einer Sage zufolge Griechen nach der Sintflut ihre erste Kolonie in Irland gründeten. Dahinter ist eine große Militärbasis der irischen Armee zu erkennen. Ballyshannons Lage auf einem steil abfallenden Hang hoch über den Ufern des Erne machte es schon immer strategisch bedeutend.

1,5 Kilometer nordwestlich von Ballyshannon stehen die Ruinen der **Assaroe Abbey**, die 1184 von Zisterziensern gegründet wurde. Nahebei wurden zwei Wasserräder restauriert. Diese **Water Wheels** bieten auch ein Informationszentrum mit Café.

Hund der Gore-Booths, Wandbild in Lissadell

🏛 Water Wheels
Assaroe Abbey. ☎ (071) 985 1580. ⏰ Ostern–Ende Okt: nur So (Aug: tägl.).

⑳ Tour durch Yeats Country

Auch für jene, die mit der Dichtung von W. B. Yeats nicht vertraut sind, lohnt sich eine Fahrt durch die schöne Landschaft Sligos. Die Strecke führt an Sandküsten und atemberaubenden Kalkfelsen vorbei, durch Wälder und an Seen und Flüssen entlang. Im Herzen von Yeats Country, dem Land des Dichters, liegt der Lough Gill, umgeben von bewaldeten Hügeln mit Wanderwegen. Im Sommer kann man hier mit dem Boot fahren oder an den Stränden von Rosses Point verweilen.

⑤ Ben Bulben
Der Ben Bulben ragt unvermittelt aus der Ebene heraus. Seien Sie achtsam, wenn Sie zum Gipfel hochsteigen!

④ Lissadell House
Yeats war ein enger Freund der Schwestern Gore-Booth, die in Lissadell lebten. Das Haus ist für Besucher geschlossen *(siehe S. 235)*.

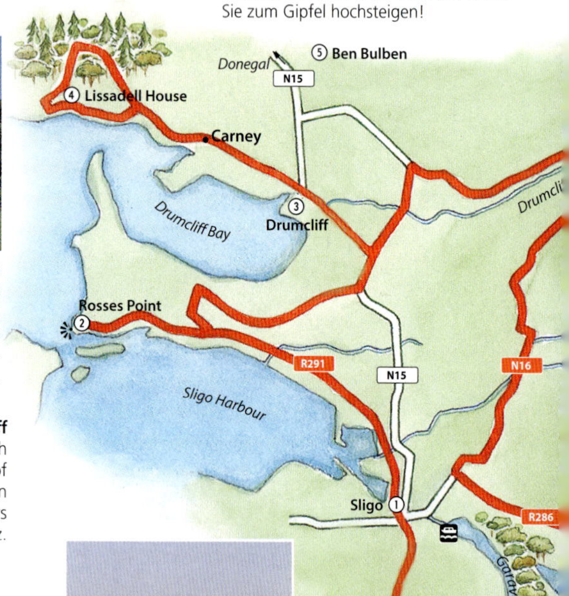

③ Drumcliff
Obwohl Yeats in Frankreich starb, liegt er auf dem Friedhof in Drumcliff begraben. Bei den Ruinen eines alten Klosters steht ein schönes Hochkreuz.

Legende
- Routenempfehlung
- Andere Straße
- Bootsausflüge
- Aussichtspunkt

Routeninfos
Länge: 88 km.
Rasten: Nördlich von Sligo isst man am besten in Rosses Point, auch wenn es in Drumcliff und Dromahair gute Pubs gibt. Am Lough Gill findet man schöne Picknickplätze.
Bootsfahrten: Informationen unter www.sligoboatcharters.com oder www.roseofinnisfree.com *(siehe auch S. 365–367)*.

② Rosses Point
Hier verbrachte Yeats gewöhnlich mit seinem Bruder den Sommer. Der Ort liegt an der Einfahrt zur Sligo Bay, wo stets Boote vorüberkommen.

① Sligo
Sligo ist gut geeignet als Ausgangspunkt für eine Fahrt durch Yeats Country. Vieles hier erinnert an den Dichter und seine Familie, deren literarisches Erbe die Kunstszene Sligos inspirierte *(siehe S. 238)*.

W. B. Yeats und Sligo

Als Schuljunge in London sehnte Yeats *(siehe S. 27)* sich zurück nach seinem Geburtsort Sligo – als Erwachsener kam er so oft wie möglich. Er beschreibt das Land, das seine Dichtung inspirierte, in *Reveries over Childhood and Youth*. »In gewisser Hinsicht«, so Yeats, »war Sligo immer meine Heimat«, und hier wollte er auch beerdigt werden. Sein Grabstein in Drumcliff trägt die Inschrift: »Blicke kühl auf das Leben, auf den Tod. Reiter, zieh weiter.«

W. B. Yeats (1865–1939)

Blick über den Lough Gill auf Parke's Castle

⓴ Parke's Castle

Straßenkarte C2. **Karte** E5. 6 km nördlich von Dromahair, Co Leitrim. (071) 916 4149. 🚌 oder 🚍 nach Sligo. ⏰ Ende März–Sep: tägl. 10–18 Uhr (letzter Einlass 17.15 Uhr). 🎟️ ♿ teilweise. 🌐 **heritageireland.ie**

Der Landsitz am Ostufer des Lough Gill wurde 1609 von Captain Robert Parke errichtet, der für Leitrim im Parlament saß. Er wurde mit irischer Eiche und gemäß alten Bautechniken aus dem 17. Jahrhundert renoviert. Parke's Castle wurde anstelle eines alten Turmhauses aus dem 16. Jahrhundert errichtet, das den O'Rourkes gehörte, einer mächtigen Familie dieser Region. Die Steine des Turmhauses wurden für den Bau des Landsitzes verwendet. Die Grundmauern und Teile des alten Grabens wurden in das neue Gebäude integriert. Das Anwesen wird von einer Mauer geschützt, zu der das Haus selbst, ein Torhaus und zwei Türme gehören.

Zu den architektonischen Eigenheiten der Anlage gehören die Kamine, die Fenster und die Fensterbrüstungen. Zudem gibt es eine merkwürdige Steinhütte, bekannt als »Schwitzhaus«, eine frühe irische Sauna. Eine Ausstellung und audiovisuelle Präsentationen erläutern die Geschichte des Hauses und prähistorische Attraktionen in der Nähe. Es gibt auch eine Schmiede.

Ab Parke's Castle kann man Bootsfahrten zu verschiedenen Plätzen am Lough Gill unternehmen, die an W. B. Yeats erinnern.

⑦ Parke's Castle
Der befestigte Landsitz aus dem 17. Jahrhundert liegt schön mit Blick über den Lough Gill. Von hier aus kann man Bootsfahrten unternehmen.

⑥ Glencar Lough
»Hier ist ein Wasserfall …, der mir als Kind sehr teuer war«, schrieb Yeats über jene Wasser, die sich in den Glencar Lough ergießen. Von der Straße führt ein Weg dorthin.

⑧ Isle of Innisfree
»Um Mitternacht ist alles hier in Glanz getaucht, am Mittag gibt es Purpurleuchten«, schrieb Yeats einst über Innisfree. Im Sommer kann man mit dem Boot zu der kleinen, romantischen Insel übersetzen.

⑨ Dooney Rock
Ein steiler Weg führt von der Straße zum Dooney Rock mit herrlichem Blick über den See und auf den Ben Bulben. In den umliegenden Wäldern und am See locken Spazierwege.

0 Kilometer 3

Hargadon's Bar, ein urgemütliches Pub in Sligo

② Sligo

Straßenkarte C2. **Karte** E5. Co Sligo. 20 000. (071) 916 8280. Old Bank Building, O'Connell St, (071) 916 1201. Fr. sligotown.net

Sligo liegt an der Mündung des Garavogue zwischen Atlantik und Lough Gill. Die heute größte Stadt im Nordwesten Irlands erlangte bereits unter den Normannen als Verbindungstor zwischen Ulster und Connaught Berühmtheit. Die Blütezeit im späten 18. und im 19. Jahrhundert prägte Sligos Charakter.

Die Stadt liegt günstig für Touren in die Umgebung, zudem ist sie ein bedeutendes Zentrum traditioneller Musik. Sligo selbst mag etwas düster erscheinen, hat jedoch durchaus Atmosphäre und Charme, nicht zuletzt aufgrund seiner engen Verbindung zu W. B. Yeats (siehe S. 236f), der hier geboren wurde. Vom Dachtürmchen des Kaufhauses Pollexfen am westlichen Ende der Wine Street beobachtete einst der Großvater des Dichters seine Handelsflotte, die hier im Hafen festmachte.

Das einzige Gebäude der Stadt aus dem Mittelalter ist **Sligo Abbey** aus dem Jahr 1253. Vom ursprünglichen Bau sind nur noch Fenster im Chor erhalten. Der größte Teil der ehemaligen Dominikanerabtei stammt aus dem 15. Jahrhundert. Schön sind ein geschnitzter Altar und der Kreuzgang.

Ein kleines Stück weiter im Westen gelegen befindet sich die O'Connell Street mit großen Läden und Hargadon's Bar – eine traditionsreiche Institution in Sligo. Sie ist in dunklem Holz gehalten, mit gemütlichen Ecken und einer Lebensmitteltheke. Nahe der Kreuzung Wine Street, mit Blick über die Hyde Bridge, steht das Yeats Memorial Building. Hier hat die Yeats Society, die die Erinnerung an den Dichter wachhält, ihren Sitz. Der Ruf Sligos als Kunstzentrum gründet sich auf die Yeats International Summer School, ein jährliches Festival mit Lesungen und Seminaren zu Leben und Werk des Dichters.

Überquert man die Hyde Bridge, trifft man auf eine Statue von Yeats, die Verse aus seinen Dichtungen zieren. In der Nähe befindet sich das **Sligo County Museum**, das Erinnerungsstücke an Yeats sowie Bilder von Landschaften rund um Sligo zeigt. Die **Model Arts & Niland Gallery** zeigt die Niland-Sammlung, zu der auch Bilder von Yeats' Bruder gehören, sowie zeitgenössische irische Kunst.

Statue des Dichters Yeats

Sligo Abbey
Abbey St. (071) 914 6406. Mitte Apr–Mitte Okt: tägl.; Mitte Okt–Anfang Nov: Fr–So.

Sligo County Museum
Stephen St. (071) 911 1679. Di–So (Okt–Apr: nachmittags).

Model Arts & Niland Gallery
The Mall. (071) 9141 405. Di–So. themodel.ie

Umgebung: In einem Außenbezirk liegt der **Carrowmore Megalithic Cemetery**, eine große steinzeitliche Grabanlage. Da sie als Steinbruch genutzt wurde, sind heute nur noch 40 Ganggräber (siehe S. 250f) und Dolmen (siehe S. 36) zu sehen. Sie liegen verstreut, zum Teil in Privatgärten oder sind sogar ins Mauerwerk der Bauernhäuser integriert worden.

Knocknarea ist ein riesiger, über 5000 Jahre alter Steinhügel – und angeblich das Grab von Königin Maeve von Connaught (siehe S. 30).

Tobernalt Holy Well, fünf Kilometer südlich von Sligo, ist für seine angeblich heilkräftige Quelle bekannt. In keltischer Zeit war dies ein heiliger Ort, später ein christliches Sanktuarium. Im 18. Jahrhundert, als der katholische Glaube verboten war, kamen Priester heimlich hierher. Der Altar auf einem Felsen in einem Waldgebiet ist auch heute noch Ziel von Pilgern.

Carrowmore Cemetery
(071) 916 1534. Ostern–Okt: tägl. 10–18 Uhr. heritageireland.ie

Altar beim Sanktuarium von Tobernalt

Hotels und Restaurants in Nordwest-Irland siehe Seiten 301f und 320f

㉓ Lough Arrow

Straßenkarte C3. **Karte** E6. Co Sligo. bis Ballinafad. Juni–Sep: Boyle, (071) 966 2145. discoverireland.ie

Man kommt zum Lough Arrow, um zu segeln und Forellen zu angeln oder einfach um die Landschaft zu genießen. Man kann den See mit dem Boot erkunden, doch ist der Blick vom Ufer aus das eigentlich Reizvolle. Ein Spaziergang rund um den See ist empfehlenswert, auf jeden Fall aber bis nach **Ballinafad** am Südufer, das herrliche Ausblicke bietet. Die kleine Stadt liegt schön umgeben von den Bricklieve und Curlew Mountains.

Der **Carrowkeel Passage Tomb Cemetery** befindet sich ebenfalls in herrlicher Lage in den Bricklieve Mountains, nördlich von Ballinafad. Man erreicht den Friedhof am besten vom fünf Kilometer entfernten Castlebaldwin.

Die 14 Ganggräber aus dem Neolithikum, die auf einem Hügel mit Blick über den Lough Arrow verstreut sind, zeigen ausgearbeitete Kragsteinstrukturen. Ein Grab ist mit jenem von Newgrange *(siehe S. 250f)* vergleichbar, nur dass hier die Sonne am 21. Juni (und nicht zur Wintersonnenwende) in die Grabkammer fällt. In der Nähe sind Reste einer Steinzeitsiedlung, deren Bewohner früher vermutlich ihre Toten in den Ganggräbern von Carrowkeel beerdigten.

Ganggrab auf dem Carrowkeel-Friedhof oberhalb des Lough Arrow

㉔ Carrick-on-Shannon

Straßenkarte C3. **Karte** F6. Co Leitrim. 3000. Mai–Sep: The Old Barrel Store, (071) 962 0170. leitrimtourism.com

Die kleine County-Hauptstadt von Leitrim, einem der zuletzt besiedelten Countys Irlands, liegt an einer scharfen Biegung des Shannon. Die Lage am Fluss und nahe dem Grand Canal war ausschlaggebend für die Entwicklung Carricks und ihrer Attraktivität für Besucher. Die Stadt hat einen modernen Hafen, wo im Sommer Privatboote ankern können und auch Boote ausgeliehen werden können.

Zusätzlich hat Carrick von der Wiedereröffnung der Shannon-Erne-Wasserstraße profitiert, die sechs Kilometer nördlich bei Leitrim ihren Anfang nimmt. Dieser Kanal wurde von Nordirland und der Republik Irland gemeinsam instand gesetzt – ein Unternehmen, das auch als Symbol friedlicher Kooperation zwischen den beiden Teilen der Insel wichtig ist.

Abgesehen von seinem modernen Hafen geht Carrick vornehmlich auf das 19. Jahrhundert zurück. Erhalten sind Kirchen und Klöster aus dieser Zeit sowie viele Häuser im etwas vornehmeren georgianischen Stil. Das merkwürdigste Gebäude der Stadt ist die **Costello Chapel** in der Bridge Street. Die kleine, durchaus sehenswerte Kapelle wurde 1877 von dem hier ansässigen Geschäftsmann Edward Costello als Begräbnisstätte für sich und seine Frau errichtet.

㉕ The Organic Centre

Straßenkarte C3. **Karte** EF5. Rossinver, Co Leitrim. (071) 985 4338. Di–So 10–17 Uhr. Nov–Feb: Wochenende. theorganiccentre.ie

Das etwa drei Kilometer von Rossinver entfernte Organic Centre wurde eingerichtet, um ein Info- und Dokumentationszentrum rund um Gartenbau und Landnutzung zu schaffen. Es umfasst eine Fläche von rund acht Hektar in der noch relativ intakten Landschaft im dünn besiedelten Norden von Leitrim. In mehreren thematischen Gärten wird der Zauber des Gartenbaus vermittelt. Eine Abteilung wendet sich an Kinder. Der Shop verkauft Samen und Gemüse sowie Bücher und Küchengeräte.

Shannon-Erne-Wasserstraße

Die Wasserstraße – ein labyrinthartiges System von Seen und Flüssen durch unberührtes Grenzland – verbindet Leitrim am Shannon mit dem Upper Lough Erne in Fermanagh. Die Wasserstraße folgt einem alten Kanal, der ab 1860 nicht mehr genutzt und erst 1993 wiedereröffnet wurde. Seitdem ist es wieder möglich, hier sowohl die viktorianischen Bauten, darunter 34 Brücken, als auch die Technologie der 16 Schleusen zu bewundern.

Motorboot in einer Schleuse der Shannon-Erne-Wasserstraße

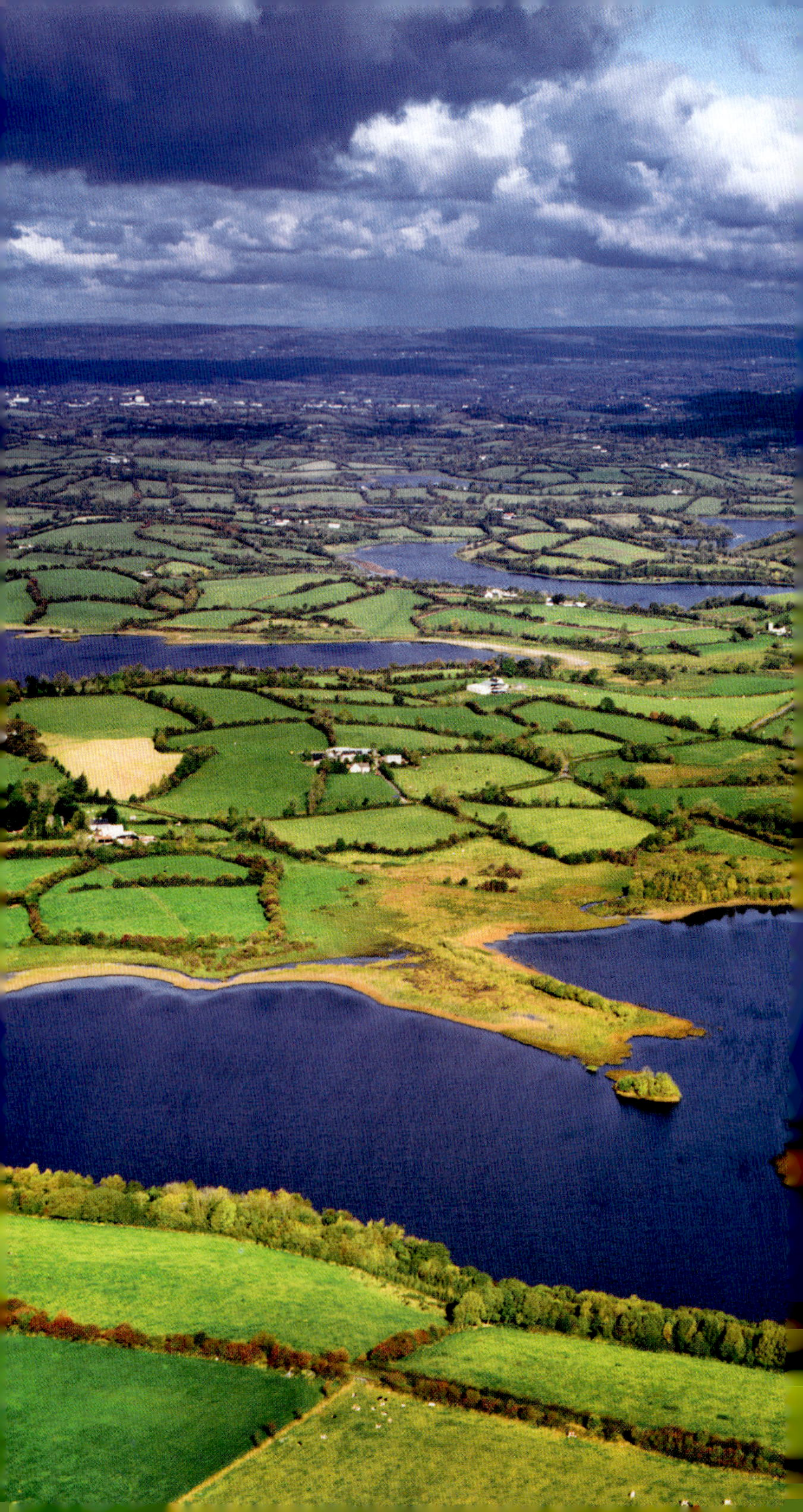

Midlands

*Cavan · Monaghan · Louth · Longford · Westmeath
Meath · Offaly · Laois*

Die Midlands sind die Wiege der keltischen und irischen Kultur. Hier liegen die meisten der einst heiligen, immer noch symbolträchtigen Orte der Insel. In der verlassenen und verwilderten Landschaft mit ihren Weiden, Seen und Sumpfgebieten finden sich keltische Kreuze, normannische Abteien und alte Burgen.

Schon in der Steinzeit siedelten im Boyne Valley im County Meath Menschen. Hier lag das Zentrum der Zivilisation in Irland. Zeugnisse der Siedlungsgeschichte sind überall zu finden, darunter Newgrange, die schönste Grabanlage der Region. Das Hügelgrab im heutigen County Meath stammt aus der Jungsteinzeit. In keltischer Zeit verlagerte sich der Siedlungsschwerpunkt weiter nach Süden in Richtung Hill of Tara – Sitz der Oberkönige Irlands und geistig-politisches Zentrum der Kelten. Taras Blütezeit begann im 3. Jahrhundert n. Chr. Der Königssitz behielt seine Bedeutung bis zur normannischen Invasion im 12. Jahrhundert.

Normannische Burgen wie die riesige befestigte Anlage bei Trim im County Meath zeugen von den sich verschiebenden Grenzen des englischen Einflussbereichs, der als *Pale (siehe S. 136)* bekannt ist und dem Ende des 16. Jahrhunderts nahezu alle Countys der Midlands angehörten. 1690 erlangte das Boyne Valley erneut historische Berühmtheit, als in der Schlacht am Boyne die Protestanten über die Katholiken siegten *(siehe S. 42f)*. Seit dem Jahr 1921 sind Monaghan und Cavan Teil der Republik Irland. Sie gehören historisch jedoch zu Ulster – und Monaghan steht noch in enger Verbindung zu dieser Provinz. Typisch für die Region sind sanfte Hügel, sogenannte *drumlins*.

Weiden und Sumpfland charakterisieren die Midlands. Die Slieve Bloom Mountains und die Cooley Peninsula bieten jedoch auch gute Wandermöglichkeiten. Neben prähistorischen Stätten findet man in Meath Sehenswürdigkeiten wie die Klöster Fore Abbey und Clonmacnoise.

Carlingford mit seinem Hafen und den Hügeln der Cooley Peninsula im Hintergrund

◄ **Kulturlandschaft am Lough Oughter, County Cavan** *(siehe S. 22)*

Überblick: Midlands

Ausgangspunkt für die Erkundung des Boyne Valley und schöner Klosteranlagen wie Monasterboice ist die Stadt Drogheda. Trim und Mullingar, im Südwesten gelegen, sind weniger bekannt, bieten jedoch den angenehmeren Aufenthalt. Die nördlichen Countys Monaghan, Cavan und Longford ziehen mit ihren Seen vor allem Angler an. Im Süden hingegen bestimmen dunkle, weite Sümpfe die Landschaft von Offaly und Laois, doch rund um das georgianische Birr finden sich auch einige Sehenswürdigkeiten. Das malerische Carlingford auf der Cooley Peninsula eignet sich für einen Abstecher zum Meer.

Westportal der Nuns' Church bei Clonmacnoise

Legende
- Autobahn
- Schnellstraße
- Hauptstraße
- Nebenstraße
- Panoramastraße
- Eisenbahn (Hauptstrecke)
- Eisenbahn (Nebenstrecke)
- Staatsgrenze
- County-Grenze
- △ Gipfel

In den Midlands unterwegs

Die Midlands besitzen ein gutes Straßen- und Eisenbahnnetz, das von Dublin aus das Land erschließt. Deshalb ist es hier einfacher als in anderen Gegenden, mit öffentlichen Verkehrsmitteln zu fahren. Dundalk und Drogheda liegen an der Strecke Dublin–Belfast, Mullingar und Longford an der Strecke Dublin–Sligo. Sowohl mit der Bahn als auch auf der M7 von Dublin nach Limerick erreicht man Laois und Offaly.

Weitere Zeichenerklärungen *siehe hintere Umschlagklappe*

MIDLANDS | 243

Statue in den Gärten von Birr Castle

Sehenswürdigkeiten auf einen Blick

1. Monaghan
2. Drumlane
3. Corlea Trackway
4. Tullynally Castle
5. Fore Abbey
6. Kells
7. Dundalk
8. Carlingford
9. Monasterboice
10. Drogheda
11. Newgrange und Boyne Valley S. 248f
12. Old Mellifont Abbey
13. Slane
14. Hill of Tara
15. Trim
16. Mullingar
17. Kilbeggan
18. Athlone
19. *Clonmacnoise S. 254f*
20. Tullamore Dew Heritage Centre
21. Birr
22. Slieve Bloom Mountains
23. Emo Court
24. Rock of Dunamase

Blick auf Trim über den Boyne

Ruinen der Abteikirche von Drumlane

❶ Monaghan

Straßenkarte D2. **Karte** G5. Co Monaghan. 6000. Clones Rd, (047) 81122. **w monaghantourism.com**

Das lebhafte Monaghan ist der urbane Mittelpunkt im Norden der Midlands. Es wurde 1613 von James I *(siehe S. 43)* gegründet und entwickelte sich dank der ansässigen Leinenherstellung zu einem blühenden Industriezentrum. Ein *Crannog (siehe S. 37)* bei der Glen Road ist das einzige Zeugnis des keltischen Ursprungs dieser Stadt.

Im Herzen von Monaghan liegen drei Plätze eng beieinander. Der schönste von ihnen ist der Market Square (18. Jh.). Hier steht das **Market House**, ein kleines, hübsches Haus mit Eichenbalken, in dem sich ein Kunstzentrum befindet. Östlich des Platzes liegt der Church Square, Mittelpunkt des modernen Monaghan. Er wird von Häusern aus dem 19. Jahrhundert gesäumt, etwa dem Gerichtshaus. Der dritte Platz, der sogenannte Diamond, war früher der Marktplatz. Hier steht das **Rossmore Memorial**, ein Brunnen im viktorianischen Stil.

Besuchen Sie das **County Museum**, das die Geschichte von Monaghan und seiner Leinenindustrie präsentiert. Stolz der historischen Abteilung ist das Cross of Clogher, ein Bronzealtar (um 1400).

Auf einem Hügel außerhalb der Stadt erhebt sich die im neogotischen Stil errichtete St Macartan Cathedral. Von hier aus hat man einen schönen Blick auf Monaghan.

🏛 County Museum
Hill St. (047) 82928. Mo-Fr 11–17, Sa 12–17 Uhr. Feiertage. teilweise.

❷ Drumlane

Straßenkarte C3. **Karte** G6. 1 km südlich von Milltown, Co Cavan. nach Belturbet.

Die mittelalterliche Kirche und der Rundturm lohnen einen Besuch allein aufgrund ihrer herrlichen Lage. Die Abteikirche (Anfang 13. Jh.) wurde um 1400 umgebaut. Sie zeigt schöne romanische Dekors. Dem nahen Rundturm fehlt das Dach, doch verfügt er über hübsches Mauerwerk, das an der Nordseite mit interessanten Vogeldarstellungen verziert ist.

❸ Corlea Trackway

Straßenkarte C3. **Karte** F7. Kenagh, Co Longford. (043) 322 2386. nach Longford. Mai–Sep: tägl. 10–18 Uhr (letzter Einlass 17.15 Uhr). teilweise.

Das Corlea Trackway Visitor Centre zeigt eine Moorstraße aus der Eisenzeit (148 v. Chr.). Die aus Mooreichen gebaute Straße ist die größte ihrer Art, die in Europa ausgegraben wurde. 18 konservierte Meter der Straße sind zu sehen. Dafür wurde eigens eine Halle gebaut, um das Holz vor Hitze zu schützen.

Corlea Trackway

Hotels und Restaurants in den Midlands *siehe Seiten 302 und 321–323*

MIDLANDS | 245

Viktorianische Küche in Tullynally Castle

Umgebung: Etwa zehn Kilometer nördlich des Corlea Trackway liegt **Ardagh**, das schönste Dorf in Longford mit hübschen Cottages um den Dorfanger. Der Shannon, Lough Ree, der Inny und Lough Gowna machen die Gegend zu einem Paradies für Angler. Der Streifen mit »warmen Löchern« bei Lanesborough ist bekannt für seine Weißfische. Kanuten ziehen die Wasserläufe bei Ballymahon magisch an.

❹ Tullynally Castle

Straßenkarte C3. **Karte** G7. Castle Pollard, Co Westmeath. (044) 966 1159. nach Mullingar. **Schloss** nur für Gruppen nach Voranmeldung. obligatorisch. **Teesalons und Gärten** Juni–Aug: Do–So 11–17 Uhr; Apr, Mai, Sep: Sa, So 11–17 Uhr. teilweise. **tullynallycastle.ie**

Das riesige Gebäude mit seinen vielen Türmen und Zinnen ist eines der größten Schlösser Irlands. Es wurde im 17. Jahrhundert im georgianischen Stil errichtet. Später wurde das einstige Turmhaus im neogotischen Stil umgebaut. Seit 1655 lebt die Familie Pakenham auf Tullynally Castle.

Die große Eingangshalle führt zum getäfelten Speisezimmer. Ebenso interessant sind die viktorianische Küche und der Wäscheraum. Die Bibliothek bietet einen herrlichen Blick auf die Parklandschaft des Anwesens, die im 18. Jahrhundert mit viktorianischen Terrassen, Blumen- und Nutzbeeten angelegt wurde. Hier befinden sich auch zwei kleine Seen sowie ein chinesischer und ein tibetischer Garten.

❺ Fore Abbey

Straßenkarte C3. **Karte** G7. Fore, Castle Pollard, Co Westmeath. (044) 966 1780. nach Castle Pollard. tägl.

Die Ruinen von Fore Abbey liegen in einer Hügellandschaft, etwa acht Kilometer östlich von Tullynally Castle. Im Jahr 630 gründete hier der hl. Fechin ein Kloster. Die Ruinen stammen jedoch von einer Benediktinerabtei von circa 1200. Fore Abbey liegt an der nördlichen Grenze des Pale (siehe S. 136) und wurde im 15. Jahrhundert zum Schutz gegen die irische Bevölkerung befestigt.

Die heute zerfallene Kirche war Teil der alten normannischen Abtei. Kreuzgang und Refektorium hingegen stammen aus der Zeit um 1400. Auf einem Hügel gegenüber steht die normannische St Fechin Church mit einer Einsiedlerzelle aus dem 15. Jahrhundert.

❻ Kells

Straßenkarte D3. **Karte** G7. Co Meath. 5500. (046) 924 8856. Mo–Fr 9.30–17 Uhr. **discoverireland.ie/eastcoast**

Die mit ihrem irischen Namen Ceanannus Mór ausgeschilderte kleine Stadt ist so schön wie ihr berühmtes Kloster.

Kells Monastery wurde bereits im 6. Jahrhundert vom hl. Columba gegründet. Seine Blütezeit erlebte das Kloster ab 806, als Mönche aus Iona hierher flohen. Sie erstellten vermutlich auch die Handschrift *Book of Kells*, die heute im Dubliner Trinity College *(siehe S. 68)* aufbewahrt wird.

Die Abtei liegt im Westen. Ihr Zentrum bildet eine Kirche (18. Jh.), neben der ein Rundturm ohne Spitze steht. Hier findet man auch mehrere Hochkreuze aus dem 9. Jahrhundert, von denen das Südkreuz am besten erhalten ist.

Nördlich des Kirchhofs liegt **St Columba's House**, ein Oratorium, das an St Kevin's Kitchen in Glendalough *(siehe S. 144)* erinnert.

In der Cross Street im Zentrum steht ein Hochkreuz, das vom Kloster hierher gebracht und während des Aufstands von 1798 *(siehe S. 45)* als Galgen benutzt wurde. Am Sockel ist eine Schlacht dargestellt.

Ruinen von Fore Abbey, einer mittelalterlichen Benediktinerabtei

Cottage eines Fischers auf der Cooley Peninsula

❼ Dundalk

Straßenkarte D3. **Karte** H6. Co Louth. 32 000. Jocelyn St, (042) 933 5484. Fr. **w** dundalk.ie

Dundalk war einst nördlichster Punkt des Pale, des Gebiets, das im Mittelalter die Engländer kontrollierten *(siehe S. 136)*. Die Stadt auf halbem Weg zwischen Dublin und Belfast ist heute der letzte größere Ort vor der Grenze zu Nordirland.

Dundalk bildet das Tor zur prächtigen Landschaft der Cooley Peninsula. Das in einer alten Destillerie (18. Jh.) eingerichtete **County Museum** gibt Einblicke in die Geschichte des County seit der Steinzeit.

County Museum
Jocelyn St. (042) 932 7056. Di–Sa 10–17 Uhr. 1. Jan, 25., 26. Dez.

❽ Carlingford

Straßenkarte D3. **Karte** J6. Co Louth. 1500. Old Railway Station, (042) 937 3033. **Carlingford Heritage Centre** Dundalk St, (042) 937 3454. Mo–Fr 10–12.30, 14–16.30 Uhr. **Carlingford Adventure Centre** Tholsel St, (042) 937 3100. Mo–Fr 9–18 Uhr.
w carlingfordheritagecentre.com

Das Fischerdorf liegt zwischen den Bergen der Halbinsel Cooley und dem Meeresarm Carlingford Lough. Die Grenze zu Nordirland verläuft mitten durchs Flusstal. Vom Dorf aus überblickt man die Mountains of Mourne *(siehe S. 288f)*. Der Ort mit hübschen weißen Cottages, alten Häusern und mittelalterlichen Gassen wird vom **King John's Castle** überragt, das die Normannen zum Schutz des Lough errichteten. In einer schönen mittelalterlichen Kirche dokumentiert das engagierte **Carlingford Heritage Centre** die Geschichte des Hafens seit anglo-normannischen Zeiten.

Carlingford gilt als Zentrum der Austernzucht und veranstaltet im August das Austernfestival. Der See ist ein beliebtes Wassersportzentrum. Im Sommer kann man schöne Bootsfahrten an der Küste unternehmen. Es gibt einen neuen Yachthafen.

Das **Carlingford Adventure Centre** bietet zudem Wanderungen, Segeltörns und Kanuausflüge an.

Grabstein auf dem Friedhof von Monasterboice

Umgebung: Eine Panoramastrecke führt rund um die **Cooley Peninsula**, zunächst an der Küste entlang und dann quer durch die Berge. Der Abschnitt an der Nordküste ist spektakulär: Drei Kilometer nördlich von Carlingford windet sich eine Straße durch den **Slieve Foye Forest Park** und bietet atemberaubende Ausblicke.

Von Carlingford aus führt ein rund 30 Kilometer langer Rundweg durch einige der zerklüftetsten Gebiete der Insel. Im Moorland sind einige interessante prähistorische Zeugnisse zu sehen. Rüstige Wanderer können die Strecke innerhalb eines Tages zu Fuß bewältigen.

❾ Monasterboice

Straßenkarte D3. **Karte** H7. Co Louth. nach Drogheda. (041) 983 7070. tägl.

Das Kloster wurde im 5. Jahrhundert vom hl. Buite, einem Schüler des hl. Patrick, gegründet. Das Ruinenfeld ist eine von Irlands sakralen Hauptsehenswürdigkeiten. Es liegt malerisch abgeschieden, umgeben von einem Friedhof, nördlich von Drogheda. Zum Kloster gehören ein Rundturm und zwei Kirchen. Der bedeutendste Schatz sind allerdings die Hochkreuze (10. Jh.).

Muiredach's High Cross, das schönste seiner Art in ganz Irland, ist mit biblischen Darstellungen verziert, die sehr gut erhalten sind. Sie zeigen Szenen aus dem Leben Jesu und aus dem Alten Testament. Am Fuß des Kreuzes steht die Inschrift: »Ein Gebet für Muiredach, der dieses Kreuz fertigte« – möglicherweise ein Hinweis auf den Abt von Monasterboice. Das 6,50 Meter hohe Westkreuz, auch Tall Cross genannt, ist eines der höchsten in Irland. Die Ornamente hier sind nicht so gut erhalten wie jene des Muiredach's Cross, doch kann man einige Szenen von Christi Tod erkennen. Das Nordkreuz, das am wenigsten bemerkenswerte, zeigt eine Kreuzigung sowie Spiralmuster.

Rundturm und Westkreuz von Monasterboice

Hotels und Restaurants in den Midlands siehe Seiten 302 und 321–323

Irlands Hochkreuze

Hochkreuze gibt es überall in den keltischen Gebieten Irlands und Englands, doch Irlands Hochkreuze sind hinsichtlich Anzahl und Gestaltung einmalig. Als fester Bestandteil mittelalterlicher Klöster wurden sie vom 8. bis zum 12. Jahrhundert reich verziert. Erste Hochkreuze weisen bis ins 8. Jahrhundert eine einfache geometrische Ornamentik auf. Im 9. und 10. Jahrhundert zeigen sie Szenen oder Bildgruppen aus der Bibel. Diese »Erzählungen in Stein« wurden wohl dazu benutzt, dem leseunkundigen Volk die Bibel nahezubringen. Die Hochkreuze waren auch Statussymbole der Klöster oder der örtlichen Landherren.

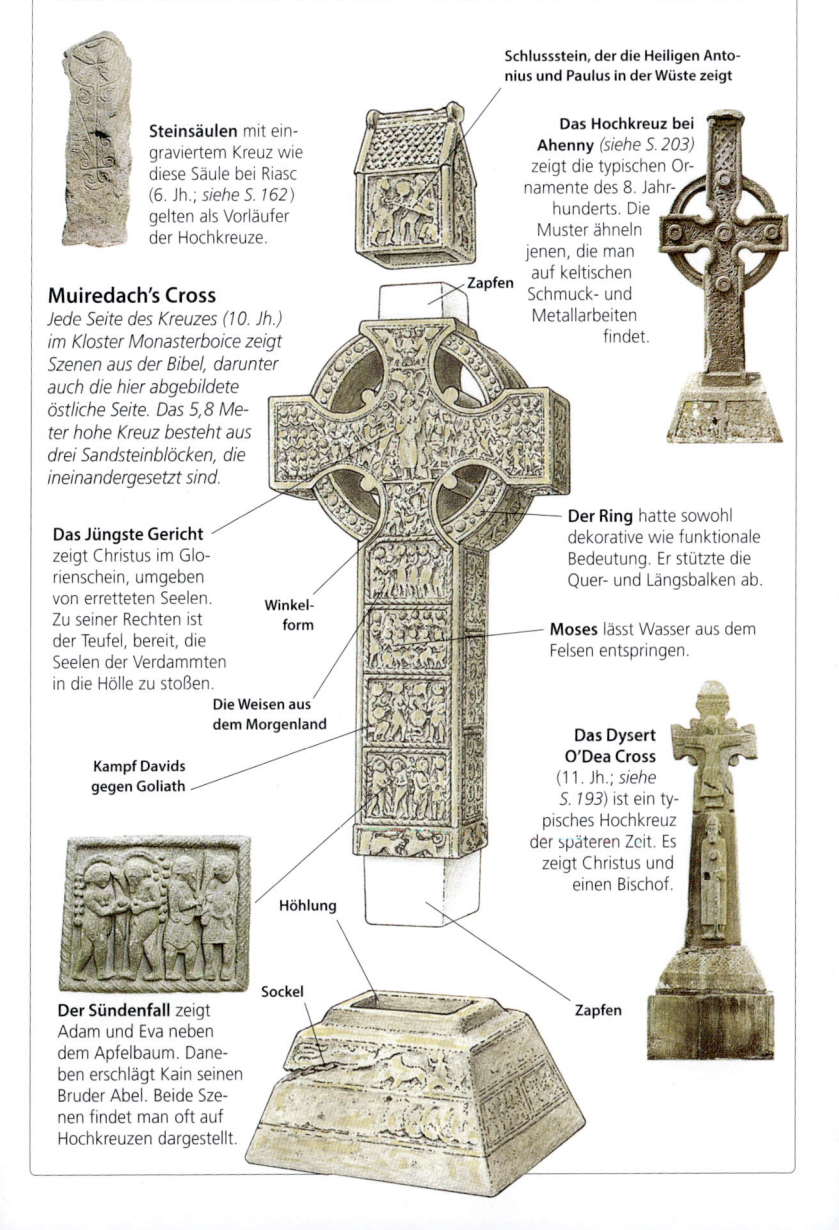

Steinsäulen mit eingraviertem Kreuz wie diese Säule bei Riasc (6. Jh.; *siehe S. 162*) gelten als Vorläufer der Hochkreuze.

Schlussstein, der die Heiligen Antonius und Paulus in der Wüste zeigt

Das Hochkreuz bei Ahenny (*siehe S. 203*) zeigt die typischen Ornamente des 8. Jahrhunderts. Die Muster ähneln jenen, die man auf keltischen Schmuck- und Metallarbeiten findet.

Zapfen

Muiredach's Cross
Jede Seite des Kreuzes (10. Jh.) im Kloster Monasterboice zeigt Szenen aus der Bibel, darunter auch die hier abgebildete östliche Seite. Das 5,8 Meter hohe Kreuz besteht aus drei Sandsteinblöcken, die ineinandergesetzt sind.

Das Jüngste Gericht zeigt Christus im Glorienschein, umgeben von erretteten Seelen. Zu seiner Rechten ist der Teufel, bereit, die Seelen der Verdammten in die Hölle zu stoßen.

Winkelform

Der Ring hatte sowohl dekorative wie funktionale Bedeutung. Er stützte die Quer- und Längsbalken ab.

Moses lässt Wasser aus dem Felsen entspringen.

Die Weisen aus dem Morgenland

Kampf Davids gegen Goliath

Das Dysert O'Dea Cross (11. Jh.; *siehe S. 193*) ist ein typisches Hochkreuz der späteren Zeit. Es zeigt Christus und einen Bischof.

Höhlung

Sockel

Zapfen

Der Sündenfall zeigt Adam und Eva neben dem Apfelbaum. Daneben erschlägt Kain seinen Bruder Abel. Beide Szenen findet man oft auf Hochkreuzen dargestellt.

❿ Drogheda

Straßenkarte D3. **Karte** H7. Co Louth. 🚹 30 000. 🚆 🚌
🛈 Mayoralty St, (041) 983 7070.
📅 Sa. 🌐 drogheda.ie

Im 12. Jahrhundert war die normannische Hafenstadt an der Mündung des Boyne eine der bedeutendsten Städte Irlands. Jedoch scheint sich der Ort niemals von der Attacke Cromwells 1649 *(siehe S. 43)* erholt zu haben, bei der 2000 Einwohner getötet wurden. Nichtsdestotrotz verfügt die Stadt über ein reiches mittelalterliches Erbe.

Von den Befestigungsanlagen ist noch das **St Lawrence Gate** (13. Jh.) erhalten. In der Nähe stehen zwei Kirchen, **St Peter's** genannt. Die schönere der beiden, 1753 erbaut, gehört der Church of Ireland an. Sehenswert in der katholischen Kirche ist das einbalsamierte Haupt von Oliver Plunkett, einem Erzbischof, der 1681 als Märtyrer starb.

Südlich des Flusses geht es zum Millmount hinauf, einer normannischen Anlage mit Martello-Turm. Hier bieten sich Ausblicke auf die Stadt. Das **Drogheda Museum** zeigt Sammlungen zu Geschichte, Kunst und Kunsthandwerk.

Blick über den Boyne mit der De Lacy Bridge auf Drogheda

🏛 Drogheda Museum
Millmount Square. 📞 (041) 983 3097.
🕒 Mo–Sa 10–17.30, So 14–17 Uhr.
⚫ 7 Tage an Weihnachten. 📷 📸
♿ teilweise. 🌐 millmount.net

⓫ Newgrange und Boyne Valley

Straßenkarte D3. **Karte** H7. Co Meath. 🚆 nach Drogheda. 🚌 nach Slane oder Drogheda. 🛈 Brú na Bóinne Interpretative Centre, (041) 988 0300. 🕒 tägl.
⚫ 24.–28. Dez.

Das als Brú na Bóinne, als »Palast des Boyne«, bekannte Flusstal war einst die Wiege der irischen Zivilisation. Der fruchtbare Boden bot in neolithischer Zeit einer hochstehenden Siedlergemeinschaft Lebensraum. Viele Zeugnisse aus dieser Zeit sind erhalten, etwa Ringforts, Gang- und Hügelgräber sowie sakrale Stätten. Die bedeutendsten neolithischen Funde im Boyne Valley sind drei Ganggräber: Das herausragendste der drei ist **Newgrange** *(siehe S. 250f)*, doch auch **Dowth** und **Knowth** sind bemerkenswert. Zum Boyne Valley gehören zudem der Hill of Slane und der Hill of Tara *(siehe S. 252)*, wichtige Stätten keltischer Mythologie. Die gesamte Region ist voller

Der Boyne, nahe dem Schauplatz der berühmten Schlacht am Boyne

---

Die Schlacht am Boyne am 1. Juli 1690

1688 wurde James II, der katholische König Englands, gestürzt. Seine protestantische Tochter Mary und ihr Gatte Wilhelm von Oranien kamen auf den Thron. Um die Macht zurückzuerlangen, sicherte sich James die Unterstützung der irischen Katholiken und forderte Wilhelm am Boyne zur Schlacht heraus. Die Schlacht fand am 1. Juli 1690 statt. Etwa 25 000 französische und irische Katholiken standen Wilhelms Armee von 36 000 französischen Hugenotten, Dänen, Engländern und Schotten gegenüber. Die Protestanten siegten, James floh nach Frankreich. Die Schlacht markiert den Beginn der protestantischen Macht über Irland. »Katholisches Land« wurde niedergebrannt, katholische Interessen unterdrückt – das Schicksal Irlands war für die nächsten 300 Jahre besiegelt.

Wilhelm von Oranien führt seine Truppen in die Schlacht am Boyne, 1. Juli 1690

Hotels und Restaurants in den Midlands *siehe Seiten 302 und 321–323*

Bezüge zu Irlands Prähistorie, mit Monumenten, die älter als die ägyptischen Pyramiden sind. Daher wird Boyne Valley auch als irisches »Tal der Könige« bezeichnet. Knowth und Newgrange können nur im Rahmen einer Führung des **Brú na Bóinne Interpretative Centre** besucht werden. In dessen Räumen werden Zeugnisse aus der Steinzeit und eine Rekonstruktion von Newgrange gezeigt.

Dowth
Nahe N51, 3 km östl. von Newgrange. ● für Besucher.

Das Ganggrab von Dowth ist nicht vollständig freigelegt und wurde zudem von viktorianischen Grabräubern geplündert. Es ist nur von der Straße aus zu sehen.

Knowth
1,5 km nordwestl. von Newgrange. ○ wie Newgrange *(siehe S. 251)*.

Knowth übertrifft Newgrange durch die hier gefundenen Schätze. Sie bilden den reichsten neolithischen Fund, der je in Europa gemacht wurde. Zudem war die Anlage von der Steinzeit bis etwa 1400 bewohnt. Ungewöhnlicherweise hat sie zwei Ganggräber statt nur eines. Die Gräber dürfen nur von außen besichtigt werden, um einen weiteren Verfall zu verhindern.

Slane Castle Demesne mit den Gartenanlagen von Capability Brown

⓬ Old Mellifont Abbey

Straßenkarte D3. Karte H7. Tullyallen, Cullen, Co Louth. (041) 982 6459. nach Drogheda. nach Drogheda oder Slane. Mai–Sep: tägl. 10–18 Uhr (letzter Einlass 17.15 Uhr). mellifontabbey.ie

An den Ufern des Mattock, zehn Kilometer westlich von Drogheda, liegt Old Mellifont Abbey, Irlands erste Zisterzienserabtei, die 1142 vom hl. Malachy, dem Erzbischof von Armagh, einem Anhänger des hl. Bernhard von Clairveaux, gegründet wurde. Der Erzbischof führte in Mellifont jedoch nicht nur die Ordensregeln der Zisterzienser ein, sondern auch den formalen Stil klösterlicher Architektur. Seine Klosteranlage wurde zum Modell für andere Zisterzienserklöster in Irland, über die sie doch stets ihre Vormachtstellung bewahrte, bis sie 1539 geschlossen und in eine befestigte Anlage umgewandelt wurde. Wilhelm von Oranien nutzte Mellifont während der Schlacht am Boyne im Jahr 1690 als Hauptquartier. Größe und Grundriss der Abtei, heute eine Ruine, sind noch gut erkennbar. Von der Kirche ist nur wenig erhalten, jedoch südlich davon, umgeben vom einstigen romanischen Kreuzgang, befindet sich das interessanteste Gebäude Mellifonts: ein achteckiges Lavabo (13. Jh.), wo sich die Mönche vor den Mahlzeiten die Hände wuschen. Vier der ursprünglich acht Seitenmauern des Gebäudes sind noch erhalten, alle versehen mit sehr schönen romanischen Torbogen. An der Ostseite des Kreuzgangs befindet sich das Kapitelhaus (14. Jh.) mit eindrucksvollem Deckengewölbe und mittelalterlichen Bodenfliesen aus Keramik.

Keramikfliese in Old Mellifont Abbey

⓭ Slane

Straßenkarte D3. Karte H7. Co Meath. 950.

Slane ist ein hübsches Dorf mit einigen reizenden georgianischen Häusern. Durch den Ort fließt der Boyne, vorbei auch am **Slane Castle Demesne** mit seinem schönen Garten, der im 18. Jahrhundert von Capability Brown angelegt wurde. Nördlich des Orts erhebt sich der **Hill of Slane**. Im Jahr 433 soll der hl. Patrick hier ein Osterfeuer entzündet haben, um den heidnischen Oberkönig von Tara *(siehe S. 252)* herauszufordern. Dieses Ereignis stand symbolhaft für den Sieg der Christenheit über das Heidentum.

Ruine des Lavabo in Old Mellifont Abbey

Newgrange

Die Ursprünge von Newgrange, einem der bedeutendsten Ganggräber Europas, sind unklar. Nach keltischer Überlieferung wurden hier die legendären Könige von Tara *(siehe S. 252)* bestattet, doch Newgrange ist älter als diese Dynastie. Das Grab wurde um 3200 v. Chr. errichtet und von keinem der Invasoren je angerührt. Seit 1960 wird es freigelegt. Archäologen entdeckten, dass zur Wintersonnenwende (21. Dezember) Sonnenstrahlen die Grabkammer erhellen – damit ist sie das älteste Sonnenobservatorium der Welt. Newgrange zieht viele Besucher an. Im Sommer gibt es oft lange Warteschlangen. Besichtigungen starten am Besucherzentrum Brú na Bóinne und führen auch nach Knowth *(siehe S. 248f)*.

Steinbecken
In den behauenen Steinen befanden sich wohl ursprünglich diverse Grabbeigaben und die Asche Verstorbener.

Außerdem

① **Die Grabkammer** hat drei Seitenkammern. Die nördliche wird am Tag der Wintersonnenwende von Sonnenstrahlen erhellt.

② **Die stehenden Steine** in den Gängen sind Schieferplatten, die wohl aus der Umgebung stammen.

③ **Oberlicht**

④ **Die Mauer** an der Vorderseite des Grabs wurde aus herumliegenden weißen Quarz- und Granitsteinen, die man hier bei den Ausgrabungen fand, neu errichtet.

Grabgewölbe
Das sechs Meter hohe Gewölbe der Grabkammer ist vollständig erhalten. Es wird von sich überlappenden Steinplatten geformt und bildet eine konisch zulaufende Kuppel, die von einem Schlussstein gekrönt wird.

Anlage von Newgrange

Das Grab von Newgrange wurde von Menschen errichtet, die über außergewöhnliche künstlerische und technische Fähigkeiten verfügten, aber weder Rad noch Metallwerkzeuge kannten. Über 200 000 Tonnen Felsgestein wurden transportiert, um den Grabhügel zu errichten, der wohl einst von einer Steinmauer umgeben war. Große Findlinge dienten für einen Steinkreis um die Anlage (zwölf von wahrscheinlich 35 Steinen sind noch erhalten). Viele der Steine und Säulen in Gang und Grabkammer sind mit geometrischen Mustern verziert. Das Grabgewölbe besteht aus kleineren, nicht verzierten Steinplatten und ist seit 5000 Jahren wasserdicht.

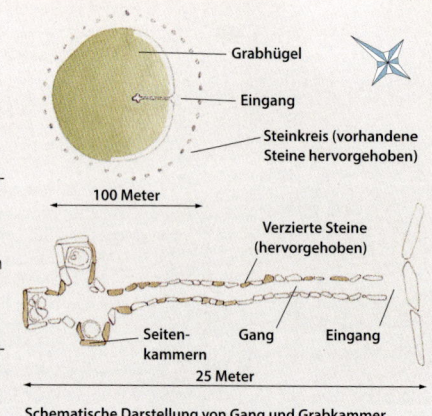

Grabhügel
Eingang
Steinkreis (vorhandene Steine hervorgehoben)
100 Meter
Verzierte Steine (hervorgehoben)
Seitenkammern
Gang
Eingang
25 Meter
Schematische Darstellung von Gang und Grabkammer

Hotels und Restaurants in den Midlands siehe Seiten 302 und 321–323

MEATH: NEWGRANGE | **251**

Wiederherstellung von Newgrange
Newgrange auf einem Hügel nördlich des Boyne wurde ca. 3200 v. Chr. errichtet. Zwischen 1962 und 1975 wurden Ganggrab und Mauerwall so originalgetreu wie möglich restauriert und rekonstruiert.

Infobox

Information
Straßenkarte D3. **Karte** H7. 8 km östlich von Slane, Co Meath. (041) 988 0300. Mai–Sep: tägl. 9–18.30 Uhr (Juni–Mitte Sep: bis 19 Uhr); Okt–Apr: tägl. 9.30–17.30 Uhr (Nov–Jan: 9–17 Uhr); letzte Tour 1:45 Std. vor Schließung. 24.–27. Dez. im Grab. nur Besucherzentrum Brú na Bóinne.
newgrange.com

Anfahrt
nach Drogheda. nach Drogheda, von dort bis Besucherzentrum Brú na Bóinne.

Gang
Bei Tagesanbruch des 21. Dezember dringt Sonnenlicht durch eine Öffnung oberhalb des Eingangs in die Anlage (etwas, was es nur in Newgrange gibt) und wandert durch den 19 Meter langen Gang bis zur Grabkammer.

Eingang
Der am kunstvollsten gearbeitete Stein steht zusammen mit anderen Steinmonumenten direkt vor dem Eingang.

Trim Castle in der grünen Auenlandschaft des Boyne

⓮ Hill of Tara

Straßenkarte D3. **Karte** H7. Bei Killmessan Village, Co Meath. (046) 902 5903. nach Navan. Mitte Mai–Mitte Sep: tägl. 10–18 Uhr (letzter Einlass 17 Uhr). **Besucherzentrum** **hilloftara.org**

Tara, das politische und spirituelle Zentrum des keltischen Irland, war bis ins 11. Jahrhundert Sitz der Hochkönige. Den Siegeszug des Christentums dokumentiert eine Statue des heiligen Patrick. Auch Daniel O'Connell *(siehe S. 46)* war sich Taras symbolträchtiger Bedeutung bewusst: 1843 hielt er hier eine Versammlung mit einer Million Teilnehmern ab.

Das Dokumentationszentrum bietet Führungen zum steinzeitlichen Ganggrab und zu Hügelfestungen der Eisenzeit, die schlichten Gräben und Grashügeln gleichen. Deutlich erkennbar ist der Bezirk der Könige: Im Zentrum hütet Cormac's House den »Stein des Schicksals« *(Liath Fáil)*, Fruchtbarkeitssymbol und Krönungsstein. Am stärksten wirkt aber die Sicht über das Boyne Valley.

⓯ Trim

Straßenkarte D3. **Karte** H7. Co Meath. 6500. Castle St, (046) 943 7227. Fr. **meath.ie**

Trim ist eines der schönsten Marktstädtchen in den Midlands. Es wurde in normannischer Zeit als Festung am Boyne gegründet und markierte einst die Grenze des Pale *(siehe S. 136)*. Im **Trim Visitor Centre** kann man sich eine Ausstellung über die Geschichte der Stadt ansehen. Hier beginnt auch ein Weg, der an allen acht Sehenswürdigkeiten vorbeiführt.

Das spektakuläre **Trim Castle** wurde 1173 von dem Normannen Hugh de Lacy gegründet und ist eine der größten mittelalterlichen Burgen Irlands. Mit ihrem aufsehenerregenden Ambiente ist sie auch als Filmkulisse beliebt.

Jenseits des Flusses liegt **Talbot Castle**, eine Augustinerabtei, die im 15. Jahrhundert in ein Wohnhaus umgebaut wurde. Nördlich der Abtei steht die **St Patrick's Cathedral** mit einem Turm aus dem 15. Jahrhundert. Von hier geht es östlich weiter zur Kathedrale St Peter and St Paul.

Ein schöner Spaziergang führt entlang dem Boyne vom Trim Castle zur Newton Abbey.

Trim Castle
(046) 943 8619. Mitte März–Okt: tägl. 10–18 Uhr; Nov–Mitte März: Sa, So 9–17 Uhr. 1. Jan, Wochenende vor Weihnachten. obligatorisch. **heritageireland.ie**

⓰ Mullingar

Straßenkarte C3. **Karte** G7. Co Westmeath. 25 000. Market Square, (044) 934 8650. **mullingar.ie**

Das Landstädtchen in Westmeath ist ein blühender, jedoch wenig beachteter Marktflecken am Royal Canal, der mit seinen 46 Schleusen Dublin mit dem Shannon verbin-

Luftaufnahme der eisenzeitlichen Festungen am Hill of Tara

Hotels und Restaurants in den Midlands *siehe Seiten 302 und 321–323*

MEATH UND WESTMEATH | 253

det. Die Kosten für den Bau des Kanals ruinierten alle beteiligten Geldgeber, auch war die Wasserstraße nie profitabel. Mullingar, das vor allem als Ausgangspunkt für Fahrten in die Umgebung dient, hat schöne Pubs.

Umgebung: Die Sanierung des Teilstücks Dublin–Mullingar des Royal Canal hat auch zu einer Verbesserung der Wanderwege und der Angelmöglichkeiten geführt.

An der Straße von Mullingar nach Kilbeggan befindet sich **Belvedere House**, eine romantische palladianische Villa mit Blick über den Lough Ennel. Das Haus mit Rokoko-Stuckaturen wurde 1740 von Richard Cassels erbaut und liegt in einem schönen Gelände.

Kurz nach Fertigstellung beschuldigte der 1. Earl of Belvedere seine Ehefrau, ein Verhältnis mit seinem Bruder zu haben, und sperrte sie für die nächsten 31 Jahre in ein Nachbarhaus ein. 1760 ließ der Earl die *Jealous Wall* errichten, um die Sicht auf das Haus seines Bruders zu verstellen, das prachtvoller war als seines. Die Mauer und eine Aussichtsplattform sind noch erhalten. Es gibt zudem einen Garten.

Belvedere House
6,5 km südl. von Mullingar.
(044) 934 9060. März, Apr, Sep, Okt: tägl. 9.30–19 Uhr (Villa), 9.30–17 Uhr (Garten); Mai–Aug: tägl. 9.30–17 Uhr (Villa), 9.30–20 Uhr (Garten); Nov–Feb: tägl. 9.30–16.30 Uhr (Garten), 9.30–16 Uhr (Villa).
belvedere-house.ie

Die Jealous Wall bei Belvedere House nahe Mullingar

Athlone Castle im Schatten der Türme von St Peter and St Paul

⓱ Kilbeggan

Straßenkarte C4. Karte F8. Co Westmeath. 1000.

Das Städtchen liegt zwischen Mullingar und Tullamore und verfügt über einen kleinen Hafen am Grand Canal. Hauptattraktion ist die **Kilbeggan Distillery Experience** (1757). Sie soll die älteste lizenzierte Whiskey-Brennerei der Welt sein, die heute noch produziert.

Da sie mit den schottischen Whisky-Herstellern nicht mehr konkurrieren konnte, musste sie 1954 schließen – doch der Duft des Whiskeys hing noch jahrelang in den Räumen des Hauses und wurde als »the angel's share« (»Anteil der Engel«) bezeichnet. 1987 wurde die Brennerei als Museum wiedereröffnet. Gebäude und Ausstattung sind original erhalten – mit Wasserrad und Dampfmaschinen. Bei der Führung werden die einzelnen Schritte der Destillation irischen Whiskeys erläutert. Besucher können Whiskeys in der Bar probieren.

Im Jahr 2007 startete hier wieder die Produktion. 2014 kamen die ersten Flaschen des neuen Whiskeys in den Handel.

Whiskeyflaschen in Kilbeggan Distillery Experience

Kilbeggan Distillery Experience
Lower Main St. (057) 933 2134.
Apr–Okt: tägl. 9–18 Uhr; Nov–März: tägl. 10–16 Uhr.
kilbeggandistillery.com

⓲ Athlone

Straßenkarte C3. Karte F7. Co Westmeath. 16 000. Market Square, (090) 649 4630. Sa.

Dank seiner Lage an einer Furt im Shannon erlangte Athlone große Bedeutung. **Athlone Castle** (13. Jh.) im Schatten der Kirche St Peter and St Paul (19. Jh.) wurde in den Jakobinischen Kriegen *(siehe S. 42f)* stark beschädigt. Es gibt mehrere nette Pubs. Vom Hafen fahren Schiffe nach Clonmacnoise *(siehe S. 254f)* und zum Lough Ree.

Athlone Castle Besucherzentrum (090) 644 2130. Di–Sa 11–17 Uhr, So 12–17 Uhr (Aug: tägl.). teilweise. athlonecastle.ie

Umgebung: Der **Lough Ree Trail** beginnt bei Glasson, acht Kilometer nordöstlich von Athlone. Er bietet tolle Ausblicke, unberührte Landschaften und eine schöne Radstrecke.

Clonmacnoise

Das am Shannon gelegene Kloster wurde 548 vom hl. Ciarán gegründet. Es lag an einer Straßenkreuzung, die es mit ganz Irland verband. Berühmt für Gelehrsamkeit und Frömmigkeit, erlebte es vom 7. bis zum 12. Jahrhundert seine Blütezeit. Viele der Könige von Tara und Connaught wurden hier beigesetzt. Von Wikingern und Normannen geplündert, fiel es 1552 an die Engländer. Zu sehen sind Kapellen *(temples)*, die Kathedrale, zwei Rundtürme und drei Hochkreuze.

Der letzte Rundgang von Pilgern um Clonmacnoise
Das Bild (1838) von G. Petrie zeigt Pilger auf dem Pilgerweg (dreimal um die Anlage), der heute noch alljährlich am 9. September (St Ciarán's Day) gegangen wird.

Cross of the Scriptures
Kopie eines Kreuzes aus dem 9. Jahrhundert (heute im Museum). Es ist mit biblischen Szenen dekoriert, die jedoch kaum identifizierbar sind.

Außerdem

① **Pope's Shelter** Hier zelebrierte Johannes Paul II. bei seinem Irland-Besuch 1979 eine Messe.

② **Der Rundturm** *(siehe S. 24)* ist über 19 Meter hoch. Der Eingang liegt über dem Erdgeschossniveau.

Besichtigung von Clonmacnoise

Das Besucherzentrum ist in drei bienenkorbartigen *(siehe S. 25)* Gebäuden eingerichtet. Das Museum zeigt die drei Hochkreuze des Klosters, deren Kopien an den Originalplätzen stehen. Die Kirche der Nonnen, nordöstlich der eigentlichen Anlage, weist ein romanisches Portal und einen Altarraum auf.

Legende
1 South Cross
2 Temple Dowling
3 Temple Hurpan
4 Temple Melaghlin
5 Temple Ciarán
6 Temple Kelly
7 Kathedrale
8 North Cross
9 Cross of the Scriptures
10 Rundturm
11 Temple Connor
12 Temple Finghin

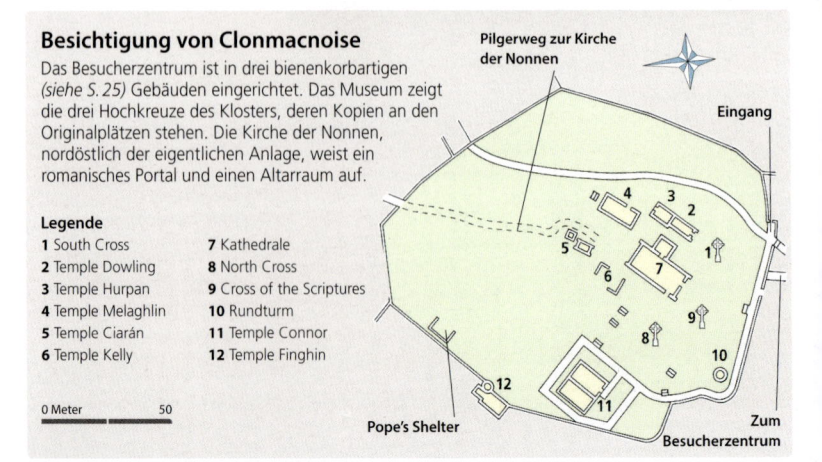

OFFALY: CLONMACNOISE | **255**

Infobox

Information
Straßenkarte C4. **Karte** F8. 7 km nördlich von Shannonbridge, Co Offaly. (090) 967 4195. tägl.; Gruppen nach Anmeldung. 25., 26. Dez. Sommer. **heritageireland.ie**

Anfahrt
bis Athlone, dann Minibus. (090) 647 4839/(087) 240 7706. von Athlone.

Whispering Door
Das Nordportal der Kathedrale zeigt Darstellungen der Heiligen Francis, Patrick und Dominik aus dem 15. Jahrhundert. Die Akustik lässt selbst ein Flüstern in der Kirche hören.

Tullamore Dew Heritage Centre

⓴ Tullamore Dew Heritage Centre

Straßenkarte C4. **Karte** F8. Bury Quay, Tullamore, Co Offaly. Zufahrt von der N6 (Dublin–Galway) oder der N7 (Dublin–Cork). (057) 932 5015. Mo–Sa 9.30–18 Uhr, So, Feiertage 11.30–17 Uhr. Karfreitag, 24. Dez–1. Jan. **tullamoredew.com**

Die Stadt Tullamore und ihr berühmtester Exportartikel, der Tullamore Dew Whiskey, sind untrennbar miteinander verbunden. Deshalb ist es sinnvoll, dass im Tullamore Dew Heritage Centre nicht nur die Geschichte der Marke Tullamore Dew beleuchtet wird, sondern auch die der Stadt.

Das Zentrum befindet sich in der alten Brennerei von 1897. Besucher können zwischen den nachgebauten Arbeitsbereichen umherwandern, etwa der Mälzerei, der Abfüllung und der Böttcherei, oder das Lagerhaus aufsuchen, in dem die mit Whiskey gefüllten alten Eichenfässer zum Reifen gelagert wurden.

Die Geschichte der Stadt begann vor etwa 9000 Jahren mit der Entstehung des Sumpfs. Im Zentrum wird erklärt, was Hochmoore ausmacht und welche unterschiedliche Arten von Torf es gibt. Besucher können sich auch an Pfähle binden lassen – früher eine übliche Bestrafung –, Whiskey per Hand abfüllen und Kunsthandwerk begutachten.

Die Tour endet in der Bar bei einem Whiskey, den man auch im Andenkenladen vor Ort kaufen kann.

Kapellen *(temples)*: **Dowling, Hurpan und Melaghlin**
Hurpan wurde im 17. Jahrhundert in Ergänzung zur romanischen Kapelle Dowling als Begräbnisstätte errichtet. Melaghlin (13. Jh.) weist schöne Rundbogenfenster auf.

Hochmoore der Midlands

Torf- oder Moorland bedeckt etwa 15 Prozent der Fläche Irlands – im Westen überwiegend als Niedermoor, während das kuppelförmige Hochmoor vor allem für die Midlands charakteristisch ist (insbesondere im Bog of Allen). Obwohl das irische Moorland eines der ausgedehntesten in ganz Europa ist, hat die Nutzung von Torf als Brenn- und Düngemittel den Flächenbestand stark reduziert. Dies hat nicht nur das Aussehen der irischen Landschaft verändert, sondern gefährdet auch den Lebensraum für seltene Pflanzen und Tiere.

Unberührtes Moorland Bog of Allen

Torfstecher leisten in Teilen Irlands noch Handarbeit. Nach dem Stechen wird der Torf getrocknet und ist dann ein gutes Düngemittel, reich an Nährstoffen, die sich in Jahrtausenden gebildet haben.

8000 v. Chr.: Seichte Schmelzwasserseen, die sich nach der Eiszeit bilden, füllen sich langsam mit Schlamm. Riedgras, Schilf und andere Sumpfpflanzen beginnen, sich auszubreiten.

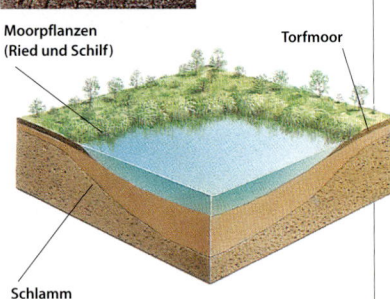

Labels: Moorpflanzen; Birken und Weidengestrüpp; Moräne (eiszeitliche Ablagerung)

6000 v. Chr.: Wenn die Vegetation abstirbt, sinkt sie auf den Grund des Sees und bildet hier eine Torfschicht. Diese wächst zunächst nach oben und breitet sich dann seitlich aus.

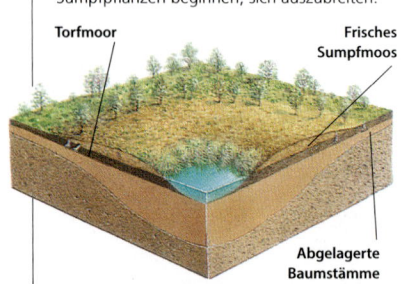

Labels: Moorpflanzen (Ried und Schilf); Torfmoor; Schlamm

3000 v. Chr.: Die Seen verlanden. Die Pflanzenwelt im entstehenden Moor ist auf Regenwasser angewiesen, das jedoch sauer ist. In dieser Atmosphäre können die alten Moorpflanzen nicht überleben und sterben zugunsten von Sumpfmoosen aus. Beim Absterben bilden diese Moose eine Torfschicht auf der Mooroberfläche, die so über Jahrhunderte ihre charakteristische Kuppelform erhält.

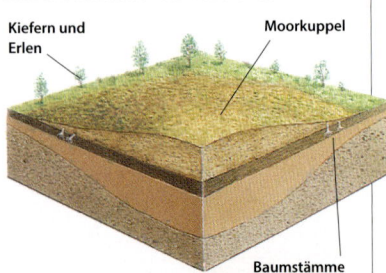

Labels: Torfmoor; Frisches Sumpfmoos; Abgelagerte Baumstämme

Heute: Einige neue Moore entstehen heute noch. Die alten Moore geben einen Einblick in die Geschichte ihrer Landschaft. Alte Bäume dokumentieren die konservierende Wirkung des Moors.

Labels: Kiefern und Erlen; Moorkuppel; Baumstämme

Sumpfmoos

❷❶ Birr

Straßenkarte C4. **Karte** F8. Co Offaly. 4100. Mai–Sep: Rosse Row, (057) 912 0110.

Birr entwickelte sich im Schatten einer Burg, in der die Earls of Rosse vier Jahrhunderte lang residierten. Der Ort ist berühmt für sein geschlossenes Stadtbild im georgianischen Stil und für seine Häuser mit typischen Oberlichtern, Kassettentüren und schmiedeeisernen Geländern. Die elegantesten Straßen sind die Oxmantown Mall (angelegt vom 2. Earl of Rosse) und die John's Mall. Emmet Square wurde mittlerweile kommerzieller, doch die alte Poststation Dooley's Hotel ist gut erhalten – ebenso die Forster's Bar in der nahen Connaught Street.

Birr Castle Demesne

Rosse Row. (057) 912 0336. **Gärten** Mitte März–Okt: tägl. 9–18 Uhr; Nov–Mitte März: tägl. 10–16 Uhr. **w** birrcastle.com

Birr Castle wurde 1620 von den Parsons, den späteren Earls of Rosse, gegründet und ist noch heute Sitz der Familie. Die Parsons hatten großes Interesse an der Astronomie. Das Teleskop, das der 3. Earl of Rosse 1845 bauen ließ, war zu damaliger Zeit das größte der Welt. Das 17 Meter lange restaurierte, »Leviathan« genannte Fernrohr ist auf dem Burggelände zu sehen.

Die Burg ist nicht zugänglich, die Gartenanlage aus dem 18. Jahrhundert darf man besichtigen. Sie ist berühmt für die neun Meter hohe, 200 Jahre alte Buchsbaumhecke sowie die exotischen Bäume und Sträucher, die von Expeditionen stammen, die der 6. Earl of Rosse finanzierte. Schön sind auch die Magnolien und Ahornbäume sowie eine Hängebrücke.

❷❷ Slieve Bloom Mountains

Straßenkarte D4. **Karte** F8–9. Co Offaly und Co Laois. bis Mountmellick. Mai–Sep: Rosse Row, Birr, (057) 912 0110.

Die niedrige Hügelkette erhebt sich aus dem Moorland von Offaly und Laois und bietet in der sonst recht flachen Landschaft der Midlands Abwechslung. Der 30 Kilometer lange Rundweg **Slieve Bloom Way** führt durch unberührte Natur mit bewaldeten Schluchten und Bergbächen. Zudem gibt es Wanderwege, die man sehr gut von **Cadamstown** mit der alten Mühle oder von **Kinnitty** aus erreicht – beide liegen im Norden zu Füßen der Hügel.

Nische in der vorderen Halle von Emo Court mit Trompe-l'Œil-Decke

❷❸ Emo Court

Straßenkarte D4. **Karte** G8. 13 km nordöstl. von Portlaoise, Co Laois. (057) 862 6573. nach Monasterevin oder Portlaoise. **Haus** Ostern–Sep: tägl. 10–18 Uhr (letzter Einlass 17 Uhr). **Gärten** tägl. teilweise.

Der Earl of Portarlington ließ Emo Court 1790 errichten. Es ist der einzige Wohnhausentwurf aus dem Büro des Architekten James Gandon, der das Dubliner Custom House *(siehe S. 92)* baute. Das monumentale, neoklassizistische Haus hat einen Portikus mit ionischen Säulen, eine vergoldete Rotunde und Stuckdecken im Esszimmer und in der Bibliothek.

Der derzeitige Besitzer von Emo Court hat das Haus restauriert und widmet sich nun dem Anwesen mit seinen Statuen und einem schönen See.

❷❹ Rock of Dunamase

Straßenkarte D4. **Karte** G9. 5 km östl. von Portlaoise, Co Laois. nach Portlaoise.

Der Rock of Dunamase, der sich imposant über die Ebenen östlich von Portlaoise erhebt, war lange Zeit gesperrte Militärzone. Das einstige Ringfort aus der Eisenzeit wurde im 13. Jahrhundert zur Burg – diese wurde von den Truppen Cromwells 1651 fast vollständig zerstört. Zu sehen sind noch Mauern und Gräben, zwei Tore und der befestigte Burghof.

Blick von der Küste auf den Rock of Dunamase

Hotels und Restaurants in den Midlands *siehe Seiten 302 und 321–323*

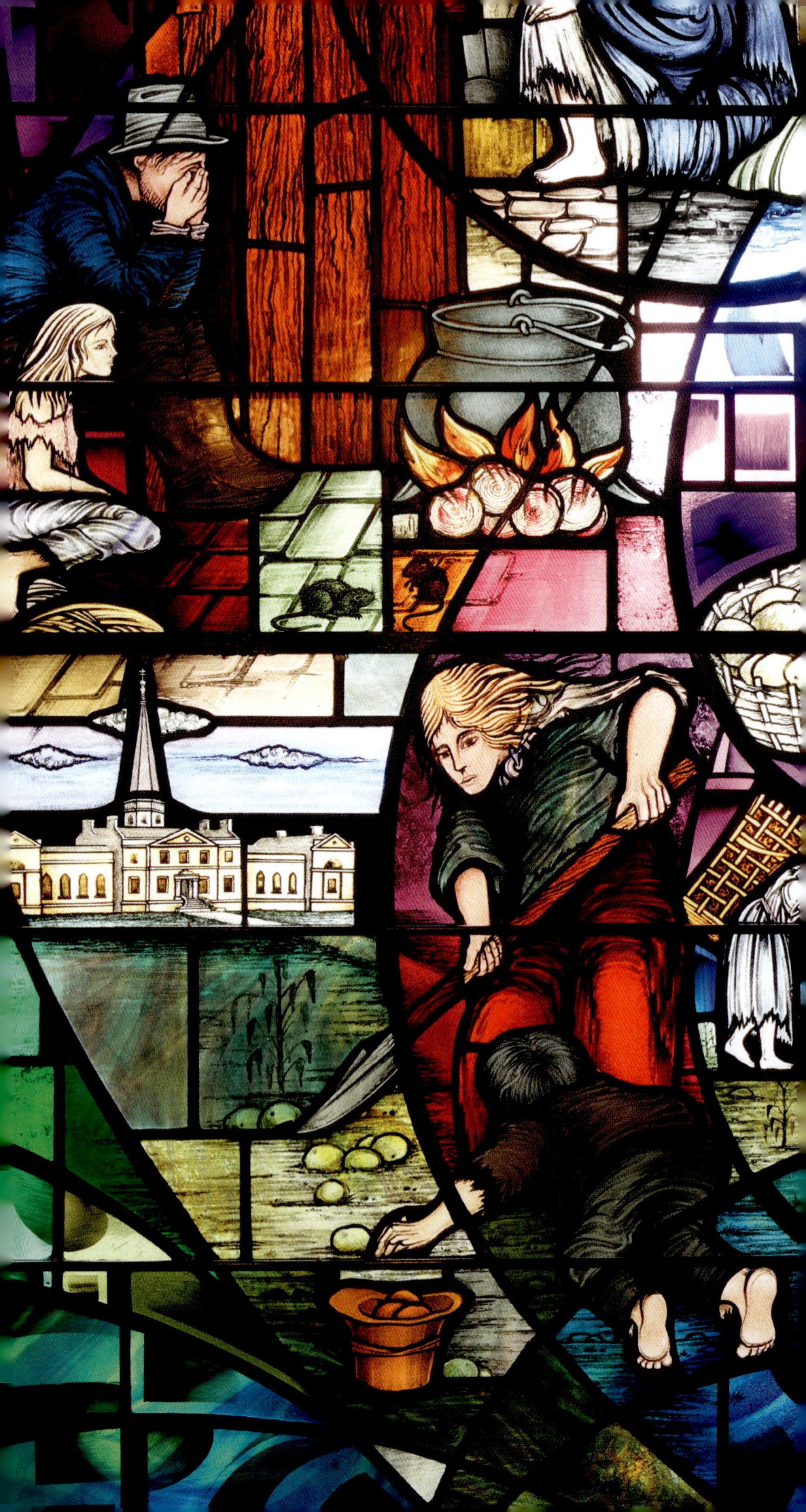

Nordirland

*Londonderry · Antrim · Tyrone · Fermanagh
Armagh · Down*

Nordirland ist ein Landesteil des Vereinigten Königreichs Großbritannien. Es besteht aus dem größten Teil der historischen irischen Provinz Ulster. Im Vergleich zur Republik Irland kamen früher nur wenige Besucher hierher. Seit den Friedensbestrebungen und der Entschärfung des Nordirlandkonflikts erhält der Norden jedoch zunehmend Aufmerksamkeit.

Die Provinz Nordirland wurde im Jahr 1921, nach der Teilung der Insel, gegründet. Ihre sechs Countys (plus Donegal, Monaghan und Cavan) gehörten einst zu Ulster, einem der vier alten Königreiche Irlands. Hier hat sich wahrscheinlich auch zuerst das Christentum in Irland etabliert. Im Jahr 432 landete der hl. Patrick in Saul im County Down und gründete später, vermutlich 444, eine Kirche in Armagh, das auch heute noch das geistliche Zentrum Irlands ist.

In dieser Zeit lag die politische Macht in den Händen der Familie Uí Néill, deren Nachfahren, die O'Neills, im späten 16. Jahrhundert England hartnäckig Widerstand leisteten. Hugh O'Neill, Earl of Tyrone, wurde jedoch 1607 von der Armee Elizabeths I geschlagen und floh mit anderen irischen Landesherren von Ulster aufs europäische Festland, ein Ereignis, das als »Flight of the Earls« in die Geschichte einging. Später wurden hier englische und schottische Protestanten angesiedelt *(siehe S. 43)*. Viele der sogenannten Plantation Towns wie Londonderry – angelegt um einen zentralen Platz, den »diamond« – haben ihre Gestalt aus dem 17. Jahrhundert bewahrt. Die Ankunft der neuen Siedler marginalisierte die katholische Bevölkerung Irlands und legte den Samen für einen über 400 Jahre dauernden Konflikt.

Im 18. Jahrhundert ließ der anglo-irische Adel stattliche Häuser bauen, z. B. Mount Stewart House auf Ards Peninsula oder Castle Coole bei Enniskillen. Auch Ulster hatte im 19. Jahrhundert eine Blütezeit, dank Werft-, Leinen- und Seilindustrie.

Das im Jahr 1603 gegründete Belfast ist stark industrialisiert und dicht besiedelt, doch der Rest von Nordirland ist immer noch weitgehend agrarisch geprägt. Sehr schöne Landschaften bieten die Küste rund um Giant's Causeway, die Mountains of Mourne im County Down und die Seenlandschaft Fermanagh im Südwesten.

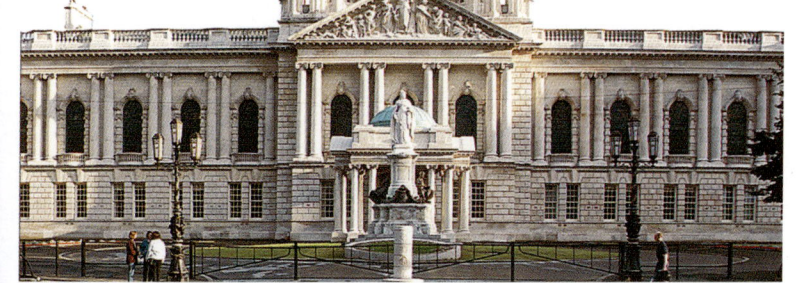

Belfast City Hall (1906), Symbol städtischen Bürgerstolzes

◀ Buntglasfenster mit Darstellung der Großen Hungersnot in der Belfast City Hall *(siehe S. 280)*

Überblick: Nordirland

Ausgangspunkt für eine Fahrt durch die Provinz ist Belfast, die Hauptstadt mit ihren viktorianischen Häusern, Pubs und dem Ulster Folk and Transport Museum. Doch die größten Attraktionen Nordirlands liegen an der Küste. Dazu gehören die Vulkanlandschaft von Giant's Causeway, Carrickfergus, Irlands am besten erhaltene normannische Burg, viktorianische Städtchen wie Portstewart, kleine Fischerdörfer und unberührte Sandstrände wie Benone Strand. Wanderer zieht es in die Mountains of Mourne, Angler und Wassersportler in die Seenlandschaft Fermanagh zum Lower Lough Erne.

Hafen und Küstenpromenade in Portstewart

Legende
- Autobahn
- Autobahn (im Bau)
- Schnellstraße
- Hauptstraße
- Nebenstraße
- Panoramastraße
- Eisenbahn (Hauptstrecke)
- Eisenbahn (Nebenstrecke)
- Staatsgrenze
- County-Grenze
- △ Gipfel

Weitere Zeichenerklärungen siehe hintere Umschlagklappe

In Nordirland unterwegs

Belfast ist das Zentrum Nordirlands. Von hier erstreckt sich das Bahnnetz nordwestlich nach Londonderry und südlich nach Dublin. Die meisten Orte der Provinz sind mit Bussen erreichbar, die oft verkehren und pünktlich sind. Wenn Sie die ausgetretenen Pfade für historische und landschaftliche Sehenswürdigkeiten verlassen oder die Küste aufsuchen wollen, brauchen Sie allerdings ein Auto.

Sehenswürdigkeiten auf einen Blick

1. *Londonderry S. 262f*
2. Benone Strand
3. Mussenden Temple
4. Portstewart
5. Causeway Coast
6. *Giant's Causeway S. 266f*
7. Old Bushmills Distillery
8. Rathlin Island
9. Ballycastle
10. Cushendall
11. Glenariff Forest Park
12. Cookstown
13. Beaghmore Stone Circles
14. The Wilson Ancestral Home
15. Ulster-American Folk Park
16. Belleek Pottery
18. Devenish Island
19. Enniskillen
20. Marble Arch Caves Global Geopark
21. Florence Court
22. Dungannon
23. Armagh
24. Lough Neagh
25. Larne
26. Carrickfergus
27. *Belfast S. 280–283*
28. Ulster Folk and Transport Museum
29. Ards Peninsula
30. *Mount Stewart House S. 286f*
31. Hillsborough
32. Downpatrick
33. Lecale Peninsula
34. Castlewellan Forest Park
35. Mountains of Mourne

Touren

17. Lower Lough Erne
36. Mourne Coast

Steinwälle an den Ausläufern der Mountains of Mourne

❶ Londonderry

Der hl. Columba gründete am Fluss Foyle 546 ein Kloster. Er nannte den Ort Doire (»Eichengrab«), was später zu Derry anglisiert wurde. 1613 war die Stadt eines der Zentren der »Plantation« *(siehe S. 259)*, hier vor allem von der Londoner Handelszunft betrieben. Deshalb erhielt sie den Beinamen London – doch oft wird sie nur Derry genannt. Derry litt während des Nordirlandkonflikts, dennoch versuchte man mit zahlreichen Projekten, das kulturelle Erbe zu bewahren.

★ **Tower Museum**
Die Dokumentationen zur lokalen Geschichte bieten auch Landkarten aus der Zeit Elizabeths I.

Shipquay Gate

Craft Village

First Presbyterian Church

Butcher's Gate

The Diamond
Das Kriegerdenkmal (1927) auf dem Diamond war eigentlich für Sheffield in England bestimmt.

Court House

Theater

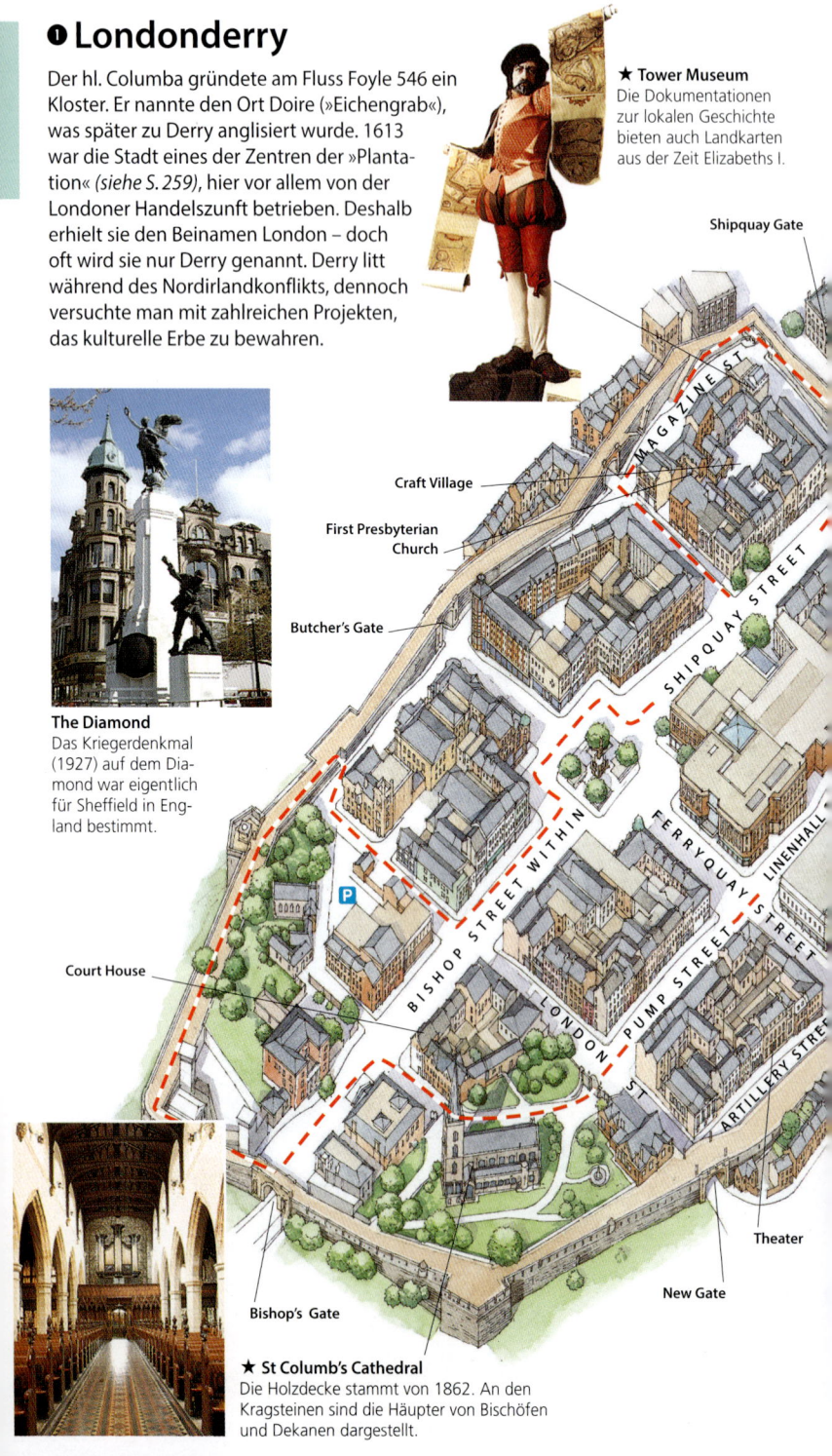

New Gate

Bishop's Gate

★ **St Columb's Cathedral**
Die Holzdecke stammt von 1862. An den Kragsteinen sind die Häupter von Bischöfen und Dekanen dargestellt.

Zeichenerklärung *siehe hintere Umschlagklappe*

Infobox

Information
Straßenkarte C1. **Karte** G3.
Co Londonderry. 107 000.
44 Foyle St, (028) 7126
7284. Hallowe'en Festival
(Okt). Sa. visitderry.com

Anfahrt
11 km östlich. Waterside,
Duke St, (028) 7134 2228.
Foyle St, (028) 7126 2261.

★ **Guildhall**
Das Bleiglasfenster
zeigt den hl. Columba, andere stellen
Szenen der Belagerung Derrys dar,
etwa die Lehrlinge,
die 1688 die Tore
der Stadt schlossen.

Ferryquay Gate

Craigavon Bridge,
Fluss Foyle

0 Meter 100
0 Yards 100

Legende
— Routenempfehlung

St Columb's Cathedral
London St. (028) 7126 7313.
Mo–Sa. auf Anfrage.
stcolumbscathedral.org

St Columb's war die erste katholische Kirche, die auf den Britischen Inseln nach der Reformation errichtet wurde. Sie wurde 1628–33 im »Planters Gothic«-Stil gebaut und im 19. Jahrhundert im Inneren stark verändert. Im Kapitelsaal sind Dokumente aus der Zeit der Belagerung Derrys 1689 *(siehe S. 42f)* zu sehen sowie in der Vorhalle eine Kanonenkugel, die James II mit der Aufforderung zur Kapitulation in die Stadt feuerte. Die Protestanten antworteten mit »No surrender« (»Keine Kapitulation«).

Tower Museum
Union Hall Place. (028) 7137 2411. Apr–Okt: Mo–Sa 10–18, So 10–16 Uhr; Nov–März: Di–Sa 10–17 Uhr.

Im O'Doherty Tower (16. Jh.) dokumentiert das Museum die Stadtgeschichte von der Gründung bis zum Nordirlandkonflikt. Das Obergeschoss ist der Spanischen Armada gewidmet und zeigt Fundstücke aus dem Wrack des 1588 gesunkenen Schiffes *Trinidad Valencera*.

City Walls of Derry
Zugang von der Magazine Street.
Die Stadtbefestigung von Derry ist als einzige in Irland noch komplett. Sie gehört zu den am besten erhaltenen in Europa. Die Mauern sind bis zu acht Meter hoch und zum Teil neun Meter breit. 1618 wurde die Befestigung zur Verteidigung der Handelsstadt gegen die gälischen Herren von Donegal fertiggestellt – und sie wurde nie eingenommen, auch nicht bei der Belagerung von 1689, als 7000 der 20 000 Einwohner durch Krankheit oder Hunger umkamen. Seit Abschluss der Restaurierungsarbeiten ist es möglich, die Stadt auf diesen Anlagen zu umrunden. Außerhalb der Mauern, vor Butcher's Gate, beginnt Bogside, ein katholisches Viertel, in dem Wandbilder Ereignisse der jüngeren nordirischen Geschichte zeigen.

The Guildhall
Guildhall St. (028) 7136 5151.
tägl. 10–17.30 Uhr.

Die Guildhall, zwischen Stadtbefestigung und dem Fluss Foyle gelegen, wurde 1890 im neogotischen Stil errichtet. Ein Brand (1908) und eine Bombe (1972) machten Renovierungen notwendig. Bleiglasfenster erzählen die Geschichte Derrys. In der Nähe liegt Derry Quay, von wo aus irische Emigranten im 18. und 19. Jahrhundert nach Amerika aufbrachen.

Umgebung: Den Fluss Foyle kann man seit 2011 zu Fuß oder per Fahrrad auf der Peace Bridge überqueren. Die Brücke verbindet die Stadtmauern von Derry mit dem Ebrington Centre. Dieses Zentrum für Kunst und Kultur bietet u. a. ein Kino sowie einen Aufführungsort unter freiem Himmel für bis zu 14 000 Zuschauer.

Die 2011 errichtete Peace Bridge überspannt den Foyle

Hotels und Restaurants in Nordirland *siehe Seiten 302f und 323–325*

Blick auf die felsige Küste bei Portstewart

❷ Benone Strand

Straßenkarte D1. **Karte** GH2–3.
Co Londonderry. ℹ️ Benone Tourist
Complex, 53 Benone Ave, Limavady,
(028) 7775 0555. ⭘ Ostern–Sep:
tägl.

Der goldfarbene Sand des
Magilligan Beach erstreckt sich
über zehn Kilometer an der
Küste von Londonderry. Er ist
wegen seiner Sauberkeit mit
dem blauen EU-Symbol ausgezeichnet.

Am westlichen Ende liegt
Magilligan Point, an dem ein
Martello-Turm aus der Zeit der
Napoleonischen Kriege die flaschenhalsförmige Einfahrt zum
Lough Foyle überwacht. Die
Gegend hier ist bekannt für
ihre seltenen Muscheln und
für Vogelarten. Der Weg dorthin führt an einem Truppenübungsplatz vorbei. Der Blick
vom Strand in Richtung Donegal ist großartig.

❸ Mussenden Temple

Straßenkarte D1. **Karte** H3. Co
Londonderry. 📞 (028) 708 48728.
Gelände ⭘ tägl. Sonnenaufgang
bis -untergang. **Tempel** ⭘ März–
Okt: tägl. 10–17 Uhr. 🅿️ ♿ teilweise. 🌐 nationaltrust.org.uk

Eine skurrile Attraktion der
Küste von Londonderry ist der
Mussenden Temple, ein runder
Kuppelbau, der auf einer Landzunge nahe Castlerock steht.
Der Tempel wurde 1785 vom
protestantischen Bischof Frederick Augustus Hervey nach
Plänen des Vesta-Tempels nahe
Rom errichtet – als Gedenkstätte für seine Cousine
Mrs Frideswide Mussenden.

Die mit Sandstein verkleideten Mauern sind, jeweils in unterschiedlicher Himmelsrichtung, von drei Fenstern und
einer Tür durchbrochen. Ursprünglich sollte der Tempel
eine Bibliothek aufnehmen
(oder, wie manche behaupten,
die Geliebte des Bischofs).
Heute steht er unter Obhut
des National Trust.

Der Bischof erlaubte dem
örtlichen katholischen Priester,
im Erdgeschoss Messen zu
lesen. Heute findet man hier
einige Objekte aus der einstigen bischöflichen Residenz,
dem nahen Downhill Castle,
das einem Brand zum Opfer
fiel.

In der Umgebung liegen einige schöne Wanderwege mit
Ausblick auf die Küsten von
Londonderry und Antrim. Unterhalb des Tempels liegt
Downhill Strand, wo einst
vom Bischof finanzierte
Pferderennen
unter Beteiligung des
Klerus
stattfanden.

❹ Portstewart

Straßenkarte D1. **Karte** H2.
Co Londonderry. 👥 8000.
🚆 nach Coleraine oder Portrush.
🚌 ℹ️ Coleraine, (028) 7034 4723.
🌐 northcoastni.com

Portstewart war ein beliebter
Ferienort der viktorianischen
Mittelschicht – und dieses
Flair ist noch heute überall
im Ort gegenwärtig. Die
Küstenpromenade wird von
Felsvorsprüngen geschützt.
Westlich der Stadt führen eine
Straße und ein Klippenweg
zum Sandstrand **Portstewart Strand**.

Ostwärts, am Ramore Head,
liegt der Ferienort **Portrush**.
Der östliche landeinwärts gehende Strand wird von Dünen
gesäumt und verläuft parallel
zum **Royal Portrush Golf Club**.
Am Strand entlang geht es
zu den von Wind und Wasser
bizarr geformten Kalksteinklippen der White Rocks.

Südlich von Portstewart
befindet sich **Coleraine**. Die
North West 200 *(siehe S. 32)*
zwischen Portstewart, Coleraine und Portrush wird jeden
Mai mit 100 000 Zuschauern
zur schnellsten Motorradrennstrecke der Welt.

Mussenden Temple an der Küste von Londonderry

❺ Causeway Coast

Straßenkarte D1. **Karte** H2. Co Antrim. 🛈 Giant's Causeway, (028) 2073 1855. **Carrick-a-Rede Rope Bridge** 📞 (028) 2076 9839. ⏰ Zeiten der Website entnehmen. ⬤ 25., 26. Dez. 🅿️ 💻 ♿ teilweise.
🌐 visitcausewaycoastandglens.com

Der **Giant's Causeway** *(siehe S. 266f)* stellt alle anderen Attraktionen in diesem Abschnitt der Nordküste von Antrim in den Schatten. Sie sollten dennoch die Besichtigung mit einer Fahrt zu den Sandbuchten, Felsklippen und Ruinen der Gegend verbinden.

Erreicht man den Causeway von Westen, so kommt man an den Ruinen von **Dunluce Castle** vorbei, die auf einer hohen Klippe liegen. Einst blies ein Sturm die Küche der Burg ins Meer. Die im 13. Jahrhundert erbaute Burg war Hauptsitz der MacDonnells, Herren von Antrim. Obwohl ohne Dach, sind Teile der Burg noch gut erhalten.

Dunseverick Castle erreicht man über die Straße oder einen Weg vom Causeway aus. Von der Burg ist nur noch eine

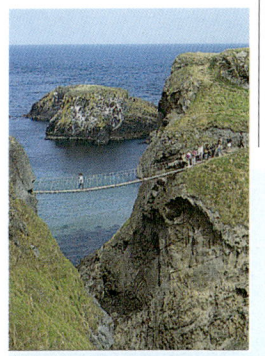

Ruinen von Dunluce Castle aus dem 13. Jahrhundert

Steinmauer zu sehen. Einst war sie Zentrum des Königreichs von Dalriada und durch eine Straße mit Tara *(siehe S. 252)* verbunden. Die Burg war Ausgangspunkt irischer Überfälle auf Schottland (5. Jh.).

Hinter der **White Park Bay** führt eine enge, kurvenreiche Straße hinunter zum malerischen Hafen von **Ballintoy**.

Auf **Sheep Island**, einer Felsinsel vor der Küste, wohnt eine Kormorankolonie. Im Sommer kann man mit dem Boot um die Insel fahren.

Unmittelbar östlich von Ballintoy befindet sich eine der abenteuerlichsten Attraktionen Irlands, die **Carrick-a-Rede Rope Bridge**, die 25 Meter über der See hängt. Die aus Bohlen und Stahlseilen konstruierte Brücke führt über einen etwa 20 Meter tiefen Abgrund zu den Lachsgründen der kleinen Insel Carrick-a-Rede. Obwohl die Brücke gut gesichert ist, ist sie nur etwas für Schwindelfreie. Etwas weiter im Osten befinden sich unmittelbar an der Küste die Ruinen von **Kinban Castle** (16. Jh.). Von hier hat man eine spektakuläre Aussicht.

🏛 **Dunluce Castle**
📞 (028) 2073 1938. ⏰ tägl. 🅿️ ♿ im Sommer, sonst auf Anfrage.
🌐 discovernorthernireland.com

Carrick-a-Rede Rope Bridge

Fischerboote im Hafen von Ballintoy

Küste von North Antrim

Legende
= Nebenstraße
= Hauptstraße

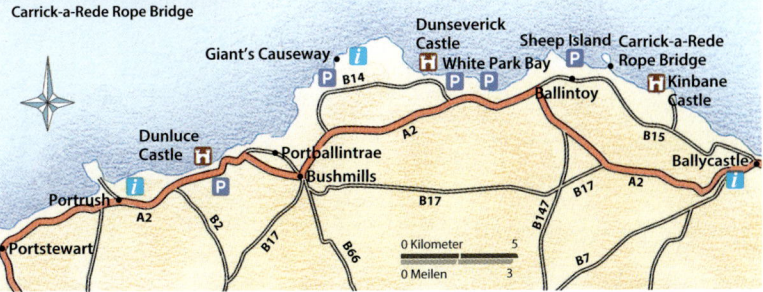

Zeichenerklärung siehe hintere Umschlagklappe

Giant's Causeway

Die Fremdartigkeit dieser Felsformationen mit ihren bizarren Basaltsäulen ließ um Giant's Causeway viele Sagen entstehen. Die populärste berichtet, dass der Riese Finn McCool *(siehe S. 30f)* hier einen Damm über das Meer nach Schottland baute, um gegen einen Rivalen namens Benandonner kämpfen zu können. Unzählige Besucher kommen mit dem Bus hierher. Das Einzigartige, ja Magische des Orts mit seinen grauen Klippen und schreienden Möwen kann allerdings durch nichts gestört werden. Die Wege entlang der Küste ermöglichen es, den großen Besucherströmen zu entgehen.

Aird's Snout
Das Steinmassiv erhebt sich wie eine Felsnase über den 120 Meter hohen Basaltklippen von Giant's Causeway.

Geologische Formation des Causeway

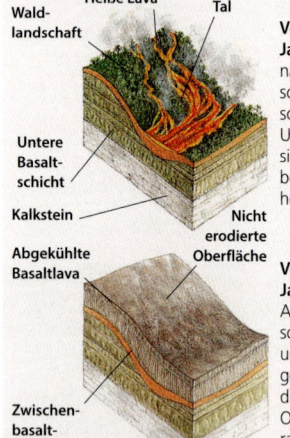

Waldlandschaft — **Heiße Lava** — **Tal**
Untere Basaltschicht
Kalkstein — **Nicht erodierte Oberfläche**

Vor 61 Millionen Jahren drang Lava nach mehreren vulkanischen Eruptionen aus schmalen Spalten im Untergrund, ergoss sich in die Täler und begrub die hier bestehende Vegetation.

Abgekühlte Basaltlava
Zwischenbasalt-Ablagerung

Vor 60 Millionen Jahren kühlte diese Ablagerung ab. Dabei schrumpfte ihre Masse und zerbrach in polygonal geformte Blöcke, die wie Säulen bis zur Oberfläche hinaufragten.

Dampf- und Gaswolken
Neue Lavaströme

Vor 58 Millionen Jahren brachten neue Eruptionen wiederum Lava hervor, die eine etwas andere chemische Zusammensetzung aufwies und, einmal abgekühlt, keine säulenartigen Gebilde schuf.

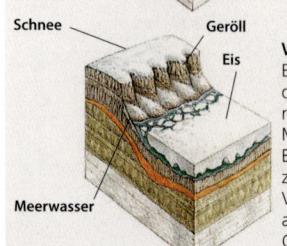

Schnee — **Geröll** — **Eis**
Meerwasser

Vor 15 000 Jahren, am Ende der Eiszeit, als das Land noch gefroren war, zog sich das Meer langsam von den Basaltfelsen zurück, zerklüftete dabei die Vorküste und bildete allmählich den Giant's Causeway.

Außerdem

① **Zwischenbasalt-Ablagerung**
② **Straße**
③ **Little Causeway**
④ **Pflanzliche Ablagerungen** sind im Lavagestein eingeschlossen.
⑤ **Grand Causeway**
⑥ **Untere Basaltschicht**

ANTRIM: GIANT'S CAUSEWAY | 267

Infobox

Information
Straßenkarte D1. **Karte** H2. Co Antrim. **Besucherzentrum** Causeway Head, (028) 2073 1855. ☐ tägl. ● 24.–26. Dez. ♿ teilweise. ☐ nach Vereinbarung. 🅿 📷 **W** national trust.org.uk/giants-causeway **Giant's Causeway Bushmills Railway** ☎ (028) 2073 2844. ☐ tel. erfragen. ♿ 🅿 📷

Anfahrt
🚂 nach Portrush. 🚌 ab Portrush, Bushmills oder Coleraine.

Giant's Causeway und North Antrim Coast
Mehrere Millionen Jahre geologischer Aktivität prägten die verwitterten Klippen am Causeway. Das sich wie ein rotes Band durch den Felsen ziehende Gestein ist eine Ablagerung von Zwischenbasalt, die während einer langen Wärmeperiode entstand. Ein hoher Eisengehalt bedingt die starke Ockerfärbung des Felsens.

Säulenformen
Die meisten Säulen sind sechseckig. Es gibt auch welche mit vier, fünf, acht und zehn Seiten. Ihr Durchmesser beträgt rund 30 Zentimeter.

Middle Causeway
Dieser Abschnitt des Middle Causeway, der sogenannte Honeycomb, erhielt wie viele andere Felsformationen seinen Namen in viktorianischer Zeit.

Giant's Causeway heute
Schätzungsweise erstrecken sich 40 000 Basaltsäulen von den Klippen bis ins Meer hinaus. Jene an der Küste bilden heute Grand, Middle und Little Causeway.

Wishing Chair
Der Sage nach wurde dieser Felsensessel für den Knaben Finn McCool errichtet; hier sollen Wünsche in Erfüllung gehen.

Farbenprächtiger Sonnenuntergang über Giant's Causeway ▶

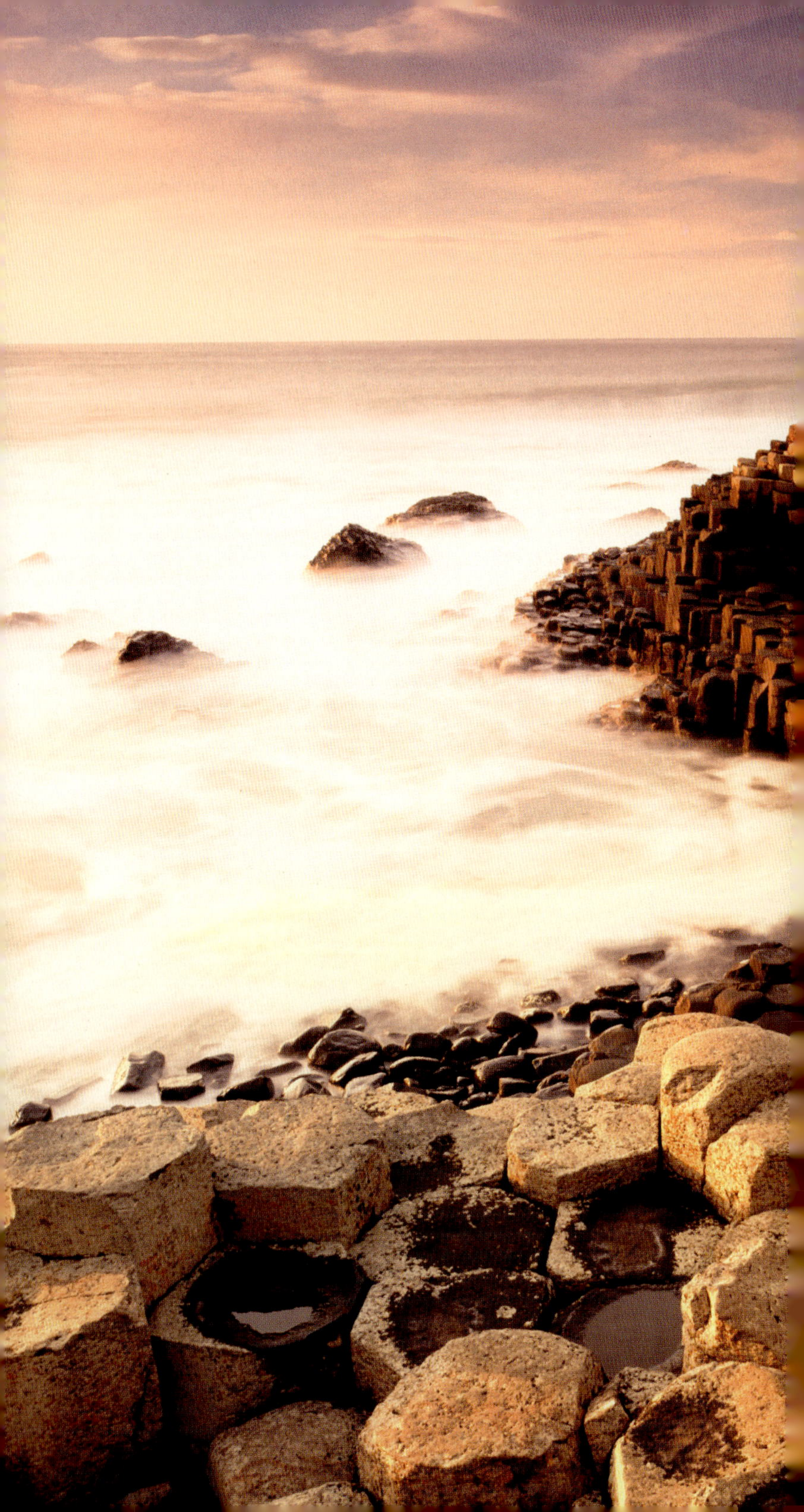

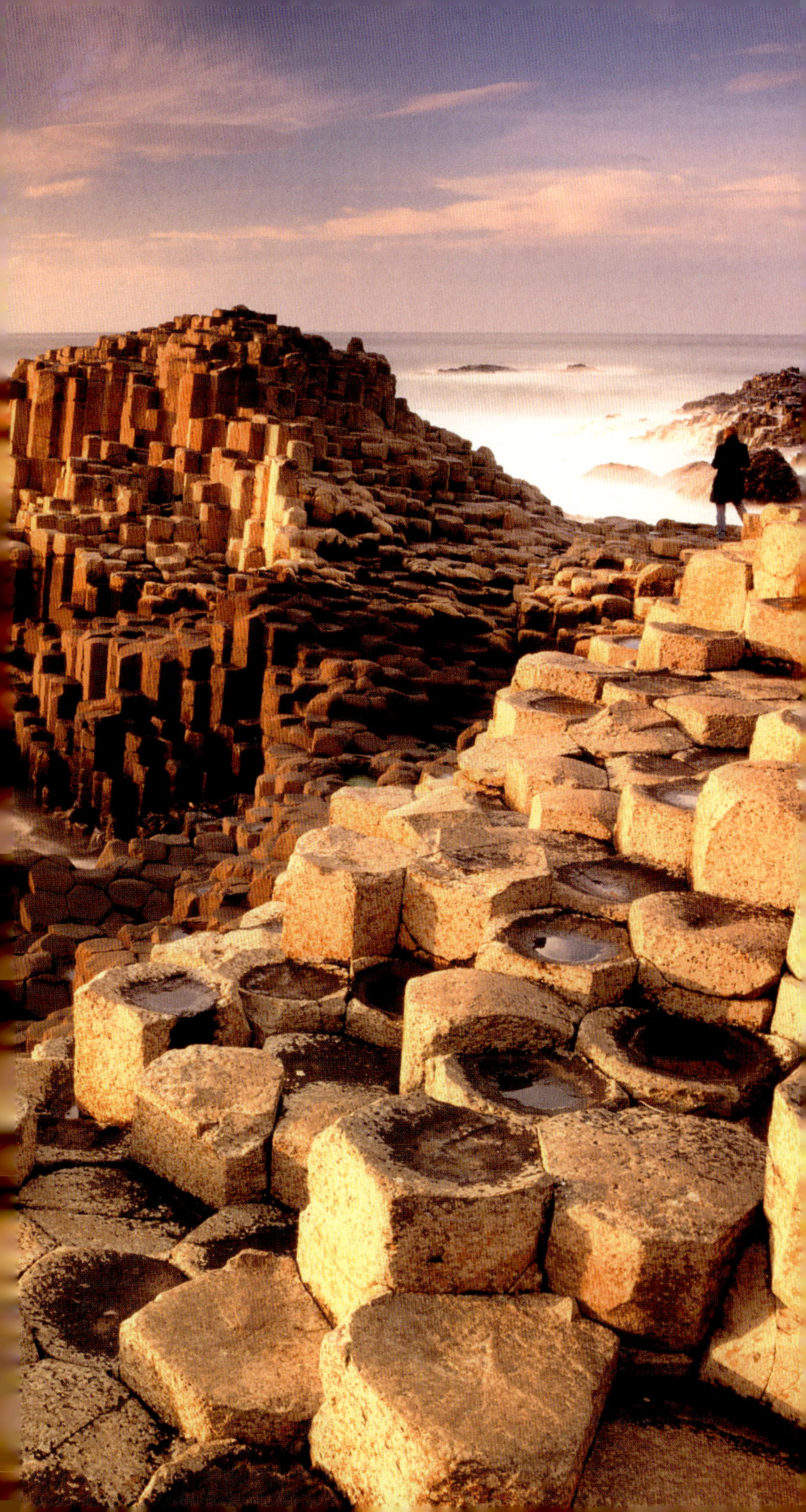

❼ Old Bushmills Distillery

Straßenkarte D1. **Karte** H2. Bushmills, Co Antrim. (028) 2073 3272. von Giant's Causeway und Coleraine. März–Okt: Mo–Sa 9.15–16.45, So 12–16.45 Uhr; Nov–Feb: Mo–Sa 10–16.45, So 12–16.45 Uhr. 2 Wochen an Weihnachten, So vormittags. obligatorisch. teilweise. bushmills.com

Bushmills liegt an einem Fluss, in dem man Lachse und Forellen angeln kann. Die Old-Bushmills-Fabrik am Stadtrand rühmt sich, die älteste Whiskey-Brennerei der Welt zu sein. Sie erhielt 1608 das Brennrecht, obwohl hier bereits 200 Jahre früher Whiskey hergestellt wurde.

Ab 2005 gehörte Bushmills zum Diageo-Konzern, seit 2015 zur Brennereigruppe Casa Cuervo. Doch die Whiskeys von Bushmills behielten ihren einzigartigen Charakter.

Eine Besichtigung der Brennerei endet mit einem Umtrunk in der 1608 Bar in der alten Malzdarre. Dort gibt es auch ein kleines Museum, in dem alte Geräte zur Herstellung von Whiskey zu sehen sind.

Murlough Bay liegt gegenüber der schottischen Küste

Whiskey-Fass in Bushmills Distillery

❽ Rathlin Island

Straßenkarte D1. **Karte** J2. Co Antrim. 90. tägl. ab Ballycastle, (028) 2076 9299. Giant's Causeway, (028) 2073 1855. rathlin-island.co.uk

Rathlin hat die Form eines Bumerangs – elf Kilometer lang, bis 1,6 Kilometer breit – und ist per Boot in 50 Minuten von Ballycastle aus zu erreichen. Auf der Insel leben etwa 90 Personen, vor allem von Fischerei, Landwirtschaft und Fremdenverkehr. Es gibt ein Café, Pubs und ein Gästehaus. Wegen der starken Winde wachsen fast keine Bäume auf der Insel, die in weiten Teilen von hohen, weißen Klippen umgeben ist. Per Kleinbus gelangt man zur Westspitze, dem zerklüfteten **Bull Point**. Hier leben Zehntausende von Seevögeln, darunter Dreizehenmöwen, Papageitaucher und Tordalken. Am anderen Inselende liegt **Bruce's Cave**. Robert Bruce, entmachteter König Schottlands, wurde hier 1306 von der Beharrlichkeit einer Spinne dazu inspiriert, sein Königreich zurückzuerobern.

❾ Ballycastle

Straßenkarte D1. **Karte** J2. Co Antrim. 6000. nach Campbeltown (Schottland). Sheskburn House, 7 Mary St, (028) 2076 2024. Ould Lammas Fair (Ende Aug); Apple Fair (Ende Okt). moyle-council.org

Ballycastle, ein mittelgroßer Ferienort, bietet einen schönen Hafen und zentral gelegene Sandstrände. Nahe dem Ufer befindet sich ein Denkmal für Guglielmo Marconi, dessen Assistent 1898 die erste drahtlos übermittelte Botschaft von hier nach Rathlin Island sandte.

Ballycastles Ould Lammas Fair besteht seit fast 400 Jahren und ist damit der traditionsreichste Viehmarkt Irlands, bei dem es aber auch *honeycomb toffees* und *dulce* (getrocknete Algen) gibt.

In der **Bonamargy Friary** (15. Jh.) am Stadtrand ist das Erbe von Sorley Boy MacDonnell zu sehen, der einst Herr dieses Teils von Antrim war.

Irischer Whiskey

Das Wort Whiskey stammt vom gälischen *uisce beatha*, »Wasser des Lebens«. Das Brennverfahren wurde wahrscheinlich im 10. Jahrhundert von Mönchen aus Asien eingeführt. Bald wurde überall auf der Insel Whiskey gebrannt. Erst die Engländer führten Lizenzen ein und legten viele private Brennereien still. Im 19. Jahrhundert ging die Whiskey-Nachfrage stark zurück, vor allem bedingt durch die Große Hungersnot sowie die Abstinenzler-Bewegung. Schottischer Whisky (ohne »e«) eroberte den Markt. Dank geringerer Produktionskosten und besserem Marketing nahmen die Verkaufszahlen jedoch wieder zu.

Plakat mit der Old Bushmills Distillery am Fluss Bush

Umgebung: Von der A2 zweigt fünf Kilometer östlich eine schmale Straße nach Cushendall ab, die die Küste entlangführt. Erster Haltepunkt ist **Fair Head**. Von hier führt ein (leider schlecht ausgeschilderter) Weg durch Heideland zu 200 Meter hohen, fast senkrecht aus dem Meer ragenden Klippen, die fantastische Ausblicke bieten.

Auf der windgeschützten Seite der Landspitze liegt **Murlough Bay**, die schönste Bucht der Küste und mit dem Auto gut erreichbar. Weiter im Südosten befindet sich Torr Head, eine Halbinsel, die der Schottland am nächsten gelegene geografische Punkt Irlands ist (Entfernung: 21 km).

Der Hafen von Carnlough, einem Ferienort südlich von Cushendall

⑩ Cushendall

Straßenkarte D1. **Karte** J3. Co Antrim. 2400. 25 Mill St, (028) 2177 1180. Juni–Sep: Di–Sa 10–17 Uhr; Okt–Mai: Di–Sa 10–13 Uhr. moyle-council.org

Da drei der neun Glens of Antrim Richtung Cushendall verlaufen, wird die Stadt auch als »Capital of the Glens« bezeichnet. In dem hübschen Ort mit seinen in hellen Farben gestrichenen Häusern steht der Curfew Tower. Er diente einst als Gefängnis für Diebe und Landstreicher.

Umgebung: 1,5 Kilometer nördlich steht die **Layde Old Church**. Sie wurde von den Franziskanern gegründet und war 1306–1790 Pfarrkirche. Damit steht sie in Bezug zu den MacDonnells, den einstigen Herren der Region.

Etwa drei Kilometer westlich von Cushendall, am Hang des Tievebulliagh Mountain, befindet sich **Ossian's Grave**, benannt nach dem legendären Kämpferpoeten und Sohn des Riesen Finn McCool *(siehe S. 30f)*. Tatsächlich handelt es sich dabei um ein Grab aus der Steinzeit. Damals war diese Region ein wichtiges Zentrum der Herstellung von Werkzeugen (vor allem Äxten), die aus hartem Felsgestein gefertigt wurden und die man überall auf den Britischen Inseln fand.

An der Küstenstraße weiter südlich liegen die hübschen Orte **Carnlough** (mit Sandstränden) und **Ballygally**, dessen Burg von 1625 (in der es angeblich spukt) heute ein Hotel *(siehe S. 303)* ist.

⑪ Glenariff Forest Park

Straßenkarte D1. **Karte** J3. Co Antrim. (028) 2955 6000. tägl. für Nutzung des Parkplatzes. teilweise. nidirect.gov.uk/forests

Neun Flüsse haben in den Antrim Mountains tiefe Täler zum Meer hin gegraben. Die Glens of Antrim gelten als wildester Teil von Ulster. Im 19. Jahrhundert gab es hier keine englischen und schottischen Siedlungen (Plantations). So bildeten sie die letzte Region Nordirlands, in der Gälisch gesprochen wurde. Die Berge sind durch die Küstenstraße von Antrim miteinander verbunden und leicht erreichbar. Der Glenariff Forest Park bietet eine herrliche Landschaft mit Wäldern und Blumenwiesen, durch die ein Weg vorbei an einer Schlucht und drei Wasserfällen führt. Über weitere Pfade gelangt man zu Aussichtspunkten in der Höhe. Der englische Schriftsteller William M. Thackeray bezeichnete die Landschaft im 19. Jahrhundert als »Schweiz en miniature«.

Glenariff Forest Park mit Blick aufs Meer

Steinkreise und Steinreihen von Beaghmore

⓬ Cookstown

Straßenkarte D2. **Karte** H4. Co Tyrone. 11 000. Burnavon, Burn Road, (028) 8676 9949. Sa. cookstown.gov.uk

Wer einmal in dem beschaulichen Städtchen Cookstown gewesen ist, wird sich stets an die absolut gerade Hauptstraße erinnern. Sie ist erstaunlicherweise über 40 Meter breit und bietet Ausblicke in Richtung Norden auf den massigen Umriss des Slieve Gallion, eines hohen Bergs der Sperrin Mountains. Cookstown, eine »Plantation Town« *(siehe S. 259)* aus dem 17. Jahrhundert, ist nach ihrem Gründer Alan Cook benannt.

Umgebung: Die Umgebung von Cookstown ist reich an Zeugnissen aus neolithischer und frühchristlicher Zeit. Östlich der Stadt, am Ufer des Lough Neagh, befindet sich an der Stelle eines Klosters (6. Jh.) **Ardboe Cross**. Wenn auch nicht sehr gut erhalten, so ist dieses Hochkreuz (10. Jh.; *siehe S. 247*) doch eines der schönsten Beispiele seiner Art in Ulster: Auf seinen 22 Steinplatten sind an der nach Osten weisenden Seite Szenen aus dem Alten, auf der gegenüberliegenden Szenen aus dem Neuen Testament dargestellt.

Die **Wellbrook Beetling Mill** westlich von Cookstown bietet einen Einblick in die örtliche Tuchherstellung. »Beetling« bedeutete, das Tuch derart zu »hämmern«, dass es einen ganz charakteristischen Glanz erhielt.

Ardboe Cross

Die Mühle, die 1768 am Ballinderry River errichtet wurde, ist eine beliebte Sehenswürdigkeit. Von hier führen einige Wege am Fluss entlang.

Ardboe Old Cross
Nahe B73, 16 km östlich von Cookstown.

Wellbrook Beetling Mill
Nahe A505, 6,5 km westlich von Cookstown. (028) 8674 8210. Mitte März–Juni, Sep: Sa, So nachmittags; Juli, Aug: Do–So nachmittags. nationaltrust.org.uk

⓭ Beaghmore Stone Circles

Straßenkarte D2. **Karte** H4. Co Tyrone. Nahe A505, 14 km nordwestlich von Cookstown.

Am Fuß der Sperrin Mountains liegt in einem Moorgebiet eine große Ansammlung von Steinmonumenten aus der Zeit zwischen 2000 und 1200 v. Chr. Insgesamt finden sich sieben Steinkreise, einige Steinreihen und andere Steinmale sowie Reste einer verfallenen Mauer. Ihre Bedeutung ist unbekannt, wenn ihre Anordnung auch zum Teil mit dem Verlauf von Sonne, Mond und Sternen in Verbindung zu bringen ist. Drei Steinreihen liegen z. B. exakt in Richtung der aufgehenden Sonne am Tag der Sommersonnenwende.

Die Steinkreise sind nicht sehr hoch – keiner misst über 1,20 Meter –, dennoch wirken sie überaus beeindruckend auf den Betrachter. Zudem finden sich auch ein Dutzend runde Grabhügel. Bis 1945 war der Komplex, einer der bedeutendsten archäologischen Funde in Ulster, unter einer Torfschicht begraben.

Ulsters einstige Tuchherstellung

Die Tuchherstellung in Ulster erlebte im 17. Jahrhundert mit der Ankunft französischer Hugenotten, darunter viele Weber, einen bedeutenden Aufschwung. Zwei Jahrhunderte lang blühte das Gewerbe, doch mittlerweile gibt es hier nur noch wenige Tuchfabriken. Hunderte ehemalige Fabriken liegen nun verlassen im sogenannten »Linen Triangle« zwischen Belfast, Armagh und Dungannon. Der Niedergang der Betriebe war auch begründet durch den aufwendigen und damit teuren Herstellungsprozess: Nach dem Schneiden musste der Flachs in großen, künstlich angelegten Weihern geröttet (eingeweicht) werden, damit sich die Fasern voneinander lösten. Nach dem Auskämmen wurde Flachs gesponnen, dann wurde das Leinen gewebt, das Tuch in der Sonne gebleicht und anschließend gehämmert, wodurch es seinen typischen Glanz erhielt.

Zeitgenössischer Druck: Flachs wird zum Spinnen aufbereitet

Hotels und Restaurants in Nordirland *siehe Seiten 302f und 323–325*

⓴ The Wilson Ancestral Home

Straßenkarte C2. **Karte** G4. 28 Spout Road, Dergalt, Strabane, Co Tyrone. ☎ (028) 7138 4444. ⏰ Juli, Aug: Di–So 14–17 Uhr (nur Führungen, ansonsten nach Absprache). 🌐 strabanedc.com

Das Haus der Vorfahren von US-Präsident Thomas W. Wilson (1856–1924) liegt drei Kilometer südöstlich von Strabane an der Straße nach Plumbridge. Woodrows Großvater, der Richter James Wilson, verließ 1807 mit 20 Jahren seine Heimat, um nach Amerika zu gehen. Heute zeigt ein Besuch in dem strohgedeckten weißen Haus, warum es so innige Verbindungen zwischen Ulster und Amerika gibt. Die sorgsam restaurierten Räume haben noch die originale Möblierung, darunter Betten mit Vorhängen, Küchenutensilien und landwirtschaftliche Geräte.

Umgebung: Gleich außerhalb des Dorfs Newtownstewart, zwölf Kilometer südlich von Strabane, liegt die Ruine des mittelalterlichen Harry Avery's Castle. Die gälische Bastion (14. Jh.) bestand aus zwei Stockwerken mit Zwillingstürmen. Die Türme sind heute noch zu sehen.

⓯ Ulster-American Folk Park

Straßenkarte C2. **Karte** G4. Co Tyrone. ☎ (028) 8224 3292. 🚌 ab Omagh. ⏰ Mo, Feiertage. 🌐 nmni.com/uafp

Der Folk Park, eines der schönsten Open-Air-Museen seiner Art, entstand rund um das restaurierte Haus, in dem der Richter Thomas Mellon (Gründer der Pittsburgher Bankdynastie) seine Kindheit verbrachte. Die Ausstellung *Emigrants* dokumentiert anschaulich, warum im 18. und 19. Jahrhundert zwei Millionen Menschen aus Ulster nach Amerika emigrierten, als Sklaven verkauft oder als Sträflinge deportiert wurden. Zudem wird dargestellt, was den Ausgewanderten in Amerika widerfuhr.

Der Park umfasst mehr als 30 originale oder rekonstruierte Gebäude, darunter auch Wohnhäuser (etwa das von John Joseph Hughes, dem ersten katholischen Erzbischof von New York), Kirchen, ein Schulhaus und eine Schmiede. Einige zeigen Ausstellungen zu Handwerk und Kunsthandwerk. Zudem bietet der Park einen typischen Ulster-Straßenzug, ein nachgebautes Emigrantenschiff sowie ein Farmhaus aus Pennsylvania mit Stall und Räucherhaus – eine Nachbildung jener Farm, die Thomas Mellon und sein Vater in Amerika errichteten.

Im Centre for Migration Studies können Besucher auch Familienforschung betreiben. Im Park werden populäre amerikanische Feiertage wie der Independence Day, Hallowe'en und Anfang September das Appalachian-Bluegrass-Musikfestival begangen.

Arbeiter der Belleek Pottery mit einer *Parian-ware*-Figur

⓰ Belleek Pottery

Straßenkarte C2. **Karte** F4. Belleek, Co Fermanagh. ☎ (028) 6865 9300. ⏰ Mo–Fr; März–Dez: tägl. ⏰ 1 Woche an Weihnachten. 🌐 belleek.com

Die Grenzstadt Belleek zöge außer Anglern wohl kaum Besucher an, gäbe es hier nicht seit 1857 die berühmte Belleek Pottery. Das bemalte Porzellan dieser Werkstatt ist als *Parian ware* bekannt. Es wurde im 19. Jahrhundert entwickelt und sollte an den Parian-Marmor aus dem alten Griechenland erinnern.

Heute bringt man Belleek auch mit blumenverzierten Schmuckgittern in Verbindung. Sie sind vor allem in den USA sehr populär. Einige der wohl schönsten Stücke sind im kleinen Museum des Besucherzentrums zu sehen, ebenso eine Audio-Video-Präsentation über die Geschichte der Werkstatt. Es gibt auch einen Geschenkeladen.

Pennsylvania-Farmhaus im Ulster-American Folk Park

⓱ Tour am Lower Lough Erne

Die Seenlandschaft Fermanagh um den Lower Lough Erne ist reich an Sehenswürdigkeiten. Seit vorchristlicher Zeit siedelten hier Menschen in den Wäldern und an den Buchten. Auf einigen der vielen Inseln wurden im Mittelalter Klöster gegründet. Ein Ring von Forts und Burgen erinnert an die Zeit der »Plantation« *(siehe S. 259)*. Der See ist ein Paradies für Wasservögel wie Enten, Seetaucher und Eisvögel. Die vielen Forellen ziehen Angler an. Lough Erne lässt sich gut zu Land wie zu Wasser erkunden. Im Sommer fahren Schiffe zu einigen Inseln. Zudem kann man Boote mieten.

Uferbereich des Lower Lough Erne

⑦ Belleek
Belleek, das westlichste Dorf Nordirlands, ist für seine Töpferwaren *(siehe S. 273)* berühmt.

⑥ Castle Caldwell Forest
Castle Caldwells bewaldete Halbinseln sind ein Vogelschutzgebiet. Von der Küste aus kann man Tiere aller Art beobachten, darunter Haubentaucher, Enten und manchmal auch Fischotter.

⑤ Boa Island
Auf dem Friedhof von Caldragh, einer christlichen Begräbnisstätte auf Boa Island, stehen zwei doppelgesichtige Figuren, die wohl aus vorchristlicher Zeit stammen.

⑧ Lough Navar Forest Drive
Eine elf Kilometer lange Straße führt durch Nadelwälder zu einem Aussichtspunkt hoch über den Cliffs of Magho mit schönem Blick über den Lough Erne. Den Wald durchziehen Wanderwege.

Legende
— Routenempfehlung
= Andere Straße

Routeninfos
Länge: 110 km.
Rasten: Außerhalb Enniskillens kann man am besten in den Pubs von Kesh und Belleek essen. Im Sommer hat im Castle Archdale Country Park ein Café geöffnet. Überall gibt es schöne Picknickplätze, beispielsweise beim Aussichtspunkt der Cliffs of Magho *(siehe S. 365–367)*.

⑨ Tully Castle
Das *Plantation house (siehe S. 259)* mit gut erhaltenem Schutzwall besitzt einen Kräutergarten, der im Stil des 17. Jahrhunderts angelegt wurde.

Weitere Zeichenerklärungen *siehe hintere Umschlagklappe*

TOUR: LOWER LOUGH ERNE | **275**

④ White Island
Eine der Mauern der romanischen Kirche von White Island weist bizarre, heidnisch aussehende Figuren auf, die wahrscheinlich von einem frühen Kloster an dieser Stelle stammen. Im Sommer fahren von Castle Archdale Marina aus Fähren zur Insel.

Boote in der Castle Archdale Marina

③ Castle Archdale Country Park
Mit seinem Hafen und Campingplatz ist dieser Park im Sommer sehr belebt. Bei Spaziergängen im Wald kann man aber den Massen entgehen und zudem Rotwild beobachten.

② Devenish Island
Hier befindet sich das bedeutendste Kloster von Lower Lough Erne. Im Sommer fahren Fähren von Enniskillen aus hierher.

① Enniskillen
Der Ort wird von der Burg (siehe S. 276) überragt und verfügt über den bedeutendsten Hafen am Erne. Dieser verbindet die oberen und unteren *loughs*.

⑩ Monea Castle
Das gut erhaltene *Plantation castle* von 1618 liegt in schöner Umgebung, etwas abseits vom See, auf einem Felsen in Fermanagh. Es beeindruckt vor allem durch seine Türme.

Rundturm auf Devenish Island

⓯ Devenish Island

Straßenkarte C2. **Karte** F5. Co Fermanagh. 🛈 (028) 6862 1588. Devenish Ferry, (077) 0205 2873, ab Trory Point, 5 km nördl. von Enniskillen: Ostern–Sep: tägl. für Museum und Rundturm. **W** discovernorthernireland.com

Im 6. Jahrhundert gründete der hl. Molaise III., der an die 1500 Schüler und Gelehrte um sich geschart hatte, auf dieser kleinen Insel ein Kloster. Es wurde von den Wikingern im 9. Jahrhundert geplündert und 1157 niedergebrannt, dennoch blieb es bis ins 17. Jahrhundert ein bedeutendes religiöses Zentrum.

Einige schöne Gebäude des mittelalterlichen Klosters sind noch erhalten, etwa **Teampall Mor** (1225), ein sehr gutes Beispiel für die Architektur im Übergang von der Romanik zur Gotik. Am höchsten Punkt der Insel steht **St Mary's Priory**, eine Augustinerkirche (15. Jh.). Nicht weit entfernt findet man ein schön gearbeitetes Steinkreuz aus derselben Zeit.

Die faszinierendste Sehenswürdigkeit auf der Insel ist ein Rundturm aus dem 12. Jahrhundert, der über 25 Meter hoch ist. Er ist vollständig erhalten. Seine fünf Stockwerke sind über Leitern im Inneren erreichbar. Das schöne Dachgesims weist wunderbar gearbeitete menschliche Gesichter auf, die in alle vier Himmelsrichtungen schauen, eine für einen Rundturm in Irland einmalige Dekoration. Ein kleines Museum dokumentiert die Geschichte des Klosters.

⓳ Enniskillen

Straßenkarte C2. **Karte** F5. Co Fermanagh. 🚗 15 000. 🚌 ℹ️ Wellington Road, (028) 6632 3110. 🛍 Do. 🌐 fermanaghlakelands.com

Das geschäftige Ferienzentrum Enniskillen liegt auf einer Insel zwischen Upper und Lower Lough Erne. Die Stadt erlangte 1987 traurige Berühmtheit, als eine Bombe der IRA elf Menschen tötete.

Im Westen ragt **Enniskillen Castle** (15. Jh.) auf, das das **Fermanagh County Museum** sowie das Inniskilling Regimental Museum beherbergt. Schön ist das sogenannte Watergate, ein märchenhaft anmutender Turm, der seinerseits von zwei Türmchen gekrönt ist. Die 1618 gegründete **Portora Royal School** zählte einst Oscar Wilde und Samuel Beckett *(siehe S. 26f)* zu ihren Schülern.

In dem hübschen, zentral gelegenen Forthill Park im viktorianischen Stil steht das **Cole's Monument**, eine hohe, dorische Säule. Eine Wendeltreppe im Inneren führt über 180 Stufen hinauf zur Turmspitze, die herrliche Ausblicke über die Stadt bietet.

Blick über den Erne auf Enniskillen Castle

🏛 Enniskillen Castle
📞 (028) 6632 5000. 🕐 Juli, Aug: Di–Fr 10–17, Sa–Mo 14–17 Uhr; Apr–Juni, Sep, Okt: Di–Fr 10–17, Mo, Sa 14–17 Uhr; Nov–März: Di–Fr 10–17, Mo 14–17 Uhr. ⛔ 23. Dez–2. Jan. 📷 🎥 ♿ teilweise. 🌐 enniskillencastle.co.uk

Umgebung: Außerhalb der Stadt liegt, umgeben von einem Park und mit Blick über den See, **Castle Coole**, eines der schönsten Wohnhäuser Irlands im klassizistischen Stil. Die lange, aus Portland-Stein errichtete Fassade wird von einem Portikus aufgelockert und an beiden Seiten von je einem Pavillon abgeschlossen. Der Stein wurde von Dorset mit dem Schiff nach Ballyshannon im County Donegal gebracht. Für den 1. Earl of Belmore, der das Gebäude um 1790 errichten ließ, bedeutete dies fast den Bankrott. Ursprünglich wurde der Bau von dem Iren Richard Johnston entworfen, doch dann beauftragte der Earl den englischen Architekten James Wyatt. Der extravagante Earl verstarb 1802 hoch verschuldet. Es oblag seinem Sohn, das Haus bis 1825 fertigzustellen. Es ist heute noch fast im Originalzustand erhalten. Familienporträts aus dem 18. Jahrhundert schmücken das Esszimmer. Im sogenannten State Bedroom steht das Bett, das eigens für den Besuch von König George IV in Irland im Jahr 1821 gebaut wurde – der König schlief jedoch nie darin. Zu den schönsten Räumen von Castle Coole gehört der Salon (Ballsaal) im hinteren Teil des Hauses. Mit Eichenfußboden, schweren Vorhängen und reich dekorierten Regency-Möbeln vermittelt er dezenten Luxus.

🏛 Castle Coole
Nahe A4, 2,4 km südöstlich von Enniskillen. 📞 (028) 6632 2690. **Haus** 🕐 März–Mai, Sep: Sa, So 11–17 Uhr; Juni–Aug: tägl. 11–17 Uhr. 📷 🎥 obligatorisch. ♿ 🎥 🅿 **Park** 🕐 März–Okt: tägl. 10–19 Uhr; Nov–Feb: tägl. 10–16 Uhr. 🌐 nationaltrust.org.uk

Salon von Castle Coole mit originalem Regency-Mobiliar

Hotels und Restaurants in Nordirland *siehe Seiten 302f und 323–325*

⓴ Marble Arch Caves Global Geopark

Straßenkarte C2. **Karte** F5. Marlbank Scenic Loop, Florence Court, Co Fermanagh. ☎ (028) 6634 8855. ◯ Mitte März–Juni, Sep: tägl. 10–16.30 Uhr; Juli, Aug: 10–17 Uhr (wetterbedingte Schließungen möglich). ◢ ◯ obligatorisch. ◢ ◻
ⓦ marblearchcavesgeopark.com

Die Höhlen wurden von Flüssen ausgewaschen, die vom Cuilcagh Mountain herunterfließen und sich unterirdisch zum Claddagh River vereinigen. Eine 75-minütige Fahrt mit dem Boot führt in die Tiefen der Höhlen, vorbei an Stalagmiten und Stalaktiten und merkwürdigen Kalksteinformationen. Der neun Meter hohe »Marble Arch« befindet sich außerhalb des Höhlensystems in einer Schlucht.

Da die Besichtigungen sehr gefragt sind, sollte man sie im Voraus buchen. Achten Sie auf die Wettervorhersagen – wenn es regnet, kann man die Höhlen bisweilen nicht besuchen. Sie sollten zudem festes Schuhwerk anziehen.

Bootsfahrt durch die Höhlen des Marble Arch Caves Global Geopark

㉑ Florence Court

Straßenkarte C2. **Karte** F5. Co Fermanagh. ☎ (028) 6634 8249. **Haus** ◯ Zeiten variieren; Informationen auf der Website. ◢ ◯ obligatorisch. ♿ ◻ ◻ **Park** ◯ tägl. ◢ Parkplatz. ⓦ nationaltrust.org.uk

Der Landsitz wurde von der Familie Cole Mitte des 18. Jahrhunderts errichtet. Die Arkaden und Pavillons wurden wahrscheinlich um 1770 von William Cole, dem 1. Earl of Enniskillen, angefügt. Die im Rokoko-Stil gehaltenen Stuckverzierungen des Baus werden dem aus Dublin stammenden Stuckateur Robert West zugeschrieben. Doch ist das wenigste hiervon original erhalten, da große Teile des Gebäudes bei einem Brand im Jahr 1955 schwer beschädigt wurden. Die Inneneinrichtung wurde nicht wieder ersetzt, jedoch rekonstruierte man die Mauerdekorationen nach alten Fotografien so originalgetreu wie möglich.

Faszinierender als das Haus ist wohl das Anwesen selbst, das in einem von Hügeln und Bergen geformten »Amphitheater« liegt. Es gibt eine Vielzahl schöner Spazierwege, darunter einen reizenden Waldweg, der zur berühmten Florence-Court-Eibe führt, deren Abkömmlinge man in ganz Irland findet. Im Garten beim Haus wachsen im Frühsommer wunderschöne hellrote und weiße Rosen.

㉒ Dungannon

Straßenkarte D2. **Karte** H4. Co Tyrone. ▦ 11 000. ▭ ℹ Ranfurly House, 26 Market Sq, Dungannon, (028) 8772 8600. ◯ Do.
ⓦ flavouroftyrone.com

Dungannon liegt auf einem Hügel und war Herrschaftssitz der O'Neill-Dynastie, die vom 14. Jahrhundert bis zur Zeit der Plantation *(siehe S. 259)* herrschte. Dann wurde ihre Burg zerstört. Die **Royal School** wurde 1608 von James I beschlossen und 1614 eröffnet. Sie ist somit eine der ältesten Schulen Nordirlands. Seit 1789 steht sie an ihrem jetzigen Platz.

Die Marktstadt war einst ein Zentrum der Leinenherstellung und auch für Glas bekannt – die Glasbläserei Tyrone Crystal musste 2010 jedoch schließen.

Das Shopping-Center Linen Green in Moygashel bietet Outletläden für Marken wie Newbridge Silverwear und Ulster Weavers.

Florence Court, die ehemalige Residenz der Earls of Enniskillen

Blick auf Armagh mit der katholischen St Patrick's Cathedral

㉓ Armagh

Straßenkarte D2. **Karte** H5. Co Armagh. 15 000. 40 English St, (028) 3752 1800. Di, Fr. armagh.co.uk

Als eine der ältesten Städte Irlands geht Armagh auf die Zeit des hl. Patrick *(siehe S. 285)* zurück, der hier 455 eine Kirche gründete. Auf zwei Hügeln erheben sich heute die beiden **St Patrick's Cathedrals**, deren beeindruckendere die riesige katholische Kathedrale im neogotischen Stil ist. Die ältere anglikanische Kathedrale stammt noch aus dem Mittelalter. Sie birgt ein Hochkreuz aus dem 11. Jahrhundert und die Gebeine von Brian Ború, jenem König von Irland, der 1014 die Wikinger besiegte *(siehe S. 38f)*.

Armaghs prächtige, baumbestandene Mall, auf der im Sommer Cricket gespielt wird, ist von schönen Häusern im georgianischen Stil umgeben. Darunter ist auch das kleine **Armagh County Museum** mit Dokumentationen zur Geschichte der Region. In der Nähe liegt **Craftswirl**, ein *crafts and design centre*, das in seinen Räumlichkeiten Kunst und wunderschön gearbeitetes Kunsthandwerk von einigen der besten irischen Designer ausstellt und verkauft. Auf dem College Hill in den **Observatory Grounds** steht das Armagh Planetarium, von dem aus man auch Ausblicke über die Stadt hat.

Armagh County Museum
The Mall East. (028) 3752 3070. Mo–Sa. einige Feiertage. nach Vereinb. nmni.com/acm

Craftswirl
40 Upper English St. (028) 3752 1800. Mo–So (Okt–März: Mo–Sa). armagh.co.uk/place/craftswirl/

Observatory Grounds
College Hill. (028) 3752 3689. Mo–Fr nach Anmeldung. **Planetarium** (028) 3752 3689. Detail auf der Website. für Shows. armaghplanet.com

Navan Fort: Schädel eines Berberaffen

Umgebung: Im Westen von Armagh steht auf einem Hügel **Navan Fort**, der Sage nach das ehemalige Emain Macha, ein kultisches und spirituelles Zentrum Ulsters und eng verbunden mit den Erzählungen über den Krieger Cúchulainn *(siehe S. 30)*. Der Ort war vor 4000 Jahren bereits eine Kultstätte und erlangte seine größte Bedeutung um 100 v. Chr., als hier ein großes Holzgebäude auf einem gigantischen Grabhügel errichtet wurde. Der Komplex wurde niedergebrannt und danach mit Erde bedeckt. Forschungen ergaben, dass dies nicht während eines Krieges, sondern im Rahmen einer rituellen Handlung vollzogen wurde.

Unterhalb der Anlage bietet das **Navan Centre** Dokumente zu Geschichte und Mythologie des Orts. Zu den Objekten zählt der Schädel eines Berberaffen, der in einem der Häuser aus der Bronzezeit gefunden wurde. Er muss aus Spanien oder Nordafrika stammen und zeigt, dass Emain Macha bereits 500 v. Chr. Handel trieb.

Navan Centre
An der A28 4 km westl. von Armagh. (028) 3752 9644. tägl.

㉔ Lough Neagh

Straßenkarte D2. **Karte** H4. Co Armagh, Co Tyrone, Co Londonderry, Co Antrim.

Der Sage nach entstand Lough Neagh, weil der Riese Finn McCool *(siehe S. 30f)* dem Land einen Klumpen Erde entriss. Diesen warf er ins Meer, sodass sich die Isle of Man formte. Lough Neagh ist der größte See der Britischen Inseln. Seine Ufer bestehen vor allem aus mit Schilf bewachsenem Marschland, deshalb führen auch nur wenige Straßen an der Küste entlang. Die schönsten Feriengebiete liegen im Süden: Oxford Island, heute eine Halbinsel, bietet Wanderwege und das **Lough Neagh Discovery Centre**. Am südwest-

Navan Fort, Stätte des früheren Emain Macha, einst Hauptstadt von Ulster

Hotels und Restaurants in Nordirland siehe Seiten 302f und 323–325

Beobachtungsposten für Vogelfreunde auf Oxford Island am Südufer des Lough Neagh

lichen Ufer des Lough Neagh fährt eine Bahn durch das Moorland **Peatlands Park**. Eine der größten Aalfischereien der Welt befindet sich in **Toome**.

Lough Neagh Discovery Centre
Oxford Island. Ausfahrt 10 von der M1. (028) 3832 2205. tägl. 24.–26. Dez.
oxfordisland.com

Peatlands Park
Ausfahrt 13 von der M1. (028) 3885 1102. Park tägl. 24., 25. Dez. **Besucherzentrum** Apr–Sep: tägl. 13–19 Uhr; Okt–März: Sa, So 12–16 Uhr.
doeni.gov.uk/niea

❷ Larne

Straßenkarte D1. **Karte** J3. Co Antrim. 20 000. Narrow Gauge Rd, (028) 2826 0088.
larne.gov.uk

Die Industriestadt Larne, in der die schottischen Fähren *(siehe S. 362–364)* ankommen, ist das Tor zur Küste von Antrim *(siehe S. 271)*.

An der Küste von Lough Larne wird seit der mittleren Steinzeit Schifffahrt betrieben. Splitter von Feuersteinen zeugen von der frühesten menschlichen Präsenz vor etwa 9000 Jahren. Im 10. Jahrhundert nutzten die Norweger Lough Larne als Seestützpunkt, 1315 landete Edward Bruce hier, und 1914 unterhielt die Ulster Volunteer Force hier für ihren Kampf gegen die Home Rule *(siehe S. 48f)* ein Waffenlager.

❷ Carrickfergus

Straßenkarte E2. **Karte** J4. Co Antrim. 42 000. Antrim St, (028) 9335 8049. Apr–Sep: Mo–Sa 10–18 Uhr; Okt–März: Mo–Sa 10–17 Uhr.
Do. **carrickfergus.org**

Carrickfergus entstand um eine gewaltige Burg, mit deren Bau John de Courcy im Jahr 1180 begann, um die Zufahrt zum Belfast Lough zu kontrollieren. De Courcy führte das anglonormannische Heer, das nach Strongbows Eroberung von Leinster in Ulster einfiel.
Carrickfergus Castle steht auf einem Felsen mit Blick über den Hafen und ist die schönste und besterhaltene normannische Burg in Irland *(siehe S. 40f)*. Sie wurde seit dem 12. Jahrhundert verändert, so wurden z. B. große Befestigungsmauern für die Kanonen der Burg hinzugefügt. An den Wehranlagen stehen lebensgroße Modellsoldaten. Die Burg hat bis 1928 öfter den Besitzer gewechselt.

1315 übernahmen die Schotten unter Edward Bruce für drei Jahre die Anlage. Von 1688 an wurde sie von der Armee James' II kontrolliert, bis General Schomberg sie 1690 für Wilhelm von Oranien eroberte, der sich hier kurz vor der Schlacht am Boyne *(siehe S. 248)* aufhielt.

Die von de Courcy gegründete **St Nicholas' Church** hat Bleiglasmosaiken und ein »Lepra-Fenster«, durch das Infizierte die Sakramente empfingen. Weitere Attraktionen sind **Flame**, ein Museum über die Gasversorgung in viktorianischer Zeit, und das **Andrew Jackson Centre**, wo Ahnen des 7. US-Präsidenten lebten.

Carrickfergus Castle
(028) 9335 1273. tägl. 1. Jan, 24.–26. Dez. teilweise.
discovernorthernireland.com

Andrew Jackson Centre
2 Boneybefore. (028) 9335 8049. nach Voranmeldung.

Das wuchtige normannische Carrickfergus Castle

ⓗ Belfast

Belfast war die einzige Stadt Irlands, die von der industriellen Revolution des 19. Jahrhunderts profitierte. Wegen der hier gebotenen Arbeitsplätze auf den Werften, in der Leinen-, Seil- und Tabakindustrie wuchs die Bevölkerung bis Ende des Ersten Weltkriegs auf 400 000 an. Der Nordirlandkonflikt und der Niedergang der Schwerindustrie trieben die Stadt an den Rand des Ruins, doch Projekte wie Laganside, Titanic Quarter, Victoria Square und Cathedral Quarter geben Belfast das Gesicht einer freundlichen und schönen Stadt.

Mosaik *Reise des hl. Patrick nach Irland* (siehe S. 285), St Anne's Cathedral

Grand Opera House

🏛 Grand Opera House
Great Victoria St. ☎ (028) 9024 1919. 🌐 goh.co.uk

Das von Frank Matcham, dem bekannten Theaterarchitekten, im spätviktorianischen Stil errichtete und 1894 eröffnete opulent ausgestattete Theater wurde im Jahr 1980 aufwendig renoviert und erstrahlt seither in früherer Pracht. Zwar wurde es durch Bombenanschläge auf das benachbarte Europa Hotel in Mitleidenschaft gezogen, es blieb aber als bedeutender Theatersaal Belfasts erhalten.

🏛 Belfast City Hall
Donegall Square. ☎ (028) 9027 0456. 📧 tel. erfragen. ♿

Die meisten Hauptstraßen Belfasts (und viele der wichtigsten Busse) beginnen am Donegall Square. Hier steht das rechteckige, im Jahr 1906 errichtete Rathaus mit den vier Türmen und der mit Kupfer gedeckten, 53 Meter hohen Kuppel. Höhepunkt der Führung ist der mit Eichenholz getäfelte Ratssaal. Die Statuen vor dem Gebäude zeigen u. a. beim Haupteingang Königin Victoria und an der Ostseite Sir Edward Harland, den Gründer der bekannten Schiffswerft Harland and Wolff, die die *Titanic* baute. In unmittelbarer Nähe des Rathauses befindet sich ein Denkmal für die Opfer, die der Untergang des Schiffs auf seiner Jungfernfahrt im Jahr 1912 forderte.

Detail des Titanic-Denkmals vor der Belfast City Hall

🏛 St Anne's Cathedral
Donegall St. ☎ (028) 9032 8332. 🌐 belfastcathedral.org

Der Bau der 1904 geweihten anglikanischen Kathedrale dauerte 100 Jahre. Innen beeindruckt das Gotteshaus vor allem wegen der in den 1930er Jahren entstandenen Mosaiken. Das Mosaik im Baptisterium ist aus 150 000 Teilen zusammengesetzt. Der Fußboden des Mittelschiffs ist mit Ahornholz, der der Seitenschiffe mit Marmor ausgelegt. Im südlichen Seitenschiff befindet sich die Ruhestätte von Lord Carson (1854–1935).

Zeichenerklärung
siehe hintere Umschlagklappe

Zentrum von Belfast
① Grand Opera House
② Crown Liquor Saloon
③ Belfast City Hall
④ Linen Hall Library
⑤ The Entries
⑥ St Anne's Cathedral
⑦ Queen's University
⑧ Ulster Museum
⑨ Botanic Gardens
⑩ Albert Memorial Clock Tower
⑪ W5
⑫ Titanic Belfast

0 Meter 500
0 Yards 500

Hotels und Restaurants in Nordirland *siehe Seiten 302f und 323–325*

Linen Hall Library

17 Donegall Square North. (028) 9032 1707. Mo–Sa. linenhall.com

Die 1788 gegründete, älteste Bibliothek Belfasts besitzt Tausende alter und seltener Bücher. Die einmalige Sammlung zu irischen und regionalen Studien umfasst u. a. 250 000 Bücher zur Politik Nordirlands und ist damit das ultimative Archiv des zurückliegenden Konflikts. Die Bibliothek besitzt auch eine riesige Datenbank zur Ahnenforschung. In der Linen Hall Library können Ausstellungen besucht werden. Über dem Eingang hängt die Red Hand of Ulster. Um das Emblem der Provinz rankt sich die Sage zweier keltischer Helden, die miteinander wetteiferten, wer zuerst die Erde von Ulster berühren würde. Vom Wunsch getragen, den Wettbewerb zu gewinnen, hackte sich einer der beiden die Hand ab und warf sie an die Küste Ulsters.

The Entries

Die Entries, einige enge Gassen um die High Street, entstanden um 1630 und sind der älteste Teil der Stadt mit einigen der ältesten Pubs wie White's Tavern *(siehe S. 331)*. McCracken's im Joy's Entry und Morning Star im Pottinger's Entry bieten gute Mittagsgerichte. In einem der Pubs im Crown Entry wurde im Jahr 1791 die radikale Gruppe United Irishmen gegründet, die sich an den Ideen der Französischen Revolution orientierte. Ihr bekanntestes Mitglied war Wolfe Tone *(siehe S. 44f)*.

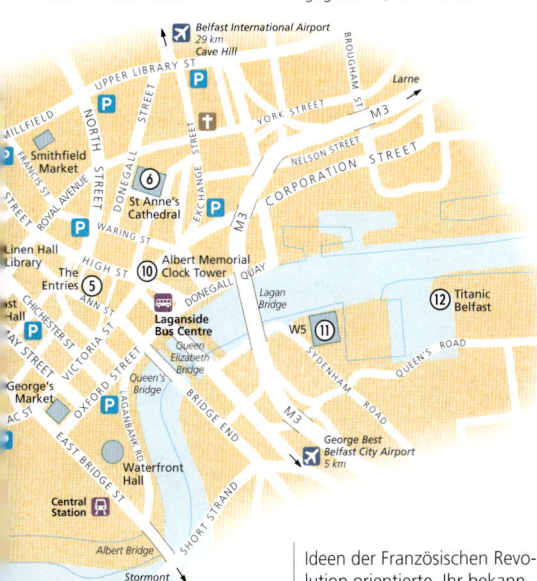

Infobox

Information
Straßenkarte D2. Karte J4. Co Antrim. 286 000. 9 Donegall Square North, (028) 9024 6609. Balmoral Show (Mai); Belfast City Carnival (Juni). visit-belfast.com

Anfahrt
George Best City Airport, 6,5 km östlich; Belfast International, 29 km nordwestl. Central Station, East Bridge St, (028) 9066 6630; Great Victoria St Station, (028) 9066 6630. Europa Bus Centre, Great Victoria St; Laganside Bus Centre, Oxford St, (028) 9066 6630.

Crown Liquor Saloon

Great Victoria St. (028) 9024 3187. tägl. nationaltrust.gov.uk

Selbst Antialkoholiker sollten dieses einzigartige Pub unbedingt aufsuchen. Das Crown, das im Jahr 1885 eröffnet wurde, ist das berühmteste Pub in Belfast. Das Haus steht unter Denkmalschutz. Das Innere ist mit Bleiglas- und Marmordekorationen gestaltet. Gaslampen schaffen eine gemütliche Atmosphäre: der Ort schlechthin, wo Sie ein *pint* of Guinness trinken und ein paar Strangford-Lough-Muscheln essen sollten.

Der im viktorianischen Stil gestaltete Crown Liquor Saloon

Überblick: Belfast

Außerhalb des Belfaster Stadtzentrums liegen hübsche Stadtteile. Das Queen's Quarter um die Queen's University im Süden bietet zwei bedeutende Sehenswürdigkeiten: das Ulster Museum und den Botanischen Garten. Vom Cave Hill hat man einen grandiosen Blick über den Norden der Stadt. Wer sich für das industrielle Erbe Belfasts interessiert, sollte das Titanic Quarter, die alten Docks und die Werft von Harland und Wolff aufsuchen.

Viktorianisches Palmenhaus im Botanischen Garten

Ulster Museum
Botanic Gardens. (028) 9044 0000. Di–So 10–17 Uhr (Feiertage auch Mo). nmni.com/um

Das Ulster Museum wurde 1929 als Belfast Municipal Museum and Art Gallery gegründet. Nach langer Renovierung feierte es 2009 Wiedereröffnung. Gezeigt werden Kunstsammlungen, Geschichtliches sowie Exponate zu Archäologie und Naturgeschichte. Besonders zahlreich ist die irische Kunst vertreten. Highlights sind das sechs Meter lange Skelett des Edmontosaurus-Dinosauriers in der Ausstellung »Window On Our World« sowie Takabuti, die altägyptische Mumie. Neben den Dauerausstellungen gibt es Wechselausstellungen und Veranstaltungen sowie Lernzonen und interaktive Bereiche, wo Besucher etwa viktorianische Kleider anprobieren oder den Schädel eines Kalbs mit zwei Köpfen anfassen können.

Botanic Gardens
Botanic Ave. (028) 9032 4902. tägl. belfastcity.gov.uk

Der Botanische Garten hinter der Universität ist eine Oase der Ruhe. Die 1839 errichtete, beeindruckende Glas-Stahl-Konstruktion des Palmenhauses sowie das Tropical Ravine, eine mit tropischen Farnen bewachsene Bergschlucht, sind herrliche Beispiele viktorianischer Gartenarchitektur.

Queen's University
University Rd. (028) 9024 5133 qub.ac.uk

Vom Donegall Square geht man etwa 15 Minuten zu Fuß durch das Vergnügungsviertel der Stadt, die »Golden Mile«, zur Queen's University, Nordirlands angesehenster Universität. Das 1849 von Charles Lanyon errichtete Hauptgebäude ähnelt stark dem Magdalene College in Oxford. Ein turmbewehrtes Tor führt in den Innenhof mit Kolonnaden.

W5
Odyssey, 2 Queen's Quay. (028) 9046 7700. tägl. (So nur vormittags). w5online.co.uk

W5 steht für »whowhatwherewhenwhy«. Das preisgekrönte interaktive Museum präsentiert Wissenschaft und Technik mit mehr als 200 Exponaten und

Große Metallskulptur vor dem Ulster Museum

Politische Wandbilder in West-Belfast

Während der »Troubles« (1968–98), der Unruhen in Nordirland, spielte Straßenkunst eine wichtige Rolle dabei, die Zugehörigkeit zu den beiden unversöhnlichsten Arbeitervierteln Belfasts zu dokumentieren. Dutzende von Häusern in der protestantischen Shankill Road und der katholischen Falls Road wurden mit Wandbildern bemalt, die die Zugehörigkeit zu einer der Gruppierungen deutlich machen. So wurden die Bordsteine in einigen Straßen entweder in den britischen Farben Rot, Weiß und Blau oder den irischen Farben Grün, Weiß und Gold bemalt. Trotz der Erfolge des Friedensprozesses bleiben viele Bemalungen erhalten. Zu besichtigen sind die Wandbilder bei einer »Black Cab Tour« des Belfast Welcome Centre. Infos: (028) 9024 6609.

Republikanisches Wandbild

Protestantisches Wandbild

Hotels und Restaurants in Nordirland *siehe Seiten 302f und 323–325*

Experimenten. Besucher können z. B. die Nachbildung eines Krans aus dem Hafen von Belfast bedienen, sich an einen Schmetterling heranschleichen, sich selbst mit einem Flaschenzug anheben, einen Animationsfilm drehen oder an einer Laserharfe musizieren.

Titanic Quarter
Queen's Road, Queen's Island. (028) 9076 6300. **Titanic Belfast** (028) 9076 6386. Apr, Juni–Aug: tägl. 9–19 Uhr; Mai, Sep: tägl. 9–18 Uhr; Okt–März: tägl. 10–17 Uhr. 24.–26. Dez. titanicbelfast.com

Die RMS *Titanic*, die 1912 bei ihrer Jungfernfahrt mit einem Eisberg kollidierte, wurde in Belfast gebaut. Das Werftviertel heißt heute Titanic Quarter. Die Uferlinie wurde umgestaltet, und es entstand Platz für Läden, Restaurants, Hotels und Büros.

2012, 100 Jahre nach dem Untergang, wurde die Attraktion Titanic Belfast dort eröffnet, wo die *Titanic* einst zu Wasser gelassen wurde. Der Nachkomme eines Besatzungsmitglieds führt Touren per Boot, Bus oder zu Fuß.

In den Galerien des Centers können sich die Besucher auf eine Tour durch die *Titanic* begeben. Es gibt auch ein Unterwassertheater. Die restaurierte SS *Nomadic*, das letzte verbliebene Schiff der White Star Line, ist ebenfalls sehenswert.

Das Besucherzentrum im edwardianischen Pumpenhaus neben dem Trockendock bietet einen Einblick in die Geschichte der Seefahrt seit Anfang des 17. Jahrhunderts. Für eine Pause stehen ein Restaurant und ein Café zur Verfügung. Im Titanic Quarter befindet sich auch das Record Office of Northern Ireland. Dort können Besucher die Geschichte der eigenen Familie erforschen.

Albert Memorial Clock Tower
Queen's Square.
Der Uhrturm, eines der bekanntesten Wahrzeichen von Belfast, ist vor allem deshalb berühmt, weil er sich zur Seite neigt. In seiner Nähe befindet

Titanic Belfast im Werftviertel Titanic Quarter

sich das Custom House. Es wurde 1854 von Charles Lanyon, dem Baumeister der Universität, errichtet.

Cave Hill
Antrim Rd, 6,5 km nördl. des Zentrums. **Belfast Castle** (028) 9077 6925. tägl. 25. Dez. belfastcity.gov.uk
Belfast Zoo (028) 9077 6277. tägl. 25., 26. Dez. belfastzoo.co.uk

Hier, auf dem Cave Hill nahe den Ruinen von MacArt's Fort (nach einem Stammesältesten aus der Eisenzeit benannt), trafen sich 1795 Wolfe Tone und die nordirischen Anführer der Gruppe United Irishmen *(siehe S. 45)*, um sich zur Rebellion gegen England zu verbünden. Die fünf Höhlen nahe dem Fort stammen aus neolithischer Zeit.

Am bewaldeten Abhang des Hügels steht Belfast Castle (1870). Einst war es Wohnsitz des Earl of Shaftesbury. Heute gehört es der Stadt und beherbergt zwei Restaurants sowie ein kleines Museum zur Geschichte der Umgebung. Von hier aus gelangt man zum Belfast Zoo mit über 1200 Tieren aus 140 Arten, darunter Afrikanische Wildhunde und Berberlöwen.

Giant's Ring
Nahe B23, 5 km südl. des Zentrums.
Über die prähistorische Anlage, eine kreisförmige Kultstätte mit einem Durchmesser von etwa 200 Metern, ist nur wenig bekannt. Sie ist von einem hohen Erdwall umgeben. In ihrer Mitte befindet sich ein Dolmengrab. Im 18. Jahrhundert war die Ringanlage ein beliebter Ort für Pferderennen.

Stormont
Newtownards Rd, 8 km südöstl. des Zentrums. für Besucher. nur nach Vereinbarung.

Stormont Castle, das in den Jahren 1928 bis 1932 für 1 250 000 Pfund errichtet wurde, war einst der Sitz des nordirischen Parlaments. Das Gebäude aus Portland-Stein und Mourne-Granit liegt am Ende einer langen Straße, die durch einen Park führt. Nahe dem Eingang steht eine Statue Lord Carsons *(siehe S. 48)*.

Seit der Auflösung des Parlaments im Jahr 1972 wird das Gebäude von der Regierung als Amtssitz genutzt. Obwohl das Parlament auch danach mehrmals aufgelöst wurde, tagt die dezentrale Northern Ireland Assembly hier seit der Übereinkunft von 1998.

Stormont Castle liegt in einem Park außerhalb Belfasts

㉘ Ulster Folk and Transport Museum

Straßenkarte E2. **Karte** J4. Cultra, bei Holywood, Co Down. ☎ (028) 9042 8428. 🚋 🚌 ⦿ Di–So 10–17 Uhr (Feiertage auch Mo). ⬤ Weihnachten. ♿ (für Behinderte frei). ♿ 🅿 📷 🌐 nmni.com/uftm

Das Museum verdankt seine Gründung einem Parlamentsbeschluss von 1958, wonach es das Leben und die Traditionen der Menschen in Nordirland illustrieren sollte. Ganzjährig werden hier traditionelles Handwerk und alte Methoden des Landbaus präsentiert.

Die A2 trennt das Volksmuseum vom Transportmuseum. Dort ist in einer großen Halle die Irish Railway Collection zu sehen. Die kleinere Transport Gallery zeigt in Ulster hergestellte Maschinen, u. a. einen Salonwagen der Eisenbahnlinie Portrush–Giant's Causeway. Interessant sind das Testmodell des erfolglosen De-Lorean-Autos, das Anfang der 1980er Jahre mit Unterstützung der Regierung gebaut wurde, und eine Dokumentation zur *Titanic*. Für das Museum benötigt man einen halben Tag.

Scrabo Tower, eine der Sehenswürdigkeiten der Ards Peninsula

Straßenbahnwaggon von 1883 im Ulster Folk and Transport Museum

㉙ Ards Peninsula

Straßenkarte E2. **Karte** K4–5. Co Down. 🚋 🚌 nach Bangor. 🛈 Newtownards, (028) 9182 6846. 🌐 ards-council.gov.uk

Die Halbinsel liegt östlich von Belfast bei **Bangor**. Dieser Ferienort verfügt über einen modernen Hafen sowie einige Yachtclubs. Etwas weiter im Süden liegt **Donaghadee**. Von hier legen Schiffe zu den drei **Copeland Islands** ab, wo seit den 1940er Jahren nur noch Seevögel leben. Nahe Millisle steht die **Ballycopeland Windmill** (1784), die einzige Windmühle Nordirlands, die noch in Betrieb ist.

Auf der anderen Seite der Halbinsel, beim Strangford Lough, liegt **Newtownards**. Oberhalb des Orts erhebt sich der **Scrabo Country Park** mit dem **Scrabo Tower**, der im Jahr 1857 zum Gedenken an den 3. Marquess of Londonderry erbaut wurde. 122 Stufen führen zur Turmspitze mit einem schönen Ausblick über den Strangford Lough.

Am Landsitz **Mount Stewart House** *(siehe S. 286f)* vorbei kommt man zum Dorf Greyabbey mit den Ruinen einer Zisterzienserabtei. Die 1193 gegründete **Grey Abbey** war bis ins 17. Jahrhundert hinein Pfarrkirche. Schön ist das erhaltene Westportal der Kirche.

Die Stadt **Portaferry** an der Spitze der Ards Peninsula bietet einen tollen Blick über die Strangford Narrows und die Lecale Peninsula *(siehe S. 288)*. Portaferrys Aquarium **Exploris** zeigt das vielfältige Leben in den Gewässern der Irischen See und im Strangford Lough.

🏛 Ballycopeland Windmill
An der B172 1,6 km westl. von Millisle. ☎ (028) 9181 1491. ⦿ Juli, Aug: tägl. 10–17 Uhr. 📷

🏛 Scrabo Country Park
Bei Newtownards. ☎ (028) 918 1491. ⦿ tägl. **Turm** ⦿ März–Mai, Okt: Sa, So; Juni–Sep: tägl.; Nov–Feb: So.

🏛 Grey Abbey
Greyabbey. ☎ (028) 9181 1491. ⦿ tel. erfragen. ♿

🏛 Exploris
Castle Street, Portaferry. ☎ (028) 4272 8062. ⦿ tägl. ⬤ 24.–26. Dez. 📷 ♿ 🅿 🌐 exploris.org.uk

Ballycopeland Windmill aus dem Jahr 1784

⓷⓪ Mount Stewart House

Siehe S. 286f.

⓷⓵ Hillsborough

Straßenkarte D2. **Karte** J5.
Co Down. 🌐 4000. 🚌
ℹ️ The Square, (028) 9268 9717.
🌐 **discovernorthernireland.com**

Das georgianische Städtchen ist 16 Kilometer von Belfast entfernt. Im überaus beeindruckenden **Hillsborough Castle** steigen Staatsgäste ab. Es ist nicht öffentlich zugänglich, doch man kann schöne Tore und Wappen ansehen. Nahe dem Market House (18. Jh.) am Stadtplatz liegt **Hillsborough Fort**, eine Burg aus dem Jahr 1650, die im 18. Jahrhundert von den Nachfahren des Stadtgründers Arthur Hills umgebaut wurde.

🏰 **Hillsborough Castle**
📞 (028) 9268 9406. 🕐 Apr–Sep: tägl. 10.30–17 Uhr.

🏰 **Hillsborough Fort**
Zugang vom Stadtplatz und Parkplatz beim Forest Park. 📞 (028) 9054 3030. ⚫ Mo. 🗓️ nach Vereinbarung. 🌐 **visitlisburn.com**

⓷⓶ Downpatrick

Straßenkarte E2. **Karte** J5. Co Down. 🌐 19 000. 🚌 ℹ️ 53a Market St, (028) 4461 2233. 🕐 Juli, Aug: tägl. (So nur nachm.); Sep–Juni: Mo–Sa. 🚌 Sa.

Gäbe es nicht die enge Verbindung zum hl. Patrick, kämen nur wenige Besucher nach Downpatrick. Die anglikanische **Down Cathedral** auf dem Hill of Down stammt aus dem frühen 19. Jahrhundert. Auf dem Kirchhof steht ein Kreuz aus dem 10. Jahrhundert. Hier soll auch die Grabstätte des hl. Patrick sein. Sie ist durch einen Granitblock mit der Aufschrift »Patric« markiert.

Das **Down County Museum** im Old County Gaol (Gefängnis) ist vor allem dem Andenken des hl. Patrick gewidmet. In der Nähe des Museums befindet sich die normannische Burg **Mound of Down**.

Häuserzeile in Hillsborough

🏛️ **Down County Museum**
English Street, The Mall. 📞 (028) 4461 5218. 🕐 tägl. ⚫ Weihnachten; Sa, So vormittags. ♿📷
🌐 **downcountymuseum.com**

Umgebung: Um Downpatrick erinnern einige Sehenswürdigkeiten an den hl. Patrick. **Struell Wells**, einst wohl eine heidnische Opferstätte, an der der Heilige wirkte, umfasst eine Kirchenruine und ein Badehaus aus dem 17. Jahrhundert. Etwas weiter im Norden bei **Saul**, wo der Heilige einst landete und mit der Missionierung Irlands begann, befindet sich eine kleine Gedenkkirche.

Der nahe gelegene Hügel **Slieve Patrick** ist eine bedeutende Pilgerstätte. Auf seinem Gipfel erhebt sich eine riesige, weithin sichtbare Granitstatue des Heiligen.

Nahe dem Fluss Quoile steht **Inch Abbey**, eine ehemalige Zisterzienserabtei, die 1180 von John de Courcy gegründet wurde. Sie liegt mitten in Moor- und Torfland und lohnt einen Besuch.

🏛️ **Inch Abbey**
5 km nordwestl. von Downpatrick.
📞 (028) 9181 1491. 🕐 tägl.
🌐 **doeni.gov.uk/niea**

Das Leben des hl. Patrick

Vom Leben des hl. Patrick, des Schutzheiligen Irlands, ist bis heute wenig bekannt, doch war er wohl nicht der erste Missionar der Insel – bereits im Jahr 431 war ein gewisser Palladius von Papst Celestin nach Irland entsandt worden. Die meisten Legenden berichten, dass Patrick als Junge zum Schafehüten nach Irland gebracht wurde, jedoch nach Frankreich floh, wo er die christliche Lehre studierte. 432 segelte er nach Irland zurück. In Saul im County Down missionierte er den Landesherrn. Dann reiste er durchs Land und bekehrte viele keltische Stämme zum Christentum. Die Tatsache, dass es in Irland keine Schlangen gibt, schreibt man ebenfalls dem hl. Patrick zu, der diese angeblich alle ins Meer trieb.

Der hl. Patrick treibt die Schlangen ins Meer (Lithografie aus dem 19. Jahrhundert)

Mount Stewart House

Der Landsitz aus dem 19. Jahrhundert ist im Inneren prachtvoll gestaltet. Die eigentliche Attraktion sind jedoch die wunderschönen Gärten mit Pflanzen und Bäumen, die im subtropischen Klima hervorragend gedeihen. Mount Stewart, heute im Besitz des National Trust, gehörte einst der Familie Londonderry, deren berühmtestes Mitglied Lord Castlereagh von 1812 bis zu seinem Tod 1822 britischer Außenminister war. Nach Renovierung erstrahlt das Anwesen in neuem Glanz.

★ Shamrock Garden
Eine Eibenhecke in Form eines Kleeblatts umgibt die Skulptur einer irischen Harfe und ein Blumenbeet, das die Rote Hand, das Emblem von Ulster, darstellt.

Italienischer Garten
Im größten der streng geometrisch angelegten Gärten weisen die Blumen der Ostseite kräftige Rot- und Orangetöne, die der Westseite hingegen zarte Rosa-, Weiß- und Blautöne auf. Statuen zeigen Figuren aus Homers *Odyssee*.

Außerdem

① **Der Spanische Garten** ist von einem Arkadengang aus Zypressen gesäumt.

② **Brunnen**

③ **Der »Sunk Garden«** besteht aus symmetrisch angelegten Pflanzenterrassen. Im Sommer sind sie ein Meer von blauen, gelben und violetten Blumen.

④ **Pergola aus Stein**

⑤ **Das Musikzimmer** ist mit Mahagoni- und Eichenholzparkett ausgelegt.

⑥ **Im Speisezimmer** stehen 22 Stühle, die beim Wiener Kongress (1815) benutzt und später Lord Castlereagh vermacht wurden.

⑦ **Die Kapelle**, einst Wohnzimmer, wurde 1884 zum Gotteshaus umgestaltet.

Hotels und Restaurants in Nordirland *siehe Seiten 302f und 323–325*

DOWN: MOUNT STEWART HOUSE | 287

★ **Hambletonian von George Stubbs**
Das 1799 gemalte Bild von Hambletonian, einem berühmten Rennpferd aus Newmarket, hängt im Treppenhaus.

Infobox

Information
Straßenkarte E2. Karte K4.
3 km nördl. von Greyabbey, Co Down. (028) 4278 8387.
Haus März–Okt: tägl.
Tempel Apr–Okt: So, Feiertage 14–17 Uhr. **Gärten** März–Okt: tägl. **See** ganzjährig. im Haus. nationaltrust.org.uk

Anfahrt
von Belfast.

Eingang

Eingangshalle
Die streng gehaltene Eingangshalle mit ihrer lichten Glaskuppel wird von ionischen Steinsäulen getragen, die mit grüner Farbe als »Marmorsäulen« gestaltet sind.

Tempel der Winde
Von diesem Pavillon aus hat man einen fantastischen Blick über den Strangford Lough und die Moune Mountains. Er wurde 1785 von James »Athenian« Stuart, einem Pionier der klassizistischen Architektur, errichtet, der sich vom Turm der Winde in Athen inspirieren ließ. Das in den 1960er Jahren restaurierte Haus besitzt eine wunderschöne Wendeltreppe und im oberen Stockwerk beeindruckende Stuckdecken und Fußböden.

★ **Dodo Terrace**
Die Dodos (ausgestorbene Vögel) und die Arche *(ark)* erinnern an den im Ersten Weltkrieg von Lady Londonderry gegründeten Ark Club, dessen Mitglieder Tiernamen erhielten.

Lady Bangors »gotisches« Boudoir in Castle Ward

33 Lecale Peninsula

Straßenkarte E2. **Karte** K5. Co Down. nach Ardglass. Downpatrick, (028) 4461 2233.
discovernorthernireland.com

Man erreicht diesen Teil des County Down mit der Autofähre von Ards Peninsula nach Strangford. Nahe dem Hafen liegt **Castle Ward**, der Sommersitz von Lord und Lady Bangor, die sich offensichtlich über den Stil ihres um 1760 erbauten Hauses nicht einig waren. Die Vorliebe des Hausherrn für Klassizismus erkennt man an der Frontseite des Gebäudes. Die Präferenz von Lady Bangor für Gotik kommt an der Gartenseite zum Tragen. In den Innenräumen mischen sich klassizistische und gotische Elemente. Sehenswert ist das Boudoir von Lady Bangor, dessen Deckengewölbe dem der Kapelle von Henry VIII in Westminster Abbey nachempfunden ist. Um das Anwesen liegen Gärten, Spielareale und ein Bauernhof mit einer noch betriebenen Kornmühle.

Vier Kilometer südlich von Strangford führt die A2 an **Kilclief Castle** (15. Jh.), einem der ältesten Turmhäuser *(siehe S. 24)* Irlands, vorbei und weiter nach **Ardglass**. Das Fischerdorf war einst einer der geschäftigsten Häfen Ulsters. Zu seinem Schutz wurden vom 14. bis 16. Jahrhundert einige Burgen errichtet, von denen noch sechs zu sehen sind. Den besten Blick über die Dundrum Bay hat man von **St John's Point**, sechs Kilometer südwestlich von Ardglass.

Castle Ward
An der A25, 2,5 km westl. von Strangford. (028) 4488 1204. **Haus** Ostern, Juli, Aug: tägl. 12–17 Uhr; Apr–Juni: Mi–So 12–17 Uhr; Sep, Okt: Sa, So 12–17 Uhr.
Gärten Apr–Sep: tägl. 10–20 Uhr; Okt–März: tägl. 10–16 Uhr.
nationaltrust.org.uk

34 Castlewellan Forest Park

Straßenkarte D2. **Karte** J5. Main St, Castlewellan, Co Down. (028) 4377 8664. tägl. 10 Uhr–Sonnenuntergang. Parkplatz.

Der Castlewellan Forest Park liegt in den Ausläufern der Mourne Mountains. Bedeutendste Attraktion ist ein weit außerhalb des 1740 gestalteten Parks angelegtes Arboretum, das heute Gewächshäuser, Zwergkoniferen und einen Rhododendronwald umfasst.

Der Park bietet zudem ein Schlösschen (19. Jh.) im Stil eines schottischen Herrenhauses, heute eine Tagungsstätte, sowie einen See und Wälder.

35 Mountains of Mourne

Straßenkarte D2. **Karte** J5–6. Co Down. nach Newry. nach Newcastle. 10–14 Central Promenade, Newcastle, (028) 4372 2222. **downdc.gov.uk**

Die Berge von Mourne mit einem Dutzend Gipfeln, die etwa 600 Meter Höhe erreichen, ziehen Jahr für Jahr Tausende von Besuchern an.

Nur eine Straße, die B27 von Kilkeel nach Hilltown, durchquert die Mournes. Ein beliebter, aber schwieriger Wanderpfad führt von **Newcastle** zum 848 Meter hohen Gipfel des **Slieve Donard**, des höchsten Bergs. Der Weg passiert die **Mourne Wall**, die zwischen 1904 und 1922 zum Schutz der beiden Wasserreservoirs im **Silent Valley** errichtet wurde.

In der Region gibt es über 20 kurze Wanderrouten, etwa leichte Spazierwege im Rostrevor Forest oder schwierige Routen zum Slieve Muck und anderen Gipfeln.

35 Kilometer nördlich von Newcastle in den Mountains of Mourne befindet sich der **Legananny Dolmen** *(siehe S. 36)*, eine der meistfotografierten historischen Sehenswürdigkeiten des Landes.

Die sanften Gipfel der Mountains of Mourne

③ Tour an der Mourne Coast

Newcastle – dort, wo sich nach den Worten des Dichters Percy French aus dem 19. Jahrhundert »die Mountains of Mourne zum Meer hin verlieren« – ist ein guter Ausgangspunkt für die Erkundung dieser Region. Durch die Mournes zu fahren, ist einer der Höhepunkte einer Reise durch Nordirland. An der Küste bietet die Mourne Coastal Route zwischen den Ausläufern der Berge und der Irischen See Ausblicke auf Fischerdörfer und Burgen. Fährt man ins Landesinnere, so kommt man durch weite Moorgebiete. Das Silent Valley mit seinen vielen Wanderwegen gehört zu den Teilen der Region, die auf touristische Belange ausgerichtet sind.

② Dundrum
Das Stadtbild prägen die Ruinen einer normannischen Burg. Von einer nahen Bucht sieht man die Berge.

③ Tollymore Forest Park
Den Park zieren Bauten wie das gotische Tor (18. Jh.), das einst zum Landsitz gehörte.

④ Spelga Dam
Nördlich des Spelga Dam bieten sich schöne Ausblicke über die Ausläufer der Hügel.

Rostrevor mit dem Slieve Martin

① Newcastle
Seit dem 19. Jahrhundert ist Newcastle Ferienort und bietet schöne Strände und Promenaden.

⑤ Rostrevor
Der ruhige viktorianische Ferienort schmiegt sich unterhalb des Slieve Martin an die Küste des Carlingford Lough.

Routeninfos

Länge: 85 km.
Rasten: Newcastle bietet die größte Auswahl an Pubs und Restaurants. In Dundrum, Annalong, Kilkeel und Rostrevor gibt es ebenfalls Pubs, im Silent Valley im Sommer ein Café. Spelga Dam und Tollymore Forest Park haben gute Picknickplätze *(siehe S. 365–367).*

⑥ Green Castle
Green Castle wurde im 13. Jahrhundert errichtet und liegt auf einem Felsvorsprung hoch über der Einfahrt zum Carlingford Lough.

⑦ Silent Valley
Das Tal ist für Autos gesperrt. Im Sommer fahren Busse zum Gipfel des Ben Crom Mountain.

Legende
— Routenempfehlung
= Andere Straße
☼ Aussichtspunkt

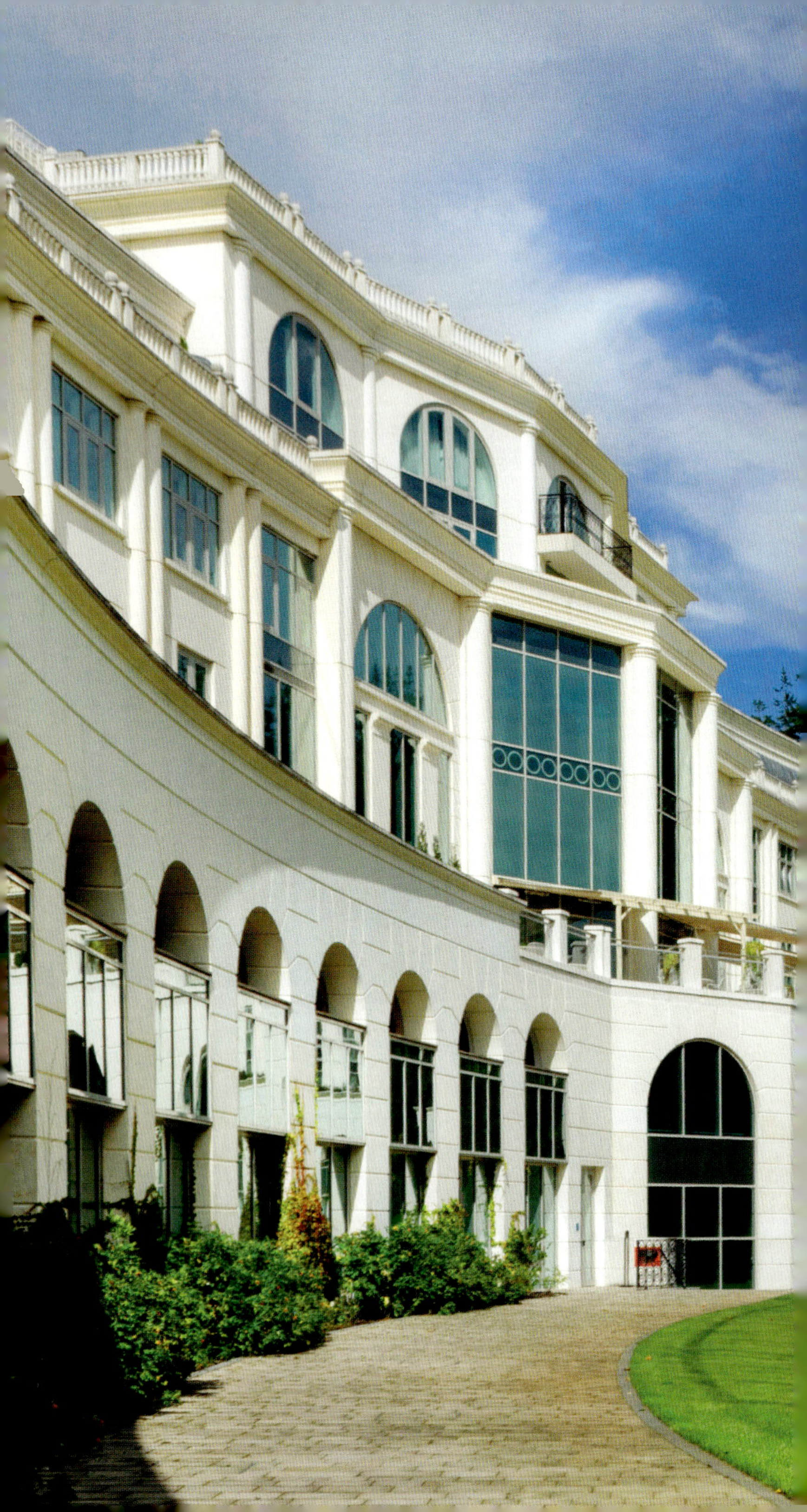

ZU GAST IN IRLAND

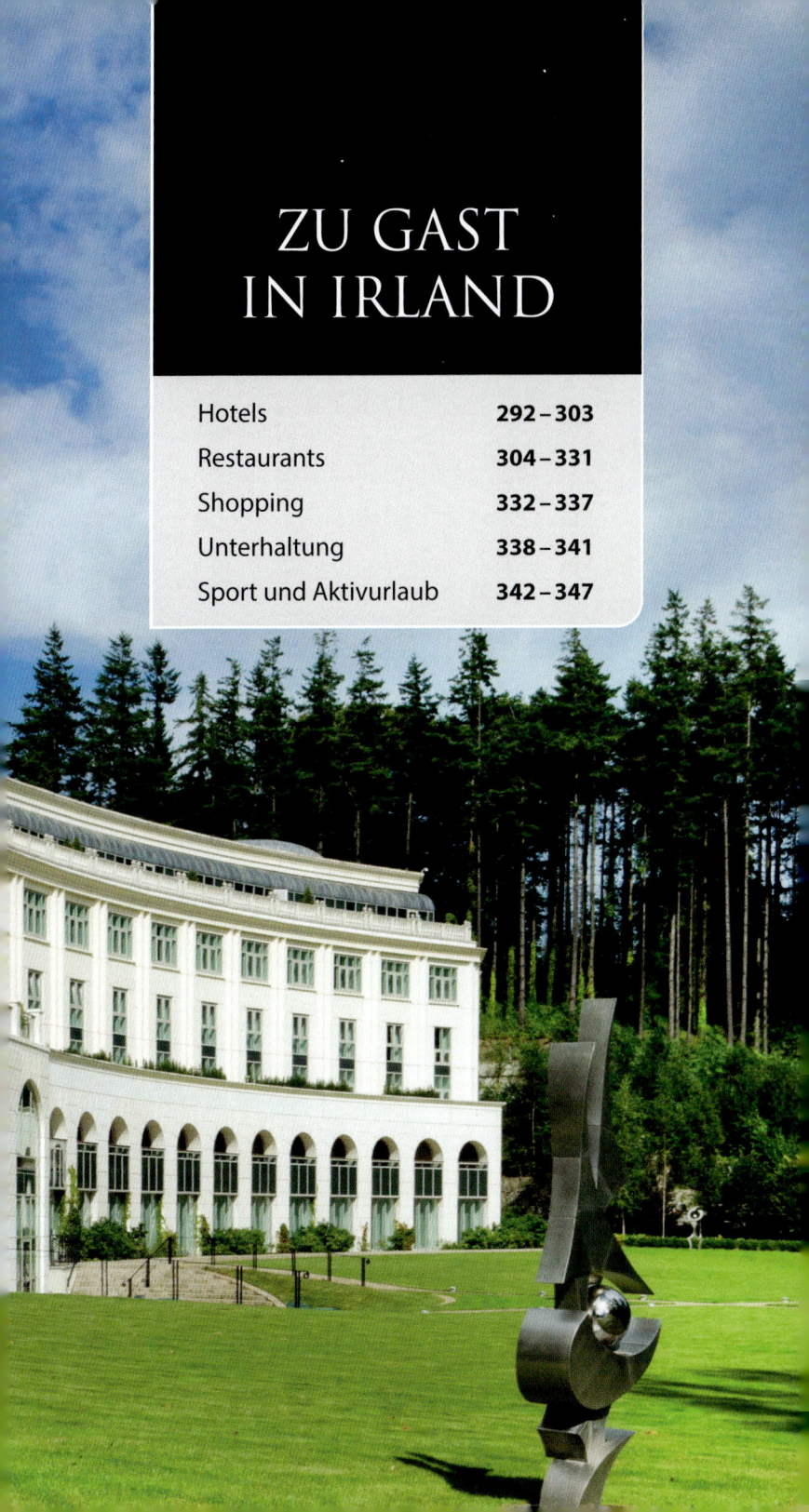

Hotels	**292 – 303**
Restaurants	**304 – 331**
Shopping	**332 – 337**
Unterhaltung	**338 – 341**
Sport und Aktivurlaub	**342 – 347**

Hotels

Ob Sie im exklusiven Luxushotel absteigen oder in einer sehr bescheidenen Unterkunft mit Selbstverpflegung, man wird Ihnen in Irland einen herzlichen Empfang bereiten. Auch in den großen Hotelketten wird man Ihnen stets gastfreundlich begegnen. Die Auswahl an Hotels ist enorm: Sie können sich in einem Landhaus aus dem 18. Jahrhundert, einem luxuriösen (oder etwas heruntergekommenen) Schloss, einem viktorianischen Stadthaus, einem altehrwürdigen Hotel, einem gemütlichen Landgasthaus oder auf einem Bauernhof einmieten. Darüber hinaus gibt es Wirtshäuser, Herbergen und Campingplätze. Im Folgenden finden Sie Informationen zu den verschiedenen Unterkünften. Auf den Seiten 296–303 sind zahlreiche Hotels und Pensionen aufgeführt, von B&B-Standard bis zur Luxuskategorie. Fáilte Ireland (das irische Fremdenverkehrsbüro) sowie Northern Ireland Tourist Board veröffentlichen zudem sehr umfangreiche Hotelführer.

Luxuriöses Spa im Hayfield Manor Hotel, Cork *(siehe S. 298)*

Hotelauswahl

An der Spitze der Preisskala rangieren teure Luxushotels, die in Schlössern, Burgen oder Landhäusern eingerichtet sind. Sie bieten ein Maximum an Komfort, sehr gutes Essen und viele Sportmöglichkeiten. Angeln, Fuchsjagden oder Schießen werden hier ebenso arrangiert wie etwa Reiten, Golfen, Segeln oder Radfahren.

Sollten Sie Indoor-Aktivitäten wie Gymnastik, Sauna und Schwimmen bevorzugen, so sind Sie in einem der modernen Hotels, die zu einer Kette gehören, bestens untergebracht. In der Republik Irland sind dies **The Doyle Collection** und die **Carlton Hotel Group**, in Nordirland **Hastings Hotels**. Man muss allerdings damit rechnen, dass sie manchmal nicht so charmant sind wie privat geführte Hotels.

Die Hotels an der Küste bieten normalerweise eine Vielzahl sportlicher Möglichkeiten oder empfehlen Sportstätten. In kleineren Städten ist das größte Hotel am Platz meist auch das Zentrum des sozialen Lebens. Einige Hotels bieten Ermäßigungen ab zwei Übernachtungen.

Das Kleeblatt-Symbol des nordirischen und irischen Fremdenverkehrsverbands an Hotels zeigt an, dass diese von den entsprechenden Verbänden empfohlen werden.

Country Houses – Landhäuser

Besucher, die in einem Landhaus übernachten und dabei auch das irische Landleben näher kennenlernen möchten, können sich an die ganz speziell darauf ausgerichtete Organisation **Hidden Ireland** wenden. Deren angebotene Häuser sind weder Gästehäuser noch Hotels oder Bed-and-Breakfast-Pensionen, sondern etwas ganz anderes. Erwarten Sie hier also nicht all jene Annehmlichkeiten wie Fernseher, Schwimmbad oder Gepäckträger. Die Gäste essen hier zusammen mit ihren Gastgebern, so als wären sie zu einem privaten Essen eingeladen. Viele der Häuser werden schon seit Jahrhunderten von denselben Familien geführt. Dieser Ausflug in die Geschichte kann durchaus etwas Faszinierendes für den Gast haben. Die Preise richten sich nach dem Komfort des Hauses, doch bieten alle Unterkünfte ein hervorragendes Preis-Leistungs-Verhältnis und dazu die Möglichkeit, irische Lebensart aus erster Hand kennenzulernen.

Die Broschüre *Ireland's Blue Book* (www.irelands-bluebook.ie) veröffentlicht Listen und wichtige Informationen. Reservierungen können über die Website vorgenommen werden.

Gästehäuser

Die meisten Gästehäuser findet man in den größeren Städten. Sie haben alle ihre ganz eigene Atmosphäre. Sie bieten ein reichhaltiges Irish Breakfast

Eingang des Hotels Shelbourne in Dublin *(siehe S. 296)*

◀ **Powerscourt Hotel Resort & Spa** *(siehe S. 297)*, Enniskerry, County Wicklow

The Drawing Room im Hotel The Merrion, Dublin *(siehe S. 296)*

(siehe S. 306) und zum Teil auch ein preiswertes Abendessen an. Einige unter den sehr guten Gästehäusern sind besser als manches Hotel. Zudem bekommen Sie hier einen sehr viel persönlicheren Einblick in das Leben einer Stadt. Wenn Sie eher die Anonymität vorziehen, ist ein Gästehaus natürlich nicht der richtige Ort.

Vor allem in der Gegend um Dublin findet man eine große Auswahl an Gästehäusern. Die Preise sind hier normalerweise angemessen. Die **Irish Hotels Federation** bietet Informationen zu über 600 Hotels und Gästehäusern in ganz Irland, einschließlich Dublin. Northern Ireland Tourist Board (www.discovernorthernireland.com) veröffentlicht ebenfalls eine breite Auswahl bewährter Unterkünfte. Bei beiden Agenturen können Buchungen über die Website vorgenommen werden. Doch es schadet nicht, auch stets auf Empfehlungen von anderen Gästen zu achten.

Bed and Breakfast

Irland steht in dem Ruf, die besten B&Bs in Europa zu bieten. Man findet diese Art der Unterbringung in allen Landesteilen. Unterkunft und Verpflegung sind hervorragend, die Aufnahme ist immer herzlich. Auch wenn ein Haus vielleicht von außen nicht hübsch ist, so stellen Komfort und Atmosphäre im Inneren mehr als zufrieden. Zimmer gibt es mit und ohne Bad. Für Erstere muss man etwas mehr zahlen. Da B&Bs jedoch generell sehr preisgünstig sind, schlägt dieser Aufpreis kaum zu Buche.

Die Iren selbst schwören auf B&Bs. Viele ziehen es vor, sich in diesen Unterkünften einzumieten statt in großen Hotels. Auch Gäste, die häufiger nach Irland fahren, ziehen B&Bs nahezu jedem Hotel vor. Das **Ireland Bed and Breakfast Network** sowie **B&B Ireland** informieren über alles Wissenswerte zu B&Bs in ganz Irland. Auf den genannten Websites gibt es auch einen Buchungsservice.

Ferien auf dem Bauernhof

Ferien auf dem Bauernhof sind in Irland überaus beliebt und haben eine lange Tradition. **Irish Farmhouse Holidays** informiert über alle Bauernhöfe der Republik, die zahlende Gäste aufnehmen. Man kann hier eine Nacht oder auch länger bleiben, um z. B. Ausflüge in die Umgebung zu unternehmen. Wie so oft in Irland ist es vor allem die Gastfreundschaft der Einheimischen, die den Aufenthalt überaus angenehm macht. Zudem bekommen Sie einen guten Einblick in das ländliche Leben Irlands.

Ferienwohnungen

Ferienwohnungen erfreuen sich in Irland zunehmender Beliebtheit. Im Süden und Westen der Insel findet man ein größeres Angebot, da diese Regionen traditionell mehr Fremdenverkehr haben. Informationen hierzu erhält man bei Fáilte Ireland, doch verfügen die örtlichen Fremdenverkehrsbüros meist über sehr viel mehr Auswahl. Auch findet man oft in irischen wie internationalen Zeitungen entsprechende Angebote, die von umgebauten Ställen über Cottages bis zu modernen Wohnhäusern reichen. Die Häuser sind in der Regel mit bequemen Möbeln, einer modernen Küche und einem Fernsehgerät ausgestattet.

Die Organisation **Rent an Irish Cottage** bietet eine Vielzahl an Mietobjekten, meist traditionelle Cottages mit weiß gekalkten Wänden innen und außen sowie den typischen

In warmen Farbtönen gehaltenes Zimmer im Number 31, Dublin *(siehe S. 296)*

Traditioneller Pferdewagen als Campingmöglichkeit

bemalten Dächern und Fenstern. Auch im Inneren sind sie im alten Stil – einfach, aber komfortabel – eingerichtet. Meist liegen sie auch sehr schön, doch und dies ist vielleicht der einzige Nachteil, stets in kleinen »Kolonien«, sodass sie etwa zehn Nachbarhäuser haben.

Sehr viel teurer ist es, eine Burg oder ein altes Landhaus zu mieten, die oft sehr gediegen, zum Teil auch mit Antiquitäten ausgestattet sind. Derartige Objekte vermittelt das Unternehmen **Elegant Ireland**. **Irish Landmark Trust Ltd** bietet eine riesige Auswahl an Unterkünften in Burgen, Torhäusern und Leuchttürmen an. Wer gerne in Apartments wohnt, findet bei **Airbnb** sicherlich das Richtige.

Camping
Eine Liste der von Fáilte Ireland empfohlenen Campingplätze findet man im Internet (www.camping-ireland.ie). Die meisten bieten viele praktische Einrichtungen und Möglichkeiten der Freizeitgestaltung – u. a. Läden, Restaurants, Cafés oder Bars, Wäschereien, Spielhallen und Tennisplätze. Die jeweiligen Angebote variieren. Der Campingführer des irischen Fremdenverkehrsamts bietet hier eine gute Orientierung: Vier-Sterne-Campingplätze haben eine große Auswahl an Einrichtungen und werden exzellent geführt. Zwei-Sterne-Plätze warten mit weniger Einrichtungen auf, haben jedoch ebenfalls ein gutes Management. Plätze mit nur einem Stern bieten oft nicht mehr, als Fáilte Ireland verlangt, um einen Campingplatz zu empfehlen. Eine Liste von Campingplätzen in Nordirland ist online verfügbar (www.northernireland.com/camping).

Wollen Sie Irland auf eine traditionellere Art und Weise kennenlernen, so können Sie auch einen Pferdewagen mieten. Eine der besten Organisationen, die sich auf diese Form des Reisens spezialisiert hat, ist **Kilvahan Horsedrawn Caravans** in Coolrain in Laois.

Jugendherbergen
Der irische Jugendherbergsverband **An Óige** verfügt über 22 Jugendherbergen, oft in sehr schönen Gegenden gelegen und zum Teil in alten Burgen eingerichtet. Diese Herbergen bieten einfache Schlafräume sowie die Möglichkeit, sich selbst mit Essen zu versorgen. Als Mitglied von An Óige oder einer anderen Organisation, die dem internationalen Jugendherbergsverband angeschlossen ist, können Sie dort übernachten. Die Preise variieren nach Lage, Ausstattung und Saison. Zuständig für Nordirland ist **Hostelling International Northern Ireland (HINI)**, das über drei Herbergen verfügt.

Die **Independent Holiday Hostels of Ireland** geben einen Herbergsführer heraus. Zudem gibt es Optionen in Studentenwohnheimen. Informationen erteilen die Fremdenverkehrsbüros oder Websites wie www.hostelworld.com.

Preise
Ausgewiesene Zimmerpreise verstehen sich in ganz Irland inklusive Steuer und Trinkgeld. Generell kosten Hotels in der Republik Irland etwa genauso viel wie in Nordirland. Hotelpreise können, je nach Saison, um bis zu 40 Prozent variieren, während Festivals können die Preise sogar auf mehr als das Doppelte steigen. Auch zwischen Werktagen und Wochenenden bestehen oft große Preisunterschiede. Viele Hotels bieten oft hohe Preisnachlässe an. Das Gleiche gilt für einen Aufenthalt in einem Landhaus. Preise für Gästehäuser hängen meist von der Attraktivität der Gegend und deren Anbindung an öffentliche Verkehrsmittel ab.

Allen, die wenig Geld ausgeben wollen, sind Ferien auf dem Bauernhof zu empfehlen. Nur die Selbstverpflegung in einem gemieteten Cottage *(siehe S. 293)* ist billiger.

Trinkgeld
Trinkgeld ist in Irland, auch in den größeren Hotels, nicht üblich. Verschiedene Serviceleistungen sind im Preis inbegriffen, niemand erwartet Trinkgeld, wenn er Gepäck aufs Zimmer bringt oder einen Drink serviert. In Restaurants jedoch gibt man dem Kellner normalerweise zehn Prozent Trinkgeld.

The Connemara Hostel in Connemara – beliebt bei Familien

Grace Kelly Suite im Gresham Hotel *(siehe S. 296)*, Dublin

Reservierung
Während der Hochsaison und an Feiertagen *(siehe S. 55)* empfiehlt es sich, eine Unterkunft zu reservieren, vor allem, wenn Ihr Besuch mit einer Feier oder einem sportlichen Ereignis *(siehe S. 32f)* zusammenfällt. Fáilte Ireland bietet einen entsprechenden Service für ganz Irland, ebenso das Northern Ireland Tourist Board. Hotels, die einer Kette angehören, bieten die Möglichkeit zentral durchzuführender Reservierungen.

Reisende mit besonderen Bedürfnissen
Eine Broschüre mit Tipps für behinderte Reisende gibt es bei den Touristeninformationen (Dublin Tourism und Fáilte Ireland). Diese haben auch Unterkunftslisten mit Hinweisen auf Rollstuhltauglichkeit. Auch die Behindertenorganisation Citizens Information Board *(siehe S. 352f)* erteilt Infos.

Das jährlich erscheinende *Holidays in the British Isles* bietet Informationen für behinderte Reisende, die Nordirland besuchen. Das Northern Ireland Tourist Board publiziert die hilfreiche Broschüre *Accessible Accomodation*.

Hotelkategorien
Irland bietet seinen Gästen Unterkünfte verschiedenster Art, von Gästehäusern über Burgen und Schlösser bis zu Stadthotels. Jedes der auf den Seiten 296–303 aufgeführten Hotels wurde einer Kategorie zugeordnet: Preiswert, Guesthouse, Hotel mit Charme, Boutique, Business und Luxus. Die Hotels wurden zudem in acht geografische Gebiete eingeteilt: Dublin, Südost-Irland, Cork und Kerry, Unterer Shannon, Westirland, Nordwest-Irland, Midlands und Nordirland. Innerhalb der Gebiete sind die Hotels in der alphabetischen Reihenfolge der Städte geordnet. Die ausgewählten Häuser zählen zu den besten der jeweiligen Region, wobei die Auswahl auf Kriterien wie Service, Lage und Komfort beruht.

Besondere Häuser werden als **Vis-à-Vis-Tipp** hervorgehoben. Jedes dieser Hotels verspricht ein besonderes Erlebnis durch seine Lage oder seinen Komfort.

Auf einen Blick

Hotels

Carlton Hotel Group
Parkway House, Cloghran,
Dublin Airport,
Co Dublin.
(01) 866 7555.
w carlton.ie

The Doyle Collection
Pembroke Rd, Dublin 4.
(01) 607 0070.
w doylecollection.com

Hastings Hotels
1066 House, Upper Newtownards Rd, Belfast.
(028) 9047 1066.
w hastingshotels.com

Country Houses

Hidden Ireland
P. O. Box 31,
Westport, Co Mayo.
(01) 662 7166.
w hiddenireland.com

Gästehäuser

Irish Hotels Federation
13 Northbrook Rd,
Dublin 6.
(01) 497 6459.
w irelandhotels.com

Bed and Breakfast

B&B Ireland
w bandbireland.com

Ireland Bed and Breakfast Network
w ireland-bnb.com

Ferien auf dem Bauernhof

Irish Farmhouse Holidays
Belleek Rd, Ballyshannon,
Co Donegal.
(071) 982 2222.
w irishfarmholidays.com

Ferienwohnungen

Airbnb
w airbnb.ie

Elegant Ireland
Box No 10871, Dublin 8.
(01) 473 2505.
w elegant.ie

Irish Landmark Trust Ltd
11 Parnell Sq, Dublin 1.
(01) 670 4733.
w irishlandmark.com

Rent an Irish Cottage
51 O'Connell St, Limerick.
(061) 411 109.
w rentacottage.ie

Camping

Boutique Camping
Castletown Geoghegan,
Co Westmeath.
(087) 987 5277.
w boutiquecamping.ie

Kilvahan Horsedrawn Caravans
Coolrain, Co Laois.
(057) 873 5178.
w horsedrawncaravans.com

Jugendherbergen

An Óige (Irish YHA)
61 Mountjoy St, Dublin 7.
(01) 830 4555.
w anoige.ie

Hostelling International Northern Ireland (HINI)
22–32 Donegall Rd,
Belfast. (028) 9032 4733. w hini.org.uk

Independent Holiday Hostels of Ireland
P.O. Box 11772, Fairview,
Dublin 3.
(01) 836 4700.
w hostels-ireland.com

Hotelauswahl

Dublin

Südost-Dublin

The Davenport €€
Luxus SP F4 K Q4
8–10 Lower Merrion Street, Dublin 2
📞 (01) 607 3500
🌐 davenporthotel.ie
Hinter der klassizistischen Fassade von 1863 verströmen Mahagoni und Messing das Ambiente eines Gentleman-Clubs.

Kilronan House €€
Guesthouse SP D5
70 Adelaide Road, Dublin 2
📞 (01) 475 5266
🌐 kilronanhouse.com
Das denkmalgeschützte Haus von 1854 verbindet georgianischen Charme mit modernem Komfort. Orthopädische Betten.

Stauntons on the Green €€
Guesthouse SP D5 K O4
83 St Stephen's Green, Dublin 2
📞 (01) 478 2300
🌐 stauntonsonthegreen.ie
Gemütlich, bescheiden. Die Zimmer an der ruhigeren Rückseite blicken auf die Iveagh Gardens.

Buswells €€€
Hotel mit Charme SP E4 K P3
23–27 Molesworth Street, Dublin 2
📞 (01) 614 6500
🌐 buswells.ie
Eines der ältesten Hotels (1882) in Dublin. Etwas altmodisch, klassisches Interieur.

Vis-à-Vis-Tipp

The Merrion €€€
Luxus SP D5 K P4
Upper Merrion Street, Dublin 2
📞 (01) 603 0600
🌐 merrionhotel.com
Vier elegante Stadthäuser aus dem 18. Jahrhundert wurden zu diesem Hotel der Extraklasse umgestaltet. Die Wände sind mit Bildern irischer Maler geschmückt. Ein Spa und zwei Restaurants sind im Haus.

Number 31 €€€
Hotel mit Charme SP E5 K P4
31 Leeson Close, Lower Leeson Street, Dublin 2
📞 (01) 676 5011
🌐 number31.ie
Das elegante georgianische Haus bietet luxuriöse, individuell gestaltete Zimmer. Die Gastfreundschaft ist außergewöhnlich.

The Shelbourne Dublin €€€
Luxus SP E4/5 K O4
27 St Stephen's Green, Dublin 2
📞 (01) 663 4500
🌐 marriott.com
Eine Institution mit uniformierten Portiers, großer Lobby, eleganter Bar und noblen Zimmern.

The Westin €€€
Luxus SP D3 K P2
35–39 Westmoreland Street, Dublin 2
📞 (01) 645 1000
🌐 thewestindublin.com
Das Hotel in einer schönen ehemaligen Bank beim Trinity College bietet gut ausgestattete, edel möblierte Zimmer.

Südwest-Dublin

Avalon House €
Preiswert SP C4 K O4
55 Aungier Street, Dublin 2
📞 (01) 475 0001
🌐 avalon-house.ie
Preiswerte, fröhliche Unterkunft in einem renovierten viktorianischen Ziegelhaus. Saubere, hohe Schlafsäle mit Holzböden.

Brooks Hotel €€€
Luxus SP D4 K O3
59–62 Drury Street, Dublin 2
📞 (01) 670 4000
🌐 brookshotel.ie
Makellos gepflegtes Boutique-Hotel mit ebensolchem Ruf. Geschmackvoll kombiniertes modernes und traditionelles Dekor.

Central Hotel €€€
Hotel mit Charme SP D5 K O3
1–5 Exchequer Street, Dublin 2
📞 (01) 679 7302
🌐 centralhoteldublin.com
Funktionale, ordentliche Zimmer und moderne Einrichtungen in einem Haus von 1887. Die alt-

Luxuriöser Salon in der Presidential Suite, The Westin in Dublin

---

Preiskategorien
Preise für ein Standard-Doppelzimmer pro Nacht in der Hochsaison, inklusive Service und Steuern.

€	unter 80 €
€€	80–180 €
€€€	über 180 €

---

modische, plüschige Library Bar ist ein beliebter Treffpunkt.

Radisson Blu Royal Hotel €€€
Business SP C4 K N3
Golden Lane, Dublin 8
📞 (01) 898 2900
🌐 radissonblu.ie/royalhotel-dublin
Das Hotel in einer ruhigen Straße bietet geräumige Zimmer und die kostenlose Benutzung eines nahen Fitness-Centers mit Pool.

Nördlich des Liffey

Cassidys €€
Preiswert SP D2 K O1
8–9 Cavendish Row, Upper O'Connell Street, Dublin 1
📞 (01) 878 0555
🌐 cassidyshotel.com
Moderne Zimmer, mit georgianischen Stilmöbeln eingerichtet. Ein weiterer Pluspunkt ist die Lage.

Hotel Riu Plaza The Gresham €€€
Hotel mit Charme SP D1 K O1
23 Upper O'Connell Street, Dublin 1
📞 (01) 874 6881
🌐 gresham-hotels-dublin.com
Das in einem rund 200 Jahre alten Gebäude untergebrachte Hotel gehört zu den ältesten in Dublin. Ein Traum für Nostalgiker.

The Morrison €€€
Boutique SP C3 K N2
Ormond Quay, Dublin 1
📞 (01) 887 2400
🌐 morrisonhotel.ie
Angesagtes Hotel im Stadtzentrum mit jeder Menge Flair.

Abstecher

Vis-à-Vis-Tipp

Ariel House €€
Hotel mit Charme SP D4
50–54 Landsdowne Rd, Dublin 4
📞 (01) 668 5512
🌐 ariel-house.net
Das Hotel residiert in drei viktorianischen Häusern von 1850 in einem Vorort und dennoch nah zum Zentrum. Das Interieur besticht mit erlesenen Antiquitäten.

Hotelkategorien siehe S. 295

Elegante Suite im Cliff House Hotel, Ardmore

Clayton Hotel €€
Preiswert SP D4 K P4
Merrion Road, Ballsbridge, Dublin 4
(01) 668 1111
w claytonhotelballsbridge.com
Das Hotel in einem schönen alten Backstein-Schulhaus bietet komfortable, moderne Zimmer und ein exzellentes Restaurant.

Clontarf Castle €€
Hotel mit Charme SP D3
Castle Avenue, Clontarf, Dublin 3
(01) 833 2321
w clontarfcastle.ie
Zahlreiche Komfortmerkmale und moderne Ausstattung in einer Burg aus dem 12. Jahrhundert. Freundlich und gemütlich.

Fitzpatrick Castle €€
Hotel mit Charme SP D4
Killiney, Co Dublin
(01) 230 5400
w fitzpatrickcastle.com
Charmant-altmodischen Luxus bietet dieses Hotel in Familienbesitz in einem Schloss aus dem 18. Jahrhundert hoch über der Dublin Bay.

Herbert Park €€
Luxus SP D4
Ballsbridge, Dublin 4
(01) 667 2200
w herbertparkhotel.ie
Groß, hell, geräumig, gut ausgestattet, mit elegantem Design. Nahe dem Herbert Park gelegen.

Portmarnock Hotel and Golf Links €€
Hotel mit Charme SP D3
Strand Rd, Portmarnock, Co Dublin
(01) 846 0611
w portmarnock.com
Das elegante viktorianische Haus am Strand gehörte früher der berühmten Whiskey-Familie Jameson. Es ist geschmackvoll dekoriert, schön möbliert.

The Dylan €€€
Luxus SP D4
Eastmoreland Place, Dublin 4
(01) 660 3000
w dylan.ie
Edles Boutique-Hotel mit luxuriösen, individuell gestalteten Zimmern und elegantem Restaurant.

InterContinental Hotel €€€
Luxus SP D4
Simmonscourt Road, Ballsbridge, Dublin 4
(01) 665 4000
w intercontinentaldublin.ie
Das InterContinental vereint klassische Eleganz mit modernem Komfort. Luxuriöse Zimmer.

Südost-Irland

Vis-à-Vis-Tipp
ARDMORE:
Cliff House Hotel
Luxus €€€
 SK C5 K F12
Ardmore, Co Waterford
(024) 87800
w thecliffhousehotel.com
Das auf der Klippe gelegene Hotel bietet geräumige Zimmer, meist mit Balkon oder Terrasse, mit Blick auf die Ardmore Bay und irischer Kunst. Außerdem gibt es ein Sterne-Restaurant und ein Luxus-Spa mit Felsenpool im Freien.

ASHFORD:
Ballyknocken House €€
Guesthouse SK D4 K J9
Glenealy, Ashford, Co Wicklow
(0404) 44627
w ballyknocken.com
Romantisches viktorianisches Bauernhaus mit Kochkursen unter Leitung der Kochbuchautorin Catherine Fulvio.

Vis-à-Vis-Tipp
BALLINAKILL:
Waterford Castle €€€
Luxus SK D5 K G9
The Island, Ballinakill, Waterford
(051) 878 203
w waterfordcastleresort.com
Das charmante Luxushotel in einer Burg aus dem 15. Jahrhundert steht auf einer Privatinsel und ist mit der Autofähre erreichbar. Hier findet man klassische Eleganz und modernen Komfort, exzellente Restaurants, einen 18-Loch-Golfplatz und Tennisplätze sowie 48 Luxus-Ferienhäuser.

ENNISKERRY:
Powerscourt Hotel Resort & Spa €€€
Luxus SK D4 K J8
Powerscourt Estate, Enniskerry, Co Wicklow
(01) 274 8888
w powerscourthotel.com
Das Luxushotel auf dem historischen Powerscourt Estate verwöhnt seine Gäste mit eleganten Räumen und offenen Kaminen.

GOREY: **Marlfield House** €€€
Luxus SK D5 K H10
Gorey, Co Wexford
(053) 942 1124
w marlfieldhouse.ie
Villa im Regency-Stil mit Kunst, Antiquitäten, Kristalllüstern und Marmorkaminen.

INISTIOGE: **Cullintra House** €€
Guesthouse SK D5 K G10
The Rower, Inistioge, Co Kilkenny
(051) 423 614
w cullintrahouse.com
Historisches Bauernhaus mit gemütlichen Zimmern, offenen Kaminen sowie einer eigenen Küche für Candle-Light-Dinner.

KILKENNY:
Langton House Hotel €€
Boutique SK C4 K G10
69 John Street, Kilkenny, Co Kilkenny
(056) 776 5133
w langtons.ie
Freundliches Boutique-Hotel mit Charme und Stil. Service und Küche sind exzellent.

MACREDDIN: **The BrookLodge Hotel & Wells Spa** €€
Boutique SK D4 K H9
Macreddin Village, Co Wicklow
(0402) 36444
w brooklodge.com
Das Hotel ist im Landhausstil mit offenen Kaminen gehalten. Das Restaurant Strawberry Tree bietet Vollwertgerichte.

SP = Stadtplan *siehe S. 120–123* SK = Straßenkarte *siehe hintere Umschlaginnenseiten* K = Karte *Extrakarte zum Herausnehmen*

NEWTOWNMOUNTKENNEDY:
Druids Glen Resort €€
Hotel mit Charme   SK D4 K H9
Newtownmountkennedy, Co Wicklow
☎ (01) 287 0800
🌐 druidsglenresort.com
Großes Resorthotel in Waldlage mit gut ausgestatteten Zimmern, Spa und zwei Golfplätzen. Ein Ort zum Wohlfühlen.

RATHNEW: Tinakilly Country House & Restaurant €€
Hotel mit Charme   SK D4 K H9
Main St, Rathnew, Co Wicklow
☎ (0404) 69274
🌐 tinakilly.ie
Klassisches viktorianisches Herrenhaus mit viel Gastfreundschaft und modernem Komfort. Die Zimmer sind individuell gestaltet, Antiquitäten sind wichtiger Teil der Einrichtung.

ROSSLARE: Kelly's Resort Hotel & Spa €€€
Luxus   SK D5 K H11
Rosslare, Co Wexford
☎ (053) 913 2114
🌐 kellys.ie
Familienfreundliches Hotel der Extraklasse, am Meer gelegen, umfassendes Freizeitangebot mit Tennisplätzen und Spa. Kinderbetreuung wird angeboten.

STRAFFAN: Kildare Hotel & Country Club (K Club) €€€
Luxus   SK D4 K G8
Straffan, Co Kildare
☎ (01) 601 7200
🌐 kclub.ie
Durch das 1832 eröffnete Anwesen strömt nostalgischer Charme. Kunstwerke und Antiquitäten prägen das Ambiente. Schöne Zimmer; exzellente Restaurants.

THOMASTOWN:
Mount Juliet Estate €€€
Luxus   SK D5 K G10
Thomastown, Co Kilkenny
☎ (056) 777 3000
🌐 mountjuliet.ie
Luxushotel auf einem Landgut. Ideal für Golfspieler und Naturliebhaber.

Cork und Kerry

BALTIMORE: Casey's €€
Guesthouse   SK B6 K C13
Baltimore, Co Cork
☎ (028) 20197
🌐 caseysofbaltimore.com
Das spektakulär am Wild Atlantic Way gelegene Casey's lockt seine Gäste mit wunderbarer Aussicht, gemütliche Bar und köstlichem Seafood.

Bantry House ist herrlich oberhalb der Bantry Bay gelegen

Vis-à-Vis-Tipp
BANTRY: Bantry House €€
Hotel mit Charme SK B6 K C12
Bantry, Co Cork
☎ (027) 50047
🌐 bantryhouse.com
Das Hotel in einem altehrwürdigen Herrenhaus (17. Jh.) bietet traumhafte Zimmer, von den meisten genießt man den Blick auf den schönen Park. Die monumentale »Stairway to the Sky« führt Sie zu einer herrlichen Aussicht auf die Bantry Bay. Geöffnet von April bis Oktober.

CLONAKILTY: Inchydoney Island Lodge & Spa €€€
Luxus   SK B6 K D12
Clonakilty, West Cork, Co Cork
☎ (023) 883 3143
🌐 inchydoneyisland.com
Modernes Resort mit Seeblick und vielen Zimmern mit Balkon. Von dort blickt man auf den Atlantik und einen Strand.

Vis-à-Vis-Tipp
CORK: Hayfield Manor €€€
Luxus   SP C5 K E12
Perrott Avenue, College Road, Cork
☎ (021) 484 5900
🌐 hayfieldmanor.ie
Das kleine, elegante Hotel mit eigenem Anwesen wurde 1996 eröffnet, wirkt jedoch wie ein historisches Haus mit großen Zimmern, eleganten Möbeln und tadellosem Service. Zur Anlage gehören auch ein Hallenschwimmbad und andere Freizeiteinrichtungen.

CORK: Maryborough Hotel & Spa €€€
Hotel mit Charme   SK C5 K E12
Maryborough Hill, Douglas, Cork
☎ (021) 436 5555
🌐 maryborough.com

Moderne Zimmer in einem schönen alten Haus aus dem 18. Jahrhundert. Besonders idyllisch ist es im Ziergarten.

DINGLE: Dingle Benners Hotel €€
Hotel mit Charme   SK A5 K B11
Main Street, Dingle, Co Kerry
☎ (066) 915 1638
🌐 dinglebenners.com
Dingles ältestes Hotel – rustikal, freundlich, schöne Lage. Das Frühstück ist exzellent.

DINGLE: Dingle Skellig Hotel & Peninsula Spa €€
Hotel mit Charme   SK A5 K B11
Dingle, Co Kerry
☎ (066) 915 0200
🌐 dingleskellig.com
Ideal für Familien, ordentliche, angemessen möblierte Zimmer. Kinder werden betreut, das Restaurant serviert auch Kindermenüs.

DINGLE PENINSULA:
Gorman's Clifftop House & Restaurant €€
Guesthouse   SK A5 K B11
Glaise Bheag, Ballydavid, Co Kerry
☎ (066) 915 5162
🌐 gormans-clifftophouse.com
Gemütliches Hotel mit Seeblick, offenem Torffeuer, Holzmöbeln.

FOTA ISLAND:
Fota Island Resort €€
Luxus   SK C6 K E12
Fota Island, Co Cork
☎ (021) 488 3700
🌐 fotaisland.ie
Schönes modernes Resort mit Golfplatz und Spa und benachbartem Wildtierpark.

KENMARE:
Sea Shore Farm Guesthouse €€
Guesthouse   SK B5 K C12
Tubrid, Kenmare, Co Kerry
☎ (064) 664 1270
🌐 seashore-kenmare.com
Hotel am Ring of Kerry mit Blick auf die Beara Peninsula.

Hotelkategorien siehe S. 295 Preiskategorien siehe S. 296

Vis-à-Vis-Tipp
KENMARE:
Sheen Falls Lodge €€€
Luxus SK B5 K C12
Kenmare, Co Kerry
📞 (064) 664 1600
🌐 sheenfallslodge.ie
Direkt am Fluss und an den Sheen Falls gegenüber der Stadt liegt dieses opulente, klassisch-elegante Fünf-Sterne-Hotel auf einem 120 Hektar großen Grundstück – es zählt zu den besten des Landes. Die Lodge ist idealer Ausgangspunkt für Wanderungen auf dem Wild Atlantic Way.

KILLARNEY: The Europe Hotel and Resort €€€
Luxus SK B5 K C11
Fossa, Killarney, Co Kerry
📞 (064) 667 1300
🌐 theeurope.com
Fünf-Sterne-Resort mit wundervollem Seeblick und eleganter Möblierung. Das Spa ist perfekt ausgestattet.

KILLARNEY: The Malton €€€
Hotel mit Charme SK B5 K C11
Town Centre, Killarney, Co Kerry
📞 (064) 663 8000
🌐 themalton.com
Charmantes Anwesen unweit des Killarney National Park mit hübschem Park. Durch das Haus weht das Flair der viktorianischen Epoche.

KILLORGLIN:
Carrig Country House €€
Guesthouse SK A5 K B11
Caragh Lake, Killorglin, Co Kerry
📞 (066) 976 9100
🌐 carrighouse.com
Gäste schätzen offene Kamine, die zum heimeligen Ambiente beitragen. Viele reizende Antiquitäten, die großen Zimmer und das exzellente Restaurant sind weitere Pluspunkte.

KINSALE: Carlton Hotel Kinsale €€
Guesthouse SK B6 K E12
Rathmore Road, Kinsale, Co Cork
📞 (021) 470 6000
🌐 carltonkinsalehotel.com
Das ruhige, moderne Hotel überzeugt mit Meerblick, einem tollen Pool, einem engagierten Kinderclub und wohltuendem Spa.

LITTLE ISLAND: Radisson Blu Hotel & Spa Cork €€
Hotel mit Charme SK C6 K E12
Ditchley House, Little Island, Cork
📞 (021) 429 7000
🌐 radissonblu.ie/hotel-cork
Schickes, elegantes Spa-Hotel mit altmodischem Charme und modernem Design.

SNEEM: Parknasilla Hotel Resort & Spa €€€
Hotel mit Charme SK A6 K G12
Sneem, Co Kerry
📞 (064) 6675600
🌐 parknasillahotel.ie
Viktorianisches Hotel an der Kenmare Bay, möbliert mit eleganten Antiquitäten. Spa und 12-Loch-Golfplatz.

TRALEE:
Ballyseede Castle Hotel €€
Hotel mit Charme SK B5 K C11
Ballyseede, Tralee, Co Kerry
📞 (066) 712 5799
🌐 ballyseedecastle.com
Altehrwürdiges Haus von 1590 in Familienbesitz in Waldlage. Elegante Zimmer.

Unterer Shannon

ADARE: Dunraven Arms €€
Hotel mit Charme SK B5 K C10
Adare, Co Limerick
📞 (061) 605 900
🌐 dunravenhotel.com
Ein luxuriöses, überaus freundliches Landhotel mit großen Zimmern und schönen Möbeln.

Vis-à-Vis-Tipp
ADARE: Adare Manor Hotel & Golf Resort €€€
Luxus SK B5 K C10
Adare, Co Limerick
📞 (061) 605 200
🌐 adaremanor.com
Das neogotische Herrenhaus am River Maigue (1720) war einst der Sitz der Earls of Dunraven. Seine eleganten Zimmer mit originalen Stilelementen und hohen Decken sind luxuriös möbliert und blicken auf den französischen Garten. Spa im Haus.

BALLYVAUGHAN:
Gregans Castle Hotel €€€
Hotel mit Charme SK B4 K D8
Ballyvaughan, Co Clare
📞 (065) 707 7005
🌐 gregans.ie
Ein bestens ausgestattetes Hotel in fantastischer Lage im Burren. Das Anwesen wird von wunderschönen Gärten umrahmt. Die Zimmer sind im modernen Landhausstil gestaltet.

DOOLIN: Ballinalacken Castle Country House Hotel €€
Guesthouse SK B4 K C8
Doolin, Co Clare
📞 (086) 361 3719
🌐 ballinalackencastle.com
Das Hotel in einem Haus des 15. Jahrhunderts bietet offene Kamine und herrlichen Meerblick. Ein Highlight ist das renommierte Restaurant.

KILMALLOCK:
Flemingstown House €€€
Guesthouse SK B5 K E10
Kilmallock, Co Limerick
📞 (063) 98093
🌐 flemingstown.com
Altes Haus auf einem Bauernhof. Exzellentes Frühstück. Das Hotel wird gerne von Familien und größeren Gruppen gebucht.

LAHINCH: Moy House €€€
Luxus SK B4 K C9
Lahinch, Co Clare
📞 (065) 708 2800
🌐 moyhouse.com
Hübsches Hotel (18. Jh.) mit Meerblick und eleganter Möblierung, Obst- und Gemüsegarten.

LIMERICK:
No.1 Pery Square €€
Hotel mit Charme SK B4 K E10
1 Pery Square, Limerick
📞 (061) 402402
🌐 oneperysquare.com
Georgianisches Stadthaus mit großen, eleganten Zimmern, viel Glamour und Spa.

Elegant möbliertes Zimmer im Moy House, Lahinch

SK = Straßenkarte *siehe hintere Umschlaginnenseiten* **K** = Karte *Extrakarte zum Herausnehmen*

Vom Salon von Ashford Castle in Cong blickt man auf den Park

LIMERICK: Savoy Hotel €€
Boutique-Hotel　　　SK B4　K E10
Henry St, Limerick
📞 (061) 448 700
🌐 savoylimerick.com
Hotel mit luxuriösen Zimmern und Spa-Anwendungen. Das Hotel ist guter Ausgangspunkt zu den Cliffs of Moher.

Vis-à-Vis-Tipp

NEWMARKET-ON-FERGUS: Dromoland Castle €€€
Luxus　　　SK B4　K D9
Newmarket-on-Fergus, Co Clare
📞 (061) 368 144
🌐 dromoland.ie
Eines der feinsten Hotels in Irland. Seine stilvolle Eleganz – Antiquitäten, Kristalllüster – wird nur von der landschaftlichen Schönheit des Anwesens übertroffen. Luxus pur.

THURLES: Inch House €€
Guesthouse　　　SK C4　K F10
Nenagh Rd, Thurles, Co Tipperary
📞 (0504) 51348
🌐 inchhouse.ie
Das georgianische Herrenhaus lockt mit großen hohen Räumen und preisgekröntem Restaurant.

Westirland

ACHILL ISLAND: Bervie Guesthouse €€
Guesthouse　　　SK A3　K C6
The Strand, Keel, Achill Island, Co Mayo
📞 (098) 43114
🌐 bervieachill.com
Hotel in einer alten Küstenwache mit Zugang zum Keel Beach.

ACHILL ISLAND: Grays Guesthouse €€
Guesthouse　　　SK A3　K C6
Dugort, Achill Island, Co Mayo
📞 (098) 43244
🌐 grays-guesthouse.ie
Altmodisches, aber komfortabel ausgestattetes Hotel im hübschen Dorf Dugort.

ARAN ISLANDS: An Dún Guest House €€
Guesthouse　　　SK B4　K C8
Inis Meáin, Aran Islands, Co Galway
📞 (099) 73047
🌐 inismeainaccommodation.com
Komfortabel und freundlich, umgeben von Kultur und schöner Landschaft, sehr gute Küche.

ARAN ISLANDS: Kilmurvey House €€
Guesthouse　　　SK B4　K C8
Inis Mór, Aran Islands, Co Galway
📞 (099) 61218
🌐 aranislands.ie/kilmurvey-house
Steinhaus (18. Jh.) mit komfortablen Räumen, schöne Aussicht.

Vis-à-Vis-Tipp

BALLINA: Ice House Hotel €€€
Luxus　　　SK B2　K D5
The Quay, Ballina, Co Mayo
📞 (096) 23500
🌐 icehousehotel.ie
Das Design-Hotel in einem renovierten Eishaus erlaubt durch die deckenhohen Fenster einen herrlichen Blick auf den Fluss. Genießen Sie nach einem Schwitzbad moderne feine irische Küche.

CARRICK-ON-SHANNON: The Landmark Hotel €€
Luxus　　　SK C3　K F6
Carrick-on-Shannon, Co Leitrim
📞 (071) 962 2222
🌐 thelandmarkhotel.com
Zentral gelegenes Hotel mit geräumigen Zimmern und schöner Aussicht auf den Shannon.

CASTLEBAR: Breaffy House Resort €€
Hotel mit Charme　　SK B3　K D6
Castlebar, Co Mayo
📞 (094) 902 2033
🌐 breaffyhouseresort.com
Gut ausgestattete Zimmer und Freizeiteinrichtungen mit Spa.

CASTLEREA: Clonalis House €€€
Luxus　　　SK C3　K E6
Castlerea, Co Roscommon
📞 (094) 962 0014
🌐 clonalis.com
Historisches Herrenhaus aus dem Jahr 1878 auf einem Landgut, Zimmer mit Originaldekor.

CLIFDEN: Dolphin Beach House €€
Guesthouse　　　SK A3　K B7
Lower Sky Road, Clifden, Co Galway
📞 (095) 21204
🌐 dolphinbeachhouse.com
Elegantes Strandhotel mit großen, antik möblierten Zimmern.

CONG: Ashford Castle €€€
Luxus　　　SK B3　K D7
Cong, Co Mayo
📞 (094) 954 6003
🌐 ashford.ie
Irlands luxuriösestes Schlosshotel ist von 140 Hektar Parkland mit Seen und Gärten umgeben.

GALWAY: Jurys Inn €€
Business　　　SK B4　K D8
Quay Street, Galway, Co Galway
📞 (091) 566 444
🌐 jurysinns.com
Zentrales Hotel mit funktionalen Zimmern. Frühstück und Internet-Zugang kosten extra.

GALWAY: The Twelve Hotel €€
Luxus　　　SK B3　K D8
Barna Village, Galway, Co Galway
📞 (091) 597 000
🌐 thetwelvehotel.ie
Schickes Boutique-Hotel unweit des Strands. Bäckerei und Massagen gehören zum Angebot des Hauses.

GALWAY: Hotel Meyrick €€€
Hotel mit Charme　　SK B4　K D8
Eyre Square, Galway, Co Galway
📞 (091) 564 041
🌐 hotelmeyrick.ie
Historisches Eisenbahnhotel mit Mahagoni-Messing-Dekor, reich dekorierten Zimmern und Spa.

INISHBOFIN: Doonmore Hotel €€
Preiswert　　　SK A3　K B7
Inishbofin Island, Co Galway
📞 (095) 45804
🌐 doonmorehotel.com
Traditionelles Hotel im Familienbesitz, Bar mit offenem Kamin und regelmäßiger Live-Musik.

NEWPORT: Newport House €€
Luxus　　　SK B3　K C6
Newport, Co Mayo
📞 (098) 41222
🌐 newporthouse.ie
Das historische georgianische Herrenhaus bietet eleganten Komfort und einen international bekannten Weinkeller.

RENVYLE: Renvyle House Hotel €€€
Hotel mit Charme　　SK A3　K B7
Renvyle, Connemara, Co Galway
📞 (095) 46100
🌐 renvyle.com

Stimmungsvolles historisches Anwesen am Atlantik mit See und Golfplatz.

ROSCOMMON: Abbey Hotel €€
Hotel mit Charme SK C3 K E7
Galway Road, Roscommon
📞 (090) 662 6240
🌐 abbeyhotel.ie
Hübsche Zimmer mit Bad und moderne Ausstattung.

Vis-à-Vis-Tipp

WESTPORT:
Ardmore Country House €€
Hotel mit Charme SK B3 K C6
The Quay, Westport, Co Mayo
📞 (098) 25994
🌐 ardmorecountryhouse.com
Das ruhige Hotel mit sehr schönem Blick auf die Clew Bay befindet sich ganz in der Nähe von Westports Hafen (18. Jh.) und lockt mit einem fantastischen Frühstück und sehr individuell gestalteten Zimmern.

WESTPORT:
Knockranny House Hotel €€
Guesthouse SK B3 K C6
Westport, Co Mayo
📞 (098) 28600
🌐 knockrannyhousehotel.ie
Gemütliches Hotel mit offenen Kaminen und Antiquitäten.

Nordwest-Irland

ARDARA: The Green Gate €€
Guesthouse SK C2 K E4
Ardvally, Ardara, Co Donegal
📞 (074) 954 1546
🌐 thegreengate.eu
Die einfachen, hübschen Zimmer verteilen sich auf zwei niedrige, strohgedeckte Cottages.

BUNDORAN:
Great Northern Hotel €€
Luxus SK C2 K E4
Sea Road, Bundoran, Co Donegal
📞 (071) 984 1204
🌐 greatnorthernhotel.com
Mit Freizeiteinrichtungen und 18-Loch-Golfplatz ideal für einen entspannten Familienurlaub.

DONEGAL TOWN:
Ard Na Breatha €€
Guesthouse SK C2 K F4
Drumrooske Middle, Donegal Town, Co Donegal
📞 (074) 972 2288
🌐 ardnabreatha.com
Das Guesthouse, ein Vorreiter in der irischen Ökotourismus-Bewegung, bietet eine tolle Aussicht auf die Bluestack Mountains.

DOWNINGS:
Rosapenna Hotel €€
Guesthouse SK C1 K F2
Downings, Co Donegal
📞 (074) 915 5301
🌐 rosapenna.ie
Geschmackvolle Zimmer, die meisten mit Balkon und Meerblick. Zwei Golfplätze.

DUNFANAGHY:
Arnolds Hotel €€
Guesthouse SK C1 K F2
Dunfanaghy, Co Donegal
📞 (074) 913 6208
🌐 arnoldshotel.com
Hotel im Familienbesitz, Zimmer mit Blick auf die Sheephaven Bay, Lounge mit offenem Kamin.

Vis-à-Vis-Tipp

LOUGH ESKE:
Lough Eske Castle Hotel & Spa €€
Luxus SK C2 K F2
Lough Eske, Donegal Town, Co Donegal
📞 (074) 972 5100
🌐 solishotels.com
Ein wundervolles Schlosshotel an der Küste von Lough Eske. Das Anwesen bietet einen Mix aus historischem Flair mit moderner Eleganz. Das einzige Fünf-Sterne-Hotel der Gegend verfügt über Spa, Gourmet-Restaurant, Bar, Tee-Lounge und geradezu verschwenderisch eingerichtete Zimmer.

LOUGH ESKE:
Harvey's Point €€€
Luxus SK C2 K F2
Lough Eske, Donegal Town, Co Donegal
📞 (074) 972 2208
🌐 harveyspoint.com
Mitten in den Hügeln von Donegal bietet dieses Hotel im Schweizer Stil luxuriöse Zimmer mit Blick auf den See – teilweise mit Himmelbett. Das feine Restaurant ist Herz und Seele des Hotels.

Vis-à-Vis-Tipp

MALIN TOWN:
The Malin Hotel €€
Hotel mit Charme SK C1 K G2
Malin Town, Inishowen, Co Donegal
📞 (074) 937 0606
🌐 malinhotel.ie
Französisch inspiriertes freundliches Boutique-Hotel mit stets gut besuchter Bar. Zimmer mit Designertapeten, Bettwäsche aus ägyptischer Baumwolle.

MOHILL: Lough Rynn Castle €€
Luxus SK C3 K F6
Mohill, Co Leitrim
📞 (071) 963 2700
🌐 loughrynn.ie
Elegantes Schlosshotel auf einem 60 Hektar großen Anwesen – altmodischer Charme und Eleganz.

RIVERSTOWN:
Coopershill House €€€
Luxus SK C2 K E12
Riverstown, Co Sligo
📞 (071) 916 5108
🌐 coopershill.com
Elegantes Haus aus dem 17. Jahrhundert, große Zimmer mit geschmackvollen Antiquitäten.

ROSSES POINT:
Yeats Country Hotel €€
Hotel mit Charme SK B2 K E5
Rosses Point, Co Sligo
📞 (071) 917 7211
🌐 yeatscountryhotel.com
Das Hotel bietet gemütliche, elegante Zimmer mit Bad sowie einen Pool und ein Spa.

ROSSNOWLAGH:
Sand House Hotel €€
Guesthouse SK C2 K E4
Rossnowlagh, Co Donegal
📞 (071) 985 1777
🌐 sandhouse.ie
Imposantes, burgartiges Hotel mit komfortablen, gemütlichen, schön gestalteten Zimmern. Schöner Blick auf den Strand.

Fassade von Lough Rynn Castle in Mohill

SK = Straßenkarte *siehe hintere Umschlaginnenseiten* K = Karte *Extrakarte zum Herausnehmen*

HOTELS

SLIGO: Clarion Hotel €€
Hotel mit Charme SK C2 K E5
Clarion Rd, Sligo, Co Sligo
(071) 911 9000
clarionhotelsligo.com
Großes, familienfreundliches Hotel mit schönem Anwesen und Blick auf Ben Bulben.

Midlands

ATHLONE: Hodson Bay €€
Guesthouse SK C3 K F7
Hodson Bay, Athlone, Co Westmeath
(090) 644 2000
hodsonbayhotel.com
Freundliche Zimmer, überwiegend mit schönem Blick auf den Lough Ree. Shannon-Bootsfahrten.

CARLINGFORD: Ghan House €€
Guesthouse SK D3 K J6
Ghan Road, Carlingford, Co Louth
(042) 937 3682
ghanhouse.com
Familiengeführtes Hotel in einem georgianischen Anwesen mit eleganten Zimmern und Kaminen.

CAVAN: Radisson Blu Farnham Estate €€€
Business SK C3 K G6
Farnham Estate, Cavan, Co Cavan
(049) 437 7100
farnhamestate.ie
Ein modernes Glasatrium führt zu einem Herrenhaus (18. Jh.) mit prächtigen Zimmern.

CLONES: Hilton Park €€
Luxus SK C2 K G5
Clones, Co Monaghan
(047) 56 007
hiltonpark.ie
Die Zimmer des Landsitzes, seit 1734 im Besitz der Familie Madison, sind mit Stilmöbeln und komfortabel eingerichtet.

Blick vom Balkon des Spa im Hodson Bay auf den Lough Ree, Athlone

CLOVERHILL: The Olde Post Inn €€
Hotel mit Charme SK C3 K G6
Cloverhill, Co Cavan
(047) 55555
theoldepostinn.com
Rustikales Gasthaus in einem ehemaligen Postamt, gemütliche Zimmer, exzellentes Restaurant.

DROGHEDA: Boyne Valley Hotel & Country Club
Preiswert SK D3 K H7
Stameen, Drogheda, Co Louth
(041) 983 7737
boyne-valley-hotel.ie
Familienfreundliches Hotel in einem historischen Haus. Die Zimmer im alten Bau haben mehr Charakter, die anderen sind besser ausgestattet.

KILLENARD: The Heritage Golf & Spa Resort €€
Luxus SK C4 K G8
Killenard, Co Laois
(057) 864 5500
theheritage.com
Beeindruckende Gemeinschaftsräume und Freizeiteinrichtungen, drei Restaurants.

KILMESSAN: Station House Hotel €€
Hotel mit Charme SK D3 K H7
Kilmessan, Co Meath
(046) 902 5239
stationhousehotel.ie
Gemütliches Hotel in einem ehemaligen viktorianischen Bahnhof. Gut ausgestattete, hübsche Zimmer, preisgekröntes Restaurant.

KINNITTY: Ardmore House €
Guesthouse SK C4 K F8
The Walk, Kinnitty, Co Offaly
(057) 913 7009
kinnitty.com
Hier erlebt man das alte Irland mit Torffeuer, Hausmacherküche und entspannter, sehr freundlicher Atmosphäre.

LONGFORD: Viewmount House €€
Hotel mit Charme SK C3 K F7
Dublin Road, Longford
(043) 334 1919
viewmounthouse.com
Das georgianische Haus, einst im Besitz des Earl of Longford, bietet helle, elegante Zimmer.

MOUNTRATH: Roundwood House €€
Hotel mit Charme SK C4 K F9
Mountrath, Co Laois
(057) 873 2120
roundwoodhouse.com
Genießen Sie einen einmaligen Aufenthalt in schöner Berglage im eleganten palladianischen Haus der Familie Flynn.

MULLINGAR: Greville Arms €
Preiswert SK C3 K G7
Pearse Street, Mullingar, Co Westmeath
(044) 934 8563
grevillearmshotel.ie
Traditionelles Landhotel mit komfortablen Zimmern, großer Bar und Club.

Vis-à-Vis-Tipp

SLANE: Tankardstown House €€€
Luxus SK D3 K H7
Slane, Co Meath
(041) 982 4621
tankardstown.ie
Eine Lindenallee führt zu dem Herrenhaus aus dem 18. Jahrhundert. Hier erwarten einen Zimmer mit exquisiten Antiquitäten, eine exzellente Küche sowie ein Park mit Orangerie.

TRIM: Trim Castle Hotel €€
Hotel mit Charme SK D3 K H7
Castle Street, Trim, Co Meath
(046) 948 3000
trimcastlehotel.com
Helle, geräumige Zimmer, teilweise mit Blick auf die Burg. Für Gäste verbilligte Benutzung der nahen Freizeiteinrichtungen.

TULLAMORE: Anna Harvey House €
Guesthouse SK C4 K F8
Tullamore, Co Offaly
(057) 934 3544
annaharveyfarm.ie
Ein ländliches Idyll in einem umgebauten Kornspeicher mit offenen Kaminen, Holzböden und gemütlichen Zimmern. Hervorragende Reitmöglichkeiten.

Nordirland

ARMAGH: Armagh City Hotel ££
Business SK D2 K H5
2 Friary Road, Armagh
(028) 375 18888
armaghcityhotel.com
Von außen eher reizlos, bietet das Hotel jedoch saubere, gut ausgestattete Zimmer und Einrichtungen wie Fitness-Center und Pool.

BALLYCASTLE: Whitepark House ££
Guesthouse SK D1 K J2
150 Whitepark Rd, Ballintoy, Ballycastle, Co Antrim
(028) 2073 1482
whiteparkhouse.com
Das elegante große Landhaus von 1730 bietet geräumige Zimmer und Frühstück in einem schönen Wintergarten.

Hotelkategorien siehe S. 295 Preiskategorien siehe S. 296

MIDLANDS UND NORDIRLAND | 303

Preiskategorien
Preise für ein Standard-Doppelzimmer pro Nacht in der Hochsaison, inklusive Service und Steuern.
£ unter 85 £
££ 85–180 £
£££ über 180 £

BALLYGALLY:
Hastings Ballygally Castle ££
Hotel mit Charme SK D1 K J3
274 Coast Road, Ballygally, Co Antrim
(028) 2858 1066
hastingshotels.com
Zimmer mit Balkendecke, Antiquitäten und rundum moderner Ausstattung. Buchen Sie den legendären Ghost Room im Turm aus dem 17. Jahrhundert.

BALLYMENA:
Galgorm Resort and Spa £££
Luxus SK D1 K J3
136 Fenaghy Road, Ballymena, Co Antrim
(028) 2588 1001
galgorm.com
Luxuriöse Zimmer, großteils mit Blick auf den Fluss, exzellenter Service – auch Cottages und Blockhütten für Selbstversorger.

BANGOR: Cairn Bay Lodge ££
Guesthouse SK E2 K J4
278 Seacliff Road, Bangor, Co Down
(028) 9146 7636
cairnbaylodge.com
Edwardianisches B&B an der Bucht, eleganter Speiseraum mit Blick auf den schönen Garten.

BELFAST: An Old Rectory ££
Guesthouse SK D2 K J4
148 Malone Road, Belfast, Co Antrim
(028) 9066 7882
anoldrectory.co.uk
Ehemaliges Pfarrhaus der Church of Ireland mit vielen Originalelementen, individuellen Zimmern, exzellentem Bio-Frühstück.

BELFAST: Europa Hotel ££
Business SK D2 K J4
Great Victoria Street, Belfast, Co Antrim
(028) 9027 1066
hastingshotels.com
Klassisches Hotel in einem imposanten Gebäude mit Bar und Lounge sowie Fitness-Center in der Nähe.

BELFAST: Merchant Hotel £££
Luxus SK D2 K J4
16 Skipper Street, Belfast, Co Antrim
(028) 9023 4888
themerchanthotel.com
Denkmalgeschütztes Haus im Cathedral Quarter mit Spa und Fitnessraum auf dem Dach.

Patio und Garten am Eingang des Bushmills Inn

Vis-à-Vis-Tipp
BUSHMILLS:
Bushmills Inn £££
Hotel mit Charme SK D1 K H2
9 Dunluce Road, Bushmills, Co Antrim
(028) 2073 3000
bushmillsinn.com
Der charmante traditionelle Gasthof mit Kamin soll 1608 gegründet worden sein – im selben Jahr erhielt die benachbarte Destillerie weltweit als erste die Lizenz zum Whiskey-Brennen. Exzellente Küche, irische Live-Musik (Sa).

CRAWFORDSBURN: The Old Inn at Crawfordsburn ££
Hotel mit Charme SK E2 K J4
Main St, Crawfordsburn, Co Down
(028) 9185 3255
theoldinn.com
Der reizende Gasthof (17. Jh.) mit Strohdach bietet individuelle Zimmer mit Himmelbetten.

DOWNHILL: Downhill Beach House £
Preiswert SK D1 K H2
12 Mussenden Road, Downhill, Co Londonderry
(028) 7084 9077
downhillbeachhouse.com
Das Hostel unterhalb der Klippen am Strand bietet Schlafsäle, Zimmer, Küche, Waschmaschinen.

DUNGANNON: Grange Lodge ££
Guesthouse SK D2 K H4
7 Grange Road, Dungannon, Co Tyrone
(028) 8778 4212
grangelodgecountryhouse.com
Landhaus von 1698 mit hübschen Zimmern und leckerer Küche.

ENNISKILLEN:
Killyhevlin Hotel £
Hotel mit Charme SK C2 K F5
Killyhevlin, Enniskillen, Co Fermanagh
(028) 6632 3481
killyhevlin.com

Buchen Sie in diesem Hotel am Ufer des Lough Erne unbedingt die etwas teureren Zimmer mit tollem Blick auf das Wasser.

HOLYWOOD:
Hastings Culloden Hotel ££
Luxus SK E2 K J4
Bangor Road, Holywood, Co Antrim
(028) 9042 1066
hastingshotel.com
Das Hotel am Belfast Lough war früher der Palast des Bischofs von Down. Hübsche Zimmer.

LONDONDERRY: Beech Hill Country House ££
Luxus SK C1 K G3
32 Ardmore Road, Londonderry
(028) 7134 9279
beech-hill.com
Ein elegantes Landhaushotel mit behaglicher Atmosphäre, komfortablen Zimmern und Antiquitäten.

LONDONDERRY:
Everglades Hotel ££
Business SK C1 K G3
Prehen Road, Londonderry
(028) 7132 1066
hastingshotels.com
Imposantes Hotel am Fluss mit geräumigen Zimmern, freundlichem Service und guter Küche im Restaurant The Grill Room.

NEWCASTLE:
Hastings Slieve Donard ££
Luxus SK E2 K J5
Downs Road, Newcastle, Co Down
(028) 4372 1066
hastingshotels.com
Majestätischer Ziegelbau in spektakulärer Lage. Exzellente Freizeiteinrichtungen, Spa, Golf.

PORTAFERRY:
Ardbrae Country House £
Guesthouse SK E2 K J5
Dunevly Rd, Portaferry, County Down
(028) 42772914
ardbrae.co.uk
Behagliche, komfortable Unterkunft in fantastischer Lage.

SK = Straßenkarte *siehe hintere Umschlaginnenseiten* K = Karte *Extrakarte zum Herausnehmen*

Restaurants

Obwohl die meisten Spitzenrestaurants in Irland in den großen Städten zu finden sind, gibt es doch auch in abgelegenen Orten Hotels und Lokale mit sehr guter Küche. Gutes und preiswertes Essen wird nahezu überall angeboten. Die auf den Seiten 308–325 aufgeführten Restaurants haben alle einen hervorragenden Ruf, was Service, Qualität und Preis-Leistungs-Verhältnis betrifft. Weitere nützliche Informationen rund ums Thema Essen und Trinken in Irland finden Sie in der Broschüre *Dining in Ireland*, herausgegeben von Fáilte Ireland, dem engagierten irischen Fremdenverkehrsamt. Ansonsten ist Essen im Pub eine hervorragende Möglichkeit, in Irland gute, reichhaltige Gerichte, frisches Gemüse und bestes Fleisch preiswert zu bekommen. Leichte Gerichte, Snacks und Essen zum Mitnehmen erhalten Sie ebenfalls in vielen kleinen Cafés, Pubs und Lokalen.

Essgewohnheiten

Traditionellerweise beginnen die Iren ihren Tag mit einem reichhaltigen Frühstück: Speck, Würste, Blutwurst, Eier, Tomaten und braunes Brot. In Nordirland nennt man ein solches Frühstück – plus Kartoffelkuchen und *soda farls* – »Ulster Fry« *(siehe S. 306)*.

Obwohl Sie inzwischen fast überall auch ein *continental breakfast* erhalten, entkommen Sie dem traditionellen Frühstück, das in fast allen Hotels und Bed-and-Breakfast-Pensionen im Preis inbegriffen ist, kaum. Vielerorts ist es heute üblich, nur ein leichtes Mittagessen zu sich zu nehmen und abends ausgiebig zu essen. Jedoch bekommen Sie in den meisten Pubs ein reichhaltiges Gericht auch schon mittags.

Auswärts essen

Sehr schön und gut essen zu gehen, ist mittags meist günstiger als abends. In vielen der Spitzenrestaurants erhalten Sie zwar mittags wie abends die gleichen Menüs, jedoch mittags oft zum halben Preis. Die in den Restaurants angebotenen Hausweine sind meist durchaus akzeptabel und sehr preisgünstig, Sie können damit die Kosten für ein Essen leicht reduzieren. Wenn Sie mit Kindern unterwegs sind, achten Sie darauf, eines der vielen Restaurants aufzusuchen, die Kindermenüs anbieten.

Das Mittagessen wird üblicherweise zwischen 12 und 14.30 Uhr serviert, das Abendessen zwischen 18.30 und 22 Uhr. Viele nichtirische Restaurants haben jedoch auch länger geöffnet, vor allem in Temple Bar. B & B-Gäste erhalten meist ein reichhaltiges Abendessen und oft am Nachmittag Tee und etwas Gebäck, Letzteres ist im Pensionspreis inbegriffen.

In Edelrestaurants wird erwartet, dass Herren ein Jackett, jedoch nicht unbedingt eine Krawatte tragen und auch Damen entsprechend gekleidet sind. Ansonsten können Sie überall in normaler Straßenkleidung essen gehen.

Gourmet-Restaurants und internationale Küche

Anders als noch vor einigen Jahrzehnten gibt es heute in Irland eine Vielzahl hervorragender Gourmet-Restaurants, die mit zu den besten in Europa zählen. Darüber hinaus findet man eine große Auswahl an französischen, italienischen, chinesischen, indonesischen sowie auch russischen und kubanischen Restaurants, deren Angebote von traditioneller Küche bis zur *nouvelle cuisine* reichen. Man stößt überall auf solche Spitzenlokale – in Hotels, Landgasthöfen, alten Burgen und Schlössern, in kleinen Dörfern wie in großen Städten.

Tafel mit dem Mittagsmenü im Farmgate Café, Cork City *(siehe S. 314)*

Speisesaal des Restaurants Fallon & Byrne in Dublin *(siehe S. 308)*

Die Kleinstadt Kinsale *(siehe S. 176f)* im County York hat den Ruf als Irlands »Hauptstadt der Gourmets« erlangt. In der Broschüre *Ireland's Blue Book of Country Houses and Restaurants* des Fremdenverkehrsamts stehen Adressen entsprechender Restaurants.

Preiswert essen

In Irland können Sie überall preiswert und gut essen. Sowohl in den Städten wie auch auf dem Land findet man kleine Cafés, »tea rooms« und gemütliche Restaurants, in denen man für wenig Geld ein köstliches Essen bekommt. Selbst Lokale in ausgesprochenen Feriengegenden, etwa das Bantry House Café, bieten gute einheimische Küche sowie stets frisch gebackenes Brot und leckere Kuchen. Sandwiches werden extra zubereitet, mit dicken Scheiben Schinken oder Käse. Salatplatten gibt es mit geräuchertem Lachs, gebratenem Hähnchen, Speck, Schweine- oder Rindfleisch, heiße Gerichte mit Gemüsebeilage und Kartoffeln – gekocht, geröstet oder zu Kartoffelbrei verarbeitet, wie Sie es wünschen.

Pub-Gerichte

Irlands Pubs haben sich in der Restaurantszene deutlich Gehör verschafft. Außer den üblichen Snacks (Suppen, Sandwiches etc.), von mittags bis spätabends erhältlich, bieten sie von 12 bis 14.30 Uhr auch Salate und warme Gerichte mit frischen Zutaten, darunter Gemüse und Kartoffeln in verschiedenen Variationen sowie Fleisch oder Fisch. Mittlerweile haben auch einige Gerichte der internationalen Küche die Speisekarten irischer Pubs erobert, darunter Spaghetti und Lasagne sowie die französische Quiche. Eine Liste mit empfehlenswerten Pubs finden Sie auf den Seiten 326–331.

Fish and Chips und Fast Food

Die Iren, angefangen beim Bauern bis hin zum Parlamentarier, lieben ihre »chippers«, verewigt in Roddy Doyles Roman *The Van* – ein schöner Abend im Pub klingt unweigerlich im nächstgelegenen Fish-and-Chips-Laden aus. Praktisch zu jeder Tageszeit trifft man bei der international renommierten Institution Leo Burdock in Dublin *(siehe S. 309)* auf eine lange Schlange Wartender. Wo immer Sie Fisch essen: Irlands lange Küste garantiert fangfrischen Fisch. Frischer geht's nicht – egal ob Scholle, Kabeljau, Schellfisch, Weißfisch oder auch Rochen (eine Spezialität). Natürlich gibt es in Irland auch die bekannten Fast-Food-Lokale, zudem eine große Auswahl an Kebab- und Burger-Läden. Relativ neu ist italienisches Essen von Pizza Express oder Milano (Nordirland).

Schild von Leo Burdock *(siehe S. 309)*

Picknicks

Irland eignet sich hervorragend für Picknicks. Käse und frische Tomaten vom Bauernhof sind die Hauptbestandteile, oder Sie versorgen sich in einem der vielen kleinen Läden auf dem Land mit frischen Sandwiches. Sei es an der Küste oder in den Wäldern, man findet viele Rastplätze mit Tischen. Dazu gibt es kostenlos häufig herrliche Aussichten auf das Meer oder die Berge. Wenn Sie die Hauptstraße verlassen und in irgendeine Landstraße einbiegen, finden Sie meist sofort ein schönes Plätzchen an einem See oder Fluss oder irgendwo zwischen den Feldern.

Restaurantkategorien

Irland bietet seinen Besuchern eine erstaunliche Palette verschiedenster regionaler wie internationaler Küchen, von italienischen und marokkanischen Speisen bis zu asiatischem Street Food. Die moderne irische Küche besteht aus weitaus mehr als nur Fleisch und Kartoffeln. Sie variiert klassische regionale Zutaten wie Lachs, Lamm, Austern und Rindfleisch und integriert Gewürze und Zubereitungsarten aus aller Welt.

Die auf den Seiten 308–331 vorgestellten Restaurants und Pubs wurden in acht geografische Regionen eingeteilt: Dublin, Südost-Irland, Cork und Kerry, Unterer Shannon, Westirland, Nordwest-Irland, Midlands und Nordirland. Innerhalb dieser Regionen wurden sie alphabetisch nach Städten sortiert. Die Auswahl berücksichtigt etwa innovative irische Küche oder international inspirierte Speisen, spezielle Lage und einladende Atmosphäre.

Restaurants mit besonderem Charakter oder Charme werden als **Vis-à-Vis-Tipp** hervorgehoben.

Üppig dekorierte Bar im Pub The Left Bank, Dublin *(siehe S. 326)*

Irische Küche

Die irischen Standardgerichte haben fantasievolle Namen – z. B. *boxty*, *barm brack*, *champ*, *coddle*, *cruibins* oder *colcannon*. Das Geheimnis ihres Erfolgs liegt in den Zutaten, die im warmen, feuchten Klima auf üppig grünen Hügeln wachsen. Rinder sind das ganze Jahr über draußen – die Kühe liefern Milch für köstliche Butter, Käse und Sahne. Schweinefleisch, Schinken und Speck sind Grundnahrungsmittel, aber auch Lammfleisch hat hier Tradition. Kartoffeln werden zu Suppen, Aufläufen, Brot und Gebäck verarbeitet. Flüsse, Seen und Meer liefern eine Vielfalt an Fischen und Meeresfrüchten.

Austern

Ein Küchenchef in Connemara präsentiert traditionelle Gerichte

Standardgerichte

Die schmackhaften irischen Eintöpfe bestehen meist aus Lamm- oder Hammelfleisch, Zwiebeln und Kartoffeln. Dunklere Eintöpfe werden mit Rindfleisch und Guinness zubereitet, manchmal kommen Austern dazu. Die meistverwendeten Gemüsesorten sind Karotten und Rüben. Schweinefleisch ist die Basis vieler Gerichte. Schweinsfüße, *cruibins* oder *crubeens* genannt, werden oft eingelegt. *Dublin coddle*, ein sättigendes Gericht nach einem Abend im Pub, besteht aus Wurst, Kartoffeln und Speck. Schinken wird häufig über Torf geräuchert. Zu besonderen Anlässen wird er mit Gewürznelken und braunem Zucker gebacken und mit gedünstetem Kohl serviert. Kohl ist die Basis von *colcannon*, zu dem auch Kartoffelbrei und Zwiebeln sowie zuweilen Butter und Milch gehören. *Boxty* besteht aus rohen und gekochten Kartoffeln, die mit Butter, Buttermilch und Mehl zerstampft werden. *Champ* ist Kartoffelbrei mit Milch, Butter und Zwiebeln.

Fisch und Seafood

Atlantik und Irische See sind voller Schaltiere wie Hummer,

Rosinenbrot **Helles Sodabrot** **Braunes Sodabrot** **Kartoffelbrot**

Auswahl irischer Brotsorten

Kartoffelbrot (potato farls)

Nordirisches braunes Sodabrot

Traditionelles irisches Essen

Gubbeen-Käse

Wer es herzhaft mag, beginnt den Tag mit »Ulster Fry« aus Speck, Blutwurst, Sodabrot und Kartoffelkuchen. Zum »Lady's Breakfast« gehört ein Spiegelei, der »Gentleman« bekommt zwei. Gooseberry-Marmelade auf getoastetem Brot schmeckt ebenfalls – dazu gibt es viel Tee. Für irische Eintöpfe wird traditionell Hammelfleisch verwendet, heute eher Lamm. Für *spiced beef* wird Rinderbrust mit Gewürzen bedeckt und eine Woche liegen gelassen, ehe sie mit Guinness und Gemüse langsam gekocht wird. Mancherorts ist der *high tea*, der Nachmittagstee am frühen Abend, die Hauptmahlzeit.

Irish Stew ist Halsfleisch vom Hammel, Kartoffeln, Karotten und Zwiebeln, die stundenlang geschmort werden.

IRISCHE KÜCHE | **307**

Obst- und Gemüsestände auf dem Moore Street Market, Dublin

Garnelen, Austern und Muscheln. Das Meer bietet auch Heringe, Makrelen, Schollen und Rochen. Flüsse und Seen liefern Lachse, Forellen und Aale, die häufig geräuchert werden. Galway-Lachs hat den besten Ruf. Galways Austern-Fest ist berühmt. Lachs wird meist über Eichenholz geräuchert. An der Küste werden Rotalgen (*dulse*) gesammelt. Vermischt mit zerstampften ungeschälten Kartoffeln ergeben sie *dulse champ*.

Backwaren
Brot und Kuchen sind irische Grundnahrungsmittel. Ungesäuertes Sodabrot schmeckt mit Käse sensationell. In Nordirland heißt braunes Sodabrot *wheaten bread*. Kartoffelbrot wird oft gebraten oder kalt als Kuchen gegessen. *Farls* (oder *quarters*) bestehen aus Weizenmehl oder Hafer, doppeltkohlensaurem Natron (Soda) und Buttermilch. Das Rosinenbrot *barm brack*, ein Hefegebäck, isst man traditionell an Hallowe'en und Allerheiligen, *porter cake* enthält Guinness oder anderes Starkbier. Weiße und braune Brötchen sowie *fruit scones* gibt es zum Frühstück und zum Tee.

Milchprodukte
Butter, meist gesalzen, wird für Gemüse, Saucen, Pudding verwendet – und großzügig aufs Brot gestrichen. Sahne wird in Suppen gerührt und geschlagen zu Pudding gereicht. Die Vielfalt an hochwertigen irischen Käsesorten von kleinen Produzenten ist imposant. »Bester irischer Käse« wurde bei den World Cheese Awards 2012 der Rohmilchkäse mit Asche einer großen Käserei.

Meerforellen (»Lachsforellen«) frisch aus dem Atlantik

Irischer Käse

Carrigaline: nussig, dem Gouda ähnlich; aus Cork.

Cashel Blue: Irlands erster Schimmelkäse aus Tipperary; weich, sahnig, unpasteurisiert.

Cooleeny: kleiner, unpasteurisierter Käse im Camembert-Stil aus Tipperary.

Durrus: cremiger, unpasteurisierter Käse mit Naturrinde, oft geräuchert, aus West-Cork.

Gubbeen: halbweich, milchig mit eingeriebener Rinde.

Milleens: weich, eingeriebene Rinde, unpasteurisiert, von der Halbinsel Beara, Cork.

St Killian: sechseckig, Brieähnlich, sahnig, aus Wexford.

Dublin Coddle ist eine Mischung aus Würsten, Speck, Kartoffeln und Zwiebeln, gekocht in Schinkensud.

Galway-Lachs wird oft nur mit Buttersauce, Brunnenkresse und *colcannon* (gedünstetem Kohl) serviert.

Brown Bread Ice Cream, seit dem 19. Jahrhundert beliebtes Dessert, wird in vielen Restaurants und Cafés angeboten.

Restaurants

Dublin

Südost-Dublin

Hatch & Sons €
Irisch SP D4 K O3
15 St Stephen's Green, Dublin 2
☎ (01) 661 0075
Das im Little Museum of Dublin untergebrachte elegante Restaurant überzeugt mit traditioneller irischer Küche. Zu empfehlen sind die Teigtaschen mit unterschiedlichen Füllungen.

Steps of Rome €
Italienisch SP D4 K O3
1 Chatham Street, Dublin 2
☎ (01) 670 5630
Das kleine, gut besuchte Café serviert Pizzen, Bruschette und Pastagerichte sowie guten Kaffee. Abends geöffnet.

37 Dawson St €€
Europäisch SP D4 K P3
37 Dawson Street, Dublin 2
☎ (01) 902 2908
Genießen Sie exzellente Speisen und erstklassige Cocktails. Das Whiskey-Angebot ist erlesen.

Vis-à-Vis-Tipp

Avoca Restaurant €€
Irisch SP D3 K O3
11–13 Suffolk Street, Dublin 2
☎ (01) 672 6019
Das Loft-Restaurant über dem gleichnamigen Laden für irisches Kunsthandwerk ist immer gut besucht – kein Wunder. Wer geduldig wartet, wird mit knackigen, fantasievollen Salaten, üppigen Sandwiches, köstlichen warmen Gerichten und unwiderstehlichen Desserts belohnt. Nur tagsüber geöffnet.

Cornucopia €€
Vegetarisch SP D3 K O3
19 Wicklow Street, Dublin 2
☎ (01) 677 7583
In diesem Restaurant wählt man an der Theke zwischen leckeren vegetarischen und veganen warmen Gerichten, Wraps, Salaten und leichten Desserts.

Dada €€
Marokkanisch SP D4 K O3
45 South William Street, Dublin 2
☎ (01) 617 0777
Das stimmungsvolle Restaurant serviert authentische marokkanische Küche mit fantastischen Tagine- und Couscous-Gerichten. Freundlicher Service.

Dunne & Crescenzi €€
Italienisch SP E4 K P3
14–16 South Frederick St, Dublin 2
☎ (01) 675 9892/(01) 677 3815
Die tags und abends geöffnete *enoteca* überzeugt mit freundlicher Atmosphäre, Terrasse, leckeren Pasta- und anderen Gerichten – und exzellentem Kaffee.

Fallon & Byrne €€
Bistro, irisch SP D3 K O3
11–17 Exchequer Street, Dublin 2
☎ (01) 472 1010
Das elegante Lokal über Fallon & Byrnes Lebensmittelabteilung serviert hervorragende klassische Küche, darunter etwa Austern Bienville und gefüllte Kaninchenlende.

The Green Hen €€
Französisch-irisch SP D4 K O3
33 Exchequer Street, Dublin 2
☎ (01) 670 7238
Hervorragende Küche, wunderbare Cocktails und echte Pariser-Café-Atmosphäre. Empfehlenswert sind u. a. das Entenconfit und das Seeteufelfilet.

L'Gueuleton €€
Französisch SP C4 K O3
1 Fade Street, Dublin 2
☎ (01) 675 3708
Das charmante Bistro serviert französische Spezialitäten wie Weinbergschnecken in Knoblauch-Pastis-Butter, Roquefort-*pithivier* (Blätterteig) und Challans-Ente mit Chicorée.

The Woollen Mills €€
Modern, irisch SP D3 K O3
42 Lower Ormond Quay, Dublin 1
☎ (01) 828 0835
Das Restaurant erstreckt sich über vier Stockwerke und eine große Terrasse mit Blick über die Ha'penny Bridge. Herzhafte Gerichte, Salate und Kuchen.

Preiskategorien

Preise für ein Drei-Gänge-Menü für eine Person, inklusive einer halben Flasche Hauswein, Steuern und Service.

€	unter 25 €
€€	25 – 50 €
€€€	über 50 €

Avenue by Nick Munier €€€
Modern, irisch SP D3 K O3
1 Crow Street, Dublin 2
☎ (01) 645 5102
Gäste des eleganten Restaurants erwartet ein eindrucksvolles gastronomisches Erlebnis. An der Bar genießt man Snacks, die Cocktail-Lounge hält viele Überraschungen bereit.

L'Écrivain €€€
Französisch-irisch SP F5 K Q4
109a Lower Baggot Street, Dublin 2
☎ (01) 661 1919 ● So
Das mit einem Michelin-Stern prämierte Restaurant verbindet französische Küche mit irischen Spezialitäten auf bemerkenswerte Art, zu den Highlights des Hauses gehören Wild und Foie gras. Grandioser Service.

Peploe's Wine Bistro €€€
Bistro SP D4 K O4
16 St Stephen's Green, Dublin 2
☎ (01) 676 3144
Das Lokal serviert im Untergeschoss eines eleganten georgianischen Hauses exzellente Steaks und gute Weine. Reservierung empfohlen.

Pichet €€€
Bistro SP D3 K O3
14–15 Trinity Street, Dublin 2
☎ (01) 677 1060
Exquisite Küche, perfekter Service, entspannte Atmosphäre. Hier schmecken u. a. Schweinefleisch-Schinken-*pithivier* und gesalzenes Karamelleis.

Stilvolles Interieur: Avenue by Nick Munier, Südost-Dublin

Restaurantkategorien *siehe S. 305*

Restaurant Patrick Guilbaud €€€
Französisch SP E5 K P4
21 Upper Merrion Street, Dublin 2
(01) 676 4192 So, Mo, Feiertage; Weihnachtswoche
Die Gäste des mit zwei Michelin-Sternen prämierten Restaurants genießen eine kreative, moderne französische Küche. Reservierungen erforderlich.

Shanahan's on The Green €€€
Steakhouse SP D5 K O4
119 St Stephen's Green, Dublin 2
(01) 407 0939 So
Dublins größte, saftigste, beste Steaks und exzellentes Seafood serviert dieses schöne Lokal in authentischem georgianischem Ambiente.

Trocadero €€€
Bistro SP F5 K O3
4 Andrew Street, Dublin 2
(01) 677 5545
An den Wänden des beliebten Theaterrestaurants von 1956 hängen Schauspielerporträts. Hier isst man exzellente Steaks, Pâtés, Fisch, klassische Desserts.

Unicorn €€€
Italienisch SP F5 K P4
12b Merrion Court, Dublin 2
(01) 676 2182 So
Mediterrane Küche wie Artischocken-Tortelloni oder Risotto mit Wildpilzen und Scamorza. Freitagmittags extrem gut besucht, Kinder bis 21 Uhr willkommen.

Südwest-Dublin

Leo Burdock €
Fish and Chips SP B4 K N3
2 Werburgh Street, Christchurch, Dublin 8
(01) 454 0306
Dublins ältester *chipper* bietet gute, ehrliche Fish and Chips aus Rochen, Seezunge und Kabeljau. Filialen in der Liffey Street und in Phibsborough.

Neon €
Asiatisch SP C5 K N4
17 Camden Street, Dublin 2
(01) 405 2222
Hervorragend für Gruppen und Kinder. Empfehlenswert sind das Pad Thai und die Currys. Nach dem Essen gibt es Soft-Eis gratis.

Pitt Bros €
Amerikanisch SP C3 K O3
Unit 1, Wicklow House, South Great George's Street, Dublin 2
(01) 677 8777
In dem ausgesprochen beliebten Lokal wird das Fleisch langsam bei niedrigen Temperaturen zubereitet. Entsprechend zart und saftig ist das Ergebnis.

The Queen of Tarts – gemütliches Café in Südwest-Dublin

The Queen of Tarts €
Irisches Café SP C3 K O3
4 Cork Hill, Dame Street, Dublin 2
(01) 670 7499
Das Café gegenüber der City Hall serviert sehr gute Brunches, Suppen, leckere Gerichte und vor allem hervorragende Kuchen.

The Chameleon Restaurant €€
Asiatisch SP C3 K O3
1 Lower Fownes Street, Temple Bar, Dublin 2
(01) 671 0362 Mo
Auf der Karte finden sich asiatische Tapas, indonesische Gerichte sowie irische Speisen mit Rind, Huhn und Seafood. Die javanesischen Rippchen mit Sternanis-Marinade sind wunderbar.

Chez Max €€
Französisch SP C3 K N3
1 Palace Street, Dublin 2
(01) 633 7215
Neben dem Tor des Dublin Castle gibt es hier französische Klassiker wie *moules frites*, *confit de canard* und Crème Caramel. Empfehlenswertes Early-bird-Angebot, So–Do 17.30–19 Uhr.

Cleaver East €€
Europäisch SP C3 K O3
East Essex Street, Temple Bar, Dublin 2
(01) 531 3500
Das beliebte Lokal serviert Platten mit Hummer-*dumplings*, würzigen Pilzen und Zitronengras-Brühe, Wildgerichte mit Kohl und Pilzen und vieles mehr.

Elephant and Castle €€
Amerikanisch SP D3 K O2
19 Temple Bar, Dublin 2
(01) 679 3121
In dem lebhaften Lokal muss man nicht vorbestellen. Hier gibt es kalifornische Salate, riesige Burger, gute Omeletts, exzellente Chicken Wings und am Wochenende leckeren Brunch.

Jo'Burger Town €€
Irisch SP D4 K O3
4–5 Castle Market, Dublin 2
joburger.ie
Ein Himmel für Burger-Fans. Schier unglaublich dicke Fleischscheiben mit verschiedenen Würzsaucen und Käsesorten.

Monty's of Kathmandu €€
Nepalesisch SP C3 K O3
28 Eustace Street, Dublin 2
(01) 670 4911
Das freundliche, beliebte Restaurant serviert interessante Fisch-, Hühnchen- und Lammgerichte in aromatischen, cremigen Saucen sowie glutenfreie und zahlreiche vegetarische Speisen.

Odessa €€
Amerikanisch SP D3 K O3
13–14 Dame Court, Dublin 2
(01) 670 7634
Im schicken Retro-Ambiente genießt man mit an den Wochenende fantastischen Brunch mit Pfannengerichten, Eiern Benedikt und Bellinis. Günstige Early-bird-Angebote.

The Porthouse €€
Tapas SP D4 K O4
64a South William Street, Dublin 2
(01) 677 0298
Authentische spanische Speisen im Herzen der irischen Hauptstadt. Hier wird die köstliche Tapas-Kultur Spaniens in vielen Varianten und mit allerlei erlesenen Zutaten gepflegt.

Rustic Stone €€
Irisch SP C4 K O3
17 South Great George's Street, Dublin 2
(01) 707 9596
Chefkoch Dylan McGraths Restaurant verwendet bevorzugt regionale Produkte der Saison. Fleisch und Fisch bereitet man sich selbst am Tisch auf einem heißen Stein zu.

SP = Stadtplan *siehe S. 120–123* **K** = Karte *Extrakarte zum Herausnehmen*

Soder + Ko €€
Asiatisch SP C3 K O3
64 South Great George's Street, Dublin 2
📞 (01) 478 1590
Die reichhaltige Speisekarte listet u. a. Dim Sum, Yakitori-Chicken und Pfannkuchen mit Geflügelfüllung. Live-Musik (Do–Sa).

Yamamori Izakaya €€
Japanisch-chinesisch SP C3 K O3
12–13 South Great George's Street, Dublin 2
📞 (01) 645 8001
Das Café im alten Bewley's Building gefällt mit asiatischem Dekor und lässiger Atmosphäre, einem großen Angebot mit Sushi und Dim Sum und japanischer Cocktailbar im Untergeschoss.

Delahunt €€€
Irisch SP C5 K O4
39 Lower Camden Street, Dublin 2
📞 (01) 598 4880
Das gemütliche Restaurant ist in einem bezaubernden viktorianischen Restaurant untergebracht. Die Köche kombinieren traditionelle Gerichte mit modernen Einflüssen.

The Lord Edward €€
Seafood SP B4 K N3
23 Christchurch Place, Dublin 8
📞 (01) 454 2420 ● So–Di
Über einem traditionellen Pub bietet das Fischrestaurant klassische Fischküche mit frischem Seafood sowie Steaks, Hühnchen und einen reizenden Service.

Nördlich des Liffey

Beshoff's €
Fish and Chips SP D2 K O1
6 Upper O'Connell Street, Dublin 1
📞 (01) 872 4400
Das Lokal wurde 1913 von einem russischen Immigranten aus einer alten Fischerdynastie gegründet.

Das elegante Chapter One, nördlich des Liffey

Es serviert köstlichen fangfrischen Fisch, aber auch Gerichte ohne Fisch oder für Kinder.

Fish Shop €
Seafood SP A2 K M2
6 Queen Street, Smithfield, Dublin 7
📞 (01) 430 8594 ● Mo
Ein Lokal mit viel Atmosphäre und uriger Einrichtung. Kosten Sie Austern, Makrele oder den Fang des Tages.

Lovinspoon €
Irisch SP C1 K P3
15 North Frederick Street, Dublin 1
📞 (01) 804 7604 ● So
In dem freundlichen Café gibt es ganztägig üppiges Frühstück sowie kreative Mittagsgerichte.

Panem €
Italienisch SP C3 K O2
21 Lower Ormond Quay, Dublin 1
📞 (01) 872 8510 ● So, 24. Dez–8. Jan
Das Café mit Bäckerei am Kai serviert tagsüber u. a. Brioches, Focaccia, Mandelkekse, guten Kaffee und dunkle Schokolade.

Le Bon Crubeen €€
Irisch-französisch SP E2 K P1
81–82 Talbot Street, Dublin 1
📞 (01) 704 0126
Das gemütliche Restaurant bietet Klassiker wie Jakobsmuscheln und Kerry-Lamm, am Wochenende exzellenten Brunch und ein preiswertes Menü am frühen Abend sowie samstags Jazz.

The Church €€
Irisch SP C2 K N2
Jervis Street, Dublin 1
📞 (01) 828 0102
In dem vierstöckigen Lokal mit riesiger Terrasse gibt es Imbisse oder im Gallery Restaurant deftige irische Küche, u. a. Rindfleisch-Guinness-Pie, geräucherten Schellfisch und Spargelkuchen.

L. Mulligan. Grocer €€
Irisch SP A2 K M2
18 Stoneybatter, Dublin 7
📞 (01) 670 9889 ● Mo
Das in einem früheren Lebensmittelladen untergebrachte Gastro-Pub serviert Schweinebauch, Burger und eine grandiose Auswahl an Biersorten.

Musashi Noodle & Sushi Bar €€
Sushi SP C3 K O2
15 Capel Street, Dublin 1
📞 (01) 532 8068
Das quirlige, freundliche Restaurant im Herzen Dublins bietet frisches Sushi. Auch die Nudelgerichte sind zu empfehlen.

Chapter One €€€
Europäisch SP C1 K O1
18–19 Parnell Square North, Dublin 1
📞 (01) 873 2266 ● So, Mo; 1.–14. Aug, 24. Dez–7. Jan
Das Sterne-Restaurant im Keller des Dublin Writers Museum bietet eine kreative Küche und ein beliebtes Menü am Abend.

The Winding Stair €€€
Irisch SP C3 K O2
40 Lower Ormond Quay, Dublin 1
📞 (01) 872 7320
Das reizende Lokal mit Blick auf die Ha'penny Bridge bietet einfache, lokale Küche, Biere und Weine von Kleinproduzenten sowie eine Buchhandlung mit Galerie.

Abstecher

Olive €
Irisch SK D3
86a Strand Street, Skerries, Co Dublin
📞 (01) 849 0310
Der Feinkostladen mit Café ist ideal für ein legeres Mittagessen im Freien nahe dem Strand. Zum Angebot gehören frische Suppen, Paninis und hausgemachte Kekse.

Das historische Beshoff's serviert köstliche Fish and Chips, Dublin

Restaurantkategorien *siehe S. 305* Preiskategorien *siehe S. 308*

DUBLIN, SÜDOST-IRLAND

Caviston's
Seafood Restaurant €€
Seafood SK D4
Glasthule, Sandycove, Co Dublin
(01) 280 9245 ● So
Hier gibt es köstliches, kreativ zubereitetes Seafood, etwa gebratener Schellfisch oder Sardinen vom Holzkohlegrill. Reservierung wird empfohlen. Der Feinkostladen nebenan verkauft Leckeres zum Picknicken.

Forest Avenue €€
Modern, irisch SK D4
8 Sussex Terrace, Ballsbridge
(01) 667 8337
Das Forest Avenue ist ein gelungener Beitrag zur überaus lebendigen Restaurantszene der irischen Metropole. Sehr beliebt sind die regelmäßig wechselnden fünfgängigen Degustationsmenüs.

Johnnie Fox's €€
Irisch SK D4
Glencullen, Co Dublin
(01) 295 5647
Das freundliche Pub liegt rund 30 Minuten südlich der City hoch auf den Dublin Mountains. Es bietet deftige irische Küche und traditionelle Musik.

Juniors Deli & Café €€
Indisch-italienisch SK D4
2 Bath Avenue, Dublin 4
(01) 664 3648
In dem legeren, netten Deli gibt es das beste Chicken-Sandwich der Stadt. Zu Brunch und Abendessen geöffnet. Auch die Paulie's Pizza gleich nebenan ist sehr zu empfehlen.

Ouzo's €€
Seafood SK D4
22 Castle Street, Dalkey, Co Dublin
(01) 285 1890
Das gemütliche Lokal ist bei den Dublinern wegen seiner fabelhaften Seafood-Gerichte und mächtigen Steaks beliebt. Darüber hinaus schmecken die guten Weine und üppigen Desserts.

Rasam €€
Indisch SK D4
18–19 Glasthule Road, Sandycove, Dun Laoghaire, Co Dublin
(01) 230 0600
In dem exklusiven indischen Restaurant zaubern Köche aus ganz Indien – sei es aus Bengalen, Orissa oder Rajasthan. Köstliche, aromatische Spezialitäten sind u. a. Rote-Bete-Hühnchen, *doi maach* (Lachs mit Mohnsamen, Ingwer, Tomaten, grünen Chilis und Joghurt), *barrah nalli* (Lamm mit Kardamom, Gewürznelken- und Joghurt) sowie *phirni* (Reis mit Safranpudding).

Vis-à-Vis-Tipp

Aqua €€€
Seafood SK D3
1 West Pier, Howth, Co Dublin
(01) 832 0690 ● Mo, Di
Das modern gestaltete, gleichwohl einladende Restaurant residiert in einem ehemaligen Yachtclub und bietet seinen Gästen einen fantastischen Blick vom Aussichtsdeck im ersten Stock sowie durch die umlaufende Fensterfront auf die unruhige See und den Sonnenuntergang von Howth Harbour. Gäste genießen den aufmerksamen Service sowie die elegante Präsentation der Spezialitäten wie Meeresfrüchtesuppe, Rochen- und Hummer-Salat und Rinderfilet.

Bastible €€€
Modern, irisch SK D4
111 South Circular Road, Dublin 8
(01) 473 7409 ● Mo, Di
Das Bistro gehört zu den aufregendsten Lokalen Dublins. Die Speisekarte wechselt ständig, Überraschungen sind garantiert. Auch die Weinkarte überzeugt.

Bon Appetit €€€
Französisch SK D4
9 James Terrace, Malahide, Co Dublin
(01) 845 0314 ● Mo
Das Sterne-Restaurant residiert in einem georgianischen Stadthaus nahe der Marina. Spezialitäten sind u. a. Seafood, Foie gras und Kaninchenravioli. Die Brasserie unten ist weniger formell.

Hartley's €€€
Irisch SK D4
1 Harbour Road, Dun Laoghaire, Co Dublin
(01) 280 6767 ● Mo

Stilvoller Speiseraum im The Lobster Pot, Dublin

Das Restaurant im Bahnhof von Kingstown am Dun Laoghaire Harbour glänzt mit Steaks vom Hereford-Rind, Heilbutt in Bierteig und gedünsteter Safran-Birne. Schönes Ambiente.

King Sitric €€€
Seafood SK D3
East Pier, Howth, Co Dublin
(01) 832 5235
● Mo, Di (Winter)
Das mehrfach preisgekrönte, moderne, elegante Restaurant wurde nach dem mittelalterlichen nordischen König von Dublin benannt.

Locks €€€
Französisch SK D4
1 Windsor Terrace, Dublin 8
(01) 416 3655
Gäste des Locks, das zu den besten Restaurants der Stadt zählt, genießen feinste Küche in bezauberndem Ambiente. Das grandiose Sonntagsmenü wird von 12 bis 16 Uhr serviert.

The Lobster Pot €€€
Seafood SK D4
9 Ballsbridge Terrace, Ballsbridge, Dublin 4
(01) 668 0025 ● So
Das schicke Restaurant verführt seine Gäste mit Kilmore-Krebsen und Krabben aus der Bucht von Dublin, aber auch mit Steaks und mit Grand Marnier flambierter Ente.

Roly's €€€
Bistro SK D4
7 Ballsbridge Terrace, Ballsbridge, Dublin 4
(01) 668 2611
Das lebhafte Bistro in Ballsbridge serviert eine reichhaltige, würzige Küche, darunter Gerichte wie Kerry-Lamm-Pie, gebratener Seeteufel, Dublin-Bay-Krabben. Das Café im Untergeschoss verkauft frisches Brot.

Südost-Irland

BALLYMACARBRY:
Hanora's Cottage €€€
Modern, irisch SK C5 K F11
Nire Valley, Ballymacarbry, Co Waterford
(052) 613 6134 ● So;
24. Dez–1. Jan
In dem hübschen Restaurant genießt man Spezialitäten wie gebratenen Wildseebarsch oder Hecht mit Selleriepüree. Darüber hinaus genießt man einen schönen Blick auf den Garten und die Flusslandschaft. Reservierung erforderlich.

SP = Stadtplan *siehe S. 120–123* SK = Straßenkarte *siehe hintere Umschlaginnenseiten* K = Karte *Extrakarte zum Herausnehmen*

BLESSINGTON:
Grangecon Café €
Modern, irisch SK D4 K H8
Lake Road, Blessington, Co Wicklow
📞 (045) 857 892 ⬤ So, Mo
Das Mittagslokal in einem renovierten Steinhaus serviert Gerichte aus lokalen Zutaten, vorwiegend aus Bio-Produktion.

CAMPILE: Georgian Tea Rooms €
Hausmannskost SK D5 K G11
Great Island, Campile, Co Wexford
📞 (051) 388 110 ⬤ Winter
In dem georgianischen Gebäude, aber auch im Freien schmecken Suppen, Paninis und vieles mehr. Danach spaziert man durch die Gärten.

CARLOW: Lennons @ Visual €€
Irisch SK D4 K H9
Visual Centre for Contemporary Art, Old Dublin Road, Carlow, Co Carlow
📞 (059) 917 9245
Hier gibt es zur guten Küche aus lokalen Zutaten und zu leckeren Kuchen Kunst an den Wänden.

CARNE:
Lobster Pot Seafood Bar €€
Modern, europäisch SK D5 K H11
Ballyfane, Carne, Co Wexford
📞 (053) 913 1110 ⬤ Mo; Jan
Das altehrwürdige Pub serviert v. a. Seafood, aber auch andere Gerichte. Mittags gibt es eine eigene Kinderkarte, abends werden Kinder jedoch nicht eingelassen.

CELBRIDGE: La Serre €€€
Modern, irisch SK D4 K H8
Village Lyons Demesne, Co Kildare
📞 (01) 630 3500 ⬤ Mo, Di
Das legere Restaurant serviert seine frisch zubereiteten Gerichte im Lokal und im hübschen Hof.

Überdachtes Eingangsportal des Marfield House, Gorey

Vis-à-Vis-Tipp
DUNGARVAN:
The Tannery €€€
Modern, irisch SK C5 K F11
10 Quay Street, Dungarvan, Co Waterford
📞 (058) 454 20 ⬤ Mo
Paul Flynn kocht Aufregendes in seinem Restaurant mit Kochschule in einer umgebauten Gerberei – einem luftigen Raum mit hoher Decke. Die saisonale Küche verwendet Fisch, Käse und Bier-Fleisch aus der Umgebung. Das Gemüse stammt aus dem Küchengarten auf der anderen Straßenseite. Empfehlenswerte Menüs mit gutem Preis-Leistungs-Verhältnis.

ENNISKERRY: Poppies €
Traditionell, irisch SK D4 K J8
The Square, Enniskerry, Co Wicklow
📞 (01) 282 8869
Das Dorflokal serviert Quiches, Kartoffelauflauf, Rindfleisch-Guinness-Pie sowie leckere Kuchen und Brote. Mehr Tische im Freien als im Innenraum.

GOREY: Marlfield House €€€
Modern, europäisch SK D4 K H10
Courtdown Road, Co Wexford
📞 (053) 942 1124
Weiße Tischdecken, Silberbesteck und eine wunderbare Atmosphäre. Das Gemüse stammt großteils aus dem eigenen Garten. Reservierung erforderlich.

GREYSTONES:
The Happy Pear €€
Vegetarisch SK D4 K J8
Church Road, Greystones, Co Wicklow
📞 (01) 287 3655
Familiengeführtes Restaurant mit fabelhaft gesunder Küche. Auch im Laden daneben gibt es Zutaten aus Bio-Anbau.

GREYSTONES: The Three Q's €€
International SK D4 K J8
Church Road, Greystones, Co Wicklow
📞 (01) 287 5477 ⬤ Mo abends
Preisgekröntes Restaurant mit Seefood-Gerichten wie Rotzunge mit Krabbenfüllung.

KILDARE:
Silken Thomas Chapter 16 €€
Modern, irisch SK D4 K G8
The Square, Kildare, Co Kildare
📞 (045) 522 232
Das gemütliche Pub-Restaurant serviert Riesenportionen von beliebten Klassikern. Sonntags empfehlenswertes Mittagessen.

KILKENNY:
Ristorante Rinuccini €€
Italienisch SK C4 K D6
1 The Parade, Kilkenny, Co Kilkenny
📞 (056) 776 575
Keine Pizzen, aber viele klassische italienische Gerichte mit irischem Einschlag, ein riesiges Weinangebot und weiße Tischdecken.

KILKENNY: Zuni €€
Modern, europäisch SK C4 K D6
26 Patrick Street, Kilkenny, Co Kilkenny
📞 (056) 772 3999 ⬤ 25., 26. Dez
Kreative Fusionküche aus lokalen Zutaten in einem Boutique-Hotel mit eleganten Zimmern.

Vis-à-Vis-Tipp
KILKENNY: Campagne €€€
Französisch SK C4 K D6
5 Gas House Lane, Kilkenny, Co Kilkenny
📞 (056) 777 2858 ⬤ So abends; Mo, Di (nach Feiertagen)
In diesem eleganten Sterne-Restaurant mit Eichenparkett und Kunst an den Wänden zaubert die Küche aus lokalen Produkten französische Gerichte mit irischem Dreh. Eine gute Weinauswahl und der aufmerksame Service perfektionieren den Genuss.

Vis-à-Vis-Tipp
KILMACANOGUE:
Sugar Tree Café €€
Hausmannskost SK D2 K J8
Kilmacanogue, Bray, Co Wicklow
📞 (01) 274 6939
Das exzellente Selbstbedienungsrestaurant in einem Pavillon der ehemaligen Jameson-Destillerie – heute Teil des Avoca-Komplexes – lockt mit fröhlicher Stimmung und riesigen Portionen irischer Hausmannskost. Ein großartiges Lokal für Familien mit Kindern.

KILMACOW: The Thatch €
Pub SK D5 K G11
Grannagh, Kilmacow, Co Kilkenny
📞 (051) 872 876
Das Lokal serviert solide Pub-Küche mit saftigen Burgern, frischem Seafood und knackigen Salaten. Mittwochs Live-Musik.

KILMORE QUAY:
The Silver Fox €€
Europäisch-asiatisch SK D5 K H11
Kilmore Quay, Co Wexford
📞 (053) 912 9888

Restaurantkategorien siehe S. 305 Preiskategorien siehe S. 308

Eleganter Speisesaal im La Boheme, Waterford

Einfache Gerichte – vorwiegend Seafood aus der Umgebung –, asiatisch variiert. Das nette Lokal zieren Kunstwerke des Malers Ivan Sutton.

LEIGHLINBRIDGE:
Lord Bagenal Restaurant €€
Traditionell, irisch SK D4 K G9
Main St, Leighlinbridge, Co Carlow
📞 (059) 977 4000
Genießen Sie in diesem weit geschätzten Restaurant eine preisgünstige Mahlzeit – oder tagsüber in der traditionellen Bar.

MACREDDIN VILLAGE:
The Strawberry Tree
at Brook Lodge €€€
Bio SK D4 K H9
The Brooke Lodge, Macreddin Village, Co Wicklow
📞 (090) 236 444 ● Mo
Irlands einziges zertifiziertes Bio-Restaurant serviert qualitativ hochwertige Gerichte, z. B. gebratenen Petersfisch mit Mangold und Safransahne oder Perlhuhn mit Trockenobst-Kompott.

NAAS: Brown Bear €€
Modern, europäisch SK D4 K H8
Two Mile House, Naas, Co Kildare
📞 (045) 883 561 ● Mo, Di
Hochwertige Speisen zu günstigen Preisen, darunter viele vegetarische und glutenfreie Gerichte. Die Zutaten kommen aus der Region, größtenteils sogar aus dem eigenen Garten. Am Wochenende Reservierung empfohlen.

ROUNDWOOD:
The Roundwood Inn €€
Europäisch SK D4 K H9
Main Street, Roundwood, Co Wicklow
📞 (01) 281 8107 ● Mo–Do
Ein breites Angebot von vorwiegend europäischen Weinen ergänzt die Hausmannskost in dem traditionellen Pub mit offenem Kamin. Reservierung erforderlich.

TRAMORE: The Copper Hen €€
Modern, europäisch SK C5 K G11
Fenor, Tramore, Co Waterford
📞 (051) 330 300 ● Mo, Di (Sommer), Mo–Mi (Winter)
Das Lokal serviert einfache, gut zubereitete Gerichte in großen Portionen zu günstigen Preisen. Wegen seiner Geräumigkeit ist es sonntags ein beliebtes Mittagslokal für Familien.

THOMASTOWN:
Blackberry Café €
Hausmannskost SK C4 K G10
Market Street, Thomastown, Co Kilkenny
📞 (086) 775 303 ● So
Das nette Lokal serviert hausgemachte Suppen, Sandwiches und Salate sowie vielfältige Kuchen und ist bei den Einheimischen beliebt. Freundlicher Service.

THOMASTOWN:
The Lady Helen €€€
International SK C4 K G10
Mount Juliet, Thomastown, Co Kilkenny
📞 (056) 777 3000 (ext. 1113)
● So, Di
Ein Sterne-Restaurant für besondere Anlässe, mit hohen Räumen, schönem Stuck und herrlichem Blick über das Anwesen. Die Küche bietet klassische Gerichte in modernen Variationen.

WATERFORD: The Ginger Man €
Pub SK D5 K G11
6–7 Arundel Lane, Waterford, Co Waterford
📞 (051) 879 522
Hier gibt es überdurchschnittlich gute Pub-Küche, z. B. Wraps, Paninis, Suppen und Steak-Sandwiches. Große Portionen.

WATERFORD: Bodega €€
Mediterran SK D5 K G11
54 John St, Waterford, Co Waterford
📞 (051) 844 177 ● So
Das freundliche Lokal serviert Gerichte aus lokalen Zutaten, v. a. Fisch und Seafood. Das Early-bird-Menü ist preisgünstig.

WATERFORD: La Boheme €€
Französisch SK D5 K G11
2 George's Street, Waterford, Co Waterford
📞 (051) 875 645
● Mo; 25.–27. Dez
Das elegante Restaurant mit Fliesenboden, gedämpftem Licht und Gewölbedecke serviert klassische französische Küche, irisch inspiriert. Auch vegetarische und glutenfreie Speisen.

WEXFORD: Cistin Eile €
Modern, irisch SK D5 K H11
80 Sth Main St, Wexford, Co Wexford
📞 (053) 912 1616 ● So
Fantasievolle Küche, sachliches, elegantes Ambiente und preisgünstige Menüs. Kleine, aber hervorragende Weinauswahl.

WEXFORD: La Côte €€
Seafood SK D5
Church Lane, Wexford, Co Wexford
📞 (053) 912 2122
Seafood-Gerichte aus frischem Fang und besten Zutaten sind Markenzeichen des Restaurants. Die erlesenen Beilagen wie Trüffelpüree sind so ungewöhnlich wie köstlich.

WEXFORD: Greenacres €€
Modern, irisch SK D5 K H11
Selskar, Wexford, Co Wexford
📞 (053) 912 2975
An den Wänden des großen, luftigen Lokals reihen sich die Weinflaschen. Am besten kommt man nachmittags zum Kaffee oder zum Early-bird-Menü.

Cork und Kerry

BALLYBUNION:
Kilcooly's Country House €€€
Traditionell, irisch SK A5 K C10
Ballybunion, Co Kerry
📞 (068) 271 12
Der viktorianische Gasthof bietet sehr feine Küche (Apr–Okt) und im Sommer am Wochenende Live-Klaviermusik. Reichhaltige Karte mit Kindergerichten.

BALLYCOTTON: Capriccio €€€
Modern, irisch SK C6 K E12
The Bayview Hotel, Ballycotton, Co Cork
📞 (021) 464 6746 ● Nov–März
Das Restaurant im Familienbesitz lockt Gäste aus dem weiten Umkreis v. a. wegen seines Seafood. Auch vegetarische Gerichte.

Cork Citys Café Paradiso serviert fantasievolle vegetarische Gerichte

BALLYDEHOB: Antonio's €€
Italienisch   SK B6 K C13
Main Street, Ballydehob, Co Cork
(028) 37139   ● Mo (Sommer); im Winter telefonisch erfragen
Die Pizzeria in einem hübschen alten Steinhaus serviert Pasta, Steaks und Seafood. Im Sommer Reservierung empfohlen.

BALTIMORE:
Casey's of Baltimore €€
Seafood   SK B6 K C13
Baltimore, Co Cork
(028) 20197
Das Gemüse für die schmackhaften Speisen kommt aus dem hauseigenen Bio-Garten, die Zubereitung des fangfrischen Fischs überzeugt sogar Gourmets.

BALTIMORE: Mews €€€
Modern, irisch   SK B6
Baltimore, Co Cork
(028) 20572   ● Winter
Das Mews, eines der besten Restaurants in Irland, serviert kreativ zubereitete Gerichte, bei denen die kulinarischen Traditionen des Landes modern interpretiert werden. Die Zutaten sind so frisch wie möglich. Frühzeitige Reservierung ist anzuraten.

BANDON:
Warren Allen Coffee €
Café   SK B6 K D12
9–11 Pearse Street, Bandon, Co Cork
(023) 882 0767   ● abends
Das modern eingerichtete Café ist in einer Boutique untergebracht und der ideale Ort zum Entspannen. Köstlicher Kaffee und die schöne Atmosphäre machen den Aufenthalt angenehm.

BANTRY: O'Connor's €€
Seafood   SK B6 K C12
Wolf Tone Square, Bantry, Co Cork
(027) 556 64
Das Restaurant serviert wunderbar zubereitete, preiswerte Gerichte – Fish and Chips, Seafood, Pies. Mittags ist es sehr gut besucht, v. a. im Sommer sollte man einen Tisch reservieren.

BLARNEY: Blair's Inn €€€
Traditionell, irisch   SK B5 K E12
Cloghroe, Blarney, Co Cork
(021) 438 1470
Das gemütliche Pub serviert exzellente Hausmacherküche in der Bar und im Restaurant. Hier schmecken Klassiker wie Seezunge, Shepherd's Pie, Würstchen und Kartoffelbrei, aber auch ungewöhnlichere Gerichte.

CASTLETOWNSHEND:
Mary Ann's Bar €€
Europäisch   SK B6 K C13
Main St, Castletownshend, Co Cork
(028) 361 46   ● Mo, Di (Winter); 3 Wochen im Jan
Das beliebte Pub mit Restaurant im Obergeschoss und vielen Tischen im Freien wechselt täglich die Karte – je nachdem, was die Fischer fangen. Es bietet aber auch Steaks, Geflügel und Braten – und großzügige Portionen.

CORK CITY:
Crawford Gallery Café €
Irisch   SK C6 K E12
Emmet Place, Cork City
(021) 427 4415   ● So, Feiertage; 10 Tage im Dez/Jan
Suppen, Sandwiches, warme Gerichte – in diesem Restaurant mit Kunstgalerie wird jeder nach seiner Façon satt.

CORK CITY: Farmgate Café €
Traditionell, irisch   SK C6 K E12
English Market, Princes Street, Cork City
(021) 427 8134   ● So, Feiertage; 10 Tage im Dez/Jan
Hier gibt es Traditionelles wie Würstchen und Kartoffelbrei, Shepherd's Pie – aus frischen Zutaten vom Markt vor der Tür.

CORK CITY:
Jacob's on the Mall €€
Modern, europäisch   SK C6 K E12
30 Sth Mall, Cork City
(021) 425 1530   ● So, Feiertage; 2 Tage an Weihnachten
In einem ehemaligen türkischen Bad bietet das stimmungsvolle Lokal eine elegante, moderne Küche und preisgünstige Menüs.

CORK CITY: Café Paradiso €€€
Vegetarisch   SK C6 K E12
16 Lancaster Quay, Cork City
(021) 427 7939   ● So, Mo; 7 Tage an Weihnachten
Irlands bekanntestes vegetarisches Restaurant serviert kreative, anspruchsvolle Gerichte, wie Pastinaken-Ravioli oder Feta-Pistazien-Couscous.

CORK CITY:
Greene's Restaurant €€€
Modern, europäisch   SK C6 K E12
48 MacCurtain Street, Cork City
(021) 455 2279   ● 3 Tage an Weihnachten
Das mit Kunstwerken dekorierte Restaurant bietet interessante, moderne Variationen irischer Klassiker. Am schönsten sind die Plätze mit Blick auf den hübschen Wasserfall im Hof.

CORK CITY: The Ivory Tower €€€
Asiatisch   SK C6 K E12
1. Stock, 35 Princes Street, Cork City
(021) 427 4665   ● So–Mi
Ein buntes Lokal voller Nippes und Kunst mit ebenso bunter Küche mit japanischen, mexikanischen und irischen Gerichten.

DINGLE: The Half Door €€
Traditionell, irisch   SK A5 K B11
John Street, Dingle, Co Kerry
(066) 915 1600   ● So
Das Lokal in einem Landhaus serviert vorwiegend Seafood, einfach zubereitet und in großzügigen Portionen. Im Sommer Reservierung empfohlen.

Vis-à-Vis-Tipp

DINGLE: Lord Baker's Restaurant and Bar €€
Traditionell, irisch   SK A5 K B11
Main Street, Dingle, Co Kerry
(066) 915 1277   ● Do
Das alte, freundliche Pub mit Steinmauern, Kaminfeuer und Dekor im Landhausstil heißt seine Gäste in der Bar und im Restaurant willkommen. Ein Wintergarten führt in einen ummauerten grünen Hof. Hier schmecken etwa Steaks mit Pfeffersauce und gedämpfter Lachs mit Zitronenbutter.

Restaurantkategorien *siehe S. 305* Preiskategorien *siehe S. 308*

CORK UND KERRY | 315

DINGLE: Out of the Blue €€
Seafood SK A5 K B11
Waterside, Dingle, Co Kerry
(066) 915 0811 Nov–März
Die kleine Bar serviert fangfrischen, klassisch zubereiteten Fisch. Reservierung v. a. im Sommer empfohlen.

DINGLE: The Chart House €€€
Modern, irisch SK A5 K B11
The Mall, Dingle, Co Kerry
(066) 915 2255
2. Jan–12. Feb
Hier schmecken Gerichte aus besten Zutaten der Region, z. B. Annascaul Black Pudding und Kerry-Lamm.

DURRUS: Good Things Café €€
Modern, irisch SK B6 K C12
Durrus, bei Bantry, Co Cork
(027) 614 26 Nov–März
In dem Lokal mit Blick auf die Küche serviert man fantasievolle Gerichte aus regionalen Zutaten.

DURRUS: Blairscove €€€
Modern, europäisch SK B6 K C12
Durrus, bei Bantry, Co Cork
(027) 611 27 Mo
In diesem seit Langem sehr beliebten Lokal ist eine Reservierung notwendig. Köstliche Desserts.

GOLEEN: Heron's Cove €€
Modern, irisch SK B6 K E12
Harbour Road, Goleen, Co Cork
(028) 352 25 Nov–März (tel. erfragen)
Das Restaurant in hübscher Küstenlage serviert regionales Seafood und Fleischgerichte. Reservierung erforderlich.

KENMARE: Purple Heather €
Hausmannskost SK B6 K C12
Henry Street, Kenmare, Co Kerry
(064) 664 1016 So, Feiertage; 1 Woche an Weihnachten
An der Rückseite der dunklen Bar aus den 1970er Jahren erhält man Imbisse wie Pâtés, Sandwiches, Käse aus der Region, Salate, Omeletts. Kostenloses WLAN.

KENMARE: Lime Tree Restaurant €€
Modern, irisch SK B6 K C12
Shelbourne Street, Kenmare, Co Kerry
(064) 664 1225
Mo–Fr (Okt–März), So
Das Restaurant in einem hübschen Steinhaus serviert klassische Gerichte mit Pfiff, darunter auch vegetarische Speisen.

KENMARE: Mulcahy's €€
Modern, irisch SK B6 K C12
Henry Street, Kenmare, Co Kerry
(064) 664 2383 Mo
Dieses Restaurant lockt seine Gäste mit einer Fusionküche aus irischen Zutaten und asiatischen Aromen.

KENMARE: Packie's €€
Modern, irisch SK B6 K C12
35 Henry Street, Kenmare, Co Kerry
(064) 664 1508 So; Mitte Jan–Mitte Feb
Hier gibt es frisches Seafood, aber auch Irish Stew und Lammkarree.

KILLARNEY: Jam €
Bistro SK B5 K C11
Old Market Lane, Killarney, Co Kerry
(064) 663 7716 So; 4 Tage an Weihnachten
Sandwiches, Quiches, Lasagne und weitere hausgemachte Gerichte. Zur Nachspeise schmecken Banoffee Pie und Zitronenbaiser.

KILLARNEY: Lord Kenmare's Restaurant €€
Modern, irisch SK B5 K C11
College Street, Killarney, Co Kerry
(064) 663 1294 Mo, Di (Jan); 3 Tage an Weihnachten
Modern variierte Klassiker. Empfehlenswert sind etwa der in Whiskey gegarte Schweinebauch und der gegrillte Seehecht mit Spinat-Frühlingszwiebel-Püree.

Verführerische Kuchen und Gebäcke im Jam, Killarney

KILLARNEY: Treyvaud's €€
International SK B5 K C11
62 High Street, Killarney, Co Kerry
(064) 663 3062 Mo (Sep–Mai)
Die gute Küche bietet Wild nach Saison, aber auch gebratenes Straußenfilet sowie vegetarische Speisen und Seafood.

KILLARNEY: Gaby's Seafood Restaurant €€€
Französisch-irisch SK B5 K C11
27 High Street, Killarney, Co Kerry
(064) 663 2519 So; 7 Tage an Weihnachten und Neujahr
In diesem Restaurant kocht man v. a. Seafood. Spezialität ist in Cognac, Wein und Sahne zubereiteter Hummer.

KILLARNEY: The Garden Room €€€
International SK B5 K C11
The Malton Hotel, Killarney, Co Kerry
(064) 663 800
Das große Lokal in einem alten Bahnhofshotel gefällt mit eleganter Möblierung und Gewölbedecken. Klassische Gerichte.

KILLORGLIN: Nick's Seafood Restaurant €€€
Seafood SK A5 K B11
Lower Bridge Street, Killorglin, Co Kerry
(066) 976 1219 Mo, Di (Sommer), So–Mi (Winter); 2 Tage an Weihnachten
Preisgünstige Bar- und Early-bird-Menüs und eine breite Auswahl für Vegetarier.

Elegant gedeckte Tische im Blairscove, Durrus

SK = Straßenkarte *siehe hintere Umschlaginnenseiten* K = Karte *Extrakarte zum Herausnehmen*

KINSALE: Fishy Fishy €€€
Modern, Seafood   SK B6 K E12
Crowleys Quay, Kinsale, Co Cork
☎ (021) 470 0415
Das Fischrestaurant serviert auf zwei Etagen einfache, frisch zubereitete Gerichte. Im Sommer Reservierung empfohlen.

KINSALE: Spaniard Inn €€
Europäisch   SK B6 K E12
Scilly, Kinsale, Co Cork
☎ (021) 477 2436
Das alte Pub mit Restaurant serviert einfache, beliebte Gerichte wie Fischsuppe, Lammkarree und Steaks. Zur Gemütlichkeit tragen Kamine, Deckenbalken und traditionelle Musik bei.

KINSALE: Bastion €€€
Europäisch   SK B6 K E12
Market Street, Kinsale, Co Cork
☎ (021) 470 9696
Das preisgekrönte Restaurant überzeugt nicht nur mit feinster Küche, sondern auch mit seinem überaus legeren Ambiente. Sehr zu empfehlen sind die dreigängigen Menüs. Für den kleineren Appetit nimmt man an der Bar Platz und genießt einen der angebotenen Snacks.

Vis-à-Vis-Tipp
KINSALE:
Man Friday €€€
Europäisch   SK B6 K E12
Scilly, Kinsale, Co Cork
☎ (021) 477 2265
In dem gemütlichen Lokal mit schönem Blick auf den Hafen dominiert zwar Seafood, doch stehen auch viele Fleischgerichte auf der Karte. Wegen der großen Beliebtheit dieses hervorragenden Restaurants wird Reservierung empfohlen.

Speiseraum im Landschloss Ballymaloe, Shanagarry

Restaurantkategorien *siehe S. 305* Preiskategorien *siehe S. 308*

KINSALE: Max's Wine Bar €€€
Französisch   SK B6 K E12
48 Main Street, Kinsale, Co Cork
☎ (021) 477 2443 ● Feiertage; Mitte Dez – Mitte März
Das Angebot in dem beliebten, hellen Lokal wird von Seafood dominiert. Kinder sind am frühen Abend willkommen.

LISTOWEL:
Allo's Restaurant €€
Modern, irisch   SK B5 K C10
41 Church Street, Listowel, Co Kerry
☎ (068) 228 80 ● So, Mo; 3 Tage an Weihnachten
Das Pub mit Restaurant ist mit alten Objekten dekoriert und überzeugt mit guter, fantasievoller Küche. Jeden Do findet ein anderer kulinarischer Themenabend statt.

MALLOW:
President's Restaurant €€€
Französisch   SK B5 K D11
Longueville House, Mallow, Co Cork
☎ (022) 471 56 ● Mo, Di
Genießen Sie ein kulinarisches Erlebnis im edlen Ambiente einer georgianischen Villa. Reservierung nötig, Nachmittagstee 14–17 Uhr.

MITCHELSTOWN:
O'Callaghan's €
Bistro   SK C5 K E11
Lower Cork Street, Mitchelstown, Co Cork
☎ (025) 246 57 ● So
Sandwiches, Paninis, Suppen und einige Gerichte. Essen Sie im Hinterhof zu Mittag oder kaufen Sie im Laden für ein Picknick ein.

MONKSTOWN: The Bosun €€€
Traditionell, irisch   SK C6 K E12
The Pier, Monkstown, Co Cork
☎ (021) 484 2172

Das gut besuchte Lokal bietet eine große Auswahl v. a. an Seafood, aber auch Gerichte wie Kartoffel-Lauch-Suppe, gebratene Entenbrust und Steaks.

PORTMAGEE: The Moorings €€
Modern, irisch   SK A5 K A12
Portmagee, Co Kerry
☎ (066) 947 7108
In dem Lokal in nächster Nähe zum Hafen gibt es immer fangfrischen Fisch.

SHANAGARRY:
Ballymaloe House €€€
Hausmannskost   SK C6 K E12
Shanagarry, Co Cork
☎ (021) 465 2531
Traditionsreiches Herrenhaus. Die meisten Produkte werden auf dem Anwesen erzeugt.

TRALEE:
The Oyster Tavern €€
Seafood   SK A5 K C11
The Spa, Tralee, Co Kerry
☎ (066) 713 6102 ● Karfreitag, 25. Dez
Das große, moderne Restaurant bietet köstliches Seafood und eine breite vegetarische Auswahl. Eigene Kinderkarte.

YOUGHAL:
Aherne's Seafood Bar €€€
Seafood   SK C5 K F12
163 N Main Street, Youghal, Co Cork
☎ (024) 924 24
Hier gibt es v. a. Seafood, aber auch Käse aus der Region, himmlische Desserts und hausgebackenes Brot.

Unterer Shannon

ADARE: The Wild Geese €€
Modern, irisch   SK B5 K C10
Rose Cottage, Adare, Co Limerick
☎ (061) 396 451 ● 1. Woche Okt
In dem bildhübschen Cottage mit kleinen Speisezimmern schmecken Spezialitäten wie gebratene Jakobsmuscheln mit Chorizo, Entenbrust, Lammkarree und einige wenige vegetarische Gerichte.

BALLINDERRY:
Brocka-on-the-Water €€€
Modern, irisch   SK C4 K G9
Kilgarvan Quay, Ballinderry, Co Tipperary
☎ (067) 220 38 ● So; Sommer; im Winter telefonisch erfragen
Speisen in einem Häuschen mit offenem Kamin und Barbereich für den Aperitif. Das Restaurant ist nur geöffnet, wenn sich Gäste anmelden – rufen Sie vorher an.

Die schöne Terrasse der Burren Perfumery Tea Rooms, Carron

Vis-à-Vis-Tipp

BALLINGARRY:
The Mustard Seed €€€
Modern, irisch SK B5 K D10
Echo Lodge, Ballingarry,
Co Limerick
(069) 685 08 ● Mo, Di
(Winter); 3 Tage an Weihnachten
Das alteingesessene Restaurant mit Gästehaus ist bekannt für qualitätvolle Küche. Treffen Sie Ihre Menüwahl bei einem Aperitif und *amuse-bouches* in der Bibliothek und genießen im geräumigen Speiseraum vier (Early-bird-Menü drei) fantasievolle Gänge.

BALLYVAUGHAN:
An Fear Gorta €
Bistro SK B4 K D8
Coast Road, Ballyvaughan, Co Clare
(085) 726 1315 ● Mo–Do
(Dez); Nov, Jan–März
Das hübsche Café mit schönem Garten serviert süße und pikante Kuchen, Sandwiches, Fisch-Pies und Hausmachersuppen.

BALLYVAUGHAN: L'Arco €€
Italienisch SK B4 K D8
Main Street, Ballyvaughan,
Co Clare
(065) 708 3900 ● 25. Dez
Mit Preisen ausgezeichnetes Restaurant im Zentrum des Burren. Lebhaftes Flair, Reservierung empfohlen.

CARRON:
Burren Perfumery Tea Rooms €
Snacks SK B4 K D8
Fahee North, Carron, Co Clare
(065) 708 9102 ● Okt–Apr
Suppen, Quiches, hausgemachtes Gebäck, Sandwiches und Salate. Für viele der Tees liefern Pflanzen im Garten die Zutaten.

CASHEL: Café Hans €
Modern, irisch SK C5 K F10
Moor Lane, Cashel, Co Tipperary
(062) 636 60 ● So, Mo;
2 Wochen Ende Jan
Das gut besuchte Café serviert sehr gute Imbisse wie Salate, Fischfrikadellen, Suppen und Sandwiches. Nur Barzahlung.

CASHEL: Chez Hans €€€
Modern, irisch SK C5 K F10
Moor Lane, Cashel, Co Tipperary
(062) 611 77 ● So, Mo;
letzte 2 Wochen im Sep und Jan
Das Restaurant serviert klassische, preisgekrönte Küche, z. B. gebratener Steinbutt, knuspriges Entenconfit, in einem umgebauten Konvent, dazu schmecken Weine aus Europa und Übersee. Reservierung erforderlich.

CLOGHEEN: The Old Convent
Gourmet Hideaway €€€
Modern, irisch SK C5 K F11
Mount Anglesby, Clogheen,
Co Tipperary
(052) 746 5565 ● Mo–Do;
Jan, 3 Wochen im Dez
Abends lockt in diesem schönen Restaurant mit Buntglasfenstern ein achtgängiges Verkostungsmenü aus saisonalen Produkten – auch für Vegetarier. Reservierung erforderlich.

DOOLIN:
Cullinan's Seafood €€
Modern, irisch SK B4 K C8
Doolin, Co Clare
(065) 707 4183 ● So, Mi;
Nov–Apr
Die moderne irische Küche des Lokals mit Blick auf den Fluss favorisiert Seafood – Seeteufel, gebratene Castletownbere-Jakobsmuscheln – und leckere hausgemachte Desserts. Reservierung empfohlen.

DOOLIN: Riverside Bistro €€
Pub-Gerichte SK B4 K C8
Roadford, Doolin, Co Clare
(065) 707 5604 ● Mo, Di (Nov–Feb)
Einfache, gute Küche in einem gemütlichen Raum mit offenem Kamin. Im Sommer lockt die schöne Gartenterrasse. Das freundliche Restaurant liegt zwischen zwei Pubs, die an Sommerabenden meist Musik bieten.

DOONBEG: Morrisseys
Seafood Bar & Grill €€
Pub-Gerichte SK B4 K C9
Doonbeg, Co Clare
(065) 905 5304 ● Mo
Das zeitgemäß eingerichtete Pub mit Blick über den Fluss serviert einfache Gerichte – Doonbeg-Krebsscheren, Cajun-Hühnchen, Salat, Steaks, Burger – und großzügige Portionen. Keine Reservierungen, im Sommer gibt es deshalb lange Wartezeiten.

ENNIS: Town Hall Bistro €€
Modern, irisch SK B4 K D9
O'Connell Street, Ennis, Co Clare
(065) 682 8127 ● 25. Dez
Tagsüber ein hübsches Café, das Imbisse, Sandwiches und warme Gerichte serviert, abends ein Bistro mit Kerzenlicht. Reservierung empfohlen.

KILLALOE:
Cherry Tree Restaurant €€€
Modern, irisch SK C4 K E9
Lakeside, Ballina, Killaloe, Co Clare
(061) 375 688 ● Mo;
2 Wochen im Jan/Feb, 24./25. Dez
Das Lokal mit Blick auf den Shannon bietet moderne Gerichte, mit großer Finesse zubereitet. Auf der Speisekarte finden sich aber auch einige exotischere Speisen wie Frühlingsrollen mit Krebsfüllung und Chili-Konfitüre.

SK = **Straßenkarte** *siehe hintere Umschlaginnenseiten* K = **Karte** *Extrakarte zum Herausnehmen*

LAHINCH:
Barrtra Seafood Restaurant €€
Modern, irisch SK B4 K C9
Lahinch, Co Clare
📞 (065) 708 1280 ⚫ So–Do (Jan, Feb)
In einem Stein-Cottage mit großem Speiseraum bietet dieses Lokal v. a. Seafood und als Spezialität bezahlbaren Hummer.

LIMERICK: Sage Café €
Snacks SK B4 K E10
67–68 Catherine Street, Limerick
📞 (061) 409 458 ⚫ So, Feiertage; 1 Woche an Weihnachten
Das helle, luftige Café serviert Imbisse, Gebäcke und Sandwiches sowie warme Gerichte. Empfehlenswert sind die Tagliatelle mit Zucchini und Basilikum.

LIMERICK: Copper and Spice €€
Asiatisch SK B4 K E10
2 Cornmarket Row, Limerick
📞 (061) 313 620 ⚫ 25. Dez
Das beliebte Restaurant mit modernem Dekor bietet Earlybird-Menüs, Gerichte à la carte und einen Takeaway-Service.

LIMERICK: The Cornstore €€
Steaks und Seafood SK B4 K E10
19 Thomas Street, Limerick
📞 (061) 609 000 ⚫ 25. Dez
Ein Lokal im New Yorker Stil, mit Cocktailbar und Raucher-Lounge. Eine Spezialität ist zwölf Stunden lang langsam gegarter Schweinebauch mit Cider-Reduktion.

LIMERICK: Hamptons Grill €€
Traditionell, irisch SK B4 K E10
Henry Street, Limerick
📞 (061) 609 325
Ein schickes Lokal mit vielen Spiegeln, gedämpftem Licht und Sitzbänken. Die Küche ist vielfältig, aber v. a. bekannt für ihre Grillgerichte.

LISDOONVARNA:
The Wild Honey Inn €€
Modern, irisch SK B4 K C8
Kincora Road, Lisdoonvarna, Co Clare
📞 (065) 707 4300 ⚫ Di
Das gemütliche Lokal mit Steinmauern und offenem Kamin bereitet Steaks, saisonales Wild und Bio-Gemüse auf Bestellung zu. Keine Reservierungen.

NENAGH: Pepper Mill €€
Modern, irisch SK C4 K E9
Kenyon Street, Nenagh, Co Tipperary
📞 (067) 34598 ⚫ Mo; Karfreitag, 24./25. Dez
Das romantisch in warmen Braun- und Cremetönen gestaltete Lokal serviert Bistro-Küche mit einer Auswahl an Tapas.

Fassade des Gasthofs Derg Inn, Terryglass

Vis-à-Vis-Tipp
NEW QUAY:
Linnane's Lobster Bar €€
Seafood SK B4 K D8
The Pier, New Quay, Co Clare
📞 (065) 707 8120 ⚫ Mo–Do (Winter); Karfreitag, 25. Dez
Großartig gelegen an der Felsenküste. Hier serviert man einfaches, klassisches, irisches Seafood – Lachs mit Schnittlauch-Sahne-Sauce, Meeresfrüchteplatte –, aber auch Steak in Pfeffersauce. Im Winter Feuer im offenen Kamin, im Sommer Tische im Freien.

NEWMARKET-ON-FERGUS:
Earl of Thomond €€€
Irisch-französisch SK B4 K D9
Dromoland Castle Hotel, Newmarket-on-Fergus, Co Clare
📞 (061) 368 144 ⚫ 25. Dez
Das opulent mit Kronleuchtern, Samt und Seide eingerichtete Restaurant bietet Gerichte à la carte und das fünfgängige Menü *table d'hôte*.

TERRYGLASS: Derg Inn €€
Modern, irisch SK C4 K E8
Terryglass, Co Tipperary
📞 (067) 22037 ⚫ Karfreitag, 25. Dez
Der hübsche Gasthof direkt am See serviert Pub-Küche. Sonntags werden exzellente Mittagessen aufgetischt.

Westirland

ACHILL ISLAND: The Beehive €
Hausmannskost SK A3 K C6
Keel, Achill Island, Co Mayo
📞 (098) 43134 ⚫ Nov–Feb
Tageslokal mit Selbstbedienung und hausgemachten, traditionellen Gerichten. Empfehlenswert sind die Kuchen und Gebäcke.

ACHILL ISLAND:
Ferndale Restaurant & Guest Accommodation €€
International SK A3 K C6
Keel, Achill Island, Co Mayo
📞 (098) 43908 ⚫ Mo–Mi
Hier serviert man Kreationen wie etwa die Marco Polo's Adventure Platter (Wild-, Känguru-, Bison- und Krokodilsteak) und die wunderbare Seafood-Platte mit Riesengarnelen, Seeteufel und Jakobsmuscheln.

BALLINASLOE:
Kariba's €
Hausmannskost SK B3 K E8
Society Street, Ballinasloe, Co Galway
📞 (090) 964 4830 ⚫ So
Das Lokal bietet regionale und internationale Klassiker sowie hausgemachte Desserts.

BALLYCASTLE:
Mary's Cottage Kitchen €
Hausmannskost SK B2 K D5
Main Street, Ballycastle, Co Mayo
📞 (096) 43361
Das reizende Restaurant serviert traditionelle Hausmannskost – im Sommer im Freien, im Winter am prasselnden Feuer.

BARNA:
O'Gradys on the Pier €€
Seafood SK B4 K D8
Seapoint, Barna, Co Galway
📞 (091) 592 223
Das zweistöckige Restaurant verwöhnt in Strandnähe mit fangfrischem Fisch und ist bekannt für sein exzellentes, einfaches Seafood.

CASTLEBAR: Café Rua €
Irisch SK B3 K D6
New Antrim Street, Castlebar, Co Mayo
📞 (094) 902 3376
Täglich wechselndes Frühstück und Mittagessen. Die hausgemachten Desserts sind superb.

Restaurantkategorien siehe S. 305 Preiskategorien siehe S. 308

CLEGGAN: Oliver's Bar €€
Seafood SK A3 K B7
Cleggan, Co Galway
📞 (095) 44640
Das bei Einheimischen und Besuchern beliebte Lokal serviert fangfrisches Seafood.

CLIFDEN:
Mitchell's Restaurant €€
Seafood SK A3 K B7
Market Street, Clifden, Co Galway
📞 (095) 21867 ⬤ Nov–März
Das Lokal im Familienbesitz serviert gute Küche, etwa Seeteufel mit Speckkartoffelauflauf.

CLIFDEN:
Ardagh Hotel & Restaurant €€€
Irisch SK A3 K B7
Ballyconneely Road, Clifden, Co Galway
📞 (095) 21384 ⬤ Nov–Feb
Das preisgekrönte Restaurant ist auf Hummer und Austern aus der nächsten Umgebung sowie auf Steaks spezialisiert.

Vis-à-Vis-Tipp

CONG:
George V Dining Room €€€
Europäisch SK B3 K D7
Ashford Castle, Cong, Co Mayo
📞 (094) 954 6003
Unter elf glitzernden Waterford-Kristalllüstern speist man hier zu Klaviermusik Spezialitäten wie Birnen-Rucola-Sorbet, Ziegenkäsesoufflé, Seebarschfilet und gebratene Wildlende.

CONNEMARA:
Owenmore Restaurant €€€
Irisch SK B3 K B7
Ballynahinch Castle Hotel, Recess, Co Galway
📞 (095) 31006
Elegant und fantastisch gelegen – das saisonale Angebot basiert auf Fleisch, Wild, Fisch und Austern aus der Umgebung.

GALWAY:
Ard Bia at Nimmos €€
Hausmannskost SK B4 K D8
Spanish Arch, Galway
📞 (091) 561 114
Das Ard Bia ist tagsüber ein gemütliches Café, abends wird es zum einladenden Restaurant. Hier gibt es gute lokale Kost mit europäischem und orientalischem Einschlag.

GALWAY: McDonagh's €€
Seafood SK B4 K D8
22 Quay Street, Galway
📞 (091) 565 001 ⬤ So
Angeblich bietet das bekannte Lokal die größte Fischauswahl im County. Hier gibt es hochwertigen Fisch, Chips und Seafood.

GALWAY:
The Seafood Bar @ Kirwans €€
Seafood SK B4 K D8
Kirwan's Lane, Galway City
📞 (091) 568 266
Das geschmackvoll möblierte, freundliche Lokal bietet Bistro-Küche, darunter auch einige vegetarische Gerichte.

GALWAY: Kai Cafe + Restaurant €€€
Modern, irisch SK B4 K D8
20 Sea Road, Galway City
📞 (091) 526 003
Vollwertige Gerichte aus frischen Zutaten. Zu den Spezialitäten des Hauses gehören Krabbensalat, Ochsenzunge, Seeteufel und Spaghetti mit Meeresfrüchten.

INIS MEÁIN:
Inis Meáin Restaurant €€€
Irisch SK B4 K C8
Inis Meáin, Aran Islands, Co Galway
📞 (086) 826 6026 ⬤ Okt–Apr
Das schöne Restaurant bietet in seinem modernen Speiseraum Gerichte aus lokalen Zutaten und einen Panoramablick auf das Meer. Nur abends geöffnet.

INISHMORE:
Pier House Restaurant €€
Landküche SK B4 K C8
Inishmore Island, Co Galway
📞 (099) 61417 ⬤ Winter
Die moderne irische Küche des Restaurants präsentiert frisches einheimisches Seafood und Lammfleisch sowie Gemüse aus lokalem Anbau.

KILCOLGAN:
Morans Oyster Cottage €€
Seafood SK B4 K D8
The Weir, Kilcolgan, Co Galway
📞 (091) 796 113
Das Restaurant gehört seit sieben Generationen einer Familie und serviert unter dem Strohdach eines gemütlichen Cottage köstliches Seafood wie etwa Krebse, Austern, Hummer, Miesmuscheln und Krabben.

KINVARA:
Pier Head Restaurant €€
Irisch SK B4 K D8
Kinvara, Co Galway
📞 (091) 638 188
Live-Musik und ein großartiger Blick auf die Bucht warten in diesem freundlichen Restaurant. Hier gibt es Steaks, Seafood und ein paar vegetarische Gerichte.

LEENANE: Blackberry Café €€
Hausmannskost SK B3 K C7
Leenane, Co Galway
📞 (095) 42240 ⬤ So; Okt–Ostern
Ein reizendes Café mit herzhafter Küche – Austern, Stews, Fischfrikadellen und Suppen.

LETTERFRACK:
Kylemore Abbey Restaurant €
Hausmannskost SK A3 K C7
Kylemore, Co Galway
📞 (095) 52001
Das Gemüse in diesem Selbstbedienungsrestaurant in herrlicher Berglage stammt überwiegend aus Gärten, die von Benediktinernonnen gepflegt werden.

Der Inbegriff von Eleganz: George V Dining Room, Cong

SK = Straßenkarte *siehe hintere Umschlaginnenseiten* K = Karte *Extrakarte zum Herausnehmen*

LOUGHREA: Taste Matters €€
Europäisch   SK A3 K E8
Westbridge, Loughrea, Co Galway
📞 (091) 88010   ● Mo
Das gemütliche, lässige Bistro serviert innovative Gerichte mit irischen, französischen und italienischen Wurzeln.

MOYCULLEN: White Gables €€
Seafood   SK B4 K D8
Moycullen, Co Galway
📞 (091) 555 744   ● Mo, Di
Das Lokal in einem Stein-Cottage aus den 1920er Jahren bietet v. a. Seafood, aber auch einige Klassiker sowie kreative Gerichte.

PORTUMNA: The Modena €€
Europäisch   SK C4 K E8
Portumna, Co Galway
📞 (090) 975 9568
Das Restaurant im Familienbesitz bietet eine bunte Mischung aus irischen, italienischen und indischen Gerichten.

ROSCOMMON:
Gleesons Townhouse €€
Hausmannskost   SK C3 K E7
Market Square, Roscommon,
Co Roscommon
📞 (090) 662 6954
Das Restaurant in einem renovierten Haus aus dem 19. Jahrhundert am Stadtplatz bietet Gerichte aus lokalen Zutaten zu hervorragenden Preisen.

Vis-à-Vis-Tipp

ROUNDSTONE:
O'Dowd's Restaurant €€
Hausmannskost   SK A3 K B7
Roundstone, Co Galway
📞 (095) 35809
Seit 1840 serviert dieses traditionelle, holzgetäfelte Restaurant Einheimischen und Besuchern leckere Gerichte aus fangfrischem Fisch vom nahen Hafen und köstliche Desserts. Ein Höhepunkt ist die Seafood-Platte.

TUAM:
Finns Bar & Restaurant €€
Europäisch   SK B3 K D7
Milltown, Tuam, Co Galway
📞 (093) 51327   ● Mo, Di
Das gemütliche Restaurant lockt mit mächtigen Portionen, irischer und internationaler Küche und günstigen Preisen.

WESTPORT:
McCormack's €
Hausmannskost   SK B3 K C6
Bridge Street, Westport, Co Mayo
📞 (098) 25619
Das kleine Restaurant in Familienbesitz serviert köstliche Hausmannskost und überaus leckere Desserts.

WESTPORT:
An Port Mór €€
Europäisch   SK B3 K C6
Brewery Place, Westport, Co Mayo
📞 (098) 26730   ● Mo
Der Chefkoch verwendet die besten einheimischen Zutaten für seine Seafood-Gerichte. Exzellentes Preis-Leistungs-Verhältnis.

Nordwest-Irland

ARDARA:
Nancy's €€
Bar-Snacks   SK C1 K E4
Ardara, Co Donegal
📞 (074) 954 1187
Das Nancy's ist bekannt für hochwertige Fisch- und Seafood-Gerichte sowie für seine Fischsuppe. Lässige Atmosphäre.

ANNAGRY:
Danny Minnies Restaurant €€€
Seafood   SK C1 K E3
Annagry, The Rosses,
Co Donegal
📞 (074) 954 8201   ● So
Drucke, Tapisserien und Gemälde zieren die Wände dieses eleganten Restaurants. Hier gibt es v. a. irische Fleischgerichte und Seafood aus lokalem Fang.

BALLYSHANNON: Nirvana €€
Europäisch   SK C2 K E4
The Mall, Ballyshannon,
Co Donegal
📞 (071) 982 2369
Die Küche des modernen Restaurants mit Weinbar verwendet qualitativ hochwertige Zutaten häufig aus lokaler Produktion.

CARRICK-ON-SHANNON:
The Oarsman Restaurant €€
Irisch   SK C3 K F6
Bridge Street, Carrick-on-Shannon,
Co Leitrim
📞 (071) 962 1733   ● So
Im Umkreis bekannt für die exquisite Qualität seiner Küche, lässige Atmosphäre.

CASTLEBALDWIN:
McDermotts €€
Irisch   SK C3 K E5
Castlebaldwin, Co Sligo
📞 (071) 916 5132
Das am Fuße der Bricklieve Mountains gelegene Lokal ist ein Pub wie aus dem Bilderbuch: Wände aus Naturstein und Holzbalken schaffen ein heimeliges Flair. Das freundliche Personal serviert Gerichte der Region – z. B. Räucherlachs und Lammbraten – in großen Portionen.

DONEGAL TOWN:
The Blueberry Tearoom €
Irisch   SK C1 K E3
Castle Street, The Diamond,
Donegal Town, Co Donegal
📞 (074) 972 2933
Gemütliches Café mit Frühstück und herzhaften Gerichten zum Mittagessen. Die Desserts sind unglaublich lecker, vor allem der Schokoladenpudding. Viele Einheimische kommen hierher.

DONEGAL TOWN:
Olde Castle Restaurant €€
Irisch   SK C1 K F4
Tirconnell Street, Donegal Town,
Co Donegal
📞 (074) 972 1262
Das Lokal wirkt von außen altmodisch, serviert aber modern variierte irische Gerichte aus regionalen Zutaten. Die Spezialität ist Seafood, etwa Austern und Muscheln aus der Donegal Bay.

DUNKINEELY:
Castle Murray House €€€
Französisch   SK C2 K E4
St Johns Point, Dunkineely,
Co Donegal
📞 (074) 973 7022
Klassische französische Gerichte aus hochwertigen lokalen Zutaten. Genießen Sie Schwarzwurzelcremesuppe, Seafood (dominiert im Sommer die Karte) oder Fleischgerichte im Winter.

Behagliches Flair: O'Dowd's Restaurant, Roundstone

GLENTIES: Highlands Hotel €€
Europäisch   SK C1   K E3
Main Street, Glenties, Co Donegal
(074) 955 1111
Das hoch geschätzte, freundliche Restaurant bietet aufmerksamen Service und eine vielfältige Auswahl von lokalem Seafood bis zu saftigen Steaks. Berühmt für seine riesigen Portionen.

**GREENCASTLE:
Kealys Seafood Bar** €€
Seafood   SK C1   K G2
The Harbour, Greencastle, Co Donegal
(074) 938 1010   ● Mo
Das mit Preisen ausgezeichnete Lokal verwendet Bio-Produkte und Seafood aus der Umgebung – fangfrisch vom Kutter aus dem nur wenige Meter entfernten Hafen.

INISHOWEN: Harry's Bar and Restaurant €€
Irisch   SK C1   K G2
Bridgend, Inishowen, Co Donegal
(074) 936 8544
Zum Essen ist dies die beste Location in Inishowen. Vor allem die Steaks sind vom Feinsten.

KINCASSLAGH: Bonners Bar €
Pub-Gerichte   SK C2   K E3
Mallaghduff, Kincasslagh, Co Donegal
(074) 954 3368
Ein sehr heimelig wirkendes Pub mit viel Historie. Bekannt ist es vor allem für köstliche Suppen. Regelmäßig Live-Musik.

LETTERKENNY: Castle Grove €€
Französisch   SK C1   K F3
Ballymaleel, Letterkenny, Co Donegal
(074) 915 1118   ● Mo
Ein elegantes Restaurant in einem wunderschönen, 300 Jahre alten Haus. Die Küche verwendet Produkte aus eigenem Garten und lokale Zutaten für ihre feinen Kreationen mit französischem Flair.

**LETTERKENNY:
The Lemon Tree** €€
Französisch-irisch   SK C1   K F3
Lower Main Street, Letterkenny, Co Donegal
(074) 912 5788
Das Restaurant im Familienbesitz ist bei Einheimischen und Besuchern beliebt. Es kombiniert das Beste der irischen und der klassischen französischen Küche.

**RATHMULLAN:
The Cook and the Gardener** €€€
Modern, irisch   SK C1   K G3
Rathmullan House, Rathmullan, Co Donegal
(074) 915 8188

The Cook and the Gardener auf dem Rathmullan Estate, Rathmullan

Das Restaurant im Hotel Rathmullan House ist bekannt für exzellente Küche, viele Ingredienzen stammen aus dem eigenen Garten. Einen Schwerpunkt bildet Seafood. Im Tap Room gibt es Bier vom Fass und Holzofenpizza.

**SLIGO TOWN:
Coach Lane Restaurant** €€
Europäisch   SK C2   K E5
1 Lord Edward Street, Sligo Town, Co Sligo
(071) 916 2417
Das Restaurant bietet innovative Gerichte, empfehlenswert ist die Seafood-Platte, gegrillt mit Zitrone, Chardonnay und Butter.

**SLIGO TOWN:
Davis's Restaurant** €€
International   SK C2   K E5
Druncliff, Sligo Town, Co Sligo
(071) 916 3117
Das mit Preisen ausgezeichnete Restaurant bietet eine große À-la-carte-Auswahl: von üppigen Burgern und Pasta bis zu Krebsscheren und Steaks.

Vis-à-Vis-Tipp
**SLIGO TOWN:
Eala Bhán** €€
Irisch   SK C2   K E5
Rockwood Parade, Sligo, Co Sligo
(071) 914 5823
Eala Bhán (»weißer Schwan«) ist eine urgemütliche Brasserie mit schönem Blick über den Fluss Garavogue. Serviert werden traditionelle Gerichte mit modernem Touch.

SLIGO TOWN: Montmartre €€
Französisch   SK C2   K E5
Market Yard, Sligo Town, Co Sligo
(071) 916 9901
Das von engagierten Franzosen geführte, seit Jahren äußerst beliebte Restaurant bietet fantasievolle Gerichte, ein Highlight ist z. B. das Perlhuhn mit Kohl-Speck-Fondue.

STRANDHILL: Shells Café and Little Shop €
Irisch   SK B2   K E5
Strandhill, Co Sligo
(071) 912 2938
Populäres Café mit Aussicht aufs Meer und wunderbaren Kuchen. Ideal für einen Brunch.

Vis-à-Vis-Tipp
**TUBBERCURRY:
Killoran's Restaurant** €€
Irisch   SK B3   K E6
Teeling Street, Tubbercurry, Co Sligo
(071) 918 5679   ● So
Das von der Moderne unbeleckte, traditionelle und freundliche Restaurant bietet einen großartigen, zuvorkommenden Service und Gerichte aus erstklassigen Zutaten.

Midlands

ATHLONE: Kin Khao Thai €€
Thai   SK C3   K F7
1 Abbey Lane, Athlone, Co Westmeath
(090) 649 8805
Das exzellente Thai-Restaurant bietet guten Service und Spezialitäten. Reservierung empfohlen.

**ATHLONE:
The Left Bank Bistro** €€
Bistro   SK C3   K F7
Fry Place, Athlone, Co Westmeath
(090) 649 4446   ● So, Mo
Das Restaurant in der Altstadt serviert köstliche, kreative Küche, darunter gute Fischgerichte und Steaks sowie mittags Focaccias und Fajitas. Die Atmosphäre ist entspannt.

SK = Straßenkarte siehe hintere Umschlaginnenseiten   K = Karte Extrakarte zum Herausnehmen

ATHLONE: Thyme €€
Irisch SK C3 K F7
*Custume Place, Athlone,
Co Westmeath*
📞 (090) 647 8850
Hier schmecken Gerichte aus lokalen Produkten, etwa Selleriegerichte, das mit Tee geräucherte Hühnchen und der Salat aus Birnen, Blauschimmelkäse und kandierten Walnüssen.

ATHLONE: Wineport Lodge €€€
Bistro SK C3 K F7
Glasson, Athlone, Co Westmeath
📞 (090) 643 9010
Das mit Preisen bedachte Restaurant serviert in schöner Seelage u. a. Suppe aus geräuchertem Seafood oder gedämpften Zitronenpudding. Besonders romantisch kommt man per Boot.

BATTERSTOWN: Caffrey's €€
Irisch SK D3 K H8
Batterstown, Dunboyne, Co Meath
📞 (01) 825 8479
Das Pub mit Landhausmöbeln, Kamin und Live-Musik (Do) bietet u. a. gebratene Krebsscheren und saftige Steaks.

BIRR:
The Thatch Bar & Restaurant €€
Irisch SK D2 K F8
Crinkill, Birr, Co Offaly
📞 (057) 912 0682
Das freundliche, altmodische Pub mit Strohdach, weiß getünchten Mauern und Blumenschmuck bietet leckere Landküche, z. B. Suppen, Hühnchen und Steaks.

Vis-à-Vis-Tipp
**BLACKLION:
MacNean House & Bistro** €€€
Irisch SK D2 K F5
Main Street, Blacklion, Co Cavan
📞 (071) 985 3022 ⬤ Mo, Di
In diesem kulinarischen Juwel sind die Wochenenden oft Monate im Voraus ausgebucht. Hier verführt man mit Täubchen und Wildterrine, Ballotines vom Kaninchen, Saddleback-Schwein und vegetarischen Gerichten. Das nach den nahen Seen benannte MacNean ist ein ideales Ziel für Romantiker.

CARLINGFORD:
Kingfisher Bistro €€
Bistro SK D3 K J6
Darcy McGee Court, Dundalk Street, Carlingford, Co Louth
📞 (042) 937 3716
Das wohl beste Restaurant der Stadt serviert bestes Seafood wie Heilbutt und Petersfisch.

CARLINGFORD:
The Oystercatcher Bistro €€
Irisch SK D3 K J6
Market Square, Carlingford, Co Louth
📞 (042) 937 3989
Kosten Sie in diesem freundlichen, hübschen Lokal *cataplana* (würziger Fisch-Chorizo-Eintopf), Black Pudding, Müsli-Mousse oder die Carlingford-Austern.

CARLINGFORD:
Ghan House €€€
Irisch SK D3 K J6
Carlingford, Co Louth
📞 (042) 937 3682
Das Restaurant in einem schönen Landhaus aus dem 18. Jahrhundert mit Seeblick serviert v. a. Seafood, aber auch Cooley-Lamm und Rindfleisch.

CARRICKMACROSS:
**Nuremore
Hotel & Country Club** €€
Irisch SK D3 K H6
Carrickmacross, Co Monaghan
📞 (042) 966 1438
Das Restaurant in einem malerischen Landhotel lockt Gäste von nah und fern z. B. mit Täubchen oder Annagassan-Krebsen.

CLOVERHILL:
The Olde Post Inn €€€
Französisch-irisch SK C3 K G6
Cloverhill, Co Cavan
📞 (047) 55555 ⬤ Mo
Das preisgekrönte Restaurant und Gasthaus in einem malerischen ehemaligen Postamt serviert z. B. köstliche Wildlende und Champagner-Sorbet.

COLLON:
Forge Gallery Restaurant €€
Französisch-irisch SK D3 K H7
Collon, Co Louth
📞 (041) 982 6272 ⬤ Mo, Di
Ein freundliches, charaktervolles, mit Kunstwerken und mit viel Fantasie dekoriertes Lokal, das vor allem Seafood serviert.

DUNDALK: Fahrenheit
Rooftop Restaurant €€
Seafood SK D3 K H6
Crowne Plaza Dundalk, Inner Relief Road, Dundalk, Co Louth
📞 (042) 939 4900
Das einladende Restaurant bietet sehr gute regionale Küche sowie eine tolle Sicht auf die Cooley Mountains, die Halbinsel und die Irische See. Das Schokoladen-Fondue ist als Abschluss einfach wunderbar.

GLASLOUGH:
The Lodge at Castle Leslie €€€
Irisch SK D3 K G5
Castle Leslie Estate, Glaslough, Co Monaghan
📞 (047) 88100 ⬤ variabel, tel. erfragen
In einem schönen Schloss serviert man hier einfache Gerichte in der lebhaften Bar oder elegante Küche im Restaurant mit Balkendecke, z. B. Kaninchenterrine mit Wildpilzen oder Forelle.

KELLS: The Vanilla Pod €€
Bistro SK D3 K G7
Headfort Arms Hotel, Kells, Co Meath
📞 (046) 924 0084
In dem eleganten Bistro schmecken z. B. cremige Meeresfrüchtesuppe und das würzig-zarte Lammkarree sowie an Werktagen von 17 bis 19.30 Uhr spanische Tapas, kleine aromatische Happen. Kinder essen von 17.30 bis 18.45 Uhr kostenlos.

LONGFORD:
Aubergine Gallery Café €
Irisch-mediterran SK C3 K F7
1. Stock, The White House, 17 Ballymahon Street, Longford, Co Longford
📞 (043) 334 8633
⬤ 23. Dez – 2. Jan
Das lebhafte Restaurant bietet Steaks, Quesadillas und gebratenes Buttermilch-Hühnchen sowie vegetarische Gerichte. Gute Biere.

Wohnzimmeratmosphäre im Ghan House, Carlingford

MIDLANDS UND NORDIRLAND | 323

MONAGHAN:
Andy's Restaurant €€
Irisch SK D2 K G5
*12 Market Street, Monaghan,
Co Monaghan*
(047) 82277 • Mo
Eine Spezialität des Gastro-Pubs in einem hübschen Haus ist Monaghan-Hühnchen in würziger Pilz-Zwiebel-Sauce.

MULLINGAR: Miller & Cook €
Spanisch-irisch SK C3 K G7
*50 Pearse Street, Mullingar,
Co Westmeath*
(044) 934 0884
Café, Bäckerei und Food-Lounge unter einem Dach. Gäste genießen neben der großen Auswahl an Gerichten und den köstlichen Kaffeespezialitäten auch das luftige Ambiente.

MULLINGAR:
JP's Steakhouse €€
Italienisch, Steakhaus SK C3 K G7
*28 Dominic Street, Mullingar,
Co Westmeath*
(044) 933 3620 • Mo
Freundlicher Service, schlichtes Dekor. Auf der Karte stehen herzhafte italienische Klassiker und köstliche Steaks mit einer speziellen Jack-Daniel's-Sauce.

NAVAN: Earl's Kitchen €
Irisch SK D3 K H7
Old Corn Market, Navan, Co Meath
(046) 905 9678 • So, abends
Das hübsche Mittagslokal ist bekannt für seine leckeren Salate, pikanten Gebäcke und köstlichen Desserts.

NAVAN:
Eden at Bellinter House €€€
Irisch SK D3 K H7
Bellinter House, Navan, Co Meath
(046) 903 0900
Spezialitäten des stimmungsvollen Restaurants in einem Landhotel sind unter anderem Fasanbrust, gebratener Kabeljau und gebackene Gnocchi mit Gorgonzola. Gute Weinauswahl.

PORTLAOISE: Seasons Bistro €€
Bistro SK C4 K G9
*24a Market Square, Portlaoise,
Co Laois*
(057) 868 0809
Das beliebte Familienbistro serviert moderne europäische Küche. Empfehlenswert sind die Jakobsmuscheln und Garnelen in Weißwein-Sahne-Sauce.

TRIM: Franzinis €€
International SK D3 K H7
French's Lane, Trim, Co Meath
(046) 943 1002 • Mo (Winter)
Gäste genießen hier den schönen Blick auf Trim Castle, eine entspannte Atmosphäre, den freundlichen Service und preiswerte Fajitas und Pizzen.

Nordirland

ARMAGH: 4 Vicars ££
Irisch SK D2 K H5
4 Vicars Hill, Armagh
(028) 3752 7772 • Mo, Di
Ein sehr modernes Restaurant in einer der ältesten Straßen von Armagh. Das Krabbensandwich mit Gurke und Orange ist ein wahrer Traum.

ARDGLASS: Aldo's ££
Italienisch SK E2 K J5
*7 Castle Place, Ardglass,
Downpatrick, Co Down*
(028) 4484 1315 • Mo–Mi (Winter)
Das freundliche, fröhliche Lokal ist seit 1973 im Besitz derselben Familie. Hier gibt es Antipasti, Pasta, Seafood und Fleisch aus der Umgebung und eine sehr gute Auswahl an Gerichten für Vegetarier.

BALLYCASTLE:
The Cellar Restaurant ££
Irisch SK D1 K J2
*11b The Diamond, Ballycastle,
Co Antrim*
(028) 2076 3037
Gemütlich, mit freundlichem Service und kräftigen Portionen, perfekt zubereiteten Steaks oder Rathlin-Hummer. Preiswert.

BELFAST: Archana ££
Indisch SK D2 K J4
*53 Dublin Road, Belfast,
Co Antrim*
(028) 9032 3713
Guter Service, entspannte Atmosphäre, zahlreiche vegetarische und vegane Gerichte sind Pluspunkte des Archana. Mittags sehr preiswertes Thali.

Preiskategorien
Preise für ein Drei-Gänge-Menü für eine Person, inklusive einer halben Flasche Wein, Steuer und Service.
£ unter 25 £
££ 25–50 £
£££ über 50 £

BELFAST: Barnett Restaurant ££
Brasserie SK D2 K J4
*Malone House, Barnett Demesne,
Belfast*
(028) 9068 1246
Das Restaurant in einer spätgeorgianischen Villa mit hohen Räumen und großen Fenstern serviert exzellente Küche aus hervorragenden lokalen Produkten.

**BELFAST: Belfast Castle
Cellar Restaurant** ££
Brasserie SK D2 K J4
Antrim Road, Belfast, Co Antrim
(028) 9077 6925 • Mo, So
Das romantische Restaurant in einem Schloss am Berg bietet u. a. köstliches Wildfilet mit Pfeffer sowie gebratenen Lachs. Vom Park des Anwesens hat man eine herrliche Sicht auf Belfast.

BELFAST: Coppi ££
Italienisch SK D2 K J4
St Anne's Square, Cathedral Quarter, Belfast
(028) 9031 1959
Das Coppi gilt als eines der besten italienischen Restaurants in Nordirland. Auf der Karte finden sich frische Pasta, Risotto, Pizza und venezianische *cichetti*.

BELFAST:
Crown Liquor Saloon ££
Irisch SK D2 K J4
*46 Great Victoria Street, Belfast,
Co Antrim*
(028) 9024 3187
Die Belfaster Institution seit 1849 bietet traditionelle Atmosphäre sowie Irish Stew und *champ*, eine lokale Spezialität aus Kartoffelpüree mit Frühlingszwiebeln.

Verspielt, aber gemütlich: Crown Liquor Saloon, Belfast

SK = **Straßenkarte** *siehe hintere Umschlaginnenseiten* K = **Karte** *Extrakarte zum Herausnehmen*

BELFAST: Deane's ££
Französisch-irisch SK D2 K J4
*36–40 Howard Street, Belfast,
Co Antrim*
📞 (028) 9033 1134 ⬤ So
In der französischen Brasserie am Eingang und der Seafood-Bar im ersten Stock sind vor allem die Krebse und Jakobsmuscheln ein Gedicht.

BELFAST: Ginger Bistro ££
*7–8 Hope Street, Belfast,
Co Antrim*
📞 (028) 9024 4421 ⬤ So
Spezialitäten des schicken Lokals sind knuspriges Seebarschfilet und Krebsauflauf.

BELFAST: Hakka Noodle ££
Asiatisch SK D2 K J4
*51 Adelaide Street, Belfast,
Co Antrim*
📞 (028) 9031 3270
Das schicke, lebhafte Lokal serviert Teigtaschen, Nudeln, Suppen und Pfannengerichte in einem viktorianischen Lagerhaus. Hervorragende Cocktails.

BELFAST: Holohan's at the Barge ££
Französisch SK D2 K J4
1 Lanyon Quay, Belfast, Co Antrim
📞 (028) 9023 5973 ⬤ Mo
Das Restaurant ist auf einem Kahn im Fluss Lagan untergebracht. Zur Auswahl stehen Gerichte wie Beetroot Boxty Dumplings, die grandiose Aussicht gibt es gratis dazu.

BELFAST: James Street South ££
Französisch SK D2 K J4
*21 James Street South, Belfast,
Co Antrim*
📞 (028) 9043 4310 ⬤ So
Das klassische Restaurant in einer alten Leinenmühle serviert z. B. Steinbutt mit Butter-Lauch, Rotwein, Zwiebeln und Muscheln.

BELFAST: Metro Brasserie ££
Brasserie SK D2 K J4
13 Lower Crescent, Belfast, Co Antrim
📞 (028) 9032 3349
Spezialitäten des eleganten, aber recht legeren Restaurants sind Entenbrust mit Sellerie sowie Seehecht im Serrano-Schinken-Mantel.

Vis-à-Vis-Tipp
BELFAST: Mourne Seafood Bar ££
Irisch SK D2 K J4
*34–36 Bank Street, Belfast,
Co Antrim*
📞 (028) 9024 8544
Ein Juwel im Zentrum nahe der Taverne, in der Henry Joy McCracken und die United Irishmen den Aufstand von 1798 planten. Durch einen altmodischen Fischladen erreicht man das gemütliche Lokal und dessen hervorragende Küche mit fangfrischem Fisch und Muscheln von Mournes eigenen Bänken im Carlingford Lough.

BELFAST: Neill's Hill Brasserie ££
Brasserie SK D2 K J4
*229 Upper Newtownards Road,
Belfast, Co Antrim*
📞 (028) 9065 0079
Das Lokal serviert Küche aus besten Zutaten, etwa Brathähnchen mit Rosmarin, Zitrone und Knoblauch. Gutes Guinness.

BELFAST: Ox Belfast £££
Irisch SK D2 K J4
1 Oxford Street, Belfast
📞 (028) 903 14121 ⬤ So, Mo
Eines der angesagtesten Lokale der Stadt. Die Küche legt Wert auf Produkte aus der Region und bietet viele vegetarische Gerichte.

BUSHMILLS: The Bushmills Inn ££
Irisch SK D1 K H2
9 Dunluce Road, Bushmills, Co Antrim
📞 (028) 2073 3000
Das beliebte Gasthaus nahe dem Giant's Causeway serviert irische Spezialitäten wie die schmackhafte Zwiebel-Guinness-Suppe und Wildgerichte.

CARRICKFERGUS: Maud's Ice Cream Parlour £
Eiscafé SK E2 K J4
52 Scotch Quarter, Carrickfergus
📞 (028) 9336 7428
Kaffee, Snacks und köstliche hausgemachte Eiscreme, beliebt ist z. B. Pooh Bear (Honigwabe).

DUNDRUM: The Buck's Head ££
Irisch SK E2 K J5
*77 Main Street, Dundrum,
Co Down*
📞 (028) 4375 1868 ⬤ Mo (Winter)
Die hiesige Hauptattraktion ist das erstklassige lokale Seafood, z. B Dundrum-Bay-Austern mit Knoblauch und Cheddarkruste.

DUNGANNON: Viscount's Restaurant ££
Irisch SK D2 K H4
*10 Northland Row, Dungannon,
Co Tyrone*
📞 (028) 8775 3800 ⬤ Mo
Eine viktorianische Kirche, umgebaut als mittelalterlicher Bankettsaal. Kosten Sie gebratene Portavogie-Jakobsmuscheln.

ENNISKILLEN: The Sheelin Kitchen £
Irisch SK C2 K F5
178b Derrylin Road, Bellanaleck, Enniskillen, Co Fermanagh
📞 (028) 6634 8232
⬤ Mo abends
In dem Cottage am Lough Erne serviert man Hausmannskost wie T-Bone-Steak und Rindfleisch-Pie sowie köstliche Kuchen. Kein Alkoholausschank, man kann aber eigene Flaschen mitbringen.

ENNISKILLEN: Café Merlot ££
Bistro SK C2 K F5
Blakes of the Hollow, 6 Church Street, Enniskillen, Co Fermanagh
📞 (028) 6632 0918
Das Bistro im Keller eines Pubs bietet kreative Gerichte, u. a. trocken abgehangenes irisches Rindfleisch, Schweinebauch, Heilbutt.

ENNISKILLEN: Dollakis ££
Griechisch SK C2 K F5
*2b Cross Street, Enniskillen,
Co Fermanagh*
📞 (028) 6634 2616 ⬤ So, Mo

Rustikales Ambiente: The Bushmills Inn, Bushmills

Spezialitäten des exzellenten, freundlichen Restaurants sind Hühnchen-Souvlaki, Gyros und cremiges Gemüse-Moussaka – und die kubanischen Zigarren.

ENNISKILLEN:
The Belleek Restaurant   £££
Irisch   SK C2 K F5
Manor House Country Hotel, Killadeas, Enniskillen, Co Fermanagh
((028) 6862 2200
Das Restaurant mit Seeblick serviert traditionelle Küche, etwa Fermanagh-Frühlingslamm mit zitronenglasiertem Bries und *kale colcannon cake* (Grünkohlpuffer).

HILLSBOROUGH:
Hillside Bar & Bistro   ££
Bistro   SK D2 K J5
21 Main Street, Hillsborough, Co Down
((028) 9268 9233
Das attraktive Pub mit Restaurant im Landhausstil bietet eine gute saisonale Küche, etwa gebratener Seelachs mit Drumbeg-Tomaten-Sauce, und leckere Eiscreme von der nahen Glastry Farm.

HOLYWOOD: The Bay Tree   ££
Irisch   SK E2 K J4
118 High Street, Holywood, Co Down
((028) 9042 1419   ● abends (außer Fr); So
Das Café mit Bäckerei lockt mit köstlichen Zimtschnecken, Bananen-Speck-Sandwich mit Ahornsirup zum Frühstück sowie mit frischem Fisch und Bio-Salaten.

LIMAVADY: The Lime Tree   ££
Irisch   SK D1 K H3
60 Catherine Street, Limavady, Co Londonderry
((028) 7776 4300   ● So, Mo
Die Küche des Restaurants bietet u. a. Entenconfit mit Kartoffelbrot.

LONDONDERRY:
Badger's Bar   £
Irisch   SK C1 K G3
16–18 Orchard Street, Co Londonderry
((028) 7136 0763
Das holzgetäfelte viktorianische Pub ist mittags rappelvoll, aber ruhiger am Abend mit älteren Gästen. Leckerer Schellfisch.

LONDONDERRY:
The Metro Bar   £
Irisch   SK C1 K G3
3–4 Bank Place, Londonderry
((028) 7126 7401
Das beliebte, freundliche Lokal an den Mauern von Derry serviert erstklassiges Mittagessen, z. B. Guinness-Rinder-Eintopf, leichte Suppen und Sandwiches.

Brown's Restaurant & Champagne Lounge, Londonderry

LONDONDERRY:
Brown's Restaurant & Champagne Lounge   ££
Europäisch   SK C1 K G3
1 Bonds Hill, Co Londonderry
((028) 7136 5180   ● Mo; Sa mittags; So abends
Ein Juwel hinter einer unscheinbaren Fassade. Wunderbarer Service, exzellente Weinauswahl, köstliche Steaks, Jakobsmuscheln, gebratenes Seeteufelfilet.

LONDONDERRY: Quaywest Wine Bar & Restaurant   ££
Bistro   SK C1 K G3
Boating Club Lane, Co Londonderry
((028) 7137 0977
In diesem Lokal schmeckt z. B. der Cajun-Lachs mit Zitronen-Limonen-Salsa. Hervorragende Weinauswahl. Reservierung erforderlich.

PORTBALLINTRAE: The Porthole Bar & Restaurant   ££
Irisch   SK D1 K H2
Bay View Hotel, 2 Bayhead Road, Portballintrae, Co Antrim
((028) 2073 4100
Schöner Blick, entspannte Atmosphäre, leckere Gerichte aus lokalen Produkten, etwa Wildwurst oder gebackene Fischkroketten.

PORTRUSH:
The Harbour Bistro   ££
Irisch   SK D1 K H2
The Harbour, Portrush, Co Antrim
((028) 7082 2430
Das beste Restaurant der Stadt, mit prasselndem Feuer, gemütlicher, freundlicher Atmosphäre und fantasievoller irischer Küche.

PORTSTEWART: Harry's Shack   ££
Seafood   SK D1 K H2
116 Strand Road, Portstewart, Co Londonderry
((028) 7083 01783
Frisches Seafood und ebenso köstliche Fleischgerichte sind bei den Gästen besonders beliebt. Die idyllische Lage mit toller Aussicht aufs Meer überzeugt ebenfalls.

OMAGH:
Grant's Restaurant   ££
Irisch   SK C2 K G4
29 George's Street, Omagh, Co Tyrone
((028) 8225 0900
Das beliebte Lokal wurde nach dem US-Präsidenten Ulysses S. Grant benannt. Hier gibt es deftige Küche – Seafood, Steaks, vegetarische Gerichte.

RICHHILL:
Stonebridge Brasserie   ££
Irisch   SK D2 K H5
74 Legacorry Road, Richhill, Co Armagh
((028) 3833 7232
Das Lokal in Familienbesitz serviert exzellente Gerichte aus Zutaten der Region. Zu den absoluten Highlights auf der Speisekarte zählt auch der Armagh-Schweinebauch.

STRANGFORD: The Cuan   ££
Irisch   SK E2 K J5
4 The Square, Strangford, Downpatrick
((028) 4488 1222
In dem Gasthaus in Familienbesitz am Strangford Lough serviert man eine reiche Auswahl an Seafood, z. B. eine köstliche Meeresfrüchtesuppe.

WARRENPOINT:
Restaurant 23   ££
Irisch   SK D2 K J6
The Balmoral Hotel, 13 Seaview, Warrenpoint, Co Down
((028) 4175 3222
Spitzenkoch Raymond McArdle kreiert hier fantasievolle Gerichte – das Seafood ist ganz hervorragend, eine Spezialität des Hauses ist das Rindfleisch aus Dromara mit Trüffeln.

SK = Straßenkarte *siehe hintere Umschlaginnenseiten*   **K = Karte** *Extrakarte zum Herausnehmen*

Pubs in Irland

Das typisch irische Pub wird für seine offene Atmosphäre gerühmt. Das Personal ist herzlich, und es gibt *crack*, wie die Iren sagen: Spaß. Man trinkt Guinness oder Whiskey – die Nationalgetränke der Iren. Die Pubs gehen auf mittelalterliche Tavernen zurück bzw. auf *shebeens*, Lokale, in denen zur Zeit der Kolonialherrschaft illegal Alkohol ausgeschenkt wurde. In viktorianischer Zeit waren Brauen und Destillieren wichtige Industriezweige, die Inneneinrichtung mancher Pubs zeugt noch von dieser Zeit. Die *snugs*, gemütliche, abgeteilte Sitzecken, sind typisch für die Pubs, von denen manche wild bemalt und strohgedeckt sind oder sich in Fachwerkhäusern befinden. In einigen ländlichen Pubs ist der Dorfladen untergebracht. In allen Pubs darf inzwischen nicht mehr geraucht werden.

Kilkenny im Südosten ist ein Paradies für Pub-Fans, während Cork und Kerry weniger, doch dafür einige der malerischsten Pubs aufweisen. Der untere Shannon ist bekannt für seine lauten Lokale, vor allem im County Clare, wo spontane Musikdarbietungen ganz normal sind. Im Westen gibt es Pubs in Hülle und Fülle, und in Galway garantieren die vielen Studenten, dass man überall gute Pubs findet. Nachstehende Auflistung bietet eine landesweite Auswahl. Dubliner Pubs finden Sie auf den Seiten 114f.

Südost-Irland

Brittas Bay: Jack White's Inn
Jack White's Cross, Co Wicklow. **Straßenkarte** D4.
☎ (040) 447 106.
Das typisch irische Pub liegt perfekt unweit der N11 zwischen Dublin und dem Südosten. Einfache, aber gute Pub-Kost gibt es bis 21 Uhr.

Carlow: Teach Dolmain
Tullow St, Co Carlow. **Straßenkarte** D4. ☎ (059) 913 0911.
In dem Pub in Carlows Stadtzentrum sind ungewöhnliche Töpferwaren und alte Artefakte aus der Stadt- und Landesgeschichte ausgestellt. Exzellente Speisekarte, sehr gut für große Gruppen geeignet.

Dungarvan: Merry's Gastro Pub
Lower Main St, Co Waterford. **Straßenkarte** D5.
☎ (058) 24488.
Das freundliche und populäre Pub wurde im Jahr 1868 an Dungarvans Hauptstraße eröffnet. Das hier angebotene Pub-Food ist ausgezeichnet, vor allem die Steaks sind hervorragend. Auch die Auswahl an Bier und Wein überzeugt. Gelegentlich steht Live-Musik auf dem Programm.

Enniscorthy: The Antique Tavern
14 Slaney St, Co Wexford. **Straßenkarte** D5. ☎ (053) 923 3428.
Im gemütlichen Interieur des traditionellen Fachwerk-Pubs gibt es Andenken an den Kampf von Vinegar Hill, der entscheidenden Schlacht beim Aufstand von 1798. Es gibt Pub-Küche. Bei gutem Wetter kann man auf dem Balkon mit Blick auf den Fluss Slaney sitzen.

Enniscorthy: Holohan
Slaney Place, Co Wexford. **Straßenkarte** D5. ☎ (053) 923 5743.
Das unprätentiöse Pub hinter dem Castle Museum sollte man schon wegen seiner ungewöhnlichen Lage auf ein Pint aufsuchen. Es ist in einen Steinbruch hineingebaut. Eine vertikale Klippe bildet einen Teil der Rückwand der Bar.

Kilkenny: The Left Bank
High St, Co Kilkenny. **Straßenkarte** C4.
☎ (056) 775 0016.
Das Left Bank mitten im Stadtzentrum, zu dem auch eine Sports-Bar, eine Bar im Freien und eine Cocktailbar gehören, ist riesig, aber doch sehr gastlich. Es gibt viele gemütliche Nischen, man kann sich aber auch unter die Menge mischen und tanzen.

Kilkenny: Hibernian
1 Ormonde St, Co Kilkenny. **Straßenkarte** C4. ☎ (056) 777 1888.
In dem Pub in einer alten Bank, heute Teil des Hotels Hibernian, treffen sich Leute jeden Alters. Moderne irische Küche. Dienstags irische Live-Musik.

Kilkenny: Kyteler's Inn
27 St Kieran's St, Co Kilkenny. **Straßenkarte** C4.
☎ (056) 772 1064.
Bei gutem Wetter kann man im Hof der alten Kutschenstation und Kellerbar sitzen. Essen gibt es den ganzen Tag über bis 21 Uhr. Im Fenster sitzt eine Hexe und erinnert an die ehemalige Besitzerin: Alice Kyteler, die 1324 mit ihrer Magd der Hexerei beschuldigt wurde. Nach einem Freispruch erneut angeklagt, floh sie, während ihre Magd Petronella auf den Scheiterhaufen kam.

Kilkenny: Langton's
69 John St, Co Kilkenny. **Straßenkarte** C4.
☎ (056) 776 5133.
Das gemütliche Pub mit einer Bar mit niedriger Decke befindet sich in einem schönen Fachwerkhaus, das im edwardianischen Stil erbaut wurde. Im Angebot sind kleine Pub-Gerichte. Im Sommer gibt es mindestens einmal pro Woche Musik und Tanz, dienstags, donnerstags und samstags abends Club-Musik.

Kilkenny: Marble City Bar
66 High St, Co Kilkenny. **Straßenkarte** C4. ☎ (056) 776 1143.
Marble City ist die berühmteste Bar der Stadt, ihr Name rührt vom regionalen Kalkstein her. Das vierstöckige Gebäude hat eine Art-déco-Fassade. Leider kann man in der beliebten, quirligen Bar keinen Tisch reservieren lassen. Küche bis 21 Uhr.

Kilkenny: Tynan's Bridge House Bar
2 John's Bridge, Co Kilkenny. **Straßenkarte** C4.
☎ (056) 772 1291.
Das ursprünglichste Pub der Stadt ist gemütlich mit bezaubernden Lampen und alten Erinnerungsstücken aus einem ehemaligen Laden und einer Apotheke ausgestattet. Es gibt keine Musik und keinen Fernseher. Das Pub ist »a chat bar« – ausschließlich ein Ort der Kommunikation.

Kilmore Quay: The Strand Inn
Dunmore East, Co Wexford. **Straßenkarte** D5. (051) 383 174.
Das Lokal ist ein Hotel-Pub mit gemütlichen Nischen. Gäste schätzen im Winter den Kamin, im Sommer die Sonnenterrasse mit Blick auf das Hook Head Lighthouse.

**Leighlinbridge:
The Lord Bagenal Inn**
Co Carlow. **Straßenkarte** D5.
(059) 972 1668.
Das Lord Bagenal ist beliebt für eine Rast auf dem Weg von Dublin gen Süden. In einem kleinen beschaulichen Dorf im County Carlow blickt es auf einen malerischen Yachthafen am Fluss Barrow. Man kommt auch im Hotel unter.

New Ross: Corcoran's Pub
Irishtown, Co Wexford.
Straßenkarte D5.
(051) 425 920.
Seit fünf Generationen betreibt die gleiche Familie das freundliche Corcoran's, eines der ältesten Pubs der Stadt. Jeden Montag finden hier Kartenspiele statt. Am Wochenende gibt es Sessions irischer Musik.

Waterford: Geoff's Café Bar
8–9 John St, Co Waterford.
Straßenkarte D5.
(051) 874 787.
Das Pub am Rand von Waterford zählt zu den traditionsreichsten der Stadt im Südosten Irlands. Vor allem am Abend geht es hier hoch her. Am Wochenende steht Live-Musik auf dem Programm, die Stilrichtungen wechseln von Session zu Session. Das Essen in Geoff's Café Bar ist ebenso berühmt wie die Kaffeespezialitäten, die hier serviert werden.

Waterford: Henry Downes
8–10 Thomas St, Co Waterford.
Straßenkarte D5.
(051) 874 118.
Das Pub aus dem Jahr 1759 im County Waterford füllt seinen eigenen Whiskey ab, was Liebhaber der Spirituose schätzen. Es ist voller Ecken mit einer bunten Geschichte. Es eignet sich für einen kurzen Stopp, ein Pint Bier und einen Schwatz mit Einheimischen.

Waterford: Jack Meade's Pub
Dunmore Rd, Co Waterford.
Straßenkarte D5.
(051) 850 950.
In dem Pub sieben Kilometer südlich der Stadt herrscht eine entspannte Atmosphäre. Im Sommer spielen Musiker im Freien. Kommen Sie, um die Lage zu genießen und zu Mittag zu essen.

Wexford: Centenary Stores
Charlotte St, Co Wexford. **Straßenkarte** D5. (053) 912 2203.
Das gemütliche Pub befindet sich in einem umgebauten Lagerhaus. Freundliches Personal versorgt die Gäste, darunter die Bohemiens der Stadt, mit Bier. Sonntagmorgens werden sie mit traditioneller Musik unterhalten. Freitags und samstags länger geöffnet.

Wexford: Macken's
Bull Ring, Co Wexford.
Straßenkarte D5.
(053) 912 2949.
Das Pub hat eine erstklassige Lage direkt an den Ecken des historischen Bull Ring – ein exzellenter Platz, um ein oder zwei Pint zu trinken. Mit etwas Glück gibt es sogar Live-Musik.

Cork und Kerry

Baltimore: Bushe's
Co Cork. **Straßenkarte** B6.
(028) 20125.
Das weithin berühmte Pub serviert Baltimores beste Ales und Pints. Im Sommer kann man draußen sitzen, zu den Inseln blicken und bei einem guten Pint den Sonnenuntergang beobachten.

Caherciveen: The Point Bar
Renard Pt, Valentia Harbour, Co Kerry. **Straßenkarte** A5.
(066) 947 2165.
Aufgrund der großen Auswahl an frischem Seafood, der spontanen Musiksessions und des einmalig schönen Blicks auf Valentia Island gilt die Point Bar als eine der schönsten in ganz Kerry.

Castletownshend: Mary Ann's
Co Cork. **Straßenkarte** B6.
(028) 36146.
Seit der Eröffnung 1846 bietet das Mary Ann's exzellenten Service und hochwertige Küche. Das Lokal voller Antiquitäten ist eines der besten Beispiele für ein traditionelles irisches Pub.

Clonakilty: De Barra's
55 Pearse St, Co Cork.
Straßenkarte B6.
(023) 883 3381.
De Barra's ist eines der bekanntesten Pubs in West-Cork mit einem Club für irische Musik. Die Bar ist mit vielen alten Whiskeygläsern geschmückt. Einfache Imbisse und auch volle Mahlzeiten werden von 12 bis 16 Uhr serviert.

Cork: Bodega
St Peter's Market, Cornmarket St, Co Cork. **Straßenkarte** C5.
(021) 427 3756.
Das helle Pub mit Kunst an den Wänden (zu kaufen) liegt in einem Lagerhaus. Nachmittags gibt es Sandwiches und Suppen, abends internationale Küche. Am Samstag, dem Markttag, ist hier besonders viel los.

Cork: Chateau Bar
93 St Patrick's St, Co Cork.
Straßenkarte C5.
(021) 427 0370.
Die Bar befindet sich in einem auffälligen Gebäude im Herzen der Stadt. Das 1793 gegründete elegante Pub hat viktorianisches Interieur und bietet Bar-Kost.

Cork: Clancy's
15–16 Princes St, Co Cork.
Straßenkarte C5.
(021) 427 6097.
Das Clancy's ist eines der ältesten Pubs von Cork, es wurde 1824 eröffnet. Es gehört zu den am längsten bestehenden Lokalen Irlands mit Live-Musik (Mai–Sep). Mittagsgerichte mit Fokus auf Fleisch im Steak-Restaurant.

Cork: Henchy's
40 St Luke's, Co Cork.
Straßenkarte C5.
(021) 450 7833.
Das traditionelle Pub von 1884 hat sich sein viktorianisches Ambiente erhalten, samt Mahagonitresen und Bleiglasscheiben. Seit Langem wird das Lokal mit Kunst assoziiert: Junge Künstler zeigen hier einem gleich gesinnten Publikum ihre Werke.

Cork: The Long Valley
10 Winthrop St, Co Cork.
Straßenkarte C5. (021) 427 2144.
Bei der St. Patrick's Street befindet sich das Pub, das ein kunterbuntes Publikum anzieht, von Lebenskünstlern über Angestellte bis hin zu Besuchern. The Long Valley ist vor allem für sein Murphy's bekannt – ein Bier, das jeder Einheimische sogar noch über Guinness stellt.

Straßenkarte *siehe hintere Umschlaginnenseiten*

Cork: Sin É
8 Coburg St, Co Cork.
Straßenkarte C5.
🕿 (021) 450 2266.
Das seit 1889 betriebene Sin É zählt zu den gemütlichsten und beliebtesten Pubs in Cork. Bekannt ist es insbesondere für seine Sessions mit traditioneller Musik und den Schnickschnack an den Wänden. 🍴

Dingle: Ashes
Main St, Co Kerry. **Straßenkarte** A5. 🕿 (066) 915 0989.
Das Pub stammt aus dem Jahr 1849. Kommen Sie untertags auf einen Drink oder einen leichten Imbiss vorbei oder am Abend für ein günstiges Seafood-Gericht. 🍴

Dingle: Dick Mack's
Greene St, Co Kerry. **Straßenkarte** A5. 🕿 (066) 915 1787.
Das Establishment ist teils Schuhladen, teils Pub. Hier treffen sich hiesige Künstler, Exzentriker und Extrovertierte. Abends versammeln sich die Stammgäste oft ums Klavier.

Dunquin: Krugers
Annandale Rd, Co Kerry. **Straßenkarte** A5. 🕿 (066) 915 6127.
Nahe den Kais, von denen Boote zu den Blasket Islands ablegen, steht das Krugers, das von April bis August auch Unterkunft bietet. Das Establissement schmücken Familienandenken und Standfotos aus berühmten Filmen, die in der Gegend gedreht wurden. 🍴

Glencar: The Climber's Inn
Co Kerry. **Straßenkarte** B5. 🕿 (066) 976 0101.
Das von einer Familie betriebene Pub mit offenem Kamin an der Straße Richtung Kerry Highlands ist berühmt. Es wird großartige Küche mit vegetarischen Angeboten serviert. Unterhalten Sie sich mit anderen Wanderern über die Erlebnisse Ihres Tages. Irische Live-Musik. 🍴

Killarney: Buckley's Bar
College St, Co Kerry.
Straßenkarte B5.
🕿 (064) 663 1037.
Die eichengetäfelte Bar ist für ihre regelmäßigen Musiksessions und ihre so schmackhafte wie sättigende Küche bekannt. Tom Buckley eröffnete das Lokal 1926, nachdem er aus New York in die Heimat zurückgekehrt war. Essen bis 16 Uhr. 🍴♿

Killarney: The Laurels
Main St, Co Kerry. **Straßenkarte** B5. 🕿 (064) 643 1149.
Killarneys lebhaftestes Pub ist bei jungen Einheimischen und Besuchern populär. Die Familie O'Leary führt das Pub seit fast einem Jahrhundert. Es bietet exzellente Bar-Snacks und in einem separaten Bereich auch Mahlzeiten (Steaks, Muscheln, Austern und Fisch). 🍴♿

Killorglin: The Bianconi
Lower Bridge St, Ring of Kerry, Co Kerry. **Straßenkarte** A5. 🕿 (066) 976 1146.
Wenn Sie Gastfreundlichkeit suchen, sind Sie hier richtig. Das preisgekrönte Hotel mit Restaurant und Bar bietet exzellente Küchenqualität. 🍴

Kinsale: Kieran's Folk House Inn
Guardwell, Co Cork. **Straßenkarte** B6. 🕿 (021) 477 2382.
Das Lokal im alten Kinsale lockt Einheimische wie Besucher an. In der Hauptsaison gibt es abends Live-Musik. Zu Kieran's gehören auch eine Pension und das Shrimps Seafood Bistro. 🍴♿

Kinsale: The Lord Kingsale
4 Main St, Co Cork. **Straßenkarte** B6. 🕿 (021) 477 2371.
Das altmodische Pub hat zumeist ruhige, gesetzte Gäste. Das Haus ist zwar sehr alt, aber das Interieur ist zum Teil nur auf alt gemacht. Im Sommer werden jeden Abend Konzerte gegeben. Essen gibt es von 12 bis 15 Uhr. 🍴

Scilly: The Spaniard Inn
Kinsale, Co Cork. **Straßenkarte** B6. 🕿 (021) 477 2436.
Das bei Fischern beliebte Pub im Dorf Scilly hat das Flair einer alten Schmugglerkneipe. Im Sommer gibt es oft Live-Musik. Besonders voll wird es am Wochenende. Das Restaurant und die Bar bieten einfache, aber sehr schmackhafte Küche. 🍴

Sherkin Island: The Jolly Roger
Co Cork. **Straßenkarte** B6. 🕿 (028) 20379.
Insel-Flair durchdringt das behagliche Pub, in dem man ein hervorragendes Mittagessen zu einem guten Preis bekommt. Im Schwerpunkt der Küche liegt auf Seafood. Im Sommer kann man auch draußen sitzen und den Blick auf den Baltimore Harbour und die Bucht genießen. 🍴

Unterer Shannon

Annacotty: Finnegan's
Co Limerick. **Straßenkarte** B5. 🕿 (061) 337 338.
Das Establissement war einst eine Kutschenstation, und noch heute umweht es der Hauch der Vergangenheit. Spezialitäten auf der Karte sind Steaks und fangfrisches Seafood. Alles in allem ein gemütliches, überaus freundliches Lokal. 🍴♿

Ballyvaughan: O'Loclainn's Irish Whiskey Bar
Co Clare. **Straßenkarte** B4. 🕿 (065) 707 7006.
Reich an Historie ist dieses erhabene, in den 1840er Jahren eingerichtete Pub. Inhaber Peter arbeitet tagsüber als Landwirt, weshalb das Lokal im Sommer seine Pforten nicht vor 19 Uhr öffnet. Die eindrucksvolle Whiskey-Auswahl ist mit über 300 Sorten geradezu legendär. Gelegentlich gibt es Live-Musik.

Bunratty: Durty Nelly's
Co Clare. **Straßenkarte** B4. 🕿 (061) 364 864.
Das Flair des 17. Jahrhunderts wird durch das Gewirr von Räumen, offene Kamine und historische Porträts verstärkt. Abends gibt es meist traditionelle Musik. Die Bar und zwei Restaurants bieten gesunde Gerichte an. 🍴

Doolin: Gus O'Connor's
Clare Coast, Doolin. **Straßenkarte** B4. 🕿 (065) 707 4168.
Das berühmte Pub ist bei Fans traditioneller Musik auf der ganzen Welt bekannt. Die O'Connors führen das lebhafte Pub mit dem authentischen Lebensmittelladen schon seit über 150 Jahren. Das O'Connor's ist *der* Ort für spontane Musikeinlagen, einfache Bar-Küche und viel Spaß. 🍴♿

Doolin: McDermott's
Roadford House, Co Clare. **Straßenkarte** B4. 🕿 (065) 707 4328 oder 707 4700.
Kein Pub in Clare kommt ohne traditionelle Live-Musik aus. Auch McDermott's macht da keinerlei Ausnahme: Von St Patrick's Day bis Ende Oktober wird jeden Abend musiziert. Freundliches Personal serviert kühles Bier. Noch immer steht man auf dem Original-Fliesenboden, der 1867 verlegt wurde. 🍴

Ennis: The Cloister
Abbey St, Co Clare. **Straßenkarte** B4. (065) 682 9521.

Das historische Pub befindet sich bei der berühmten Ennis Friary *(siehe S. 193)*. Das Interieur ist behaglich und stimmungsvoll. Außerdem gibt es einen Innenhof für den Sommer. An einigen Abenden wird Live-Musik gespielt.

Ennis: Queen's Front Bar
Abbey St, Co Clare. **Straßenkarte** B4. (065) 682 8963.

Auch dieses Pub steht bei den Ruinen der Ennis Friary *(siehe S. 193)*. Das Queen's bietet superbe traditionelle Küche und ist ideal für Familien, da hier alle Altersgruppen willkommen sind.

Killaloe: Goosers
Ballina, Co Clare. **Straßenkarte** C4. (061) 686 8198.

Das Pub auf der Ballina-Seite des Flusses hat ein Strohdach und einladende Atmosphäre. Im Restaurant wird recht preisgünstiges Seafood serviert. Eine Alternative dazu ist die Bar, in der man gute Pub-Gerichte bekommt.

Kilrush: Crotty's Pub
Market Square, Co Clare. **Straßenkarte** B4. (065) 905 2470.

In früheren Zeiten führte die berühmte Musikerin Lizzie Crotty (1885–1960) das preisgekrönte Pub. Mittlerweile finden hier im Sommer dreimal in der Woche Konzerte traditioneller Musik statt. Von Montag bis Samstag wird den ganzen Tag über hervorragende Pub-Küche serviert. Eine sehr beliebte Location.

Limerick: The Locke
2a George's Quay, Co Limerick. **Straßenkarte** B4. (061) 413 733.

Das Fachwerk-Pub ist im Sommer Treffpunkt nach einem Spaziergang am Fluss. Im Winter wirkt das Lokal mit Sitzecken und den offenen Kaminen besonders behaglich. Donnerstag- bis sonntagabends gibt es Live-Musik. Ganztags geöffnet.

Limerick: Nancy Blake's
19 Upper Denmark St, Co Limerick. **Straßenkarte** B4. (061) 416 443.

Limericks bekannteste Bar bietet gute Unterhaltung und traditionelle Musik. Bevorzugen Sie Rhythm and Blues, gehen Sie in die Outback Bar nebenan. Im Nancy Blake's serviert man zu Mittag Suppen und Sandwiches. Konzerte gibt es am Montag, Dienstag, Mittwoch und Samstag.

Westirland

Aran Islands: Ti Joe Mac's
Kilronan, Inishmore, Co Galway. **Straßenkarte** B2. (099) 61248.

Das Pub steht direkt vor einem, wenn man von Bord geht. Es gibt Suppen und Sandwiches.

Clarinbridge: Moran's Oyster Cottage
The Weir, Kilcolgan, Co Galway. **Straßenkarte** B4. (091) 796 113.

Die Bar in einem strohgedeckten Cottage war früher die Anlaufstelle der Besatzungen von »Hookers« (traditionellen Schiffen). Heute kann man hier alle Arten von Meeresfrüchten probieren. Das Moran's ist die berühmteste Austernbar Irlands. Von der Terrasse aus kann man Fischern bei der Arbeit zusehen.

Clarinbridge: Paddy Burke's Oyster Inn
Co Galway. **Straßenkarte** B4. (091) 796 226.

Das strohgedeckte Pub von 1835 hat Bleiglasfenster und charmantes Interieur. Außer dem Clarinbridge-Austern und dem Mittagsbüfett gibt es mittags und abends auch Gourmet-Food.

Clifden: EJ Kings
The Square, Co Galway. **Straßenkarte** A3. (095) 21330.

Das große, quirlige Pub verteilt sich über mehrere Etagen, am schönsten ist das Erdgeschoss. Es gibt Seafood-Platten und Pub-Gerichte. Im Sommer wird oft Live-Musik geboten, vor allem Balladen und Folklore. Das Personal ist ausgesprochen freundlich.

Galway: Busker Brownes
Cross St Upper, Co Galway. **Straßenkarte** B4. (091) 563 377.

Das mehrstöckige, scheunenähnliche Stadt-Pub besitzt ganz oben das »Gerippe« eines Konvents aus dem 16. Jahrhundert. Das Slate House, das Pub nebenan, hat dasselbe Management. Beide Lokale sind bei Studenten beliebt. Sonntags gibt es Jazz-Sessions.

Galway: Cookes Thatch Bar
Cooke's Corner, 2 Newcastle Rd, Co Galway. **Straßenkarte** B4. (091) 582 959.

Am Stadtrand Galways steht der traditionelle, strohgedeckte Gasthof, der nach sieben Generationen den Besitzer wechselte, aber noch immer sehr freundlich wirkt. Ausgeschenkt werden über 20 Weine sowie Bier und Spirituosen. Live-Musik.

Galway: Dew Drop Inn
Mainguard St, Co Galway. **Straßenkarte** B4. (091) 561 070.

Die Einheimischen kennen das Pub besser unter dem Namen Myles Lee. Der gemütliche Gasthof verkörpert Galways Boheme-Tradition. Vor allem an kalten Abenden, wenn ein Feuer im Kamin knistert, ist es hier sehr behaglich. Das Dew Drop serviert mit das beste Guinness der Stadt.

Galway: The King's Head
15 High St, Co Galway. **Straßenkarte** B4. (091) 566 630.

Das 1649 gegründete Pub mit geschwungener Fassade hat ein heimeliges Interieur mit Kaminen aus dem 17. Jahrhundert. In der Haupthar gibt es Lunch-Snacks, in der hinteren Bar spielen abends Live-Bands vor zumeist jungen Gästen.

Galway: McSwiggan's
Eyre St, Wood Quay, Co Galway. **Straßenkarte** B4. (091) 568 917.

Die gemütliche, legere Café-Bar im Stadtzentrum besitzt Terrakottaböden und behagliche Sitzgelegenheiten. Donnerstags und freitags wird Live-Musik geboten.

Galway: The Quays Pub
11 Quay St, Co Galway. **Straßenkarte** B4. (091) 568 347.

The Quays war ursprünglich ein Cottage mit Strohdach. Nach dem Abriss wurde es durch ein dreistöckiges Gebäude ersetzt. Die oberste Etage ist eine runde Mansarde, von der man in die Bar hinunterschauen kann. Traditionelle Live-Musik gibt es am Freitag- und Sonntagabend. Jeden Mittag wird herzhafte Kost serviert. Im Sommer kann man auch draußen sitzen.

Straßenkarte *siehe hintere Umschlaginnenseiten*

Galway: Ti Neachtain
17 Cross St, Co Galway. **Straßenkarte** B4. (091) 568 820.
Das alte Gebäude im »Latin Quarter« hat ein schönes Erkerfenster, Holzinterieur, gemütliche Sitzecken sowie freundliche Bedienungen. Hier kommt man oft in den Genuss von irischer Musik. Im ersten Stock befindet sich das Restaurant Ard Bia.

Killala: Golden Acres
Co Mayo. **Straßenkarte** B2. (096) 32183.
Von dem heimeligen Land-Pub aus erreicht man zu Fuß leicht die Bootsanlegestellen und die Unternehmen, die Ausflüge zum Hochseefischen anbieten. Zu essen gibt es eine Auswahl herzhafter Pub-Gerichte.

Oughterard: The Boat Inn
Main St, Connemara, Co Galway. **Straßenkarte** B3. (091) 552 196.
Das Hotel mit Bar und Restaurant liegt beim Lough Corrib. Die Bar im Bootsdesign serviert Bar-Gerichte und Snacks. Im Sommer gibt es unter der Woche und am Wochenende Live-Musik. Auch ein Biergarten ist vorhanden.

Westport: Matt Molloy's
Bridge St, Co Mayo. **Straßenkarte** B3. (098) 26655.
Der Flötist der irischen Folkloreband The Chieftains gründete das geräumige Pub, das traditionell gestaltet ist. Im hinteren Raum spielt jeden Abend eine Band.

Westport: The Porterhouse
Bridge St, Co Mayo. **Straßenkarte** B3. (098) 28014.
Das Pub gleich neben Matt Molloy's (siehe oben) wirkt mit seinen Holzböden und mittelhohen Decken fast altmodisch. Jeden Abend (im Sommer an Wochenenden auch nachmittags) gibt es irische Live-Musik.

Nordwest-Irland

Burtonport: The Lobster Pot
Co Donegal. **Straßenkarte** C1. (074) 954 2012.
Das Pub steht in der Nähe des Piers. Das alte Holzinterieur bildet die Kulisse einer riesigen Sammlung von gälischen Sportandenken. Seafood ist besonders zu empfehlen, aber auch die anderen Gerichte sind gut.

Crolly: Leo's Tavern
Menaleck, Co Donegal. **Straßenkarte** C1. (074) 954 8143.
Der Vater der modernen Folkloremusiker Clannad und der Sängerin Enya betreibt das Pub, das Einheimische wie Besucher anlockt. Es gibt Gesangsrunden und Abende mit Vorführungen traditioneller irischer Musik.

Culdaff: McGrory's
Co Donegal. **Straßenkarte** C1. (074) 937 9696.
Auf der idyllischen Inishowen Peninsula (siehe S. 230f) findet man den Gasthof mit erstklassiger Küche. Im Restaurant McGrory's können bis zu 60 Gäste bewirtet werden. In der Backroom Bar finden Live-Konzerte statt.

Donegal: O'Donnell's
The Diamond, Co Donegal. **Straßenkarte** C2. (074) 972 1049.
Das Establissement besitzt eine kleine Bar. Im hinteren, größeren Bereich gibt es oft Live-Musik und Karaoke-Nächte. Hiesige Musiker unterhalten fast jeden Abend die Gäste mit traditioneller Musik.

Dromahair: Stanford Village Inn
Main St, Co Leitrim. **Straßenkarte** C2. (071) 916 4140.
Das Pub in einem malerischen Dorf wird seit Generationen von einer Familie geführt. Die anheimelnde Biddy's Bar mit Familienporträts ist noch original erhalten. Die Hauptbar hat Ziegelwände und Fliesen aus einer Burgruine. Im Sommer bekommt man sehr gutes Essen, und es gibt häufig spontan improvisierte Sessions.

Sligo: Hargadon's Bar
5 O'Connell St, Co Sligo. **Straßenkarte** C2. (071) 915 3714.
Hargadon's Bar ist ein Alte-Welt-Pub mit authentischem Interieur. In warmer Atmosphäre wird schmackhaftes Pub-Essen serviert. Im Sommer kann man auch im schönen Biergarten sitzen.

Sligo: Osta
Stephen St, Sligo. **Straßenkarte** C2. (071) 914 4639.
In der Weinbar am Ufer des Garavogue geht es immer lebhaft zu. Die Weine des Osta sind von wahren Kennern handverlesen. Außerdem kann man hier gut essen.

Sligo: Shoot the Crows
Grattan St, Co Sligo. **Straßenkarte** C2. (071) 916 2554.
Das Pub mit einem authentischen Alte-Welt-Flair zieht die unterschiedlichsten Gäste an. Eine grandiose Atmosphäre ist deshalb garantiert. Die Musik pendelt zwischen Jazz und Folk.

Strandhill: Strand House Bar
Strandhill, Co Sligo. **Straßenkarte** C2. (071) 916 8140.
Das Torffeuer in der Strand House Bar wärmt die Surfer vom nahe gelegenen Strand. Ein idealer Ort für ein Bier und einen Snack.

Midlands

Abbeyleix: Morrissey's
Main St, Co Laois. **Straßenkarte** C4. (057) 873 1281.
Wenn man durchs County Laois fährt, lohnt sich ein Zwischenstopp in dem authentischen Pub. Der Gasthof (18. Jh.) wurde in viktorianischer Zeit umgebaut und seither nicht mehr verändert. Es gibt auch einen Lebensmittelladen und eine unprätentiöse Bar, in der einfache, aber schmackhafte Gerichte serviert werden.

Carlingford: PJ O'Hare's Anchor Bar
Tholsel St, Co Louth. **Straßenkarte** D3. (042) 937 3106.
Das schlicht PJ's genannte, stimmungsvolle Pub mit Lebensmittelgeschäft ist bei Seeleuten und Anwohnern beliebt. Die Gäste bekommen gutes Pub-Essen, etwa frische Austern und Sandwiches. Im Sommer wird man mit irischer Live-Musik unterhalten.

Crinkill: The Thatch
Birr, Co Offaly. **Straßenkarte** C4. (057) 912 0682.
The Thatch gilt vielen als das traditionelle Pub schlechthin, jedenfalls ist es eines der ältesten Pubs in Süd-Offaly und hatte immer ein Strohdach. Fünfmal war es schon All Ireland Pub of the Year – und es wird seinem Ruf vollkommen gerecht. Kinder sind hier ebenfalls willkommen.

Dundalk: The Jockeys
47 Anne St, Co Louth. **Straßenkarte** D3. (042) 933 4621.
Das freundliche Pub bietet täglich ein gutes Mittagessen zu vernünftigen Preisen. Die Wände zieren

Andenken der Gaelic Athletic Association *(siehe S. 33)*. Das Lokal besteht bereits seit 1799. Jeden Freitag- und Samstagabend wird hier Live-Musik gespielt.

Kilbeggan: Kilbeggan Distillery Experience
Mullingar, Co Westmeath. **Straßenkarte** C3.
(057) 933 2132.
Die älteste lizenzierte Whiskey-Brennerei der Welt (1757) verfügt über eine Bar – ideal, um vor dem Kauf ein paar der Whiskeys zu probieren *(siehe S. 253)*. Nebenan befindet sich auch ein Restaurant.

Kilnaleck: The Copper Kettle
Co Cavan. **Straßenkarte** C3.
(049) 433 6223.
Das lebhafte familiengeführte Pub hat eine wundervolle Atmosphäre. Es ist für seine gesunde und überaus bekömmliche Küche bekannt, die den ganzen Tag über serviert wird. Samstagabends oft Unterhaltung.

Kinnitty: The Dungeon Bar
Birr, Co Offaly. **Straßenkarte** C4.
(057) 913 7318.
Die »Verlies«-Bar im Keller des Kinnitty Castle ist nicht so unheimlich, wie ihr Name klingt. Bilder zur Geschichte Irlands bedecken die Wände. Speisen und Getränke werden hübsch präsentiert. Freitag- und samstagabends traditionelle Musik.

Longford: Edward Valentine's
Main St, Co Longford. **Straßenkarte** C3.
(043) 45509.
Entspannen Sie sich in der wunderbaren, anheimelnden Alte-Welt-Atmosphäre. An den Wochenenden geht es in dem Pub, das für viele ein »zweites Wohnzimmer« ist, lebhafter zu.

Portlaoise: O'Donoghues
Market Square, Co Laois. **Straßenkarte** C4.
(057) 862 1199.
Tauchen Sie ein in die traditionelle Atmosphäre des preisgekrönten Pubs alten Stils. Dies ist der perfekte Ort dafür.

Portlaoise: Tracy's Bar and Restaurant
The Heath, Co Laois. **Straßenkarte** C4. (057) 864 6538.
Das malerische strohgedeckte Restaurant mit Pub sechs Kilometer außerhalb der Stadt lohnt die Anfahrt. Es ist das älteste familiengeführte Lokal in der Gegend und bietet eine gute Auswahl an Pub-Essen und auch Steaks.

Nordirland

Ardglass: Curran's Bar & Seafood Steakhouse
83 Strangford Rd, Chapeltown, Co Down. **Straßenkarte** E2.
(028) 4484 1332.
Das Pub und Restaurant ist das Stammhaus der Currans aus dem Jahr 1791. Dank eines Spielplatzes und eines Biergartens eine gute Wahl für Familien.

Bangor: Jenny Watt's
41 High St, Co Down. **Straßenkarte** E2. (028) 9127 0401.
Die Wände der viktorianisch dekorierten Bar mit Biergarten im Stadtzentrum zieren Fotos. Sonntagmittags gibt es Live-Jazz, am Dienstag-, Mittwoch- und Donnerstagabend gibt es ebenfalls Musik. Kleine Gerichte werden bis 19 Uhr serviert. Biergarten.

Belfast: Crown Liquor Saloon
46 Great Victoria St, Co Antrim. **Straßenkarte** D2.
(028) 9024 3187.
Der viktorianische Gin-Palast zählt zu den prächtigsten Bars Irlands *(siehe S. 281)*. Mittags gibt es Spezialitäten wie Irish Stew und *champ*. Zu empfehlen sind die Strangford-Lough-Austern.

Belfast: Lavery's
12–18 Bradbury Place, Co Antrim. **Straßenkarte** D2.
(028) 9087 1106.
Ein weiteres Mitglied aus Belfasts Gin-Palast-Familie bietet Bar-Gerichte am Mittag und Disco am Abend. Lavery's Gin Palace ist vor allem bei Studenten der Queen's University beliebt.

Belfast: White's Tavern
Winecellar Entry, Co Antrim. **Straßenkarte** D2.
(028) 9024 3080.
Eines von mehreren Pubs ohne Tageslicht in den Entries *(siehe S. 281)*, die mittags Pub-Küche zu vernünftigen Preisen bieten. Vermutlich die älteste Taverne (1630) der Stadt.

Broughshane: The Thatch Inn
57 Main St, Co Antrim. **Straßenkarte** D2. (028) 2586 1366.
Das alte strohgedeckte Pub im Dorf Broughshane besitzt Charme und Charakter. The Thatch Inn ist für gutes Essen, Herzlichkeit und Live-Musik bekannt.

Bushmills: Bushmills Inn
9 Dunluce Rd, Co Antrim. **Straßenkarte** D1.
(028) 2073 3000.
Die gemütliche Bar in einer ehemaligen Kutschenstation wird von Gaslaternen beleuchtet. Ein exzellentes Restaurant befindet sich ebenfalls in dem Anwesen.

Enniskillen: Blake's of the Hollow
6 Church St, Co Fermanagh. **Straßenkarte** C2.
(028) 6632 5388.
Das Blake's, eines von mehreren Pubs im Zentrum von Enniskillen, stammt aus viktorianischer Zeit und besitzt noch originale Einrichtungsgegenstände.

Hillsborough: Plough Inn
The Square, Co Down. **Straßenkarte** D2. (028) 9268 2985.
Das Dorf-Pub aus den 1750er Jahren hat Deckenbalken und an den Wänden Keramik, Porzellan und anderes Dekor. Oben befindet sich ein Tages-Bistro. Einen Besuch lohnt auch The Hillside ein paar Häuser weiter.

Killylea: Digby's Bar & Restaurant
53 Main St, Co Armagh. **Straßenkarte** D2. (028) 3756 8330.
Das Dorf-Gasthaus ist mit alten Fotos aus der Gegend dekoriert und familiengeführt. Die Speisekarte ist sehr umfangreich. Es gibt auch einige gute Weine. Perfekt für Familien.

Londonderry: The Park Bar
35 Francis St, Co Londonderry. **Straßenkarte** C1.
(028) 7126 4674.
Freundliche Bar nahe dem Zentrum von Londonderry, gleich neben der St Eugene's Cathedral. Es werden europäische Lagerbiere und Guinness ausgeschenkt.

Omagh: The Mellon Country Hotel
134 Beltany Rd, Co Tyrone. **Straßenkarte** C2.
(028) 8166 1891.
Der Landgasthof liegt nur eine Meile vom Ulster-American Folk Park entfernt. Die rustikale Einrichtung erinnert an die Vergangenheit des Gebäudes als Getreidemühle. Ein gemütlicher Ort.

Straßenkarte *siehe hintere Umschlaginnenseiten*

Shopping

Das Land bietet eine große Auswahl an handgearbeiteten Produkten – je nach Region unterschiedlicher Art, doch alle stets von hoher Qualität. Am bekanntesten sind die Aran-Pullover, Waterford-Kristall, irisches Leinen, Donegal-Tweed und Käse vom Bauernhof. Das blühende Kunsthandwerk basiert auf alten Traditionen, verbunden mit manch innovativer Idee. Typisch für das heutige (Kunst-)Handwerk sind schönes Design, gute Qualität sowie eine reichhaltige Auswahl – die Bandbreite reicht von keltischen Broschen über edles Porzellan und modische Kleidungsstücke bis hin zu Büchern irischer Dichter. Natürlich gibt es auch Kitsch wie nationale Embleme, religiöse Souvenirs oder auch Guinness-Krüge. Auf Seite 335 finden Sie eine Auflistung entsprechender Läden. Die Kartenverweise beziehen sich auf die Straßenkarte der hinteren Umschlaginnenseiten.

Obst- und Gemüsemarkt in der Moore Street, Dublin

Shopping-Möglichkeiten

In Irland kann man sowohl in kleinen modernen oder altehrwürdigen Läden als auch in den großen Verkaufsräumen von Fabriken, in eleganten Boutiquen oder Kaufhäusern einkaufen gehen. Oftmals bekommt man auch günstig etwas in Trödelläden oder auf Märkten. In diesem Reiseführer sind die Markttage aller Orte aufgeführt. Die besten Produkte findet man häufig abseits der ausgetretenen Pfade – fragen Sie die Einheimischen.

Öffnungszeiten

Läden haben meist montags bis samstags von 10 bis 17.30 oder 18 Uhr geöffnet, in Einkaufszentren und größeren Städten mindestens einmal die Woche, donnerstags oder freitags (Dublin: donnerstags), länger. In Urlaubszentren haben Läden für Kunsthandwerk auch sonntags offen. An Ostern, Weihnachten und am St Patrick's Day bleiben alle Geschäfte zu, an weniger wichtigen Feiertagen oft nicht. In Killarney schließen viele Läden im Sommer nicht vor 22 Uhr.

Bezahlung

Die gängigen Kreditkarten werden in Kaufhäusern und größeren Geschäften generell akzeptiert, in kleineren Läden ist dies jedoch weitaus seltener der Fall. Die Debitkarte (z. B. die girocard) ist als Zahlungsmittel auch in Irland weitverbreitet und wird gerne zur Bezahlung in großen wie in kleinen Läden genutzt. Dabei ist die Eingabe einer PIN erforderlich.

Mehrwertsteuer

Die Mehrwertsteuer in Irland beträgt für die meisten Waren 23 Prozent. Der ermäßigte Steuersatz von 13,5 Prozent gilt für einige Lebensmittel. Für Dienstleistungen (z. B. in Hotels und Restaurants sowie bei Tickets für kulturelle Veranstaltungen) werden 12 Prozent erhoben. Der für Agrarerzeugnisse wie Futtermittel anfallende stark ermäßigte Steuersatz von 4,8 Prozent ist für Besucher kaum von Belang. Rückerstattungen sind nur für Nicht-EU-Bürger möglich.

Bücher

Lesen ist in Irland eine nationale Leidenschaft, deshalb sind die Buchhandlungen gut sortiert. In großen Läden gibt es Abteilungen für irische Archäologie und Architektur, Geschichte, Politik und Küche. Eine der größten Buchhandelsketten ist **Eason and Son** mit einer großen Auswahl an irischer Literatur und Zeitungen. In Galway bietet **Kennys**, versteckt in einem Gewerbegebiet, neue Bücher und ein Antiquariat.

Musik

Traditionelle Musikinstrumente (siehe S. 28f) werden in vielen Regionen hergestellt, z. B. im County Clare, das als »singing county« bekannt ist. Handgefertigte Harfen kommen aus Mayo und Dublin, Instrumente

Geigenbauer in seiner Werkstatt in Dingle

Trödelladen in Kilkenny

wie *bodhráns* und *uillean pipes* (Dudelsäcke) sowie Geigen findet man in ganz Irland. Es gibt auf Aufnahmen traditioneller Musik spezialisierte Läden. Die Kette **Golden Discs** hat eine gute Auswahl irischer Folkloremusik.

Delikatessen

(Wochen-)Märkte sind in irischen Städten ausgesprochen beliebt. Die meisten der angebotenen Nahrungsmittel werden heutzutage biologisch-dynamisch angebaut. Räucherlachs, Speck, Käse, Sodabrot, Konserven und Schokolade sind perfekte Mitbringsel.

Guinness eignet sich nicht gut zum Transport und sollte lieber in Irland getrunken werden. Irischer Whiskey hingegen ist ein beliebtes Souvenir, ob nun die billigeren Marken Power's und Paddy oder die berühmten Bushmills *(siehe S. 270)* und Jameson *(siehe S. 183)*. Gute irische Liköre sind z. B. Irish Mist und Baileys Irish Cream.

Kunsthandwerk

Kunsthandwerk ist auch heute ein florierendes Gewerbe im ländlichen Binnenland. Die Produkte kann man in Kaufhäusern oder Fachgeschäften kaufen. Der **Crafts Council of Ireland** mit Niederlassungen in Dublin und Kilkenny empfiehlt gute Läden im ganzen Land. Die Fremdenverkehrsämter haben Listen der örtlichen Werkstätten, in denen man den Künstlern bei der Arbeit zusehen kann. Läden wie **Kilkenny Design Centre** und **Bricín** bieten eine gute Auswahl an Kunsthandwerk. In Cork und Kerry gibt es unzählige Werkstätten, vor allem in Kinsale und Dingle. Den *Guide to Craft Outlets* bekommt man in Informationsbüros vor Ort. Typisch für diese Gegend sind Fliesen mit Dekorationen, die Mustern aus der Kilkenny Cathedral und anderen Kirchen folgen. Weiter westlich wird grüner Connemara-Marmor zu kleinen »worry stones« verarbeitet, die Familien als Zeichen der Freundschaft austauschen. Bei **Roundstone Music** in Connemara werden seit rund 30 Jahren vor Publikum *bodhráns* hergestellt.

Teekanne, Kylemore Abbey

Weitere Kunsthandwerksobjekte werden aus Metall, Leder und Holz angefertigt. Aus Holz werden beispielsweise Möbelstücke, Spazierstöcke und Skulpturen (Letztere aus 1000 Jahre altem Holz aus den irischen Mooren) hergestellt.

Kristall und Glas

Außer Waterford Crystal *(siehe S. 151)*, dem Branchenführer, gibt es unzählige Hersteller von Glas- und Kristallartikeln. Der Preis hängt vom Ruf der Fabrik, der Bleimenge im Glas und dem Zeitaufwand ab. **Tipperary Crystal** und **Galway Irish Crystal** verkaufen elegante Stücke.

In Kilkenny inspiriert die Jerpoint Abbey die Designs von **Jerpoint Glass**. Die kleinen Vasen, Kerzenständer, Krüge und Schalen sind schöne Geschenke. Viele Läden verschicken bei ihnen gekaufte Waren auch ins Ausland.

Kristall aus Irland ist in vielen Handwerks- und Designläden erhältlich. Wer jedoch etwas über die Herstellung erfahren möchte, sollte eine Fabrik besuchen.

Keramik und Porzellan

In Irland gibt es viele renommierte Hersteller von Keramik- und Porzellanobjekten. Die im 19. Jahrhundert gegründete Belleek Pottery *(siehe S. 273)* in Ulster produziert Porzellanwaren mit sehr schönem Dekor, z. B. mit Klee- und Blumenmotiven. **Royal Tara China** in Galway ist Irlands führender Hersteller von sehr fein gearbeiteten Porzellanwaren, die mit alten keltischen Mustern verziert sind. Kylemore Abbey *(siehe S. 212)* ist auf handbemalte Keramik spezialisiert. Die **Louis Mulcahy's Pottery** in Ballyferriter ist für dekorativ lasierte Objekte bekannt, die **Nicholas Mosse Pottery** in Bennettsbridge für handgemalte Designs. Enniscorthy in Wexford ist ein weiteres Keramikzentrum.

Keramik im Kilkenny Design Centre

Altes Ladenschild am früheren Kaufhaus Brown Thomas in Dublin

Leinen

Damastleinen kam mit den Hugenotten aus Frankreich nach Armagh, mit dem Ergebnis, dass Belfast sich zur Welthauptstadt der Leinenherstellung entwickelte. Heute ist Ulster immer noch führend in diesem Gewerbe. In Belfast kann man überall Leinen und Damast kaufen – z. B. bei **Smyth's Irish Linen**. Handbesticktes Leinen wird in Donegal hergestellt. Die Produktion von Leinen kann man in der Wellbrook Beetling Mill *(siehe S. 272)* verfolgen.

Strickwaren und Tweed

Überall in Irland, jedoch vor allem in Galway und auf den Aran Islands, werden Aran-Pullover verkauft, die von so hervorragender Qualität sind, dass sie in irischen Fischerfamilien von Generation zu Generation weitergereicht werden.

Der Sage nach hatte einst jede Familie ihre eigenen Motive, sodass ein Fischer, der auf hoher See ertrunken war, von seiner Familie mittels des Pullovers identifiziert werden konnte – wenn er denn wiedergefunden wurde.

Die auf das Inselwetter abgestellte Kleidung der Iren ist generell robust, seien es Dufflecoats, Schaffell- oder Wachstuchjacken. Strickwaren kann man in Irland überall kaufen, bekannte Hersteller sind **Avoca Handweavers** und **Blarney Woollen Mills**. Empfehlenswert sind mit Stickereien verzierte Pullover sowie handgewebte Schals und Tücher.

Der Name *Donegal tweed* steht für Qualität, was Material, Farben (nach traditioneller Art aus Flechten und Mineralien hergestellt) und Muster anbelangt. Tweed-Mäntel, -Jacken, -Schals sowie -Anzüge findet man bei **Magee of Donegal**.

Schmuck

Im Goldenen Zeitalter Irlands war keltischer Metallschmuck der ganze Stolz des Landes *(siehe S. 36–39)*. Viele Kunsthandwerker lassen sich heute von den alten Ornamenten inspirieren. Unter dem industriell oder von Hand gearbeiteten Schmuck aus Gold, Silber, Emaille oder Keramik ist das berühmteste Stück der Claddagh-Ring aus Galway, zwei Hände, die ein gekröntes Herz umfassen – Symbol der Liebenden. Zu den bekanntesten Juwelieren gehört **Cahalan Jewellers** im County Galway. Dort führt man eine große Auswahl neuer und alter Schmuckstücke. Heraldischen Schmuck gibt es bei **James Murtagh Jewellers** in Mayo.

Zu den bekanntesten irischen Produzenten von Silberschmuck gehört **Newbridge Silverware**. Das angegliederte Museum of Style Icons zeigt erlesene Objekte, darunter auch ein Kleid, das Audrey Hepburn in dem Film *Breakfast at Tiffany's* trug.

Mode

Angeregt von einer vorwiegend jungen Bevölkerung macht sich Irland im Bereich der Mode mehr und mehr auch international einen Namen. Traditionelle Tweed-Anzüge und Klassiker bilden den konservativen Sektor, während junge Designer fantasievoll mit Stoffen, Farben und Formen arbeiten. Mode-Designer wie Simone Rocha und Una Burke peppen traditionelle irische Textilien mit neuen Materialien auf.

Bei **Brown Thomas** in Dublins Grafton Street wie in anderen Boutiquen und Kaufhäusern findet man schöne Kleidung der besten irischen Designer, darunter J. W. Anderson, Heidi Higgins und Mary Grant. In der Straße finden sich auch viele andere Mode-Labels – irische wie internationale.

Kilkenny verkauft in seinen Läden in ganz Irland Damenmode von irischen Designern.

Das eine Autostunde von Dublin entfernte **Kildare Outlet Village** bietet über 80 Stores bekannter Marken.

Damenmode und die allerneuesten Trends findet man bei **O'Donnell's** in Limerick. In Nordirland gibt es viele Fabrikläden von **Clockwork Orange** und **Fosters Clothing**.

Günstige Kleidung und teurere Designer führen Dunnes Stores und Penneys mit Filialen in der Republik und in Nordirland. Outlets bekannter Mode-Labels aus dem In- und Ausland findet man an den Hauptstraßen größerer Städte.

Handgestrickte Pullover in einem Geschäft in Dingle

Auf einen Blick

Bücher

Eason and Son
113 Patrick's St, Cork, Co Cork. **Straßenkarte** C5. (021) 427 0477.
easons.com

Kenmare Bookshop
Shelbourne St, Kenmare, Co Kerry. **Straßenkarte** B6. (064) 664 1578.

Kennys
Liosban Retail Park, Tuam Rd, Galway, Co Galway. **Straßenkarte** B4. (091) 709 350.
kennys.ie

McLoughlin's Books
Shop Street, Westport, Co Mayo. **Straßenkarte** B3. (098) 27777.

Musik

The Dingle Record Shop
Green St, Dingle, Co Kerry. **Straßenkarte** A5. (087) 298 4550.
dinglerecordshop.com

Golden Discs
Mehrere Filialen.
goldendiscs.ie

Plugd Records
Triskel Arts Centre, Tobin St, Cork, Co Cork. **Straßenkarte** C5. (021) 427 6300.

Delikatessen

McCambridges
38–39 Shop St, Galway, Co Galway. **Straßenkarte** B4. (091) 562 259.

Spillane Seafoods
Lackabane, Killarney, Co Kerry. **Straßenkarte** B5. (064) 31320.

Kunsthandwerk

Bricín
26 High St, Killarney, Co Kerry. **Straßenkarte** B5. (064) 663 4902.

Crafts Council of Ireland
Castle Yard, Kilkenny, Co Kilkenny. **Straßenkarte** C4. (056) 776 1804.

Doolin Crafts Gallery
Doolin, Co Clare. **Straßenkarte** B4.

(065) 707 4309.
doolincrafts.com

Geoffrey Healy Pottery
Rocky Valley, Kilmacanogue, Co Wicklow. **Straßenkarte** D4. (01) 282 9270.
healy-pottery.com

Kilkenny Design Centre
Castle Yard, Kilkenny, Co Kilkenny. **Straßenkarte** C4. (056) 772 2118.
kilkennydesign.com

Roundstone Music
Roundstone, Connemara. **Straßenkarte** B4. (095) 35808.
bodhran.com

West Cork Crafts
61 Townsend St, Skibbereen, Co Cork. **Straßenkarte** B6. (085) 22555.
westcorkcrafts.ie

The Wicker Man
44–46 High St, Belfast, Co Antrim. **Straßenkarte** D2. (028) 9024 3550.

Kristall und Glas

Connemara Marble Factory
Moycullen, Co Galway. **Straßenkarte** B4. (091) 555 102.

Galway Irish Crystal
Merlin Park, Galway, Co Galway. **Straßenkarte** B4. (091) 757 311.
galwaycrystal.ie

Jerpoint Glass
Stoneyford, Co Kilkenny. **Straßenkarte** D5. (056) 772 4350.
jerpointglass.com

Sligo Crystal
Hyde Bridge, Sligo, Co Sligo. **Straßenkarte** C2. (071) 914 3440.

Tipperary Crystal
Barryonoran, Carrick-on-Suir, Co Tipperary. **Straßenkarte** C5. (051) 640 543.
tipperarycrystal.ie

Keramik und Porzellan

Louis Mulcahy's Pottery
Clother, Ballyferriter, Dingle, Co Kerry. **Straßenkarte** A5. (066) 915 6229.
louismulcahy.com

Michael Kennedy Ceramics
Bolands Lane, Gort, Co Galway. **Straßenkarte** B4. (091) 632 245.

Nicholas Mosse Pottery
Bennettsbridge, Co Kilkenny. **Straßenkarte** D5. (056) 772 7505.
nicholasmosse.com

Royal Tara China
Tara Hall, Mervue, Galway. **Straßenkarte** B4. (091) 705 602.
royal-tara.com

Treasure Chest
31–33 William St, Galway, Co Galway. **Straßenkarte** B4. (091) 567 237.

Leinen

Forgotten Cotton
Savoy Centre, St Patrick's St, Cork, Co Cork. **Straßenkarte** C5. (021) 427 6098.

Smyth's Irish Linen
65 Royal Ave, Belfast, Co Antrim. **Straßenkarte** D2. (028) 9031 4272.

Strickwaren und Tweed

Avoca Handweavers
Kilmacanogue, Co Wicklow. **Straßenkarte** D4. (01) 274 6900.

Blarney Woollen Mills
Blarney, Co Cork. **Straßenkarte** B5. (021) 438 5280.

Magee of Donegal
The Diamond, Donegal, Co Donegal. **Straßenkarte** C2. (074) 972 2660.

Quills Woollen Market
High St, Killarney, Co Kerry. **Straßenkarte** B5. (064) 663 2277.

Studio Donegal
The Glebe Mill, Kilcar, Co Donegal. **Straßenkarte** B2. (074) 973 8194.

Schmuck

Cahalan Jewellers
Main St, Ballinasloe, Co Galway. **Straßenkarte** B2. (090) 964 2513.

Hilser Bros.
Grand Parade, Cork, Co Cork. **Straßenkarte** C5. (021) 427 0382.

James Murtagh Jewellers
14 Bridge St, Westport, Co Mayo. **Straßenkarte** B3. (098) 25322.

Newbridge Silverware
Athgarvan Rd, Newbridge, Co Kildare. **Straßenkarte** D4. (045) 431 301.

O'Shea's Jewellers
24 Main St, Killarney, Co Kerry. **Straßenkarte** B5. (064) 663 2720.

Mode

Brown Thomas
88–95 Grafton St, Dublin 2. **Straßenkarte** D3. (01) 605 6666.
brownthomas.com

Clockwork Orange
Victoria Square, Belfast, Co Antrim. **Straßenkarte** D2. (028) 9032 0298.

Fosters Clothing
fostersfashion.com

Kildare Outlet Village
Kildare Village, Nurney Rd, Co Kildare. **Straßenkarte** D4. kildarevillage.com

Kilkenny
kilkennyshop.com

O'Donnell's
11 Catherine St, Limerick, Co Limerick. **Straßenkarte** B4. (061) 415 932.

Straßenkarte siehe hintere Umschlaginnenseiten

Souvenirs

Hunderte von Geschenk- und Kunsthandwerksläden in ganz Irland bieten irische Waren in allen Preiskategorien. Besonders zu empfehlen sind Tweed, Leinen und Kristall, die man am besten in den Fabrikläden der Produktionsstätten kauft. Irisches Kunsthandwerk eignet sich hervorragend für Souvenirs. Auch religiöse Andenken sind überall zu haben. Typisch irische Speisen und Getränke lassen ebenfalls schöne Erinnerungen an Ihren Urlaub aufkommen.

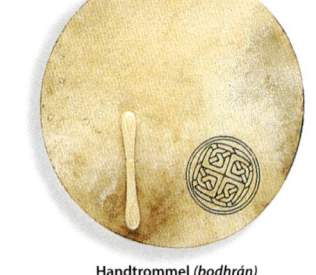

Handtrommel *(bodhrán)* **mit Schlagstock**

»Sorgenstein« aus Connemara-Marmor

Traditioneller Claddagh-Ring

Emaille-Brosche

Schmuck und Metallarbeiten haben eine lange Tradition. Kunsthandwerker benutzen oft Motive und Ornamente aus alten Quellen wie dem *Book of Kells (siehe S. 68)* oder lassen sich von der irischen Flora und Fauna inspirieren. In Galway gibt es die Claddagh-Ringe, traditionelle Liebessymbole aus Gold, Silber oder Stein.

Ohrring in Fuchsienform aus Dingle

Brosche mit keltischem Motiv

Keltische Figur aus Bronze

Jacke und Weste aus Donegal-Tweed

Tweed-Kostüm

Kleidung »made in Ireland« ist in der Regel von hervorragender Qualität. Die Tweed-Herstellung ist noch immer eine Domäne Donegals, wo man Tweedstoffe in allen möglichen Variationen verarbeitet. Strickwaren erhält man überall im Land in Fabrikläden und in lokalen Handwerksgeschäften. Viele Strickwaren, darunter Aran-Pullover, sind zwar nicht billig, doch halten sie ein halbes Leben.

Tweed-Kappe

Fischerhut aus Tweed

Aran-Pullover

SOUVENIRS | **337**

Irisches Leinen ist weltberühmt. Bett- und Tischwäsche finden Sie in riesiger Auswahl, in traditionellen wie auch modischen Designs. Weniger groß ist die Auswahl bei besticktem Leinen wie Taschentüchern. Tischsets oder Servietten in vielen Mustern und Farben bekommen Sie ebenfalls überall. Darüber hinaus können Sie auch, vor allem in Limerick und Kenmare, schönes Leinen mit nach wie vor handgearbeiteten irischen Spitzen kaufen.

Tischset aus Leinen

Schale von Nicholas Mosse

Belleek-Teekanne

Teetasse von Nicholas Mosse

Leinentücher

Irische Keramik findet man in traditionellem wie modernem Design. Sie können bei Royal Tara China oder bei Belleek Pottery ein ganzes Service kaufen oder in einem kleinen Töpferladen ein einzelnes Stück.

Irisches Kristall, mundgeblasen und traditionell verarbeitet, kann man in vielen irischen Läden kaufen. Besuchen Sie die Läden der bedeutenden Hersteller, darunter Waterford Crystal und Jerpoint Glass, die eine große Auswahl an Glaswaren anbieten.

Sprichwörter-Buch

Bücher und Papierwaren sind oft schön gestaltet. Museen und Buchläden bieten eine große Auswahl.

Karten mit keltischen Mustern

Glas und Dekantierkaraffe von Waterford Crystal

Lebensmittel lassen noch lange nach Ihrer Rückkehr Erinnerungen an Irland wach werden. Whiskeykenner sollten die Old Bushmills Distillery *(siehe S. 270)* oder das Jameson Heritage Centre *(siehe S. 183)* aufsuchen, um dort verschiedene Whiskeys zu probieren. Spezialitäten finden Sie überall. Kosten Sie einmal getrocknete Algen, roh oder als Beilage zu Gerichten.

Jameson Whiskey

Bushmills Whiskey

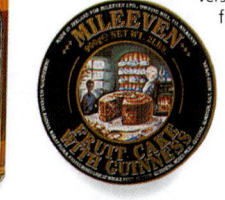

Früchtekuchen mit Guinness

Irische Marmelade

Getrocknete Algen

Unterhaltung

Unterhaltung jedweder Art wird in Irland großgeschrieben. (Detaillierte Infos zur Unterhaltung in Dublin finden Sie auf den Seiten 112–119.) Die meisten der mit internationalen Künstlern besetzten Konzerte finden in den großen Städten des Landes statt, genauso wie sich die meisten Clubs in den Großstädten angesiedelt haben. Jedoch gibt es überall in Irland regionale Theater- und Jazzfestivals, Festivals traditioneller und moderner Musik, ebenso Kunstausstellungen oder auch mittelalterliche Bankette. In den meisten Städten gibt es ein bis zwei Kinos, die die neuesten internationalen Filme zeigen. Nicht vergessen sollte man die zahlreichen spontanen Musikdarbietungen, die in vielen irischen Pubs stattfinden. Die vielfältigen Möglichkeiten für sportliche und Outdoor-Aktivitäten sind auf den Seiten 342–347 aufgeführt. Besucher, die einer typisch irischen Sportveranstaltung beiwohnen wollen, können zu einem der berühmten Pferderennen gehen oder sich ein Gaelic-Football-, ein Hurling-, ein Fußball- oder ein Rugby-Spiel ansehen.

Das Ulster Symphony Orchestra in der Ulster Hall in Belfast

Information

Das engagierte Fremdenverkehrsamt der Republik Irland, **Fáilte Ireland**, und das nicht minder gute **Northern Ireland Tourist Board** *(siehe S. 351)* geben jährlich den *Calendar of Events* heraus. Alle regionalen Fremdenverkehrsbüros informieren über lokale kulturelle und sportliche Ereignisse. Informationen finden Sie auch in allen regionalen und überregionalen Tageszeitungen.

Tickets

Eintrittskarten für die meisten Veranstaltungen bekommt man problemlos an der Abendkasse. Für größere Veranstaltungen, zumal solche unter Beteiligung international bekannter Künstler, muss man jedoch Karten im Voraus kaufen. Bei vielen Festivals gibt es Karten im Vorverkauf nur für bedeutendere Veranstaltungen. Bei international bekannten Ereignissen wie dem Wexford Festival sollte man sich für alle Vorstellungen Karten im Vorverkauf sichern.

Karten für alle größeren Veranstaltungen können Sie bei **Keith Prowse Travel (IRL) Ltd** und bei **Ticketmaster** in Dublin telefonisch bestellen und mit Kreditkarte bezahlen.

Veranstaltungsorte

In den meisten irischen Städten bieten die großen Theater eine Auswahl an unterschiedlichen Veranstaltungen.

In Cork zeigt das **Opera House** im Sommer vor allem Werke irischer Autoren, den Rest des Jahres über Musicals, Opern und Ballett. Im **Everyman Palace Theatre** treten irische Theatergruppen auf. Zudem finden Konzerte statt. Theaterstücke und Konzerte werden auch in Sligos **Hawk's Well Theatre**, Limericks **Lime Tree Theatre** und Carlows **George Bernard Shaw Theatre** aufgeführt.

Im **Grand Opera House**, in der **Belfast Waterfront** und im **Lyric Theatre** in Belfast werden Theaterstücke, Pantomime, experimentelles Theater und Opern aufgeführt.

Theater

Nahezu überall in Irland wird hervorragendes Theater geboten. In Galway ist das **Druid Theatre** auf Avantgarde-Theater, auf moderne irische Stücke und auf anglo-irische Klassiker spezialisiert. Aufführungen finden hier oft auch mittags oder spätabends statt.

Gälische Theaterstücke, irische Musik und Tanz kommen schon seit dem Jahr 1928 im **Taibhdhearc Theatre** zur Aufführung. In Waterford ist die Red Kettle Theatre Company zu Hause, die im **Garter Lane Theatre** auftritt, während das **Theatre Royal** Laientheater und Musicals bietet. Das **Lime Tree Theatre** in Limerick ist Bühne für Theaterstücke und Tanzaufführungen.

Achten Sie auch auf kleinere Theatergruppen, die überall im Land auftreten. Viele verfügen über ein hervorragendes Ensemble mit guten Regisseuren

Haus der Druid Theatre Company in Galway

Moskauer Staatsballett im Grand Opera House von Belfast *(siehe S. 280)*

und haben manche der besten irischen Schauspieler hervorgebracht.

Klassische Musik, Oper und Tanz

Aufführungen klassischer Musik bieten die **Crawford Art Gallery**, das Opera House und der Everyman Palace in Cork, das Theatre Royal in Waterford und das Hawk's Well Theatre in Sligo. In Belfasts **Ulster Hall** finden Rock- und Klassikkonzerte statt.

Zum **Wexford Festival of Opera** (Okt) kommen jährlich Tausende von Opernfans aus aller Welt. Dabei werden vor allem eher seltene Werke gezeigt. Opern kann man zudem auch in Corks Opera House und in Belfasts Grand Opera House sehen.

Irland hat keine eigenen Ballettensembles. In größeren Theater- und Opernhäusern treten jedoch internationale Tanzgruppen auf.

Rock, Jazz und Country

Falls internationale Musikstars in Irland auftreten, dann tun sie dies in den meisten Fällen (außer in Dublin, wo die Konzertbühne 3Arena zur Verfügung steht) unter freiem Himmel. Das **Semple Stadium** im County Tipperary und Slane Castle *(siehe S. 249)* im County Meath sind dafür beliebte Veranstaltungsorte. Informationen und Karten erhält man bei Ticketmaster.

In Pubs *(siehe S. 326–331)* kann man den besten Rock und Jazz irischer Gruppen hören. Fremdenverkehrsbüros und Tageszeitungen informieren über Rock- und Jazz-Nächte, die normalerweise unter der Woche stattfinden, während am Wochenende oft Country und Folk geboten werden. Jazz-Liebhabern seien die Auftritte der Big Band Waterford's Brass and Co empfohlen. Beim **Cork Jazz Festival** Ende Oktober spielen auf allen Bühnen von Cork irische und internationale Jazzmusiker.

Musik im Pub beim Feakle Festival, County Clare

Traditionelle Musik und Tanz

Insbesondere in den ländlichen Gegenden Irlands haben in den 1960er Jahren die Pubs dazu beigetragen, die traditionelle irische Musik zu bewahren und neu zu beleben. Heute finden überall in den Pubs spontane Musiksessions mit Darbietungen alter Balladen, Rebellenlieder und der noch älteren *sean nós* statt. Letztere werden in der Art von Bänkelliedern ohne Musikbegleitung – und meist auf Irisch – vorgetragen. Derartige Darbietungen kann man in vielen Pubs miterleben, etwa in The Laurels und im Danny Man in Killarney, in der Yeats Tavern in Drumcliff nahe Sligo sowie im An Brog in Cork. In Derry sind die besten Pubs dieser Art die Gweedore Bar, die Castle Bar und die Dungloe Bar, alle in der Waterloo Street gelegen.

In Tralee bietet das **Siamsa Tíre** (National Folk Theatre) schöne Volksstücke mit traditioneller Musik, Liedern und Tanz. The Corn-Barn im Bunratty Folk Park veranstaltet in den Sommermonaten **The Traditional Irish Nights**.

Comhaltas Ceoltóirí Éireann in Monkstown nahe Dublin *(siehe S. 107)* organisiert das ganze Jahr über in verschiedenen irischen Orten traditionelle Musik- und Tanzveranstaltungen, bei denen oft auch die Zuschauer aufgefordert werden, sich aktiv am Tanzvergnügen zu beteiligen.

Das sehr beliebte **Fleadh Cheoil**, ein traditionelles Musikfestival, das jedes Jahr Ende August in einer anderen Stadt durchgeführt wird, bietet ein ganzes Wochenende lang auf den Bühnen wie auf offener Straße Musik, Tanz, Lieder und Theateraufführungen.

Etwas früher im August findet im County Clare das **Feakle Festival** statt, eine etwas kleinere Veranstaltung mit Musik, Gesang und Tanz.

Opera House, Bühne für klassische Musik in Cork

Akrobaten beim Galway Arts Festival

Festivals
Die Iren sind Experten bei der Organisation von Festivals und beim Aufbau von Open-Air-Bühnen für Theater, Musik und Tanz, um so viel wie möglich unter freiem Himmel feiern zu können (siehe S. 52–55).

Mitte Juli findet in Galway das **Galway Arts Festival** statt, eines der größten Festivals in Irland, das Theateraufführungen sowie Musik, Straßenfeste und Veranstaltungen für Kinder bietet. Ende Juli steigt dann eine Woche lang das **Boyle Arts Festival** – mit Ausstellungen, Dichterlesungen und Theateraufführungen, mit klassischem Jazz- und traditionellen Folk-Konzerten sowie Workshops für Erwachsene und Kinder.

Das **Kilkenny Arts Festival** im August, ein weiteres bedeutendes Festival, bietet Dichtkunst, klassische Musik und Filme sowie eine große Auswahl an Kunsthandwerk. Im Oktober bzw. November findet das **Cork Film Festival** statt. Im Oktober/November lädt Belfast für zwei Wochen zum **Belfast Festival at Queen's** mit buntem Programm, das Theater, Ballett, Comedy, Cabaret, Musik und Filme umfasst, ein. Die Darbietungen finden auf dem Campus der Queen's University statt sowie auf den Bühnen und in Veranstaltungsräumen überall in der Stadt.

Im Mai, Juni und Juli zieht das **County Wicklow Gardens Festival** viele Besucher an, die sich in den schönsten Gärten und Parks im County aufhalten wollen. Während des Festivals **Great Music in Irish Houses** hat man die Möglichkeit, klassische Musik hervorragender Künstler in einer Reihe historischer Gebäude zu hören, die sonst kaum zugänglich sind. Dazu gehören beispielsweise das Killruddery House (siehe S. 137) und die Christ Church Cathedral (siehe S. 84f).

Beim Kilkenny Arts Festival

Traditionelle Bankette
Bei diesen Banketten – die sehr vergnüglich und inzwischen weltberühmt sind – servieren Ihnen Kellner in historischen Trachten traditionelle Speisen und Getränke. Am bekanntesten sind die mittelalterlichen Bankette – jenes auf Bunratty Castle (siehe S. 196f) war das erste dieser Art und ist immer noch das lebhafteste, mit Darbietungen während des ganzen Jahres. Von April bis Oktober finden im Knappogue Castle (siehe S. 193) Bankette statt. Im Dunguaire Castle (siehe S. 218) gibt es ein kleineres Programm mit Musik und Dichterlesungen. Von März bis November vermitteln die Killarney Manor Banquets in einem Herrenhaus in der Loreto Road, südlich von Killarney, die Atmosphäre des frühen 19. Jahrhunderts.

Bildungsurlaub
Sich im Urlaub mit Irlands reicher Kultur zu befassen, ist ein überaus großes Vergnügen. Sie können aus einem sehr breiten Angebot wählen: z. B. Musik, Literatur, Architektur, Gartenkunst, Sprache, Folklore, Kunsthandwerk, Gastronomie und vieles mehr.

Besonders faszinierend ist die 5000-jährige Geschichte Irlands. Im County Mayo bietet die **Achill Archaeological Field School** Ferienkurse, bei denen man an Ausgrabungen teilnehmen kann.

Wollen Sie die Geheimnisse der irischen Küche ergründen, so ist die **Ballymaloe School of Cookery** im County Cork genau das Richtige. Sie wird von Darina Allen geleitet, einer der bekanntesten Köchinnen Irlands.

Literaturfreunde können in der **Yeats International Summer School** die Werke von Yeats und seinen Zeitgenossen studieren. Die **Listowel Writers' Week** bietet Lesungen und Workshops mit bekannten Schriftstellern.

Mitglieder einer irischen Volkstanzgruppe in traditioneller Tracht

UNTERHALTUNG | 341

Auf einen Blick

Tickets

Keith Prowse Travel (IRL) Ltd
9 Marlborough Court, Marlborough Street, Dublin 1. (01) 878 3500. W keithprowse.ie

Ticketmaster
Ticketron, St Stephen's Green S/C, Dublin 2.
(01) 648 6060.
W ticketmaster.ie

Veranstaltungsorte

Belfast Waterfront
2 Lanyon Place, Belfast.
(028) 9033 4400.
W waterfront.co.uk

Cork Opera House
Emmet Place, Cork.
(021) 427 0022.
W corkoperahouse.ie

Everyman Palace Theatre
15 MacCurtain St, Cork.
(021) 450 1673.
W everymancork.com

George Bernard Shaw Theatre
Old Dublin Rd, Carlow, Co Carlow. (059) 917 2400. W visualcarlow.ie

Grand Opera House
Great Victoria St, Belfast.
(028) 9024 1919.
W goh.co.uk

Hawk's Well Theatre
Temple St, Sligo.
(071) 916 1518.
W hawkswell.com

Lyric Theatre
55 Ridgeway St, Belfast.
(028) 9038 1081.
W lyrictheatre.co.uk

Theater

Druid Theatre
Druid Lane, Galway.
(091) 568 660.
W druid.ie

Garter Lane Theatre
O'Connell St, Waterford.
(051) 855 038.
W garterlane.ie

Lime Tree Theatre
69 O'Connell St, Limerick. (061) 774 774.
W limetreetheatre.ie

Taibhdhearc Theatre
Middle St, Galway.
(091) 563 600.
W antaibhdhearc.com

Theatre Royal
The Mall, Waterford.
(051) 874 402.
W theatreroyal.ie

Klassische Musik, Oper und Tanz

Crawford Art Gallery
Emmet Place, Cork.
(021) 480 5042.
W crawfordartgallery.ie

Town Hall Theatre
Courthouse Square, Galway. (091) 569 755. W tht.ie

Ulster Hall
Bedford St, Belfast.
(028) 9032 3900.
W ulsterhall.co.uk

Wexford Festival of Opera
Theatre Royal, High St, Wexford.
(053) 912 2144.
W wexfordopera.com

Rock, Jazz und Country

Cork Jazz Festival
20 South Mall, Cork.
(021) 427 0463.
W guinnessjazzfestival.com

Semple Stadium
Thurles, Co Tipperary.
(050) 422 702.

Traditionelle Musik und Tanz

Comhaltas Ceoltóirí Éireann
32 Belgrave Sq, Monkstown, Co Dublin.
(01) 280 0295.
W comhaltas.ie

Feakle Festival
Feakle, Co Clare.
(061) 924 3885.
W feaklefestival.ie

Siamsa Tíre
Siamsa Tire Theatre, The Town Park, Tralee, Co Kerry.
(066) 712 3055.
W siamsatire.com

The Traditional Irish Night
Bunratty Castle & Folk Park, Bunratty, Co Clare.
(061) 360 788.
W shannonheritage.com

Festivals

Belfast Festival at Queen's
Festival House, 25 College Gardens, Belfast.
(028) 9097 1197.
W belfastfestival.com

Boyle Arts Festival
King House, Main St, Boyle, Co Roscommon.
(071) 966 3085.
W boylearts.com

Cork Film Festival
Emmet House, Emmet Place, Cork.
(021) 427 1711.
W corkfilmfest.org

County Wicklow Gardens Festival
St Manntan's House, Kilmantin Hill, Wicklow.
(040) 420 070.
W visitwicklow.ie

Galway Arts Festival
Black Box Theatre, Dyke Rd, Terryland, Galway.
(091) 509 700.
W giaf.ie

Great Music in Irish Houses
65 Sandymount Rd, Sandymount.
(01) 660 4492.
W greatmusicinirishhouses.com

Kilkenny Arts Festival
11 St Patrick's Court, Patrick St, Kilkenny.
(056) 776 3663.
W kilkennyarts.ie

Bildungsurlaub

Archäologie
Achill Archaeological Field School
Folk Life Centre, Dooagh, Achill Island, Co Mayo. (098) 43564. W achillfieldschool.com

Häuser, Burgen und Gärten

Houses, Castles & Gardens of Ireland
087 777 6428.
W hcgi.ie

National Trust
Rowallane House, Saintfield, Ballynahinch, Co Down.
(028) 9751 0721.
W nationaltrust.org.uk

Irische Musik
Willie Clancy Summer School
Miltown Malbay, Co Clare.
(065) 708 4281.

Irische Sprache
Conversation Classes
Oidhreacht Chorca Dhuibhne, Ballyferriter, Co Kerry. (066) 915 6100. W gaeilge.ie

Goldsmith International Literary Festival
Terlicken, Ballymahon, Co Longford.
087 923 6983.
W goldsmithfestival.ie

James Joyce Summer School
University College Dublin, Belfield, Dublin 4.
(01) 716 8159.
W joycesummerschool.ie

Listowel Writers' Week
24 The Square, Listowel, Co Kerry. (068) 21074.
W writersweek.ie

William Carleton Summer School
Dungannon District Council, Circular Rd, Dungannon, Co Tyrone.
(028) 8772 0300.
W williamcarletonsociety.org

Yeats International Summer School
Yeats Society, Yeats Memorial Building, Hyde Bridge, Sligo.
(071) 914 2693.
W yeatssociety.com

Kochen
Ballymaloe School of Cookery
Shanagarry, Co Cork.
(021) 464 6785.
W cookingisfun.ie

Sport und Aktivurlaub

Selbst wenn man sich in den großen Städten aufhält, ist man in Irland doch nie allzu weit weg vom Land und vom Landleben. Die beliebtesten Sportveranstaltungen sind Irlands Pferderennen, doch auch Gaelic Football, Fußball und Hurling bieten viel Spaß. Alle, die nicht nur zuschauen, sondern selbst aktiv werden wollen, können zwischen Angeln, Golf, Reiten, Fahrradfahren, Wandern und Wassersport wählen. Spektakulär ist der Wild Atlantic Way. Nützliche Adressen finden Sie auf Seite 346f. Weitere Infos bieten Fáilte Ireland und für Nordirland das Northern Ireland Tourist Board sowie alle örtlichen Fremdenverkehrsbüros. Die bedeutendsten Sportereignisse sind auf Seite 32f dieses Reiseführers zusammengestellt.

Pferderennen auf dem Punchestown Racecourse

Wild Atlantic Way
Die Strecke entlang der fantastischen Westküste Irlands, der **Wild Atlantic Way**, verläuft von Inishowen Peninsula im County Donegal bis Kinsale im County Cork. Sie führt durch insgesamt neun Countys und erschließt eine der spektakulärsten Küstenlandschaften der Welt. Die Strecke ist mit entsprechenden Symbolen markiert und voller landschaftlicher Höhepunkte. Informationen zu den Highlights bietet die Website *(siehe S. 346)*.

Rennbahnen und Sportstadien
Die Leidenschaft der Iren für Pferderennen ist legendär. **The Curragh** *(siehe S. 135)*, wo das Irish Derby stattfindet, ist eine führende Rennbahn. **Fairyhouse**, Austragungsort des Irish Grand National, ist das ganze Jahr über gut besucht, vor allem aber um Weihnachten, wenn die Dubliner hier auf die alljährlichen Rennen wetten. **Punchestown** in Kildare ist seit 1824 eine feste Größe in der Rennszene und kann 80 000 Zuschauer aufnehmen. **Leopardstown** in Dublin veranstaltet das ganze Jahr über Rennen.

Die Galway Race Week Ende Juli ist ein Großereignis. Ein Veranstaltungskalender mit Rennen in ganz Irland ist bei **Horse Racing Ireland** erhältlich.

In der Republik Irland gibt es nicht weniger als 19 Stadien für Windhundrennen. Die bekanntesten sind Dublins **Shelbourne Park** und **Harold's Cross Stadium**, die beide gute Restaurants haben.

Im **Croke Park** kann man Gaelic-Football- und Hurling-Spiele sehen. Internationale Rugby- und Fußballspiele werden im **Aviva Stadium**, dem schönsten Stadion Irlands, ausgetragen. Eintrittskarten für Fußballspiele erhält man bei der **Football Association of Ireland**. Rugby-Fans wenden sich an die **Irish Rugby Football Union**.

Das alljährliche Highlight für Golfer ist zweifellos die Irish Open Golf Championship im Juli. Der Austragungsort wechselt. Karten gibt es bei **European Tour**.

Angeln
Irlands Anspruch, ein Paradies für Angler zu sein, ist nicht übertrieben. In den Flüssen und Seen des Landes findet man Brasse, Flussbarsch, Plötze und Hecht, in Flüssen am Meer auch den berühmten irischen Lachs und die Meerforelle (»Lachsforelle«).

Flunder, Weißfisch, Meeräsche und Barsch bevölkern die Irische See. Hochseeanglern eröffnet sich zudem die ganze Welt von Hundshai, Hai und Rochen. Von vielen Orten aus kann man Hochsee-Angelfahrten organisieren. Besonders beliebt und bekannt hierfür sind die Küsten von Cork und Kerry.

Das **Clonanav Fly Fishing Centre** bei Clonmel im County Waterford ist bei unerfahrenen Anglern wie bei Profis beliebt und bietet sehr gute Unterkünfte sowie kundiges, verläss-

Angeln im Kanal bei Robertstown, County Kildare *(siehe S. 134)*

Wanderer im Gap of Dunloe, Killarney *(siehe S. 166)*

liches Personal. Als bester Fluss für Angler im Osten Irlands gilt der Slaney mit seinen zahlreichen Fischereien am Ufer. Die **Ballintemple Fishery** ist eine gute Wahl: Hier kann man Anglerausrüstung leihen und bekommt Instruktionen.

Rory's Fishing Tackle im Zentrum von Dublin verkauft Ausrüstung. Lebende Köder kann man vielerorts kaufen.

Informationen über erforderliche Genehmigungen bekommt man in der Republik Irland beim **Central Fisheries Board** und in Nordirland bei **Inland Fisheries Ireland**, Department of Culture, Arts and Leisure. Die **Irish Federation of Sea Anglers** organisiert Angelausflüge und -kurse.

Landkarten und weitere Informationen gibt es bei Fáilte Ireland in der Republik und beim Northern Ireland Tourist Board *(siehe S. 351)*. Hilfreich ist auch die Website von **Irish Angling Update** mit Berichten über Angel-Bedingungen, die regelmäßig auf den neuesten Stand gebracht werden.

Wandern und Bergsteigen

Ein Netz von Wanderwegen quer durch ganz Irland führt zu einigen der schönsten Orte, die das Land zu bieten hat. Bei Fáilte Ireland und beim Northern Ireland Tourist Board erhalten Sie Informationen über die großen Wanderwege. Dazu zählen Wicklow Way *(siehe S. 143)*, Dingle Way, Munster Way, Kerry Way und Barrow Towpath. Diese Routen können – je nach Leistungsvermögen – in kleinere Abschnitte unterteilt werden. Der 800 Kilometer lange Ulster Way führt durch Nordirland, vorbei an spektakulären Küstenabschnitten beim Giant's Causeway *(siehe S. 266f)* und bis hinauf zu den Gipfeln der Mountains of Mourne *(siehe S. 288f)*. **Irish Ways** bietet Routenvorschläge. Über Wanderungen in Nordirland informiert **Ulster Federation of Rambling Clubs**.

Markierung am Ulster Way, der Route durch Nordirland

An Óige Hill Walkers Club organisiert sonntags eine Tour in die Wicklow und Dublin Mountains für erfahrenere Wanderer. Das preisgekrönte **Michael Gibbons' Walking Ireland Centre** bietet im Sommer halb- und ganztägige Wanderungen durch die schöne Landschaft Connemaras.

Bei **Skibbereen Historical Walks** erfahren die Teilnehmer am Beispiel von Skibbereen, einer Stadt, deren Name mit der Großen Hungersnot verbunden ist, viel über Irlands Vergangenheit.

Informationen über Bergwandern und Klettern gibt es bei **Mountaineering Council of Ireland**. Achten Sie auf die richtige Ausrüstung für das häufig wechselhafte irische Wetter.

Radfahren

Renommierte Organisationen wie **Ireland by Bike** bieten individuelle Touren und kümmern sich um Unterkünfte. Auch **Premier Cycling Holidays** hat mehrere schöne Radtouren im Angebot. **Cycling Ireland**, die Dachorganisation der irischen Freizeitradfahrer und Radsportler, bietet auf seiner Website viele nützliche Informationen über Radwanderwege und landesweite Angebote.

Sie können Ihr Rad für eine geringe Gebühr im Bus oder im Zug mitnehmen. Wenn Sie ein Fahrrad mieten möchten, empfehlen sich die Anbieter **Neill's Wheels** und **Cycleways** im Zentrum von Dublin. Auch **Phoenix Park Bike Hire** bietet diesen Service.

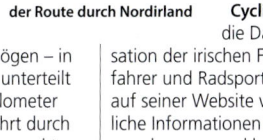

Fahrradfahren in der Gegend von Muckross House nahe Killarney *(siehe S. 163)*

Der irische Golfprofi Padraig Harrington auf der Anlage Mount Juliet

Golf

Von den über 300 Golfplätzen in ganz Irland, viele davon an herrlichen Küstenabschnitten gelegen, fallen über 50 in die Kategorie »championship class«.

Den Weltklasseplatz **Mount Juliet** im County Kilkenny legte die Golf-Legende Jack Nicklaus an. **The K Club** in Kildare besitzt zwei 18-Loch-Championship-Plätze. Beide gestaltete der Platzdesigner Arnold Palmer sehr individuell. Der berühmte Golfspieler Christy O'Connor Junior entwarf den Platz des **Galway Bay Golf Club**. Auf dem überaus schwierigen Platz, ein Muss für jeden ernsthaften Spieler, liegen Ruinen verstreut, die zum Teil auf das 16. Jahrhundert zurückgehen.

Einen der bekanntesten Plätze kann der **Portmarnock Golf Club** sein Eigen nennen. Er liegt knapp 20 Kilometer nördlich der Innenstadt Dublins. Aufgrund seiner erstklassigen Qualität und seiner Lage finden hier hochrangige Turniere statt. An der Atlantikküste, im County Clare, befindet sich der **Lahinch Golf Club**, ein anerkannter Mackenzie-Platz, auf dem jeder ambitionierte Golfer einmal gespielt haben sollte.

Nordirlands bekannteste Plätze sind jene des **Royal Portrush Golf Club** und des **Royal County Down Golf Club**. Die **Golfing Union of Ireland**, die **Irish Ladies Golfing Union** und die lokalen Fremdenverkehrsbüros erteilen Informationen über Golfplätze, Bedingungen und Gebühren. Die meisten Golfer spielen mit eigenem Equipment, wenngleich man Schläger auch in den meisten Clubs auch ausleihen kann.

Reiten und Pony-Trekking

Die Iren sind zu Recht stolz auf ihre schönen Pferde. Viele Reiterhöfe, mit oder ohne Unterkünfte, bieten Reitausflüge durch Wälder, an verlassenen Stränden, auf Landstraßen und quer durch die wunderschöne Berglandschaft an. Die **Association of Irish Riding Establishments** informiert über die Lage und das Angebot von Reiterhöfen, die **British Horse Society Ireland** veröffentlicht Karten, in denen Reitwege eingezeichnet sind.

Reiterin in Killarney

Dingle, Donegal, Connemara und Killarney sind bekannte Regionen für wunderbare Reiterferien. Es gibt zwei Möglichkeiten, diese zu gestalten: *post-to-post* oder *based*. Bei Ersterem sind Sie dauernd unterwegs und übernachten jeden Tag auf einem anderen Hof. Bei *Based*-Ausflügen haben Sie einen festen Stützpunkt, von dem aus Sie an jedem Tag einen Ausflug unternehmen und abends wieder zurückkommen.

Das **Aille Cross Equestrian Centre** in Connemara bietet Reitausflüge sowohl für erfahrene Reiter als auch für Neulinge an. Sie sitzen dabei sechs Stunden täglich auf einem Connemara-Pony oder auf einem Jagdpferd. Weiter südlich liegen die **Killarney Riding Stables**, zwei Kilometer von Killarneys Innenstadt entfernt. Unternehmungslustige Reiter können von hier aus den fünf- oder sechstägigen Killarney Reeks Trail in Angriff nehmen.

Das **Mountpleasant Pony Trekking and Horse Riding Centre** liegt in einem riesigen bewaldeten Gebiet bei Castlewellan im County Down. Das Zentrum ist für unerfahrene wie erfahrene Reiter geeignet.

Five Counties Holidays organisiert Reiterferien in den Regionen Nordwest-Irlands. Viele andere Reitzentren, z. B. **Equestrian Holidays Ireland**, bieten geführte Ausritte und Reitunterricht für Anfänger und Fortgeschrittene.

Wassersport

Kein Wunder, dass in Irland mit seiner über 4800 Kilometer langen Küste der Wassersport eine herausragende Rolle spielt. Surfen, Windsurfen, Tauchen und Kanufahren gehören zu den beliebtesten Wassersportarten, die man fast an allen Küsten betreiben kann.

Sligo bietet die besten Bedingungen fürs Surfen, doch auch andere Küstenabschnitte sind hierfür gut geeignet. Die

Surfer bei Bundoran in der Donegal Bay *(siehe S. 234)*

Irish Surfing Association, die staatliche Organisation fürs Surfen und ähnliche Sportarten, z. B. Body-Surfen, informiert über die Bedingungen in allen 32 Countys. Windsurf-Zentren findet man vor allem in der Nähe von Dublin, Cork und Westport.

Die Bedingungen für Taucher sind unterschiedlich. An der Westküste kann man unter Wasser besonders viel sehen. Der **Irish Underwater Council** empfiehlt Tauchschulen, das **Baltimore Diving Centre** bietet Tauchgänge zu Schiffswracks. **DV Diving** organisiert Kurse und Unterkünfte in der Nähe des Belfast Lough und der Irischen See, wo man eine Reihe alter Schiffswracks erkunden kann.

Im Landesinneren sind Lower Lough Erne *(siehe S. 274f)* und Killaloe am Lough Derg *(siehe S. 194)* beliebte Ferienzentren. Das **Lakeland Canoe Centre Enniskillen** zwischen Upper und Lower Lough Erne gibt Kanu-Unterricht und organisiert Kanuten-Ferien. Ab März bietet **Atlantic Sea Kayaking** eintägige Ausflüge und Zwei- bis Drei-Tage-Touren bei Castlehaven und Baltimore.

Viele Küstenabschnitte sind für erfahrene Schwimmer sicher. Fragen Sie am besten Einheimische nach den Bedingungen. In Dublin ist der 40 Foot in Sandycove beliebt zum Schwimmen. Kinder sind im seichten Wasser in Hafennähe sicher. Erwachsene können auch auf der Meerseite der Hafenmauer im tieferen Wasser schwimmen. Detailliertere Informationen erhalten Sie im **Dublin Tourist Office**.

Segeln und Bootsfahrten

Ruhige, entspannende Ferien auf einem Segelschiff oder einem Boot sind eine ideale Alternative zum Alltagsstress. Irlands Flüsse, insgesamt rund 14 500 Kilometer lang, und die über 800 Seen bieten eine riesige Auswahl an Möglichkeiten für alle, die Ferien auf dem Wasser verbringen möchten. In den Ortschaften an der Küste, an Flüssen und Seen lernen Sie die Iren in ihrem ureigensten Element kennen. Egal, ob man auf dem Lough Derg, auf dem Shannon oder auf dem Grand Canal unterwegs ist – überall eröffnet sich einem die Einzigartigkeit der Landschaft. Anbieter wie etwa **Cruise-Ireland** und **Charter Ireland** vermieten Boote.

Segler bei Rosslare im County Wexford

Zwischen Carrick-on-Shannon im County Leitrim und Upper Lough Erne in Fermanagh verläuft die **Shannon-Erne-Wasserstraße** *(siehe S. 239)*, ein Kanal, der 1993 wiedereröffnet wurde. Auf ihm gelangt man zum Upper und Lower Lough Erne *(siehe S. 274f)* und nach Belleek. **Emerald Star** vermietet hier Boote und Schiffe.

Die **Shannon Castle Line** betreibt eine Flotte aus Kreuzfahrtschiffen auf dem Shannon. Die **Silver Line Cruisers**, die ebenfalls auf dem Shannon unterwegs sind, liegen zwei Kilometer vom Grand Canal entfernt und versprechen entspannte Bootsfahrten.

Bei Seglern ist die Region zwischen Cork und der Dingle Peninsula beliebt. Kurse bieten das **International Sailing Centre** bei Cork und die **Irish National Sailing School** im County Dublin an. Bei der letzteren Schule können erfahrene Segler Yachten mieten und dann zur Westküste Schottlands segeln.

Trendsport

Auch wer mal etwas Neues ausprobieren möchte oder beim Sport einen besonderen Kick sucht, hat in Irland viele Optionen. Die abwechslungsreiche Landschaft der Blackstairs Mountains kann man auch gut mit einem Quad erkunden. **Quadventure** in Wexford vermietet entsprechende Geländewagen.

Big Style organisiert Kurse von Kitesurfen über Stand Up Paddling bis Speerfischen.

Extreme Sports Ireland bietet Infos zu allen Arten von Trend- und Abenteuersport.

Behindertensport

Behinderte erhalten von der **Irish Wheelchair Association** Informationen über Möglichkeiten sportlicher Aktivität in Irland. Überregionale wie örtliche Fremdenverkehrsbüros und viele der auf Seite 346f aufgeführten Organisationen verfügen ebenfalls über entsprechende Informationen. Das **Share Village** bietet Möglichkeiten im Bereich Aktivurlaub für Behinderte wie Nicht-Behinderte.

Boote im Carnlough Harbour an der Antrim-Küste (siehe S. 271)

Auf einen Blick

Wild Atlantic Way

- wildatlanticway.com

Rennbahnen und Sportstadien

Aviva Stadium
Lansdowne Rd,
Dublin 4.
(01) 238 2300.
avivastadium.ie

Croke Park
Jone's Rd, Dublin 3.
(01) 819 2300.
crokepark.ie

Curragh Racecourse
The Curragh,
Co Kildare.
Straßenkarte D4.
(045) 441 205.
curragh.ie

European Tour
europeantour.com

Fairyhouse
Rataoth, Co Meath.
Straßenkarte D3.
(01) 825 6167.
fairyhouse.ie

Football Association of Ireland
National Sports Campus,
Abbotstown,
Dublin 15.
Stadtplan F4.
(01) 899 9500.
fai.ie

Harold's Cross Stadium
Harold's Cross Rd,
Dublin 6.
(01) 497 1081.
igb.ie

Horse Racing Ireland
Ballymany, The Curragh,
Co Kildare.
Straßenkarte D4.
(045) 455 455.
goracing.ie

Irish Rugby Football Union
10–12 Lansdowne Road,
Dublin 4.
(01) 647 3800.
irishrugby.ie

Leopardstown
Leopardstown, Dublin 18.
(01) 289 0500.
leopardstown.com

Punchestown
Naas, Co Kildare.
Straßenkarte D4.
(045) 897 704.
punchestown.com

Shelbourne Park
South Lotts Rd,
Dublin 4.
(01) 668 3502.
igb.ie

Angeln

Ballintemple Fishery
Ardattin,
Co Carlow.
Straßenkarte D4.
(059) 915 5037.
ballintemple.com

Central Fisheries Board
Swords.
(01) 884 2600.
cfb.ie

Clonanav Fly Fishing Centre
Ballymacarbry,
Co Waterford.
Straßenkarte C5.
(052) 613 6765.
flyfishingireland.com

Inland Fisheries Ireland
Causeway Exchange,
1–7 Bedford St,
Belfast.
Straßenkarte D2.
(028) 9151 3101.
dcalni.gov.uk

Irish Angling Update
(01) 884 2600.
cfb.ie

Irish Federation of Sea Anglers
Brian Reidy,
Ballydavid,
Athenry,
Co Galway.
(085) 733 9040.
ifsa.ie

Rory's Fishing Tackle
17a Temple Bar,
Dublin 2.
Straßenkarte D3.
(01) 677 2351.
rorys.ie

Wandern und Bergsteigen

An Óige Hill Walkers Club
61 Mountjoy St,
Dublin 7.
Stadtplan C1.
(086) 356 3843.
hillwalkersclub.com

Irish Ways
Belfield Bike Shop,
UCD, Dublin 4.
Stadtplan D4.
(01) 716 1168.
irishways.com

Michael Gibbons' Walking Ireland Centre
Market Street,
Clifden,
Co Galway.
Straßenkarte A3.
(095) 21379.
walkingireland.com

Mountaineering Council of Ireland
Irish Sport HQ,
National Sports Campus,
Blanchardstown,
Dublin 15.
(01) 625 1115.
mountaineering.ie

Skibbereen Historical Walks
Skibbereen Heritage Ctr,
Skibbereen,
Co Cork.
Straßenkarte B6.
(028) 40900.
skibbheritage.com

Ulster Federation of Rambling Clubs
23 Innisfayle Park,
Bangor,
Co Down.
Straßenkarte D2.
ufrc-online.co.uk

Radfahren

Cycleways
185–6 Parnell St,
Dublin 1.
Stadtplan C3.
(01) 873 4748.
cycleways.com

Cycling Ireland
619 North Circular Rd,
Dublin 1.
(01) 855 1522.
cyclingireland.ie

Ireland by Bike
Teelin Rd, Carrick,
Co Donegal.
Stadtplan C2.
(087) 211 8638.
irelandbybike.com

Neill's Wheels
Cow's Lane,
Temple Bar,
Dublin 2.
Straßenkarte C3.
(087) 933 8312.
rentabikedublin.com

Phoenix Park Bike Hire
Phoenix Park,
Dublin.
Straßenkarte D4.
(086) 265 6258.
phoenixparkbikehire.com

Golf

Galway Bay Golf Club
Renville, Oranmore,
Co Galway.
Straßenkarte B4.
(091) 790 711.
galwaybaygolfresort.com

Golfing Union of Ireland
Carton Demesne,
Maynooth,
Co Kildare.
Straßenkarte D3.
(01) 505 4000.

Irish Ladies Golfing Union
Q House, 76 Furze House, Sandyford Industrial Estate,
Dublin 18.
(01) 293 4833.

The K Club
Straffan, Co Kildare.
Straßenkarte D4.
(01) 601 7200.
kclub.com

Lahinch Golf Club
Lahinch, Co Clare.
Straßenkarte B4.
(065) 708 1003.
lahinchgolf.com

Mount Juliet
Thomastown,
Co Kilkenny.
Straßenkarte D5.
(056) 777 3000.
mountjuliet.ie

Auf einen Blick

Portmarnock Golf Club
Portmarnock,
Co Dublin.
Straßenkarte D3.
📞 (01) 846 2968.
🌐 portmarnock golfclub.ie

Royal County Down Golf Club
36 Golf Links Rd,
Newcastle,
Co Down. Straßenkarte E2.
📞 (028) 4372 3314.
🌐 royalcountydown.org

Royal Portrush Golf Club
Dunluce Rd,
Portrush,
Co Antrim.
Straßenkarte D1.
📞 (028) 7082 2311.
🌐 royalportrush golfclub.com

Reiten und Pony-Trekking

Aille Cross Equestrian Centre
Loughrea,
Co Galway.
Straßenkarte B4.
📞 (091) 843 968.
🌐 connemara-trails.com

Association of Irish Riding Establishments
Millennium Park,
Naas, Co Kildare.
Straßenkarte D4.
📞 (045) 854 518.
🌐 aire.ie

British Horse Society Ireland
120 Main St,
Greyabbey,
Newtownards,
Co Down.
Straßenkarte D2.
📞 (028) 4278 8681.
🌐 bhsireland.com

Equestrian Holidays Ireland
Whispering Pines,
Crosshaven,
Co Cork.
Straßenkarte C6.
📞 (021) 483 1950.
🌐 ehi.ie

Five Counties Holidays
Ardmourne House,
36 Corgary Rd,
Castlederg,
Co Tyrone.
Straßenkarte C2.
📞 (028) 8167 0291.
🌐 five-counties-holidays.com

Killarney Riding Stables
Ballydowney,
Killarney,
Co Kerry.
Straßenkarte B5.
📞 (064) 66 31686.
🌐 killarney-riding-stables.com

Mountpleasant Pony Trekking and Horse Riding Centre
Bannonstown Rd,
Castlewellan,
Co Down.
Straßenkarte D2.
📞 (028) 4377 8651.
🌐 mountpleasant centre.com

Wassersport

Atlantic Sea Kayaking
Reen Pier,
West Cork.
Straßenkarte B6.
📞 (028) 21058.
🌐 atlanticseakayaking.com

Baltimore Diving Centre
Baltimore, Co Cork.
Straßenkarte B6.
📞 (028) 20300.
🌐 baltimorediving.com

Dublin Tourist Office
🌐 visitdublin.com

DV Diving
138 Mount Stewart Rd,
Newtownards,
Co Down.
Straßenkarte E2.
📞 (028) 9186 1686.
🌐 dvdiving.co.uk

Irish Surfing Association
Easkey Surf and Information Centre,
Easkey, Co Sligo.

Straßenkarte B2.
📞 (096) 49428.
🌐 isasurf.ie

Irish Underwater Council
78a Patrick St,
Dun Laoghaire,
Co Dublin.
Straßenkarte D4.
📞 (01) 284 4601.
🌐 diving.ie

Lakeland Canoe Centre Enniskillen
Castleisland,
Enniskillen,
Co Fermanagh.
Straßenkarte C2.
📞 0844 770 5477.
🌐 onegreatadventure.com

Segeln und Bootfahren

Charter Ireland
Radharc an Chlair,
Grattan Rd, Salthill,
Co Galway.
Straßenkarte B4.
📞 (089) 442 3699.
🌐 charterireland.ie

Cruise-Ireland
Unit 1, Fairgreen Rd,
Markethill,
Co Armagh.
📞 (01) 278 1666.
🌐 cruise-ireland.com

Emerald Star
The Marina,
Carrick-on-Shannon,
Co Leitrim.
Straßenkarte C3.
📞 (071) 962 7633.
🌐 emeraldstar.ie

International Sailing Centre
East Beach, Cobh,
Co Cork.
Straßenkarte C6.
📞 (021) 481 1237.
🌐 sailcork.com

Irish National Sailing School
Dun Laoghaire,
Co Dublin.
📞 (01) 284 4195.
🌐 inss.ie

Lough Melvin Holiday Centre
Garrison, Co Fermanagh.
Straßenkarte C2.
📞 (028) 6865 8142.
🌐 melvinholiday centre.com

Shannon Castle Line
Williamstown Harbour,
Whitegate,
Co Clare.
Straßenkarte C4.
📞 (061) 927 042.
🌐 shannon-river.com

Silver Line Cruisers
The Marina, Banagher,
Co Offaly.
Straßenkarte C4.
📞 (057) 915 1112.
🌐 silverlinecruisers.com

Trendsport

Big Style
Waterways Ireland
Visitor Centre,
Grand Canal Quay,
Grand Canal Dock,
Dublin
📞 (089) 406 9432.
🌐 bigstyle.ie

Extreme Sports Ireland
🌐 extremesports.ie

Quadventure
Clonroche,
Enniscorthy,
Co Wexford.
📞 (053) 924 4660.
🌐 quadventure.ie

Behindertensport

Irish Wheelchair Association
Blackheath Dr, Clontarf,
Dublin 3.
📞 (01) 818 6400.
🌐 iwa.ie

Share Village
Smith's Strand,
Lisnaskea,
Co Fermanagh.
Straßenkarte C2.
📞 (028) 6772 2122.
🌐 sharevillage.org

Stadtplan Dublin *siehe S. 120–123* Straßenkarte *siehe hintere Umschlaginnenseiten*

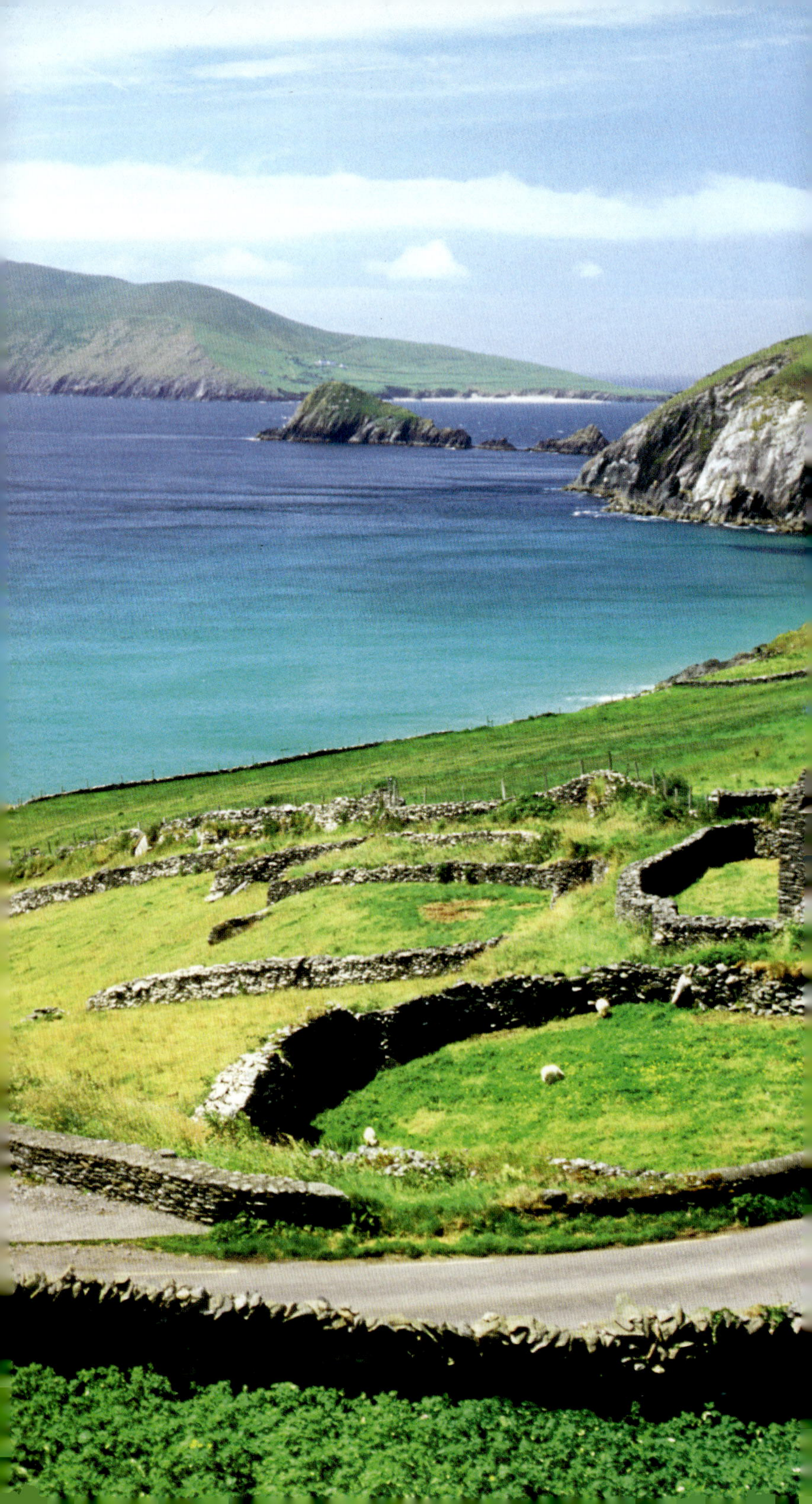

GRUND-INFORMATIONEN

| Praktische Hinweise | 350 – 359 |
| Reiseinformationen | 360 – 373 |

Praktische Hinweise

Obwohl Irland eine relativ kleine Insel ist, sollte man keineswegs davon ausgehen, dass man für ihre Erkundung deshalb auch nur wenig Zeit braucht. Im Gegenteil, denn viele Sehenswürdigkeiten befinden sich in ländlichen Gegenden. In den abgelegenen Teilen der Insel sind die Straßen oft über längere Abschnitte eng, das Leben verläuft eher langsam, und öffentliche Verkehrsmittel fahren vergleichsweise selten. Die Republik Irland gehört noch zu den am wenigsten von Umweltschäden belasteten Staaten in Europa, die Wirtschaft ist jedoch sehr gut entwickelt. Auch in abgelegenen Ortschaften gibt es Fremdenverkehrsbüros und touristische Einrichtungen, die Besuchern mit zahlreichen nützlichen Hinweisen, Landkarten sowie informativen Broschüren weiterhelfen. Der Standard aller touristischen und öffentlichen Einrichtungen für Besucher ist im ganzen Land hervorragend.

Auswahl an irischen Whiskeys am Terminal 2, Dublin Airport

Einreise
Irland ist *kein* Schengen-Staat. Besucher aus Staaten der Europäischen Union brauchen für die Einreise nach Irland einen gültigen Reisepass oder Personalausweis mit biometrischem Foto, Schweizer einen Reisepass. Das Dokument muss für die Dauer des Aufenthalts in Irland gültig sein. Auch alle Kinder benötigen ein eigenes Reisedokument mit Lichtbild. Ein Eintrag im Pass der Eltern ist nicht ausreichend. Wer in Irland studieren oder arbeiten möchte, sollte sich vor der Abreise mit der irischen bzw. der britischen Botschaft (für Nordirland) in Verbindung setzen.

Für die Mitnahme von Haustieren braucht man den EU-Heimtierausweis. Bitte beachten Sie, dass Irland und Großbritannien schärfere Anforderungen in Bezug auf Tollwutimpfung und Bandwurm- und Zeckenbefall haben als andere europäische Länder.

Zoll
Bürger aus Mitgliedsstaaten der Europäischen Union können Waren zum nachweislich eigenen Gebrauch zollfrei ein- und ausführen. Schweizer Staatsangehörige können sich im Bedarfsfall bei ihrer Botschaft erkundigen.

Ankommende Bürger aus Mitgliedsstaaten der Europäischen Union können direkt den blauen Ausgang nutzen. Schweizer müssen den Zoll passieren. Sie nehmen den grünen Ausgang, wenn sie nichts zu verzollen haben, und den roten, wenn sie etwas zu verzollen haben.

Information
Sowohl Nordirland als auch die Republik Irland verfügen über ein dichtes Netz von Fremdenverkehrsbüros, die regional relevante Informationen bieten. Büros in größeren Städten verkaufen auch Karten und Reiseführer und reservieren gegen eine kleine Gebühr Unterkünfte. In den kleineren Städten

Sprache
Die Republik Irland ist offiziell zweisprachig – fast alle Straßenschilder sind englisch und irisch beschriftet. Außer in einigen Gegenden im Westen, den sogenannten Gaeltachts *(siehe S. 233)*, wird überall Englisch gesprochen. Doch findet man bisweilen immer noch Schilder etc. mit nur gälischen Namen. Nachstehend finden Sie einige irische Wörter, auf die Sie am häufigsten treffen.

Schild in altem Gälisch

Nützliche Wörter
an banc – **Bank**
an lár – **Stadtzentrum**
an trá – **Strand**
ar aghaidh – **gehen**
bád – **Boot**
bealach amach – **Ausgang**
slí isteach – **Eingang**
dúnta – **geschlossen**
fáilte – **willkommen**
fir – **Herren**
gardaí – **Polizei**
leithreas – **Toilette**
mná – **Damen**
oifig an phoist – **Postamt**
oscailte – **geöffnet**
óstán – **Hotel**
siopa – **Laden**
stop/stad – **Stopp**
ticéad – **Ticket**
traein – **Zug**

◀ Beeindruckende Panoramastraße im County Kerry

PRAKTISCHE HINWEISE | 351

Landsitz Parke's Castle im County Leitrim *(siehe S. 237)*

Auf einen Blick

Einreise und Zoll

Auswärtiges Amt
W auswaertiges-amt.de

Irische Fremdenverkehrsämter

Fáilte Ireland
88–95 Amiens St, Dublin 1.
C 1800 24 24 73.
C (01) 884 7101.
W failteireland.ie

Northern Ireland Tourist Board
59 North St, Belfast BT1 1NB.
C (028) 9023 1221.
Belfast Welcome Centre:
9 Donegall Square North.
C (028) 9024 6609. W discovernorthernireland.com

Weitere Adressen

National Trust
Rowallane Garden, Saintfield,
Ballynahinch, Co Down BT24 7LH.
C (028) 9751 0721.
W nationaltrust.org.uk

Heritage Ireland
Ely Place, Dublin 2.
C (01) 647 6000.
W heritageireland.ie

Deutschland
Tourism Ireland:
C (069) 9231 8516.
W ireland.com/de-de

Österreich
Tourism Ireland:
C (01) 5818 922 70.
W ireland.com/de-at

Schweiz
Tourism Ireland:
C (044) 210 4153.
W ireland.com/de-ch

Tourism Ireland
5th Floor, Bishop's Square,
Redmond's Hill, Dublin 2.
C (01) 476 3400.
Beresford House 2, Beresford
Road, Coleraine, BT52 1GE.
C (028) 2870 359 200.
W tourismireland.com

---

und Ortschaften gibt es ebenfalls Informationsbüros, die zum Teil jedoch nur im Sommer geöffnet sind. Museen und Büchereien bieten oft nützliche Informationen sowie eine gute Auswahl an Reiseliteratur.

Bereits vor dem Urlaub können Sie von **Tourism Ireland** Infomaterial anfordern – sowohl über Nordirland als auch über die Republik. Unter dem Namen »Discover Irland« fungierende Büros dieser Organisation findet man in größeren Städten auf der ganzen Welt. Auch **Fáilte Ireland** und **Northern Ireland Tourist Board** (NITB) statten Sie mit Karten und Broschüren aus.

Es lohnt sich auch, regionale Fremdenverkehrsbüros in Dublin, Cork, Limerick und Galway zu kontaktieren, da diese spezielle Infos zu Reisezielen, Unterkünften und Mietwagen vor Ort bieten. Die Hotellisten sind nicht flächendeckend, da Fáilte Ireland nur Etablissements in Broschüren aufnimmt, die vom Fremdenverkehrsamt selbst getestet wurden.

Eintrittspreise

Der Besuch der meisten Sehenswürdigkeiten in Irland, etwa historische Monumente, Museen und Nationalparks, kostet Eintritt. In diesem Buch sind die kostenpflichtigen Attraktionen durch ein entsprechendes Zeichen markiert. Die Eintrittspreise in der Republik liegen etwa zwischen drei und acht Euro. Für Studenten und Rentner gibt es Ermäßigungen.

Heritage Ireland unterhält Parks, Museen und Denkmäler und bietet eine sogenannte Heritage Card an. Sie gewährt für ein Jahr freien Eintritt in alle vom Heritage Service verwalteten Projekte und ist mit 25 Euro für Erwachsene, 20 Euro für Rentner, zehn Euro für Kinder und Studenten sowie 60 Euro für ein Familienticket recht attraktiv. Bekannte Sehenswürdigkeiten, die zum Heritage Service gehören, sind Céide Fields *(siehe S. 208)*, Cahir Castle *(siehe S. 202)* und das Blasket Centre *(siehe S. 162)*.

Die Eintrittspreise in Nordirland sind in etwa mit denen in der Republik Irland vergleichbar. In Nordirland bietet der **National Trust** ebenfalls eine Mitgliedschaft an, diese kostet im Jahr pro Person 63 £, pro Familie mit zwei Erwachsenen 111 £. Der Kauf lohnt sich allerdings nur, wenn Sie auch in anderen Teilen von Großbritannien die Sehenswürdigkeiten des National Trust besuchen. Ansonsten sind Einzeltickets günstiger.

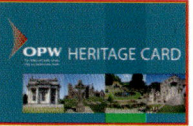

Die Heritage Card gilt vielfach als Eintrittskarte

Öffnungszeiten

In diesem Reiseführer sind stets die Öffnungszeiten von Attraktionen ausgewiesen. Nur wenige sind sonntagvormittags geöffnet. Die meisten Museen sind montags zu. Die Öffnungszeiten liegen generell zwischen 10 und 17 Uhr.

Von Juni bis September sind alle Sehenswürdigkeiten offen. Im Winter sind manche an einigen Wochentagen oder ganz geschlossen. Manche sind Ostern zugänglich und schließen dann wieder bis zum Sommer.

Interpretative centre im Connemara National Park (siehe S. 212)

Besucherzentren

Viele bekannte Sehenswürdigkeiten Irlands sind Ruinen oder archäologisch interessante Plätze aus der Steinzeit, deren Bedeutung sich nicht leicht erschließt. In den letzten Jahren hat man deshalb Besucherzentren *(interpretative centres)* eingerichtet, die diese Zeugnisse aus lang vergangenen Zeiten erklären. Hier muss man, anders als für die Sehenswürdigkeiten selbst, Eintritt zahlen.

Auch für die landschaftlichen Attraktionen wie den Connemara National Park *(siehe S. 212)* haben sich *interpretative centres* als nützlich erwiesen, die vielerlei Informationsmaterial anbieten und Sehenswertes aus der Region ausstellen. Das Besucherzentrum von Connemara dokumentiert z. B. die Geschichte der Region über die letzten 10 000 Jahre auch mit 3-D-Modellen. Zudem erhalten Sie hier auch Bücher und Poster.

Gottesdienste

Irland ist tief religiös, für viele Iren ist der Kirchgang Teil des Alltags. Da etwa 87 Prozent der Bevölkerung der Republik Irland römisch-katholisch sind, ist es schwierig, eine Kirche anderer Konfession zu finden. Sowohl in der Republik als auch in Nordirland informieren die Fremdenverkehrsbüros und Hotels über Gottesdienste.

Studenten

Studenten mit einem gültigen ISIC-Ausweis (International Student Identity Card) bekommen in Museen und Konzerten Vergünstigungen, außerdem sind Fahrten mit Bus Éireann um 15 Prozent billiger. Den ISIC-Ausweis erhalten Sie bei Ihrer Universität sowie bei **USIT** in Dublin, Belfast und anderen Universitätsstädten (www.isic.de). USIT vergibt außerdem an Personen unter 30 Jahren, die keine Studenten sind, den EYC-Ausweis (European Youth Card), mit dem man Ermäßigungen auf Flugpreise, in Restaurants, Museen, Läden und Theatern bekommt. Den Ausweis gibt es (teilweise unter anderem Namen) auch in vielen anderen europäischen Staaten.

Internationaler Studentenausweis

Irish Rail *(Iarnród Éireann)* bietet Preisnachlässe für Studenten. Für den Erwerb ermäßigter Tickets ist ein entsprechender Nachweis zu erbringen, z. B. durch Vorlage des ISIC-Ausweises an den Ticketschaltern der Bahnhöfe oder bei Online-Buchung. Mit der **Student Leap Card** (Student TravelCard) bekommt man zudem Preisnachlässe bei Irish Rail, DART, Dublin Bus und Luas.

In Nordirland erhält man Ermäßigungen für NIR, Ulsterbus und Metro (Bus in Belfast) mit einer Student Card von **Translink**.

Reisende mit besonderen Bedürfnissen

Die meisten Sehenswürdigkeiten Irlands sind für Rollstuhlfahrer zugänglich. Sie finden in diesem Reiseführer bei den Sehenswürdigkeiten entsprechende Vermerke (♿), doch empfiehlt es sich, Details telefonisch zu erfragen. Das **Citizens Information Board** erteilt Infos für die Republik Irland und gibt für jedes County Reiseführer mit Auflistungen von Unterkünften etc. heraus. In Nordirland hilft **Disability Action** weiter. **ADAPT** informiert über kulturelle Events, die mit Rollstuhl zugänglich sind. Auch beide Fremdenverkehrsämter informieren.

Mit Kindern reisen

Kinder sind in Irland in Hotels und Restaurants immer willkommen. Denken Sie jedoch daran, dass Jugendliche unter 18 Jahren Pubs nur in Begleitung eines Erziehungsberechtigten besuchen dürfen, und auch dann nur bis 21 Uhr. Für Familien gibt es oft Ermäßigungen. Bei vielen Sehenswürdigkeiten zahlen Kinder weniger Eintritt, Kinder unter fünf Jahren haben meist sogar freien Eintritt. Während der Schulferien, wenn die meisten Familien unterwegs sind, gibt es viele auf Familien abgestimmte Angebote. Einige Hotels bieten zu dieser Zeit z. B. Reitmöglichkeiten oder Angelausflüge für die ganze Familie an.

Familien in Kinsale Harbour, County Cork

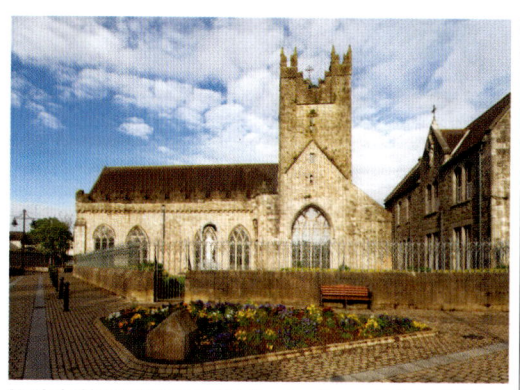

Die Black Abbey in Kilkenny verfügt über einen Zugang für Rollstuhlfahrer

Strom
Die Netzspannung in Irland beträgt – wie auch in Deutschland – 230 Volt. Die irischen Stecker gleichen denen in Großbritannien, dreieckige mit eckigen Polen. Adapter gibt es auf Flughäfen und in Elektrogeschäften zu kaufen.

Zeitzone
In Irland gilt – wie auch in Großbritannien – die Greenwich Mean Time (GMT), die eine Stunde hinter der Mitteleuropäischen Zeit (MEZ) liegt. In beiden Teilen Irlands gilt von Ende März bis Ende Oktober die Sommerzeit – wie in allen Ländern Europas.

Metrisches System
In Irland gilt ausschließlich das metrische System. Trotzdem ist es auch für Besucher aus Mitteleuropa durchaus hilfreich, die alten englischen Maße zu kennen.

Britisch in metrisch
1 inch = 2,5 Zentimeter
1 foot = 30 Zentimeter
1 mile = 1,6 Kilometer
1 ounce = 28 Gramm
1 pound = 454 Gramm
1 pint = 0,6 Liter
1 gallon = 4,6 Liter

Metrisch in britisch
1 Millimeter = 0,04 inch
1 Zentimeter = 0,4 inch
1 Meter = 3 feet 3 inches
1 Kilometer = 0,6 mile
1 Gramm = 0,04 ounce
1 Kilogramm = 2,2 pounds
1 Liter = 1,8 pints

Grünes Irland
Irland ist auch als »Grüne Insel« bekannt. Das rührt aber eher von der geringen Bevölkerungsdichte und der fehlenden Industrialisierung her denn von offiziellen Umweltinitiativen. Die Grüne Partei war von 2007 bis 2011 Mitglied der Regierungskoalition der Republik Irland. Seitdem wurden Bauvorschriften verschärft, die Kfz-Steuer wurde zugunsten von Autos mit niedrigeren Emissionen geändert. Im Jahr 2010 wurde in Irland eine CO_2-Steuer eingeführt.

Irland ist nach wie vor landwirtschaftlich geprägt. Biologischer Anbau wird immer populärer, in den meisten größeren Städten finden Bauernmärkte statt. Es gibt riesige Gebiete unberührter Küsten, Seen, Berge und Wälder. Umweltverschmutzung durch Landwirtschaft und Abwässer ist zwar ein Thema, aber die Situation bessert sich, und die Wasserqualität in den Badegebieten an der Küste ist gut.

Ökotourismus wird immer wichtiger. Organisationen wie **The Organic Centre** und das **Centre for Environmental Living and Training (CELT)** bieten Kurse an zu Themen wie nachhaltiges Bauen und biologische Gartenarbeit. Über **Irish Farmhouse Holidays** kann man eine Unterkunft auf einem Bauernhof buchen.

Mehr Informationen zu diesem Thema gibt es auf der Website von Sustainable Ireland (www.sustainable.ie).

Auf einen Blick

Botschaften

Deutschland
31 Trimleston Ave,
Booterstown, Co Dublin.
+353 (0)1 269 3011.
dublin.diplo.de

Österreich
93 Ailesbury Rd, Dublin 4.
+353 (0)1 269 4577.
bmeia.gv.at/dublin

Schweiz
6 Ailesbury Rd, Dublin 4.
+353 (0)1 218 6382.
eda.admin.ch/dublin

Studenten

Irish Rail
irishrail.ie

Student Leap Card
studentleapcard.ie

Translink
translink.co.uk

USIT
19–21 Aston Quay, Dublin 2.
(01) 602 1906.
Fountain Centre, College St, Belfast BT1 6ET. (028) 9032 7111. usit.ie

Reisende mit besonderen Bedürfnissen

ADAPT
109–113 Royal Avenue, Belfast.
(028) 9023 1211.
adaptni.org

Citizens Information Board
43 Townsend St, Dublin 2.
0761 07 4000.
citizensinformation.ie

Disability Action
Portside Business Park,
189 Airport Rd West, Belfast.
(028) 9029 7880.
disabilityaction.org

Grünes Irland

Centre for Environmental Living and Training (CELT)
East Clare Community Co-op,
Main Street, Scariff, Co Clare.
(061) 640 765.
celtnet.org

Irish Farmhouse Holidays
(071) 982 2222.
irishfarmholidays.com

The Organic Centre
Rossinver, Co Leitrim.
(071) 985 4338.
theorganiccentre.ie

Sicherheit und Gesundheit

Irland gehört zu den sicheren Reiseländern. Außer in einigen Stadtteilen Dublins und einigen anderen Städten sind Diebstähle, auch Taschendiebstähle, äußerst selten. Fremdenverkehrsbüros und Hotels machen auf Gegenden aufmerksam, die man besser meiden sollte. Die Sicherheitslage in Nordirland hat sich kontinuierlich entspannt. In der Republik Irland nimmt die Kriminalität zwar zu, ist aber geringer als in vielen anderen Ländern Europas.

Garda-Polizeiwache in Dublin

Polizei

Die Polizei in der Republik Irland heißt Garda Síochána (kurz: Garda). Für Nordirland ist der Police Service of Northern Ireland (PSNI) zuständig. Der PSNI ist die einzige territoriale Polizei in Großbritannien, die routinemäßig bewaffnet ist.

Beide Polizeikräfte arbeiten bei grenzüberschreitenden organisierten Verbrechen zusammen.

Polizist der Garda **Polizist der PSNI**

Persönliche Sicherheit in der Republik Irland

In Irlands Städten ist man als Besucher sicher, Gleiches gilt für ländliche Gegenden. Dennoch ist es immer ratsam, einige Grundregeln zu beachten. So sollte man in größeren Städten nachts nicht durch schlecht beleuchtete, menschenleere Straßen gehen. In Dublins Innenstadt kann man nachts mitunter auf bettelnde Drogenabhängige stoßen. Einige Straßenzüge in Limerick sollte man bei Dunkelheit ebenfalls meiden.

In einigen der größeren Städte werden Besucher auf der Straße gelegentlich um Geld angebettelt. Daraus entstehen zwar nur selten problematische Situationen, aber man sollte am besten höflich ablehnen und sich entfernen.

Persönliche Sicherheit in Nordirland

Nordirlands Städte haben mit den gleichen Problemen zu kämpfen wie alle anderen Städte auch, gelten aber als sicher für Besucher. Seitdem der politische Friedensprozess auf den Weg gebracht wurde, sind für Nordirland keine Sicherheitsmaßnahmen erforderlich. Allerdings ist ein Aufflammen der Gewalt nicht vollständig auszuschließen – vor allem während der »Marching Season« von Mitte Juni bis Mitte August. Dann kann es auch zu Verkehrsbehinderungen kommen.

Blutige Zusammenstöße von Loyalisten und Nationalisten gibt es immer wieder. Die Polizei in Belfast erteilt Auskunft zur aktuellen Situation (Tel. +44 (0)28 9065 0222).

Stoßen Sie als Autofahrer auf ein Hinweisschild, das eine Straßensperre anzeigt, so verlangsamen Sie die Fahrt entsprechend, blenden die Scheinwerfer ab und halten Ihren Ausweis bereit. In Städten wie etwa Belfast oder Londonderry gibt es eine starke Polizei- bzw. Militärpräsenz.

Diebstahl und Verlust

Da Taschendiebstahl in den größeren Städten niemals auszuschließen ist, sollten Sie Ihren Pass und größere Geldbeträge im Hotel lassen. Wenn Sie unterwegs sind, tragen Sie Wertsachen immer so nah wie möglich bei sich, vor allem an belebten Orten ist dies eine wichtige Vorsichtsmaßnahme. Achten Sie darauf, dass Sie keine Wertsachen in Ihrem Auto zurücklassen, vor allem nicht sichtbar im Innenraum. In Nordirland sollten Sie niemals Taschen oder Pakete im Innenraum eines abgestellten Autos liegen lassen – Sie könnten damit einen Sicherheitsalarm auslösen.

Garda-Polizeistation

Melden Sie verlorene oder gestohlene Gegenstände sofort der Polizei. Für Ihre Versicherung benötigen Sie ein polizeiliches Verlustprotokoll. Die meisten Bahn- und Busbahnhöfe haben ein Fundbüro – eine Institution, die es in Nordirland allerdings nicht gibt.

PSNI-Abzeichen

Wenn Sie einen Ausflug unternehmen wollen, ohne dauernd Ihr Gepäck herumzutragen: Die meisten Hotels und die Informationsstellen in den größeren Städten bieten eine Gepäckaufbewahrung an (auch in Nordirland).

Notfälle

In der Republik Irland und in Nordirland lautet die Rufnummer für Polizei, Notarzt und Feuerwehr 112 oder 999. Man

SICHERHEIT UND GESUNDHEIT | 355

sollte die Nummer jedoch nur anrufen, wenn es unbedingt notwendig ist.

In einem medizinischen Notfall, bei dem kein Krankenwagen benötigt wird, sollte man einen Allgemeinarzt (General Practitioner, GP) aufsuchen oder die Ambulanz des nächstgelegenen Krankenhauses. Wenn man in der Republik Irland in der Notaufnahme keine Krankenhausüberweisung von einem Allgemeinmediziner vorweisen kann, kann es vorkommen, dass das Krankenhaus eine Gebühr in Höhe von rund 100 Euro verlangt.

Gerät man in Schwierigkeiten, fühlt sich krank, hat kein Geld oder Probleme mit der Sprache, kann man sich an jede örtliche Polizeistation wenden. Auch Fremdenverkehrsämter helfen gern weiter. Krankenhäuser sorgen dafür, dass ein Übersetzer bereitsteht. Der Irish Tourist Assistance Service (ITAS) unterstützt Verbrechensopfer beim Umgang mit Botschaften, bei Überweisungen oder der Sperrung von Kreditkarten.

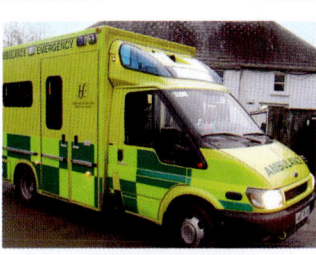

Krankenwagen, Dublin

Feuerwehrauto, Dublin

Streifenwagen der Garda

Medizinische Versorgung und Krankenversicherung

Reisende aus Ländern der Europäischen Union und der Schweiz erhalten in der Republik Irland unter Vorlage der Europäischen Krankenversicherungskarte (EHIC) kostenlose medizinische Versorgung, wenn diese dringlich ist. Die Europäische Krankenversicherungskarte ist identisch mit der Versicherungskarte einer gesetzlichen Krankenversicherung.

Es wird Reisenden dringend empfohlen, eine Auslandsreise-Krankenversicherung abzuschließen, die die Risiken abdeckt, die nicht von den gesetzlichen Krankenkassen ihres Landes übernommen werden. Eine private Krankenversicherung kann bis zu einem bestimmten Grad auch Schutz im Ausland beinhalten. Informieren Sie sich vor Reiseantritt bei Ihrer Versicherung.

In Nordirland gelten die kostenlosen medizinischen Leistungen des britischen Gesundheitswesens (National Health Service) im Notfall auch für Besucher. Bürger eines EU-Lands bzw. der Schweiz müssen hierfür nur ihren Ausweis vorlegen. Dennoch ist für Nordirland die Mitnahme der EHIC-Karte anzuraten.

Apotheken gibt es in Irland in großer Anzahl und allerorts. Viele Medikamente sind nur gegen Vorlage eines entsprechenden Rezepts erhältlich, das von einem Arzt aus der Gegend ausgestellt sein muss. Wenn Sie regelmäßig ein bestimmtes Medikament brauchen, sollten Sie dies in ausreichender Menge mitnehmen oder aber ein Schreiben Ihres Arztes bei sich haben, damit ein hiesiger Arzt ein entsprechendes Rezept ausstellen kann.

Health centre im County Donegal

Reiseversicherung

Überprüfen Sie vor Reiseantritt Ihren Versicherungsschutz. Eine Reiseversicherung muss immer vor Reiseantritt abgeschlossen werden.

Auf einen Blick
Nützliche Adressen

Europäische Notrufnummer
112.

Polizei, Feuerwehr, Notarzt, Küstenwache
112 oder 999.

Polizeiwache
Nordirland (nicht in Notfällen).
(028) 9065 0222.

Beaumont Hospital
Beaumont Rd, Dublin 9.
(01) 809 3000.

City Hospital
Lisburn Rd, Belfast BT9 7AB (auch zahnärztlicher Notdienst).
(028) 9032 9241.

Dublin Dental Hospital
Lincoln Place, Dublin 2.
(01) 612 7200.

Hickey's Pharmacy
55 Lr O'Connell St, Dublin 1.
(01) 873 0427.

Irish Tourist Assistance Service
6–7 Hanover St East, Dublin 2.
1890 365 700.

New Royal Victoria Hospital
Grosvenor Rd, Belfast BT12 6BA. (028) 9024 0503.

Banken und Währung

Die Republik Irland und Nordirland haben unterschiedliche Währungen. Während in der Republik Irland der Euro als Zahlungsmittel gilt, bezahlt man in Nordirland mit Pfund Sterling. Sowohl in Irland als auch in Nordirland gibt es viele Möglichkeiten, Geld zu wechseln bzw. abzuheben. Informieren Sie sich online oder in einer Tageszeitung über den aktuellen Wechselkurs, damit Sie einen Richtwert haben. Die besten Wechselkurse erhalten Sie bei Banken und Wechselstuben. Auch bei vielen Sehenswürdigkeiten kann Geld gewechselt werden.

Banken

Banken in ganz Irland bieten einen sehr guten Service, auch wenn die Öffnungszeiten stark differieren können. Im Norden und Süden der Grenze gibt es in den kleinen Städten weniger Filialen als früher, aus diesem Grund ist es ratsam, Banken in den größeren Städten aufzusuchen.

Zu den großen Banken in der Republik Irland gehören die Bank of Ireland, die Allied Irish Bank (AIB), die Ulster Bank, die Danske Bank, die Bank of Scotland (Ireland) und die Permanent tsb. In der Republik Irland haben Banken gewöhnlich von montags bis freitags von 10 bis 12.30 Uhr und von 13.30 bis 16 Uhr geöffnet. An einem Tag in der Woche haben Banken bis 17 Uhr offen. In Dublin, Cork und den meisten anderen Städten ist dies der Donnerstag. Die Niederlassungen der Permanent tsb haben durchgehend bis 17 Uhr geöffnet. Einige ländliche Regionen werden ein- oder zweimal in der Woche von einer mobilen Bank besucht.

In Nordirland gibt es drei große Banken: die Ulster Bank, die First Trust Bank und die Danske Bank, welche früher als National Irish Bank firmierte. Die meisten Banken haben montags bis freitags von 10 bis 16 Uhr offen, einige über Mittag geschlossen.

Geld kann man nicht nur in Banken tauschen, sondern auch in *bureaux de change*. Bevor man hier jedoch eine Transaktion tätigt, sollte man sich über mögliche Kosten informieren.

Geldautomaten

In den meisten Städten Irlands gibt es an Banken, in großen Läden und in Shopping-Centern Geldautomaten. Auf diese Weise Geld abzuheben, ist vor allem im Urlaub eine komfortable Variante, auch sind die Wechselkurse in der Regel gut.

Logo der Danske Bank

Geldautomaten sind sowohl mit Kreditkarten als auch mit einer Debitkarte (Maestro, V PAY) zu bedienen, in beiden Fällen muss eine PIN eingegeben werden. Achten Sie immer darauf, dass bei der Eingabe am Automaten niemand Ihre PIN sieht.

Überweisungen

Innerhalb des einheitlichen Euro-Zahlungsverkehrsraums (SEPA) können Sie kostengünstig SEPA-Überweisungen tätigen. Für eine derartige Transaktion benötigen Sie natürlich auch IBAN (International Bank Account Number) und BIC (Bankleitzahl) des Empfängers.

Kredit- und Debitkarten

Da in Irland die Akzeptanz von Kreditkarten sehr hoch ist, muss man auf Reisen keine größeren Geldbeträge bei sich haben. In Irland können Sie in den meisten Hotels, an Tankstellen und in Supermärkten mit Kreditkarte zahlen. **MasterCard** oder **Visa** sind die gängigsten Kreditkarten. Einige Läden akzeptieren auch **American Express** und **Diners Club**. Sehr häufig kann man auch mit Debitkarten wie der **girocard** (früher EC- bzw. Maestro-Karte) bezahlen, die mit Maestro- oder V-PAY-Logo ausgegeben werden.

Wenn Sie aus einem Euroland kommen, machen Reiseschecks immer weniger Sinn. Sie werden zwar akzeptiert, sind aber nicht beliebt.

Mit der allgemeinen Notrufnummer +49 116 116 (www.116116.eu) können Sie im Notfall Ihre Karte sperren lassen. Im Kasten unten finden Sie weitere Nummern zur Kartensperrung.

Auf einen Blick
Kartenverlust

American Express
📞 +49 69 9797 2000.

Diners Club
📞 0818 919 944.

MasterCard
📞 1800 55 7378.

Visa
📞 1800 55 8002.

girocard
📞 +49 69 740 987.

Postamt und *bureau de change* in Ventry, County Kerry

Britisches Pfund in Nordirland

In Nordirland gilt die Währung des Vereinigten Königreichs: Ein *pound sterling* sind 100 *pence*. Besucher können beliebig hohe Geldsummen nach Nordirland ein- und ausführen. Zusätzlich zur britischen Währung geben vier Banken in Nordirland eigene Banknoten heraus, die sich im Design, aber nicht im Wert von den englischen unterscheiden. Am besten zahlt man mit den nordirischen Banknoten nur in Nordirland. Viele große Geschäfte in Nordirland akzeptieren mittlerweile auch den Euro (das Wechselgeld erhält man allerdings in Pfund Sterling).

Banknoten

Britische Banknoten gibt es im Wert von 50 £, 20 £, 10 £ und 5 £. Farbe und Größe variieren.

50-£-Note (Sir John Houblon)
20-£-Note (Michael Faraday)
10-£-Note (Charles Darwin)
5-£-Note (George Stephenson)

Münzen

Die folgenden Münzen sind im Umlauf: 2 £, 1 £, 50 p, 20 p, 10 p, 5 p, 2 p und 1 p. Sie zeigen jeweils auf einer Seite das Bild der Queen und gleichen so den britischen – mit Ausnahme der 1-£-Münze, die stattdessen eine Flachspflanze ziert.

2 £   1 £   50 p   20 p   10 p

Euro in der Republik Irland

Die europäische Gemeinschaftswährung Euro (€) gilt in 19 EU-Mitgliedsstaaten: Belgien, Deutschland, Estland, Finnland, Frankreich, Griechenland, Irland, Italien, Lettland, Litauen, Luxemburg, Malta, Niederlande, Österreich, Portugal, Slowakei, Slowenien, Spanien, Republik Zypern. Alte irische Scheine können bei der Irischen Zentralbank umgetauscht werden (www.centralbank.ie). Die Euroscheine sind einheitlich gestaltet, bei den Münzen prägt jedes Land unterschiedliche Rückseiten.

Alter 50-Euro-Schein (Baustil: Renaissance)
Alter 20-Euro-Schein (Baustil: Gotik)
Alter 10-Euro-Schein (Baustil: Romanik)
Alter 5-Euro-Schein (Baustil: Klassik)

Euro-Banknoten

Euro-Banknoten gibt es in sieben Werten (5, 10, 20, 50, 100, 200 und 500 €). Die unterschiedlich großen Scheine wurden vom Österreicher Robert Kalina (1. Serie) und vom Deutschen Reinhold Gerstetter (2. Serie) entworfen und zeigen Baustile, eine Europakarte und die EU-Flagge mit den zwölf Sternen. Seit 2013 wird sukzessive eine neue Serie von Euro-Banknoten eingeführt.

Euromünzen

Euromünzen gibt es in acht Werten (2 €, 1 € sowie 50, 20, 10, 5, 2 und 1 Cent). Die einheitlichen Vorderseiten entwarf der Belgier Luc Luycx. Die Rückseiten sind in jedem Land anders. Irische Münzen zeigen auf der Rückseite die keltische Harfe.

2 Euro   1 Euro   50 Cent   20 Cent   10 Cent

Kommunikation

Mit dem zunehmenden Gebrauch von Mobiltelefonen verschwinden öffentliche Telefonzellen allmählich. In den meisten großen Städten findet man noch Internet-Cafés. Zudem setzen sich immer mehr WLAN-Zonen durch, über die man z. B. per Smartphone bequem online gehen kann. In beiden Teilen Irlands werden viele Tages- und Sonntagszeitungen sowie Zeitschriften publiziert. Fernsehen und Radio werden von den staatlichen Rundfunkanstalten RTE und BBC dominiert, es gibt aber auch überall unabhängige lokale Sender. Das Postsystem ist verlässlich. In jeder kleinen Stadt gibt es ein Postamt.

Telefonzellen
Neben dem nationalen Telekommunikationsunternehmen EIRCOM, dem ehemaligen Staatsbetrieb, bieten in der Republik Irland auch andere Anbieter öffentliche Fernsprecher an. Der Service von EIRCOM umfasst Münz- und (Kredit-)Kartentelefone. Telefoniert man häufiger, lohnt sich der Kauf einer Telefonkarte, mit der das Telefonieren preiswerter ist als mit Münzen.

Nordirland hat, wie Großbritannien insgesamt, Münz- und Kartentelefone der British Telecom. Telefonkarten bekommt man in Nordirland und in der Republik Irland an Zeitungskiosken, in Postämtern, Supermärkten und einigen Läden.

Telefonieren von der Republik Irland
- Wollen Sie in Irland eine irische Nummer mit Ihrem Mobilfunkgerät erreichen, wählen Sie die Landesvorwahl (+353), die Ortsvorwahl ohne vorangestellte 0 und dann die Teilnehmernummer.
- Bei Festnetztelefonaten innerhalb der selben Region bzw. Stadt kann die Vorwahl wegfallen, vorausgesetzt, die Regionalvorwahl beider Anschlüsse ist identisch.
- Wollen Sie von Irland aus in Nordirland anrufen, wählen Sie statt der nordirischen Regionalvorwahl (028) die 048, dann die achtstellige Rufnummer. Auf diese Weise führen Sie nur ein (preiswerteres) Regionalgespräch, kein internationales Telefonat.
- Für Telefonate ins Ausland wählen Sie 00, danach die internationale Vorwahlnummer des betreffenden Landes (Deutschland 49, Österreich 43, Schweiz 41), die Ortsnetzvorwahl (ohne 0) und dann die Rufnummer.
- Deutschland Direkt: 1800 55 0049.
- Vorwahl Republik Irland: 00 353 bzw. +353.

Telefonieren von Nordirland
- Für Festnetzgespräche innerhalb Nordirlands muss die Ortsvorwahl (028) vor der Rufnummer nicht mitgewählt werden.
- Für Gespräche in die Republik Irland wählen Sie 00 353, dann die Ortsnetzkennzahl ohne 0, dann die Rufnummer.
- Für Telefonate ins Ausland wählen Sie erst 00, dann die Vorwahlnummer des Landes, dann die Vorwahl ohne die 0 und die Rufnummer.
- Deutschland Direkt: 0800 89 0049.
- Vorwahl Großbritannien mit Nordirland: 0044 bzw. +44.

Mobiltelefone und Roaming
Seit Juni 2017 können Handy-Nutzer aus Staaten der Europäischen Union ihr Mobiltelefon im ganzen EU-Raum ohne zusätzliche Kosten nutzen.

Mobilfunkanbieter können sich für die Auslandsnutzung ihrer Kunden gegenseitig Kosten in Rechnung stellen. Die festgelegten Obergrenzen betragen 3,2 Cent pro Minute für Anrufe und einen Cent für eine SMS. Für Datenvolumen sinken die Gebühren bis zum Jahr 2022 schrittweise von 7,70 Euro je GB auf 2,50 Euro.

Fernsehen
Es gibt drei öffentlich-rechtliche Fernsehprogramme (RTÉ One, RTÉ Two und das irischsprachige Teilifís na Gaeilge, TG 4) sowie die beiden Privatsender TV3 und 3e. Die fünf britischen Fernsehprogramme empfängt man fast überall im Land, auch viele Kabelsender.

Tageszeitungen in der Republik

Zeitungen und Zeitschriften
In der Republik Irland erscheinen acht Tages- und sieben Sonntagszeitungen. Die renommierten Tageszeitungen *Irish Independent*, *Examiner* und *Irish Times* sind für gründlichen Journalismus bekannt. Die nordirische Tageszeitung *Belfast Telegraph* erscheint morgens, nachmittags und abends. *News Letter* und *Irish News*, die morgens erscheinen, sind weniger angesehen.

Irlands Boulevardzeitungen sind der *Star*, *Irish Sun*, *Irish Daily Mirror*, *Irish Daily Mail* und *The Herald*.

Die angesehenen Zeitungen sind eine nützliche Quelle für aktuelle Informationen zu Veranstaltungen. In den meisten Städten gibt es eine lokale oder regionale Zeitung mit Veranstaltungstipps.

In größeren Städten bekommt man auch britische Zeitungen, darunter etwa *The Times*.

Kaffee und Computer im Central Internet Café in Dublin

Internet und E-Mail

In den größeren Städten kann man fast überall online gehen. Fast alle Hotels bieten ihren Gästen – meist ohne Aufpreis – WLAN-Zugang (WiFi). Dies gilt auch für die meisten Cafés. In den Städten ermöglichen auch WLAN-Hotspots den Weg ins Internet. Auch in den meisten öffentlichen Bibliotheken kann man online gehen, allerdings ist die Internet-Nutzung dort in der Regel zeitlich beschränkt.

Gegen Gebühr bieten auch Internet-Cafés in Dublin und anderen Städten und Orten Internet-Zugang. Abgerechnet wird meist im 30-Minuten-Takt. Weitere Informationen finden Sie online (www.dublincity.ie).

Post

Die großen Postämter in der Republik Irland und in Nordirland haben montags bis freitags von 9 bis 17.30 Uhr geöffnet, samstags von 9 bis 13 Uhr. Kleinere Postämter haben mittags und samstags geschlossen. Briefmarken für Briefe und Postkarten kann man auch in Zeitungsläden kaufen.

In der Republik Irland kosten Briefe und Postkarten (Gewicht bis 100 g) in ein anderes europäisches Land 1,10 Euro (Standard). Die Beförderung eines Briefs innerhalb Europas per Standardpost kann bis zu fünf Tage dauern.

In Nordirland gibt es die Möglichkeit, Briefe innerhalb von Großbritannien »first« oder »second class« zu verschicken. First class werden die Briefe schneller befördert, innerhalb des United Kingdom von einem Tag auf den anderen. Airmail-Briefe und Postkarten (bis 20 g) von Nordirland in ein anderes europäisches Land kosten 1,05 Pfund (Infos unter www.anpost.ie bzw. www.royalmail.com).

Beide Postunternehmen bieten auch Kurierdienste an. Sendungen werden dann innerhalb Europas am nächsten Tag zugestellt.

Zeichen der Post von Nordirland

Postlogo der Republik Irland

Briefkästen

Briefkästen gibt es in Irland in zwei unterschiedlichen Farben – grün in der Republik, rot in Nordirland. Viele Postkästen sind alt. Einige in der Republik Irland sind noch mit dem Monogramm von Queen Victoria versehen, einem Relikt aus der Zeit der britischen Herrschaft. Selbst das kleinste Dorf in Irland hat einen Briefkasten, der regelmäßig geleert wird.

Briefkasten in der Republik Irland

Briefkasten in Nordirland

Auf einen Blick

Republik Irland

Notruf
- 112 oder 999.

Auskunft
- 11811 (Republik Irland und Nordirland).
- 11818 (alle anderen Länder).

Vermittlung
- 10 (Irland und UK).
- 114 (alle anderen Länder).

Nordirland

Notruf
- 112 oder 999.

Auskunft
- 118 118 (UK, Republik Irland).
- 153 (alle anderen Länder).

Vermittlung
- 100 (UK).
- 114 (alle anderen Länder).

Internet-Cafés

Browsers Internet Café
77 Dublin Road, Belfast.
- (028) 9032 2272.

Claude's Café
4 Shipquay St, Derry.
- (028) 7127 9379.
- claudescafederry.co.uk

Central Internet Café
6 Grafton Street, Dublin.
- (01) 677 8298.
- centralinternetcafe.com

Postämter

General Post Office (Dublin)
O'Connell Street, Dublin 1.
- (01) 7057600.

Bridge Street Post Office (Belfast)
Bridge Street, Belfast.
- 08457 223 344.

Reiseinformationen

Die drei größten Flughäfen Irlands – Dublin, Shannon und Belfast – werden von nationalen und auch vielen internationalen Fluggesellschaften angeflogen. Wenn Sie erst nach England und dann mit dem Schiff weiter nach Irland reisen wollen, können Sie zwischen vielen Fährverbindungen zu den Häfen der Republik Irland und denjenigen Nordirlands wählen. Die See kann mitunter recht rau sein, dafür werden Sie jedoch mit herrlichen Aussichten belohnt. An Bahnhöfen in England kann man nahezu überall kombinierte Tickets für Bus und Fähre oder Zug und Fähre erwerben. Die recht günstigen öffentlichen Verkehrsmittel in ganz Irland sind ein Indiz für die ländliche Struktur der »Grünen Insel«. Halten Sie sich dies vor Augen, nehmen Sie sich genügend Zeit – genießen Sie die Insel.

Umweltbewusst reisen

Das Bahnsystem in Irland ist in einigen Landesteilen sehr ausgebaut. Bahnreisen werden auch in Irland immer beliebter, vor allem für die Strecken Dublin–Cork und Dublin–Belfast. Das Eisenbahnnetz wurde in den vergangenen Jahren zwar nicht weiter ausgebaut, aber der Fuhrpark wurde erneuert und der Service in den Zügen verbessert. Das Busnetz ist ebenfalls gut und bietet komfortable Routen in alle Teile Irlands *(siehe S. 370f)*. Die eingesetzten Busse sind modern.

Der Northern Ireland Roads Service bietet Carsharing an (Informationen unter www.carshareni.com).

Das öffentliche Verkehrssystem in den Städten ist sehr gut, doch kann es aufgrund des erhöhten Verkehrsaufkommens manchmal etwas länger dauern. Es gibt deshalb Überlegungen, in Dublin und Belfast eine City-Maut einzuführen. In ganz Irland gibt es für Wanderer gut markierte Wege. Die kleineren Straßen eignen sich auch hervorragend für Fahrradtouren.

Mit dem Flugzeug in die Republik Irland

Die meisten Flugzeuge, die von europäischen Städten aus Irland anfliegen, landen auf dem **Dublin International Airport**, dem geschäftigsten Flughafen des Landes. Von Londons fünf Flughäfen aus (Heathrow, City, Gatwick, Luton und Stansted) gibt es ebenfalls regelmäßige Verbindungen in die Republik Irland. Dies gilt auch für viele andere Städte Großbritanniens sowie für die Isle of Man und die Channel Islands.

Dublin International Airport

Die bedeutendste Fluggesellschaft für Linienflüge zwischen dem europäischen Festland bzw. Großbritannien und Irland ist die irische Airline **Aer Lingus**. Sie bietet mehrmals in der Woche Direktflüge von Berlin, Frankfurt, Düsseldorf, München, Stuttgart und Hamburg nach Dublin sowie von Düsseldorf und München nach Cork. **Ryanair** ist ein starker Wettbewerber mit günstigen Ticketpreisen von einigen Flughäfen in Großbritannien und ganz Europa. **Aer Lingus Regional** fliegt innerhalb Irlands und nach Großbritannien.

Lufthansa und **Swiss** fliegen direkt nach Dublin Airport und **Shannon Airport**, zehn Kilometer außerhalb Limericks.

Cork Airport wird auch von vielen britischen Flughäfen aus angeflogen, u. a. von London (Heathrow und Stansted), Birmingham, Manchester, Bristol, Plymouth, Cardiff, Leeds und Glasgow.

Die anderen Flughäfen der Republik Irland sind wesentlich kleiner und bieten keine regelmäßigen Flugverbindungen. Für Pilger *(siehe S. 209)* gibt es Charterflüge zu **Ireland West Airport Knock**, der auch von London (Stansted) und Manchester aus angeflogen wird. Flugverbindungen von Düsseldorf und München bestehen zum Kerry Airport.

Flughafentransfer in der Republik Irland

Die drei großen Flughäfen verfügen über regelmäßige Busverbindungen. Dublin Airport wird täglich von über 700 Bussen angefahren. Darunter gibt es auch direkte Linien in die Stadt, die vom frühen Morgen bis Mitternacht im 20-Minuten-Takt fahren. Die Fahrt dauert zwischen 30 Minuten und einer Stunde. In Cork unterhält Bus Éireann eine Busverbindung zwischen Stadt und Flughafen (Fahrzeit etwa 25 Minuten). Die Busse fahren an Wochentagen alle 45 Minuten, am Wochenende

Hinweise in Gälisch und Englisch

stündlich. Bus Éireann betreibt auch eine Buslinie von Shannon Airport nach Limerick. Die Fahrt dauert zwischen 30 und 45 Minuten. Mehrmals am Tag gibt es eine Busverbindung nach Ennis, etwa 20 Kilometer vom Shannon Airport entfernt. Die kleineren Flughäfen werden vorwiegend von Taxis bedient. Bei allen Flughäfen der Republik gibt es Parkplätze.

Mit dem Flugzeug nach Nordirland

Von London Heathrow aus fliegen **British Airways** und **British Midland** stündlich zum **Belfast International Airport** (BIA), der 30 Kilometer nordwestlich des Stadtzentrums von Belfast liegt. Aer Lingus fliegt London Heathrow und viele andere britische Flughäfen an.

George Best Belfast City Airport wird von kleineren Maschinen bedient. Viele Fluggäste favorisieren ihn wegen der Lage (6,5 Kilometer vom Stadtzentrum). Hier landen auch mehr Flugzeuge aus Großbritannien – von etwa 15 Städten plus Gatwick, Stansted und Luton – als auf dem BIA. Der City of Derry Airport ist der kleinste Flughafen Nordirlands. Er wird einmal täglich von Manchester und Glasgow aus angeflogen.

Flughafentransfer in Nordirland

Die Verkehrsverbindungen zu und von den Flughäfen in Nordirland sind sehr gut. Der BIA-Airbus-Service bringt Sie vom Flughafen zum Europa Bus Centre (via Oxford Street Bus Station und Central Railway Station). Die Busse fahren jede halbe Stunde und brauchen etwa 40 Minuten für

Einer der Flughafenbusse vor dem Dublin International Airport

Passagiere beim Einchecken, Cork Airport

die Strecke. Der Airport Express 300 fährt alle 15 Minuten vom BIA ins Zentrum. Vom und zum Belfast City Airport fahren alle 20 Minuten der Airport Express 600 sowie Züge zum Hauptbahnhof. Derrys Flughafen liegt direkt an einer Buslinie: Der Bus Nr. 143 fährt einmal pro Stunde ins Stadtzentrum (weniger häufig am Wochenende). An allen Flughäfen gibt es außerdem Taxistände sowie Langzeit- und Kurzzeit-Parkplätze.

Flugpreise

Die verschiedenen Airlines bieten für einen Flug von deutschen Flughäfen nach Irland diverse Tickets an. Normalerweise richten sich die Preise danach, wie flexibel Sie sind und wie lange im Voraus Sie buchen. Die billigsten Flüge sind meist jene, die zeitlich strikt festgelegt sind. Wesentlich günstiger ist natürlich ein Flug von England aus. Einen Hin- und Rückflug von England nach Irland bekommt man oft für unter 100 £. Am billigsten sind Flüge von London aus.

Die Flugpreise sind relativ stabil, mit Ausnahme von Weihnachten, während der Sommerferien oder der *bank holidays*. Zu diesen Zeiten gibt es kaum Billigflüge. Auch normale Flüge sind meist schon lange im Voraus ausgebucht. Viele Airlines bieten Passagieren unter 25 Jahren Ermäßigungen. USIT *(siehe S. 352)*, Campus Travel und andere Agenturen bieten Billigflüge für Reisende unter 26 Jahren.

Auf einen Blick

Flughäfen

Belfast International Airport
(028) 9448 4848.
belfastairport.com

Cork Airport
(021) 431 3131.
corkairport.com

Dublin International Airport
(01) 814 1111.
dublinairport.com

George Best Belfast City Airport
(028) 9093 9093.
belfastcityairport.com

Ireland West Airport Knock
(094) 936 8100.
irelandwestairport.com

Shannon Airport
(061) 712 000.
shannonairport.com

Fluglinien

Aer Lingus
(081) 836 5000 (Rep. Irland).
0870 876 5000 (Nordirland).
aerlingus.com

Austrian
(05) 1766 1000 (Österreich).
austrian.com

British Airways
1890 626 747 (Rep. Irland).
0870 850 9850 (Nordirland).
ba.com

British Midland (bmi)
(01) 407 3036 (Rep. Irland).
0870 607 0555 (Nordirland).
flybmi.com

Cityjet
(01) 870 0100 (Rep. Irland).
0345 445 588 (Nordirland).
cityjet.com

Lufthansa
(069) 86 799 799 (Deutschland).
(01) 844 5544 (Rep. Irland).
lufthansa.com

Ryanair
(01) 812 1212 (Rep. Irland).
ryanair.com

Swiss
(0848) 700 700 (Schweiz).
1890 200 515 (Rep. Irland).
swiss.com

Fähren

Mit der Fähre nach Irland zu fahren, ist vor allem bei Besuchern beliebt, die mit dem eigenen Auto quer durch Irland reisen wollen. Neun Häfen in England und zwei in Frankreich bieten Fährverbindungen zu insgesamt sechs Häfen in Irland. Heutzutage verfügen alle Fähren über Aufenthaltsräume, Restaurants und Shops. Es sind auch viele weitere Überfahrten und kürzere Reisen verfügbar. Die Preise variieren je nach Jahreszeit erheblich.

Logo der Irish Ferries

Eine Fähre von P & O Ferries auf der Route zwischen Cairnryan und Larne

Fähren nach Dublin

Zwischen Wales und Irland bestehen zahlreiche Fährverbindungen. Von Holyhead nach Dublin bietet ausschließlich **Irish Ferries**, die größte Schifffahrtsgesellschaft des Landes, sechsmal täglich Überfahrten an. Highspeed-Services benötigen eine Stunde 49 Minuten, während die herkömmlichen Fähren dreiviertel Stunden brauchen. **Stena Line** verkehrt mit vier normalen Fähren auf dieser Route (ebenfalls in dreiviertel Stunden).

P & O Ferries bewältigt die Überfahrt von Liverpool nach Dublin in acht Stunden. **Norfolkline**, die jeden Tag morgens und abends fährt, braucht für dieselbe Route etwa sieben Stunden. Sonntags und montags gibt es nur die Nachtüberfahrt.

Die Be- und Entladezeiten der HSS-Fähren sind wesentlich kürzer als bei anderen Fähren. Passagiere, die besondere Hilfestellung brauchen, sollten sich mindestens 24 Stunden vor Reiseantritt an die Schifffahrtsgesellschaft wenden.

Passagiere, die mit Rädern unterwegs sind, sollten das bereits bei der Buchung angeben. Die meisten Fährgesellschaften nehmen Räder kostenlos mit. Fähren der meisten Gesellschaften verkehren weder an Heiligabend noch am ersten Weihnachtsfeiertag.

Fähren nach Rosslare

Fähren von Südwales nach Irland fahren zumeist Rosslare im County Wexford an. Die Gesellschaft Stena Line bietet zweimal täglich eine Verbindung von Fishguard in Südwales, an Bord der *Stena Europe* dauert die Überfahrt dreieinhalb Stunden.

Irish Ferries bietet das ganze Jahr hindurch jede Woche 14 Überfahrten von Pembroke in Südwales nach Rosslare (Fahrzeit drei Stunden und 45 Minuten). Im Angebot ist auch eine Überfahrt (17 Stunden und 30 Minuten) von Roscoff (Frankreich) aus. Die Route wird dreimal die Woche befahren. Irish Ferries bedient regelmäßig auch die Strecke Cherbourg (Frankreich) – Rosslare (18 Stunden). Kabinen und Betten kann man auf allen Überfahrten buchen (allerdings nur im Voraus).

Stena Line betreibt auch ein Fährunternehmen, das ganzjährig dreimal wöchentlich eine günstige Verbindung von Cherbourg nach Rosslare (18 Stunden) anbietet. Zum Service für die Passagiere gehören Bars, ein Kino und Luxussuiten.

Beladung einer Fähre von Irish Ferries im Hafen von Rosslare

Fähren nach Cork

Von Frankreich aus gibt es nur eine Fährverbindung direkt nach Cork. Von April bis Oktober fahren **Britanny Ferries** wöchentlich von Cork nach Roscoff (samstags) und zurück (freitags). Die Fahrzeit beträgt 14 Stunden. Für alle Überfahrten nach Cork sind Kabinen oder Schlafplätze erhältlich. In der Hochsaison sollten diese sicherheitshalber im Voraus gebucht werden.

Hafentransfer

Alle Häfen Irlands verfügen über gute Zug- und Busverbindungen. In jedem Hafen sind zudem Taxis zu finden. Von Dublin Port bringen Busse von Dublin Express die Reisenden direkt ins Stadtzentrum.

Teil des Hafengeländes von Dublin

Die Fahrtzeit beträgt 15 Minuten. Auch einige öffentliche Busse befahren diese Strecke, benötigen dafür aber etwas länger.

Wenn Sie nach Ankunft am Hafen von Dublin ein Auto mieten wollen, sollten Sie zunächst mit öffentlichen Verkenrsmitteln ins Stadtzentrum fahren, wo alle großen internationalen sowie einige lokale Mietwagenfirmen Niederlassungen haben. Eine Filiale von Budget liegt am Hafenterminal von Rosslare. Mitarbeiter des lokalen Anbieters Dan Dooley (www.dan-dooley.ie) holen Kunden auch am Hafen ab.

Anreise via Großbritannien

Wenn Sie über England nach Irland reisen wollen, haben Sie die Möglichkeit, von jedem Bahnhof in Großbritannien zu einem beliebigen Reiseziel in Irland mit einem kombinierten *sea/rail ticket* zu fahren. Das Ticket können Sie online bzw. telefonisch bei den Fährgesellschaften erwerben.

Eurolines bietet Busverbindungen von über 35 Städten in Großbritannien aus zu über 100 Zielen in der Republik Irland an. Einen vergleichbaren Service bietet auch **Ulsterlink/Translink** zwischen englischen Städten und Zielen in Nordirland. Die entsprechenden Kombi-Fahrkarten von beiden Unternehmen erhalten Sie bei **National Express** in einer der über 2000 Niederlassungen in Großbritannien. **Megabus** bietet Verbindungen zwischen mehreren britischen Großstädten und Rosslare zu günstigen Preisen an.

Auf einen Blick

Fähren

Brittany Ferries
- (021) 427 7801 (Cork).
- 0871 244 0744 (UK).
- brittany-ferries.com

Irish Ferries
- 0818 300 400 (Rep. Irland).
- 0870 517 1717 (UK).
- irishferries.com

Norfolkline Ferries
- (01) 819 2999 (Rep. Irland).
- 0844 499 0007 (UK).
- norfolkline-ferries.co.uk

P & O Ferries
- (01) 407 3434 (Rep. Irland).
- 0871 664 4999 (UK).
- poferries.com

Stena Line
- (01) 204 7777 (Dublin).
- 0844 770 7070 (UK).
- stenaline.co.uk

Busse

Eurolines
- (01) 836 6111 (Dublin).
- 0870 514 3219 (UK).
- buseireann.ie

Megabus
- megabus.com

National Express
- 0871 781 8181 (UK).
- nationalexpress.com

Ulsterbus/Translink
- (028) 9066 6630 (Belfast).
- translink.co.uk

Fährrouten in die Republik Irland	Betreiber	Reisedauer
Roscoff – Rosslare	Irish Ferries	17:30 Std. *(Oscar Wilde)*
Fishguard – Rosslare	Stena Line	3:30 Std. *(Stena Europe)*
Holyhead – Dublin	Irish Ferries Stena Line	1:49 Std. *(Dublin Swift)* 3:15 Std. *(Stena Adventurer & Stena Superfast X)*
Liverpool – Dublin	Norfolkline P&O Ferries	7 Std. 8 Std. *(Norbay)*
Cherbourg – Rosslare	P&O Ferries Irish Ferries Stena Line	18 Std. *(Normandy)* 18 Std. *(Normandy)* 18 Std. *(Stena Horizon)*
Pembroke – Rosslare	Irish Ferries	3:45 Std. *(Isle of Inishmore)*

Fähre des Unternehmens Stena Line

Fähren nach Belfast und Larne

Die Reederei **Stena Line** befährt die Strecke nach Belfast vom schottischen Hafen Cairnryan (Stranraer) bis zu sechsmal täglich in drei Stunden 15 Minuten und von Liverpool (Birkenhead) tagsüber oder über Nacht (montags ist nur die Nachtfähre unterwegs). Die Überfahrt nach Belfast dauert acht Stunden.

Wenn Sie die Irische See mit einer Fähre der Isle of Man Steam Packet Co überqueren, können Sie auf dem Weg nach Belfast auch noch die sehenswerte Isle of Man besuchen, die Insel liegt 85 Kilometer vor Irland. Sie können in Dublin vom Schiff gehen, Ihre Heimreise aber von Belfast aus antreten oder in umgekehrter Richtung. Die Fahrt von Liverpool zur Isle of Man dauert mit der Fähre vier Stunden 15 Minuten, mit einem Katamaran ist man zwei Stunden 45 Minuten unterwegs. Von der Insel aus sind es dann noch einmal drei Stunden.

P & O Ferries fahren in weniger als zwei Stunden von Cairnryan nach Larne. Die Schiffe sind von Mitte März bis Anfang Oktober im Einsatz. Unter der Woche legen bis zu sieben Fähren täglich ab.

Hafentransfer

Obwohl man zu Fuß nur zehn Minuten vom Belfast Port zum Stadtzentrum geht, stehen am Hafen Flexibus Shuttles bereit, die Sie über das Europa Bus Centre und die Central Railway Station in die Innenstadt bringen. Von Larne Harbour aus verkehrt eine Buslinie zum Busbahnhof. Zudem fahren jede Stunde Busse ins Zentrum. Von Larne Port fahren auch Züge zu Belfasts Bahnhöfen Yorkgate und Central Railway Station. Zudem bekommen Sie an beiden Häfen immer Taxis.

Fahrpreise

Die Fahrpreise richten sich nach den Jahreszeiten – in der Hochsaison von Mitte Juni bis Mitte September können die Preise doppelt so hoch sein. Um Weihnachten und Neujahr steigen die Preise erneut stark an. Es empfiehlt sich immer, bereits vor der Abfahrt auch die Rückfahrt auf der Fähre zu buchen. Ohne vorherige Reservierung sollten Sie nie nach Irland reisen. Checken Sie die Websites der Fährunternehmen nach speziellen Angeboten und Preisnachlässen.

Die billigste Möglichkeit für Familien oder Gruppen, per Schiff nach Irland zu kommen, ist ein Gruppenticket für eine Überfahrt mit dem Auto. Es kostet zu manchen Zeiten für ein Auto mit zwei Erwachsenen und zwei Kindern unter 120 Euro. Am billigsten sind Hin- und Rück-Tickets, bei denen man an bestimmte Zeiten gebunden ist. Werktags, frühmorgens oder spätabends fährt man meist auch günstiger. Studenten mit Student TravelCard *(siehe S. 352)* sowie Jugendliche mit InterRail-Ticket *(siehe S. 369)* bekommen Ermäßigungen. Angebote findet man auch online unter www.aferry.co.uk.

Fährrouten nach Nordirland	Betreiber	Reisedauer
Cairnryan – Belfast	Stena Line	3:15 Std.
Liverpool – Belfast	Stena Line	8 Std.
Isle of Man – Belfast	Isle of Man Steam Packet Co	2:45 Std.
Isle of Man – Dublin	Isle of Man Steam Packet Co	2:55 Std.
Cairnryan – Larne	P & O Ferries	2 Std.

Straßenverkehr

Eine der besten Möglichkeiten, Irland zu bereisen, ist sicherlich, mit dem Auto quer durchs Land zu fahren. Auf den schmalen Landstraßen der Insel begegnet Ihnen manchmal kilometerweit kein Auto, doch kann es auch frustrierend sein, wenn man längere Zeit hinter einem Traktor oder einer Kuhherde hinterherfahren muss, weil die Straße zu eng zum Überholen ist. Wollen Sie nicht mit dem eigenen Wagen fahren, können Sie in Irland ein Auto mieten. Achtung: Auf der ganzen Insel herrscht Linksverkehr, der am Anfang etwas gewöhnungsbedürftig ist.

Straßenschild in gälischer Sprache: Vorfahrt beachten!

Eigenes Auto

Wollen Sie Ihr eigenes Auto via Fähre *(siehe S. 362–364)* mit nach Irland nehmen, sollte es entsprechend versichert sein. Zudem sollten Sie sich eine grüne Versicherungskarte für das Ausland geben lassen. Neben Versicherungspolice, grüner Karte, Nachweis über den Fahrzeughalter und Führerschein ist es empfehlenswert, das Europäische Unfallprotokoll (EUP) mitzuführen. Jeder erhält es bei seiner Kfz-Versicherung (oft als Download). Auch sollte man eine lichtreflektierende Warnweste im Kofferraum haben.

Wegen der Pannenhilfe vor Ort ist die Mitgliedschaft in einem international vernetzten Automobilclub empfehlenswert. Mitglieder des **ADAC** erhalten in Irland kostenlose Pannenhilfe von der **Automobile Association (AA)**, die rund um die Uhr angefordert werden kann *(siehe S. 367)*.

Mietwagen

Mietwagenfirmen machen in Irland kein schlechtes Geschäft. Es ist ratsam, für die Hochsaison ein Auto rechtzeitig im Voraus zu mieten. Ein Mietwagen ist, vor allem in der Republik Irland, relativ teuer – auch deshalb lohnt sich eine Reservierung vorab (insbesondere übers Internet). Agenturen wie **Holiday Autos** arbeiten mit den größten europäischen Mietwagenfirmen zusammen und sind meist sehr bemüht, ein gutes Angebot zu machen. Preisnachlässe erhält man auch, wenn man Flug und Leihwagen oder auch Zug,

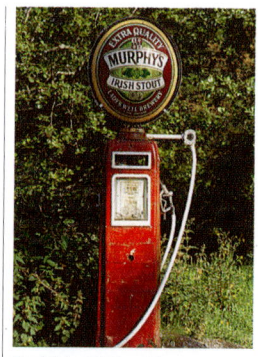

Zapfsäule mit Bierreklame

Fähre und Mietwagen kombiniert bucht. Normalerweise können Sie mit einem Mietwagen beliebig viele Kilometer fahren. Im Preis inbegriffen sind Insassen-, Feuer- und Diebstahlversicherung, jedoch keine Versicherung gegen Schäden am Wagen selbst. Wollen Sie die innerirische Grenze überqueren, müssen Sie dies angeben.

Um ein Auto zu mieten, benötigen Sie einen gültigen Führerschein und müssen mindestens 21, bei manchen Firmen 23 oder sogar 25 Jahre alt sein.

Benzin

Diesel und bleifreies Benzin erhalten Sie überall. Die Preise variieren oft von Tankstelle zu Tankstelle, doch Benzin ist sowohl in der Republik Irland als auch in Nordirland sehr teuer. Fast alle Tankstellen akzeptieren Kreditkarten, jedoch sollten Sie in ländlichen Gegenden sicherheitshalber Bargeld bei sich haben.

Straßenkarten

Die Karte auf den hinteren Umschlaginnenseiten verzeichnet alle Orte, die in diesem Reiseführer erwähnt sind. Am Anfang jedes Kapitels finden Sie eine Karte der jeweiligen Region, die wichtige Sehenswürdigkeiten verzeichnet und Tipps für Ausflüge bietet. Die Extrakarte zum Herausnehmen in der hinteren Umschlaginnenseite dieses Buchs bietet eine detaillierte Straßenkarte mit Ortsregister.

Gute Stadtpläne erhalten Sie meist gratis von den Fremdenverkehrsbüros *(siehe S. 350f)*. Dort sowie beim **National Trails Office** erhält man auch Vorschläge für Radtouren.

Hinweise für Autofahrer am Flughafen Dublin

Eine Viehherde – ein vertrauter Anblick auf Irlands Landstraßen

Verkehrsregeln

Fahrer, die den Linksverkehr nicht gewohnt sind, sollten am Anfang defensiv fahren. Sowohl in Nordirland als auch in der Republik Irland besteht Gurtpflicht – auch auf den Rücksitzen. Für Kinder sind Kindersitze vorgeschrieben. Für Motorradfahrer besteht Helmpflicht.

Trotz des Linksverkehrs hat in der Regel der von rechts Kommende Vorfahrt. Die Alkohol-Promillegrenze liegt bei 0,5 (Irland) bzw. 0,8 (Nordirland). Es besteht Handyverbot. In der Republik Irland werden Autos, die mit einem »L« gekennzeichnet sind, von Fahrschülern (»learner«) gesteuert. In Nordirland treffen Sie auf Autos mit einem roten »R« (»restricted«). Das Zeichen verweist darauf, dass der Fahrer seinen Führerschein erst in den letzten zwölf Monaten gemacht hat.

Geschwindigkeitsbeschränkungen

Die Höchstgeschwindigkeiten sind in Nordirland in Meilen (mph) angegeben, in der Republik Irland in Kilometern (km/h). Folgende Geschwindigkeitsgrenzen gelten:
- 50 km/h (30 mph) in geschlossenen Ortschaften,
- 100 km/h (60 mph) auf Landstraßen und Schnellstraßen,
- 120 km/h (70 mph) auf Autobahnen.

In der Innenstadt von Dublin gilt eine Höchstgeschwindigkeit von 30 km/h. Auf einigen klar bezeichneten Straßen gilt eine Höchstgeschwindigkeit von 64 km/h (40 mph) oder 80 km/h (50 mph). In der Republik Irland dürfen Autos mit Anhänger auf allen Straßen nicht schneller als 88 km/h (55 mph) fahren.

Verkehrsschilder

Die meisten Verkehrsschilder in der Republik Irland sind in gälischer und englischer Sprache, Streckenangaben sind in Kilometern angegeben. In Nordirland sind wie in Großbritannien alle Streckenangaben auf Straßenschildern in Meilen ausgewiesen.

In der Republik Irland bedeutet das Verkehrsschild mit der Aufschrift »Yield« (gälisch »Géill Slí«) »Vorfahrt achten«. Überall in Irland verweisen braune Schilder, die in weißer Farbe und mitunter mit einem Symbol beschriftet sind, auf historische oder kulturelle Sehenswürdigkeiten.

Verkehrsschilder der Republik Irland

Nicht befestigtes Ufer

Achtung, Kreuzung

Achtung, Kinder

Gefährliche Kurve

Schilder in Nordirland

Hinweisschild zur Autobahn

Hinweis auf eine Hauptstraße

Straßenverhältnisse

Die Straßen in Nordirland und in der Republik Irland sind zumeist in einem guten Zustand. In beiden Teilen Irlands sind viele Straßen jedoch sehr kurvenreich. Hier ist besondere Vorsicht geboten. Das Verkehrsaufkommen, vor allem im Süden Irlands, ist relativ gering. Auf manchen Landstraßen begegnet Ihnen kilometerweit kein einziges anderes Auto, auch auf größeren Straßen herrscht wenig Verkehr.

Viele Fernstraßen in Irland wurden in den letzten Jahren in Autobahnen und autobahnähnliche Straßen umgewandelt, sogar in abgelegeneren Gebieten wie dem County Donegal.

Landstraße auf der Halbinsel Dingle

Parken

Leider ist es auch in Irlands Städten nicht mehr so einfach, einen Parkplatz zu finden. Aufgrund des hohen Verkehrsaufkommens gibt es jedoch in den meisten Ortschaften ausgewiesene Parkplätze. Dublin, Belfast und einige andere größere Städte haben mit Parkuhren bestückte Parkzonen oder (sehr teure) Parkplätze. Man kann überall auf den Straßen parken – mit Ausnahme von wenigen, mit einer gelben Linie markierten Zonen. Eine gelbe Doppellinie bedeutet generelles Parkverbot.

Parken nur mit Parkscheibe

Parken mit Parkscheibe ist an vielen Stellen vorgeschrieben. Parkscheiben bekommen Sie in Läden, bei Tankstellen und Fremdenverkehrsbüros sowie an Automaten. In Nordirland haben fast alle Städte und Ortschaften sogenannte Control Zones, die mit gelben und pinkfarbenen Schildern ausgewiesen sind. Aus Sicherheitsgründen ist es verboten, hier zu parken.

Verbotsschild in Nordirland

Radfahren

Auf den ruhigen Landstraßen Irlands ist es ein Vergnügen, mit dem Rad zu fahren. Doch sollte man bei der Planung immer an das unbeständige Wetter denken. Läden wie **Kearney** in Galway vermieten Fahrräder und haben normalerweise an sechs oder sieben Tagen die Woche geöffnet. Oft kann man auch Räder für einen geringen Mehrbetrag an einem Ort mieten und anderswo stehen lassen.

Bei vielen Händlern bekommt man Fahrradhelme, wetterfeste Kleidung sollten Sie mitbringen. In Zügen und Bussen kann man Räder gegen eine Gebühr mitnehmen.

Straßensperren in Nordirland

Zu Beginn des Bürgerkriegs in Nordirland in den späten 1960er Jahren wurden in der Provinz unzählige Straßensperren errichtet. Derartige von Polizisten oder Soldaten besetzte Blockaden gibt es mittlerweile nur noch selten. In Londonderry oder den abgelegenen Sperrin Mountains gibt es fast gar keine mehr. Sollten Sie doch einmal angehalten werden, so zeigen Sie Ihren Ausweis und Führerschein, Ihre Versicherungspapiere bzw. Ihren Mietwagennachweis vor, sofern dies verlangt wird. Bleiben Sie gelassen, denn dann wird man auch Ihnen gegenüber freundlich und höflich sein – und Ihre Weiterfahrt verzögert sich nicht.

Radfahrer in Ballyvaughan, County Clare

Auf einen Blick

Mietwagen

Alamo
(01) 844 4199 (Dublin).
(028) 9073 9400 (Belfast).
alamo.com

Argus Rent-a-Car
(01) 499 9611 (Rep. Irland).
0870 387 5670 (UK).
argusrentals.com

Avis
(01) 605 7501 (Dublin).
0808 284 6666 (UK).
avis.com

Budget
(01) 844 5150 (Dublin).
budget.ie

Dan Dooley
(062) 53103 (Dublin).
(028) 9445 2522 (Belfast).
dan-dooley.ie

Europcar
1800 948 855 (Rep. Irland).
europcar.ie

Hertz
(01) 676 7476 (Rep. Irland).
0843 309 3099 (UK).
hertz.com

Holiday Autos
0871 472 5229 (UK).
holidayautos.co.uk

Irish Car Rentals
1800 948 855 (Rep. Irland).
0808 193 1171 (UK).
irishcarrentals.com

National Car Rental
1800 515 800 (Rep. Irland).
carhire.ie

Pannendienste

ADAC-Notruf
+49 89 22 22 22.

Automobile Association
(01) 617 9999 (Rep. Irland).
1800 66 77 88 (Notruf).
aaireland.ie

Green Flag National Breakdown
0800 051 0636 (UK).
greenflag.com

Wandern und Radfahren

National Trails Office
irishtrails.ie

Fahrradverleih

Kearney Cycles
(091) 563 356 (Galway).
kearneycycles.com

Züge

Das Bahnnetz der Republik Irland wird von Irish Rail (Iarnród Éireann) betrieben und unterliegt staatlicher Kontrolle. Zugfahren ist relativ teuer, jedoch sind die Züge zuverlässig und bequem und eignen sich somit vor allem für längere Fahrten durchs Land. Der Bahnservice der Northern Ireland Railways (NIR) ist etwas begrenzter, dafür billiger. Es gibt eine sehr gute, modernisierte Zugverbindung zwischen Dublin und Belfast. Tickets für die zweistündige Reise kosten 38 Euro, bei Online-Buchung sind Nachlässe möglich.

DART am Bahnhof Bray, County Wicklow

Zugfahrten in der Republik Irland

Auch wenn die ländlichen Gegenden der Republik Irland nicht an das Bahnnetz angebunden sind, bietet Irish Rail doch gute Verbindungen zwischen den großen Städten. Bahn zu fahren, ist eine bequeme Möglichkeit, z. B. von Dublin nach Cork, Limerick, Galway, Waterford oder Sligo zu kommen. Dennoch weist das Bahnnetz Lücken auf: So ist Donegal etwa völlig abgeschnitten. Wenn man also zur Westküste möchte, kann man mit dem Zug nur bis Galway, Sligo, Limerick oder Westport fahren und muss dann mit dem Bus weiterreisen.

Die beiden großen Bahnhöfe von Dublin sind Connolly Station (für alle Züge nach oder von Norden, Nordwesten und Rosslare) und Heuston Station (für Züge in den Westen, den Südwesten und die Midlands). Beide Bahnhöfe verbinden der Bus Nr. 90 und die *Luas* genannte Straßenbahn, die beide alle 10 bis 15 Minuten fahren, mit dem Stadtzentrum (jeweils ca. 15 Minuten Fahrzeit). Alle Züge verfügen über Standard- und Superstandard-Abteile (1. Klasse). Für die 1. Klasse müssen Sie einen Aufschlag zahlen, ebenso für die Mitnahme eines Fahrrads.

Großraum Dublin

Der DART (Dublin Area Rapid Transit) bedient 30 Bahnhöfe zwischen Malahide und Greystones mit Haltestellen in Dublins Zentrum. Das Dublin Explorer Ticket ermöglicht es, an drei aufeinanderfolgenden Tagen mit DART-Zügen und mit Bussen der Dublin Bus Services zu fahren. Dieses Ticket erhalten Sie bei allen DART-Stationen. Luas-Bahnen (Niederflur-Straßenbahnen) verbinden Dublin mit den Vorstädten. Die Linien sind mit dem DART verbunden *(siehe S. 372)*.

Zugfahrten in Nordirland

Neben dem Express-Service nach Larne Harbour und den Nahverkehrszügen nach Bangor gibt es nur zwei bedeutendere Zugverbindungen ab Belfast: eine nach Londonderry über Coleraine (zum Giant's Causeway) und Nordirlands einzige Zugverbindung über die Grenze, eine Hochgeschwindigkeitsverbindung zwischen Belfast und Dublin (achtmal am Tag).

Alle Züge fahren ab Central Station, die sich nicht im Zentrum befindet. Von hier gehen jedoch regelmäßig Züge zum Bahnhof Great Victoria Street im Herzen der Stadt. In Nordirland gibt es aus Sicherheitsgründen weder an Bahnhöfen noch an Busbahnhöfen eine Gepäckaufbewahrung.

Nahverkehrssystem Großraum Dublin

Legende
- Vorstadtzug
- DART
- Luas-Bahn
- Dublin Airport
- Fährhafen

Tickets und Preise

In ganz Irland sind Zugfahrkarten recht teuer, es gibt allerdings Sonderangebote. Die meisten günstigen Tickets gelten auch für Fahrten mit dem Bus, sodass man mit nur einer Fahrkarte praktisch quer durch Irland reisen kann.

Eine der günstigsten Möglichkeiten, Irland mit öffentlichen Verkehrsmitteln zu bereisen, bietet der Open-Road Pass, der für unbegrenzte Fahrten mit Bus Éireann für einen Zeitraum von drei Tagen (60 Euro) bis 15 Tagen (258 Euro) gilt. Das Explorer Ticket für acht Tage (245 Euro) gilt für Irish Rail und Bus Éireann, jedoch nur in der Republik Irland.

Beide Fahrausweise gelten auch für viele lokale öffentliche Verkehrsmittel, z. B. in den Städten Cork, Waterford, Limerick und Galway.

Fahrkartenschalter, Belfast Central Station

Ermäßigungen

Studenten erhalten Ermäßigungen für alle Zugfahrten in der Republik Irland und Nordirland mit entsprechenden Karten von Irish Rail und Translink *(siehe S. 352)*. Mit dem InterRail Youth Global Pass können Personen unter 26 Jahren entweder drei, vier, sechs oder acht Tage bzw. innerhalb eines flexibleren Zeitraums von fünf Tagen bis zu einem Monat die Republik Irland und weitere 30 europäische Länder per Zug bereisen. Ältere können sich die etwas teurere InterRail-Plus-26-Karte besorgen.

Irlands Bahnnetz

Irish Rail (Iarnród Éireann)
35 Lower Abbey St, Dublin 1.
☎ 1850 366 222. 🌐 irishrail.ie

Northern Ireland Railways
Central Station, East Bridge St, Belfast
BT1 3PB. ☎ (028) 9066 6630.
🌐 translink.co.uk

Legende
— Irish Rail
— NIR

Bus und Taxi

Das Busnetz in ganz Irland ist gut ausgebaut, auch wenn man bei längeren Busreisen öfter umsteigen muss. Planen Sie deshalb genügend Zeit ein, wenn Sie mit dem Bus unterwegs sind. Busreisen sind eine gute Möglichkeit, Irland kennenzulernen. Bei den Fremdenverkehrsbüros erhalten Sie Informationen über Routen und Preise. Oft kann man hier auch einen Sitzplatz reservieren. Taxis fahren in allen größeren Städten Irlands. In der Republik erkennt man sie am gelben Licht auf dem Dach. In Belfast und Londonderry gibt es sowohl kleine Taxis als auch die größeren, wie man sie aus London kennt.

Busse decken einen großen Teil des Nahverkehrs in Dublin ab

Mit dem Bus unterwegs

Ein effizientes Netz an Fernbussen deckt ganz Irland ab, zwischen größeren Städten bestehen regelmäßige Verbindungen. Mit Bussen reist man günstiger als mit Zügen. Der Komfort an Bord ist gut, die meisten Busse bieten kostenloses WLAN.

Das irische Busunternehmen **Bus Éireann** bietet Verbindungen zwischen allen großen Städten der Republik. Fahrpläne und Ticketpreise findet man auf der Website. Busáras, der größte Busbahnhof in Dublin, befindet sich unweit der O'Connell Street in der Store Street.

Es gibt eine ganze Reihe privater Busunternehmen, die zum Teil die gleichen Strecken wie Bus Éireann befahren, aber auch andere Verbindungen bieten.

In Nordirland unterhält **Ulsterbus/Translink** einen hervorragenden Service, der das ganze Land abdeckt und sehr komfortable, schnelle Expresslinien zwischen einzelnen größeren Städten bietet.

In Belfast gibt es zwei Busbahnhöfe – das Europa Bus Centre nahe der Great Victoria Street und die Laganside Station. Erkundigen Sie sich rechtzeitig, welche Busse von welchem Bahnhof aus abfahren. Denken Sie daran, dass es in Nordirlands Bahnhöfen aus Sicherheitsgründen keine Möglichkeiten gibt, Gepäck aufzubewahren.

Tickets und Preise

In der Republik Irland sind Langstreckenfahrten mit dem Bus nur etwa halb so teuer wie eine entsprechende Zugfahrt. Wenn Sie am gleichen Tag hin- und zurückfahren, können Sie eine preisgünstigere Rückfahrkarte kaufen.

Jugendliche unter 16 Jahren zahlen ungefähr den halben Preis. Studenten mit einer Student TravelCard *(siehe S. 352)* erhalten ebenfalls eine großzügige Ermäßigung. Wer viel mit dem Bus fahren will, für den empfiehlt sich ein »Open-Road«-Ticket. Damit kann man beispielsweise innerhalb eines Monats an 15 Tagen unbegrenzt umherfahren. Daneben gibt es mehrere andere Fahrscheine.

Ein »Freedom of Northern Ireland«-Pass gewährt freie Fahrt mit allen Bussen von Ulsterbus. Diese Tickets gibt es für einen Tag, drei Tage oder eine Woche. Ulsterbus bietet zudem günstige Rückfahrkarten. Studenten erhalten bei Vorlage einer Translink Student Discount Card ein Drittel Rabatt. Zudem gibt es günstige Angebote, Bus- und Zugreisen zu kombinieren *(siehe S. 369)*.

Besichtigungstouren

Zwischen den großen Städten Irlands bestehen gute Busverbindungen. Mit öffentlichen Verkehrsmitteln in abgelegenere Orte zu gelangen, ist hingegen in der Regel deutlich schwieriger. Wenn Sie etwa in

Expressbus in Nordirland

Connemara *(siehe S. 210–212)* unterwegs sind und nur wenig Zeit zur Verfügung haben, bietet sich deshalb für den Besuch zumindest der bedeutendsten Sehenswürdigkeiten eine der organisierten Besichtigungstouren an. Buchungen kann man im Fremdenverkehrsamt oder im Hotel vornehmen.
Healy's Galway Bus Tours bietet von Galway aus ein- und zweitägige Touren zu den Zielen Cliffs of Moher, Burren, Connemara und Kylemore Abbey an. Ähnliche Fahrten werden in vielen anderen touristisch interessanten und beliebten Regionen der Insel organisiert. Zu empfehlen sind auch Touren durch das ländliche Irland nach Glendalough *(siehe S. 144f)*, durch Donegal *(siehe S. 228–235)* und über den großartigen Ring of Kerry *(siehe S. 168f)*.

In Dublin und anderen Städten der Republik Irland bieten auch das für den öffentlichen Nahverkehr zuständige Unternehmen Bus Éireann sowie einige private Busunternehmen interessante Tages- und Halbtagesausflüge an. **Dublin Bus Tours** hat außerdem Stadtrundfahrten im Programm.

In Nordirland können Sie mit **Ulsterbus/Translink** vom Europa Bus Centre aus Fahrten zu den bedeutendsten Sehenswürdigkeiten unternehmen, z. B. zur Causeway Coast *(siehe S. 265)*, zu den Glens of Antrim *(siehe S. 271)* und zum Ulster-American Folk Park nahe Omagh *(siehe S. 273)*. Fahrten können Sie im Büro des Unternehmens buchen. Am größten ist das Angebot in den Sommermonaten. **Belfast City Sightseeing** bietet Busrundfahrten (Hop-on/hop-off) durch die nordirische Metropole. Das **Northern Ireland Tourist Board** informiert über Busreisen durch Nordirland, **Love Ireland** tut dies für die Republik Irland.

Stadtbusse

Die Stadtbusse der Republik bieten generell einen guten Service und sind preiswert. **Dublin Bus** hat Verbindungen in den ganzen Großraum Dublin *(siehe S. 372)*. Das **Luas**-Netz *(siehe S. 372)* verbindet die Vororte, die früher nur per Bus erreichbar waren. Die Luas-Linien stoßen an der Connolly Station auf das DART-Netz *(siehe S. 372)*.

Im Rest des Landes werden die Buslinien, darunter die Stadtbusse in Cork, Galway, Limerick und Waterford, von Bus Éireann betrieben. Fahrzeiten und Streckenverlauf können Sie dem Fahrplan entnehmen, der bei Informationszentren und an Busbahnhöfen erhältlich ist. Einige regionale Buslinien werden von privaten Unternehmen betrieben.

Das Busnetz in Nordirland betreibt **Ulsterbus/Translink**, in Belfast unter dem Namen **Metro** *(siehe S. 373)*. Das nordirische Busnetz ist sehr gut ausgebaut, regionale Fahrpläne sind an sämtlichen Busbahnhöfen Nordirlands erhältlich.

Taxis

Außer in sehr ländlichen Gegenden der Republik Irland gibt es überall Taxis. Einzelheiten können Sie im Hotel erfragen. Herumfahrende Taxis auf Fahrgastsuche (erkennbar am beleuchteten Schild auf dem Wagendach) gibt es nur selten, in Dublin findet man Taxis am ehesten vor Bahn- oder Busbahnhöfen.

Der Fahrpreis richtet sich nach der Streckenlänge – falls nicht, sollte man die Gebühr vorher erfragen. Hat ein Taxi keinen Taxameter, so klären Sie vorher, was die Fahrt kostet.

In Nordirland sind Taxis relativ preiswert. Fahrten im Stadtzentrum von Belfast kosten meist nicht mehr als 10 £. Auch in den abgelegeneren Städten im Norden gibt es jeweils mindestens ein Taxiunternehmen bzw. einen Taxistand, an dem man relativ problemlos einen Wagen findet. Ansonsten können Sie auch vom Hotel oder B & B aus ein Taxi rufen lassen.

Um lizenzierte Taxis besser identifizieren zu können, sind vorn und hinten am Fahrzeug spezielle große Nummernschilder angebracht. Trinkgeld ist üblich, allerdings nicht obligatorisch.

Auf einen Blick

Busse

Bus Éireann
(01) 836 6111.
buseireann.ie

Ulsterbus / Translink
(028) 9066 6630.
translink.co.uk

Reisebusse

Belfast City Sightseeing
belfastcitysightseeing.com

Dublin Bus Tours
(01) 873 4222.
dublinsightseeing.ie

Healy's Galway Bus Tours
(091) 777 0066.
galwaybustours.com

Love Ireland
loveireland.com

Northern Ireland Tourist Board
discovernorthernireland.com

In Städten unterwegs

Die historischen Stadtviertel der Metropolen Dublin und Belfast sind sehr kompakt, und man findet sich schnell zurecht. In beiden Städten gibt es ein hervorragend ausgebautes öffentliches Verkehrsnetz, sei es nun Bus, Bahn oder wie in Dublin Straßenbahn. Jede Stadt kann gut zu Fuß erkundet werden – oder mit dem Fahrrad.

In Dublin unterwegs

Bus
Der beste Weg, Dublin zu entdecken, ist die Fahrt mit einem Doppeldeckerbus. Tickets (einschließlich eines Passes für einen, zwei oder drei Tage) kann man in Zeitschriftenläden oder direkt im Bus kaufen. Man sollte den Fahrpreis passend bereithalten, da man ansonsten eine Quittung über den überschüssigen Betrag bekommt, die man nur am Hauptsitz von Dublin Bus in der O'Connell Street einlösen kann. Die Fahrpreise beginnen bei zwei Euro und richten sich nach der gefahrenen Strecke. Busse fahren von sechs bis 23.30 Uhr. Die Nitelink-Busse fahren am Wochenende die ganze Nacht durch. Fahr- und Zeitpläne hängen an jeder Bushaltestelle aus.

Luas
Die Niederflur-Straßenbahn Luas ist eine komfortable Möglichkeit, sich in Dublin zu bewegen. Die Bahnen kommen schneller als Busse durch die Stadt, vor allem in Stoßzeiten sind sie eine sehr gute Option. Es gibt zwei Linien (Rote und Grüne Linie). Eine weitere, die diese beiden Linien miteinander verbinden soll, wird voraussichtlich Ende 2017 fertiggestellt sein. Die Rote Linie verkehrt zwischen den Bahnhöfen The Point in den Docklands und Tallaght und hält unter anderem an den Bahnstationen Heuston und Connolly. Die Strecke der Grünen Linie verläuft von St Stephen's Green über Harcourt Street und durch Dundrum bis Sandyford. Tickets erhält man an Fahrscheinautomaten an den Haltestellen. Die günstigste Hin- und Rückfahrkarte kostet 3,50 Euro, ein Luas-Tagespass 6,60 Euro.

DART
Die Züge der Dublin Area Rapid Transit (DART), eines S-Bahn-ähnlichen Nahverkehrssystems, halten an 30 Stationen entlang der Küste von Malahide und Howth nach Greystones. Die Taktfrequenz liegt ganztägig bei 15 Minuten. Die Strecke entlang der Küste ist ein besonderes Highlight. Vermeiden Sie die Rushhour, wenn Sie vom Zug aus einen Blick auf die Bucht werfen möchten.

Tickets und Preise
Mit einer Leap Visitor Card kann man den öffentlichen Nahverkehr in Dublin, Cork, Galway, Limerick, Waterford und Wexford nutzen. Der am Flughafen von Dublin sowie in Tourismusbüros oder online (www.leapcard.ie) erhältliche Pass gilt auch für Luas, DART, Pendlerzüge und Dublin Bus. Im Vergleich zu Einzelfahrscheinen spart man mit der Leap Card etwa 15 Prozent. Die Preise starten bei zehn Euro für einen Tagespass.

Mit dem Auto in Dublin
In Dublin mit dem Auto zu fahren, sollte man aufgrund des hohen Verkehrsaufkommens vermeiden. Die kurzen Distanzen bewältigt man besser zu Fuß, mit dem Bus oder der Luas. Wenn Sie trotzdem fahren müssen, gibt es viele Parkhäuser und gebührenpflichtige Parkplätze auf der Straße, die je nach Parkzone zwei bis fünf Euro kosten. Achten Sie darauf, rechtzeitig zu Ihrem Wagen zurückzukommen, sonst drohen Parkkralle und hohe Geldstrafe. Für die Ringautobahn M50 muss innerhalb von 48 Stunden online eine Maut entrichtet werden (www.eflow.ie).

Radfahren in Dublin
Dublin hat viele gut ausgebaute Radwege, und immer mehr Menschen fahren mit dem Rad. **Dublinbikes** hat in ganz Dublin mehr als 40 Selfservice-Ausleihstationen. Die ersten 30 Minuten sind kostenfrei, der Betrag für eine weitere Benutzung wird von der Kreditkarte abgebucht.

Einen schönen Radweg gibt es auf beiden Seiten des Liffey unterhalb des Custom House. Läden wie **Cycleways** vermieten Fahrräder und haben an sechs Tagen der Woche geöffnet. **Neill's Wheels** bietet Radtouren mit einem Fremdenführer an.

Luas-Station in Dublin

Zu Fuß in Dublin

Obwohl sich die Vororte von Dublin auf einer großen Fläche erstrecken, ist das Stadtzentrum relativ klein und ideal zu Fuß zu erkunden. Ein Spaziergang entlang dem Fluss von der prächtigen Heuston Station zu den Kais im Süden nahe dem Meer dauert weniger als eine Stunde, und die Erkundung der beiden georgianischen Plätze Parnell Square und St Stephen's Green nimmt nur wenig mehr als eine halbe Stunde in Anspruch.

In Belfast unterwegs

Metro-Bus in Belfast

Bus

Mit Belfasts Busverkehrssystem Metro kann man gut die Stadt und ihre Umgebung entdecken. Fahrkarten kauft man in Läden mit Metro-Zeichen, am Metro-Kiosk am Donegall Square West oder beim Busfahrer. Die Tickets muss man beim Einsteigen auf das Lesegerät neben dem Fahrer legen. Der Fahrpreis richtet sich nach der Länge der Strecke. Das günstigste Ticket kostet 1,50 £. Die Streckenpläne sieht man unter www.translink.co.uk.

Tickets und Preise

Mit dem Metro Day Ticket (3,50 £) kann man den ganzen Tag mit Metro-Bussen fahren. Es gibt auch Mehrfahrtenkarten ab 10,50 £. Sie lohnen sich für längere Aufenthalte in der Stadt.

Tagesticket der Metro

Mit dem Auto in Belfast

Wie in jedem anderen Stadtzentrum ist es auch in Belfast nicht sonderlich sinnvoll, mit dem Auto zu fahren. Die öffentlichen Verkehrsmittel sind effizient, die Distanzen lassen sich bestens zu Fuß zurücklegen, Taxis sind nicht allzu kostspielig. **Belfast Black Cab Tours** bietet sogar eine Stadtrundfahrt im Taxi an.

Besucher, die trotzdem mit dem Auto fahren, werden wohl nur selten in einen Stau geraten. Es gibt im Zentrum viele Parkhäuser und Parkplätze *(siehe S. 367)*. Kommen Sie pünktlich zu Ihrem Auto zurück, sonst müssen Sie eine Strafe zahlen.

Radfahren in Belfast

Belfast wird immer fahrradfreundlicher. Es bietet ein gutes Netz von markierten Radwegen. Die Parks sind ideal für Spaziergänge und Ausflüge. Es gibt einige verkehrsfreie Radwege, die von Belfast in andere Städte führen (www.sustrans.org.uk). Die Mitnahme von Fahrrädern in Translink-Bussen und -Zügen ist kostenlos. An vielen Stationen gibt es überdachte Fahrradparkplätze. In Läden wie **McConvey Cycles** kann man Räder ausleihen.

Zu Fuß in Belfast

Belfast ist heutzutage eine friedliche Stadt, Besucher können unbesorgt herumspazieren. Das Stadtzentrum ist klein und kann gut zu Fuß entdeckt werden. Ein Spaziergang vom Zentrum zur Queen's University, dem Titanic Quarter oder nach West Belfast dauert nur 20 Minuten. **Belfast City Walking Tours** bietet

Zeichen für Fahrrad- und Fußweg

geführte Touren. Sie beginnen am Belfast Welcome Centre, Donegall Place. Gewählt werden kann u. a. zwischen Historic Belfast und Blackstaff Way. Hier lernt man die Straßen rund ums Zentrum besser kennen.

Auf einen Blick

Fahrradverleih

Cycleways (Dublin)
(01) 873 4748.
cycleways.com

Dublinbikes
dublinbikes.ie

Neill's Wheels (Dublin)
(087) 933 8312.
rentabikedublin.com

McConvey Cycles (Belfast)
(028) 9033 0322.
mcconveycycles.com

Stadtverkehr

DART (Dublin)
(01) 836 6222. irishrail.ie

Luas (Dublin)
1800 300 604. luas.ie

Taxis & Taxitouren

Belfast Black Cab Tours
0799 095 5227.

National Radio Cabs (Dublin)
(01) 677 2222.

Zu Fuß unterwegs

Belfast City Walking Tours
(028) 9029 2631.
belfast-city-walking-tours.co.uk

Textregister

Fett gedruckte Seitenzahlen verweisen auf den Haupteintrag.

3Arena (Dublin) 113, 116
37 Dawson St (Dublin) 117

A
»A Taste of Baltimore«, Festival 52
Abbey Theatre (Dublin) **92**, 116
  Detailkarte 91
  Dublin Highlights: Unterhaltung 119
  Geschichte 48
  Irische Literatur 26f
Abbeyleix
  Pubs 330
Abteien
  Assaroe Abbey (Ballyshannon) 235
  Athassel Priory **202**
  Augustinian Priory (Adare) 198
  Black Abbey (Kilkenny) 148
  Bonamargy Friary 270
  Boyle Abbey 223
  Cahir Abbey 202
  Clare Abbey (Ennis) 193
  Cong Abbey 213
  Donegal Abbey 234
  Duiske Abbey 153
  Dunbrody Abbey 152
  Ennis Friary 193
  Fore Abbey **245**
  Grey Abbey 284
  Holy Cross Abbey **199**
  Hore Abbey 199
  Inch Abbey 285
  Jerpoint Abbey **149**
  Kylemore Abbey **212**
  Moore Abbey (Monasterevin) 134
  Muckross Abbey 166
  Old Mellifont Abbey 39, **249**
  Portumna Priory 219
  Quin Franciscan Friary 193
  Red Abbey (Cork) 180
  Rock of Cashel **200f**
  Selskar Abbey 154
  Sligo Abbey 238
  St Mary's Abbey (Dublin) 97
  Timoleague Abbey **174f**
  Tintern Abbey 152
  siehe auch Klöster
Academy, The (Club, Dublin) 116f
Achill Archaeological Field School 341
Achill Island **208**
Act of Union (1800) 46
ADAC 367
Adair, John 228
Adams, Gerry 51
ADAPT 353
Adare **198**
Aer Lingus 360, 361
Agricola 37
Ahenny 203
  Hochkreuz 247
Aherlow, Glen of **202**
Ahern, Cecelia 27
Aille Cross Equestrian Centre (Loughrea) 347
Aillwee Cave 192
Airbnb 294, 295
Aird's Snout 266
Alamo 367
Albert Memorial Clock Tower (Belfast) 283
Alcock and Brown Memorial 211
All City Records (Dublin) 111
All-Ireland Football Final 33, 54
All-Ireland Hurling Final (Croke Park) 33, 54
Allen, Lough 189
Allihies 170
Allingham, William 235
Allow, Fluss 181
Altamont, Earls of 208
Altamont, John Browne, 1. Earl of 209
American Express 356
An Óige 295
An Óige Hill Walkers Club 346
An Taisce (Irish Nat. Trust) 86
Anderson, John 181
Angeln 28, **342f**, 346
Anglo-irische Familien 129
Anglo-irische Literatur 26
Anglo-irische Vereinbarung (1986) 51
Anglo-irischer Vertrag (1921) 48
  Pale 136
Anglo-Normannen **40f**
  Dublin Castle 80
  Einfall in Irland 35, 129
  Südost-Irland 129
Annacotty
  Pubs 328
Annals of the Four Masters 43
Antiques Fairs 111
Antiquitätenläden, Dublin **110f**
Antrim, County 259
  Küste, Karte 265
  Regionalkarte 260f
  siehe auch Nordirland
Apartments 294
Apotheken 355
Aquarium
  Exploris (Portaferry) 284
Aran Islands 201, **216f**
  Pubs 329
Áras an Uachtaráin, Phoenix Park (Dublin) 100
Archäologische Ferienkurse 341
Architektur **24f**
  Dublins Stadthäuser **73**
  Georgianisches Irland 44f
Ardagh 245
Ardara **232**
Ardboe Cross 272
Ardess Craft Centre (Kesh) 341
Ardfert Cathedral **160**
Ardglass 288
  Pubs 331
Ardgroom 170
Ardilaun, Lord 64
Ardmore **149**
  Rundturm 25
Ards Peninsula 12, 15, 259, **284**
Argus Rent-a-Car 367
Armada, Französische (1796)
  French Armada Centre (Bantry House) 172
Armada, Spanische (1588)
  Duncannon 152
  Geschichte 42
  Schatz 261, 282
  Ulster Museum 282
Armagh, County 259
  siehe auch Nordirland
Armagh 12, 259, **278**
  Hotels 316
  Restaurants 342
Armagh Computer World (Armagh) 359
Armagh Planetarium 278
Arnott's (Dublin) 111
Arranmore 232
Arrow, Lough **239**
Arsenius, Mother 209
Arthurstown
  Hotels 299
Asgard (Schiff) 101
Ashford Castle 213
Ashtown Castle, Phoenix Park (Dublin) 100
Askeaton 188
Assaroe Abbey 235
Association of Irish Riding Establishments 347
Athassel Priory **202**
Athlone 189, **253**
  Restaurants 321f
Athlone Castle 253
Athlone Cruisers 347
Atlantic Coast Drive (Achill Island) 208
Atlantic Sea Kayaking 347
Aughnanure Castle 213
Augustinerorden 154, 193
Austrian 361
Automobile Association 367
Autos 365 – 367
  Autovermietung 365, 367
  Benzin 365
  Pannendienste 367
  Parken 367
  Straßenkarten 365
  Straßensperren (Nordirland) 367
  Straßenverhältnisse 366
  Tempolimits 366

unterwegs in Städten 372f
Verkehrsregeln 366
siehe auch
Touren mit dem Auto
Avis (Autovermietung) 367
Aviva Stadium (Dublin) 32, 55
Avoca (Dublin) 111
Avoca Handweavers (Bray) 143, 335
Avondale Forest Park 145
Avondale House **145**
Avonmore, Fluss 145

B

Bacon, Francis 95
Baily Lighthouse 106
Ballinafad 239
Ballinasloe Fair 54
Ballincollig 175
Ballingeary 175
Ballintemple Fishery (Ardattin) 346
Ballintoy 265
Ballycastle (County Antrim) **270f**
Festivals 52
Ballyconneely 211
Ballycopeland Windmill 284
Ballydehob 171
Ballyferriter 14
Tour über die Dingle Peninsula 162
Ballygally 271
Ballyhack 152
Ballyhack Castle 152
Ballymaloe School of Cookery (Midleton) 341
Ballyshannon **235**
Ballyshannon International Folk Festival 53
Ballyvaughan 192
Pubs 328
Balmoral Show (Belfast) 52
Baltimore **174**
Pubs 327
Baltimore Diving Centre 347
Bamboo Park 171
Bangor, Lord und Lady 288
Bangor 284
Pubs 331
Bank of Ireland (Dublin) **64**
Detailkarte 62
Banken 356
Bankette **340**
Bunratty Castle 196f
Knappogue Castle 193
Banknoten 357
Banna Strand 160
Bannow Bay 152
Bansha 202
Bantry, 2. Earl of 172f
Bantry, Richard White, 1. Earl of **172**
Bantry 14, 171
Bantry Bay **171**
Bantry House **172f**

Barley Cove 157, 171
Barralet, James 105
Barrow, Fluss 152
Barryscourt Castle 181
Bars (Dublin) 114, 116f
Bauernhäuser, Unterkünfte 270
Beaghmore, Steinkreise **272**
Beara Peninsula **170**
Beaufield Mews (Dublin) 111
Beaumont Hospital 355
Becher-Leute 36
Becket, Thomas 154
Beckett, Samuel 26f, **67**
Nobelpreis 50
Portora Royal School 276
Trinity College (Dublin) 66
Bed and Breakfast 293
Bedell, Bishop 87
Begegnung des hl. Brendan mit dem unglücklichen Judas, Die (Clarke) 178
Behan, Brendan 26f, 119
Behinderte Reisende *siehe* Reisende mit besonderen Bedürfnissen
Beit, Sir Alfred 136f
Beit Art Collection (Russborough House) 136
Belfast 255, **280 – 283**
Bahnhof 368f
Busse 370f, 373
Fähren 364
Hotels 303
Infobox 281
Politische Wandbilder in West-Belfast **282**
Pubs 331
Restaurants 323f
Sicherheit 354
unterwegs in Belfast 373
Zentrumskarte 280f
Belfast Black Cab Tours 371
Belfast Castle 283
Belfast City Hall 259, 280
Belfast City Sightseeing 371
Belfast City Walking Tours 371
Belfast Civic Festival and Lord Mayor's Show 52
Belfast Festival at Queen's 54, 341
Belfast International Airport 361
Belfast Musical Festival 55
Belfast Waterfront (Belfast) 341
Bellaghy 43
Belleek 273
Lower Lough Erne, Tour 274
Belleek Charter Cruising 347
Belleek Pottery **273**
Belmore, 1. Earl of 276
Belvedere, 1. Earl of 253
Belvedere College (Dublin) 94
Belvedere House (Mullingar) 253

Ben Bulben
Yeats Country, Tour 236
Benediktiner
Fore Abbey **245**
Holy Cross Abbey **199**
Kylemore Abbey **212**
St Mary's Abbey (Dublin) 97
Bennettsbridge 148
Benone Strand **264**
Benzin 365
Bere Island 171
Berge
Bergsteigen **343**, 346
Flora und Fauna 23
Bernard, hl. 249
Bernini, Gian Lorenzo 139
Besucherzentren 352
Bewley's Café Theatre 112, 116
Bianconi, Charles 46, 203
Bibliotheken
Chester Beatty Library (Dublin) **81**
Linen Hall Library (Belfast) 281
Marsh's Library (Dublin) **87**
National Library (Dublin) 63, **69**
Old Library, Trinity College (Dublin) 59, 61, 67
Bienenstockhütten 25
Bier
Guinness **102f**
Guinness Storehouse (Dublin) 12, **102**
Big Style (Dublin) 347
Bildungsurlaub **340**, 341
Binchy, Maeve 27
Birr **257**
Birr Castle 52, 257
Bishop's Quarter 192
Black, Mary 21
Black and Tans 52
Black Castle 199
Black Death 41
Black Head 192
Black Taxi Tours of Belfast 373
Blackrock Castle Observatory 181
Blackwater, Fluss 149, **181**
Blarney Castle **175**
Blarney House 175
Blarney Stone 158, 175
Blarney Woollen Mills (Blarney) 175, 335
Blasket Centre
Dingle Peninsula, Tour 162
Blennerville Windmill 160f
Bloody Foreland **228**
Bloody Sunday (1972) 50
Bloom, Leopold und Molly 94
Bloomsday (Dublin) 52
Blues 113, 116
Boa Island
Lower Lough Erne, Tour 274

Bodhrán (Trommel) 28, 332f, 336
Bog of Allen Nature Centre 134, 256
Bonamargy Friary 270
Bonet (Gärtner) 137
Bono 28
Book of Durrow 38, 67
Book of Kells 59, **68**, 245
Boomtown Rats 28
Boote
  currachs 216
  Fähren 362–364
  Galway Hooker **215**, 218
  Segeln **345**, 347
Bosco, Don 210
Botanical Gardens (Belfast) 282
Botschaften 353
Bourchier's Castle 199
Boycott, Captain 46
Boyle **223**
Boyle, Grabmal der Familie 86f
Boyle Abbey 223
Boyle Arts Festival 341
Boyne, Schlacht am (1690) 35, 241, **248**
  Gedenktag 53
  Geschichte 42f
  Talbot, Familie 106
  Wandteppich 42
Boyne Valley 241, **248f**, 252
Brauereien *siehe* Bier
Bray **137**
Brazen Head (Pub, Dublin) 116
Brecan, hl. 216
Brendan, hl. **31**
  Ardfert Cathedral 160
  Boot 194
  Clonfert Cathedral 219
  Reisen 219
Brennereien *siehe* Whiskey
Brian Ború, König von Munster 38f, 199
  Grab 278
  Killaloe 194
  Sieg über die Wikinger 83
Bricín (Killarney) 335
Bricklieve Mountains 225
Brigid, hl. 134
Bristol, Frederick Augustus Hervey, Earl of 264
British Airways 361
British Horse Society Ireland 347
British Midland (bmi) 361
Brittany Ferries 362, 363
Brittas Bay
  Pubs 326
Broighter Goldboot **37**, 70
Bronzezeit 36f, 70
Brooke, Sir Basil 234
Broughshane
  Pubs 331
Brown, Capability 249
Brown Thomas (Dublin) 111, 334
  Detailkarte 62
Browne, Familie 208
Brownshill Dolmen **145**

Browsers Internet Café 359
Brú Ború Cultural Centre (Cashel) 199
Brú Ború *siehe* Brian Ború
Bruce, Edward 40, 279
Bruce, Robert, König von Schottland 270
Bruce's Cave (Rathlin Island) 270
Bryce, Annan 170
Buchhandlungen **332**, 335
  Dublin **110**, 111
  Souvenirs 337
Budget (Autovermietung) 367
Buite, St 246
Bull and Castle, The (Dublin) 116
Bull Point 270
Bunbeg 228
Buncrana
  Inishowen Peninsula, Tour 230
Bunglass Point 233
Bunnow, Fluss 199
Bunratty
  Pubs 328
Bunratty Castle & Folk Park 15, 185, **196f**
Bureaux de Change 356
Burgen
  Ashford Castle 213
  Athlone Castle 253
  Aughnanure Castle 213
  Ballyhack Castle 152
  Belfast Castle 283
  Birr Castle 257
  Black Castle 199
  Blackrock Castle 181
  Blarney Castle 14, **175**
  Bourchier's Castle 199
  Bunratty Castle 15, 185, **196f**
  Cahir Castle 202
  Carrickfergus Castle 40f, 279
  Carrigafoyle Castle **160**
  Carrignacurra Castle 175
  Desmond Castle (Adare) 198
  Desmond Castle (Kinsale) 176
  Doe Castle 229
  Donegal Castle 234
  Dublin Castle 12, 58, 78, **80f**
  Dunguaire Castle 218
  Dunluce Castle 265
  Dunseverick Castle 265
  Dysert O'Dea 193
  Enniscorthy Castle 153
  Enniskillen Castle 276
  Glenveagh Castle 228f
  Green Castle 289
  Hillsborough Castle 285
  Jordan's Castle 288
  Kilclief Castle 288
  Kilkenny Castle 127, 147, **148**
  Kinbane Castle 265
  King John's Castle (Carlingford) 246
  King John's Castle (Limerick) 195
  Knappogue Castle **193**
  Kylemore Abbey **212**
  Leamaneagh Castle 192

  Lismore Castle 149
  Malahide Castle **106**
  Monea Castle 275
  Ormond Castle 203
  Parke's Castle **237**
  Portumna Castle 219
  Rathlannon Castle 155
  Reginald's Tower (Waterford) 150
  Roscommon Castle 222
  Roscrea Castle 199
  Ross Castle 166
  Slade Castle 152
  Trim Castle 241, 252
  Tully Castle 274
  Tullynally Castle **245**
Bürgerkrieg 48, 97, 157
Burges, William 179
Burgh, William de 202
Burke, Éamonn 41
Burke, Edmund 66
  Statue 66
Burne-Jones, Sir Edward 149
Burren **190–192**
  Karte 192
Burtonport
  Pubs 330
Bus Éireann 370, 371
Bushmills
  Hotels 317
  Old Bushmills Distillery **270**
  Pubs 33
  Souvenirs 337
Busreisen 370f
Busse 370f, 372, 373
  Anreise via Großbritannien 363
  Belfast 373
  Dublin 372
  Fahrscheine 370, 372, 373
  Flughafen 360f
Butler, Familie (Earls of Ormonde) 129, 185
  Cahir Castle 202
  Clonmel 203
  Gräber 148
  Kilkenny 146
  Kilkenny Castle 127, 148
  Ormond Castle 203
  Swiss Cottage (Cahir) 202f
Butler's Chocolate Café (Dublin) 111
Butter Exchange Shandon Craft Centre (Cork) 178
Button Factory (Dublin) 116

C

Cadamstown 257
Café en Seine (Bar, Dublin) 116
Caha Mountains 170
Cahalan Jewellers (Ballinasloe) 335
Cahermore Stone Fort 192
Cahir **202f**
Cahir Abbey 202
Cahir Castle 202
Cahirciveen
  Pubs 327
  Ring of Kerry, Tour 168

TEXTREGISTER | 377

Camping 294f
Canova, Antonio,
  Die drei Grazien 181
Cape Clear Island 174
Caravaggio,
  Kreuzabnahme Christi 75
Carlingford 241, **246**
  Pubs 330
Carlow
  Pubs 326
Carlow, County 129
  siehe auch Südost-Irland
Carndonagh Cross
  Inishowen Peninsula, Tour 230
Carnlough 271
Carrick 233
Carrick Craft (Lurgan) 347
Carrick-a-Rede
  Rope Bridge 265
Carrickfergus **279**
Carrickfergus Castle 40f, 279
  Festivals 53
Carrick-on-Shannon 189, **239**
Carrick-on-Suir **203**
Carrigafoyle Castle **160**
Carrignacurra Castle 175
Carrowkeel Passage Tomb
  Cemetery 227, 239
Carrowmore Megalithic Cemetery
  238
Carson, Edward (Lord Carson) 48
  Grab 280f
  Statue 283
Carthagus, hl. 149
Casement, Roger 160
Cashel **199**
  Rock of Cashel 31, 126, 185, 199,
  200f
Cashels (Ringforts) 25
Casino Marino 44f, 99, **104**
Cassels, Richard 25
  Belvedere House (Mullingar) 253
  Conolly's Folly (Castletown
    House) 133
  Leinster House (Dublin) 69
  Powerscourt 138
  Rotunda Hospital (Dublin) 90, 94
  Russborough House 45, 136
  Strokestown Park 222
  Westport House 208
Cassidy's (Bar, Dublin) 117
Castle Archdale Country Park
  Lower Lough Erne, Tour 275
Castle Caldwell Forest Park
  Lower Lough Erne, Tour 274
Castle Coole 259, 276
Castle Inn (Dublin) 116
Castle Matrix 188
Castle Ward 288
Castlereagh, Lord 286f
Castletown House 129, **132f**
  Stuck 25
Castletownbere 170
Castletownshend
  Pubs 327
Castleward Opera 53

Castlewellan Forest Park **288**
Cathach Books (Dublin) 111
Causeway Coast **265**
Cavan, County 241, 259
  siehe auch Midlands
Céide Fields 205, **208**
Celtic Whiskey Shop (Dublin)
  111
Central Fisheries Board 346
Central Internet Café (Dublin) 359
Centre for Environmental Living
  and Training (CELT) 353
Chambers, Sir William
  Casino Marino (Dublin) 104
  Trinity College (Dublin) 66
Chapel Royal (Dublin Castle) 80
Chapters Books (Dublin) 111
Charlemont, 1. Earl of 45, 104
Charles Fort (Kinsale) 157, 176
Charles II, König von England
  222
Charlotte, Königin 172
Chester Beatty, Sir Alfred 81
Chester Beatty Library (Dublin)
  81
Christ Church Cathedral (Dublin)
  58, **84f**
  Detailkarte 78
Christianisierung
  Keltische Christianisierung **38f**
  Hl. Patrick 35
Christy Bird (Dublin) 111
Ciarán, hl. 254
Cineworld Cinemas (Dublin) 116
Citizens Information Board 353
City Hall (Dublin) **81**
  Detailkarte 78
City Hospital 355
Cityjet 361
Claddagh Jewellers (Killarney)
  335
Claddagh Records (Dublin) 111
Clan na Gael 47
Clannad 21
Clara, Vale of siehe Vale of Clara
Clare, County 185
  siehe auch Unterer Shannon
Clare, Richard de siehe Strongbow
Clare Abbey 193
Clare Island **210**
Clarendon 87
Clarinbridge
  Pubs 329
Clarke, Harry 95, 178, 179
  Die Begegnung des hl. Brendan
  mit dem unglücklichen Judas
  178
Clarke, Tom 49
Claude's Café (Derry) 359
Cleggan 211
Cleggan Hill 211
Clements, Familie 239
Clifden **210f**
  Pubs 329
Clifden Bay 211
Clifford Antiques (Dublin) 111

Cliffs of Moher 186, **188**, 192
Clochán na Carraige 216
Clockwork Orange (Belfast) 335
Clonakilty **174**
  Pubs 327
Clonalis House 205, **222**
Clonanav Fly Fishing Centre
  (Ballymacarbry) 346
Clonfert Cathedral 205, **219**
Clonmacnoise 31, **254f**
  Nuns' Church 39, 242
Clonmel **203**
Clontarf, Schlacht von (1014) 38
Clubs, Dublin 115, 117
Cobblestone (Dublin) 116
Cobh 157, **182f**
Cole, Familie 277
Cole's Monument (Enniskillen)
  276
Coleraine 260
Collins, Michael 49
Collins Barracks (Dublin) **105**
Colman, St 210
Colmcille, hl. siehe Columba, hl.
Colmcille Heritage Centre 229
Colthurst, Familie 175
Columba, hl. (hl. Colmcille) 38
  Colmcille Heritage Centre 229
  Glencolmcille 232
  Kells Monastery 245
  Londonderry 262f
  St Columba's House (Kells) 245
  Tory Island 228
Columbanus, hl. 38
Comfort Inn 296
Comhairle 353
Comhaltas Ceoltóirí Éireann
  (Monkstown) 341
Comyn, John siehe Cumin, John
Cong **213**
Cong Abbey 213
Connaught 205
Connemara 23, 205
  Karte 211
  Tierwelt 212f
Connemara Marble Factory
  (Galway) 335
Connemara National Park 126,
  212
Connolly, James 49, 101
Conolly, Katherine 133
Conolly, William 132, 133
Conolly's Folly (Castletown House)
  133
Cook, Alan 272
Cook, Thomas 356
Cookstown **272**
Cooley, Thomas 81
Cooley Peninsula 241, 246
Coole Park 219
Copeland Islands 284
Copper Face Jacks (Dublin) 117
Coral Strand Beach 211
Cork **178–181**
  Fähren 362–364
  Hotels 298

Infobox 179
Pubs 327f
Restaurants 314
Zentrumskarte 178f
Cork, County *siehe* Cork und Kerry
Cork, Earls of 86f, 183
Cork, Katherine Boyle,
Countess of 86f
Cork Airport 360, 361
Cork Butter Museum 178
Cork Choral Festival 52
Cork City Gaol 179
Cork Film Festival 54, 341
Cork Jazz Festival 54, 341
Cork und Kerry **156–183**
Hotels 298f
Pubs 347f
Regionalkarte 158f
Restaurants 313–316
Cork Week 33
Corlea Trackway 244f
Corrib, Lough **213**, 214
Corrigan, Mairead 51
Corrs 28
Costello, Edward 239
Costello, John A. 50
Costume (Dublin) 111
Cottages 24
Country-Musik 113, 116, **339**, 341
County Wexford Strawberry Festival 53
County Wicklow Garden Festival 52, 341
Courbet, Gustave 956
Courcy, John de 40, 279, 285
Courtville Antiques (Dublin) 111
Crafts Council of Ireland (Kilkenny) 335
Craftswirl (Armagh) 278
Craggaunowen **194**
Cramillion, Bartholomew 94
Cranberries 21, 28
Crannogs 25, 37
Crawford, William Horatio 178
Crawford Art Gallery (Cork) 178f, 341
Crawfordsburn
Hotels 303
Crinkill
Pubs 330
Croagh Patrick 205, **209**
Crohy Head 232
Croke Park (Dublin) 54, 346
Crolly
Pubs 330
Cromwell, Oliver
Belagerung Droghedas 43, 248
Geschichte 42
Macroom Castle 175
Plünderung von Galway 214
Plünderung von Kilkenny 148
Wexford 154
Zerstörung von Gebäuden 24
Crookhaven 171
Cross of Cong 71, 213

Crown Liquor Saloon (Belfast) 281
Cruinniú na mBád (Kinvara) 53
Cúchulainn **30**, 48, 278
Culdaff
Pubs 330
Cumann na nGaedheal 49
Cumin, John, Erzbischof von Dublin 84–86
Currachs (Ruderboote) 216
Curragh, Rennbahn 135, 346
Cushendall **271**
Custom House (Dublin) 59, 89, **92**
Detailkarte 91
Geschichte 45
Cycleways (Dublin) 346, 373
Cycling Ireland 346

D

Dáil Éireann **69**
Geschichte 48
Mansion House (Dublin) 65
Dakota (Bar, Dublin) 117
Dalkey **107**
Restaurants 311
Dalkey Island 107
Dan Dooley 367
Dan O'Hara's Homestead (Clifden) 15, 211
D'Arcy, John 210, 211
DART-Züge (Dublin) 368, 372
Davitt, Michael 47
Davy Byrne's (Pub, Dublin) 117
Dawson, Joshua 65
De Burgo, Familie 219
De Loretan 51
De Valera, Eamon **49**
Anglo-irischer Vertrag 48
Garden of Remembrance (Dublin) 95
Katholische Universität von Irland 65
Präsidentschaft 50
Verhaftung 101
Deane, Sir Thomas 69f
Debenhams (Dublin) 111
Declan, hl. 149
Deerfield, Phoenix Park (Dublin) 100
Degas, Edgar
Sur la plage 95
Delaney, Edward 65
Delphi (Connemara) 207
Delphi (Dublin) 111
Denkmäler
Alcock and Brown Memorial 211
Daniel O'Connell 91
O'Scully (Rock of Cashel) 201
Parnell 90, 93
Strongbow 84
Wolfe Tone 65
Derg, Lough 187, 189, 194, 219, **234**
Derry *siehe* Londonderry
Derryname House
Ring of Kerry, Tour 168

Derryveagh Mountains **228f**
Desmond, Earls von 199
Desmond Castle (Adare) 198
Desmond Castle (Kinsale) 176, 180
Desmond-Rebellion (1582) 42
Devenish Island 39, **275**
Lower Lough Erne, Tour 275
Devil's Glen 143
Devitts (Bar, Dublin) 116
Devonshire, Duke of 149
Dice Bar (Dublin) 117
Diebstahl 354
Diners Club 356
Dingle **161**
Dingle Peninsula, Tour 162f
Hotels 298
Pubs 328
Restaurants 314f
Dingle Peninsula
Hotels 298
Tour **162f**
Dingle Record Shop 335
Disability Action 353
Dixon, James 228
DLR Poetry Now Festival (Dun Laoghaire) 52
Doagh Beg 229
Doe Castle 229
Doheny & Nesbitt (Dublin) 117
Dolmen 36
Brownshill **145**
Carrowmore Megalithic Cemetery 238
Legananny 36, 288
Poulnabrone 192
Dominikaner 40
Donaghadee 284
Donegal **234**
Hotels 301
Pubs 330
Restaurants 320
Donegal, County 233, 259
siehe auch Nordwest-Irland
Donegal Abbey 234
Donegal Castle 234
Donegal Craft Village 234
Doolin 188, 192
Pubs 328
Restaurants 317
Doolin Cave 192
Doolin Crafts Gallery 335
Dooney Rock
Yeats Country, Tour 237
Doorway Gallery (Dublin) 111
Down, County 259
Karte 260f
siehe auch Nordirland
Down County Museum (Downpatrick) 285
Downhill
Hotels 303
Downpatrick **285**
Dowth 248, **249**
Doyle, Roddy 27
Doyle Collection, The 295
Drei Grazien, Die (Canova) 181

Drimneen, Fluss 213
Drogheda **248**
  Hotels 302
Drogheda, Belagerung von 43
Drogheda, Earls of 134
Dromahair
  Pubs 330
Drombeg Stone Circle **174**
Druid Theatre (Galway) 341
Druiden 26
Druid's Circle (Kenmare) 170
Drumcliff
  Yeats Country, Tour 236
Drumlane **244**
Dublin **56–123**
  Abstecher **98–107**
  Busse 371, 372
  Christ Church Cathedral **84f**
  Clubs 115
  DART-Züge 368, 372, 373
  Fähren 362, 363
  Festivals 52
  Georgianische Häuser **73**
  Hotels 296f
  Kino 113
  Nördlich des Liffey **88–97**
  Pubs 114f
  Restaurants 308–311
  Shopping **108–111**
  Stadtplan **120–123**
  Südost-Dublin **60–75**
  Südwest-Dublin **76–87**
  Theater 112
  Trinity College **66f**
  Überblick 58f
  Unterhaltung **112–119**
  unterwegs in Dublin 372f
  Zwei Tage in Dublin 12
Dublin Bike Tours 346
Dublin Bus Tours 371
Dublin Castle (Dublin) 58, **80f**
  Detailkarte 78
Dublin Civic Museum (Dublin)
  Detailkarte 79
Dublin Dental Hospital 355
Dublin Docklands 105
Dublin Docklands Maritim Festival 52
Dublin Exhibition (1853) 47
Dublin Fringe Festival 54
Dublin Horse Show 33, 53
Dublin International Airport 360, 361
Dublin Literary Pub Crawl 117
Dublin Marathon 33
Dublin Pride 53
Dublin Theatre Festival 54, 116
Dublin Tourism Centre 116
Dublin Writers Museum 25, **95**
Dublinbikes 373
Dublinia (Dublin) **83**
  Detailkarte 78
Dubray Books (Dublin) 111
Duiske Abbey 153
Duke, The (Dublin) 117
Dún Aonghasa 216

Dún Duchathair 217
Dún Eochla 216
Dún Eoghanachta 216
Dun Laoghaire **106f**
Dunamase, Rock of **257**
Dunan, Bischof von Dublin 84
Dunbeg Fort
  Dingle Peninsula, Tour 163
Dunbrody Abbey 152
Dunbrody Famine Ship, The 152
Duncannon 152
Dundalk **246**
  Pubs 330f
  Restaurants 322
Dundrum
  Mourne Coast, Tour 289
  Restaurants 324
  Shopping-Center 109, 111
Dunfanaghy 229
  Hotels 301
Dungannon **277**
  Hotels 303
  Restaurants 324
Dungarvan
  Restaurants 312
Dungloe 232
  Festivals 53
Dunguaire Castle 218
Dunkineely
  Restaurants 320
Dunloe, Gap of 167
Dunluce Castle 265
Dunmore Cave 148
Dunmore East 129, **152**
  Pubs 326
Dunmore Head
  Dingle Peninsula, Tour 162
Dunquin
  Pubs 328
Dunraven, Earls of 198
Dunree Head
  Inishowen Peninsula, Tour 230
Dunseverick Castle 265
Durrus
  Restaurants 315
Dursey Island 170
DV Diving (Newtownards) 347
Dwyer, Michael 143
Dysert O'Dea 185, **193**
  Hochkreuz 247

E

Earhart, Amelia 263
Eason and Son (Cork) 335
Eason (Dublin) 111
easyJet 361
EC-Karte *siehe* girocard
Edgeworth, Maria 26
Edwards, Hilton 94
Edwards, John 95
Eida, Minoru 135
Eida, Tassa 135
Éigse Sliabh Rua (Slieverue) 54
Einkaufen *siehe* Shopping
Einreise und Zoll 350
Eintrittspreise 351

Einwohnerzahl 16, 58
Eisenzeit 40
El Greco 74
Elegant Ireland 295
Elfen **30**
Elizabeth I, Königin 183, 259
  Grace O'Malley 210
  Trinity College (Dublin) 66
Elizabeth II, Königin 51, 95
Emain Macha 278
Emerald Star (Carrick-on-Shannon) 347
Emigration **46f, 182**
  Ulster-American Folk Park **273**
Emmet, Robert 46, 64, **81**
  Grab 96
  Verhaftung 101
Emo Court 25, 45, **257**
Enda, St 216
English Market (Cork) 14
Ennis **193**
  Pubs 328
  Restaurants 317
Enniscorthy 129, **153**
  Pubs 326
Enniskerry 139
  Hotels 297
  Restaurants 312
Enniskillen, William Cole, 1. Earl of 277
Enniskillen **276**
  Hotels 303
  Lower Lough Erne, Tour 275
  Pubs 331
  Restaurants 324f
Enniskillen Castle 276
Enright, Anne 27
Ensor, John 72, 94
Entries, The (Belfast) 281
Enya 28
Equestrian Holidays Ireland 347
Ermäßigungen
  Studenten 351, 352
  Züge 369
Erne, Fluss 235, 244
Erne, Lough 239, 259
  Lower Lough Erne, Tour **274f**
Errigal Mountain 228
Essen und Trinken
  Fish and Chips 305
  Guinness **102f**
  Irische Küche 306f
  Shopping **109**, 111, **333**, 335
  siehe auch Pubs; Restaurants
Eurolines 363
Europa
  Karte 16
Europäische Union 19f, 50
Europcar 367
European Health Insurance Card (EHIC) 355
European Tour (Dublin) 346
Everglades (Hotel) 297, 303
Everyman Palace Theatre (Cork) 341
Exploris (Portaferry) 284

Extreme Sports Island 347
Eyeries 170

F

Fähren 362–364
  Aran Islands 217
Fahrradfahren *siehe* Radfahren
Fáilte Ireland (Dublin) 351
Fair Head 271
Fairyhouse (Rataoth) 346
Fallon & Byrne (Dublin) 111
Fanad Peninsula **229**
Farney Castle 199
Feakle Festival 341
Fechin, St 213, 245
Feen **30**
Feiertage 55
Feis Ceoil 52
Fenians 47, 178
Fergus, Fluss 193
Ferienwohnungen 293f
Fermanagh, County 259
  siehe auch Nordirland
Fermanagh County Museum (Enniskillen) 276
Fermanagh Lakelands 347
Fermoy 181
Fernsehen 358
Fest des hl. Kevin inmitten der Ruinen von Glendalough (Peacock) 35
Festivals 52–55, **340**, 341
Feuerwehr 355
Fianna Fáil 21, 49
Film **27**
  Dublin 113, 117
  Festivals 52, 54
Fin Barre, hl. 175, 178, 179
Fine Gael 21, 49
Finn McCool **30f**, 271
  Giant's Causeway 127, 266f
  Lough Neagh 278
Fish and Chips 305
Fitzgerald, Familie (Earls of Kildare) 129, 181
  Adare 198
  Knights of Glin 188
Fitzgerald, »Silken Thomas« 42, 83, 97
Fitzgibbon, Marjorie 91
Fitzmaurice, Thomas 160
Fitzwilliam Square (Dublin) **72**
Five Counties Holidays 347
Flame (Carrickfergus) 279
Fleadh Nua (Ennis) 52
»Flight of the Earls« 43, 259
»Flight of the Wild Geese« 185
Flora und Fauna **22f**
  Burren 190f
  Castle Caldwell Forest Park 274
  Connemara 212f
  Fota Wildlife Park 182f
  Peatlands Park 278f
  Shannonbridge Bog Railway 255
  siehe auch Vögel

Florence Court **277**
Flughäfen
  Belfast International 360, 361
  Cork 360, 361
  Dublin 360, 361
  George Best Belfast City 361
  Ireland West Airport Knock 360, 361
  Shannon 360, 361
Flugreisen 360f
Flüsse 22
Foley, John
  Denkmal für Daniel O'Connell 91
  Statue von Edmund Burke 66
  Statue von Henry Grattan 64
  Statue von Oliver Goldsmith 66
Fore Abbey 241, **245**
Forgotten Cotton (Cork) 335
Forts (Neuzeit)
  Charles Fort (Kinsale) 176
  Elizabeth Fort (Cork) 180
  Hillsborough Fort 285
Forts (Prähistorie) 24f
  Aran Islands 216f
  Cahermore Stone Fort 192
  Dún Aonghasa 216
  Dún Duchathair 217
  Dún Eochla 217
  Dunbeg Fort 163
  Grianán Ailigh 230, **231**
  Hill of Tara 252
  Lisnagun Ring Fort 174
  Navan Fort (Armagh) 278
  Rock of Dunamase 257
  Staigue Fort 168
Fota Island
  Fota House and Gardens 182
  Fota Wildlife Park 182f
  Hotels 298
Four Courts (Dublin) **96f**
Foxford **209**
Foyle, Fluss 262f
Foynes **188**
Franziskaner
  Annals of the Four Masters 43
  Ennis Friary 193
  Muckross Abbey 162
  Quin Franciscan Friary 193
  Timoleague Abbey **174f**
Fremdenverkehrsämter 350f
French, Percy 289
Friel, Brian
  Abbey Theatre (Dublin) **92**, 119
Front Lounge, The (Dublin) 117
Frühling in Irland 52
Fundbüros 354
Fungi (Delfin) 161, 163
Fureys 28
Fußball 33, 346

G

Gaelic Athletic Association 33, 47
Gaelic Football 33
Gaeltachts 21, 205, 233, 350
Gaiety Theatre (Dublin) 116

Gainsborough, Thomas 136
Galbally 202
Galilei, Alessandro 132
Gälische Sprache 21, **233**, 350
  Bildungsurlaub 341
  Gaeltachts 205, **233**
  Literatur 26f
Gallarus Oratory **161**
  Dingle Peninsula, Tour 163
Gallery of Photography (Dublin) 111
Galty Mountains 185
Galway, County 205
  siehe auch Westirland
Galway 205, 206, **214f**
  Hotels 300
  Pubs 329f
  Restaurants 319f
  Zentrumskarte 215
Galway Arts Festival 53, 341
Galway Bay Golf Club (Oranmore) 346
Galway Hooker **215**, 218
Galway Irish Crystal (Galway) 335
Galway Oyster Festival 54, 205
Galway Race Week 33, 53
Gandon, James
  Bank of Ireland (Dublin) 64
  Carrigglas Manor 245
  Custom House (Dublin) 45, 59, 92
  Emo Court 45, 257
  Four Courts (Dublin) 96f
  King's Inns (Dublin) 96
Ganggräber
  Carrowkeel Passage Tomb Cemetery 227, 239
  Carrowmore Megalithic Cemetery 238
  Dowth 248, **249**
  Hill of Tara 15, 252
  Knowth 15, 248, **249**
  Newgrange 13, 15, 248, **250f**
Gap of Dunloe 166
Gap of Mamore
  Inishowen Peninsula, Tour 230
Garavogue, Fluss 238
Garden of Remembrance (Dublin) **95**
Gardiner, Luke 92
Gärten *siehe* Parks und Gärten
Garter Lane Theatre (Waterford) 341
Garthorne, Francis 85
Gästehäuser 292f
Gate Theatre (Dublin) **94**, 116
  Detailkarte 90
  Highlights: Unterhaltung 118
Geld 356f
  EU-Standardüberweisung 356
Geldautomaten 356
General Post Office (Dublin) **93**, 359
  Detailkarte 90
  Osteraufstand 49

TEXTREGISTER | 381

Generalstreik (1913) 48
Geoffrey Healy Pottery (Kilmacanogue) 335
Geokaun Mountain and Fogher Cliffs 168
George, The (Dublin) 117
George Bernard Shaw Theatre (Carlow) 341
George Best Belfast City Airport 361
George III, König von England 172
George IV, König von England 276
George's Street Arcade (Dublin) 111
Georgianische Landhäuser 25
Georgianische Reihenhäuser 73
Georgianisches Irland **44f**
Stadthäuser in Dublin 73
Gepäckaufbewahrung 355
Gerard Manley-Hopkins Summer School 341
Geschichte **34 – 51**
Geschwindigkeitsbegrenzungen 366
Gesundheit 355
Giant's Causeway 127, 259, **266f**
Causeway Coast 265
Giant's Ring (Belfast) 283
Gibson, Mel 252
Gifford, Grace 101
Gill, Lough 225
girocard 356
Gladstone, William Ewart 47
Glanmire, Fluss 181
Glasnevin Cemetery (Dublin) 105
Glaswaren
Läden **333**, 335
Souvenirs 337
Tyrone Crystal (Dungannon) 277, 335
Waterford-Kristall 151
Glebe House and Gallery 229
Glen of Aherlow **202**
Glenariff Forest Park **271**
Glenbeg Lough 170
Glenbeigh
Ring of Kerry, Tour 168
Glencar
Pubs 328
Glencar Lough
Yeats Country, Tour 237
Glencolmcille **232f**
Glencree
Military Road, Tour 142
Glencullen (County Dublin)
Restaurants 311
Glendalough 35, 38f, **144f**
Karte 144
Military Road, Tour 142
Glengarriff 171
Gleninsheen Wedge Tomb 192
Glenmacnass
Military Road, Tour 142
Glens of Antrim 271

Glenties
Restaurants 321
Glenveagh Castle 228f
Glenveagh National Park 228f
Glin, Knights of 188
Glin **188**
Globe, The (Bar, Dublin) 117
Gogarty, Oliver St John 107
Goldsmith, Oliver 26
Statue 66
Trinity College (Dublin) 66
Goldsmith Summer School (Ballymahon) 341
Goleen
Restaurants 315
Golf **344**, 346f
Golfing Union of Ireland 346
Gore-Booth, Familie 235f
Gore-Booth, Sir Robert 235
Gorey
Hotels 297
Restaurants 312
Gort, Lord 196f
Gottesdienste 352
Gougane Barra Park 175
Goya, Francisco de 74
Grafton Street (Dublin) **64**
Detailkarte 62
Graiguenamanagh 130, 153
Grand Canal Theatre (Dublin) 116
Grand Central (Bar, Dublin) 117
Grand Opera House (Belfast) 280, 341
Grand Social, The (Dublin) 117
Graphic Studio Gallery (Dublin) 111
Grattan, Henry 44
Statue 64
Temple Bar (Dublin) 82
Grave Diggers, The (Bar, Dublin) 117
Great Music in Irish Houses 53, 340, 341
Great Sugar Loaf
Military Road, Tour 142
Green Castle
Mourne Coast, Tour 289
Green Flag National Breakdown 367
Greencastle
Inishowen Peninsula, Tour 231
Restaurants 321
Gregor XVI., Papst 87
Gregory, Lady 26, 94, 219
Abbey Theatre (Dublin) 92
Coole Park 218f
Grey Abbey 284
Greyhound Derby 33
Greystones
Restaurants 312
Grianán Ailigh **231**
Inishowen Peninsula, Tour 230
Gris, Juan
Pierrot 74
Grogan's (Bar, Dublin) 117

Große Hungersnot (1845 – 48) **46f**, 205, **223**
Emigration 19, 35
Famine Museum (Strokestown Park) 223
Großraum Dublin, Karten 17, 99
Grünes Irland 353
Guaire, König von Connaught 218
Guinness 21
Guinness Storehouse (Dublin) **102**, 111
Guinness-Produktion **102f**
Guinness, Arthur 45, 102, **103**
Guinness, Sir Benjamin 86
Guinness, Desmond 86
Guinness, Familie 65
Gur, Lough 185, **198f**
The Gutter Bookshop (Dublin) 111

H

Hag's Head 188
Halloween 54
Hambletonian (Stubbs) 287
Händel, Georg-Friedrich
Messias 44, 85
St Michan's Church (Dublin) 96
Hanly, Daithí 95
Ha'penny Bridge (Dublin) **97**
Ha'penny Bridge Inn (Dublin) 116
Harfen 28f
Harland, Sir Edward 280
Harold's Cross Stadium (Dublin) 346
Harrington, Pádraig 51
Hastings Hotels 295
Häuser, Burgen und Gärten (Bildungsurlaub) 341
Hawk's Well Theatre (Sligo) 341
Healy Pass 170
Healy's Galway Bus Tours 371
Heaney, Seamus 26f
Henry, Mitchell 212
Henry II, König von England 35, 40, 154
Henry VIII, König von England 42
Aufstand des Silken Thomas 97
Bruch mit der katholischen Kirche 35
Christ Church Cathedral (Dublin) 85
Heraldic Artists (Dublin) 111
Herbst in Irland 54
Heritage Ireland 351
Heritage Week 54
Hertz (Autovermietung) 367
Heuston, Sean J. 48
Hiberno-romanische Architektur 25
Hickey's Pharmacy (Dublin) 355
Hidden Ireland 295
Hill, Arthur 285
Hill, Derek 228, 229
Hill of Slane 249

Hill of Tara 241, **252**
Hillsborough **285**
  Pubs 331
  Restaurants 325
Hillsborough Castle 285
Hillsborough Fort 285
Hilser Bros. (Cork) 335
Hochkreuze **247**
  Ahenny 203, 247
  Ardboe 272
  Armagh 278
  Carndonagh Cross 230
  Clonmacnoise 254
  Duiske Abbey 153
  Dysert O'Dea 185, 193, 247
  Glendalough 144
  Kells 245
  Kilfenora 192
  Kilkieran 203
  Monasterboice 246f
  Rock of Cashel 200
Hochmoore der Midlands 256
Hodges Figgis (Dublin) 111
Höhlen
  Aillwee Cave 192
  Bruce's Cave (Rathlin Island) 270
  Cave Hill (Belfast) 283
  Dunmore Cave 148
  Marble Arch Caves Global Geopark **277**
Holiday Autos 367
Holy Cross Abbey **199**
Holy Island 175, 194
Holywood
  Hotels 303
  Restaurants 325
Home Rule 35, 46f
Hook Head 152
Hook Peninsula **152**
Hooker, Galway **215**, 218
Hore Abbey 199
Horn Head **229**
Horse Racing Ireland 346
Hotels **292–303**
  Cork und Kerry 298f
  Dublin 296f
  Gästehäuser 292f
  Landhäuser 292
  Midlands 302
  Nordirland 302f
  Nordwest-Irland 301f
  Preise 294
  Reisende mit besonderen Bedürfnissen 295
  Reservierung 295
  Südost-Irland 297f
  Trinkgeld 294
  Unterer Shannon 299f
  Westirland 300f
Houghton, Ray 51
House (Club, Dublin) 117
Howl at the Moon (Club, Dublin) 117
Howth **106**
Howth Head 99, 106

Hugenotten
  Cork 180
  St Patrick's Cathedral (Dublin) 86
Hugh Lane Gallery (Dublin) **95**, 116
Hughes, John Joseph 273
Hume, John 19
Hungersnot **46f**, 205, **223**
Hungry Hill 170
Hunt, John 198f
Hunter's Hotel 293
Hurling 33, 54
Hyde, Douglas 65
  Denkmal 87

I

Inch Abbey 285
Inchagoill 213
Inchydoney 174
Independent Holiday Hostels of Ireland 295
Industry (Dublin) 111
Inis Saimer 235
Inishbofin **210**
  Hotels 300
Inisheer 216
Inishmaan 216
Inishmore 216
  Restaurants 319
Inishowen Peninsula, Tour **230f**
Inistioge 153
  Hotels 297
Inland Fisheries Ireland (Belfast) 346
Innisfree *siehe* Isle of Innisfree
International Bar (Dublin) 116
International Financial Service Centre (IFSC) (Dublin) 347
International Rally of the Lakes 32
International Sailing Centre (Cobh) 347
Internet-Zugang 359
IRA *siehe* Irish Republican Army
Ireland Bed & Breakfast Network 293, 295
Ireland by Bike 346
Ireland West Airport Knock 360, 361
Ireland's Eye (Howth) 106
Irische Sprache (Bildungsurlaub) 341
Irischer Freistaat 35
  Anglo-irischer Vertrag 48f
  Irisches Parlament 69
Irisches Parlament **69**
Irish Angling Update 346
Irish Car Rentals 369
Irish Champion Hurdle 32
Irish Citizen Army 93
Irish Derby 32
Irish Design Shop (Dublin) 111
Irish Farmhouse Holidays 295, 353
Irish Federation of Sea Anglers 346
Irish Ferries 362, 363
Irish Film Centre (Dublin) 82
Irish Film Institute (Dublin) 117

Irish Football League Cup 32
Irish Georgian Society 132
Irish Grand National 32
Irish Hotels Federation 295
Irish Ladies Golfing Union 366
Irish Landmark Trust 295
Irish Museum of Modern Art – Royal Hospital Kilmainham (Dublin) **101**
Irish National Heritage Park **154**
Irish National Sailing School 347
Irish Open Golf Championship 33
Irish Rail 352, 369
Irish Republican Army (IRA)
  Enniskillen, Anschlag 276
  Geschichte 49
  Unruhen 35, 50f
  Waffenruhe 19
Irish Republican Brotherhood 47
Irish Rugby Football Union 346
Irish Surfing Association 347
Irish Tourist Assistance Service 355
Irish Underwater Council 347
Irish Volunteers (18. Jh.) 45
Irish Volunteers (20. Jh.)
  Garden of Remembrance (Dublin) 95
  Osteraufstand 93
Irish Wheelchair Association 347
Isle of Innisfree
  Yeats Country, Tour 237
Iveagh House (Dublin) 65

J

Jackson, Andrew 279
James I, König von England 43, 244
James II, König von England
  Belagerung von Derry 263
  Carrickfergus Castle 279
  Christ Church Cathedral (Dublin) 85
  Schlacht am Boyne 35, 42f, 53, 106, **248**
James Murtagh Jewellers (Westport) 335
Jameson, John 96
Jameson Dublin International Film Festival 55
Japanese Gardens (Kildare) 135
Jazz **339**, 331
  Dublin 113, 116
  Festivals 54
Jerpoint Abbey **149**
Jerpoint Glass (Stoneyford) 335
Jervis Centre (Dublin) 111
Johannes Paul II., Papst
  Clonmacnoise 254
  Phoenix Park (Dublin) 50, 100
  Wallfahrt nach Knock 209
Johnnie Fox's 116
Johnson, Esther (Stella) 86f
Johnston, Denis 94
Johnston, Francis 80, 96

TEXTREGISTER | 383

Johnston, Richard 276
Johnstown Castle **154f**
Jordan's Castle 288
Joyce, James 21, 27, 85, **94**
  Bloomsday (Dublin) 52
  Büste 64
  Ennis 193
  James Joyce Centre (Dublin) 90, **94**
  James Joyce Summer School (Dublin) 341
  James Joyce Tower (Sandycove) **107**
  Katholische Universität von Irland 65
  National Library (Dublin) 63, 69
  St Stephen's Green (Dublin) 64
  Statuen 89, 91
  Ulysses 27, 52, 94, 107, 193
Judith mit dem Kopf des Holofernes (Mantegna) 75
Jugendherbergen 294f

K

K Club, The (Straffan) 346
Kanturk 181
Karfreitagsabkommen (1998) 19, 35, 51
Karten
  Aran Islands 216f
  Bahnnetz 369
  Belfast 280f
  Burren 192
  Connemara 211
  Cork 178f
  Cork und Kerry 158f
  Dingle Peninsula, Tour 162f
  Dublin 58f
  Dublin: Großraum Dublin 17, 99
  Dublin: Highlights Unterhaltung 118f
  Dublin: Innenstadt 99
  Dublin: Nahverkehrssystem 368
  Dublin: Nördlich des Liffey 89
  Dublin: O'Connell Street und Umgebung 90f
  Dublin: Stadtplan **120–123**
  Dublin: Südost-Dublin 61, 62f
  Dublin: Südwest-Dublin 77, 78f
  Europa 16
  Galway 215
  Inishowen Peninsula, Tour 230f
  Irland 16f
  Irland im Überblick 126f
  Kilkenny 146f
  Kinsale 176f
  Londonderry 262f
  Lower Lough Erne, Tour 274f
  Midlands 242f
  Military Road, Tour 142
  Mourne Coast, Tour 289
  Nordirland 260f
  Nordwest-Irland 226f
  North Antrim, Küste 265
  Phoenix Park (Dublin) 100
  Prähistorisches Irland 36
  Ring of Kerry, Tour 168f
  Shannon, Fluss 185
  Straßenkarten 365
  Südost-Irland 130f
  Unterer Shannon 186f
  Waterford 151
  Westirland 206f
  Yeats Country, Tour 236f
Kathedralen
  Ardfert **160**
  Christ Church (Dublin) 58, 78, **84f**
  Christchurch (Waterford) 150
  Clonfert 205, **219**
  Down (Downpatrick) 285
  Holy Trinity (Waterford) 150
  Rock of Cashel 201
  St Aidan's (Enniscorthy) 153
  St Anne's (Belfast) 280f
  St Brigid's (Kildare) 134f
  St Canice's (Kilkenny) 148
  St Carthage (Lismore) 149
  St Colman's (Cobh) 182
  St Columb's (Londonderry) 262, 263
  St Declan's (Ardmore) 149
  St Eunan (Letterkenny) 231
  St Fin Barre's (Cork) 179
  St Flannan's (Killaloe) 194
  St John's (Limerick) 195
  St Mary's (Limerick) 195
  St Mary's Pro-Cathedral (Dublin) 91, **93**
  St Nicholas (Galway) 214
  St Patrick's (Armagh) 278
  St Patrick's (Dublin) 58, **86f**
  St Patrick's (Trim) 252
  siehe auch Kirchen in Dublin
Katholische Kirche 20
  Emanzipation 46
  Knock **209**
  Protestantische Eroberung 35, **42f**
  Schlacht am Boyne 248
Katholische Universität von Irland (Dublin) 65
Kaufhäuser, Dublin **108**, 111
Kavanagh, Patrick 27, 92
Keadue
  Festivals 53
Kearney, Kate 167
Kearney Cycles 367
Keenan, Paddy 28
Kehoe's (Bar in Dublin) 117
Keith Prowse Travel (IRL) Ltd 341
Kells **245**
  Kloster 39, 245
  Restaurants 322
  siehe auch Book of Kells
Kelly, Oisín
  Kinder des Lir 95
Kelten 36f
  Christianisierung **38f**
  Geschichte 36f
  Hochkreuze **247**
  Keltisches Erbe **30f**
Kenmare, Earl of 94
Kenmare **170**
  Hotels 298f
  Restaurants 315
Kenmare Bookshop & Art Galleries 335
Kennedy, John F. 50, 153
  JFK Memorial Park (New Ross) 153
  Kennedy Homestead 153
Kennys (Galway) 335
Kerry, County
  siehe Cork und Kerry
Kevin, hl. 144, **145**
Kevin & Howlin (Dublin) 111
Key, Lough 189, 223
Kilbeggan **253**
  Pubs 330
Kilbeggan Distillery Experience (Kilbeggan) 253
Kilclief Castle 288
Kilcolgan
  Restaurants 319
Kildare 129, **134f**
  Restaurants 312
Kildare, 19. Earl of 78
Kildare, 8. Earl of 42
  Earl of Ormonde 87
  Lambert Simnel 41, 85
Kildare, County 129
  siehe auch Südost-Irland
Kildare Outlet Village 334
Kilfenora 192
Kilgallon, Thomas 235
Kilkenny, County 129
  siehe auch Südost-Irland
Kilkenny, Statuten (1366) 41
Kilkenny 31, 129, **146–148**
  Detailkarte 146f
  Hotels 297
  Pubs 326
  Restaurants 312
Kilkenny Arts Festival 53, 341
Kilkenny Castle 127, **148**
  Detailkarte 147
Kilkenny Cat Laughs 52
Kilkenny Design Centre 147, 335
Kilkenny (Dublin) 335
Kilkenny Shop (Dublin) 111
Kilkieran 203
Killahoey Strand 229
Killala
  Pubs 330
Killaloe 189, **194**
  Pubs 329
  Restaurants 317
Killarney 157, **163**
  Hotels 299
  Lakes of Killarney 126, **166f**
  Pubs 328
  Restaurants 315
  Ring of Kerry, Tour 169
Killarney Riding Stables 347
Killiney **107**

Killorglin
  Festivals 53
  Pubs 328
  Restaurants 315
  Ring of Kerry, Tour 165
Killruddery House and Gardens 137
Killybegs **233**
Kilmacanogue
  Restaurants 312
Kilmacduagh **218**
Kilmacow
  Restaurants 312
Kilmainham Gaol (Dublin) **101**
Kilmalkedar
  Dingle Peninsula, Tour 163
Kilmallock
  Hotels 299
Kilmessan
  Hotels 302
Kilmore Quay 155
  Pubs 327
Kilmurvey Beach 216
Kilnacduagh 205
Kilnaleck
  Pubs 330
Kilronan 217
Kilrush **188**
  Pubs 329
Kilvahan Horsedrawn Caravans 295
Kinbane Castle 265
Kincasslagh
  Restaurants 321
Kinder des Lir (Kelly) 95
Kinder
  reisen mit 352
King John's Castle (Carlingford) 246
King John's Castle (Limerick) 195
King's Inns (Dublin) **96**
Kingston, Earls of 223
Kinnitty 257
  Hotels 302
  Pubs 331
Kino *siehe* Film
Kinsale 157, 159
  Detailkarte 176f
  Hotels 299
  Pubs 328
  Restaurants 316
Kinsale International Festival of Fine Food 54
Kinvara 205, **218**
  Festivals 53
  Restaurants 319
Kirchen
  Gottesdienste 352
  siehe auch Kathedralen
Kirchen in Dublin
  St Ann's 62, **65**
  St Audoen's **83**
  St Audoen's Roman Catholic Church 83
  St Michan's **96**
  St Werburgh's 78
  University Church 65
  Whitefriar Street Carmelite Church **87**
Kleidung
  Läden **334**, 335
  Läden in Dublin 110, 111
  Restaurants 304
  Souvenirs 336
Klima 53f
Klöster 38f
  Ardmore 149
  Clonmacnoise 35, 39, 241, **254f**
  Devenish Island 275
  Dysert O'Dea 185, **193**
  Glendalough 35, 38f, **144f**
  Holy Island 194
  Kells **245**
  Kilmacduágh **216**
  Mellifont 39
  Monasterboice **246**, 247
  St Cronan's Monastery 199
  siehe auch Abteien
Knappogue Castle **193**
Knights of Glin 188
Knightstown 168
Knock 205, **209**
Knocknarea 238
Knowth 248, **248**, 250
Kobolde **30**
Kommunikation 358f
Koralek, Paul 66
Krankenbesuch, Der (Lawless) 75
Krankenhäuser 355
Kreditkarten 332, 356
Kreuzabnahme Christi (Caravaggio) 75
Kreuze *siehe* Hochkreuze
Kriminalität 354
Kristall
  Läden **333**, 335
  Souvenirs 337
  Tyrone Crystal (Dungannon) 277, 335
  Waterford-Kristall 151
Krystle (Club, Dublin) 115, 117
Kunsthandwerk
  Bildungsurlaub 341
  Läden **333**, 335
Küsten 22
Küstenwache 355
Kylemore Abbey **212**
Kyteler, Dame Alice 147

L

Lacy, Hugh de 252
»Lady Betty« 222
Lafranchini, Paolo und Filippo 25
  Castletown House 133
  Newman House (Dublin) 65
  Russborough House 136
Lahinch
  Hotels 299
  Restaurants 318
Lahinch Golf Club 346
Landhäuser, Unterkünfte 292f
Landhäuser 25
  Avondale House **145**
  Bantry House **172f**
  Belvedere House (Mullingar) 253
  Blarney House 175
  Carrigglas Manor 244f
  Castle Coole 259, 276
  Castle Ward 288
  Castletown House 129, **132f**
  Clonalis House 205, **222**
  Derrynane House 168
  Dunkathel House 181
  Emo Court **257**
  Florence Court **277**
  Fota House 182
  Glin Castle 188
  Johnstown Castle **154f**
  Killruddery House **137**
  Lissadell House **235**
  Mount Stewart House 259, **286f**
  Muckross House (Killarney) 163, 167
  Parke's Castle **237**
  Powerscourt 123, **138f**
  Puxley Mansion 170
  Russborough House 45, 129, **136f**
  Strokestown Park 205, **222f**
  Talbot Castle 252
  Westport House 205, 208f
Land-Liga 47
Landschaften **22f**
Lane, Sir Hugh
  Hugh Lane Gallery (Dublin) 95
Lansdowne, Marquess of 170
Lanyon, Sir Charles
  Custom House (Belfast) 283
  Queen's University (Belfast) 282
  Trinity College (Dublin) 66
Laois, County 241
  siehe auch Midlands
Larkin, James
  Statuen 90, 93
Larne **279**
  Fähren 364
Lavery, Sir John 282
Lawless, Matthew James,
  Der Krankenbesuch 75
Layde Old Church 271
Laytown Beach Races 52
Leamaneagh Castle 192
Lean, David 160
Leane, Lough 167
Lecale Peninsula **288**
Lee, Fluss **175**
  Cork 178f, 180
  Umgebung von Cork 181
Lee, Sir Thomas 42
Leenane
  Restaurants 319
Lefroy, Familie 244
Leganafiny Dolmen 36, **288**
Leighlinbridge
  Pubs 327
  Restaurants 313

Leinen **272**
  Läden **334**, 335
  Souvenirs 337
Leinster, Duke of 69
Leinster Aqueduct 134
Leinster House (Dublin) **69**
  Detailkarte 63
Leitrim, County 233
  siehe auch Nordwest-Irland
Lennox, Lady Louisa 132f
Lennox, Tom 132
Leonard, Hugh 92
Leopardstown, Pferderennen 55, 135, 346
Letterfrack
  Restaurants 319
Letterkenny **231**
  Restaurants 321
Letzter Rundgang von Pilgern um Clonmacnoise (Petrie) 254
Lever Brothers 78
Liffey, Fluss 96f
  Poulaphouca Reservoir 137
Lighthouse Cinema 116
Lillie's Bordello (Club, Dublin) 117
Limavady
  Restaurants 325
Lime Tree Theatre (Dublin) 338
Limerick, County 185
Limerick, Vertrag von (1691) 185
Limerick **195**
  Belagerung von 185, 195
  Geschichte 37
  Hotels 299
  Pubs 329
  Restaurants 318
  Shannon, Fluss 189
Linen Hall Library (Belfast) 281
Lios-na-gCon Ring Fort 174
Lir, König **31**
Lisdoonvarna 192
Lisdoonvarna Matchmaking Festival 54
Lismore **149**
Lismore Castle 149
Lissadell House **235**
  Yeats Country, Tour 236
Listowel Writers' Week 341
Listowel
  Restaurants 316
Liszt, Franz 94
Literatur **26f**
  Bildungsurlaub 341
  Literatur-Tour (Dublin) 114f
Little Island
  Hotels 299
The Little Museum of Dublin **65**
Little Skellig 169
Livingstone, Dr. David 72
Locke, Josef 28
Loftus, Adam 43
Londonderry 259, **262f**
  Belagerung von (1689) 43, 263
  Detailkarte 262f

Festivals 54
  Hotels 303
  Pubs 331
  Restaurants 325
  Sicherheit 354
Londonderry, 3. Marquess of 284
Londonderry, County 259
  siehe auch Nordirland
Londonderry, Familie 286f
Long Hall (Pub, Dublin) 117
  Detailkarte 79
Longford, County 241
  siehe auch Midlands
Longford
  Hotels 302
  Pubs 331
  Restaurants 322
Loop Head Drive 188
Lough Eske
  Hotels 301
Lough Key Forest Park 223
Lough Melvin Holiday Centre 347
Lough Navar Forest Drive
  Lower Lough Erne, Tour 274
Lough Ree Trail 253
Louis Copeland (Dublin) 111
Louis Mulcahy's Pottery (Tralee) 335
Louisburgh 210
Louth, County 241
  siehe auch Midlands
Love Ireland 371
Lower Lough Erne, Tour **274f**
Lower Shannon *siehe* Unterer Shannon
Luas (Dublin) 368, 371, 372
Lufthansa 360, 361
Lughnasa Fair (Carrickfergus Castle) 53
Lynch, Familie 214
Lyric Theatre (Belfast) 341

M

Mac Liammóir, Mícheál 94
MacDonnell, Clan 265, 271
MacDonnell, Sorley Boy 270
MacDuagh, St Colman 218
Mack, Robert 82
Maclise, Daniel 40
MacNamara, Clan 193
MacNeice, Louis 27
Macroom 175
MacSweeney, Familie 229
Maeve, Königin von Connaught 225
  Cúchulainn 30
  Knocknarea 238
Magee of Donegal 335
Maghery Bay 232
Magilligan Point 264
Magilligan Strand 264
Magini, Professor Dennis J. 94
Mahon, Derek 27
Mahon, Major Denis 223
Mahon, Thomas 222

Maison des Gourmets, La (Dublin) 111
Malachy, St 249
Malahide Castle **106**
Malahide
  Restaurants 311
Malin Beg 233
Malin Head
  Inishowen Peninsula, Tour 231
Mallow 181
  Restaurants 316
Malone, Molly
  Statue 62, 64
Mamore, Gap of *siehe* Gap of Mamore
Mansion House (Dublin) **65**
  Detailkarte 62
Mantegna, Andrea, *Judith mit dem Kopf des Holofernes* 75
Marble Arch Caves Global Geopark **277**
Marconi, Guglielmo 211, 270
Marie-Antoinette, Königin von Frankreich 173
Market Bar, The (Dublin) 117
Markievicz, Count Casimir 235
Markievicz, Countess Constance
  Lissadell House 235
  Osteraufstand 65
  Wahl zur ersten Parlamentarierin 48
Märkte in Dublin 90, **109**, 111
Marsh, Narcissus, Erzbischof von Dublin 87
Marsh's Library (Dublin) **87**
Martello-Türme
  Cleggan 211
  Dalkey Island 107
  Drogheda 248
  Howth Head 99
  James Joyce Tower 107
  Magilligan Point 264
Martin, Misses 280
Mary I, Königin von England 42
Mary II, Königin von England 248
Mary-von-Dungloe-Festival 53
Mask, Lough 213
Mason, James 94
Mäße 353
MasterCard 356
Matcham, Frank 280
Mathew, Father Theobald
  Anti-Alkohol-Kampagne 46
  Statuen 93, 180
Matisse, Henri 107
Mattock, Fluss 249
Mayo, County 205
  siehe auch Westirland
McAleese, Mary 20, 51
McBride, Major John 48
McCambridge's (Galway) 335
McCarthy, Dermot 175
McConvey Cycles (Belfast) 373
McCormack, John 28
  Moore Abbey 134
  St Mary's Pro-Cathedral 93

McCullough Piggott (Dublin) 111
McDaid's (Dublin) 117
   Highlights: Unterhaltung 119
McDonough, Thomas 48
McDyer, Father James 232f
McGuigan, Barry 51
McLoughlin's Books (Westport) 335
McMurrough, Art, König von Leinster 41
McMurrough, Dermot, König von Leinster 39f
Meath, County 241
   siehe auch Midlands
Meath, Earls of 137
Medizinische Versorgung 355
Meeting of the Waters 143, 167
Megabus 363
Mehrwertsteuer 332
Mellon, Judge Thomas 273
Merrion Square (Dublin) **72**
Metrisches System 353
Mezz, The (Dublin) 116
Michael Gibbons' Walking Ireland Centre (Clifden) 346
Michael Kennedy Ceramics (Gort) 335
Midlands **240–257**
   Hochmoore der Midlands **256**
   Hotels 302
   Pubs 330f
   Regionalkarte 242f
   Restaurants 321–323
Military Road 143
   Military Road, Tour **142**
Millstreet, Internationaler Wettbewerb der Kunstspringer 33
Milltown, Joseph Leeson, Earl of 136
Minot, Erzbischof 86
Miró, Joan 179
Mitchell & Son (Dublin) 111
Mitchelstown
   Restaurants 316
Mizen Head **171**
Mobiltelefone 358
Modeboutiquen **334**, 335
   Dublin **110**, 111
Model Arts & Niland Gallery (Sligo) 238
Mohill
   Hotels 301
Molaise III., hl. 275
Moll's Gap
   Ring of Kerry, Tour 169
Molly Malone (Rynhart) 62, 64
Monaghan, County 241, 259
   siehe auch Midlands
Monaghan 241, **244**
   Restaurants 323
Monasterboice **246**, 247
Monasterevin **134**
Monea Castle
   Lower Lough Erne, Tour 275

Monet, Claude 74
Monkstown
   Restaurants 316
Monument of Light (Dublin) siehe The Spire 93
Moore, Henry 64
   Ruhende verbundene Formen 66
Moore, Thomas 143
Moore Abbey (Monasterevin) 134
Moore Street, Markt (Dublin)
   Detailkarte 90
Moore
   Hochmoore der Midlands **256**
   Peatland World **134**
   Peatlands Park 278f
   Shannonbridge Bog Railway 255
Morgan Bar, The (Dublin) 117
Morris, Abraham 181
Morrison, Van 28
Mosse, Dr. Bartholomew 94
Mother (Club, Dublin) 117
Motorradrennen 32
Mound of Down 285
Mount Juliet 346
Mount Stewart House 127, 259, 284, **286f**
Mount Usher Gardens **143**
Mountaineering Council of Ireland 346
Mountains of Mourne 259, 261, **288**
Mountjoy, Lord 181
Mountpleasant Pony Trekking and Riding Centre 344, 347
Mountrath
   Hotels 302
Mountshannon **194**
Mourne, Mountains of
   siehe Mountains of Mourne
Mourne Coast, Tour **289**
Mourne Wall 288
Moycullen
   Restaurants 320
Muckross Abbey 166
Muckross House (Killarney) 163, 166
Muiredach's Cross (Monasterboice) 246f
Mulcahy, Louis 162
Mullaghmore 192
Mulligan's (Pub in Dublin) 117
Mullingar **252f**
   Hotels 302
   Restaurants 323
Munster 185
Murlough Bay 270f
Museen und Sammlungen
   Amelia Earhart Centre (Londonderry) 263
   Armagh County Museum 278
   Avondale House **145**
   Beit Art Collection (Russborough House) 136
   Brian Ború Heritage Centre (Killaloe) 194

Bunratty Folk Park 197
Burren Centre 192
Chester Beatty Library (Dublin) **81**
Colmcille Heritage Centre 229
County Museum (Dundalk) 246
County Museum (Monaghan) 244
Crawford Art Gallery (Cork) 178f
Dan O'Hara's Homestead (Clifden) 211
Dixon Gallery (Tory Island) 228
Donegal County Museum (Letterkenny) 231
Donegal Historical Society Museum (Rossnowlagh) 234f
Down County Museum (Downpatrick) 285
Drogheda Museum (Drogheda) 248
Dublin Writers Museum (Dublin) **95**
Dublinia (Dublin) 78, **83**
Eintrittspreise 351
Famine Museum (Strokestown Park) 223
Fermanagh County Museum (Enniskillen) 276
Flame (Carrickfergus) 279
Folk Village Museum (Glencolmcille) 232f
Foynes Flying Boat Museum 188
Glebe House and Gallery 229
Granuaile Visitor Centre (Louisburgh) 210
Guinness Storehouse (Dublin) **102**
Hugh Lane Gallery (Dublin) **95**
Hunt Museum (Limerick) 195
Irish Agriculture Museum (Johnstown Castle) 155
Irish Museum of Modern Art – Royal Hospital Kilmainham (Dublin) **101**
Irish National Heritage Park **154**
James Joyce Cultural Centre (Dublin) 90, **94**
James Joyce Tower (Sandycove) **107**
Kerry County Museum (Tralee) 160f
Kilmainham Gaol (Dublin) 101
King John's Castle (Limerick) 195
Knock Folk Museum 209
Limerick Museum 195
The Little Museum of Dublin **65**
Locke's Distillery (Kilbeggan) 253
Lough Neagh Discovery Centre 278f
Maritime Museum (Kilmore Quay) 155
Medieval Museum (Waterford) 150

Model Arts & Niland Gallery (Sligo) 238
National Gallery of Ireland (Dublin) 59, **74f**
National Leprechaun Museum 97
National Museum of Ireland – Archaeology (Dublin) 59, 63, **70f**
National Museum of Ireland – Country Life 209
National Museum of Ireland – Decorative Arts & History (Dublin) **105**
National Museum of Ireland – Natural History (Dublin) 72
National Print Museum (Dublin) **104**
National Wax Museum Plus (Dublin) 72
Navan Centre (Armagh) 278
Old Jameson Distillery (Dublin) 96
Old Midleton Distillery **183**
The Queenstown Story (Cobh) 182
Royal Hibernian Academy (Dublin) **72**
Skellig Experience Centre 168
Sligo Art Gallery 238
Sligo County Museum 238
Tower Museum (Londonderry) 262f
Ulster Folk and Transport Museum **284**
Ulster Museum (Belfast) **282**
Ulster-American Folk Park **273**
W5 (Belfast) 283
Water Wheels (Assaroe Abbey) 235
Waterford Crystal Visitor Centre (Dublin) 105
West Cork Regional Museum (Clonakilty) 174
Musik **28f**
 Bildungsurlaub 341
 Festivals 52–55
 Klassische Musik, Oper und Tanz 113, 116, **339**, 341
 Läden **332f**, 335
 Läden in Dublin **110**, 111
 Rock, Jazz, Blues und Country 113, 116, **339**, 341
 Traditionelle Musik 28f, 113, 114f, **339**, 341
Mussenden, Frideswide 264
Mussenden Temple **264**
Mythen **30f**

N

Na Seacht Teampaill 216
Napoleón, Kaiser 107
Nash, John 202, 223
National Botanic Gardens (Dublin) **104**
National Car Rental 367
National Concert Hall (Dublin) 116
 Highlights: Unterhaltung 119
National Express 363
National Gallery of Ireland (Dublin) 59, **74f**
National Leprechaun Museum 97
National Library (Dublin) **69**
 Detailkarte 63
National Museum of Ireland – Archaeology (Dublin) 59, **70f**
 Detailkarte 63
National Museum of Ireland – Country Life 209
National Museum of Ireland – Decorative Arts & History (Dublin) **105**
National Museum of Ireland – Natural History (Dublin) 72
National Print Museum (Dublin) **104**
National Radio Cabs (Dublin) 373
National Stud 135
National Trails Office 367
National Trust 341, 351
 Crown Liquor Saloon (Belfast) 281
 Mount Stewart House **286f**
 Mussenden Temple 264
 Portstewart Strand 264
 Wellbrook Beetling Mill 272
National Wax Museum Plus (Dublin) **72**
Nationalparks
 Connemara 126, **212**
 Glenveagh 228f
Navan Fort (Armagh) 278
Neagh, Lough **278f**
Neary's (Bar in Dublin) 117
Neill's Wheels (Dublin) 343, 346, 373
Nenagh
 Restaurants 318
Neptune Gallery (Dublin) 111
New Ross **152f**
 Pubs 327
New Royal Victoria Hospital 355
New York, irische Einwanderer 47
Newbridge Silverware (Newbridge) 334
Newcastle 288
 Hotels 303
 Mourne Coast, Tour 289
Newgrange 36f, 241, 248, **250f**
Newman, John Henry 65
Newman House (Dublin) 65
Newmarket-on-Fergus
 Hotels 300
Newport
 Hotels 300
Newton, Lord 65
Newtownards 284
Nicholas Mosse Pottery (Bennettsbridge) 335
Niederschläge 54
Nobelpreise 26, 49, 50, 51
Nordirland **258–289**
 Anglo-irischer Vertrag 48
 Banken 356
 Busse 370f
 Fähren 364
 Flüge 361
 Geschichte 35
 Hotels 302f
 Pubs 331
 Regionalkarte 260f
 Restaurants 323–325
 Sicherheit 354
 Straßensperren 367
 Taxis 371
 Telefon 358
 Unruhen 35, 50f
 Währung 357
 Züge 368
Nordirland-Bürgerrechts-Vereinigung 50
Nördlich des Liffey **88–97**
 Detailkarte 90f
 Hotels 296f
 Restaurants 310
 Stadtteilkarte 89
Nordwest-Irland **224–239**
 Hotels 301f
 Pubs 330
 Regionalkarte 226f
 Restaurants 320f
Nore, Fluss 148
Normannen
 siehe Anglo-Normannen
North Antrim Coast 265, 267
North Mayo Sculpture Trail 208
North West 200 (Motorradrennen) 32
Northern Ireland Railways 369
Northern Ireland Tourist Board 351, 371
Notfälle 354f

O

O'Brien, Edna 27
O'Brien, Familie 193, 196
O'Brien, Flann 26
O'Brien, Murtagh, König von Munster 231
O'Brien's Tower (Cliffs of Moher) 188
O'Carolan, Turlough 28
 Clonalis House 222
 Denkmal 87
 Tod 44
O'Carolan-Festival für Harfen- und traditionelle Musik (Keadue) 53
O'Casey, Sean 26
 Abbey Theatre (Dublin) 91f
 Gate Theatre (Dublin) 118
O'Connell, Daniel
 Denkmäler 91, 93, 193
 Derrynane House 168
 Grab 105
 Hill of Tara 252
 Katholische Gleichstellung 46

Merrion Square (Dublin) 72
National Library (Dublin) 69
O'Connell Street (Dublin) 55, **92f**
   Detailkarte 90f
O'Connor, Clan 160
O'Connor, Joseph 27
O'Connor, Sinéad 28
O'Conor, Felim, König von Connaught 222
O'Conor, Hugh, König von Connaught 222
O'Conor, Turlough, König von Connaught 213
O'Donnell, Familie 225, 234
O'Donnell's (Limerick) 335
O'Donoghue's (Dublin) 116
O'Faoláin, Seán 26
Offaly, County 241
   siehe auch Midlands
Öffnungszeiten 351
   Banken 356
   Läden 332
O'Flaherty, Clan 213
O'Flaherty, Donal 213
O'Flynn, Liam 28
Ogham-Stein 38, 194
Oisín Gallery (Dublin) 111
»Oktoberfest« (Londonderry) 54
Old Bushmills Distillery **270**
Old Jameson Distillery (Dublin) **96**
   Souvenirs 337
Old Mellifont Abbey 39, **249**
Old Midleton Distillery **183**
Olympia Theatre (Dublin) 116
Omagh
   Pubs 331
   Restaurants 325
O'Malley, Grace 210, 213
Oman Antique Galleries (Dublin) 111
One Man's Pass 233
O'Neill, Brian 40
O'Neill, Familie 225
   Dungannon 277
   Grianán Ailigh 231
   Protestantische Eroberung 42, 259
Oper 53, **339**, 341
   Dublin 113, 116
   Wexford Festival of Opera 54, 341
Opera House (Cork) 341
Oranier-Orden 45, 53
Organic Centre, The 227, **239**, 353
Ormond Castle (Carrick-on-Suir) 203
Ormonde, 2. Marquess of
   Grab 148
Ormonde, Black Tom Butler, 10. Earl of 203
Ormonde, Earls of 87, 100, 149
O'Rourke, Familie 237
O'Scully, Familie 200
Ossian's Grave 37, 271

Osteraufstand (1916) **48f**
   Flagge 70
   Garden of Remembrance (Dublin) **95**
   General Post Office (Dublin) 90, **93**
   Kilmainham Gaol (Dublin) 101
Ostern 55
O'Toole, Familie 143
O'Toole, St Laurence, Erzbischof von Dublin 85, 93
Oudry, Jean Baptiste 136
Oughter, Lough 22
Oughterard 213
   Pubs 330
Oul' Lammas Fair (Ballycastle) 53
Owengarriff River 166

P

P & O Ferries 362, 363, 364
Pain, J. und G. R. 181
Pakenham, Familie 245
Pale, The 40, **136**, 241
Palestrina-Chor 93
Palladianische Architektur 45
   Casino Marino 44, 99, 104
   Castletown House 134
   Florence Court 277
   Powerscourt 138
   Russborough House 136f
   Strokestown Park 222f
Pan Celtic Festival 52
Papstkreuz, Phoenix Park (Dublin) 100
Papworth, George 87
Park, Bischof Lucey 180
Parke, Captain Robert 237
Parken 367, 372, 373
Parke's Castle **237**
   Yeats Country, Tour 237
Parknasilla
   Hotels 299
Parknasilla 369
Parks und Gärten
   Avondale Forest Park 145
   Bantry House 172f
   Bildungsurlaub 341
   Birr Castle Demesne 257
   Botanical Gardens (Belfast) 282
   Castlewellan Forest Park **288**
   Coole Park 219
   Fota House and Gardens 182
   Garden of Remembrance (Dublin) **95**
   Garnish Island **170f**
   Japanese Gardens (Kildare) 135
   JFK Memorial Park (New Ross) 153
   Johnstown Castle 155
   Killruddery Gardens **137**
   Lismore Castle 149
   Lough Rynn Estate **239**
   Merrion Square (Dublin) **72**
   Mount Stewart House **286f**
   Mount Usher Gardens **143**

National Botanic Gardens (Dublin) **104**
Phoenix Park (Dublin) **100**
Powerscourt **138f**
St Fiachra's Gardens (Kildare) 135
St Stephen's Green (Dublin) 62, **64f**
Tully Castle 274
Parlament **69**
   Bank of Ireland (Dublin) 64
   Geschichte 40, 48
   Leinster House (Dublin) 69
Parnell, Charles Stewart 47
   Avondale House **145**
   Grab 104
   Parnell Monument (Dublin) 90, 93
   Unabhängigkeits-Kampagne 46f
   Verhaftung 47, 101
Parsons, Familie 257
Passage East 151
Patrick, hl. 21, 246, 259, **285**
   Armagh 278
   Croagh Patrick 209
   Downpatrick 285
   Grianán Ailigh 231
   Hill of Slane 249
   Hill of Tara 252
   Lough Derg 234
   Missionierung Irlands 35, 38, 259, 285
   Rock of Cashel 200
   Slieve Patrick 285
   St Patrick's Bell 71
   St Patrick's Cathedral (Dublin) 86
   St Patrick's Cross (Cashel) 200
Pavarotti, Luciano 119
Peacock, Joseph, *Fest des hl. Kevin inmitten der Ruinen von Glendalough* 35
Pearce, Edward Lovett 64
Pearse, Patrick 48
   Osteraufstand 93
Peatlands Park 278, 279
Pedroza, Eusebio 51
Pembroke, William Marshall, Earl of 152
Penn, Sir William 175
Penrose, George und William 151
People's Garden, Phoenix Park (Dublin) 100
Peter's Pub (Dublin) 117
Peto, Harold 170
Petrie, George, *Letzter Rundgang von Pilgern um Clonmacnoise* 254
Petty, William 170
Pferde
   Horse Ploughing Match and Heavy Horse Show (Ballycastle) 52
   National Stud 135
   Pferdekutschen 295

Pferderennen 32, **135**, **342**, 346
Reiten und Pony-Trekking **344**, 347
Phoenix Column (Dublin) 100
Phoenix Park (Dublin) **100**
   Fahrradverleih 346
   Karte 100
Phoenix Park Bike Hire (Dublin) 343
Picasso, Pablo 229
Picknick 305
Pierrot (Gris) 74
Plugd Records (Cork) 335
Plunkett, Joseph 49, 101
Plunkett, Oliver 248
Politische Wandgemälde, West-Belfast **282**
Polizei 354f
Pomodoro, Arnaldo, *Sphere within Sphere* 63, 66
Pony-Trekking **344**, 347
Portadown
   Pubs 331
Portaferry 280
   Hotels 303
Portarlington, Earl of 257
Portballintrae
   Restaurants 325
Portlaoise
   Pubs 331
   Restaurants 323
Portmarnock (County Dublin)
   Hotels 296
Portmarnock Golf Club 347
Portora Royal School 276
Portrush 264
   Restaurants 325
Portsalon 229
Portstewart 260, **264**
   Restaurants 325
Portumna 189, **219**
   Restaurants 320
Portumna Castle 219
Portumna Forest Park 219
Portumna Priory 219
Porzellan **333**, 335
Post 359
Poulaphouca Reservoir 137
Poulnabrone Dolmen 192
Powerscourt, 7. Viscount 138
Powerscourt, Richard Wingfield, 1. Viscount 82, 138
Powerscourt 123, **138f**
Powerscourt Centre (Dublin) 111
Powerscourt Waterfall
   Military Road, Tour 142
Poynings, Edward 41
Prähistorisches Irland **36f**
   Beaghmore Stone Circles **272**
   Boyne Valley **248f**
   Browneshill 145
   Cahermore Stone Fort 192
   Carrowkeel Passage Tomb Cemetery 227, 239
   Carrowmore Megalithic Cemetery 238
   Cave Hill (Belfast) 283
   Céide Fields **208**
   Clare Island 210
   Connemara National Park 212
   Craggaunowen **194**
   Drombeg Stone Circle **174**
   Dún Aonghasa 216
   Dún Duchathair 217
   Dún Eochla 217
   Giant's Ring (Belfast) 283
   Gleninsheen Wedge Tomb 192
   Great Stone Circle (Lough Gur) 198f
   Grianán Ailigh 231
   Hill of Tara 252
   Knocknarea 238
   Legananny Dolmen 288
   Lough Gur **198f**
   Navan Fort (Armagh) 278
   Newgrange 248f, **250f**
   Ossian's Grave 271
   Poulnabrone Dolmen 192
   Turoe Stone **222**
Project Arts Centre (Dublin) 82, 116
Protestanten
   Protestantische Eroberung **42f**
   Protestantische Vorherrschaft 44f
   Schlacht am Boyne 248
Ptolemäus 37
Pubs **326–331**
   Cork und Kerry 327f
   Dublin 114, 116f
   Literatur-Tour (Dublin) 114f
   Midlands 330f
   Nordirland 331
   Nordwest-Irland 330
   Pub-Gerichte 305
   Südost-Irland 326f
   Unterer Shannon 328f
   Westirland 329f
Puck Fair (Killorglin) 53
Pugin, A. W. N. 153
Punchestown 32, 135, 346
Puxley Mansion 170
Pygmalion (Club, Dublin) 117

Q

Q Antiques (Dublin) 111
Quadventure (Wexford) 347
Queen's University (Belfast) 282
Queenstown Story, The (Cobh) 182
Quills Woollen Market (Killarney) 335
Quin Franciscan Friary 193

R

Radfahren **343,** 367
   in Belfast 373
   in Dublin 372
   Fahrradurlaub 346
   Mitnahme in Zügen 367
   Radverleih 373
Radio 358
Rain (Club, Dublin) 117
Raleigh, Sir Walter 183
Ramsay, Allan 172
Rathlannon Castle 155
Rathlin Island **270**
Rathmelton 229
Rathmullan
   Restaurants 321
Rathnew
   Hotels 298
Ratoo Round Tower 160
Raven Point 154
Ree, Lough 189
Reiseinformationen **360f**
   Autos 365–367
   Busse 370f
   Cork und Kerry 158
   Fähren 362–364
   Flugreisen 360f
   Midlands 242
   Nordirland 260
   Nordwest-Irland 227
   Südost-Irland 131
   Tanken 365
   Taxis 371
   Unterer Shannon 186
   Westirland 206
   Züge 368f
Reisende mit besonderen Bedürfnissen 352
   Hotels 295
   Sport **345**, 347
Reisechecks 356
Reiten und Pony-Trekking 344, 347
Religion
   Christianisierung **38f**
   Gottesdienste 352
   siehe auch Abteien; Kathedralen; Kirchen in Dublin; Klöster
Rennen
   Motorradrennen 32
   Pferderennen 32, **135**, **342**, 346
Renoir, Pierre Auguste 229
Rent an Irish Cottage 295
Restaurants **304–325**
   Cork und Kerry 313–316
   Dublin 308–311
   Fast Food 305
   Gourmet-Restaurants 304f
   Midlands 321–323
   Nordirland 323–325
   Nordwest-Irland 320f
   Preiswert essen 305
   Pub-Gerichte 305
   Südost-Irland 311–313
   Unterer Shannon 316–318
   Westirland 318–320
   siehe auch Essen und Trinken
Riasc
   Dingle Peninsula, Tour 162
Richard II, König von England 41
Ring of Kerry 164f
   Ring of Kerry, Tour **168f**
Ringfestungen 24
Ri-Ra (Club, Dublin) 117

Riverstown
  Hotels 301
Roaming 358
Roberts, John 150
Robertstown **134**
Robinson, Mary 20, 51
Robinson, Sir William
  Dublin Castle 80
  Irish Museum of Modern Art –
  Royal Hospital Kilmainham
  (Dublin) 101
  Marsh's Library (Dublin) 87
Roche, Stephen 51
Rock of Cashel 31, 126, 185, 199, **200f**
Rock of Dunamase **257**
Rockmusik 113, 116, **339**, 341
Rodin, Auguste 95
Rollstühle *siehe* Behinderte Reisende
Rory's Fishing Tackle (Dublin) 346
Roscommon, County 205
  siehe auch Westirland
Roscommon **222**
  Hotels 301
  Restaurants 320
Roscommon Castle 222
Roscrea **199**
Roscrea Castle 199
Rose of Tralee Festival 53
Rosguill Peninsula **229**
Ross Castle 166
Rosse, Earls of 257
Rosses, The **232**
Rosses Point
  Hotels 301
  Restaurants 321
  Yeats Country, Tour 236
Rosslare 129, **155**
  Fähren 362, 363
  Hotels 298
Rosslare Watersports Centre (Rosslare) 155
Rossnowlagh **234f**
  Hotels 301
  Pubs 330
Rostrevor
  Mourne Coast, Tour 289
Rothe House (Kilkenny) 146
Rotunda Hospital (Dublin) 44, **94**
  Detailkarte 90
Rouault, Georges 179
Round-Ireland Yacht Race 32
Roundstone 211
  Restaurants 320
Roundwood
  Military Road, Tour 142
  Restaurants 313
Royal Canal 46, 105, 252f
Royal College of Surgeons (Dublin) 64f
Royal County Down Golf Club (Newcastle) 347
Royal Dublin Society (RDS) 44, 69, 116

Royal Hibernian Academy (Dublin) 72
Royal Hospital Kilmainham (Dublin) **101**, 116
Royal Portrush Golf Club 264, 347
Royal Tara China (Mervue) 335
Rugby 32, 55
Ruhende verbundene Formen (Moore) 66
Rundtürme 24f
Russborough House 45, 129, **136f**
  Milltown-Sammlung 74
  Stuck 25
Ryanair 360, 361
Rynhart, Jean
  Molly Malone 62, 64

S

Sadler, William II
  Die Entsetzung Derrys 43
Sagen **30f**
Saller's Jewellers (Galway) 335
Sally Gap
  Military Road, Tour 142
Saltee Islands **155**
Salthill 215
Samuel Beckett Theatre (Dublin) 116
Sandel, Mount 36
Sandycove 107
Saul 259, 285
Savoy (Kino in Dublin) 117
Sayers, Peig 26
Scattery Island 188
Schlacht am Boyne 53, 55, 248
Schmuck
  Läden **244**, 335
  Souvenirs 336
Schomberg, General 279
Schull 171
Scilly
  Pubs 328
Scout (Dublin) 111
Scrabo Country Park 284
Scrabo Tower 284
Scurlogstown Olympiad Celtic Festival 52
Seanad Éireann 69
Secret Book and Record Store, The (Dublin) 111
Seen
  Irische Landschaften 22
  Lakes of Killarney 126, **166f**
Segeln **345**, 347
Segnung des Meeres 53
Selbstversorger, Unterkünfte 294
Selskar Abbey 154
Semple Stadium (Thurles) 341
Severin, Tim 194
Shaftesbury, Earl of 283
Shaikh, Ahmad 81
Shanagarry
  Restaurants 316
Shannon *siehe auch* Unterer Shannon

Shannon, Fluss **189**
  Shannon-Erne-Wasserstraße **239**
  Unterer Shannon 185
Shannon Airport 360, 361
Shannon Castle Line 347
Share Village (Lisnaskea) 347
Shaw, George Bernard 26, 118
  Coole Park 219
  Glengarriff 171
  National Gallery (Dublin) 74
  National Library (Dublin) 69
  Nobelpreis 49
Sheares, Henry und John 96
Sheen, Fluss 170
Sheep Island 265
Shelbourne Dublin 65
  Detailkarte 63
Shelbourne Park (Dublin) 346
Sheridan, Richard Brinsley 26
Sheridan's Cheesemongers (Dublin) 111
Sherkin Island 174
  Pubs 328
Shopping **332–337**
  Antiquitäten **110**, 111
  Bezahlung 108, 332
  Bücher **110**, 111, **332**, 335
  Delikatessen **109**, 111, **333**, 335
  Dublin **108–111**
  Einkaufsgegenden **108**, 332
  Geschenke und Souvenirs **109**, 111
  Kaufhäuser **108**, 111
  Keramik und Porzellan **333**, 335
  Kristall und Glas **333**, 335
  Kunstgalerien **110**, 111
  Kunsthandwerk **333**, 335
  Leinen **334**, 335
  Märkte **109**, 111
  Mehrwertsteuer 332
  Mode **110**, 111, **334**, 335
  Musik **110**, 111, **332f**, 335
  Öffnungszeiten **108**, 332
  Schmuck **334**, 335
  Shopping-Center **108f**, 111
  Souvenirs 109, **336f**
  Strickwaren und Tweed **334**, 335
Siamsa Tíre National Folk Theatre 160f, 341
Sicherheit 354f
Silent Valley 288
  Mourne Coast, Tour 289
Silver Line Cruisers (Banagher) 347
Silver Shop, The (Dublin) 111
Simnel, Lambert 41, 85
Sinn Féin
  Custom House (Dublin) 92
  Geschichte 48
  Waffenruhe (1994) 51
Sitric Silkenbeard 39, 84
Six Nations Rugby Tournament 32, 55
Skellig Experience Centre 168

Skellig Islands **168f**
Skellig Michael 157, 168f
Skerries (Dublin)
  Restaurants 311
Skibbereen 171
Skibbereen Historical Walks 346
Skulpturen
  Hochkreuze **247**
  North Mayo Sculpture Trail 208
Sky Road 211
Slade 152
Slade Castle 152
Slane, Hill of 249
Slane **249**
  Hotels 302
Slane Castle (Dublin) 116
Slaney, Fluss 153f
Slattery's Travel Agency 295
Slazenger, Familie 138
Slea Head
  Dingle Peninsula, Tour 162
Slieve Bloom Mountains 241, **257**
Slieve Bloom Way 257
Slieve Donard 288
Slieve Foye Forest Park 246
Slieve League **233**
Slieve Patrick 285
Slievemore 208
Slieverue 54
Sligo, County 233
  siehe auch Nordwest-Irland
Sligo **238**
  Hotels 302
  Pubs 330
  Restaurants 321
  W. B. Yeats **237**, 238
  Yeats Country, Tour 236
Sligo Abbey 238
Sligo County Museum 238
Sligo Crystal (Sligo) 335
Sligo International Choral Festival 54
Smithfield (Dublin) **96**
Smock Alley Theatre (Dublin) 116
Smyth, Edward
  Chapel Royal (Dublin Castle) 80
  Custom House 91f
  King's Inns (Dublin) 96
Smyth's Irish Linen (Belfast) 335
Sneem
  Hotels 299
  Ring of Kerry, Tour 169
Sommer in Irland 52f
Sonnenscheindauer, tägliche 53
Souvenirläden
  Dublin **109**, 111
Spanische Armada siehe Armada, Spanische
Spelga Dam
  Mourne Coast, Tour 289
Sperrin Mountains 272f
Sphere within Sphere (Pomodoro) 63, 66
Spielberg, Steven 27
Spillane Seafoods (Killarney) 335

Spire, The (Monument of Light) (Dublin) 93
  Detailkarte 90
Sport **342–347**
  Sport-Events **32f**
Sprachen siehe Gälische Sprache
St Aidan's Cathedral (Enniscorthy) 153
St Anne's Cathedral (Belfast) 280
St Anne's Shandon (Cork) 178
St Ann's Church (Dublin) **65**
  Detailkarte 62
St Audoen's Church (Dublin) **83**
St Canice's Cathedral (Kilkenny) 31
St Ernan's House 296
St Fiachra's Gardens (Kildare) 135
St Fin Barre's Cathedral (Cork) 179
St John's Point 288
St Mary's Abbey (Dublin) **97**
St Mary's Pro-Cathedral (Dublin) 93
  Detailkarte 91
St Michan's Church (Dublin) **96**
St Patrick's Cathedral (Dublin) 58, **86f**
St Patrick's Day 52, 55
St Stephen's Day 55
St Stephen's Green (Dublin) **64f**
  Detailkarte 62
St Werburgh's Church (Dublin)
  Detailkarte 78
Stag's Head (Pub, Dublin) 117, 118
Staigue Fort
  Ring of Kerry, Tour 169
Standuin (Spiddal) 335
Stapleton, Michael 25
  Belvedere College (Dublin) 94
  James Joyce Cultural Centre (Dublin) 94
  Powerscourt Centre (Dublin) 82
  Trinity College (Dublin) 66
Station Island 234
Steinkreise
  Beaghmore Stone Circles **272**
  Drombeg Stone Circle **174**
  Druid's Circle (Kenmare) 170
  Giant's Ring (Belfast) 283
  Grange Stone Circle (Lough Gur) 198f
Steinsäulen 247
Stena Line 363
Stephen's Green Centre (Dublin) 111
Stoker, Bram 65
Stormont Castle (Belfast) 283
Stradbally (Dampfwagen-Rallye) 53
Straffan
  Hotels 298
Straßenkarten 365
Straßenverhältnisse 366
Straßenverkehr 365–367
Street, George 84
Strickwaren **334**, 335

Strokestown Park 205, **222f**
Strom 353
Strongbow (Richard de Clare)
  Denkmal 84
  Heirat 40
  Invasion Irlands 40, 83, 279
Struell Wells 285
Stuart, James »Athenian« 287
Stubbs, George
  Hambletonian 287
Studenten, Infos für 352
Studio Donegal (Kilcar) 335
Südost-Dublin **60–75**
  Detailkarte 62f
  Hotels 296
  Restaurants 308f
  Stadtteilkarte 61
Südost-Irland **128–155**
  Castletown House **132f**
  Hotels 297f
  Powerscourt **138f**
  Pubs 326f
  Regionalkarte 130f
  Restaurants 311–313
  Waterford **150f**
Südwest-Dublin **76–87**
  Detailkarte 78f
  Hotels 296
  Restaurants 309f
  Stadtteilkarte 77
Sugar Club, The (Dublin) 116
Suir, Fluss 150, 202f
Sunlight Chambers (Dublin)
  Detailkarte 78
Sur la plage (Degas) 95
Sweeney's (Club, Dublin) 117
Swift, Jonathan 26, 44, **86**
  Denkmäler 58, 87
  Marsh's Library (Dublin) 87
  Trinity College (Dublin) 61
Swilly, River 231
Swiss Airlines 360, 361
Swiss Cottage (Cahir) 202f
Synge, John Millington 26f
  Abbey Theatre (Dublin) 91f
  Coole Park 219

T

Taibhdhearc Theatre (Galway) 341
Tailors' Hall (Dublin) **86**
Talbot, Familie 106
Talbot Castle 252
Tanz
  klassisch 113, 116, **339**, 341
  traditionell 28f, 113, 116, **339**, 341
Tara, Hill of 241, **252**
Taxis 371, 373
Tay, Lough
  Military Road, Tour 142
Teampall Chiaráin 216
Teilung Irlands (1921) 225
Telefonieren 358
Tempelritter 152
Temperaturen 55

Temple Bar Cultural Events
  (Dublin) 116
Temple Bar (Dublin) 77, **82**
  Detailkarte 79
  Unterhaltung 118
Temple Bar Food Market (Dublin)
  111
Temple Bar Gallery and Studios
  (Dublin) 111
Teresa, Mutter 209
Terryglass
  Restaurants 318
Thackeray, William Makepeace
  166, 271
Theater **338f**, 341
  Dublin 112, 116
  Festivals 54
  Highlights: Unterhaltung 118f
Theatre Royal (Waterford) 341
Thin Lizzy 28
Thomastown
  Hotels 298
  Restaurants 313
Thoor Ballylee **218f**
Thurles
  Hotels 300
Ticketmaster 116, 341
Tickets
  Busse 370
  Fähren 364
  Flüge 361
  Unterhaltung 112, 116, 338
  Züge 369
Timoleague Abbey **174f**
Tintern Abbey 152
Tipperary, County 185
  siehe auch Unterer Shannon
Tipperary Crystal (Carrick-on-Suir)
  335
Titanic 48, 182, 280
Titanic Quarter (Belfast) 283
Tizian 74
Tobernalt Holy Well 238
Tóibín, Colm 27
Tola, hl. 193
Tollymore Forest Park
  Mourne Coast, Tour 289
Tone, Wolfe 281
  Cave Hill (Belfast) 283
  Denkmal 65
  French Armada Centre 172
  Heirat 65
  Porträts 106
  Rebellion 44f, 107
  St Ann's Church (Dublin) 65
Töpferwaren
  Belleek Pottery **273**
  Läden **333**, 335
  Souvenirs 337
  Tailors' Hall Rally 86
Torc Waterfall 166
Torr Head 271
Tory Island **228**
Touren mit dem Auto
  Dingle Peninsula **162f**
  Inishowen Peninsula **230f**

Lower Lough Erne **274f**
Military Road 142
Mourne Coast **289**
Ring of Kerry 168f
Yeats Country **236f**
Tourismusinformation 350f
Tower Records 111
Town Hall Theatre (Galway) 341
Traditional Music and Dance Auld
  Dubliner 116
Tralee **160f**
  Hotels 299
  Restaurants 316
Tramore
  Restaurants 313
Translink 352, 371
Treasure Chest (Galway) 335
Trendsport **345**, 347
Trevor, William 27
Trim 241, 243, **252**
Trim Castle 252
Trimble, David 19
Trinity College (Dublin) 19, **66f**
  Book of Kells 68
  Detailkarte 63
  Geschichte 42
  Old Library 59, 61, 67
Trinkgeld 293
Tullamore Dew Heritage Centre
  255
Tullamore
  Hotels 302
Tully Castle
  Lower Lough Erne, Tour 274
Tullynally Castle **245**
Turmhäuser 24f
Turner, Richard 104
Turoe Stone **222**
Tweed-Läden **334**, 335
Twelfth of July 53, 55
Twelve Bens 210, 212
Twelve Days of Christmas 55
Tympanon 25
Tyrone, County 259
  siehe auch Nordirland
Tyrone, Hugh O'Neill, Earl of 43,
  259
Tyrone Crystal (Dungannon) 277,
  335

U

U2 (Rockband) 21, 28
Ufford, Robert d' 222
Uí Néill, Clan 259
Ulster *siehe* Nordirland
Ulster, Richard de Burgo, Earl of
  230
Ulster Cruising School
  (Carrickfergus) 347
Ulster Federation of Rambling
  Clubs 346
Ulster Folk and Transport Museum
  260
Ulster Hall (Belfast) 341
Ulster Museum (Belfast) **282**
Ulster Volunteer Force 48

Ulster-American Folk Park **273**
Ulsterbus/Translink 363, 373
Umrechnungstabelle 353
Umweltbewusst reisen 360
Unabhängigkeitskrieg 157
Unionisten, Partei 48
United Irishmen
  Cave Hill (Belfast) 283
  Gründung 281
  Missglückte Invasion 172
  Rebellion 44f
  Tailors' Hall (Dublin) 86
United Nations (UN) 50
University Church (Dublin) 65
Unruhen 35, 50f
Unterer Shannon **184–203**
  Hotels 299f
  Pubs 328f
  Regionalkarte 186f
  Restaurants 316–318
  Unterhaltung **338–341**
    Bankette 340
    Bildungsurlaub **340**, 341
    Dublin **112–119**
    Festivals **340**, 341
    Information **338**
    Klassische Musik, Oper und Tanz
      339, 341
    Rock, Jazz und Country **339**, 341
    Theater **338f**, 341
    Tickets **338**, 341
    Traditionelle Musik **339**, 341
    Veranstaltungsorte **338**, 341
USIT 353

V

Valdré, Vincenzo 80
Vale of Avoca 143
Vale of Clara
  Military Road, Tour 142
Valentia Island **168**
Valentin, hl. 87
Vanhomrigh, Esther 86
Vartry, Fluss 143
Veagh, Lough 228
Veranstaltungsmagazine 112
Verkehrsregeln 366
Vermeer, Jan 74
Vernet, Joseph 136
Versicherungen
  Auto 367
  Reise 355
Victoria, Königin von England
  Cobh 182
  Dublin Exhibition 47
  Glengarriff 171
  Lakes of Killarney 166
  Statuen 50, 280
Vinegar Hill 153
Vintners Company 43
Visa (Kreditkarte) 356
Vögel
  Burren 190
  Castle Caldwell Forest Park 274
  Connemara 212
  Dalkey Island 107

River Shannon 189
Saltee Islands 155
Skellig Michael 169
Wexford Wildfowl Reserve 154
Vos, Paul de 132

W

W5 (Belfast) 282f
Währung 356f
Walpole, Edward 143
Waltons (Dublin) 111
Wandern **343**, 346
Warbeck, Perkin 41
Ware, Isaac 132
Warrenpoint
   Restaurants 325
Wasserfälle
   Glencar Lough 237
   Powerscourt 142
   Torc 166
Wassersport **344f**, 347
Waterford, County 129
   siehe auch Südost-Irland
Waterford 129, **150f**
   Hotels 297
   Pubs 327
   Restaurants 313
   Zentrumskarte 151
Waterford Castle 297
Waterford-Kristall 151
Waugh, Samuel 47
Wavertree, Lord 135
Wayne, John 213
Weihnachten 55
Wein **109**, 111
Wellbrook Beetling Mill (Cookstown) 272
Welles, Orson 94
Wellington, Duke of 64, 72
Wellington Testimonial, Phoenix Park (Dublin) 100
Weltkrieg, Erster 48
West, Robert 277
West Cork Crafts (Skibbereen) 335
Westirland **204–223**
   Hotels 300f
   Pubs 329fgs
   Regionalkarte 206f
   Restaurants 318–320
Westmeath, County 241
   siehe auch Midlands
Westport 205, **208f**
   Hotels 301
   Pubs 330
   Restaurants 320
Westport House 208f
Wetter 53–55
Wexford, County 129
   siehe auch Südost-Irland
Wexford 129, **154**
   Pubs 347
   Restaurants 313
Wexford Festival of Opera 54, 341
Wexford Wildfowl Reserve 154

Whelan's (Dublin) 116
Whiddy Island 171
Whiskey **270**
   Locke's Distillery (Kilbeggan) 253
   Old Bushmills Distillery **270**
   Old Jameson Distillery (Dublin) **96**
   Old Midleton Distillery **183**
Whitby, Synode von (664) 38
White, Familie (Earls of Bantry) 171f
White Island
   Lower Lough Erne, Tour 275
White Park Bay 265
Whitefriar Street Carmelite Church (Dublin) **87**
Whyte, Samuel 64
Whyte's Auction Rooms (Dublin) 111
Wicker Man, The (Belfast) 335
Wicklow, County 129
   siehe auch Südost-Irland
Wicklow Mountains 23, 129, **143**
Wicklow Way 143
Wikinger 35
   Donegal 234
   Dublin **83**
   Invasionen Irlands 38f
   Limerick 195
   National Museum of Ireland (Dublin) 71
   Südost-Irland 129
   Unterer Shannon 185
   Waterford 150
   Wexford 154
   Wood Quay (Dublin) 78, **82**
Wild Atlantic Way 157, **342**
»Wild Geese, Flight of the« 185
Wilde, Oscar 26
   Merrion Square (Dublin) 72
   Portora Royal School 276
   The Importance of Being Oscar 94
Wilhelm von Oranien (William III, König von England) 35
   Belagerung von Kinsale 176
   Belagerung von Limerick 185
   Carrickfergus Castle 279
   Collins Barracks 105
   Mellifont Abbey 249
   Schlacht am Boyne 42f, **248**
   Thron 60
William Carleton Summer School (Dungannon) 341
Williams, Betty 51
Willie Clancy Summer School (Miltown Malbay) 341
Wilson Ancestral Home, The 273
Wilton, Joseph 104
Windsor, John 99
Winter in Irland 55
Women's Mini Marathon (Dublin) 52
Wood Quay (Dublin) **82**
   Detailkarte 78

Woodstock Gardens and Arboretum 153
Workman's Club, The (Dublin) 116
Wyatt, James 25
   Castle Coole 276
   Westport 208
   Westport House 208

Y

Yeats, Jack B.
   Coole Park 219
   Crawford Municipal Art Gallery (Cork) 179
   Glebe House and Gallery 229
   Model Arts & Niland Gallery (Sligo) 238
Yeats, W.B. 27, 219
   Abbey Theatre (Dublin) 92
   Cathleen ní Houlihan 19
   Denkmal 64
   Grab 236f
   Merrion Square (Dublin) 72
   Nobelpreis 49
   Osteraufstand 93
   Parke's Castle 237
   Statue 238
   Thoor Ballylee 218f
   und Constance Markievicz 235
   und Sligo **237**, 238
   Yeats Country 126, **236f**
   Yeats International Summer School (Sligo) 341
   Yeats Museum (Dublin) 74
Youghal **183**
   Restaurants 316

Z

Zeitschriften 112, 358
Zeitungen 358
Zeitzone 353
Zisterzienser 39
   Assaroe Abbey 235
   Boyle Abbey 223
   Duiske Abbey 153
   Holy Cross Abbey 199
   Hore Abbey 199
   Inch Abbey 285
   Jerpoint Abbey 149
   Mellifont Abbey 249
   Portumna Priory 219
   St Mary's (Dublin) 97
   Tintern Abbey 152
Zoll 350
Zoos
   Belfast Zoo 83
   Fota Wildlife Park 182f
   Phoenix Park (Dublin) 100
Züge 368f
   Ermäßigungen für Studenten 352, 369
   Fahrscheine 363, 369

Danksagung und Bildnachweis

Dorling Kindersley bedankt sich bei allen Personen, die bei der Herstellung dieses Buchs mitgewirkt haben.

Hauptautoren
Lisa Gerard-Sharp ist Autorin und Rundfunksprecherin, die Beiträge zu vielen Reiseführern der Vis-à-Vis-Reihe, darunter der Reiseführer *Frankreich*, verfasst hat. Gerard-Sharp hat ihre Wurzeln in den Countys Sligo und Galway und besucht Irland regelmäßig.

Tim Perry aus Dungannon, County Tyrone, schreibt über Reisen und Volksmusik für diverse Verlage in den USA und Großbritannien.

Weitere Autoren
Cian Hallinan, Eoin Higgins, Douglas Palmer, Audrey Ryan, Trevor White, Roger Williams.

Ergänzende Fotografie
Peter Anderson, Jonathan Buckley, Joe Cornish, Andy Crawford, Brian Daughton, Michael Diggin, Steve Gorton, Anthony Haughey, Nigel Hicks, Mike Linley, Ian O'Leary, Stephen Oliver, Stephen Power, Magnus Rew, Clive Streeter, Rough Guides/Michelle Bhatia, Rough Guides/Roger Mapp, Rough Guides/Mark Thomas, Matthew Ward, Alan Williams.

Ergänzende Illustrationen
Richard Bonson, Brian Craker, John Fox, Paul Guest, Stephan Gyapay, Ian Henderson, Claire Littlejohn, Gillie Newman, Chris Orr, Kevin Robinson, John Woodcock, Martin Woodward.

Ergänzende Bilddokumentation
Miriam Sharland.

Redaktion und Design
Managing Editors Vivien Crump, Helen Partington
Managing Art Editor Steve Knowlden
Deputy Editorial Director Douglas Amrine
Deputy Art Director Gaye Allen
Production David Proffit, Hilary Stephens
Bilddokumentation Sue Mennell, Christine Rista
Grafik Adam Moore
Kartografie Gary Bowes, Margaret Slowey, Richard Toomey (Era-Maptec, Dublin, Ireland)
Kartografie-Assistenz Michael Ellis, David Pugh
Marion Broderick, Margaret Chang, Martin Cropper, Guy Dimond, Fay Franklin, Yael Freudmann, Sally Ann Hibbard, Annette Jacobs, Erika Lang, Michael Osborn, Polly Phillimore, Caroline Radula-Scott.

Relaunch – Redaktion und Design
Redaktion Claire Baranowski, Fay Franklin, Anna Freiberger, Bhaswati Ghosh, Susanne Hillen, Claire Jones, Ciara Kenny, Rahul Kumar, Kathryn Lane, Alison McGill, Susan Millership, Mani Ramaswamy, Lucy Richards, Alka Thakur, Aine Toner, Asavari Singh
Factcheck Des Berry
Grafik Maite Lantaron, Baishakhee Sengupta, Shruti Singhi
Bilddokumentation Ellen Root
DTP Vinod Harish, Jason Little, Shailesh Sharma
Kartografie Uma Bhattacharya, Casper Morris, Kunal Singh

Textregister
Hilary Bird.

Besondere Unterstützung
Dorling Kindersley bedankt sich bei allen regionalen und städtischen Fremdenverkehrsbüros der Republik Irland und Nordirlands für ihre wertvolle Hilfe. Unser besonderer Dank gilt auch:
Ralph Doak und Egerton Shelswell-White, Bantry House, Bantry, Co Cork; Vera Greif, Chester Beatty Library, sowie der Gallery of Oriental Art, Dublin; Alan Figgis, Christ Church Cathedral, Dublin; Labhras Ó Murchu, Comhaltas Ceoltóirí Éireann; Catherine O'Connor, Derry City Council; Patsy O'Connell, Dublin Tourism; Tanya Cathcart, Fermanagh Tourism, Enniskillen; Peter Walsh, Guinness Storehouse, Dublin; Gerard Collet, Irish Shop, Covent Garden, London; Dónall P Ó Baoill, ITE, Dublin; Pat Cooke, Kilmainham Gaol, Dublin; Angela Shanahan, Kinsale Tourist Office; Bill Maxwell, Adrian Le Harivel und Marie McFeely, the National Gallery of Ireland, Dublin; Philip McCann, the National Library of Ireland, Dublin; Willy Cumming, National Monuments Divison, Office of Public Works, Dublin; Eileen Dunne und Sharon Fogarty, National Museum of Ireland, Dublin; Joris Minne, Northern Ireland Tourist Office, Belfast; Dr. Tom MacNeil, Queen's University, Belfast; Sheila Crowley, St Mary's Pro-Cathedral, Dublin; Paul Brock, Shannon Development Centre; Tom Sheedy, Shannon Heritage and Banquets, Bunratty Castle, Co Clare; Angela Sutherland, Shannon-Erne Waterway, Co Leitrim; Máire Ní Bháin, Trinity College, Dublin; Anne-Marie Diffley, Trinity College Library, Dublin; Pat Maclean, Ulster Museum, Belfast; Harry Hughes, Willie Clancy School of Traditional Music, Miltown Malbay, Co Clare.

Weitere Hilfe gewährten
Louise Abbott, Namrata Adhwaryu, Emma Anacootee, Hansa Babra, Parnika Bagla, Shruti Bahl, Meghna Baruah, Claire Baranowski, Des Berry, Subhashree Bharati, Subhadeep Biswas, Nadia Bonomally, Emma Brady, Roisin Cameron, Louise Cleghorn, Tara Corristine, Kathleen Crowley, Karen D'Souza, Neha Dhingra, Rory Doyle, Vidushi Duggal, Sylvia Earley, Nicola Erdpresser, Anna Freiberger, Rhiannon Furbear, Darragh Geraghty, David Gordon, Yvonne Gordon, Lydia Halliday, Kaberi Hazarika, Peter Hynes, Claire Jones, Bharti Karakoti, Rupanki Arora Kaushik, Ciara Kenny, Sumita Khatwani, Rahul Kumar, Rakesh Kumar Pal, Delphine Lawrance, Jude Ledger/Pure Content, Anwesha Madhukalya, Therese McKenna, Alison McGill, Caroline Mead, Kate Molan, Vikki Nousiainen, David O'Grady, Mary O'Grady, Susie Peachey, Madge Perry, Marianne Petrou, Tom Prentice, Pete Quinlan, Rada Radojicic, Sands Publishing Solutions, Sean Sheehan, Azeem Siddiqui, Rituraj Singh, Beverly Smart, Sadie Smith, Susana Smith, Tracy Smith, Scott Stickland, Avantika Sukhia, Áine Toner, Zafar ul-Islam Khan, Conrad Van Dyke, Vinita Venugopal, Ajay Verma, Deepika Verma, Dora Whitaker, Debra Wolter.

Fotografiererlaubnis
Dorling Kindersley bedankt sich bei allen Verantwortlichen von Museen, Galerien, Kirchen, Restaurants, Läden und Sehenswürdigkeiten, die uns in ihren Räumlichkeiten fotografieren ließen. Sie einzeln aufzuführen würde den Rahmen dieses Abschnitts sprengen.

Bildnachweis

o = oben; m = Mitte; u = unten; l = links; r = rechts; d = Detail.

Wir haben uns bemüht, alle Urheber zu recherchieren und zu nennen. Sollte dies in einigen Fällen nicht gelungen sein, bitten wir dies zu entschuldigen. In der nächsten Auflage werden wir die Nennung selbstverständlich nachholen.

Dorling Kindersley dankt folgenden Personen, Institutionen und Bildarchiven für die freundliche Genehmigung zur Reproduktion ihrer Fotografien:

123RF.com: Aitor Muñoz Muñoz 97or.

Abbey Theatre: Ros Kavanagh 119ol. **Aer Lingus/ Airbus Industrie:** 360om. **AKG, London:** National Museum, Copenhagen/Erich Lessing 30ml. **Alamy Images:** Aitormmfoto 4mru; AntipasM 339ur, 358mr; AU Photos 28–29m; Caro/Sorge 355mlu; David Cordner 373mlo; Phil Crean A 332ml; De Luan 150ml; Ian G Dagnall 194; Michael Diggin 15or; Ros Drinkwater 363ol; FMD Stock Photography 82ul; Peter Forsberg 119mr; fstop2/Keith Pritchard 246ol; Robert Harding Picture Library 306mlo; Robert Harding Picture Library Ltd/Pearl Bucknall 368or; imagebroker/Dr. Wilfried Bahnmüller 164–165; incamerastock 12mru, 290–291, 312ul; Alain Le Garsmeur Lough Erne Book 274or, David Lyons 224, 352ur, 372ul; Noel Moore 5mr; Daryl Mulvihill 307ol; David Newton 371ul; rumal 12mo; Radharc Images 90ul, 369or; Stephen Saks Photography 353ol; Picturamic 309or; Ian Shipley ARC 119or; Tetra Images 76; Peter Titmus 361ul; Transport/© Stephen Barnes 373mro; Ken Welsh 316ul. **Allsport:** David Rogers 32m; Steve Powell 51ol; Appletree Press Ltd, Belfast (*Irish Proverbs* © Illustrationen von Karen Bailey) 337ml. **An Óige – Irish Youth Hostel Association:** 294ur. **Ashford Castle:** 300om, 319u. **Avenue by Nick Munier:** 308ur.

Banner Managed Communication: 362mlo. **Bantry House and Garden:** 298ol. **Beshoff Restaurants:** 310ul. **Blairscove House & Restaurant:** 315ul. **La Boheme:** 313o. **Patrick Brady:** 107ol, 107ur, 226ml, 234ol. **Bristol City Museums and Art Gallery:** 36ul. **The Bridgeman Art Library:** Yale Center for British Art, Paul Mellon Collection, USA: *View of Powerscourt County Wicklow*, 1760/62 (Öl auf Leinwand) von George Barret d. Ä. (1730–1784) 8–9. **British Library:** *Richard II's Campaigns in Ireland* Ms. Harl 41ol. **British Museum:** 37ul. **Browns Restaurant & Champagne Lounge:** 325or. **Burren Perfumery Tea Rooms:** 317o. **Bus Éireann:** 371or. **Bushmills Ltd:** 270ul. **Bushmills Inn Hotel:** 303or, 324ur.

Café Paradiso: 314ol. **Central Bank of Ireland:** 357 (alle). **Central Cyber Café, Dublin:** Finbarr Clarkson 359or. **Chapter One Restaurant:** 310or. **Chester Beatty Library, Dublin:** 81or. **Christ Church Cathedral:** 84ml, 85ol. **Classic Designs/IJ Young Ltd, Blarney:** 337m. **The Cliff House Hotel:** 297o. **Clo Iar-Chonnachta:** Herausgeber von *Litríocht agus Pobal* von Gearóid Denvir 51mu. **Bruce Coleman Ltd:** Mark Boulton 22or; Adrian Davies 22ur; Rodney Dawson 23ml; Pekka Helo 23mr; Jan Van de Kam 191or; Gordon Langsbury 22ml, 191om; M. R. Phicon 22mru; Kim Taylor 23om; R. Wanscheidt 23mru; Uwe Walz 22mur. **Corbis:** Richard Cummins 18; Demotix/Brendan Donnelly 33ur; Demotix/Art Widak 33mr; Design Pics 13or; Destinations 2–3, 137o, 240; Eurasia Press/Steven Vidler 323ur; Oscar Elias 15um; Jack Fields 307m; Irish Government Pool 51mru; Alen MacWeeney 220–221; Jean-Pierre De Mann 11ol; National Geographic Society/Chris Hill 231mlo; Jeanne Rynhart 1; SOPA/Stefano Torrione 14nm; Paul Thompson 14or. **Cork Examiner:** 33ol. **Cork Public Museum:** 39mlo. **Crawford Municipal Art Gallery:** *Begegnung des hl. Brendan mit dem unglücklichen Judas*, Harry Clarke 178ul

Danske Bank Group, Ireland: 356m. **Davison & Associates, Ltd, Ireland:** 85mro. **Department of the Environment, Heritage and Local Government, Ireland:** 176ul, 181om, 250m, 251ol, 251mr, 252ur. **The Derg Inn:** 318or. **Derry City Council:** 262or. **Michael Diggin:** 157u, 167mr, 168mlo, 169or, 189ol, 210ul, 229o, 230or, 230ml, 343ol, 343u, 344m, 350um, 355ol, 356ur. **Dreamstime.com:** Agabek 60; Leonid Andronov 264ol; Arsty 180ul; Asteri77 23mru; Atgimages 364ol; Banner25 209um; Bartkowski 23ol; Christian Bertrand 28ul; Bred2k8 108ul; Gunold Brunbauer 301ur; Alain Cezard 213ul; Daniel M. Cisilino 131ur; Darkbird77 340ur; Datacode66 248or; Dbeatson 23mo; Digitalimagined 256ur; Dublinuser 20ol; Linda Duncan 21o; Fr3ank33 59ol, 370or; Siobhan Fraser 23mlu; Antonio Guillem 23mlu, 23mu; Hdanne 23om; Jeans550 23um; Patryk Kosmider 124–125, 198u; Kristýna Lipenská 263ur; Littleny 214ul; Patricia Lock 213um; Lucacom 28ur; Menno67 191om; Lucian Milasan 21ur; Danilo Mongiello 32mu, David Morrison 183or; Steve Morris 283or; Mps197 22mru; Aitor Muñoz Muñoz 139ul; Natursports 22mlu; Nhtg 19u; Notcatherinezeta 23or; Uwe Ohse 22mu; Umit Ozgur 212um; Pajda83 106ol; Pattdug 189mu; Sean Pavone 65ol; Rihardzz 340ol; Claudio Prati 5mul; Stefania Rossitto mlo; Richard Semik 244ol; Jens Stolt / Jpsdk 191ol; Thruthelensphotos 10ml; Scattosel vaggio 191om; Michael Walsh158ul; Whiskybottle 22mlu, 23ul; Yykkaa 11om, 112ml, 113ol. **Dublin Airport Authority:** 360mro, 361om, 365ol. **The Dubliner Magazine:** Jennifer Philips 108mr, 109ur. **G. A. Duncan:** 50um, 50ul. **Dublin Tourism Image Library:** DRTA 52mlo. **Dundee Art Gallery:** *Die Kinder des Lir*, John Duncan 31om.

ET Archive: 31ul. **Mary Evans Picture Library:** 30or, 30ul, 30ur, 31mlo, 38ul, 41mul, 42ul; 48ul, 81ml, 93ul, 285ur, 291.

Fáilte Ireland/Irish Tourist Board: 206ml; Brian Lynch 28–29, 29ol, 250or, Pat Odea 340m. **Stephen Faller Ltd, Galway:** 336mlo. **Fallon & Byrne:** Siobhan Byrne Photography 304ul. **Famine Museum Co Roscommon:** 223mro. **J. Farmgate Café:** 304mr. **Jim Fitzpatrick:** 83ul

Getty Images: Michael Brennan 50mo; Alan Crowhurst 342ml; Design Pics/Gareth McCormack 156; Peter Zoeller 204; Flickr/Tony Garcia 140–141; Richard l'Anson 93or; The Image Bank/Terry Williams 114ul; Brian Lawrence 268–269; ALAN LEWIS 51om; National Geographic/Jim Richardson 217ul; Donald Nausbaum 366ul; Panoramic Images 193or; Steve Powell 51ol; Andrew Redington 344ol; Slow images 14ul; Topical Press Agency 69ur; Peter Zoeller / Design Pics 170ol. **Ghan House:** 322or. **Gill and Macmillan Publishers, Dublin:** 49ul. **Glasnevin Trust:** 105ur. **Ronald Grant Archive:** *The Commitments*, Twentieth Century Fox 27ur. **Gresham Hotel Dublin:** 295ol. **Guinness Ireland Ltd:** 102ul, 102ur, 102ol, 103ul, 103mru, 103ol, 103or, 103ul.

BILDNACHWEIS

Hayfield Manor Hotel: 292ml. **Hodson Bay Hotel:** 302um. **Hulton Deutsch Collection:** 26mu, 27or, 43ol, 46ur, 46mlu, 50ur, 67ur. **Images Colour Library:** 52ul. **Inpho, Dublin:** 32mlo, Billy Stickland 32ur. **Irish Picture Library, Dublin:** 42mlo, 45ol. **Irish Times:** 138ur. **Irish Traditional Music Archive, Dublin:** 29ul. **ISIC:** 352m. **iStockphoto.com:** Phil Crean 64mr. **Jam Killarney:** 315or. **Jarrold Colour Publications:** Ja Brooks 66um. **Michael Jenner:** 247mr. **Lambeth Palace Library, London:** Plan der London Vintners' Company Township of Bellaghy, Ulster, 1622 (ms. Carew 634 f. 34) (d) 43mro.

Frank Lane Picture Agency: Roger Wilmshurst 191or. **Leeds City Art Gallery:** *The Irish House of Commons*, Francis Wheatley 44mlo. **Left Bank Bistro:** 322ul. The **Left Bank Kilkenny:** 305ur. **Pat Liddy:** 109ol, 311um.

Mander and Mitcheson Theatre Collection: 28ml. **Mansell Collection:** 44ul, 49mro, 85ul, 272um. **The Merrion Hotel:** 293ol. **Archie Miles:** 212ur. **Monty's of Kathmandu:** 309or. **Moy House:** 299ur. **John Murray:** 55ul, 134m. **Museum of the City of New York:** Schenkung von Mrs. Robert M. Littlejohn, *Bucht und Hafen von New York 1855*, Samuel B. Waugh 46–47.

National Botanic Gardens, Dublin: 104ol. **National Gallery of Ireland, Dublin:** *W. B. Yeats und das Irish Theatre*, Edmund Dulac 26or, *George Bernard Shaw*, John Collier 26ur, *Carolan der Harfenist*, Francis Bindon 28or, *Leixlip Castle*, Irish School 45mlo, *The Custom House, Dublin*, James Malton 45um, *Pierrot*, Juan Gris 74or, *Landschaft*, Thomas Roberts 74ul, *Die Kreuzabnahme Christi*, Caravaggio 75om, *Judith mit dem Kopf des Holofernes*, Andrea Mantegna 75mr, *Der Krankenbesuch*, Matthew James Lawless 75ur, *Jonathan Swift, Satirist*, Charles Jerval 86um, *James Joyce*, Jacques Emile Blanche 94or, *Interior with Members of a Family*, P. Hussey 136ur, *William Butler Yeats, Dichter*, J. B. Yeats 237ol, *Der Letzte Rundgang von Pilgern um Clonmacnoise*, George Petrie 254or. **National Gallery, London:** *Sur la plage*, Edgar Degas 95ur. **National Library of Ireland, Dublin:** 27mlo, 27mu, 35u, 38mlo, 40um, 42mlu, 44mlu, 46ul, 47mru, 47ol, 48mlu, 49ol, 49mru, 145or, 182mro, 248u. **National Museum of Ireland, Dublin:** 3, 36mlo, 36mu, 36mro, 36–37, 37mo, 37mlu, 37ur, 38mlo, 39mu, 39ur, 59ul, 63mro, 70–71 alle. **The National Trust, Northern Ireland:** *Hambletonian*, George Stubbs 287ol, 287mro. **The National Trust Photographic Library:** Mathew Antrobus 277u, John Bethell 288ol, Patrick Pendergast 276ul, Will Webster 281ur, 291. **National Wax Museum Plus:** 72mlu. **Nature Photographers:** B. Burbridge 191um. **Northern Ireland Tourist Board:** 32or, 277ol, 338ml, 339ol. **Norton Associates:** 78 mlu. **Number 31:** 293ur.

O'Dowds of Roundstone: 320ul. **OPW:** 351mlu.

Pacemaker Press International, Ltd: 354um, 354mu. **Walter Pfeiffer Studios, Dublin:** 29 alle. **Photo Flora:** Andrew N. Gagg 190um. **Photolibrary:** The Irish Image Collection 188um. **Photostage:** Donald Cooper 118or.

Range Pictures: 47mro; **Rathmullan House:** 321or. **The Reform Club London:** 46mlo. **Report/Derek Spiers, Dublin:** 282ul, 282ur. **Retrograph Archive, London:** 69ur. **Rex Features:** Sipa Press 51ul.

F. & K. Schorr: 244ur. **Shannon Development Photo Library:** 340ol. **Shannon-Erne Waterway:** 239um. **The Slide File, Dublin:** 22mlo, 22mro, 26mlo, 32mru, 33mlu, 36mlo, 53mu, 54mlo, 54mro, 54mu, 55mro, 81ur, 118um, 126mlo, 135ur, 142ml, 142ur, 155ur, 189ur, 215ol, 216mu, 216um, 217mr, 219or, 228ur, 231or, 234u, 236or, 241u, 252o, 254–255, 256mro, 274mlu. **Sportsfile, Dublin:** 33om. **Stena Line:** 362ml. **SuperStock:** Richard Cummins 98; Eye Ubiquitous 88; imagebroker.net/Martin Siepmann 258; The Irish Image Collection 128, 348–349, Photononstop 56–57; Tips Images 124–125.

Tate Gallery Publications: *Captain Thomas Lee*, Marcus Gheeraedts 42ur. **Tipperaryphotos.com:** 355ul, 355ml. **Topham Picture Source:** 45ur. **Tourism Ireland:** 334m. **Translink:** 370ul. **Trinity College, Dublin:** Ms.1440 *(Book of Burgos)* f. 41mu, *Heirat von Prinzessin Aoite und dem Earl of Pembroke*, Daniel Maclise 40mlo, *(Book of Durrow)* 59mr, *(Book of Durrow)* 67mr, *(Book of Kells)* f.129v 68mlo, Ms. 58 *(Book of Kells)* f.36r 68ml, Ms. 58 *(Book of Kells)* f.28v 68mru, Ms. 58 *(Book of Kells)* f.200r 68u. **Trip:** R. Drury 144m. **Tullamore Dew Heritage Centre:** 255or.

Ulster Museum, Belfast: *Ascona* von Philip King 282mlu; *Das Fest des hl. Kevin inmitten der Ruinen von Glendalough*, Joseph Peacock 34, *Die Entsetzung Derrys*, William Sadler II 42–43, 43mru, 48mlo.

Viking Ship Museum, Strandengen, Denmark: Aquarell von Flemming Bau 39ol.

Waterford Corporation: 39ul, 40mlu, 41ul. **The Westin Dublin:** 296ul.

Peter Zöller: 23mro, 52mr, 53mro, 53ul, 150ur, 223ul, 253or, 344ur.

Vordere Umschlaginnenseiten
Alamy Images: David Lyons lor; Tetra Images rmu; **Corbis:** Destinations rum; **Dreamstime.com:** Agabek rmru; **Getty Images:** Design Pics/Gareth McCormack lul; Design Pics/Peter Zoeller lmlo; **SuperStock:** Eye Ubiquitous Ror; imagebroker.net/Martin Siepmann rom; The Irish Image Collection rul, lmlu.

Extrakarte
Hauptbild: **Tourist Information Ireland**.

Umschlag
Vorderseite: **Tourist Information Ireland**.
Buchrücken: **Tourist Information Ireland**.
Rückseite: **Dorling Kindersley**.

Alle anderen Bilder © Dorling Kindersley. Weitere Informationen unter **www.dkimages.com**

VIS-À-VIS-REISEFÜHRER

Ägypten • Alaska • Amsterdam • Apulien • Argentinien • Australien • Bali & Lombok • Baltikum • Barcelona & Katalonien • Beijing & Shanghai • Belgien & Luxemburg • Berlin • Bodensee • Bologna & Emilia-Romagna • Brasilien • Bretagne • Brüssel • Budapest • Chicago • Chile • China • Costa Rica • Dänemark • Danzig • Delhi, Agra & Jaipur • Deutschland • Dresden • Dublin • Florenz & Toskana • Florida • Frankreich • Gardasee • Gran Canaria • Griechenland • Großbritannien • Hamburg • Hawaii • Indien • Irland • Istanbul • Italien • Italienische Riviera • Japan • Jerusalem • Kalifornien • Kambodscha & Laos • Kanada • Karibik • Kenia • Korsika • Krakau • Kreta • Kroatien • Kuba • Las Vegas • Lissabon • Loire-Tal • London • Madrid • Mailand • Malaysia & Singapur • Mallorca • Marokko • Mexiko • Moskau • München & Südbayern • Myanmar • Neapel • Neuengland • Neuseeland • New Orleans • New York • Niederlande • Nordspanien • Norwegen • Österreich • Paris • Peru • Polen • Portugal • Prag • Provence & Côte d'Azur • Rom • San Francisco • St. Petersburg • Sardinien • Schottland • Schweden • Schweiz • Sevilla & Andalusien • Sizilien • Slowenien • Spanien • Sri Lanka • Stockholm • Straßburg & Elsass • Südafrika • Südtirol & Trentino • Südwestfrankreich • Teneriffa • Thailand • Thailand – Strände & Inseln • Tokyo • Tschechien & Slowakei • Türkei • Umbrien • USA • USA Nordwesten & Vancouver • USA Südwesten & Las Vegas • Venedig & Veneto • Vietnam & Angkor • Washington, DC • Wien • Zypern

www.dorlingkindersley.de

Vis-à-Vis

Straßenkarte Irland

Legende
- ✈ Flughafen
- ⚓ Fährhafen
- ▬ Autobahn
- ▬ Hauptstraße
- ▬ Nebenstraße
- ▬ Eisenbahn